Par feu [illegible]

période de 1835 à 1844, [illegible] la première [illegible]
des mots nouveaux

PAR M. CH. VERGÉ
[illegible] en droit, avocat [illegible]

PRÉCÉDÉ D'UNE INTRODUCTION
PAR M. [illegible]

PARTIE [illegible] FRANÇAISE
Paris

# DICTIONNAIRE

# DES HUISSIERS.

— PARIS, IMPRIMERIE DE POMMERET ET GUÉNOT, RUE MIGNON, 2. —

# DICTIONNAIRE
# DES HUISSIERS

OUVRAGE ÉGALEMENT UTILE

## AUX COMMISSAIRES-PRISEURS ET AUX GREFFIERS DES JUSTICES DE PAIX,

CONTENANT

L'EXAMEN ET L'ANALYSE DE LA LÉGISLATION, DE LA DOCTRINE DES AUTEURS ET DE LA JURISPRU-
DENCE EN MATIÈRE CIVILE, COMMERCIALE, CRIMINELLE ET ADMINISTRATIVE;

*DIVISÉ EN DEUX PARTIES :*

L'une renfermant la période antérieure à 1835, avec des formules,

Par feu URBAIN LOISEAU, avocat;

L'autre, la période de 1835 à 1844, et reliée à la première, avec addition
de mots nouveaux,

## PAR M. CH. VERGÉ,

DOCTEUR EN DROIT, AVOCAT A LA COUR ROYALE DE PARIS.

## PRÉCÉDÉ D'UNE INTRODUCTION HISTORIQUE,

PAR LE MÊME AUTEUR.

## PARIS.

AU BUREAU DE LA RÉDACTION DE LA JURISPRUDENCE DES HUISSIERS,
BOULEVARD MONTMARTRE, N° 12,

### ET A LA LIBRAIRIE DE JOUBERT ET THOREL,
PLACE DAUPHINE, N° 29.

## 1844.

# EXPLICATION

## DES ABRÉVIATIONS ET RENVOIS.

Arr. *signifie* ou arrêt ou arrêté.
Art. *signifie* article.
B. A. 5. 59. *signifie* Dalloz, édition belge, t. 5, p. 59.
Berr. *signifie* Berriat, *Cours de procédure.*
Bon. *signifie* Boncenne, *Théorie de la procédure.*
Boul. *signifie* Boulay-Paty.
C. ou C. c. ou C. civ. *signifie* code civil.
C. comm. *signifie* code de commerce.
C. for. *signifie* code forestier.
C. inst. cr. *signifie* code d'instruction criminelle.
C. pén. *signifie* code pénal.
C. pr. *signifie* code de procédure civile.
Ch. *signifie* Chauveau.
Civ. c. *signifie* arrêt de la chambre civile de la cour de cassation qui casse.
Civ. r.     —     arrêt de la chambre civile de la cour de cassation qui rejette.
Civ. c. Douai. Min. pub. C. Compère. *signifie* arrêt de la chambre civile qui casse un arrêt de la cour de Douai, ministère public contre Compère.
Cr. c. *signifie* arrêt de la chambre criminelle de la cour de cassation qui casse.
Cr. r.     —     —     qui rejette.
Car., Carr., ou lois de pr., ou organ., *signifie* Carré, *Lois de la procédure* ou *Commentaire de l'organisation et de la compétence.*
Corm. *signifie* Cormenin, *Questions de droit administratif.*
Concl. conf. *signifie* conclusions conformes.
D. A. 2. 240, n. 3. *signifie* Dalloz, Recueil alphabétique ou Jurisprudence générale, t. 2, p. 240, note ou n° 3.
D. P. 24. 1. 50. *signifie* Dalloz, Recueil périodique, t. 24, 1re partie, p. 50.
D. P. 24. 2. 50.     —          —          —     2e partie, p. 50.
D. P. 24. 5. 50.     —          —          —     5e partie, p. 50.
Dem. *signifie* Demiau-Crousillac.
Delv. ou Delvin. *signifie* Delvincourt.
Dal. (A. 4. 520) *signifie* Dalloz, Jurisprudence générale ou Recueil alphabétique, t. 4, p. 520.
Dict. de proc. *signifie* *Dictionnaire de procédure* de Bioche et Goujet.
Dur. 12. 465, n. 10. *signifie* Duranton, *Cours de droit civil,* t. 12, p. 465, n° 10.
Fav., Rép., v°, etc., *signifie* Favard, *Répertoire, verbo,* etc.
Int. de la loi *signifie* intérêt de la loi.
Henr. *signifie* Henrion de Pansey, *de la Compétence des juges de paix* ou *de l'Autorité judiciaire.*
L. ou l. 15 pluv. an 4 *signifie* loi du 15 pluviôse an 4.
Leg. ou Legrav. *signifie* Legraverend, *Législation criminelle.*
Loc. *signifie* Locré.
Longch. *signifie* Longchampt, *Code rural* ou *Dictionnaire des juges de paix.*
Mac. *signifie* Macarel, Recueil des décisions du conseil d'état.
Merl., Rép., Quest. ou Q. D. *signifie* Merlin, *Répertoire* ou *Questions de droit.*
Min. pub. Raffin *signifie* Ministère public contre le sieur Raffin.
Ord. cons. d'état *signifie* ordonnance du conseil d'état.
Pard. Pardess. *signifie* Pardessus, *Droit commercial.*
Pig. *signifie* Pigeau, *de la Procédure civile.*
Ponc. *signifie* Poncet, *Traité des actions* ou *jugements.*
Proud. *signifie* Proudhon, *Cours de droit civil* ou *Traité du domaine public,* ou *Traité de l'usufruit.*
Req. *signifie* arrêt de la chambre des requêtes qui rejette.
Roll. *signifie* Rolland de Villargues, *Répertoire du notariat.*
Thom. *signifie* Thomines Demazures, *Commentaire du code de procédure.*
Toull. *signifie* Toullier, *Droit civil.*
V. ou Voy. *signifie* voyez.

# INTRODUCTION HISTORIQUE

SUR

## L'INSTITUTION DES HUISSIERS, DES COMMISSAIRES-PRISEURS ET DES GREFFIERS DES JUSTICES DE PAIX.

Il n'est pas sans intérêt de jeter un coup d'œil rétrospectif sur les différentes institutions judiciaires qui composent notre ordre social. Malgré les différences générales de temps, de localité, d'usages, de mœurs, de législation , il se rencontre entre le présent et le passé des similitudes ou des contrastes qui sont à la fois un objet de curiosité et d'enseignement. Celui qui porte son attention seulement sur les choses du jour révèle un esprit étroit, une intelligence sans ressources et sans fécondité; l'homme grave demande aux époques anciennes leur contingent d'expérience et d'exemples.

L'institution des huissiers, quelque nom particulier qu'elle ait porté, doit être contemporaine des premières institutions judiciaires. A chaque tribunal, à chaque acte émané du pouvoir judiciaire, il a fallu des hommes spéciaux, ou officiers publics chargés , soit de maintenir la police au sein du prétoire , soit d'appeler devant le juge les parties qui doivent lui demander le règlement de leurs intérêts, soit enfin d'assurer l'exécution des mandements de justice, c'est-à-dire de ce qu'il y a de plus saint, après les décisions du dogme et les inspirations de la foi religieuse.

Les tribunaux ne peuvent, à moins de donner lieu aux graves abus de la force, se comprendre sans un pareil auxiliaire : autrement les magistrats siégeraient sans être assurés du respect et du silence qui leur sont dus; ils prononceraient leurs jugements sans pouvoir les faire connaître à l'extérieur, et en poursuivre l'exécution.

A Rome, où la procédure affectait des formes étranges , et que la procédure moderne n'a pas reproduites, les parties se présentaient volontairement devant le préteur, ou celle qui se refusait à une comparution volontaire était traînée de vive forcé devant son tribunal. Plus tard, les habitudes judiciaires prirent plus de régularité, et les huissiers furent institués. Ils avaient différentes fonctions et se partageaient en différentes classes, d'où venaient pour eux les noms variés d'*apparitores, cohortales, executores, statores, corniculares, officiales.*

Dans l'ancienne monarchie française, le nombre et les attributions des huissiers ont beaucoup varié. Il y avait, au rapport de Denisart, les huissiers-audienciers, dont les fonctions étaient d'être assidus aux audiences, pour y recevoir les ordres des juges, y faire observer le silence, ouvrir et fermer les portes de l'auditoire, et faire les significations de procureur à procureur. Il y avait les sergents dont les fonctions étaient moins étendues que celles des huissiers-audienciers, et qui ne pouvaient signifier que des actes extrajudiciaires, comme les exploits d'ajournement, les commandements, les sommations, les saisies-exécutions, etc. Il y avait encore dans les Cours supérieures, dans les présidiaux, les judicatures royales, les élections, les greniers à sel, les eaux et forêts, un premier huissier, dont les principales fonctions étaient d'appeler les causes qui devaient se plaider, dans l'ordre où le premier magistrat du tribunal les avait mises, de faire la lecture, publication, exposition d'enchère des baux judiciaires, ventes par décret, licitations d'héritages, pendant ou après l'audience. Une attribution toute particulière en faveur de cette dernière classe d'huissier consistait dans la faculté qui leur était accordée d'exploiter par tout le royaume sans *visa* ni *pareatis.*

« Il y a cette différence, dit Jousse, de *l'administration de la justice,* entre les huissiers et le sergents, que les huissiers, à proprement parler, sont ceux dont la fonction est de se trouver aux audiences pour y faire faire silence et exécuter les ordres des juges; et on les appelle, par cette raison, *huissiers-audienciers*; au lieu que les sergents sont ceux dont les fonctions consistent en général à assigner et à exécuter les ordonnances de justice. Mais aujourd'hui, on donne le nom d'*huissiers* à tous ceux qui exploitent dans les Cours souveraines et autres premières juridictions; au lieu qu'on appelle simplement *sergents* ceux qui, n'étant pas huissiers-audienciers, exploitent dans les bailliages et sénéchaussées et autres juridictions inférieures. Ainsi, les huissiers sont en même temps sergents, et réunissent ces deux qualités; mais il y a bien des sergents qui ne sont pas huissiers. »

Suivant le même auteur, les huissiers en droit d'exploiter non seulement hors leur ressort, mais même partout le royaume, étaient :

Les premiers huissiers-audienciers des sièges tant ordinaires qu'extraordinaires;

Les huissiers-audienciers des sièges présidiaux ;

Les huissiers à cheval du Châtelet de Paris;

Les huissiers des bureaux des finances ;

Les huissiers de la connétablie ;

Les huissiers des Cours;

Ceux de la Table de marbre ;

Ceux des requêtes de l'hôtel et du Palais ;

Ceux de la prévôté de l'hôtel ;

Et ceux du bailliage du Palais.

Le premier huissier du Parlement occupe plusieurs pages de l'histoire de France ; on le voit souvent chargé de missions extraordinaires. Ce fut lui qui reçut la mission de signifier le décret d'ajournement personnel que le Parlement avait décerné contre le chancelier Poyet. Le premier huissier du Parlement reçut également l'ordre d'ajourner l'empereur Charles-Quint à comparaître en la Cour des pairs, et lui signifia cet ajournement dans la ville de Gand.

De même encore, le premier huissier dut, par suite de l'arrêt de la Cour du 14 mars 1529, porter *au conseil de Malines* en *bonne et honnête compagnie* le traité de paix, avec les pièces du procès d'entre l'élu empereur d'une part, et les héritiers de Jean de Bourgogne, comte de Nevers, d'autre part. Dénisart, qui consigne tous ces faits avec beaucoup de détails, ajoute qu'il fut alloué au premier huissier, pour les honoraires de cette mission, trois écus d'or soleil par jour.

Quelquefois la mission des huissiers n'était pas sans obstacle et sans dangers. Merlin rapporte plusieurs exemples de punitions sévères infligées à d'illustres coupables qui outrageaient la justice dans la personne de ses représentants.

Jourdain de Lille, fameux par ses brigandages sous Charles IV, fut pendu, en 1322, pour avoir tué un huissier qui l'ajournait au Parlement de Paris.

Edouard II, comte de Beaujeu, fut décrété de prise de corps et emprisonné à la Conciergerie, pour avoir fait jeter par la fenêtre un huissier qui était venu lui signifier un décret ; il fut même obligé, pour obtenir sa liberté, de céder ses états à Louis II, duc de Bourbon.

En 1352, le prince de Galles ayant empêché un huissier qui venait l'ajourner de faire son devoir, fut déclaré contumace et rebelle par le Parlement ; et les terres que son père et lui tenaient dans l'Aquitaine furent déclarées confisquées.

Jousse, dans son Traité de l'administration de la justice, rapporte que, sous le règne de Louis XII, un grand seigneur de la cour ayant cassé le bras à un sergent qui était venu pour le contraindre, le roi n'eut pas plutôt appris cette action, qu'il vint au Parlement le bras gauche en écharpe. Les juges, surpris de le voir en cet état, lui ayant demandé par quel accident il portait ainsi le bras, il leur exposa ce qui était arrivé au sergent ainsi maltraité, et il ajouta ces paroles remarquables : « Puisqu'on use d'une pareille violence à l'égard de ceux qui exécutent les ordres de ma justice, que me servira ce bras qui en porte la marque souveraine que j'ai reçue de Dieu, aussi bien que mon sceptre et ma couronne ? »

Les huissiers au Parlement de Paris et de plusieurs autres Parlements, étaient autorisés à prendre la qualité de *maîtres*.

Au rapport de plusieurs historiens dignes de foi, l'institution des huissiers en

France remonte au temps où la justice fut rendue par des hommes de robe, c'est-à-dire à l'origine des tribunaux permanents.

Le document le plus ancien relatif à l'organisation et aux règles concernant cette profession date du quatorzième siècle. Par une ordonnance royale du 23 mars 1302, il leur fut défendu de faire aucun ajournement que par l'ordre des sénéchaux et des baillis, d'exercer leurs offices dans les terres où les prélats et les barons avaient haute et basse justice. Cette ordonnance royale, dite *sur la réformation du royaume*, réduisit leur nombre à 60 huissiers à cheval, et 90 à pied, taxa les premiers à trois sous parisis par jour, et les seconds à dix-huit deniers monnaie courante, et enfin, leur enjoignit de donner caution pour eux et leurs sous-sergents. Leurs devoirs et leurs attributions furent déterminés par une lettre d'homologation d'un règlement du prévôt de Paris, le 12 juin 1309, et une ordonnance royale du mois de mai 1315 prescrivait la suppression de ceux qui auraient été privés de leurs offices pour leurs fautes, et qui auraient été rétablis sans grâce du roi. Il leur fut défendu d'affermer leurs offices et prescrit d'exercer leurs fonctions par eux-mêmes, sans pouvoir commettre d'autres personnes à leurs places, ni faire signifier leurs exploits par leurs clercs, à peine de faux. C'est ce qui résulte de divers réglements, et particulièrement de deux ordonnances, l'une de mars 1498, et l'autre d'octobre 1535, et de deux arrêts du Parlement de Paris, l'un du 27 juin 1568, et l'autre du 7 sept. 1654. Ces documents législatifs n'avaient fait que reproduire les prohibitions contenues dans une ordonnance précédente, du 28 déc. 1355, qui, en outre, faisait défense aux sergents de prendre plus du salaire d'une journée, quoiqu'ils fissent plusieurs exécutions dans un même jour. Ils durent être par la suite commissionnés par le roi, et les seuls sergents royaux purent procéder aux exécutions. En juin 1369, on procéda à la révision des commissions des sergents à verge et à cheval du Châtelet; on accorda à ceux qui furent supprimés la faculté d'exercer leur vie durant, et le droit exclusif d'instrumenter à Paris et dans la banlieue. Des mesures plus positives furent encore prises en 1395 : on élimina tous ceux qui n'avaient pas les qualités suffisantes, et on supprima leurs charges; on exigea d'eux, pour leur réception, la justification de leur capacité et de leur loyauté, et en plus un cautionnement de 100 livres. Par compensation des dispositions précédentes, qui avaient surtout en vue l'intérêt du public et des justiciables, on permit par une lettre aux sergents à verge du Châtelet, en 1402, de s'assembler pour élire un certain nombre d'entre eux, et les charger du soin de leurs affaires communes; c'était là une mesure utile qui, en facilitant la défense de leurs propres intérêts, permettait l'établissement d'une discipline plus facile et plus efficace. Seuls, à l'exclusion de tous autres, ils eurent droit d'exploiter dans la ville de Paris, même en matière d'aides. Ce fut alors, c'est-à-dire en 1415, que furent créés les sergents de la prévôté des marchands et de l'échevinage de Paris. Joly rapporte une ordonnance de Charles VIII, du 23 oct. 1525, qui défend aux clercs, même à ceux qui n'ont que la simple tonsure, de posséder des offices d'huissiers. L'ordonnance de Moulins, l'édit d'Amboise et l'ordonnance de Blois, défendirent, sous peine de la vie, et sans aucune espérance de grâce, d'outrager ou excéder les huissiers ou sergents dans l'exercice de leurs fonctions. La résidence et le nombre des sergents furent déterminés par une lettre du 24 août 1439. Les abus et les prévarications commis par quelques sergents du Châtelet de Paris motivèrent une information contre eux en 1440 ; on créa un office d'huissier à la chancellerie et au grand Conseil, et on fixa à 14 le nombre des huissiers au Parlement. — Le nombre de ces officiers publics s'était considérablement augmenté ; souvent on entendait des plaintes sur leurs abus et leurs exactions ; les États-Généraux firent des remontrances sur leur nombre et leur conduite dans les bailliages et les sénéchaussées. A Paris surtout, où le nombre des sergents à cheval et à verge du Châtelet s'était accru d'une manière prodigieuse, leur nombre fut réduit à 240 par l'ordonnance d'avril 1492, et leurs causes attribuées au prévôt de Paris. L'édit de juillet 1553 créa un office d'huissier-audiencier en chaque siége présidial du royaume ; dans la suite la déclaration du mois d'août 1564 ordonna aux huissiers et sergents de mettre en leurs exploits les qualités et demeures des parties et leurs salaires ; ils ne purent se refuser de faire les ajournements dont ils furent requis : cette injonction leur fut réitérée par le tit. 25, art. 2 de l'ordonnance de 1667. Ils durent, en vertu de l'ordonnance de 1566, porter dans leurs mains une verge dont ils touchaient ceux auxquels ils étaient chargés de faire exploits de justice ; ceux-ci devaient obéir sans résistance, sous peine d'être privés de leurs droits. Les habitants des villes et des campagnes reçurent ordre de les soutenir sur leur réquisition ; ils purent aussi demander main-forte aux gouvernements des provinces et aux baillis. En 1587, des huissiers-audienciers furent créés dans toutes les juridictions du royaume. Pour les contenir dans l'exacte observation des ordonnances, et les empêcher de grever de frais inutiles les parties qui les employaient, un édit sur l'administration de la justice leur prescrivit, en 1637, de se nommer et de faire mention de leurs demeures dans leurs exploits. Ils reçurent la faculté d'instrumenter dans tout le royaume, et peu après, pour réprimer les abus, survenus par suite de l'incapacité de certains membres de cette corporation, l'édit du mois d'août 1669 leur ordonna de faire registrer leurs exploits, et de se faire assister de deux recors ; ces deux recors devant signer l'original et la copie des exploits, ce fut un moyen d'éviter les antidates, les faux et toutes autres exactions, alors fort communes, vu la facilité avec laquelle on admettait parmi ces officiers publics des gens ignorants et sans moralité. Pour stimuler leur activité, et favoriser ainsi la rapidité essentielle au bon exercice de la justice, l'ordonnance du 16 sept. 1672, dite *ordonnance des huissiers*, dans son art. 13, les soumit à des dommages-intérêts pour retard d'exécution, s'ils ne donnaient avis à leurs parties de l'impossibilité où ils étaient d'accomplir leur mission. Un arrêt du 15 juin 1694 enjoignit aux huissiers et sergents royaux de se retirer dans les lieux où ils étaient immatriculés et d'y faire leur résidence. Un arrêté de 1682, confirmé par celui du 25 sept. 1718, leur permit de vendre et transmettre leurs offices avec l'autorisation du roi : ils durent ne point entreprendre sur les fonctions des notaires, et ne passer aucune quittance, acte ou contrat volontaire, sous forme d'accord, sous peine de faux et d'amende arbitraire. Un arrêt des grands jours de Poitiers, du 14 déc. 1579, confirmé par l'arrêt de réglement du 15 mai 1714, porte que les huissiers ne pourront, sous peine d'interdiction et de tous dépens, dommages et intérêts des parties, accorder un délai à un débiteur, à moins qu'ils n'y aient été autorisés par le créancier. Ils doivent aussi, d'après cet arrêt, aussitôt qu'ils ont rempli leurs commissions, délivrer aux parties qui les ont employés les pièces et les deniers qu'ils ont reçus pour elles, à peine d'interdiction pour la première fois, et de privation de leur état pour la seconde. Les juridictions consulaires reçurent des huissiers en 1708; il leur fut fait défense à tous généralement d'instrumenter pour ou contre leurs parents au 2ᵉ ou 3ᵉ degré, ou dans leurs propres affaires. On punit de l'interdiction, de la suspension, de l'amende et de la prison les malversations qu'ils commirent dans l'exercice de leurs fonctions ; c'est ce qui résulte d'un arrêt du Parlement du 6 sept. 1711. L'ordonnance de 1670 avait déclaré leurs fonctions incompatibles avec l'emploi de geôlier, archers de maréchaussée, et solliciteurs de procès ; les mêmes prohibitions se retrouvent dans la déclaration de 1720. Ils durent, à partir de 1723, faire tous exploits, actes, commandements, saisies et contraintes, moyennant salaire raisonnable de la part du fermier du contrôle, sinon demeurer interdits et condamnés à 500 livres d'amende. Cette dernière ordonnance, émanée de M. l'intendant de Lyon, fut suivie d'une autre ordonnance de M. l'intendant de Paris, du 5 déc. 1733, qui leur ordonna de faire, pour le service de la ferme des domaines, toutes les significations, exploits et autres actes du fait de leurs charges ou commissions à la première réquisition des préposés et commis du fermier des domaines, et droits y joints, à peine d'interdiction. L'office de premier huissier du parlement fut créé par l'édit de mai 1774. La même année furent rétablis deux offices d'huissiers à la deuxième et troisième chambre des enquêtes du Parlement de Paris; ces huissiers du Parlement et ceux de la chancellerie, établis près la Cour, obtinrent seuls la faculté de faire les significations et exécutions d'arrêts dans Paris. Précédemment, divers arrêts du Conseil, tels que ceux du 25 oct. 1768 et 14 mai 1771, leur avaient prescrit de tenir des registres paraphés par les premiers juges des siéges où ils sont immatriculés, pour y faire mention sommaire de tous les exploits qu'ils délivreraient, ainsi que du bureau où ils feraient contrôler ces exploits. Ils furent obligés de donner communication de ces registres au fermier et à ses commis à la première réquisition, à peine de 100 livres d'amende pour chaque contravention. On en était à ce point, lorsque la loi du 29 janv. 1791 supprima, sans rétroactivité, la vénalité des offices.

On peut suivre, par les quelques lignes qui précèdent et qui sont en partie empruntées à la collection des *Anciennes lois françaises*, l'historique de l'institution des huissiers, de leurs attributions et des phases diverses au milieu desquelles ils ont passé sous l'empire de l'ancienne législation. Sous le rapport de leurs intérêts et de la propriété de leurs offices, on voit leur sort associé à celui des autres officiers ministériels, souvent lésés, souvent rançonnés par des suppressions arbitraires ou par des augmentations improvisées au gré des besoins des finances de la monarchie, qui portaient les rois à élargir ou à restreindre le commerce des offices; dans l'exercice de leurs fonctions, on démêle en eux quelque chose de l'époque à laquelle ils appartenaient. Comme le respect de la loi n'était pas très-enraciné dans l'esprit public, d'une part, à raison de l'ignorance des classes inférieures, de l'autre, à raison des folles prétentions de la noblesse et du clergé, les huissiers, et surtout ceux qui prenaient le titre particulier de sergents, se trouvaient, pour ainsi dire, dans l'obligation de prendre des habitudes guerroyantes qui leur imprimaient un cachet militaire. Il y en avait à cheval, qui guidaient la force armée dans ses expéditions; c'était là un côté exceptionnel de la profession, et qui contrastait avec ce qui aurait dû être son véritable caractère, et ce qui est aujourd'hui le caractère essentiel de cette profession.

La révolution de 1789, qui rasa l'antique édifice judiciaire avant même d'avoir esquissé le plan de la réforme qu'elle voulait introduire, par la suppression de la vénalité des offices, enveloppa, par la loi de 1791, dans une même proscription les huissiers et les autres officiers ministériels.

Comment la profession d'huissier a-t-elle été réglée depuis cette époque ?

Jusqu'au décret de 1813, on rencontre dans le Bulletin des lois différentes dispositions de détail (1). La loi du 27 ventôse an 8, par ses art. 70, 96 et 97, celle du 28 floréal an 10, l'arrêté du 22 thermidor an 8 et le décret du 30 mars 1808, art. 94 et suivants, statuèrent sur le rétablissement des huissiers et leurs attributions. Depuis longtemps, une sorte de défaveur s'était comme attachée à cette profession; on faisait retomber sur le corps entier la déconsidération méritée par quelques individus. Le gouvernement, pénétré de la nécessité de régénérer cette profession, s'appliqua à faire cesser toute idée défavorable sur ces officiers de justice et à relever convenablement leur état. Il voulut que tous les citoyens qui tiendraient à l'ordre judiciaire fussent honorés, parce que rien de ce qui environne la justice ne doit être avili. Par l'art. 69 du décret du 18 juin 1811, le ministre de la justice fut chargé, après avoir pris l'avis des Cours d'appel, de présenter un rapport :

---

(1) V., notamment, L. 21-26 juill. 1790, Ventes publiques; — L. 18-26 oct. 1790, Huissiers de justice de paix; — L. 6-27 mars 1791, *id.* — L. 17 sept. 1790, Prisée et ventes de meubles; — Arr. 29 fructidor an 3, Significations des actes relatifs aux délits forestiers; — L. 6 fruct. an 4, Mention de la patente des négociants; — Arr. 27 niv. an 5, Exécution des réglements sur les ventes publiques; — L. 13 brumaire an 7, Timbre de leurs actes et registres; — L. 22 frim. an 7, Enregistrement de leurs exploits; — L. 21 vent. an 7, art. 3, Droit de 25 centimes pour placement de cause.

« Sur l'organisation en communauté des huissiers résidant et exploitant dans chaque arrondissement communal ;

« Sur le nombre d'huissiers qui doivent être attachés au service des audiences des Cours et tribunaux ;

« Sur les indemnités à accorder aux huissiers-audienciers pour leur service particulier ;

« Sur les règlements de police et de discipline nécessaires pour tous ;

« Et sur l'établissement d'une bourse commune entre tous les membres de chaque communauté d'arrondissement. »

Cette disposition fut exécutée. Le projet du décret qui en fut le résultat fut soumis au conseil d'Etat et approuvé le 14 juin 1813. Ce décret, que l'on peut considérer comme la charte des huissiers, modifié en ce qui concerne la bourse commune des huissiers par l'ordonnance du roi du 26 juin 1822, forme la législation spéciale des huissiers ; il réunit les dispositions éparses dans les lois des 19 vendémiaire an 4 et 27 ventôse an 8, sur le nombre des huissiers près les tribunaux et les justices de paix, leur nomination, leur révocation ; l'arrêté du 22 thermidor an 8, le décret du 6 juillet 1810. La loi du 28 avril 1816 règle la fixation de leur cautionnement.

En vertu du décret de 1813, les huissiers près des Cours royales et des tribunaux sont nommés par le roi et révocables. Les conditions d'éligibilité sont : 1° l'âge de vingt-cinq ans ; 2° avoir travaillé au moins pendant deux ans soit dans l'étude d'un notaire ou d'un avoué, soit chez un huissier, ou pendant trois ans au greffe d'une Cour royale ou d'un tribunal de première instance ; 3° justifier d'un certificat de moralité, de bonne conduite et de capacité délivré par la chambre de discipline des huissiers de l'arrondissement. Ils doivent déposer un cautionnement, et ne sont admis à la prestation du serment et à l'exercice de leur ministère que sur la présentation de la quittance de ce cautionnement fixé par la loi. L'exercice du ministère d'huissier est incompatible avec toute autre fonction publique salariée.

Tous les huissiers ont les mêmes attributions et le droit d'exploiter concurremment dans l'étendue du ressort du tribunal d'arrondissement de leur résidence : hors de cette circonscription, ils sont sans pouvoir. Chaque tribunal choisit ses huissiers-audienciers ; les tribunaux de première instance ont seuls des huissiers ordinaires et des huissiers-audienciers ; toutes les autres cours et tribunaux n'ont que des huissiers-audienciers.

On peut du reste, pour tout ce qui concerne l'organisation et le service des huissiers, leurs attributions et leurs devoirs, leur réunion en communauté d'arrondissement, l'établissement d'une chambre de discipline, les attributions de cette chambre et la forme d'y procéder, et la bourse commune de ces officiers de justice, consulter le décret du 14 juin 1813 dont nous venons de parler et notre article du Dictionnaire des Huissiers. Une ordonnance du 6 octobre 1832 statua sur l'organisation des chambres de discipline et les conditions d'éligibilité. Les différents

Codes, le Code civil, le Code de procédure civile, le Code de commerce, le Code pénal, le Code d'instruction criminelle, le tarif civil et le tarif criminel, contiennent aussi un grand nombre de dispositions disséminées dans leurs différentes parties et qui ont pour but de réglementer l'exercice de leur ministère et de déterminer leurs pouvoirs. Le nombre actuel des huissiers est de 7,981.

Pour ce qui concerne les commissaires-priseurs, leur origine remonte, d'après l'opinion générale, à l'année 1556. Ils furent d'abord appelés *maîtres priseurs-vendeurs*. En 1576, on les réunit aux sergents royaux et huissiers du Châtelet ; il en fut ainsi jusqu'à l'édit de 1696, par lequel Louis XIV créa de nouveaux offices de jurés priseurs-vendeurs de biens meubles. Par suite de cet édit, les jurés priseurs-vendeurs durent, à l'exclusion de tous autres, faire les prisées et ventes des biens meubles dans l'étendue du ressort des justices royales, près lesquelles ils étaient établis. Aux jurés priseurs-vendeurs on ajouta 30 commissaires aux ventes, créés par un édit du mois d'août 1712 et de mars 1713. Cet état de chose fut confirmé par la déclaration du 18 juin 1758, registrée le 20 du même mois, qui leur enjoignit, par son art. 2, d'appeler les syndics et adjoints des libraires, pour vendre les fonds de librairie et imprimerie. Cette injonction se trouve aussi relatée dans un acte de notoriété du Châtelet du 25 mai 1703.

Les huissiers-priseurs de la ville de Paris et ceux de l'Arsenal avaient été exceptés des dispositions de l'édit de 1696 par celui de 1713 ; ils ne pouvaient vendre que les biens meubles qu'ils avaient saisis-exécutés en vertu de sentences du bureau de la ville ; le ministère des huissiers de l'Arsenal ne s'exerçait pas en dehors du territoire de ce bailliage.

Des raisons fiscales les firent supprimer en 1771, à l'exception de ceux de la ville de Paris et de la banlieue, à l'égard desquels il ne fut rien innové. Louis XV en créa de nouveaux dans toutes les justices royales ; cet édit de 1771, registré au Parlement le 21 février de la même année, règle le prix des vacations qu'ils sont autorisés à se faire payer. C'est ce qui résulte aussi des lettres-patentes du 7 juillet de la même année, registrées le 1er août suivant, portant sursis à la levée desdits offices créés par l'édit de février. Les fonctions des officiers nouvellement créés furent dévolues provisoirement aux notaires, greffiers, huissiers et sergents royaux, avec certaines restrictions pour les droits de vacation.

Un arrêt du conseil de 1780 leva le sursis ordonné par les lettres-patentes de 1771 ; le but de cette surséance ayant été rempli, le gouvernement, qui avait depuis lors perçu les revenus de ces offices, se trouvant alors à même d'en connaître la valeur, des lettres-patentes du 3 janvier 1782, enregistrées le 11 du même mois par le Parlement de Paris, fixèrent d'une manière uniforme, pour tout le territoire du royaume, les droits de vacation à percevoir par ces officiers : on prit pour assiette de cette taxe la durée des prisées, l'importance des procès-verbaux dressés par eux et des ventes faites par leur ministère. L'institution des jurés-priseurs disparut en 1789, comme toutes celles avec lesquelles elle avait de l'analogie.

Les lois des 26 juillet 1790 et 17 sept. 1793, après la suppression des huissiers-priseurs, s'occupèrent de leur remplacement et de la répartition de leurs fonctions entre d'autres officiers publics. Les notaires, les greffiers et huissiers furent chargés des ventes de meubles dans toute l'étendue du territoire français. Ces derniers jouirent de cet avantage sans aucune restriction, jusqu'à la loi du 25 vent. an 9, (18 mars 1801), qui établit 80 commissaires-priseurs pour le département de la Seine, et leur accorda, d'une part, le droit exclusif de procéder aux prisées de meubles et ventes publiques aux enchères d'effets mobiliers ayant lieu à Paris; de l'autre, celui de faire lesdites prisées et ventes, mais avec la concurrence des notaires, greffiers et huissiers, dans toute l'étendue du département de la Seine.

L'exposé des motifs de la loi du 27 vent. an 9 indique, en termes énergiques, les abus auxquels le retour de l'institution devait mettre fin.

« En les établissant (les commissaires-priseurs), est-il dit dans cet exposé de motifs, vous faites disparaître une immense quantité d'abus, vous supprimez de scandaleux encans ouverts par la mauvaise foi, où les objets volés trouvent un recélé facile, où l'on n'expose que des marchandises inférieures ou détériorées, où le public est indignement trompé par des enchères simulées; vous assurez au fisc la perception des droits établis, et dont il est chaque jour frustré; vous déjouez les injustes coalitions des marchands courant habituellement les ventes pour acheter à vil prix, et partager ensuite un bénéfice illicite sur les objets vendus; vous rendez au commerce légitime des marchands en boutique et en magasin, les occasions de vente dont ces encans les privent journellement; enfin, par le cautionnement exigé, ainsi que par la moralité des fonctionnaires qui seront choisis, vous garantissez la solvabilité de ces fonctionnaires, dépositaires nécessaires et forcés. »

Plus tard, la loi du 28 avril 1816 accorda au roi la faculté de nommer des commissaires-priseurs partout où il le jugerait convenable, et une ordonnance royale intervint, à la date du 26 juin 1816, dans le but de développer le principe consacré par la loi du 28 avril 1816. Cette ordonnance porte : « Art. 1er. Dans toutes les villes chefs-lieux d'arrondissement, ou qui sont le siége d'un tribunal de première instance, et dans toutes celles qui, n'ayant ni sous-préfecture, ni tribunal, renferment une population de cinq mille âmes et au-dessus, *il sera nommé* un commissaire-priseur pour chaque justice de paix existant dans la ville. »

Par la même ordonnance, les commissaires-priseurs nommés dans les chefs-lieux d'arrondissement sont investis du droit de faire exclusivement toutes les prisées de meubles et ventes publiques qui auront lieu dans le chef-lieu de leur établissement. Ils jouissent également de la concurrence pour les opérations de même nature, qui se font dans l'étendue de leur arrondissement, à l'exception, toutefois, de celles où résiderait un commissaire-priseur. La latitude donnée au roi par l'art. 1er de l'ordonnance du 26 juin 1816, n'a pas été mise à profit, et dans un très-grand nombre de localités présentant les conditions déterminées, il n'a pas été créé de commis-saires-priseurs.—D'après le compte général de l'administration de la justice civile et commerciale en France, pendant l'année 1842, et présenté au roi le 30 janvier 1844, le nombre des commissaires-priseurs institués en France est de 412.

Dans l'organisation nouvelle des justices de paix, introduites pour la première fois en 1789 dans le système judiciaire de la France et par imitation de la Hollande et de l'Angleterre, les greffiers de ces justices occupent une position importante. Par la loi du 16-24 août 1790, tit. 9, art. 5, chaque juge de paix devait commettre un greffier, recevoir son serment et ne pouvait plus le destituer. Depuis, celle du 23 floréal an 2 a enlevé aux juges de paix la nomination de leurs greffiers et la transféra aux conseils généraux de district, remplacés, aux termes de la loi du 21 fructidor an 3, par les administrations municipales de cantons. La loi du 28 frimaire an 5 (18 décembre 1796) rétablit les juges de paix dans l'exercice du droit de nommer leurs greffiers; elle y ajouta même celui de les destituer. Posté-rieurement, est intervenue la loi du 27 ventôse an 8, qui applique aux greffiers des justices de paix et aux greffiers des autres juridictions, un principe général, celui de la nomination et de la révocation par le chef de l'État. Enfin, par la loi du 28 avril 1816, la nomination a lieu sur la présentation d'un successeur, soit par le titulaire, soit par ses héritiers ou ayants-cause.

Tel est succinctement l'exposé très-sommaire des dispositions anciennes ou récentes qui se rattachent aux trois classes d'officiers ministériels dont les précédents et les in-térêts actuels nous ont préoccupé. Une réflexion résulte de l'examen des différents documents émanés des pouvoirs qui se sont succédé en France au milieu des orages et des révolutions de toute nature dont nous sommes à peine remis, c'est l'inco-hérence et le vague de la plus grande partie des textes officiels. On eût dit qu'à chaque époque on avait honte de fonder une institution d'une manière durable et complète. Au lieu d'une seule et même disposition, on est obligé de recourir à vingt dispositions différentes, et même leur concordance ne s'obtient pas toujours, au grand détriment de tous. Dans la question des officiers ministériels, tous les gouvernements ont mon-tré la même hésitation et la même pusillanimité. Il n'y avait, suivant nous, que deux partis à prendre : il fallait, ou rester fidèle aux errements des premiers temps de la révolution de 1789, persister dans la suppression de la vénalité des officiers, traiter les auxiliaires de la justice comme des fonctionnaires publics, les rétribuer comme tels, ou revenir franchement à l'ancien système, moins les abus, consacrer entre les mains des titulaires une propriété d'un genre particulier, soumise, comme toutes les propriétés, à des règles et à des conditions de transmission. Rien de cela n'a été fait. L'empire, la restauration, les premières années de la révolution de juillet n'ont jamais pris un parti net et franc, et lorsqu'en 1839, l'imprudence tar-dive d'un garde des sceaux a voulu revenir sur des habitudes et des précédents légitimés par de longues années, l'opinion publique a été obligée d'avertir le pouvoir de l'injustice qu'il allait commettre et d'arrêter les essais de rétroactivité qui semblaient imminents. La tentative de 1839 a tourné contre le but qui l'avait inspirée; essayée contre les officiers ministériels, elle leur a peut-être été plus utile que des actes officiels émanés des chambres législatives. Elle a excité le plus vif intérêt sur leur position et montré tout ce qu'elle présentait d'équitable. Est-ce à dire qu'il n'y ait plus rien à faire dans leur intérêt? En se prononçant pour la négative, on se tromperait étrangement. Un principe a été consacré : l'inviolabilité de la propriété des officiers ministériels; il reste encore à la réglementer dans quelques-unes de ses parties et dans le mode d'action des différents titulaires d'offices pour ce qui concerne leurs intérêts particuliers.

Rassurés du côté du pouvoir législatif, les officiers ministériels ont continué, dans beaucoup de circonstances, à se trouver placés en présence d'une jurisprudence sévère, qui souvent leur inflige une responsabilité très-grave. Sans doute il doit arriver aujourd'hui que des erreurs et des négligences, qui n'étaient pas relevées autrefois, trouveront moins de facilités devant les tribunaux. L'instruction plus généralement répandue, l'expérience de la pratique acquise à un plus haut degré, et rendue d'un accès plus facile, aggravent les torts de ceux d'entre les officiers ministériels qui n'ont pas constamment les yeux ouverts sur les intérêts de leurs clients et sur l'observation des formalités que la loi leur impose. La sévérité des tribunaux leur rend plus nécessaire que jamais l'examen attentif des décisions de la doctrine et de la jurisprudence. Sous ce rapport, l'ouvrage que nous offrons aux huissiers, aux commissaires-priseurs et aux greffiers des justices de paix sera un guide de tous les instants, et leur viendra en aide dans tous les cas où leurs études acquises et leur expérience ne seraient pas pour eux un auxiliaire suffisant.

Reste maintenant l'opinion publique, de laquelle relèvent toutes les professions, et dont l'assentiment est le suffrage le plus désirable pour tous les gens de cœur. A aucune autre époque, les officiers ministériels, à quelque catégorie qu'ils se rattachent, n'ont rencontré autant de sympathie. Ils la doivent, sans aucun doute, à leurs lumières et au zèle consciencieux qu'ils apportent dans l'exercice de leurs fonctions. C'est là une justice que ne sauraient leur refuser les adversaires les plus prononcés, et les malheureuses exceptions qui se sont rencontrées ont servi du moins à montrer par la répression énergique qui s'est élevée du sein des compagnies, que les corporations ne voulaient pas, par leur silence, se rendre solidaires des erreurs et des méfaits de quelques-uns de leurs membres.

**Paris, le 1er mai 1844.**

**CH. VERGÉ,**
Docteur en droit, avocat à la Cour royale de Paris.

# SUPPLÉMENT

AU

# DICTIONNAIRE DES HUISSIERS.

## Période de 1835 à 1844.

Le Supplément du Dictionnaire des Huissiers ne forme pas par lui-même un ouvrage. Il eût été inutile de refaire le Dictionnaire de feu Urbain Loiseau, qui réunit d'une manière si satisfaisante tous les documents utiles à MM. les huissiers. Seulement, il a paru opportun, d'une part, de présenter, dans un tableau, pour ainsi dire synoptique, toutes les décisions consignées périodiquement dans *la Jurisprudence des Huissiers ou Journal des intérêts généraux de ces officiers ministériels* ; d'autre part, de signaler avec étendue les changements introduits dans la législation, et de compléter l'ensemble des variations de la jurisprudence. C'est ainsi que quelques articles (tels que les articles Dernier ressort, Justice de paix, Saisies, Ventes, etc.) ont été traités à nouveau ou empruntés en partie au Supplément de l'excellent Dictionnaire de Jurisprudence de M. Armand Dalloz. La spécialité de MM. les commissaires-priseurs et greffiers des justices de paix a également engagé l'auteur du Supplément à faire d'autres additions qu'ils sauront apprécier.

Les divisions principales du Supplément, le système d'abréviations et de renvois sont les mêmes que ceux du Dictionnaire. Elles sont d'une intelligence facile, et permettent de se reporter, sans de longues recherches, du Dictionnaire au Supplément, ou du Supplément au Dictionnaire, et de constater qu'en se complétant l'un par l'autre, ils présentent dans leur réunion un répertoire éminemment pratique.

---

Explication d'une nouvelle abréviation que l'on doit ajouter aux abréviations du Dictionnaire, dont le tableau est placé avant l'introduction historique : J.H. 37. 1. 216, *signifie :* Jurisprudence des Huissiers, volume de 1837, 1re partie, page 216.

---

## ACQ

**ABUS DE CONFIANCE.** — Il ne peut y avoir abus de mandat dans le sens de l'art. 408 C. pén., qu'autant qu'il est constaté qu'il y a eu *dissipation* ou *détournement effectif* des valeurs remises par suite du mandat ; la rétention plus ou moins prolongée de ces valeurs et le défaut de reddition de compte sont insuffisants pour constituer ce délit. — 4 mars 1837. Cass. J.H. 37. 1. 216.

**ACQUIESCEMENT (1).** — 1. — *Acquiescement en ma-*

tière d'ordre public. — L'acquiescement donné sans fraude à un jugement par défaut qui prononce la séparation de corps est valable, et rend non recevable l'appel de l'époux qui a acquiescé : ici ne s'applique pas l'art. 307 C. civ.

..... Mais le jugement qui ratifierait l'acquiescement à une demande en séparation de corps ne ferait, en pareil cas, qu'homologuer une séparation volontaire, et, par suite, violerait l'art. 307 C. civ. — 14 déc. 1837. Aix. J.H. 38. 1. 122. — V. encore, ci-après, même art., 29.

2. — *Appel.* — La partie qui, sur des poursuites en exécution d'un jugement de condamnation prononcé contre elle, déclare *ne pouvoir payer pour le moment*, acquiesce à ce jugement, et se rend, par suite, irrece-

(1) L'article du Dictionnaire auquel nous renvoyons est un véritable traité sur la matière. Il n'est pas de question qui ne s'y trouve traitée. Aussi on se borne ici à analyser les solutions rapportées de 1835 à 1844, dans la Jurisprudence des Huissiers.

vable à en relever appel (C. pr., 443). — 7 août 1835. Bordeaux. J.H. 36. 1. 180.

3. ... Bien que le demandeur en distraction, au sujet d'une vente de biens de mineurs, ait introduit sa demande dans la forme tracée par les art. 727 et 728 C. pr., et qu'il ait fait juger cette forme régulière en première instance, il ne s'ensuit pas qu'il doive être soumis, en vertu de la chose jugée ou de l'acquiescement, au délai de l'appel réduit à 15 jours par l'art. 730. — 13 janv. 1841. Cass. J.H. 41. 1. 99.

4. — *Cassation (pourvoi en)*. — Il n'y a pas acquiescement à un jugement contre lequel on a régulièrement formé un pourvoi en cassation, dans le cas où, postérieurement à ce pourvoi, on aurait, sur un commandement qui allait être suivi immédiatement d'une saisie, déclaré à l'huissier qu'on allait faire des offres du montant des condamnations, encore bien qu'on n'aurait fait aucune réserve; par suite, et dans ces circonstances, le pourvoi en cassation doit produire tous ses effets. — 17 janv. 1838. Cass. J.H. 38. 1. 82.

5. — *Commune*. — L'acquiescement donné, sans autorisation légale, par un maire à un jugement rendu contre la commune qu'il représente, n'oblige pas cette commune, et ne la rend pas irrecevable à relever appel de ce jugement. — 6 nov. 1835. Rouen. J.H. 37. 1. 17.

6. — *Constitution d'avoué*. — On doit considérer comme acquiescement à un jugement, et renonciation à l'appel qui en a été interjeté, la constitution d'un nouvel avoué, faite par l'appelant, pour être procédé sur les *derniers errements* de la procédure, et la signification du jugement faite semblablement par lui avec sommation de l'exécuter dans tout son contenu.

.... Surtout lorsque la nature du jugement signifié ne permet pas de supposer que l'appelant n'a entendu l'exécuter lui-même que pour les chefs qui lui sont favorables. — 10 fév. 1838. Pau. J.H. 40. 1. 103.

7. — *Contrainte par corps*. — L'acquiescement à un jugement ne fait pas obstacle à ce que la partie condamnée interjette appel du chef du jugement relatif à la contrainte par corps (L. 17 avril 1832). — 10 fév. 1836. Pau. J.H. 37. 1. 183.

.... Ou y forme opposition, si le jugement est par défaut. — 5 août 1837. Nancy. J.H. 38. 1. 311. — 10 janv. 1838. Caen. — 21 et 26 oct. 1837. 37. 1. 313, et 26 juin 1838. Paris. J.H. 39. 1. 415. — V. encore 11 mars et 28 mai 1839. Paris. J.H. 39. 1. 159 et 279 ; seulement il faut observer que cet acquiescement n'a pas pour effet de proroger le délai de l'appel.

8. ... L'acquiescement du débiteur à un jugement par défaut du tribunal de commerce prononçant une condamnation par corps, alors que ce jugement était périmé, faute d'exécution dans les délais fixés par la loi, a pour effet de faire revivre le jugement même au chef de la contrainte par corps. — 30 août 1836. Caen. J.H. 37. 1. 89.

9. — *Délaissement d'immeubles*. — Celui qui, sur la signification d'un jugement en délaissement d'immeubles rendu à la suite d'expropriation forcée, a déclaré *avoir le temps trop court pour enlever les objets qui lui appartiennent*, et s'est engagé à rendre les clefs dans un délai qui lui a été accordé, doit être réputé avoir formellement acquiescé au jugement, et ne peut en interjeter appel, encore bien que l'exécution provisoire de ce jugement ait été ordonnée. — 17 janv. 1838. Pau. J.H. 40. 1. 17.

10. — *Enquête*. — La partie qui, postérieurement à l'enquête, signifie elle-même, sans réserves et par acte extrajudiciaire, le jugement interlocutoire en vertu duquel il a été procédé, est présumée avoir acquiescé formellement à ce jugement, avoir abandonné ses réserves faites lors de l'enquête, et devient non recevable à interjeter appel de ce jugement (C. pr., 443). — 20 fév. 1839. Bourges. J.H. 40. 1. 113.

11. ... La présence d'une partie à l'audition des témoins, et même la proposition de reproches contre quelques-uns d'eux, ne couvre pas la nullité de l'enquête résultant, par exemple, de ce que cette partie n'a pas été régulièrement assignée pour assister à l'enquête, si elle a fait des réserves expresses de se prévaloir ultérieurement de la nullité. — 10 février 1833. Nancy. J.H. 38. 1. 258.

12. — *Exécution*. — L'exécution d'un jugement faite après saisie et au moment où on va vendre les biens saisis, n'est pas un acquiescement rendant le pourvoi non recevable. — 1er déc. 1834. Cass. J.H. 55. 462.

13. ... L'exécution, sur commandement, des condamnations prononcées par un jugement, n'emporte pas acquiescement, et, par suite, déchéance du droit d'interjeter appel, alors que ce droit a été expressément réservé par la partie, et qu'elle a déclaré n'exécuter le jugement que comme contrainte et forcée, en ce qu'elle présumait que l'exécution provisoire avait été prononcée contre elle (C. pr., 457). — 8 août 1838. Cass. J.H. 38. 1. 285.

14. — *Expertise*. — La comparution volontaire d'une partie à une expertise, ordonnée par suite d'un arrêt contre lequel elle s'est pourvue en cassation, ne la rend pas irrecevable dans son pourvoi, alors qu'elle n'a assisté à l'expertise que sous la réserve expresse de tous ses droits. — 20 avril 1836. Cass. J.H. 56. 1. 276.

15. — *Frais*. — Le paiement, entre les mains du greffier, du droit d'enregistrement d'un jugement n'emporte pas nécessairement acquiescement à cette décision. — 30 mars 1838. Poitiers. J.H. 38. 1. 295.

16. ... Le paiement des frais sans réserve ni protestations par la partie à qui un jugement en premier ressort a été signifié, ainsi que l'exécutoire des dépens avec commandement de les payer, emporte acquiescement rendant non recevable l'appel depuis interjeté. — 16 janvier 1838. Douai. J.H. 39. 1. 122.

17. ... Les frais faits illégalement par un maire après qu'un acquiescement de la partie adverse a eu mis fin au procès, doivent rester à sa charge personnelle et non à celle de la commune...; et cela, bien que la notification de l'acquiescement ait été faite en vertu d'un pouvoir sous-seing privé. (C. pr., 152.) — 21 fév. 1839. Rennes. J.H. 39. 1. 160. — V. encore, ci-après, même article, 22, 23 et 24.

18. — *Jugement par défaut*. — L'acquiescement à un jugement par défaut, qui valide une saisie-arrêt pratiquée en vertu d'un jugement antérieur, emporte acquiescement à ce dernier jugement, et en rend l'appel non recevable, alors même que cet appel aurait déjà été interjeté lors de l'acte d'acquiescement, et que cet acte ne contiendrait aucune renonciation formelle à poursuivre l'instance devant la Cour royale. — 16 mars 1840. Cass. J.H. 40. 1. 114.

19. — *Main-levée d'inscription*. — La main-levée d'une inscription prise en vertu d'un jugement qui a été infirmé, consentie volontairement pour arrêter des frais de procédure en main-levée, ne peut être considérée comme un acquiescement à l'arrêt, qui rende le pourvoi non recevable. — 5 avril 1838. Cass. J.H. 38. 1. 171.

20. — *Matière criminelle*. — Les jugements en matière criminelle ou correctionnelle peuvent, à la différence des jugements en matière civile, être attaqués par la voie de l'appel, encore bien qu'ils aient été vo-

lóntairement exécutés. — En conséquence, l'appel formé contre un jugement correctionnel qui avait été exécuté avant l'expiration des délais d'appel, doit, nonobstant l'acquiescement du condamné à l'exécution prématurée de ce jugement, être déclaré recevable, s'il est exercé dans le délai fixé par l'art. 203 C. inst. cr. — 10 juin 1836. Cass. J.H. 36. 1. 528.

**21. — *Ordre.*** — Il suffit qu'un débiteur exproprié ait figuré à l'ordre ouvert sur le prix d'adjudication, que sa femme y ait été colloquée, que, conjointement avec elle, il ait fait condamner l'adjudicataire à payer le montant de cette collocation, et que ce soit d'après son consentement, et en sa présence, que sa femme a reçu le paiement de ses créances, pour qu'il doive être considéré comme ayant acquiescé à l'adjudication, et qu'il soit, par suite, irrecevable à venir en demander la nullité. — 19 mai 1836. Cass. J.H. 36. 1. 522.

**22. — *Paiement.*** — Le paiement, par le demandeur en cassation, des frais auxquels il a été condamné par l'arrêt qu'il a attaqué, ne peut être considéré comme un acquiescement et rendre le pourvoi non recevable, s'il n'est pas prouvé que ce paiement a été fait volontairement. — 4 fév. 1855. Cass. J.H. 35. 46.

**23.** ... La partie qui paie volontairement les dépens *réservés* par un jugement prononçant contre elle une simple condamnation provisoire, est réputée acquiescer à ce jugement, qui devient définitif et non susceptible d'appel. — 5 juin 1840. Aix. J.H. 42. 1. 149.

**24.** ... La partie contre laquelle un exécutoire de dépens a été obtenu par l'avoué de la partie adverse, ne peut, alors que son opposition à cet exécutoire a été rejetée, être considérée comme libre de se refuser au paiement : par suite, ce paiement, bien qu'effectué par elle spontanément et sans autres poursuites, ne constitue pas de sa part un acquiescement au jugement qui l'a déboutée de son opposition, rendant son pourvoi ultérieur non recevable, alors surtout qu'elle a fait, lors dudit paiement, des réserves de se pourvoir. — 27 août 1838. Cass. J.H. 58. 1. 279. — V. ci-dessus, même article, 15, 16 et 17.

**25. — *Péremption.*** — Par l'acquiescement donné à un jugement par défaut qui, en attribuant à un individu la qualité de commerçant, le condamne par corps, ce jugement est soustrait à la péremption. (C. civ., 2065.) — 8 mai 1857. Bourges. J.H. 57. 1. 517.

**26. — *Plaidoiries au fond.*** — La partie qui, après le jugement du tribunal de commerce rejetant un déclinatoire et ordonnant de plaider au fond, demande, par son agréé, un délai pour plaider au fond, est réputée avoir acquiescé au jugement. — 27 mars 1838 et 22 janv. 1839. Amiens. J.H. 40. 1. 103.

**27. — *Pouvoir.*** — La notification de l'acquiescement à un jugement, faite par un huissier, en vertu d'un pouvoir sous signature privée, non enregistré, est valable ; la partie adverse ne peut se prévaloir du défaut de date certaine du pouvoir, et en conclure que l'huissier a agi sans mandat, lorsque, loin de désavouer ce mandat, ceux qui l'ont donné l'ont au contraire invoqué (C. pr., 353). — 24 févr. Rennes. J.H. 59. 1. 160.

**28. — *Récusation de juges.*** — L'acquiescement à l'arrêt qui ordonne l'adjudication ne résulte pas contre le saisi de ce que, dans l'instance en surenchère qui s'est ouverte après l'adjudication, il a récusé les juges de la cause. — 8 mai 1858. Cass. J.H. 58. 1. 191.

**29. — *Séparation de corps.*** — L'exécution, sans concert frauduleux entre les époux, d'un jugement qui prononce une séparation de corps, doit être assimilée à l'exécution volontaire de tout autre jugement, et peut ainsi constituer une fin de non recevoir contre l'appel

que voudrait en interjeter l'époux qui l'a exécuté (C. c., 507). — 21 août 1838. Cass. J.H. 58. 1. 515. — V. encore ci-dessus, n. 4.

**30. — *Serment.*** — La partie qui a souffert que le serment supplétoire fût prêté sans opposition par son adversaire, est réputée avoir acquiescé au jugement intervenu, et, en conséquence, est déchue de la faculté d'en interjeter appel, encore bien qu'elle ait fait défaut à la prestation du serment, et que son avoué présent à l'audience ait refusé de prendre la parole (C. civ., 1366). — 9 avril 1840. Montpellier. J.H. 40. 1. 198.

**31. — *Signification de jugement.*** — La signification à avoué, et sans réserve, d'un jugement définitif, doit être réputée le fait seul de l'avoué qui l'a ordonnée, et ne peut être opposée à la partie comme acquiescement (C. pr., 443). — 21 janv. 1839. Bourges. J.H. 39. 1. 311.

**ACTES DE COMMERCE. — 1. — *Achat de bestiaux.*** — L'achat et la revente des bestiaux nourris et engraissés avec les fourrages récoltés dans les propriétés du vendeur, ou dans celles qu'il a affermées, ne constitue pas un acte de commerce (C. comm., 632). — 14 fév. 1840. Bourges. J.H. 41. 1. 450.

**2.** ... L'achat, par un fermier, de bestiaux maigres pour les engraisser et les revendre, ne constitue pas un acte de commerce, lorsque les animaux ont été placés dans le fonds comme *bestiaux d'embauche*, c'est-à-dire pour consommer sur place des produits difficiles à écouler. — 22 nov. 1856. Bourges. J.H. 40. 1. 231.

**3. — *Achat de terrains.*** — Les spéculations sur les achats et ventes de terrain ne constituent pas des actes de commerce. — 30 avril 1839. Paris. J.H. 39. 1. 282.

**4. — *Acteur.*** — L'engagement de l'acteur est un acte de commerce ; en conséquence, les contestations relatives à cet engagement sont soumises à la juridiction commerciale (C. comm., 632). — 7 mai 1839. Amiens. J.H. 40. 1. 161.

**5. — *Aliments.*** — Les fournitures d'aliments faites par un aubergiste à un entrepreneur de travaux publics doivent être considérées comme faites pour l'usage personnel de ce dernier, et, par suite, les actions qui en naissent doivent être formées par exploits donnés devant les tribunaux civils (C. comm., 631 et 638).

Mais les actions pour la nourriture fournie aux ouvriers et aux chevaux du commerçant doivent être réputées relatives à l'industrie de ce dernier, et doivent être intentées devant la juridiction commerciale.

Les avances faites aux ouvriers rentrent aussi sous cette juridiction. — 16 janv. 1858. Lyon. J.H. 39. 1. 18.

.... Jugé au contraire qu'à l'égard des dépenses faites dans une auberge tant pour son usage personnel que pour la nourriture de ses ouvriers et de ses chevaux, l'entrepreneur ou l'adjudicataire d'une route n'est pas justiciable du tribunal de commerce. — 2 mars 1837. Limoges. J.H. 59. 1. 20.

**6. — *Auteur.*** — La convention qui intervient entre un auteur et un imprimeur, au sujet de l'impression d'un ouvrage, ne constitue pas, de la part de l'auteur, un acte de commerce, quoiqu'il en soit l'éditeur et le vendeur. — En conséquence, le tribunal de commerce est incompétent pour connaître des contestations relatives à l'exécution de cette convention (C. comm., 632). — 25 oct. 1834. Paris. J.H. 55. 1. 85.

**7.** ... L'auteur qui achète les objets nécessaires pour la publication de ses ouvrages, ou qui, contractant des emprunts dans ce but, dépose un certain nombre d'exemplaires en nantissement, ne fait pas des actes de commerce ( C. comm., 632 ). — 3 fév. 1836. Paris. J.H. 36. 1. 280.

8. — *Caution.* — L'individu, même non négociant, qui a cautionné une dette commerciale, fait un acte de commerce justiciable des tribunaux de commerce ( C. comm., 631, 632 ). — 6 août 1838. Rouen. J.H. 59. 1. 79. — V. cependant 10 fév. 1836. Cass. J.H. 36. 1. 184.

9. — *Cession.* — La cession par un associé à son co-associé, tous deux commerçants, de tous les droits revenant à celui-là, dans la société, alors mise en liquidation, après faillite et concordat, est un acte de commerce (C. comm., 632). — 17 juill. 1837. Cass. J.H. 37. 1. 297.

Mais la cession de bail de magasins, faite avec la vente d'un fonds de commerce, mais comme opération distincte et par prix séparé, n'a pas le caractère d'un acte commercial : en conséquence, la contrainte par corps ne peut être prononcée pour une créance ayant cette origine. —, 23 janv. 1840. Paris. J.H. 40. 1. 444.

10. — *Crédit ouvert.* — Le crédit ouvert chez un banquier, au profit d'un non commerçant, par suite du dépôt habituel des fonds de celui-ci, ne constitue pas, de la part du crédité, un acte de commerce qui le rende justiciable de la juridiction commerciale, bien qu'il ait reçu pour sa garantie des billets ou autres valeurs ( C. comm., 1). — 15 juin 1840. Rouen. J.H. 41. 1. 83.

11. — *Effets publics.* — Des opérations d'achat ou de revente d'effets publics, quelque réitérées qu'elles soient, ne constituent point par elles-mêmes des actes de commerce, et, par suite, ne sauraient rendre un individu, non commerçant, justiciable de la juridiction consulaire. — 7 avril 1835. Paris. J.H. 35. 1. 235.

12. — *Entreprise de construction.* — Les entreprises de construction ne sont réputées *actes de commerce* que lorsqu'elles ont la navigation pour objet : par suite, n'est pas justiciable du tribunal de commerce, à raison de son entreprise, celui qui se rend adjudicataire des travaux de construction d'un palais de justice dont il doit fournir les matériaux en même temps que la main-d'œuvre ( C. comm., 632 et 633 ). Il n'est justiciable du tribunal de commerce qu'à raison des achats de matériaux qu'il peut faire pour les employer à ses constructions. — 21 déc. 1837. Poitiers. J.H. 38. 1. 120. — V. cependant 10 févr. 1836. Cass. J.H. 36. 1. 184.

13. — *Facteur à la halle.* — La vente d'une place de facteur à la halle aux blés, ne constitue pas un acte de commerce ( C. comm., 632 ).

Le cautionnement donné par l'acheteur d'une place de facteur à la halle aux blés, à son vendeur, pour qu'il lui ouvre un crédit, constitue une opération commerciale, attributive de la juridiction consulaire. — 20 juin 1840. Paris. J.H. 41. 1. 50.

14. — *Fonds de commerce.* — L'achat d'un fonds de commerce vendu par un commerçant peut, d'après les faits et la qualité des parties, être déclaré constituer un acte de commerce ; et, par suite, les contestations auxquelles il donne lieu entre l'acheteur et le vendeur, être jugées par le tribunal de commerce, sans que cette décision tombe sous la censure de la Cour de cassation (C. comm., 631). — 7 juin 1857. Cass. J.H. 37. 1. 307. — V., dans le même sens, 31 déc. 1859. Paris. J.H. 40. 1. 89.

Jugé cependant en sens contraire par arrêt du 2 mars 1859. Paris. J.H. 39. 1. 89.

15. — *Louage.* — Le tribunal de commerce est compétent pour connaître d'une action en paiement du loyer d'un ustensile, loué par un marchand à un autre marchand pour l'exercice de sa profession ( C. civ., 631, n. 1 ). — 22 nov. 1843. Angers. J.H. 44. 1. 21.

16. — *Mandat.* — Le mandat de recouvrer une somme due par un commerçant, quoiqu'il soit donné par un commerçant à un commerçant, ne constitue qu'une simple obligation civile, et non point un engagement commercial qui rende le mandataire justiciable du tribunal de commerce ( C. comm., 631 ). — 28 nov. 1838. Bordeaux. J.H. 39. 1. 172.

17. … Le négociant qui reçoit d'un autre négociant le mandat de payer une créance commerciale, doit être assigné, quant à l'accomplissement de ce mandat, devant le tribunal de commerce ( C. comm., 631 ). — 14 avril 1840. Bordeaux. J.H. 41. 1. 29.

18. — *Marchande publique.* — Une femme est irrecevable à prétendre qu'elle n'est pas marchande publique, alors qu'elle a déclaré dans le billet souscrit par elle qu'elle agissait pour le fait de son commerce, et que cette déclaration a été ratifiée à diverses époques par le mari qui a reconnu la validité du billet. — 26 nov. 1834. Rennes. J.H. 35. 175.

19. — *Mines.* — Celui qui, sans concession, mais en vertu d'une simple permission du propriétaire, exploite une mine, fait un acte de commerce.

Il suffit qu'un individu, qui extrait des matières minérales sur un terrain dont il n'est pas propriétaire, les emploie et les convertisse en des objets qu'il revend, pour qu'il doive être considéré comme commerçant (C. comm., 632 ). — 15 déc. 1835. Cass. J.H. 36. 1. 85.

20. … Jugé analogue en sens contraire que le tribunal de commerce est incompétent pour connaître des difficultés élevées entre associés pour la recherche d'une mine : l'objet de l'association ne constitue pas en ce cas un acte de commerce (C. comm., 632). — 11 janv. 1841. Paris. J.H. 41. 1. 189.

21. — *Officine de pharmacie.* — L'achat d'une officine de pharmacie pour être exploitée par l'acheteur, constitue un acte de commerce, dont l'exécution ressortit de la juridiction du tribunal de commerce. — J.H. 41. 1. 459.

22. — *Ouvrier.* — L'ouvrier qui n'achète pas pour revendre, mais dont l'industrie consiste à rendre confectionnée, moyennant salaire, la matière qu'on lui confie, ne fait pas acte de commerce. — 12 déc. 1836. Cass. J.H. 37. 1. 162.

23. — *Présomption.* — La présomption de la cause commerciale d'un billet, résultant de la qualité de commerçant du souscripteur, s'évanouit, alors que ce billet énonce, par ses termes combinés avec les circonstances particulières dans lesquelles il a été souscrit, une cause étrangère au commerce de ce souscripteur. — 20 janv. 1836. Cass. J.H. 36. 1. 160. — V. encore, dans le même sens, 19 avril 1836. Bordeaux. J.H. 37. 1. 148.

24. … Un marchand de bois est justiciable de la juridiction commerciale, en raison d'un achat de briques, même de peu d'importance, à moins qu'il ne prouve qu'elles ont été employées à son usage personnel (C. comm., 631, 632, 638). — 9 avril 1840. Rouen. J.H. 40. 1. 221.

25. — *Procédé industriel.* — La vente d'un procédé industriel et du matériel nécessaire à son exploitation ne constitue pas un acte de commerce, et, par suite, n'est pas attributive de compétence commerciale, alors que la facture qui constate les objets vendus ne contient l'énonciation d'aucune marchandise destinée à être revendue (C. comm., 632). — 14 janv. 1836. Paris. J.H. 36. 1. 306.

26. — *Promesse de vendre.* — La promesse faite par le propriétaire d'un moulin à huile de vendre à un

individu tous les noyaux des olives provenant de son pressoir, ne constitue pas un acte de commerce de sa part, quand même les olives ne proviendraient pas de sa propriété (C. comm., 632). — 17 déc. 1839. Bastia. J.H. 40. 1. 16.

27. — *Remise de place en place.* — La remise d'argent faite de place en place, bien qu'elle résulte d'un billet à ordre, et non d'une lettre de change, constitue un acte de commerce, soumettant le souscripteur à la juridiction commerciale (C. comm., 1).—19 janv. 1840. Caen. J.H. 40. 1. 189.

28. ... Le billet à domicile, emportant remise de place en place, doit être réputé acte de commerce, et soumet le souscripteur, même non commerçant, à la contrainte par corps (C. comm., 632).—19 mars 1839. Bourges. J. H. 39. 1. 508. — V. encore Effet de commerce.

29. — *Remplacement militaire.* — Les agents de remplacement militaire sont, comme les agents d'affaires, soumis à la juridiction consulaire, et passibles de contrainte par corps, pour les obligations qu'ils contractent en raison de leur entreprise (C. comm., 632). — 25 fév. 1839. Colmar. J.H. 39. 1. 227.

30. — *Routes royales.* — L'entreprise de confection ou de réparation de routes royales, constitue un acte de commerce dans le sens de l'art. 632 c. comm., et, par suite, l'entrepreneur est justiciable du tribunal de commerce, en raison de ses débits avec ses ouvriers. — 21 nov. 1835. Limoges. J.H. 38. 1. 207.

31. — *Sous-traité.* — La convention intervenue entre un entrepreneur et un charpentier, et par laquelle le second est substitué au premier pour tout ce qui concerne les charpentes des constructions dont celui-ci s'est rendu adjudicataire, n'est pas non plus un *acte de commerce*, mais un marché, à prix fait, de travaux relatifs à la profession de sous-entrepreneur, un véritable contrat de louage, régi par les seules dispositions du droit civil (C. civ., 1799).

Cette convention ne saurait davantage être considérée comme une *entreprise de fournitures*, mise par la loi au rang des actes de commerce (C. comm., 632). — 21 déc. 1837. Poitiers. J.H. 38. 1. 120. — V. cependant 10 févr. 1836. Cass. J.H. 36. 184.

32. — *Travaux publics.* — Les entreprises ou sous-entreprises de travaux publics ou de constructions en général ne constituent pas des actes de commerce.— 6 août 1843. Nancy. J.H. 45. 1. 174. — V. encore même article, 12.

33. — *Usine.* — Le tribunal de commerce est incompétent pour statuer sur la demande en paiement de travaux de maçonnerie faits dans une filature, par un entrepreneur de bâtiments, pour le compte du filateur, propriétaire de l'usine : il n'y a pas acte de commerce de la part de l'usinier (C. comm.. 651, 632). — 7 janv. 1839. Rouen. J.H. 40. 1. 12.

34. — *Vente de chevaux.* — L'art. 682 c. comm. comprend tout à la fois l'achat et la revente.

Ainsi, le marchand de chevaux qui vend un cheval à un propriétaire fait acte de commerce, en ce sens qu'il peut être actionné, au sujet de cette vente, par l'acheteur, devant le tribunal de commerce. — 28 avril 1837. Aix. J.H. 37. 1. 331.

35. — *Vente en foire.* — La circonstance qu'un cheval aurait été vendu *en foire* ne donne pas à la vente un caractère commercial dont l'effet puisse être de rendre le vendeur non commerçant justiciable, à raison de cette vente, du tribunal de commerce (C. comm., 631, 632).—9 fév. 1838. Poitiers. J.H. 38. 1. 103.

ACTE DE L'ÉTAT CIVIL. — La personne qui,

ayant assisté à l'accouchement d'un enfant, n'en a pas fait la déclaration à l'officier de l'état civil, ne saurait être excusée, sous le prétexte que cet enfant est mort-né et que, par conséquent, il n'a pas eu d'existence réelle dans le sens légal (C. pén., 546 ; Déc. 4 juill. 1806).

Il n'appartient pas aux personnes privées qui font l'inhumation d'un nouveau-né de préjuger si cet enfant a eu vie ou non ; par suite, la personne qui a inhumé cet enfant, sans s'être munie, au préalable, de l'autorisation de l'officier public, est passible des peines de l'art. 558 C. pén.—2 sept. 1843. Cass. J.H. 44. 1. 76.

ACTION CIVILE. — 1. — *Degré de juridiction.* — On ne peut se porter partie civile en appel, quant au préjudice survenu depuis le jugement, alors surtout qu'on avait été admis comme partie civile en première instance. —19 août 1837. Paris. J.H. 38. 1. 202.

2. — *Désistement.* — La partie civile qui ne se désiste de sa plainte qu'après les vingt-quatre heures, demeure responsable des frais de toute la procédure, même de ceux faits depuis le désistement (C. inst. cr., 66, 168 ; Décr. 18 juin 1811, art. 157). — 24 juin 1837. Paris. J.H. 37. 1. 288.

3. — *Fin de non-recevoir.* — La fin de non-recevoir, résultant contre une partie de ce que, après avoir opté pour la voie civile à l'effet d'obtenir la réparation d'un délit, elle l'abandonne pour prendre la voie criminelle, n'est plus proposable par le prévenu, après qu'il a conclu au fond. — 23 nov. 1842. Bordeaux. J.H. 44. 1. 20.

4. — *Mineur.* — Le mineur qui s'est rendu coupable d'un délit peut être poursuivi en dommages-intérêts devant le tribunal correctionnel sans l'assistance de son tuteur (C. inst. cr., 3, 161, 189, 358 et 359 ; C. civ., 450). — 18 août 1838. Bourges. J.H. 39. 1. 104.

5. — *Nature de l'action.* — C'est par les conclusions prises dans la citation ou l'exploit que la nature de l'action et, par suite, le caractère de la juridiction sont déterminés. — 24 fév. 1837. Cass. J.H. 37. 1. 216.

6. — *Tuteur.* — Le tuteur peut, au nom du mineur, se porter partie civile, sans qu'il ait besoin d'une autorisation préalable du conseil de famille (C. civ., 404). —13 nov. 1835. Cour d'ass. de l'Aveyron. J.H. 37. 1. 120.

ACTION JUDICIAIRE. — 1. — *Autorité administrative.* — Le refus, de la part de l'autorité administrative, d'accorder à une commune l'autorisation de défendre à une action immobilière, ne peut priver les demandeurs du droit de poursuivre cette action. — 20 janv. 1838. Cass. J.H. 38. 1. 87.

2. — *Dommages-intérêts.* — Le fait de s'être vanté d'avoir acquis le bien d'un individu peut être déclaré constituer un trouble à la possession de ce dernier, et donner lieu à des dommages-intérêts au profit de ce dernier. — 5 juin 1835. Nîmes. J.H. 36. 1. 103.

3. — *Mari.* — L'action en bornage ne peut plus être considérée comme un acte d'administration rentrant dans les attributions du mari, alors qu'elle donne lieu à quelque question de propriété. — Le mari doit, dans ce cas, faire intervenir sa femme au procès (C. civ., 1449). — 6 nov. 1835. Rouen. J.H. 37. 1. 17.

4. — *Syndicat.* — Les propriétaires arrosants qui sont associés pour la distribution des eaux communes sous la direction de syndics, doivent être assignés individuellement et non dans la personne des syndics, nonobstant tout usage ancien qui attribuerait à ces derniers une qualité suffisante pour représenter l'intérêt commun des associés (C. pr., 61, n. 1, et 69, n. 6). — 26 mai 1841. Cass. J.H. 41. 1. 217.

**ACTION MOBILIÈRE.** — L'action en dommages-intérêts formée par des habitants d'une commune contre un individu forain, pour avoir illégalement exercé, au préjudice de leurs troupeaux, un droit de vaine pâture, sur le territoire de la commune, est purement mobilière; par suite, elle est de la compétence du juge de paix, si elle n'excède pas 100 fr. (L. 24 août 1790, art. 9, tit. 3).—8 mai 1838. Cass. J.H. 38. 1. 217.

**ACTION PERSONNELLE, RÉELLE ET MIXTE.** — 1. — *Absence.* — L'action en pétition d'hérédité du chef d'un présumé absent ne peut, depuis la promulgation du Code civil, être intentée par ses héritiers présomptifs, encore bien qu'il s'agisse d'une succession ouverte sous l'ancienne législation, qu'autant que l'absence a été déclarée dans les formes prescrites par le Code (C. civ., 2 et 115). — 15 fév. 1836. Limoges. J.H. 37. 1. 53.

2. — *Engagement.* — L'action personnelle ne peut naître que d'un engagement contracté par celui contre lequel l'action est exercée, ou par ses auteurs. — 16 janv. 1836. Lyon. J.H. 36. 1. 295.

3. — *Mitoyenneté.* — Le propriétaire qui, d'accord avec son voisin, a fait l'avance de la totalité des frais de construction du mur de clôture mitoyen séparatif de leurs héritages, a, pour se faire rembourser de son avance, une action réelle ou tout au moins une action mixte qu'il peut valablement exercer contre le tiers-détenteur (C. civ., 529, 555, 567). — 21 mars 1845. Cass. J.H. 45. 1. 92.

4. — *Reconnaissance d'écriture.* — La demande en reconnaissance d'écriture d'un acte sous-seing privé, et en résiliation d'une vente contenue dans cet acte, étant une action tout à la fois personnelle et réelle, on a pu, par suite, assigner devant le tribunal du lieu de la situation de l'immeuble objet de la vente. — 26 août 1835. Paris. J.H. 56. 1. 174.

5. — *Rente foncière.* — La demande en paiement d'arrérages et en délivrance de titres nouveaux, d'une rente foncière, formée contre les détenteurs des biens assujettis, est une action mixte (C. pr., 64). — 22 déc. 1837. Poitiers. J.H. 38. 1. 106.

6. — *Revendication (demande en).* — La demande en revendication d'un immeuble étant réelle et non simplement personnelle, a pu être valablement intentée contre les tiers-détenteurs seuls (C. pr., 59). — 28 juin 1837. Cass. J.H. 37. 1. 280.

**ACTION PÉTITOIRE.** — V. Action possessoire.

**ACTION POSSESSOIRE.** — 1. — *Appel.* — Lorsqu'un juge de paix saisi d'une action possessoire a cumulé le pétitoire et le possessoire, le tribunal d'appel qui, par ce motif, annulle sa sentence, doit statuer sur l'action possessoire à l'égard de laquelle le juge de paix était compétent. — 17 août 1836. Cass. J.H. 37. 1. 91.

2. ... Lorsque le jugement contradictoire intervenu sur l'opposition à un jugement par défaut, confirme ce dernier jugement en ordonnant qu'il sortira son plein et entier effet, il suffit que l'appel soit dirigé contre le jugement contradictoire (C. pr., 445).

Le délai de l'appel est suspendu de plein droit pendant l'instance en règlement de juges introduite devant la Cour de cassation, à partir de la notification de l'arrêt de *soit-communiqué.....* — L'acte d'appel ne peut être considéré comme un des actes *purement conservatoires* qui sont autorisés pendant l'instance en règlement (Ordonn. de 1737, art. 8, 14 et 16; C. proc., 445 et suiv.).— 7 déc. 1841. Cass. J.H. 42. 1. 11.

5. — *Cassation.* — Bien qu'un jugement établisse, en fait, qu'une action possessoire avait pour but la possession d'une servitude discontinue, telle qu'un droit de passage, insusceptible d'une pareille action, la Cour de cassation peut décider, au contraire, d'après les conclusions du demandeur, qu'elles tendaient à la maintenue en possession du terrain lui-même, sur lequel s'exerçait le passage, et que le demandeur soutenait faire partie intégrante de sa propriété. — 17 avril 1837. Cass. J.H. 37. 1. 221.

4. ... En matière possessoire, la possession actuelle d'une partie des bords d'un canal a pu s'induire de la possession prouvée du surplus des bords de ce canal, sans que le jugement qui le décide ainsi, par appréciation des faits, tombe sous la censure de la Cour de cassation (C. pr., 23, 24, 25; C. civ., 2228). — 22 fév. 1845. Cass. J.H. 45. 1. 123.

5. — *Chemin vicinal.* — L'arrêté préfectoral qui classe un chemin vicinal et en fixe la largeur, a pour effet de déposséder les riverains de l'emplacement reconnu pour être celui du chemin. — 27 nov. 1843. Cass. J.H. 44. 1. 13.

6. ... L'action en maintenue possessoire, relative à un terrain et spécialement à un fossé dépendant d'un chemin vicinal, n'est pas recevable, alors du moins qu'elle est fondée sur des faits de possession *postérieurs* aux actes administratifs qui ont déclaré la vicinalité (C. civ., 2226). — 6 juillet 1841. Cass. J.H. 41. 1. 225.

7. — *Chose jugée.* — Lorsqu'en exécution d'un jugement en dernier ressort qui a refusé de statuer au *possessoire* avant qu'une question d'enclave eût été vidée au pétitoire, une cour royale saisie de l'action pétitoire refuse à son tour d'y faire droit, sous prétexte que les parties auraient dû préalablement faire statuer au possessoire, et renvoie celles-ci pour faire statuer à cet égard, il y a violation de la chose jugée (C. civ., 1351; C. pr., 23). — 4 juillet 1838. Cass. J.H. 38. 1. 257.

8. ... Lorsque deux actions possessoires, quoique relatives au même objet et entre les mêmes parties, sont fondées sur des faits de trouble d'une nature différente, la seconde ne peut être repoussée par l'autorité de la chose jugée résultant du jugement intervenu sur la première, parce qu'il n'y a pas même cause de demande (C. civ., 1351). — 30 mars 1841. Cass. J.H. 41. 1. 167.

9. — *Complainte.* — L'action tendant à être maintenu dans la possession d'un bois dont on prétend jouir depuis plus d'un an, jointe à l'offre de prouver cette possession, constitue une action en complainte, et non une action en réintégrande (C. pr., 23; C. civ., 2060). — 9 fév. 1837. Cass. J.H. 37. 1. 166.

10. ... L'action en destruction de travaux achevés sur le terrain du défendeur, et en réparation actuelle, par voie de dommages-intérêts, du préjudice résultant de ces travaux, constitue une complainte possessoire ordinaire, et non une dénonciation de nouvel œuvre, à supposer que la dénonciation de nouvel œuvre ait conservé, sous la législation actuelle, une existence distincte des autres actions possessoires. — 20 juin 1843. Cass. J.H. 43. 1. 167.

11. ... L'action possessoire en complainte n'est recevable qu'autant qu'elle tend à repousser des *faits* ayant le caractère de trouble apporté à la possession *animo domini* du complaignant, par des prétendants à cette *même possession*, et non lorsqu'elle tend à repousser une taxe ou contribution imposée par l'État. —30 mars

**11.** Cass. J.H. 41. 1. 167. — V. encore 4 déc. 1857. Cass. J.H. 58. 1. 10.

**12.** ... Une propriété appartenant à l'Etat peut être l'objet d'une action en complainte par le possesseur depuis an et jour (C. civ., 2227; C. pr., 23). — 22 juin 1856. Cass. J.H. 56. 1. 237.

**13.** ... Une dépendance communale affectée à un service public, telle qu'un cimetière, qui, à raison de cette qualité, n'est pas susceptible de prescription, ne peut, même entre communes, donner lieu à une action en complainte (C. civ., 2226). — 10 janv. 1844. Cass. J.H. 44. 1. 27.

**14.** — *Degré de juridiction.* — Un juge de paix ne peut pas prononcer en dernier ressort sur une demande en complainte, pour trouble à la possession d'un marais, alors même que le demandeur n'aurait conclu qu'à des dommages-intérêts n'excédant pas 50 fr. — 22 nov. 1856. Cass. J.H. 37. 1. 29.

Cette décision est encore applicable sous l'empire de la nouvelle loi. — V. encore les articles Degré de juridiction, Dernier ressort, et Justice de paix.

**15.** — *Demande en partage.* — La demande en partage formée contre l'un des communistes qui a joui séparément de tout ou partie de l'objet indivis, ne peut être considérée comme un trouble à la possession de ce dernier, ni donner, par suite, naissance à une action possessoire en complainte de sa part (C. pr., 23). — 25 avr. 1842. Cass. J.H. 42. 1. 162.

**16.** — *Dénonciation de nouvel œuvre.* — Les juges de paix sont compétents pour prononcer sur les actions possessoires, alors que le trouble a eu lieu dans l'année, bien que la demande soit qualifiée de dénonciation de nouvel œuvre et que les travaux soient terminés (C. pr., 23). — 28 mars 1856. Cass. J.H. 56. 1. 222.

**17.** — *Dernier ressort.* — Un juge de paix ne peut prononcer en dernier ressort sur une demande en complainte pour trouble à la possession d'un marais, alors même que le demandeur n'aurait conclu qu'à des dommages-intérêts n'excédant pas 50 fr. — 22 nov. 1856. Cass. J.H. 37. 1. 168.

**18.** — *Dommages-intérêts.* — Celui qui, par des travaux, a troublé la possession d'un individu, doit être condamné à des dommages-intérêts et aux dépens, bien qu'un arrêté municipal ait maintenu ces travaux, pour cause d'ordre et de sûreté publique (C. civ., 2, 1382; C. pr., 23). — 22 mars 1837. Cass. J.H. 37. 1. 215.

**19.** — *Eau.* — L'action intentée par le riverain d'un cours d'eau contre un riverain supérieur pour obtenir réparation des troubles à la possession qu'il prétend avoir des eaux, est une action possessoire (L. 24 août 1790, tit. 3, art. 40; C. pr., 25). — 17 août 1856. Cass. J.H. 37. 1. 91.

**20.** ... La partie qui se voit troubler dans un droit d'irrigation peut s'adresser au tribunal pour se faire maintenir dans l'exercice de ce droit, alors même qu'elle agit dans l'année du trouble, si elle fonde son action, non sur des faits de possession antérieure, mais sur un titre. — 16 janv. 1858. Poitiers. J.H. 38. 1. 108.

**21.** ... Bien que des riverains procèdent, conformément aux règlements, au curage d'une rivière non navigable, cependant si, au lieu de se contenter d'extraire les matières charriées par les eaux, ils font des travaux de nature à approfondir le lit et à diminuer la pente du cours d'eau qui alimente une usine, ce fait constitue un trouble, et peut donner lieu, de la part du propriétaire de l'usine, à une action possessoire, de la compétence du juge de paix..... — 8 nov. 1856. Cass. J.H. 56. 1. 353.

**22.** ... Le trouble apporté à la possession d'un cours d'eau peut donner lieu à l'action possessoire, alors même que les travaux qui occasionnent le trouble seraient exécutés et appuyés sur un terrain étranger au demandeur, et, spécialement, sur les fonds du défendeur lui-même (C. pr., 25). — 18 avr. 1838. Cass. J.H. 58. 1. 172.

**23.** ... Le propriétaire d'un étang alimenté par une source *qui ne prend pas naissance sur son fonds*, mais *dans le fonds supérieur*, n'a pas le droit de détourner les eaux sortant de l'étang du cours qu'elles suivent depuis un temps immémorial, au préjudice des héritages inférieurs qui en sont arrosés. — 20 févr. 1839. Cass. J.H. 39. 1. 74.

**24.** — *Juge de paix.* — Il suffit que l'action en complainte, relativement à des travaux qui changent le cours naturel des eaux, soit dirigée par un particulier contre un particulier, pour que le juge de paix ait dû en connaître, et n'ait pu se déclarer incompétent, sous le prétexte qu'il s'agissait de statuer sur des innovations et des empiétements faits sur un chemin public (L. 1790, tit. 3, art. 10; C. pr., art. 3). — 22 juin 1855. Cass. J.H. 35. 347.

**25.** — *Litispendance.* — Une demande au pétitoire, à raison d'un premier trouble, ne rend pas irrecevable une action au possessoire à raison d'un trouble nouveau, bien qu'il provienne du même individu.

..... Et, dans ce cas, la connaissance de l'action possessoire appartient au juge de paix (C. pr. civ., 3, § 2, 23). — 17 avr. 1857. Cass. J.H. 37. 1. 224.

**26.** — *Motifs de jugement.* — Repousser une action possessoire sur le motif que le demandeur n'a pas une possession annale antérieure au trouble, c'est justifier légalement cette décision, encore bien qu'elle ne s'explique pas sur le point de savoir s'il n'a pas eu une possession annale antérieure (C. pr., 23). — 9 fév. 1857. Cass. J.H. 37. 1. 166.

**27.** — *Pacage.* — Le pacage des bestiaux et l'enlèvement des litières sur un terrain qui n'est susceptible que de ce mode d'exploitation, peuvent servir de base à une action en complainte, et doivent, dès lors, être vérifiés par le juge saisi de l'action possessoire relative à ce terrain (C. pr., 25).

Le fait d'avoir fait pacager ses bestiaux peut être valablement allégué pour établir un droit de copossession sur un terrain qui n'est susceptible que de ce mode de jouissance (C. civ., 691). — 8 janv. 1855. Cass. J.H. 35. 142.

**28.** — *Pétitoire (cumul du).* — Le tribunal qui maintient un meunier dans la possession et jouissance des eaux d'un ruisseau, exclusivement à un riverain pendant la belle saison, et simultanément avec lui pendant le reste de l'année, et qui ordonne, en conséquence, que le riverain sera tenu de détruire les travaux qui s'opposeraient à la possession exclusive du meunier, et de n'en point rétablir, ne cumule point le pétitoire avec le possessoire, et ne fait pas en cela un règlement d'eau (C. pr., 25).

Déclarer qu'une partie a la possession annale et exclusive d'un cours d'eau, c'est reconnaître virtuellement que les faits de possession contraire exercés par son adversaire, ont eu lieu depuis moins d'une année. — 9 août 1856. Cass. J.H. 56. 1. 542.

**29.** ... Les actions possessoires doivent être jugées indépendamment et sans mélange des actions pétitoires, en ce sens qu'elles ne peuvent être cumulées, sous prétexte de leur connexion intime. — 20 juill. 1856. Cass. J.H. 56. 1. 252.

**30.** ... Le juge du possessoire, saisi d'une demande tendant tout à la fois au possessoire et au pétitoire, doit statuer sur l'objet de sa compétence, et renvoyer, pour le surplus, devant qui de droit; il ne peut se déclarer incompétent purement et simplement sur le tout. —30 janv. 1837. Cass., J.H. 37. 1. 205.

31. ... Le juge du possessoire a toujours le droit, et souvent même est dans l'obligation de consulter les titres, non pour reconnaître l'existence ou la non existence du fait de possession, mais pour apprécier la nature de cette possession (C. pr., 25). — 15 fév. 1841. Cass. J.H. 41. 1. 122.—V., dans le même sens, 6 déc. 1836. Cass. J.H. 37. 1. 105; 19 avr. 1836. Cass. J.H. 36. 1. 296; 16 fév. 1837. J.H. 37. 1. 229; 18 mars 1840. Cass. J.H. 40. 1. 156.

32. ... Lorsque le jugement du juge de paix, qui prononce sur une action possessoire, contient en même temps des chefs qui touchent au pétitoire, le tribunal d'appel qui s'est contenté d'infirmer ce jugement, relativement à ces chefs, et l'a confirmé quant aux autres, n'a pas eu besoin, pour juger ainsi, de recourir à l'évocation permise par l'art. 473 C. pr.—7 juill. 1836. Cass. J.H. 36. 1. 335.

33. ... Le jugement qui, pour accueillir une action possessoire, se fonde sur la possession immémoriale du demandeur, doit être considéré comme s'étant fondé, à fortiori, sur la possession annale (C. pr. civ., 25). — 7 juill. 1836. Cass. J.H. 36. 1. 335.

34. ... Lorsqu'à l'action en complainte, pour trouble, il est opposé par le défendeur qu'il a la possession immémoriale du droit de passage qui lui est contesté, le jugement qui, après les preuves faites, déclare ce dernier non recevable dans sa demande, doit être réputé avoir cumulé le pétitoire avec le possessoire.—29 août 1836. Cass. J.H. 37. 1. 41.

35. ... Quand il y a eu, de la part du juge de paix, cumul du pétitoire avec le possessoire, la cause ne peut, sur l'appel, être déclarée en état d'être jugée quant au pétitoire, à l'égard duquel le juge de paix était incompétent; et il y a lieu, dès lors, d'annuler la décision par laquelle les juges d'appel, évoquant la cause, ont eux-mêmes statué sur le fond du droit, c'est-à-dire sur le pétitoire.—29 août 1836. Cass. J.H. 37. 1. 41.

36. — *Possession.* — Tout ce qui est légalement susceptible d'une possession soit matérielle, soit intellectuelle ou civile, peut être l'objet d'une action possessoire.—15 févr. 1841. Cass. J.H. 41. 1. 122.

37. ... Il est dans les attributions du juge du possessoire d'apprécier les caractères de la possession, et de déclarer, par exemple, si elle a eu lieu ou non à titre précaire.—4 déc. 1837. Cass. J.H. 38. 1. 10.

38. — *Réintégrande.* — Dans une contestation relative à un droit de prise d'eau, l'enlèvement d'une vanne par l'une des parties et son remplacement par une nouvelle, modifiée à l'effet d'intercepter le cours de l'eau jusque-là recueillie par la partie adverse, constitue un fait de *dépossession violente* donnant lieu à une action en réintégrande.—18 fév. 1835. Cass. J.H. 35. 167.

39. ... Il suffit qu'un individu ait la possession actuelle des murs de clôture et du terrain sur lequel ils avaient été construits depuis plusieurs mois, sans opposition de la part de ceux qui, prétendant qu'ils portaient atteinte à leurs droits, les ont abattus, pour qu'il puisse exercer contre ces derniers l'action en réintégrande, encore bien qu'il n'aurait pas la possession annale (C. pr., 23).—16 nov. 1835. Cass. J.H. 36. 1. 42.

40. ...Pour qu'une dépossession soit violente et puisse servir de base à la réintégrande, il n'est pas nécessaire qu'il y ait eu combat ou sang répandu, il suffit qu'il y ait eu voies de fait positives, exercées d'autorité privée et de nature à amener un résultat pareil en cas de résistance de la part de celui qui en est victime.—18 fév. 1835. Cass. J.H. 35. 167.



41. ... L'action en réintégrande, pour cause de dépossession par violence, est admise sous le Code civil (C. civ., 2260).

Des travaux exécutés, en vertu d'une décision passée en force de chose jugée, ne peuvent pas constituer une voie de fait donnant ouverture à l'action en réintégrande (C. civ., 25). — 5 janv. 1837. Cass. J.H. 37. 1. 181.

42. ... Bien que le demandeur en suppression d'une construction et de plantations qu'il prétend s'opposer au curage de son moulin, ait signalé ces actes comme *des voies de fait*, et qu'il en ait demandé la suppression *avec contrainte*, son action a pu être qualifiée d'action en complainte, et non d'action en réintégrande. — 15 nov. 1838. Cass. J.H. 39. 1. 179.

43. ... Celui qui, ayant la possession matérielle et actuelle en a été dépouillé par voie de fait, est recevable et fondé dans son action en réintégrande, alors même qu'il n'aurait pas une possession annale, en vertu du principe : *spoliatus antè omnia restituendus.*—5 avril 1841. Cass. J.H. 41. 1. 180. — V. encore 17 juill. 1837. Cass. J.H. 37. 1. 322.

44. — *Servitude.* — Quand la complainte possessoire a pour objet une servitude discontinue, telle qu'un droit de passage, comme la possession alléguée par le demandeur ne peut être concluante qu'autant qu'elle est fondée en titre, il s'ensuit que le juge du possessoire a le droit d'apprécier provisoirement les titres produits, bien que contestés par le défendeur, et qu'il méconnaît sa propre compétence s'il renvoie les parties à faire statuer préjudiciellement sur la question de validité de ces titres (C. pr., 23, 25).—24 juillet 1839. Cass. J.H. 39. 1. 293.

45. ... Le passage, au cas d'enclave, constitue une servitude légale, fondée en titre sur la nécessité : par suite, le possesseur pendant un an et un jour d'un passage pour l'exploitation d'un droit d'usage sur une propriété enclavée, est recevable, la nécessité une fois reconnue, à former, en cas de trouble, la complainte au possessoire (C. civ., 602; C. pr., civ., 23). — 7 juin 1836. Cass. J.H. 36. 1. 326.

46. ...Celui qui, au possessoire, a été maintenu dans l'exercice d'une servitude (celle de passage pour cause d'enclave), est tenu sur l'action au pétitoire formée contre lui, et, nonobstant sa qualité de défendeur, de faire preuve de l'acquisition de cette servitude (C. civ., 690, 1315).—28 juillet 1842. Limoges. J.H. 43. 1. 143.

47. — *Terrain communal.* — Un terrain purement communal, à la différence du terrain servant à la vicinalité, peut être l'objet d'une action possessoire, devant le juge de paix, de la part d'un particulier qui a la possession plus qu'annale de ce terrain.

Un terrain purement communal et ne servant pas à la vicinalité peut être acquis par prescription (C. civ., 2227; C. pr., 23). — 18 nov. 1834. Cass. J.H. 35. 22.

48. — *Terrain vague.* — En matière possessoire, un jugement peut valablement décider que l'art. 9 de la loi du 28 août 1792, invoqué par une commune comme titre de sa possession sur un terrain qu'elle prétend avoir été vain et vague à l'époque de la loi précitée, ne s'applique pas à ce terrain, et qu'en fait, la commune n'a exercé qu'une possession à titre d'usagère. — 18 mars 1840. Cass. J.H. 40. 1. 156.

49. — *Usufruitier.* — L'usufruitier a l'action possessoire contre les tiers qui le troublent dans sa jouissance, et même contre le propriétaire, quand celui-ci est l'auteur du trouble (C. civ., 599, 614; C. pr., 25). — 14 déc. 1840. Cass. J.H. 41. 1. 49.

ACTION REDHIBITOIRE. — V. Vente, Vice rédhibitoire.

**ACTION RÉELLE.** — V. *Action personnelle.*

**ADJUDICATAIRE—ADJUDICATION.** — V. Saisie immobilière.

**AFFICHES.** — 1. — *Dommages intérêts.* — L'impression et l'affiche d'un jugement peuvent être ordonnées soit à titre de peine, soit à titre de dommages-intérêts.

Quand l'impression et l'affiche d'un jugement correctionnel sont ordonnées à titre de peine, elles ne sauraient l'être qu'en vertu d'une disposition formelle de loi. Mais quand elles sont ordonnées à titre de dommages-intérêts, elles n'ont rien de pénal, et, par suite, dans le silence, soit de la partie condamnée, soit de la partie civile, le ministère public n'est pas recevable à se pourvoir en cassation contre le jugement correctionnel qui les aurait ordonnées *pour tous dommages-intérêts*; et il se prévaudrait en vain de ce qu'aucune loi pénale ne les permettrait dans ce cas. — 21 mars 1839. Cass. J.H. 59. 1. 256.

2. — *Récidive.* — Même en cas de récidive, les tribunaux de police ne peuvent ordonner l'affiche de leurs jugements à la charge des condamnés : à cet égard, l'art. 474 C. pén. a abrogé la disposition de l'art. 27, tit. 1er de la loi du 19 juillet 1791. — 28 fév. 1839. Cass. J.H. 59. 1. 252.

**AGENT DE CHANGE.** — 1. — *Contrainte par corps.* — Le billet souscrit par un agent de change, pour des opérations commerciales faite par lui, contrairement à la prohibition de la loi, le soumet à la contrainte par corps (C. comm., 85). — 19 avril 1836. Bordeaux. J.H. 37. 1. 113.

2. — *Responsabilité.* — L'agent de change, bien qu'il cesse, cinq ans après la déclaration du transfert, d'être responsable envers le véritable propriétaire des rentes dont le transfert a été faussement signé de son nom, peut cependant être condamné à payer à celui-ci le produit de ces rentes, s'il ne justifie par aucune quittance qu'il se soit libéré du prix versé entre ses mains (Arr., 26 prair. an 10). — 18 déc. 1840. Cass. J.H. 41. 1. 70.

**AGENTS DIPLOMATIQUES.** — 1. — *Consuls.* — Les consuls ne sont pas des agents diplomatiques et ne jouissent pas des priviléges qui appartiennent à ceux-ci; par suite, ils ne sont pas affranchis de la contrainte par corps, à laquelle les soumet la nature des engagements qu'ils ont contractés. — 28 avril 1841. Paris. J.H. 42. 1. 24.

2. — *Femme.* — Les immunités dont jouissent les agents diplomatiques s'étendent aux personnes de leur famille; en conséquence, la femme d'un agent diplomatique ne peut être poursuivie devant les tribunaux français pour le paiement d'une lettre de change souscrite en France. — 21 août 1841. Paris. J.H. 42. 1. 148.

3. — *Incompétence.* — L'incompétence des tribunaux pour ce qui concerne les immunités diplomatiques est d'ordre public, et peut, par suite, être proposée en tout état de cause, même en appel.

On ne peut exciper contre les agents diplomatiques de leur consentement à se soumettre à la juridiction nationale, la faculté de se dépouiller de leurs immunités n'étant pas en leur pouvoir. — Même arrêt que ci-dessus.

**AGRÉÉ.** — L'action des agréés près les tribunaux de commerce, en paiement de leurs frais et honoraires, doit être formée, non devant le tribunal de commerce où les frais ont été faits, mais devant le tribunal du domicile de leurs clients : les agréés ne peuvent, sous aucun rapport, être assimilés aux officiers ministériels (C. pr., 60). — 11 mai 1839. Bourges. J.H. 40. 1. 95.

**AJOURNEMENT.** — V. Exploit.

**ALIÉNÉS.** — On désigne ainsi, dans l'esprit de la loi du 50 juin 1838, les individus qui, en raison de quelque infirmité intellectuelle, sont dans l'impuissance de se conduire eux-mêmes ou dangereux pour la société.

La voix de l'humanité appelait depuis longtemps l'attention du gouvernement sur le sort des malheureux frappés d'aliénation mentale. Il a été répondu à cet appel par la loi du 30 juin 1838, dont les différentes dispositions ont été expliquées et complétées par l'ordonnance royale du 17 avril 1840, rapportée dans la Jurisprudence des Huissiers 1840. 2. 29.

**ALIMENTS.** — 1. — *Contrainte par corps.* — La consignation d'aliments peut valablement être faite par un tiers agissant au nom et avec l'assentiment du créancier, encore bien qu'il n'ait pas reçu de ce dernier un mandat spécial à cet égard (C. pr., 556, 791). — 3 sept. 1835. Limoges. J.H. 36. 1. 132. — V. encore l'article Contrainte par corps.

2. — *Insaisissabilité.* — Une pension alimentaire ne pouvant être saisie que pour cause d'aliments fournis matériellement, la saisie ne peut en être autorisée, même pour le remboursement des frais de justice occasionnés pour obtenir cette pension (C. pr. civ., 581, 582). — 8 juill. 1836. Paris. J.H. 37. 1. 98.

3. — *Séparation de corps.* — L'époux contre lequel la séparation de corps a été prononcée, même pour cause d'adultère, peut, s'il est dans le besoin, obtenir des aliments contre son conjoint; mais, pour la fixation de ces aliments, il est juste alors de prendre en considération notamment la gravité des torts de l'époux adultère et leurs conséquences funestes pour son conjoint (C. civ., 212, 214, 306). — 16 mars 1835. Lyon. J.H. 36. 1. 252.

**AMENDE.** — V. Copie, Huissier.

**ANTICHRÈSE.** — L'antichrèse établie sur un immeuble doit, en cas de vente forcée de cet immeuble, être maintenue à l'égard des créanciers inscrits postérieurement au bail d'antichrèse, en ce sens que ceux-ci ne peuvent demander que les fruits soient immobilisés du jour de la dénonciation de la saisie au débiteur (C. pr., 686). — 22 juill. 1835. Toulouse. J.H. 56. 1. 27.

**APPEL CIVIL.** — 1. — *Adjudication.* — L'appel d'un jugement d'adjudication préparatoire, interjeté, même après l'expiration du délai, met obstacle, tant qu'il n'est pas jugé, à ce qu'il soit procédé par le tribunal à l'adjudication définitive (C. pr., 457). — 10 nov. 1834. Cass. J.H. 35. 26.

— Voy. analogue en sens contraire, 15 mars 1834. Paris. J.H. 38. 1. 319. — V. encore l'article Saisie-immobilière.

2. — *Amende.* — L'obligation de consigner, préalablement au jugement, les amendes d'appel, imposée par l'ordonnance de 1674, et par les arrêtés des 27 niv. an 10 et 10 floréal an 11, étant une mesure établie dans le seul intérêt du fisc, n'a pas été abrogée par l'art. 1041 C. pr.

Par suite, les avoués et les greffiers qui font rendre et expédient des jugements, sans qu'il y ait eu consignation préalable de l'amende d'appel, sont passibles de l'amende de 50 fr., soit qu'il s'agisse d'affaires ordinaires, soit qu'il s'agisse d'affaires sommaires. — 10 janv. 1838. Cass. J.H. 58. 1. 70.

3. — *Arbitres.* — Le jugement par lequel le tribunal de commerce renvoie devant arbitres, est susceptible d'appel, lorsqu'il ne contient pas réserve du moyen d'incompétence proposé, et qu'au contraire il résulte de la mission donnée à l'arbitre que l'intention du tribunal est de connaître de la cause. — 12 fév., 20 août et 7 oct. 1841. Paris. J.H. 42. 1. 32.

4. — *Autorisation de juge.* — Dans les causes qui requièrent célérité, l'appel d'un jugement non exécutoire par provision, est valablement interjeté, en vertu d'une

autorisation du président, avant l'expiration de la huitaine à compter de sa prononciation (C. pr., 72, 449, 470).—14 oct. 1841. Paris. J.H. 42. 1. 95.

5.—*Avoués.* — Un avoué, bien qu'il ne puisse, pour ses frais, interjeter en son nom appel du jugement rendu contre son client, est recevable néanmoins à le faire comme exerçant les droits de celui-ci (C. civ., 1166).— 16 janv. 1835. Toulouse. J.H. 35. 216.

6.—*Compétence.*—Lorsqu'une partie a demandé, par voie civile, au juge de paix, la réparation d'un dommage que lui causait une contravention de police, l'appel de la sentence du juge de paix, intervenue sur cette action, doit être porté, à peine de nullité, devant le tribunal civil, encore bien que le juge de paix se serait fondé, pour rendre son jugement, sur un règlement de police et une disposition du Code pénal (C. inst. cr., 3). — 24 fév. 1857. Cass. J.H. 37. 1. 216.

7.—*Conseil judiciaire.*— La signification d'un jugement à un individu, avant qu'il ait été pourvu d'un conseil judiciaire, suffit pour faire courir contre lui le délai d'appel, sans qu'on soit obligé de faire une nouvelle signification au conseil nommé avant l'expiration du délai (C. pr., 444).—2 janv. 1836. Paris. J.H.56.1.116.

8. — *Créanciers.* — Les créanciers, comme exerçant les droits de leur débiteur, ont qualité pour interjeter appel d'un jugement qui préjudicie à celui-ci lorsqu'il ne s'agit pas, dans le procès, d'un droit exclusivement attaché à sa personne (C. civ., 1166). — 28 avril 1841. Limoges. J.H. 42. 1. 58.

9. — *Date.* — L'erreur dans la date d'un exploit d'appel ne le rend pas nul, si elle peut être rectifiée à l'aide des énonciations de l'acte lui-même. — 24 déc. 1839. Cass. J.H. 40. 1. 66.

10. —*Défenses.*—L'art. 647 C. comm., portant que les cours royales ne peuvent, en aucun cas, à peine de nullité, accorder des défenses ni surseoir à l'exécution des jugements des tribunaux de commerce, ne reçoit d'exception dans aucun cas. — 28 sept. 1824. Montpellier, et 28 déc. 1833. Gand. J.H. 36. 1. 166.

11.—*Délai.* — L'appel d'un jugement par défaut, en matière civile, peut être interjeté pendant les délais de l'opposition, s'il porte en même temps sur un jugement contradictoire, antérieurement rendu sur la compétence ou sur toute autre exception (C. pr., 455). — 27 déc. 1836. Nîmes. J.H. 57. 1. 278.

12. ... Dans une action où la femme a un intérêt distinct de celui de son mari, la signification du jugement obtenu contre le mari et la femme ne fait pas courir, à l'égard de celle-ci, le délai de l'appel, s'il n'a été laissé copie qu'au mari. — 18 fév. 1839. Colmar. J.H. 39. 1. 240.

13. ... La signification d'un jugement, faite par une partie sur la copie qui lui en a été à elle-même signifiée, suffit pour faire courir le délai d'appel, encore bien qu'il ne lui en ait pas été délivré d'expédition.—26 juin 1837. Caen. J.H. 58. 1. 147.

14. ... Le délai d'appel pour les jugements par défaut faute de plaider, date du jour de la signification à l'avoué, et non du jour de la signification à personne ou domicile (C. pr., 457, 443).—19 juin 1838. Colmar. J.H. 59. 1. 50.

15. ... Peut-on appeler d'un jugement par défaut, dans les délais de l'opposition, si l'appel est interjeté en même temps que celui d'un jugement contradictoire antérieurement rendu sur la compétence? — 18 mars 1839. Cass. J.H. 59. 1. 83.

16. ... Le délai d'appel d'un jugement portant condamnation de sommes, à la charge, par le demandeur, d'affirmer sous serment la sincérité de la dette réclamée,

court à partir de la signification du jugement, et non pas seulement à compter de la signification du jugement qui donne acte de prestation de serment (C. pr., 445). — 17 avril 1837. Pau. J.H. 58. 1. 35.

17. — *Désistement.* — L'intimé qui ne veut pas se contenter d'un désistement d'appel fait par un simple acte, peut exiger qu'il lui soit donné acte de ce désistement par arrêt (C. pr. civ., 402). — 19 fév. 1836. Toulouse. J.H. 36. 1. 286.

18. — *Distribution par contribution.* —Le délai de l'appel d'un jugement, en matière de distribution par contribution, commence à courir du jour de sa signification à avoué, encore bien que cette signification n'ait pas été revêtue de formalités prescrites pour les exploits (C. pr., 969). — 12 mai 1835. Paris. J.H. 55.1.309.

19. — *Effet suspensif.* — L'appel est suspensif et dévolutif; par suite, toute procédure faite en vertu d'un jugement frappé d'appel, et postérieurement à la notification de l'acte d'appel, est nulle et ne peut être validée par les juges supérieurs, sous le prétexte que le recours était tardif et non recevable (C. pr., 457).— 18 mars 1839. Cass. J.H. 59. 1. 83.

20. — *Emprisonnement.* —La renonciation faite en première instance par un débiteur à tous les moyens de nullité qu'il avait proposés contre son emprisonnement, pour n'en faire valoir qu'un seul, ne l'empêche pas de représenter tous ces moyens en cause d'appel. — 24 janv. 1834. Pau. J.H. 36. 1. 119.

21. — *Faillite.* — Le délai d'appel du jugement qui rejette la requête d'un créancier en déclaration de faillite de son débiteur court du jour de la prononciation du jugement (C. pr., 443, 858; c. comm., 645).— 25 mai 1838. Rennes. J.H. 59. 1. 105.

22. — *Fin de non recevoir.*—La fin de non recevoir résultant de la tardiveté de l'appel est une exception d'incompétence et d'ordre public que les juges doivent suppléer d'office. — 25 mai 1838. Rennes. J.H. 59. 1. 105.

23. ... La prohibition d'interjeter appel d'un jugement préparatoire est d'ordre public, et la fin de non recevoir qui en résulte doit même être suppléée d'office par la Cour (C. pr., 451).—20 fév. 1840. Lyon. J.H. 41. 1. 54.

24. ... Devant les tribunaux de commerce autorisés à statuer sur la compétence et sur le fond par un seul et même jugement, la plaidoirie au fond, après le rejet du déclinatoire, ne rend pas non recevable l'appel interjeté plus tard de la disposition du jugement relative à la compétence (C. pr., 425). — 9 fév. 1838. Poitiers. J.H. 58. 1. 105.

25. ... La nullité d'un acte d'appel proposée par l'intimé n'est pas couverte par cela seul que l'avocat, tout en soutenant cette nullité, aurait, en plaidant, parlé du fond. — 31 mars 1835. Bastia. J.H. 55. 163.

26. ... *Folle-enchère.* — Il suffit qu'à la suite d'une instance introduite à l'occasion de poursuites sur folle-enchère, le jugement intervenu ait prononcé la nullité de ces poursuites, et que, sur l'appel, l'appelant ait conclu à l'infirmation de ce jugement, en ce qu'il prononçait cette nullité, pour que l'appel ait dû être déclaré irrecevable, alors qu'il n'a été interjeté que plus de quinze jours après la signification du jugement à avoué. — 24 juill. 1835. Cass. J.H. 36. 1. 49.

27. —*Garant.*—L'appel interjeté par le garant profite aux garantis, quoique non appelants, par cela seul qu'ils ont été mis en cause. — 16 janv. 1845. Cass. J.H. 43. 1. 74.

28. — *Indivisibilité.* — L'appel d'un jugement qui

refuse à un héritier l'expédition de sa légitime en biens héréditaires, quoiqu'il ne soit pas signifié à tous les copartageants, est valable à l'égard de ceux auxquels il l'a été en temps utile... Il n'y a pas, dans ce cas, indivisibilité. — 3 juill. 1838. Nîmes. J.H. 59. 1. 37.

29. ... L'appel formé en matière solidaire ou indivisible, vis-à-vis de quelques-unes des parties, conserve le droit d'appeler, même après le délai, à l'égard des autres (C. pr., 443). — 26 juin 1837. Caen. J.H. 38. 1. 147.

30. ... L'appel valablement interjeté par l'un des débiteurs solidaires, relève l'autre débiteur solidaire de la déchéance encourue pour appel tardif (C. pr., 443). — 6 fév. 1841. Paris. J.H. 41. 1. 208.

31. — *Jugement par défaut.* — L'appel d'un jugement par défaut du tribunal de commerce est recevable, encore bien qu'il ait été relevé avant l'expiration du délai de l'opposition (C. pr. civ., 455; C. comm., 645). — 22 mars 1836. Paris. J.H. 56. 1. 177.

32. ... Le délai d'appel d'un jugement rendu par défaut contre une partie ayant avoué ne court pas à partir du jour où l'opposition n'est plus recevable par suite de la signification faite à ce dernier, si ce jugement n'a pas été signifié pareillement à personne ou domicile; il ne court qu'à partir de cette dernière signification (C. pr., 443, 147, 157). — 29 nov. 1836. Cass. J.H. 57. 1. 76.

33. — *Matière commerciale.* — L'appel des jugements par défaut rendus en matière commerciale, est recevable avant l'expiration du délai de l'opposition; l'art. 645 c. comm. a dérogé à l'art. 445 C. pr. — 8 mars 1842. Paris. J.H. 43. 1. 26. — V. conf. 23 janv. 1840. Paris. J.H. 40. 1. 144. — 6 fév. 1841. Paris. J.H. 41. 1. 208. — 27 déc. 1856. Nîmes. J.H. 57. 1. 278. — 10 fév. 1836. Pau. J.H. 57. 1. 183.

54. — *Matière sommaire.* — Dans une matière urgente, l'intimé, assigné aux délais ordinaires de l'appel, peut, comme l'appelant, obtenir l'autorisation de citer celui-ci à bref délai, et faire renvoyer la cause devant la chambre des vacations, compétente pour statuer sur toutes les causes sommaires qui requièrent célérité. — 3 sept. 1839. Bordeaux. J.H. 40. 1. 162.

55. — *Motifs de jugement.* — L'appel dirigé contre les seuls motifs d'un jugement est non recevable. — 9 fév. 1843. Bordeaux. J.H. 43. 1. 175.

36. — *Nullité.* — De ce qu'une partie n'a pas reproduit dans son acte d'appel la qualité de *propriétaire cultivateur*, qu'il avait prise dans la procédure en première instance, il ne suit pas que l'exploit doive être déclaré nul : une pareille qualification ne constitue point une profession (C. pr., 61). — 4 déc. 1834. Cass. J.H. 55. 147.

37. ... La nullité de l'appel principal n'est pas couverte par l'appel incident, surtout lorsque ce dernier n'est interjeté que par forme subsidiaire (C. pr., 175).

58. — *Ordonnance du juge.* — L'ordonnance du président portant règlement des qualités d'un jugement, est un acte de pouvoir discrétionnaire, non susceptible d'appel (C. pr., 143). — 27 déc. 1842. Cass. J.H. 43. 1. 73.

39. — *Parlant à.* — L'acte d'appel signifié à une partie, en parlant à *son oncle* sans autre désignation, est valable (C. pr., 61). — 11 janv. 1837. Riom. J.H. 58. 1. 54.

40. — *Partage.* — Un jugement rendu en matière de partage, et qui rejette une demande nouvelle d'expertise, doit être considéré comme définitif et non comme préparatoire; par suite, l'appel doit en être relevé dans les trois mois de la signification et non conjointement avec

le jugement définitif qui ordonne la licitation (C. pr., art. 451). — 6 déc. 1836. Cass. J.H. 57. 1. 196.

41. — *Poursuites.* — L'appel du jugement qui a rejeté des moyens de nullité proposés par le débiteur saisi contre l'adjudication préparatoire, ne rend pas nulles les poursuites que le créancier saisissant aurait continuées, nonobstant cet appel, afin de parvenir à une adjudication définitive. — 5 janv. 1837. Cass. J.H. 37. 1. 179.

42. — *Préliminaire de conciliation.* — L'omission du préliminaire de conciliation qui n'a pas été opposée en première instance, est couverte par le silence du défendeur, et ne peut être proposée en appel (C. pr., 48, 175). — 30 nov. 1839. Colmar. J.H. 40. 1. 445.

43. — *Règlement de qualités.* — L'ordonnance en règlement de qualités est susceptible d'appel (C. pr., 145, 809). — 22 mai 1840. Bordeaux. J.H. 41. 1. 60.

44. — *Saisie-arrêt.* — Le débat élevé entre un créancier opposant et un cessionnaire de la somme saisie-arrêtée, demandant réciproquement le paiement de leur créance par préférence, ne peut être assimilé à une procédure de distribution par contribution. — 25 janv. 1843. Angers. J.H. 43. 1. 64.

45. ... L'exécution provisoire prive l'appel de son effet suspensif, aussi bien à l'égard de la partie condamnée qu'à l'égard du tiers contre lequel doit s'exécuter la condamnation. — 21 août 1839. Bordeaux. J.H. 41. 1. 26.

46. — *Saisie immobilière.* — L'appel du jugement d'adjudication préparatoire n'a pas pour effet de retirer son mandat à l'avoué constitué par le saisi en première instance, lequel le représente toujours dans l'instance en expropriation, s'il n'a été formellement révoqué ou désavoué (C. pr., 755). — 5 janv. 1837. Cass. J.H. 37. 1. 179.

47. — *Signification.* — L'acte d'appel d'un jugement du tribunal de commerce doit, à peine de nullité, être signifié à personne ou domicile; il ne suffirait pas qu'il fût signifié au greffe du tribunal, par application des dispositions de l'art. 422 C. pr. — 29 août 1840. Rennes. J.H. 41. 1. 23.

48. — *Subrogé-tuteur.* — Le subrogé-tuteur à qui un jugement rendu avec le tuteur a été signifié ainsi qu'à ce dernier, n'a pas qualité pour appeler, au nom du mineur, du jugement rendu avec le tuteur, s'il ne s'est pas fait autoriser par le conseil de famille (C. civ., 420, 450; C. pr., 444). — 19 janv. 1837. Riom. J.H. 58. 1. 127.

49. ... Le défaut de signification au subrogé-tuteur d'un jugement rendu contre un mineur, conserve bien au mineur ou à son tuteur le droit d'interjeter appel tant que ce droit n'a pas été exercé, mais dès qu'il y a eu appel de la part du tuteur, et encore bien que cet appel soit tombé en péremption à défaut de poursuites, il ne peut plus être appelé de nouveau du jugement (C. pr., 444). — 5 août 1837. Nîmes. J.H. 58. 1. 51.

**APPEL CORRECTIONNEL.** — 1. — *Adultère.* — L'appel du ministère public, non notifié dans les deux mois de la prononciation d'un jugement correctionnel, est non recevable, bien que, s'agissant d'une cause d'adultère, il y ait eu appel de la part du mari, dans le délai utile (C. pén., 556; C. inst. cr., 202, 205).

Le droit d'appel de la partie civile est indépendant de l'action publique; il peut être exercé bien que le ministère public n'ait pas appelé dans le délai; mais, en ce cas, et quoiqu'il s'agisse d'adultère, l'appel se restreint à l'intérêt civil du mari plaignant.

Sur l'appel du mari plaignant en adultère, la peine ne

peut être augmentée, si le ministère public n'a pas appelé. — 8 juin 1837. Paris. J.H. 57. 1. 560.

2. — *Aggravation de peine.* — L'appel interjeté par le prévenu seul ne peut jamais aggraver sa condition... En conséquence, un tribunal correctionnel, saisi en vertu de l'appel relevé par le prévenu seulement, ne peut déclarer que le fait qui a donné lieu à la condamnation constitue, non un délit, mais un crime, et renvoyer le prévenu devant le juge d'instruction (C. inst. crim., 202, 203, 205, 214; av. c. d'ét. 25 oct.-12 nov. 1806). — 7 oct. 1836. Cass. J.H. 57. 1. 168. — V. encore le numéro précédent.

3. — *Délai.* — A supposer que la signification d'un jugement définitif soit valablement faite au domicile de la partie condamnée décédée pendant l'instance, et dont le décès n'a été ni notifié ni connu par son adversaire, le délai de l'appel n'en demeure pas moins supendu par ce décès, et les héritiers du condamné sont toujours en temps utile pour interjeter appel, tant que le jugement de condamnation ne leur a pas été signifié (C. pr., 447). — 9 janv. 1843. Bastia. J.H. 43. 1. 59.

4. ... En matière correctionnelle, le jugement par défaut obtenu par une partie devant être réputé contradictoire à son égard, il s'ensuit qu'elle a le droit d'interjeter appel même avant d'avoir signifié le jugement à son adversaire, et d'avoir laissé écouler les délais de l'opposition: seulement, dans ce cas, il y a lieu de surseoir, jusqu'à l'expiration de ces délais, au jugement de l'appel (C. inst. cr., 187 et 203). — 10 oct. 1854. Cass. J.H. 38. 1. 86.

5. — *Ministère public.* — Dans le cas où l'appel d'un jugement de police correctionnelle a été interjeté par le ministère public, il ne dépend pas plus de sa volonté de retarder ce jour, que du prévenu de l'avancer, en prenant l'initiative par le moyen d'une citation directe. En conséquence, le ministère public qui s'est porté appelant ne peut se faire un grief de ce que la Cour royale a indiqué l'audience à laquelle viendrait l'appel, alors que le procureur-général n'avait fait aucun acte pour aller en avant. — 2 fév. 1844. Cass. J.H. 44. 1. 55.

**APPEL INCIDENT.** — 1. — *Exécution (actes d').* — L'appel incident peut être relevé par la partie qui a exécuté le jugement, alors que les actes d'exécution sont antérieurs à l'appel principal (C. pr. civ., 443).

L'appel incident peut porter sur des chefs du jugement distincts de ceux dont il y a eu appel principal. — 11 mars 1836. Paris. J.H. 36. 1. 188.

2. — *Fin de non recevoir.* — L'intimé peut interjeter appel incident en tout état de cause, même après avoir conclu, sans réserves sur l'appel principal, à la confirmation pure et simple du jugement attaqué (C. pr., 453). — 1er fév. 1841. Bourges. J.H. 42. 1. 126.

3. — *Jugement.* — L'appel incident ne peut porter sur les chefs d'un jugement relatifs à une partie qui n'a pas appelé. — 10 mars 1836. Agen. J.H. 36. 1. 232.

**ARBITRAGE—ARBITRES.** — 1. — *Appel.* — Bien que la clause d'un acte de société commerciale ait stipulé que les arbitres prononceraient en dernier ressort sur les contestations qui pourraient s'élever entre les associés, la sentence arbitrale qui a statué sur des difficultés élevées, après la dissolution de la société, entre les héritiers d'un associé décédé et les sociétaires survivants, a pu néanmoins être attaquée par la voie de l'appel, alors que cette sentence a été rendue par suite, non de l'arbitrage qui avait été originairement consenti dans l'acte de société, mais bien en vertu d'un deuxième arbitrage, convenu, après la dissolution de la société, entre les parties, et lors duquel il n'avait point été renoncé à l'appel. — 16 mars 1836. Cass. J.H. 36. 1. 272.

2. — *Associés.* — Il suffit qu'un traité passé entre le gérant d'une société et un tiers, et stipulant l'arbitrage pour tous les débats auxquels ce traité donnerait lieu, ait, conformément à l'acte social, été approuvé par un comité de direction, composé de plusieurs des associés, pour que ceux-ci aient pu être valablement cités avec le gérant en nomination des arbitres. — 20 juin 1857. Cass. J.H. 37. 1. 526. — V. même article, 9, 10 et 28.

3. — *Chose jugée.* — La sentence arbitrale volontairement exécutée par les parties a le caractère de la chose jugée, bien qu'elle n'ait été ni enregistrée, ni déposée au greffe, ni revêtue de l'ordonnance d'*exequatur* (C. civ., 1548; C. pr., 1020). — 21 déc. 1838. Bourges. J.H. 39. 1. 288.

4. — *Chose non demandée.* — Lorsqu'une partie a seulement conclu, devant des arbitres, contre son adversaire à une condamnation pécuniaire à titre de dommages-intérêts, les arbitres ne peuvent, sans s'exposer à prononcer sur une chose non demandée, autoriser la publication dans les journaux et l'affiche de leur sentence (C. pr., 1028, n. 5). — 26 janv. 1839. Paris. J.H. 39.1.451.

5. — *Clause compromissoire.* — La promesse de compromettre ou soumission anticipée à l'arbitrage pour les contestations qui pourront naître est nulle, à défaut de désignation du nom des arbitres et de l'objet du litige; encore bien qu'elle se trouve dans un acte de commerce, tel qu'une police d'assurance à prime contre l'incendie. — 21 fév. 1844. Cass. J.H. 44. 1. 61.

6. ... La clause de l'acte social, portant que les contestations qui pourraient s'élever entre les associés seront soumises à des arbitres jugeant en dernier ressort, doit être réputée s'appliquer tant aux difficultés survenues après la dissolution de la société qu'à celles qui auraient pu naître dans le cours de cette société... Et, par suite, pour les unes comme pour les autres, les associés peuvent être assignés devant les arbitres. — 16 mai 1840. Cass. J.H. 40. 1. 185.

7. — *Commune.* — Les jugements rendus avec les communes par des arbitres, conformément aux lois des 10 juin et 2 octobre 1793, ayant été soumis à l'appel par les lois des 28 brum. an 7 et 14 frim. an 9, ne sont pas susceptibles d'être attaqués par requête civile (C. pr. civ., 480 et suiv.). — 18 juill. 1835. Paris. J.H. 35. 365.

8. ... L'art. 1026 C. pr. civ., qui permet de porter la requête civile contre les sentences arbitrales devant les juges qui eussent été compétents pour connaître de l'appel, n'est pas applicable aux sentences rendues avec les communes, en vertu des lois des 10 juin et 2 oct. 1793, ces dernières sentences n'étant plus autorisées par la législation en vigueur lors de la publication du C. pr. — 18 juill. 1835. Paris. J.H. 35. 365. — V. même article, 21.

9. — *Compétence.* — En matière de société, la juridiction arbitrale n'est applicable que lorsqu'il s'agit de contestations, non seulement entre associés, mais encore pour raison de la société (C. comm., 51). — 3 avr. 1838. Cass. J.H. 38. 1. 171. — V. encore, dans le même sens, 8 juill. 1840. Lyon. J.H. 41. 1. 157.

10. ... De ce que des associés ont arrêté la dissolution de leur société, et fait le règlement provisoire de leurs droits, les contestations qui s'élèvent entre eux ne cessent pas d'être soumises à des arbitres forcés (C. comm., 52). — 27 juill. 1837. Douai. J.H. 38. 1. 419.

11. — *Compromis.* — La nullité d'un compromis, fondée sur la minorité de l'une des parties, est relative, et ne peut être invoquée que par cette partie. — 18 juill. 1834. Pau. J.H. 35. 96.

**12.** — *Contrainte par corps.* — La contrainte par corps a été valablement prononcée par sentence arbitrale contre un étranger au profit d'un autre étranger, pour cause de société de commerce dont le siége principal était en France, alors que les deux parties se sont volontairement soumises à la juridiction française (L. 17 avr. 1832).—30 avr. 1840. Paris. J.H. 41. 1. 25.

**13.** —*Dernier ressort.*—La stipulation entre associés que les débats qui pouvaient s'élever entre eux seraient vidés par des arbitres qu'ils choisiraient, et dont la décision serait en dernier ressort, doit être interprétée en ce sens que le dernier ressort ne doit être attribué qu'à la décision des arbitres par eux choisis, et non à celle du tiers-arbitre qui, après partage des deux arbitres par eux choisis, a été nommé par le tribunal de commerce. —27 juill. 1837. Douai. J.H. 38. 1. 119.

**14.** — *Divisibilité.* — De ce qu'une sentence arbitrale est annulée, quant au chef où les arbitres ont excédé leurs pouvoirs en prononçant, par exemple, *ultra petita*, il ne s'ensuit pas que la sentence entière doive être infirmée, alors que la disposition annulée est sans connexité avec les autres chefs de la sentence (C. pr., 1028, n. 5).—26 janv. 1839. Paris. J.H. 39. 4. 151.

**15.** — *Fin de non recevoir.* — Celui qui, après avoir obtenu l'annulation d'une ordonnance d'*exequatur*, délivrée par le président du tribunal de commerce, comme incompétemment rendue, a demandé ensuite le dépôt de la sentence arbitrale au greffe du tribunal civil, ne s'est pas rendu, par là, non recevable à arguer de nullité cette même sentence pour défaut de pouvoir de l'un des arbitres (C. pr., 1021 ; C. civ., 1338).—27 août 1835. Cass. J.H. 35. 240.

**16.** — *Héritiers mineurs.* — La clause d'un acte de société, par laquelle les associés déclarent renoncer à l'appel des sentences arbitrales qui statueront sur leurs contestations, est obligatoire, même pour leurs héritiers mineurs. Ici ne s'applique pas l'art. 1013, uniquement relatif à l'arbitrage volontaire (C. civ., 1122, 1134; C. comm., 52).—8 mai 1837. Cass. J.H. 37. 1. 235. —V. aussi, dans le même sens, 10 nov. 1835. Paris. J. H. 36. 1. 64.

**17.** — *Incompétence.* — L'incompétence du tribunal de commerce pour connaître des contestations entre associés, déférées par la loi aux arbitres forcés, est, et même pour la première fois, en appel..... bien que la société soit nulle, à défaut d'en avoir rédigé les conventions par écrit, si d'ailleurs elle a reçu son exécution. — 30 déc. 1840. Caen. J.H. 41. 1. 159.

**18.** — *Inscription de faux.* — Le procès-verbal des arbitres fait foi des énonciations qu'il renferme jusqu'à inscription de faux.—V. 17 juin 1836. Paris. J.H. 36. 4. 265.

**19.** — *Nomination d'office.* — Un jugement fait grief à une partie dans la disposition par laquelle il lui impose un arbitre d'office sans lui réserver la faculté de le choisir elle-même. — 19 janv. 1841. Douai. J.H. 42. 1. 154.

**20.** — *Office.* — La clause compromissoire insérée dans le traité de vente d'un office doit être observée, et les parties renvoyées devant les arbitres.—5 mai 1840. Aix. J.H. 40. 1. 240.—V., en sens contraire, 12 juin 1839. Orléans. J.H. 40. 1. 180. — V. cependant 12 janv. 1841. Cass. J.H. 41. 4. 115; 2 janv. 1838. Paris. J.H. 38. 1. 47.

**21.** — *Prescription.* — La prescription contre une sentence arbitrale qui a rendu à une commune la propriété de bois ou forêts dont elle avait été dépouillée par abus de la puissance féodale, a été suspendue par la loi du 7 brumaire an 5, qui a suspendu elle-même toute exploitation de ces bois par les communes. —

Cette prescription a été ensuite interrompue par la production de cette sentence à l'administration de département, production qui équivaut à une demande à fin d'exécution de ladite sentence, et n'a pu recommencer à courir qu'à l'expiration de l'année accordée par la loi du 11 frimaire an 9, pour la révision définitive de ces sentences (L. 28 brum. an 7). — 18 juill. 1835. Paris. J.H. 35. 365.

**22.** — *Récusation.* — Les arbitres forcés sont assimilés aux juges ordinaires, et quant au caractère et quant aux pouvoirs; leur récusation, pour être admissible, doit donc être proposée par acte signifié au greffe du tribunal de commerce, et non par acte signifié aux arbitres mêmes (C. pr., 584, 578).

La récusation d'arbitres forcés, proposée subsidiairement à la demande d'un sursis, doit être considérée comme nulle et non avenue, lorsque les arbitres ont accordé le sursis formant l'objet des conclusions principales.—25 avr. 1839. Paris. J.H. 39. 4. 284.

**23.** ... La récusation signifiée par exploit à un arbitre doit être considérée comme non avenue, si cet exploit n'est pas signé de la partie ou de son fondé de pouvoir, et les arbitres peuvent, nonobstant cette récusation, passer outre au jugement de la contestation (C. pr., 45, 584).—26 juin 1834. Montpellier. J.H. 35. 91.

**24.** ... La récusation des arbitres forcés peut être faite par exploit signifié aux arbitres (C. pr., 45, 584).

Mais il faut que cet acte soit signé par le récusant.

..... Et, à défaut de cette formalité substantielle, les juges arbitres peuvent passer outre. — 11 avr. 1843. Bastia. J.H. 44. 1. 42.

**25.** — *Sentence arbitrale (nullité de).* — Il suffit qu'une sentence arbitrale, signée par la majorité des arbitres, ait été délibérée en présence de tous les arbitres pour qu'elle soit valable.—14 juin 1836. Paris. J.H. 36. 1. 263.

**26.** ... Lorsque l'annulation des pouvoirs des arbitres a été prononcée par un arrêt rendu par défaut, la sentence arbitrale intervenue est nulle, si les opérations des arbitres ont été commencées avant la signification de l'arrêt postérieur qui les a réintégrés dans leurs pouvoirs (C. pr., 147).—25 avr. 1839. Paris. J.H. 39. 1. 284.

**27.**—*Signification.*—La signification d'une sentence arbitrale rendue conformément aux lois des 10 juin et 2 oct. 1793 n'a pu être valablement faite à l'agent national de district; elle a dû être faite au procureur-général syndic, et après la loi du 14 frim. an 2, au président de l'administration départementale.—18 juill. 1835. Paris. J.H. 35. 366.

**28.** — *Société (nullité de).* — L'art. 51 C. comm., qui attribue à des arbitres la connaissance de toutes contestations entre associés à raison de la société, n'est pas applicable lorsqu'il s'agit de la nullité de l'acte social demandée par l'une des parties (C. civ., 1183 et 1184). — 26 nov. 1835. Cass. J.H. 36. 4. 51. — V. en sens analogue 15 fév. 1839. Paris. J.H. 59. 1. 118.

**29.** — *Tiers-arbitre.* — Le tiers-arbitre, tenu de se conformer à l'avis de l'un des arbitres divisés, n'est pas obligé de l'adopter dans tout son ensemble, lorsqu'il renferme plusieurs chefs. — 8 juill. 1840. Lyon. J.H. 41. 1. 156.

**30.** .... Pour que la sentence rendue par le tiers-arbitre soit valable, il faut que ce tiers-arbitre se soit préalablement réuni aux premiers arbitres, ou que ceux-ci aient été régulièrement sommés à cet effet; il ne suffit pas que le tiers-arbitre ait successivement conféré avec chacun des arbitres partagés (C. pr., 2018). — 4 avril 1838. Cass. J.H. 38. 1. 200.

**ASSIGNATION.** — V. Exploit.

**ASSIGNATION A BREF DÉLAI.—V. Exploit.**

**ASSURANCES TERRESTRES.** — Le locataire d'un établissement industriel a droit et qualité pour faire assurer en son propre nom les bâtiments comme le mobilier de cet établissement, et c'est à lui que les indemnités, en cas de sinistre, doivent être payées.

.... Cependant si le locataire d'un établissement industriel a fait assurer, contre tous risques, en son propre nom, le bâtiment et le mobilier, et qu'un incendie par le feu du ciel ou par cas fortuit cause un grand dommage au propriétaire, et peu ou point de dommage au locataire, celui-ci, à l'abri de la présomption de faute établie par l'art. 1733 C. civ., est réputé avoir fait assurer en vertu d'un mandat tacite du propriétaire à qui profite l'indemnité.

Le locataire d'un bâtiment incendié, dont le bail n'est pas expiré, peut être admis à faire reconstruire les bâtiments tels qu'ils étaient avant leur destruction, au lieu d'être condamné à payer au propriétaire une indemnité en argent.

Le propriétaire ne peut demander, pour cause de mésus, la résiliation du bail, sur l'événement d'un incendie, en se fondant sur la présomption de faute établie par la loi contre le locataire : en matière d'incendie, il faut appliquer l'art. 1733 C. civ., et non les art. 1722 et 1741 du même Code. — 23 avril 1838. Colmar. J.H. 39. 1. 222.

**AUTORISATION DE FEMME.** — **1.** — *Appel.* — La femme autorisée par son mari à plaider en première instance, doit obtenir une nouvelle autorisation pour plaider en appel (C. civ., 215, 225).

Toutefois, l'appel interjeté par elle sans autorisation ne doit pas être déclaré nul dès à présent. — 24 fév. 1842. Bordeaux. J.H. 42. 1. 176.

**2.** — *Autorisation de justice.* — L'autorisation de justice, accordée à la femme d'une manière incidente, doit être restreinte à l'instance portée devant le tribunal, alors même qu'elle ne l'exprimerait pas. — 5 août 1840. Cass. J.H. 40. 1. 212.

**3.** — *Cassation.* — La femme mariée qui est en instance, soit en demandant, soit en défendant, sans y avoir été autorisée par son mari, ou, sur le refus du mari, par justice, peut opposer ce défaut d'autorisation en tout état de cause, même devant la Cour de cassation. — 5 août 1840. Cass. J.H. 40. 1. 212. — V. encore 24 fév. 1841. Cass. J.H. 41. 1. 131.

**4.** — *Conseil judiciaire.* — Le mari qui ne peut plaider sans l'assistance d'un conseil judiciaire, n'a pas mieux capacité pour autoriser sa femme à ester en justice (C. civ., 222). — 11 août 1840. Cass. J.H. 41. 1. 42. — V. anal. dans le même sens, 27 août 1825. Paris. J.H. 56. 1. 168.

**5.** — *Contrat de mariage.* — L'autorisation générale d'ester en justice donnée à la femme par contrat de mariage, est nulle (C. civ., 223). — 24 fév. 1841. Cass. J.H. 41. 1. 131.

**6.** — *Demande.*—La femme ne peut plaider sans autorisation, même contre son mari, si elle est demanderesse ; et, bien qu'elle fût défenderesse à l'action de son mari en première instance, du moment qu'elle devient demanderesse en interjetant appel, elle doit être autorisée. — 24 fév. 1841. Cass. J.H. 41. 1. 131.

**7.** — *État (changement d').* — Un protêt fait contre une femme mariée sous son nom de fille, l'assignation qui lui est donnée ensuite de cet acte, sous ce même nom, et le jugement rendu contre elle, sans qu'elle ait été autorisée à ester en justice, sont des actes nuls ; et le jugement qui refuse de les annuler, même en se fondant sur la bonne foi des parties et l'ignorance où elles

étaient de la véritable qualité de cette femme, doit être cassé (C. civ., 215, 218, 225). — 15 nov. 1836. Cass. J.H. 37. 1. 22.

**8.** — *Exception.* — L'exception tirée du défaut d'autorisation de la femme ou de la nullité de l'autorisation qu'elle a obtenue, ne peut être opposée que par la femme, son mari ou leurs héritiers (C. civ., 225.) — 24 août 1840. Cass. J.H. 41. 1. 12.

**9.** — *Fin de non recevoir.* — La femme demanderesse qui n'est pas pourvue d'une autorisation valable pour ester en justice, ne peut être déclarée sur ce motif irrecevable dans son action ; les juges doivent se borner à surseoir au jugement jusqu'à ce qu'une autorisation régulière ait été conférée à la femme.—24 août 1840. Cass. J.H. 41. 1. 12.

**10.** — *Garant.* — La nullité résultant du défaut d'autorisation d'une femme pour ester en jugement, ne peut être proposée par le garant de celle-ci mis en cause avec elle (C. civ., 1125.) — 17 déc. 1834. Cass. J.H. 35. 101.

**11.** — *Louage.* — La femme, quant aux besoins de la vie, est réputée mandataire du mari ; en conséquence, la location faite pendant l'absence du mari, par la femme, d'un logement nécessaire à celui-ci, oblige personnellement le mari (C. civ., 217, 1426). — 29 mars 1838. Bordeaux. J.H. 38. 1. 296.

**12.** — *Mandat.* — La femme, autorisée de son mari, a qualité pour poursuivre en son nom ses débiteurs personnels. — En ce cas l'autorisation vaut procuration. (C. civ., 221, 224, 1549)..... Elle a qualité, surtout s'il s'agit de créances paraphernales (C. civ., 1990). — 16 janv. 1834. Lyon. J.H. 35. 70.

**13.** — *Partie adverse.* — Lorsque la femme néglige de se pourvoir de l'autorisation sans laquelle elle est inhabile à ester en justice, c'est à la partie adverse à provoquer cette autorisation, afin de régulariser la procédure. — 5 août 1840. Cass. J.H. 40. 1. 212.

**14.** — *Saisie immobilière.* — La femme mariée dont les biens sont saisis immobilièrement n'a pas besoin d'être autorisée soit par son mari, soit par justice, lors de l'adjudication définitive de ces biens ; il suffit que les actes de poursuites aient été dénoncés tant à elle qu'à son mari, pour la validité de la procédure (C. civ., 215, 225 ; C. pr., 675). — 21 nov. 1838. Amiens. J.H. 39. 1. 55. — V. encore un arrêt de la même Cour rendu à la même date. J.H. 39. 1. 245. — V. également, dans le même sens, 3 juin 1835. Cass. J.H. 35. 1. 232.

**15.** — *Séparation de biens.* — Le jugement de séparation de biens a pour effet de lever, à l'égard de la femme, la prohibition d'ester en justice sans autorisation, en tant que son action est dirigée contre son mari, et pour le recouvrement de ses droits matrimoniaux (C. civ., 217, 1449).—25 fév. 1840. Bourges. J.H. 41. 1. 52.

**16.** — *Séparation de corps.* — L'ordonnance qui autorise une femme à plaider en séparation de corps contre son mari est valablement rendue hors de la présence d'un mari légalement assigné (C. pr., 878). — 21 nov. 1838. Rouen. J.H. 39. 1. 212.

**AUTORITÉ MUNICIPALE.**—Les fonctions du maire, concernant l'existence des pouvoirs publics, ne peuvent être par lui déléguées ; l'exercice de ces fonctions appartient exclusivement aux personnes désignées par la loi, à défaut du maire. —23 déc. 1833. Pau. J.H. 58.1.37.

**AVEU.** — **1.** — *Aveu (indivisibilité d')* — Il suffit qu'en matière excédant 150 fr., il n'existe de titre, ni en faveur du demandeur, ni en faveur du défendeur, pour que l'aveu fait par ce dernier, et qui forme le seul titre du premier, ne puisse, quoique portant sur des faits distincts, mais non susceptibles d'être prouvés à l'aide

de témoins, être divisé ( C. civ., 1356 ). — 17 nov. 1835.
Cass. J.H. 36. 1. 88.

**2. — *Matière commerciale*. —** Quoiqu'en matière
commerciale, où la preuve est admissible presque dans
tous les cas, on doive se montrer moins sévère dans
l'application du principe de l'indivisibilité de l'aveu, on
ne peut néanmoins déroger à ces principes qu'autant
que les circonstances s'opposent à son application. —
10 nov. 1854. Pau. J.H. 35. 179.

**3. — *Requête*. —** Les déclarations faites dans la requête signifiée par un avoué, sont considérées comme
émanées de la partie elle-même, et constituent un commencement de preuve par écrit à son égard, lorsque la
requête n'a pas été désavouée ( C. civ., 1347 ). — 18
janv. 1839. Bordeaux. J.H. 39. 1. 281.

**AVOCAT. — 1. — *Appel*. —** La décision par laquelle un
tribunal correctionnel prononce la suspension d'un avocat, pour faits commis à l'audience, constitue un véritable jugement. Par suite, l'appel de ce jugement a dû
être porté, non devant les chambres assemblées, et à
huis clos, de la Cour royale, mais bien en audience
publique, devant la chambre des appels de police correctionnelle ( C. inst., cr. 201 ).

...... Et, dans ce cas, l'appel est irrecevable, s'il n'a
pas été relevé dans les dix jours après celui où le jugement a été prononcé ( C. inst. cr., 203 ). — 26 mai
1836. Nimes. J.H. 36. 1. 287.

**2. — *Délit d'audience*. —** Les tribunaux de première
instance ne peuvent connaître des fautes de discipline
commises par les avocats, hors de l'audience. Ce droit
n'appartient qu'aux conseils de discipline et aux cours
royales ( Décr. 30 mars 1808, art. 103 ; décr. 14 déc.
1810 ; ord. 20 nov. 1822 et 27 août 1830 ). — 17 mars 1856.
Aix. J.H. 36. 1. 300.

**3. — *Nomination d'office*. —** L'avocat nommé d'office a accompli le devoir moral de sa profession, en se
présentant pour défendre le prévenu ; mais il doit être
admis à s'abstenir, si le prévenu déclare refuser le défenseur qui lui a été donné. — 28 mars 1828. Orléans.
J.H. 40. 1. 63.

**4. — *Plaidoiries*. —** Les avoués licenciés ou autres
des chefs-lieux de département n'ont pas le droit de
plaider les causes sommaires, concurremment avec les
avocats ( L. 22 ventôse an 12, art. 32 : déc. du 2 juill.
1812 , art. 1 , 2 et 3 ; ordonn. roy. du 27 fév. 1822 ).

L'ordonnance royale du 27 fév. 1822 n'est pas incon-
stitutionnelle en ce qu'elle enlève aux avoués le droit
de plaider les affaires sommaires. — 15 mai 1840. Cass.
J.H. 40. 1. 188.

**5. — *Pouvoir disciplinaire*. —** Il appartient *exclusivement* aux conseils de discipline de l'ordre des avocats de statuer sur les questions de maintien ou de radiation des inscriptions au tableau, indépendantes de
l'action disciplinaire. — Spécialement, eux seuls peuvent
prononcer la radiation d'un avocat inscrit pour fait de
cessation d'exercice réel.

... Ce principe est absolu et exclut l'action soit directe,
soit indirecte du ministère public.

L'assemblée de l'ordre des avocats inscrits au tableau
n'aurait pas qualité pour statuer sur une question de
maintien ou de radiation sur ce tableau.

L'ordonnance du 27 août 1830 n'a pas dérogé à celle du
20 nov. 1822, sur la profession d'avocat, dans les points
qu'elle n'a pas réglés. — 6 avril 1840. Cass. J.H. 40.1.148.

**AVOUÉ. — 1. — *Dépens (distraction de)*. —** L'avoué
qui a obtenu une distraction de dépens ne devient pas
pour cela partie dans la contestation ; il n'est que subrogé aux droits de son client. Par suite, il ne peut être
mis personnellement en cause pour avoir à défendre,

soit en appel, soit devant la Cour de cassation, le jugement ou l'arrêt qui lui accorde la distraction... et cela
alors même que la disposition relative à la liquidation
des dépens serait spécialement attaquée.

L'avoué ne peut être mis en cause qu'autant que le
mérite de la distraction elle-même est contesté. — 6 janv.
1841. Cass. J.H. 41. 1. 98.

**2. —** L'avoué qui a obtenu distraction des dépens à
son profit, ne doit pas être considéré comme cessionnaire de son client ; il conserve contre lui, nonobstant
la distraction, une action pour le paiement de ses frais
et avances. — 13 juin 1837. Cass. J.H. 57. 1. 264.

**3. —** L'avoué ne peut, même pour ses frais, et n'eût-
il aucun autre moyen d'être payé de son client, exercer
l'action en rapport compétent à ce dernier, contre ses
co-successibles ( C. civ., 857 ).

**4. — *Droit personnel*. —** L'avoué d'un adjudicataire
qui a versé, au nom de son client et pour satisfaire à
une clause du cahier des charges, entre les mains de
l'avoué du créancier saisissant, une somme de......
destinée à acquitter les frais de procédure faits et à faire,
a pu être légalement déclaré avoir qualité pour intenter
*personnellement*, contre ce dernier avoué, une action
en reddition de compte de l'emploi de cette somme. —
14 fév. 1838. Cass. J.H. 58. 1. 134. — V. encore 10 janv.
1835. Limoges. J.H. 38. 1. 350.

**5. — *Enregistrement*. —** Les chambres d'avoués ne
sont point des établissements publics. — En conséquence, elles peuvent refuser communication de leurs
actes et registres aux vérificateurs de l'enregistrement
(Art. 54 loi du 22 frim. an 7). — 17 avril 1833. Trib. de
Saint-Quentin ; 17 juin 1833. Délib. rég. J.H. 35. 8.

**6. — *Frais*. —** L'avoué qui, en cette qualité, a représenté dans l'instance les syndics d'une faillite, n'est
pas fondé à réclamer contre eux le paiement des frais
(C. civ., 1997, 2002). — 25 août 1838. Paris. J.H. 39.1.110.

**7. — *Honoraires*. —** Il est dû aux avoués récompense
ou dédommagement pour les soins, travaux, courses,
démarches étrangers à leur ministère, donnés aux affaires de leurs clients ; et, dans ce cas, ils agissent, non
comme avoués, mais comme mandataires *ad negotia* :
ici ne s'appliquent pas les art. 67 et 151 du tarif du 16
fév. 1807. — 13 juin 1837. Cass. J.H. 57. 1. 264.

**8. — *Indigent*. —** La chambre des avoués à laquelle
un indigent demande qu'elle lui nomme un avoué d'office afin de suivre l'action qu'il est dans l'intention de
former, a la faculté d'examiner et d'apprécier les prétentions élevées par le demandeur, et de refuser la nomination d'office, si ces prétentions lui paraissent contraires à la loi (Arrêté du 13 frim. an 9, art. 2, n. 3). —
Cette même faculté appartient aussi au président du
tribunal ou de la Cour royale auquel s'adresse l'indigent, sur le refus de la chambre des avoués. — 6 janv.
1840. Cass. J.H. 40. 1. 9. — V. dans le même sens, 31
mai 1842. Amiens. J.H. 43. 1. 151.

**9. — *Matière correctionnelle*. —** En matière correctionnelle, le ministère des avoués est facultatif. — 10 avril
1843. Angers. J.H. 43. 1.158.

**10. — *Ministère forcé*. —** Le ministère des avoués
n'est pas libre ; en conséquence, un avoué ne peut se
dispenser d'occuper pour la partie qui l'en a chargé,
s'il ne se trouve dans un cas d'exception légale. —
18 juin 1839. Rennes. J.H. 40. 1. 12.

**11. — *Ministère public*. —** Le ministère public n'a
pas le droit d'exiger des avoués la représentation du
registre des recettes, tenu en vertu de l'art. 151 du
tarif, et, par suite, le refus de le produire ne peut faire
encourir à l'avoué de peine disciplinaire. — 2 juin 1843.
Aix. J.H. 43. 1. 173.

12. — *Ordre.* — En matière d'ordre, lorsque l'avoué d'un créancier poursuivant, cesse ses fonctions avant l'expiration des délais pour contredire, ce créancier doit être assigné en constitution d'un nouvel avoué. — 25 mars 1835. Paris. J.H. 35. 569.

13. — *Pouvoir réglementaire.* — Le tribunal qui prend une délibération par laquel il interdit aux avoués d'assister désormais aux interrogatoires en matière d'interdiction, commet un excès de pouvoir, en ce qu'il statue par voie de disposition générale et réglementaire (L. 16-24 août 1790, art. 10 et 12 ; C. civ., 5). — 26 janv. 1841. Cass. J.H. 41. 1. 150.

14. — *Pouvoir spécial.* — Toutes les fois que la loi, en matière de procédure, n'exige pas la comparution personnelle des parties, leurs avoués ont qualité pour les représenter. — 24 juill. 1840. Cass. J.H. 40. 1. 245.

BAIL. — V. Louage.

BANQUE DE FRANCE. — Une loi du 8 juillet 1840 proroge jusqu'au 31 décembre 1867 le privilège de la Banque de France. J.H. 40. 2. 70.

BANQUIER. — *Droit de commission.* — La perception d'un droit de commission par un banquier, en sus de l'intérêt légal, à l'occasion d'avances par lui faites, a pu être déclarée illégale, si ce banquier ne justifie d'aucune démarche pour procurer à l'emprunteur les valeurs avancées. — 12 nov. 1834. Cass. J.H. 35. 52.

BESOIN. — V. Effet de commerce.

BOIS. — Les bois taillis et les futaies, quoique vendus séparément du fonds à des tiers de bonne foi, restent soumis à l'action hypothécaire des créanciers inscrits, tant qu'ils ne sont pas abattus (C. civ., 521, 2118, 2204). — 10 juin 1841. Cass. J.H. 41. 1. 235.

BREVET D'INVENTION. — 1. — *Compétence.* — Les tribunaux correctionnels, saisis d'une action en contrefaçon d'un brevet d'invention, conformément à l'art. 20 de la loi du 25 mai 1838, sont compétents pour juger toutes les exceptions du prévenu autres que celles tendant à la nullité ou à la déchéance du brevet, lesquelles sont de la compétence exclusive des tribunaux civils. — 3 avril 1841. Cass. J.H. 41. 1. 216.

2. — *Société.* — Un brevet d'invention apporté dans une société, pour sa part, par l'un des associés, doit, au cas de l'annulation de la société pour défaut de publicité, rester la propriété de l'inventeur; il ne peut être considéré comme une valeur sociale, et, par suite, les droits des autres associés sur ce brevet s'évanouissent (C. comm., 42; C. civ., 1772). — 17 fév. 1837. Paris. J.H. 38. 1. 187.

CAHIER DES CHARGES. — V. Saisie immobilière.

CAISSES D'EPARGNES. — La législation relative aux caisses d'épargnes se trouve résumée dans la loi du 9 juin 1835, rapportée au tome 35, p. 357, de la Jurisprudence des Huissiers.

CAISSES DES DÉPOTS ET CONSIGNATIONS. — Les sommes reçues par la caisse des dépôts et consignations, le sont à titre de prêt plutôt qu'à titre de dépôt; elle en est propriétaire. — 19 mars 1835. Tribunal d'Yvetot. J.H. 37. 2. 19. — V. relativement aux saisies-arrêts, oppositions, cessions ou transports, et autres actes ayant pour objet d'arrêter le paiement des sommes versées, à quelque titre que ce soit, à la caisse des dépôts et consignations, la loi portant règlement du budget de l'exercice de 1831, dont les principales dispositions sont analysées dans ce supplément, art. Saisie-arrêt.

CASSATION. — 1. — *Appelant.* — L'appelant principal n'est pas recevable à se faire un moyen de cassation d'une irrégularité qui ne concerne que l'appel incident formé par l'intimé. — ... Spécialement, il ne peut

se prévaloir de ce que les conclusions de cet appel incident ne sont pas relatées dans les qualités de l'arrêt qui est intervenu. — 14 août 1840. Cass. J.H. 40. 1. 237.

2. — *Appréciation* (*étendue d'*). — La question de savoir si la créance en vertu de laquelle une saisie mobilière a été pratiquée était liquide et exécutoire, est une question de fait abandonnée à l'appréciation souveraine des Cours royales, et un arrêt a pu déclarer qu'une créance était liquide, bien que, en fait, elle ait été soumise à un règlement de compte apuré par cet arrêt lui-même, sans qu'il tombe sous la censure de la Cour de cassation (C. pr., 551). — 4 juill. 1838. Cass. J.H. 1. 38. 251.

3. ... Il entre dans les attributions de la Cour de cassation de se livrer à l'examen des actes de procédure, tels qu'un exploit d'ajournement, afin d'apprécier si les formalités dont l'absence est reprochée à ces actes ont, ou non, été suffisamment remplies. Et, spécialement, elle peut déclarer que deux des tenants et aboutissants d'un immeuble sont désignés dans un exploit, quoique l'arrêt attaqué soit muet sur ce point, et se soit borné à admettre des équivalents. — 6 déc. 1837. Cass. J.H. 38. 1. 12.

4. ... Il suffit que, par contre-lettre passée entre un débiteur et l'un de ses créanciers, il ait été convenu que celui-ci serait payé de l'intégralité de sa créance commerciale, pour qu'on ait pu déclarer qu'il ne résultait aucune novation dans la nature du titre de ce créancier, soit de ce qu'il a figuré au concordat passé entre son débiteur et ses créanciers, accepté les diminutions faites par ceux-ci, et reçu même des dividendes, soit de ce que, par un autre acte, il a consenti à recevoir, en diverses annuités et sous le cautionnement d'un tiers, la différence entre les dividendes et le montant réel de sa créance, ... sans qu'une telle décision tombe sous la censure de la Cour de cassation (C. civ., 1234, 1271). — 7 juin 1837. Cass. J.H. 37. 1. 307.

5. ... La question de savoir si des frais faits dans une instance sont ou non frustratoires, est apprécié souverainement par les tribuneux, et leur décision sur ce point ne peut donner ouverture à cassation (C. pr., 1031). — 19 août 1835. Cass. J.H. 36. 1. 73.

6. ... Celui qui, à la fois actionnaire et entrepreneur d'une compagnie, souscrit, sans déclarer en quelle qualité il agit, l'acte par lequel la compagnie subroge un tiers à son lieu et place, peut valablement être considéré comme n'ayant procédé qu'en qualité d'actionnaire et ayant conservé tous ses droits en qualité d'entrepreneur, sans que l'arrêt qui le décide ainsi par appréciation des circonstances soit sujet à censure. — 1er déc. 1835. Cass. J.H. 38. 1. 97.

7. — *Arrêt d'admission.* — Lorsqu'un pourvoi en cassation a été introduit par deux associés qui ont procédé *conjointement*, mais non pas *en nom social et collectif*, le décès de l'un d'eux survenu postérieurement à l'introduction du pourvoi n'influe en rien sur la régularité de l'arrêt d'admission en exécution duquel l'autre associé a pu valablement procéder. — 21 mai 1835. Rennes. J.H. 36. 1. 16.

8. — *Arrêt de renvoi.* — Le délai de cinq jours accordé au prévenu pour se pourvoir contre l'arrêt de renvoi, court du jour de son interrogatoire, si la notification de l'arrêt a précédé cet interrogatoire, et, si elle l'a suivi, du jour de cette notification (C. inst. cr., 242, 296). — 7 janv. 1836. Cass. J.H. 36. 1. 128.

9. — *Avoué* (*nomination d'office*). — L'ordonnance d'un premier président de Cour royale, portant refus de nommer un avoué d'office à une partie qui réclame cette nomination, est susceptible du recours en cassa-

tion pour excès de pouvoir. — 6 janv. 1840. Cass. J.H. 40. 1. 9.

**10.** — *Certificats d'indigence.* — On ne peut fonder une fin de non recevoir, devant la Cour de cassation, sur ce que les certificats d'indigence produits par le demandeur ont été délivrés par complaisance et sans qu'il soit réellement indigent, lorsqu'ils sont réguliers. — 10 mai 1836. Cass. J.H. 36. 1. 193.

**11.** — *Chose jugée.* — L'exception de la chose jugée ne peut être présentée, pour la première fois, devant la Cour de cassation ( C. civ., 1351 ). — 19 août 1835. Cass. J.H. 36. 1. 73.

**12.** ... Il suffit qu'un arrêt ait rejeté la tierce-opposition formée par une partie, non comme mal fondée, mais seulement comme non recevable, pour qu'on ne puisse opposer au pourvoi dirigé par cette partie contre l'arrêt rendu, des considérants de cet arrêt, relatifs seulement au fond du litige. — 20 avril 1836. Cass. J.H. 36. 1. 276.

**13.** — *Conciliation ( préliminaire de ).* — Le défaut de préliminaire de conciliation ne peut être proposé, pour la première fois, devant la Cour de cassation. — 29 janv. 1838. Cass. J.H. 38. 1. 90.

**14.** — *Déchéance.* — Si un arrêt d'admission n'a pas été notifié dans le délai au créancier poursuivant, il y a déchéance du pourvoi à son égard, bien que le saisi demandeur l'ait notifié dans le délai à l'adjudicataire. — 5 mars 1838. Cass. J.H. 38. 1. 138.

**15.** — *Délai.* — Le délai du pourvoi ne commençant à courir qu'à partir de la signification à personne ou domicile, il s'ensuit que le pourvoi est recevable tant que cette signification n'a pas eu lieu, et nonobstant la signification à avoué.

Le pourvoi contre un arrêt préparatoire, mais définitif quant au rejet de certaines exceptions, est recevable, quoiqu'il ait été exécuté sans réserve par la comparution du demandeur en cassation à l'arrêt définitif. — 1er mars 1841. Cass. J.H. 41. 2. 444.

**16.** — *Exploit (nullité d').* — Une nullité d'exploit ne peut être proposée, pour la première fois, devant la Cour de cassation. — 2 mars 1837. Cass. J.H. 37. 1. 209.

**17.** — *Expropriation.* — Le pourvoi en cassation contre un jugement rendu, en matière d'expropriation pour cause d'utilité publique, peut être formé avant la notification de ce jugement ( L. 7 juill. 1833 ; C. pr., 449 ). — 6 janv. 1836. J.H. 36. 1. 80.

**18.** — *Fin de non recevoir.* — Les fins de non recevoir contre l'appel d'une partie ne peuvent être proposées en cassation, si elles ne l'ont pas été en Cour royale. — 19 août 1835. Cass. J.H. 36. 1. 73.

**19.** ... Le défendeur en cassation ne peut opposer au pourvoi formé par son adversaire une fin de non recevoir qui a été rejetée par l'arrêt dont il demande le maintien. — 12 juill. 1836. Cass. J.H. 36. 1. 329

**20.** — *Garde nationale.* — En matière de garde nationale, un jugement contradictoire d'un conseil de discipline peut être attaqué par le pourvoi avant qu'il n'ait été signifié ( L. 22 mars 1831, art. 122). — 26 déc. 1835. Cass. J.H. 36. 1. 240.

**21.** — *Juge de paix.* — Lorsqu'une action dont la connaissance est spécialement attribuée au juge de paix est portée devant le tribunal de première instance, l'incompétence qui en résulte étant *ratione materiæ* peut être proposée en tout état de cause, même pour la première fois devant la Cour de cassation ( C. pr., 170 ).

Peu importe que l'action participe du pétitoire et du possessoire, du moment que l'arrêt statue en même temps sur l'un et sur l'autre, il se trouve entaché du

vice d'incompétence ( C. pr., 25 ). — 16 mars 1841. Cass. J.H. 41. 1. 163.

**22.** ... Les décisions des juges de paix rendues en exercice du pouvoir que leur confère la loi du 25 mai 1838 sur les huissiers du canton, bien que déclarées par cette loi non susceptibles d'appel, peuvent être attaquées par le pourvoi en cassation, pour cause d'incompétence ou d'excès de pouvoir ( L. 25 mai 1838 ; art. 19 ). — 18 janv. 1841. Cass. J.H. 41. 1. 106.

**23.** — *Jugement contradictoire.* — De ce qu'un jugement déclare non recevable une opposition formée contre un jugement contradictoire, il ne suit pas qu'il doive être censé en avoir adopté la doctrine, et partant, il ne saurait être critiqué devant la Cour de cassation, comme contenant la violation de loi imputée au jugement contradictoire. — 17 déc. 1834. Cass. J.H. 35. 101.

**24.** — *Lettre de change.* — La lettre par laquelle celui qui a reçu du tireur des valeurs pour faire la provision d'une lettre de change, écrit au tiré de ne pas payer et de lui renvoyer les sommes qui se trouvent entre ses mains, suffit pour établir l'existence de la provision; et l'arrêt qui, dans ce cas, attribue à cette lettre l'effet d'annuler la provision, et déclare, par suite, qu'il n'y a pas eu provision, doit être cassé, comme contenant une décision contradictoire. — 5 janv. 1835. Cass. J.H. 36. 1. 63.

**25.** — *Matière correctionnelle.* — En matière correctionnelle, lorsqu'il a été rendu deux arrêts distincts, dont le premier statue seulement sur une exception d'incompétence, et le second condamne le prévenu à l'emprisonnement, celui-ci est recevable à se pourvoir uniquement contre le premier arrêt, sans être actuellement en état, conformément à l'art. 421 C. inst. crim. — 9 sept. 1836. Cass. J.H. 36. 1. 320.

**26.** — *Pourvoi (effet du).* — Le pourvoi n'atteint que l'arrêt attaqué, et non les jugements de première instance : d'où il suit que la cassation de cet arrêt ne peut préjudicier en rien aux moyens qui peuvent résulter pour les parties de la procédure de première instance. — 12 mars 1839. Cass. J.H. 39. 1. 96.

**27.** ... La cassation d'un arrêt n'emporte pas de plein droit condamnation à restituer les sommes payées en exécution de l'arrêt annulé, alors que cette condamnation n'a pas été formellement prononcée par l'arrêt de cassation. Dans ce cas, la Cour de renvoi est seule compétente pour statuer sur cette restitution. — 26 août 1835. Colmar. J.H. 37. 1. 88.

**28.** — *Pourvoi (recevabilité du).* — Le pourvoi en cassation contre un arrêt qui a plus de trente ans de date est recevable, lorsqu'il a été formé dans les trois mois d'une signification qui en a été faite par celui au profit de qui il a été rendu, pourvu qu'il n'y ait pas eu d'autres significations de faites et que cet arrêt n'ait pas été exécuté par les demandeurs en cassation. — 26 nov. 1834. Cass. J.H. 35. 41.

**29.** — *Règlement de juges.* — Lorsqu'un pourvoi en cassation est formé subsidiairement à une demande en règlement de juges et pour le cas où cette demande serait déclarée non recevable, si elle est déclarée recevable, mais rejetée au fond, il n'y a pas lieu de statuer sur le pourvoi subsidiaire, alors surtout qu'il devrait être rejeté par les mêmes motifs. — 26 fév. 1839. Cass. J.H. 39. 1. 144.

**30.** — *Solidarité.* — Il suffit que le dispositif d'un arrêt prononce la solidarité pour qu'on ne puisse prétendre, devant la Cour de cassation, que la question de solidarité n'a pas été soumise à la Cour royale. — 27 nov. 1839. Cass. J.H. 40. 1. 48.

**31.—*Transport*.**—Un pourvoi en cassation notifié au cessionnaire et non au cédant, est recevable, encore bien que la cession aurait été faite dans l'instance d'appel et que l'arrêt aurait été rendu au profit du cédant. — 28 janv. 1835. Cass. J.H, 35. 159.

**CAUTION—CAUTIONNEMENT.— 1.—*Affectation (changement d')*.**—Le cautionnement versé par un greffier ne devant être remboursé que trois mois après qu'il a cessé d'exercer ses fonctions, ne peut être légalement appliqué à celui qu'il est tenu de fournir lorsqu'il est pourvu aux fonctions de notaire (LL. 28 avril 1816, art. 96; 21 avril 1832, art. 34). — 21 juin 1836. Déc. min. just. J.H. 37 2, 19.

**2.—*Discussion*.**—Lorsqu'une caution a expressément stipulé dans son contrat qu'elle ne serait tenue au remboursement qu'après la discussion du débiteur et le résultat de la distribution du prix des biens de celui-ci, cette stipulation imprime au cautionnement un caractère conditionnel qui s'oppose à ce qu'aucune saisie-arrêt puisse être valablement pratiquée au préjudice de la caution, jusqu'à l'événement de la condition prévue (C. civ., 1188, 2021).—3 juin 1841. Lyon. J.H. 42. 1. 153.

**3. „** La demande en discussion du débiteur principal est tardivement formée la veille de l'adjudication préparatoire; elle doit l'être dès les premières poursuites (C. civ., 2022). — 30 avril 1836. Toulouse. J.H. 37. 1. 265.

**4.—*Intérêts*.** — Celui qui s'est porté caution dans un concordat, pour le capital seulement des créances laissées à la charge du failli, ne peut, en aucun cas, être tenu des intérêts, même des intérêts moratoires et des frais adjugés postérieurement à un créancier de la faillite dont la créance était contestée lors du concordat (C. civ., 2015, 2016).—12 janv. 1842. Cass. J.H. 42. 1. 83.

**5.—*Office*.**—La caution du prix de cession d'un office n'est pas tenue du supplément de prix convenu par contre-lettre, le vendeur s'étant mis par son fait dans l'impossibilité de la subroger dans les droits de poursuites dont lui-même ne jouit pas contre le cessionnaire (C. civ., 2037) — 23 déc. 1840. Rouen. J.H. 41. 1. 232.

**6.—*Offres réelles*.**—La caution solidaire, quoique non directement poursuivie, peut elle-même signifier les offres réelles au domicile élu par le créancier dans le commandement fait au débiteur principal, l'engagement de la caution solidaire étant régi par les principes relatifs aux dettes solidaires (C. civ., 2021, 1208).—12 janv. 1842. Cass. J.H. 42. 1. 83.

**7.—*Surenchère*.**—Lorsque la caution que doit fournir le surenchérisseur consiste en une rente en argent, la désignation de cette rente dans l'acte de surenchère n'est pas nécessaire; il suffit que la valeur offerte se trouve appartenir au requérant lors du jugement de validité de la surenchère (C. civ., 2185, § 5). — 29 janv. 1839. Cass. J.H. 39. 1. 90.

**CAUTION *JUDICATUM SOLVI*.— V. Exception.**

**CAUTIONNEMENT DE FONCTIONNAIRES. — V. Caution—Cautionnement.**

**CERTIFICATS DE VIE. —** Une ordonnance du roi, du 9 juillet 1839, autorise tous les notaires du royaume indistinctement à délivrer des certificats de vie. — J.H. 39. 2. 78.

**CESSION.— 1. —*Chose jugée*.—** Le cessionnaire et le rétrocessionnaire ont-ils le droit d'invoquer la chose jugée au profit de leur cédant ? — 20 juin 1838. Cass. J.H. 38. 1. 244.

**2. —*Louage d'ouvrage*.**—Le cédant d'un contrat de louage d'ouvrage passé avec un entrepreneur ne peut pas être déclaré responsable du défaut de notification

de la cession à ce dernier, cette formalité étant à la charge du cessionnaire, s'il la juge utile (C. civ., 1690). — 1er déc. 1835. Cass. J.H. 58. 1. 97. — V. encore Transport.

**CHAMBRE. —V.** Avoué, Commissaire-Priseur, Discipline, Huissier, Notaire, Tribunaux.

**CHASSE.**—Une loi nouvelle sur la police de la chasse, celle du 3 mai 1844, a remplacé celle du 30 avril 1790, qui, rendue dans un moment de réaction, laissait beaucoup à désirer sous le rapport de l'efficacité et de la répression. — J.H. 1844, 2e partie.

**CHEMIN PUBLIC.**—Le maire qui, assigné en réintégrande, en son nom personnel, par suite d'une voie de fait qu'il a exercée, en sa qualité, sur des travaux exécutés contrairement, selon lui, aux droits de sa commune, ne s'est pas fait autoriser à comparaître en justice comme représentant cette dernière, a pu valablement être condamné, en son nom personnel aussi, aux dépens du procès, alors que le rétablissement des lieux a été mis à sa charge, et non à la charge de la commune... Et, dans ce cas, il se prévaudrait en vain, devant la Cour de cassation, de ce que les poursuites dirigées contre lui n'ont pas été autorisées par le conseil d'Etat, conformément à la constitution de l'an 8 (C. pr. civ., 450).

Il suffit que, sur une action en réintégrande, la possession du demandeur soit reconnue, pour que la réintégrande doive être ordonnée, et cela bien que le défendeur excipe de ce que le terrain sur lequel ont été exécutés les travaux, objet de la réintégrande, est un chemin public.—31 août 1836. Cass. J.H. 36. 1. 508.

**CHEMIN VICINAL. —** Le principe qu'un chemin vicinal classé comme tel n'est plus susceptible de possession privée, existait avant la loi du 21 mai 1836. — 6 juill. 1841. Cass. J.H. 41. 1. 225.

**CHOSES.**—Les bœufs placés dans une propriété pour être vendus après avoir été engraissés, ne doivent pas être assimilés au cheptel; par suite ces animaux sont immeubles, et non, comme le cheptel, immeubles par destination (C. civ., 524).—6 mai 1842. Bourges. J.H. 44. 1. 59.

**CHOSE JUGÉE.— 1.—*Chambre du conseil*.—**Les ordonnances des chambres du conseil n'acquièrent la force de la chose jugée, lorsqu'elles déclarent qu'il n'y a lieu à suivre, que sur les chefs qu'elles écartent formellement (C. inst. cr., 71, 128, 190).—6 janv. 1837. Cass. J.H. 37. 1. 232.

**2.—*Commune*.**—Lorsqu'un arrêt du conseil d'Etat a saisi le préfet de la décision d'un litige entre deux communes, il y a à cet égard chose jugée.

En conséquence, l'une d'elles ne peut demander le renvoi de la contestation à l'autorité judiciaire, par le motif que l'interprétation d'un traité privé lui appartient.—3 mai 1837. Ord. cons. d'Etat. J.H. 58. 2. 38.

**3.—*Contrainte par corps*.**—Le jugement qui, par le laps de temps, a acquis l'autorité de la chose jugée, ne peut ensuite être réformé, même quant au chef de contrainte par corps, encore bien que le débiteur allègue l'irrégularité de la lettre de change, en vertu de laquelle la contrainte par corps a été prononcée (C. civ., 4551). — 26 fév. 1839. Rouen. J.H. 39. 1. 591.

**4.—*Discipline*.**—L'action disciplinaire contre un notaire est indépendante de l'action criminelle, en ce sens que les mêmes faits qui ont motivé cette dernière action peuvent servir de base à l'action disciplinaire et faire prononcer la destitution de l'officier ministériel qui s'en est rendu coupable, sans qu'il y ait violation de la maxime *non bis in idem* (C. inst. cr., 560).

Et, spécialement, le notaire qui, accusé de faux pour antidate dans des actes, a été acquitté, non pas sur la déclaration que les faits incriminés n'existaient pas, mais sur la simple déclaration de non culpabilité, peut être poursuivi disciplinairement pour le même fait, sans qu'il soit fondé à se prévaloir de la chose jugée.

La peine de la destitution peut être prononcée par voie disciplinaire, contre un notaire, bien qu'il eût donné sa démission et présenté un remplaçant antérieurement aux poursuites (LL. 25 vent. an 11, art. 53; 28 avril 1816). — 12 avril 1837. Cass. J.H. 37. 1. 240.

5. — *Dommages-intérêts.* — La condamnation aux dommages-intérêts a pu être prononcée à la suite de l'opposition, sans violation de la chose jugée, alors même que, par l'arrêt de défaut antérieur, il aurait été expressément décidé que, *dans l'espèce, il n'était pas dû de dommages-intérêts.* — 23 nov. 1836. Cass. J.H. 37. 1. 46.

6. — *Incident.* — Un jugement rendu dans une instance où une exception tirée d'un défaut de qualité a été incidemment élevée, n'a pas l'autorité de la chose jugée quant à cette qualité, soit à l'égard des tiers pour le même objet, soit entre les parties pour d'autres objets (C. civ., 1351). — 9 avril 1840. Limoges. J.H. 40. 1. 234.

7. — *Interprétation.* — Lorsqu'un tribunal qui a ordonné que le propriétaire d'objets saisis-revendiqués *serait tenu de les recevoir et d'en donner décharge,* a omis d'indiquer *le lieu où devait s'effectuer la remise,* le même tribunal peut, par voie d'interprétation et sans violer l'autorité de la chose jugée, déclarer valable le dépôt de ces objets fait entre les mains d'un tiers, après refus de la part du propriétaire d'obtempérer à une sommation (C. civ., 1350, 1351). — 16 fév. 1836. Cass. J.H. 36. 1. 128.

8. — *Lettre de change.* — Le Français auquel a été négociée une lettre de change anglaise, sur laquelle était déjà intervenu un jugement en Angleterre, a le droit d'obtenir, en France, contre l'accepteur, un nouveau jugement, qui ait une force exécutoire que n'aurait pas celui rendu par les tribunaux anglais. — 10 déc. 1834. Douai. J.H. 36. 1. 21.

9. — *Ordre.* — La question entre deux créanciers de savoir si l'un d'eux sera colloqué, n'est pas la même que celle agitée depuis entre eux de savoir lequel des deux sera colloqué au premier rang (C. civ., 1351). — 23 août 1837. Cass. J.H. 38. 1. 52.

10. — *Poursuite.* — Le jugement confirmé en appel qui, sur la demande du saisi, tendant 1o à la nullité du titre et 2o à l'annulation de tous actes de poursuite faits en vertu de ce titre (sans préciser aucun moyen spécial contre eux), valide en même temps, soit le titre, soit les actes de poursuite, doit être réputé avoir acquis l'autorité de la chose jugée relativement à la validité de ces actes, alors que cette validité était l'objet d'une question distincte, posée au tribunal, et que le défendeur y concluait formellement (C. civ., 1351). — 14 août 1838. Cass. J.H. 38. 1. 275.

11. — *Référé.* — Le jugement rendu en état de référé, et qui ordonne l'exécution provisoire d'un acte de vente, ne forme pas autorité de la chose jugée sur la question de validité de cette vente. — 7 mai 1842. Orléans. J.H. 43. 1. 22.

12. — *Usure.* — Si le jugement, même par défaut, qui a condamné un débiteur à payer une dette (des lettres de change) a acquis l'autorité de la chose jugée, ce dernier ne peut être admis à exercer une action en restitution fondée sur le caractère usuraire de la

dette, encore bien qu'il ne s'en serait prévalu lors du jugement. — 14 déc. 1838. Nîmes. J.H. 39. 1. 44.

**COLONIES.** — 1. — *Algérie.* — Deux ordonnances du roi ont été rendues successivement à l'occasion de l'organisation de la justice en Algérie. La première est du 22 avril 1841, la seconde du 8 octobre 1842. — V. J.H. 41. 2. 29; 42. 2. 101.

2. — *Saint-Domingue.* — L'art. 9 de la loi du 30 avril 1826, en déclarant que les créanciers des colons de Saint-Domingue ne pourront former de saisie-arrêt que sur le dixième de l'indemnité et pour le dixième seulement du capital de leurs créances, n'a pas entendu libérer les colons envers ces créanciers par la retenue de ce dixième.

Par suite, quand la succession du colon n'a été acceptée que sous bénéfice d'inventaire, les créanciers ont le droit d'exiger de l'héritier qu'il comprenne le surplus de l'indemnité dans le compte d'inventaire, et qu'il soit tenu de donner caution (C. civ., 803, 807). — 15 mai 1840. Cass. J.H. 40. 1. 172.

**COMMANDEMENT.** — 1. — *Copie.* — Lorsqu'un commandement à fin de saisie immobilière est fait à plusieurs débiteurs de la même dette, ayant leur domicile dans la même commune, doit-on donner au maire autant de copies qu'il y a de débiteurs?... — 1836. Diss. J.H. 36. 2. 43.

2. — *Obligation sous condition suspensive.* — Le commandement fait en vertu d'une obligation contractée sous condition suspensive est nul, comme pouvant être une exécution sans cause (C. civ., 2213, 1181).

Spécialement, le commandement fait en vertu d'un bail administratif non encore approuvé par le préfet, est nul.

.... Et l'approbation postérieure du préfet ne le rendrait pas valable. — 14 avril 1840. Orléans. J.H. 41. 1. 89.

3. — *Péremption.* — Le commandement au débiteur originaire, exigé par l'art. 2169 C. civ., est périmé, lorsqu'il n'a pas été suivi, dans les trois mois, de poursuites en expropriation, exercées contre le tiers-détenteur, comme le commandement au débiteur propriétaire exigé par l'art. 674 C. pr.; en conséquence, la saisie immobilière pratiquée contre le tiers-détenteur, plus de trois mois après le commandement au débiteur originaire, est nulle.

Ce commandement doit précéder ou au moins accompagner ou suivre de près la sommation au tiers-détenteur.

La même péremption, suivie des mêmes effets, atteint la sommation au tiers-détenteur, exigée par l'art. 2169 C. civ. — 8 mars 1839. Rouen. J.H. 40. 1. 24.

4. .... L'opposition à un commandement en saisie immobilière est interruptive et non suspensive de la péremption... Tellement que, si trois mois entiers ne se sont pas encore écoulés depuis le jugement de l'opposition, la saisie pourra être pratiquée sans commandement nouveau.... (C. pr., 674). — 19 juill. 1837. Cass. J.H. 37. 1. 500.

5. — L'opposition du débiteur au commandement en expropriation forme une suspension légale qui a pour effet d'empêcher la péremption de ce commandement (C. pr., 674).

Mais quel est le terme de cette suspension? — 10 mai 1839. Lyon. J.H. 40. 1. 108. — V. Saisie-arrêt, Saisie immobilière.

**COMMERÇANT.** — 1. — *Courtier.* — Ceux qui exercent la profession de courtier doivent, de même que les commissionnaires, être réputés commerçants (C. comm., 1). — 29 janv. 1838. Rennes. J.H. 39. 1. 44.

**2. — *Maîtres de pension*.** — Les maîtres de pension et instituteurs ne sont pas commerçants, et par suite ne peuvent être déclarés en état de faillite ( C. comm., 652 ). — 16 déc. 1836. Paris. J.H. 37. 1. 247.

**3. — *Maître de poste*.** — L'arrêt qui déclare qu'un individu, en sa qualité de maître de poste et d'associé dans une entreprise de diligences, est commerçant, renferme une décision, *en fait*, qui ne tombe pas sous la censure de la Cour suprême.—6 juill. 1856. Cass. J.H. 36. 1. 345.

**4. — *Notaire*.** — Un notaire ne peut être considéré comme commerçant, ni déclaré en faillite, par le motif qu'il se livre à des négociations d'effets, si l'émission de ses billets n'a été faite que pour en appliquer les fonds à ses propres besoins, en dehors de toute habitude de commmerce (C. comm., 1, 652; L. 28 mai 1838, art. 437).

On ne saurait induire contre un notaire la qualité de commerçant de ce que plusieurs jugements par défaut, prononçant la contrainte par corps, ont été rendus contre lui, par le tribunal de commerce, sans qu'il en ait décliné la juridiction. — 30 juill. 1839. Aix. J.H. 40. 1. 145

**COMMISSAIRES-PRISEURS.** — Les commissaires-priseurs ont le droit de procéder à la vente à l'encan, même des marchandises neuves, sans être astreints aux formalités prescrites par les décrets des 22 nov. 1811 et 17 avril 1812, relatifs, notamment, à l'autorisation du tribunal de commerce, lesquels ne sont applicables qu'aux courtiers.—16 mars 1837. Grenoble. J.H. 38. 1. 57.

Les commissaires-priseurs ont-ils le droit et la capacité de faire, concurremment avec les huissiers, les procès-verbaux d'affiches et les affiches concernant les ventes mobilières? — ... 1836. Dissert. J.H. 36. 2. 11. — V. Offices, Vente publique de meubles.

**COMMISSION—COMMISSIONNAIRE. — 1. — *Marchandises* (*réception de*).** — La réception sans protestation de marchandises frauduleusement avariées et le paiement du prix de la voiture ne rendent pas le propriétaire irrecevable à intenter toute action contre le commissionnaire, alors que les moyens frauduleux employés par ce dernier n'ont permis de découvrir le dol pratiqué que postérieurement ( C. comm., 105 ). — 10 avril 1834. Bordeaux. J.H. 35. 108.

**2. — *Privilége*.** — Le privilége établi par l'art. 93 C. comm., au profit du commissionnaire, s'étend à toutes les sommes et valeurs quelconques qui sortent des mains du commissionnaire pour profiter au commettant, et, par exemple, à des opérations de banque.

Pour que le commissionnaire qui a fait des avances sur des marchandises expédiées d'une autre place jouisse du privilége de l'art. 93 C. comm., il n'est pas nécessaire qu'elles lui soient adressées directement; il suffit que, lors des avances, il ait été porteur du connaissance régulièrement endossé à son profit. Ni qu'il ait reçu mandat de vendre.

Le privilége de l'art. 93 C. comm. est spécial en ce sens que les avances doivent être faites par le commissionnaire en vue des marchandises attendues, et sous la foi de cette garantie.

... En conséquence, le commissionnaire qui échange le connaissement sur la remise duquel il a fait des avances, avec un connaissement d'autres marchandises, postérieur à ses avances, perd son privilége sur les premières marchandises, et ne peut, quant aux dernières, être préféré à l'expéditeur ( C. comm., 93 ). — 29 nov. 1858. Rouen. J.H. 59. 1. 99.

**3. ... Le consignataire, dans le cas de faillite de l'expéditeur, a pu se rembourser de ses avances et par

compensation, sur le prix de la vente par lui faite des marchandises par lui non revendiquées, sans que les syndics soient fondés à prétendre que partie des avances aurait dû être supportée par les marchandises revendiquées (C. comm., 579). — 6 juin 1838. Amiens. J.H. 39. 1. 69.

**4. ... Le privilége accordé par l'art. 93 C. comm. au commissionnaire qui a fait des avances sur des marchandises qui lui étaient expédiées, peut être réclamé par celui qui, sans être destinataire primitif, a fait des avances sur la remise d'un connaissement à ordre endossé à son profit par l'acheteur. — 31 juill. 1835. Paris. J.H. 36. 1. 168.

**5. — *Refus*.** — Un commissionnaire de roulage qui, depuis longtemps, est en relations suivies et intimes avec une maison de roulage d'une autre ville, est tenu, lorsqu'il refuse de faire le transport d'un colis que cette maison lui fait parvenir par un intermédiaire, d'en donner avis sur-le-champ à ladite maison. Il ne suffit pas qu'il notifie son refus au commissionnaire de roulage qui lui présente le colis. — 21 déc. 1836. Paris. J.H. 37. 1. 50.

**COMMUNAUTÉ. — 1. — *Biens propres*.** — L'immeuble dont le mari s'est rendu, depuis le mariage, adjudicataire sur licitation avec ses cohéritiers, et dont, par un partage postérieur à cette adjudication, il a compensé le prix avec la part qui lui revenait dans le mobilier dépendant de la succession, doit être réputé propre au mari, sans qu'il y ait lieu à récompense envers la communauté. — 19 déc. 1837. Amiens. J.H. 38. 1. 223.

**2. — *Office*.** — Il suffit qu'il ait été stipulé dans le contrat de mariage que tout ce qui adviendrait aux époux, *par succession*, *donation ou autrement*, leur demeurerait propre, pour que l'office conféré *gratuitement* au mari par le gouvernement n'ait pas dû tomber dans la communauté, encore bien que le supplément de cautionnement exigé par la loi du 28 avril 1816, qui a permis au titulaire de présenter un successeur à la nomination du roi, ait été fourni par la communauté. — 24 déc. 1835. Metz. J.H. 56. 1. 260.

**3. — *Séparation de biens*.** — La communauté conjugale, dissoute par la séparation de biens ne peut, même entre non commerçants, être valablement rétablie qu'autant que l'acte, qui contient ce rétablissement, a été affiché, non seulement au tribunal civil, mais encore au tribunal de commerce et dans les chambres des avoués et des notaires ( C. civ., 1445, 1451; C. pr., 872 ).

Après la séparation de biens, le mari ne peut, relativement aux biens de la femme, exercer l'action en bornage. — 6 nov. 1835. Rouen. J.H. 37. 1. 15.

**COMMUNE — COMMUNAUX. — 1. — *Action personnelle*.** — Le contribuable autorisé à exercer une action de la commune est tenu, pour interjeter appel, de se pourvoir de l'autorisation du conseil de préfecture, comme serait assujettie à le faire la commune elle-même (L. 18 juill. 1837, art. 49).—31 mai 1842. Metz. J.H. 43. 1. 78.

**2.—*Autorisation de plaider*.**—La commune qui ne s'est pas pourvue contre l'arrêté du conseil de préfecture qui lui a refusé l'autorisation d'interjeter appel d'un jugement rendu contre elle, est réputée avoir déserté son action.

En conséquence, des contribuables inscrits au rôle de la commune, et munis de l'autorisation du conseil de préfecture, ont qualité pour interjeter appel de ce jugement à leurs risques et périls (L. 18 juillet 1857, art. 49). — 6 avril 1840. Bourges. J.H. 41. 1. 162.

3. ... Bien qu'un conseil de préfecture ait accordé à une commune, sur sa demande, l'autorisation de défendre et de plaider sur une action de propriété tant en instance qu'en appel, cependant il peut, sur la demande de cette commune, lui refuser d'interjeter appel du jugement rendu contre elle, sans qu'on puisse lui opposer l'autorité de la chose jugée.

Les arrêtés par lesquels les conseils de préfecture statuent sur les demandes des communes à l'effet de plaider sont des actes de simple tutelle que l'autorité de la chose jugée ne peut atteindre, et qui ne peuvent être attaqués par-devant le conseil d'État par la voie contentieuse.— 5 mai 1837. Ord. cons. d'État. J.H. 58. 2. 39.

4. ... Il suffit qu'une commune qui a demandé à être autorisée à plaider devant les tribunaux compétents ait reçu une autorisation pure et simple, pour que cette autorisation doive être réputée accordée dans les termes de sa demande, c'est-à-dire pour plaider devant les tribunaux compétents.

L'autorisation accordée à une commune de plaider devant les tribunaux compétents emporte autorisation de plaider en appel aussi bien qu'en première instance (Edit du mois d'avril 1683; L. 19 vend. an 5).—15 mars 1858. Cass. J.H. 58. 1. 137. — V. encore 26 nov. 1834. Cass. J.H. 55. 41.

5.—Autorité administrative.—Un préfet excède ses pouvoirs lorsqu'en reconnaissant les limites de deux communes, il règle, entre elles, le droit de vaine pâture. —17 mars 1835. Ord. cons. d'Et. J.H. 58. 2. 39.

6. — Biens communaux. — L'ayant-droit à la jouissance de biens communaux, ouverte par le décès de l'un des habitants plus anciens, peut former tierce opposition à l'arrêté du conseil de préfecture qui adjuge cette jouissance à un autre habitant, s'il n'y a été ni appelé, ni entendu; et c'est en vain qu'on opposerait que la notoriété publique a valu interpellation à personne (C. pr., 474).

Les portions de marais communaux devenues vacantes par le décès de l'un des ayants-droit et qui, dans l'Artois, doivent être attribuées au domicilié le plus ancien dans la commune, peuvent être réclamées par les femmes ayant ménage.

Et ce droit n'est pas perdu par leur convol à des secondes noces. — 20 fév. 1835. Ord. cons. d'Ét. J.H. 55. 190.

7.—Cassation.—Un tribunal est compétent pour statuer sur une action possessoire, qui, bien qu'elle ait été intentée à l'occasion d'un terrain que le défendeur soutient être public ou communal, n'a néanmoins pour but que des intérêts privés, alors surtout que la commune n'a pas été mise en cause, et que le jugement sur la contestation ne peut nullement préjudicier à ses droits, si elle en a à faire valoir, et c'est à tort qu'on prétendrait que l'autorité administrative est seule compétente (L. 28 pluv. an 8, art. 4).

... Et, dans ce cas, le jugement qui accueille l'action possessoire en complainte, en se fondant, par appréciation de faits, sur ce que les travaux exécutés sur le terrain prétendu communal par le défendeur, constituent un trouble à la possession annale du demandeur, échappe à la censure de la Cour de cassation.—12 déc. 1856. Cass. J.H. 37. 1. 109.

8.—Conseillers municipaux. — Des conseillers municipaux n'ont pas qualité pour attaquer devant le conseil d'État l'arrêté d'un préfet qui met à la charge de leur commune des travaux exécutés par le maire, à l'hôtel de la mairie, sans autorisation.

... En vain soutiendrait-on que le droit de suivre les actions n'appartient aux maires que lorsqu'ils ne sont pas intéressés dans le procès.—22 nov. 1856. Ord. cons. d'Et. J.H. 58. 2. 57.

9.—Droit d'ancienneté.—L'habitant d'une commune qui refuse de se mettre en possession, comme plus ancien habitant, d'une portion de biens communaux alors vacante et grevée de charges pour la construction d'une salle d'école, qui lui était attribuée en vertu d'un édit, ne peut exercer son droit d'ancienneté qu'après tous les habitants inscrits à l'époque de son refus, bien qu'il ait contribué aux dépenses de la construction de cette salle, comme habitant.—22 nov. 1856. Ord. cons. d'Et. J.H. 58. 2. 37.

10.—Maire.—Le maire qui a chargé un avoué d'occuper pour la commune dans des instances où celle-ci était intéressée et figurait régulièrement, ne peut être condamné personnellement au paiement des honoraires et déboursés de cet avoué (C. civ.. 1984, 1999, 2002). —17 juillet 1858. Cass. J.H. 58. 1. 282.

11. ... Le maire qui, sans autorisation préalable, interjette appel d'un jugement rendu contre sa commune est réputé avoir accompli un acte conservatoire, et n'est personnellement passible ni de l'amende ni des dépens, lorsque plus tard l'autorisation de plaider n'a point été accordée (L. 14 juill. 1837, art. 49).—6 déc. 1857. Pau. J.H. 40. 1. 42.

12. ... Le préfet n'a pas, en vertu de l'art. 15 de la loi du 18 juill. 1857, qualité pour exercer d'office par lui-même ou par un délégué spécial, les actions que le maire de la commune négligerait d'exercer.

En conséquence, le pourvoi formé par le préfet seul est non recevable, alors surtout que le maire de la commune condamnée et le conseil municipal y ont refusé leur adhésion (L. 18 juill. 1837, art. 15, 49). — 28 juin 1843. Cass. J.H. 43. 1. 165.

13.—Succursale.—L'ordonnance royale qui autorise la construction d'une succursale est un acte de tutelle administrative qui ne porte point atteinte aux droits qu'une commune peut avoir, en vertu d'un traité antérieur, de ne point participer aux dépenses, bien qu'elle participe aux avantages de cette construction.

Le décret du 14 février 1810, qui fixe les règles d'après lesquelles les communes participeront aux dépenses dont elles jouissent respectivement, ne fait point obstacle à l'exécution d'un traité par lequel une commune s'est chargée des frais du culte et de l'établissement d'une succursale, à l'exclusion d'une autre commune comprise dans la circonscription de cette succursale.— 5 mai 1837. Ord. cons. d'État. J.H. 58. 2. 58.

**COMPENSATION.** — Le tiers-détenteur de sommes frappées de saisies-arrêts, qui est lui-même créancier du débiteur saisi en vertu d'un titre antérieur à ces oppositions, ne peut toutefois opposer la compensation ou retenir les fonds jusqu'à concurrence de sa créance, au préjudice des créanciers saisissants, alors qu'il n'est devenu comptable des sommes saisies que depuis les saisies-arrêts et que les causes de ces saisies excèdent la totalité des fonds (C. civ., 1298).

La compensation légale ne s'opère pas entre deux créances dont l'une est, quant à son paiement, subordonnée à une condition (C. civ., 1291). — 28 fév. 1842. Cass. J.H. 42. 1. 119.

**COMPÉTENCE ADMINISTRATIVE.** — 1. — Action possessoire. — Il suffit que le trouble apporté à la possession d'un individu soit le résultat d'un ordre administratif, intimé à l'auteur du trouble, et exécuté par lui, pour que le juge de paix n'ait pu être saisi de l'action possessoire formée contre l'auteur du trouble, encore bien que les dommages réclamés ne s'élevassent point à la somme de 50 fr. — 7 juin 1836. Cass. J.H. 36. 1. 333.

2. — *Affouages.* — Les contestations élevées sur la distribution des affouages entre habitants, sont de la compétence exclusive de l'autorité judiciaire, lorsqu'elles soulèvent des questions de propriété ou de capacité. — 43 fév. 1844. Cass. J.H. 44. 1. 57.

3. — *Commune.* — Quand une concession a été faite nommément à une commune, par acte administratif, la question de savoir si une section qui, bien que portant un autre nom, fait partie de cette commune, a le droit de participer à cette concession, donne lieu non pas à une simple application de l'acte administratif, mais à une véritable interprétation de cet acte, laquelle est de la compétence de l'autorité administrative. — 4 août 1834. Cass. J.H. 35. 1. 37.

4. — *Pêche (droit de).* — Le droit de statuer sur la demande d'un propriétaire qui prétend avoir, en vertu de titres de possession ancienne, droit de pêche dans certaines parties du cours d'eau d'une rivière navigable, appartient à l'autorité judiciaire et non à l'autorité administrative (L. 15 avril 1829, art. 4, 83). — 50 mai 1836. Rouen. J.H. 37. 1. 142.

5. — *Rivière navigable.* — C'est à l'autorité administrative et non aux tribunaux qu'il appartient de connaître de l'action en dommages-intérêts intentée contre l'État, comme civilement responsable, par le propriétaire d'un bateau échoué, dans une rivière navigable, contre un autre bateau gisant au fond de l'eau. — 3 juin 1840. Cass. J.H. 40. 1. 191.

6. — *Trésor public.* — La question de savoir si le pouvoir conféré à un tiers autorisant celui-ci à toucher le montant d'une créance due au mandant par le trésor public, doit être portée devant l'autorité judiciaire. — 5 juillet 1836. Paris. J.H. 37. 4. 119.

7. — *Vente administrative.* — Les difficultés survenues dans l'application des limites d'un bien administrativement vendu, n'obligent pas les tribunaux à ordonner le renvoi devant l'autorité administrative, pour faire interpréter le contrat, lorsqu'il désigne clairement ces limites et qu'il s'agit seulement d'en faire la reconnaissance sur le terrain. — 4 janv. 1843. Cass. J.H. 43. 1. 75.

**COMPÉTENCE CIVILE. — 1.** —*Acte de commerce.* — L'individu non commerçant, et qui, en traitant avec un commerçant, n'a pas fait personnellement acte de commerce, n'est point obligé d'appeler celui-ci devant la juridiction consulaire, sur le fondement que la convention formée entre eux avait pour objet le trafic auquel ce commerçant se livre (C. comm., 631). — 12 déc. 1836. Cass. J.H. 37. 1. 162.

2. — *Action civile.* — L'action civile résultant d'un délit doit être portée devant le tribunal qui aurait été compétent pour connaître au criminel de ce délit. — 6 août 1842. Nancy. J.H. 42. 1. 130.

3. — *Actions diverses.* — Dans le cas où une partie ayant formé une demande s'élevant à 80 fr., a fait réserve de former un recours, contre la même personne, de 30 fr. qu'elle lui devait à un autre titre que les 80 fr., le juge de paix peut-il se déclarer incompétent, sous le prétexte que la demande excède le taux de sa compétence? Res. nég. — ..., 1837. Dissert. J.H. 37. 2. 15.

4. — *Action en bornage.* — Le juge de paix est in-

compétent pour statuer sur l'action en bornage, lorsque les parties contestent sur l'étendue respective de leurs héritages limitrophes, et qu'il n'existe pas de titres (L. 25 mai 1838, art. 6). — 1er fév. 1842. Cass. J.H. 42. 1. 150.

5. — *Action en restitution.* — L'action en restitution formée par des héritiers contre des tiers-détenteurs frauduleux de tout ou partie de la succession ne peut constituer une pétition d'hérédité, lorsque la question de pétition d'hérédité a déjà fait l'objet d'une autre instance vidée avec d'autres parties (C. pr., 59, § 6). — 21 déc. 1841. Cass. J.H. 42. 1. 42.

6. — *Appel.* — Le tribunal de première instance, jugeant par appel d'une sentence du juge de paix, ne peut statuer, pour la première fois, que sur les demandes et les défenses pour lesquelles ce juge était compétent (C. pr., 473). — 11 avril 1857. Cass. J.H. 37. 1. 236.

7. — *Autorisation de justice.* — Même quand la femme mariée est demanderesse, le tribunal saisi de sa demande, sans être celui du domicile du mari, est compétent pour accorder incidemment à la femme, à défaut du mari qui ne comparaît pas quoique assigné, l'autorisation d'ester en justice, et il suffit alors que cette autorisation soit donnée par une disposition particulière du jugement qui intervient, préalablement à la décision sur le fond. — 5 août 1840. Cass. J.H. 40. 1. 212.

8. — *Chose jugée.* — La décision par laquelle un juge de paix, dont la juridiction a été prorogée en vertu de l'art. 7. C. proc., et au sujet d'une dette non contestée par le débiteur qui se bornait à demander un délai que le créancier consentait à lui accorder, condamne ce débiteur à payer le montant de la demande et lui accorde délai, est un véritable jugement, en ce sens du moins que, s'il est passé en force de chose jugée, les poursuites faites en vertu de cette décision ne peuvent être critiquées, sous prétexte qu'elle n'a pas le caractère d'un jugement. — 43 nov. 1843. Cass. J.H. 44. 1. 9.

9. — *Commis.* — La disposition de l'art. 634 qui porte que les tribunaux de commerce connaîtront des actions contre les facteurs, commis et serviteurs des marchands, pour le fait seulement de leur trafic, n'est pas un obstacle à ce que ceux-ci soient cités par leurs commis ou facteurs devant les tribunaux ordinaires, à raison des conventions qui interviennent entre eux. — 12 déc. 1836. Cass. J.H. 37. 1. 162.

10. — *Connexité.* — Lorsqu'un tribunal d'appel saisi d'une question de compétence ne peut, en raison de la connexité, apprécier sa juridiction qu'en statuant sur le fond, il ne viole ni le droit de la défense ni la règle qui prescrit de prononcer par jugement distinct sur la compétence et sur le fond, en statuant sur l'une et sur l'autre par un seul et même jugement (C. pr., 169, 172, 425). — 45 janv. 1839. Cass. J.H. 39. 1. 147.

11. — *Contributions.* — La solution d'une question ayant pour objet une attribution de contribution appartient aux tribunaux civils. — 19 juill. 1837. Ord. cons. d'État. J.H. 58. 2. 40.

12. — *Cour royale.* — Une Cour royale ne peut se saisir de l'appel d'un jugement en dernier ressort, bien que les parties y consentent. — 19 août 1837. Toulouse. J.H. 38. 1. 126.

13. — *Domicile.* — En matière personnelle, tous les défendeurs sont valablement assignés devant le tribunal du domicile de l'un d'eux, bien que les autres soient justiciables d'un autre tribunal (C. pr., 59). —

21 déc. 1841. Cass. J.H. 42. 1. 42. — V. anal., dans le même sens, 27 fév. 1841. Nancy. J.H. 41. 1. 157.

14. ... Le cessionnaire d'une créance ne peut, en se fondant sur les dispositions de l'art. 59 C. pr., assigner le débiteur devant le tribunal du domicile du cédant : il n'y a lieu d'appliquer cet article que dans le cas où les défendeurs sont obligés d'une manière égale et semblable (C. pr., 59).—30 mai 1838. Toul. J.H. 40.1. 29.

15.... La demande personnelle formée contre plusieurs défendeurs doit être portée devant le tribunal du domicile de l'un d'eux, au choix du demandeur, lorsque tous ont un domicile, mais non devant le tribunal de la résidence de celui des défendeurs qui se trouve ne point avoir de domicile connu ( C. pr., 59 ). — 16 mars 1839. Amiens. J.H. 40. 4. 61.

16. — *Dommages-intérêts.* — Le juge de paix est incompétent pour connaître de l'indemnité réclamée par le fermier, à raison de non jouissance d'une pièce de terre comprise dans le bail de la ferme, alors que cette indemnité est contestée par le propriétaire, en ce que, par exemple, la non jouissance est conforme à l'usage des lieux (L. 24 août 1790, tit. 3, art. 10, n. 4 ). — 21 juin 1857. Cass. J.H. 37. 1. 279.

17. — *Endosseurs.* — L'action intentée contre les endosseurs, à l'occasion d'un billet à ordre, est de la compétence des tribunaux civils, s'il ne porte pas la signature de négociants ( C. comm., 637 ).— 4 août 1838. Riom. J.H. 39. 1. 56.

18. — *Exception.*—Le tribunal incompétent *ratione materiæ*, pour connaître d'une action principale, ne peut en connaître non plus, bien qu'elle soit opposée par exception. — 11 avril 1857. Cass. J.H. 37. 1. 256.

19. ... Les tribunaux civils, compétents pour statuer sur l'action, sont également compétents pour statuer sur l'exception, bien qu'elle prenne sa source dans une opération commerciale ( C. civ., 1541 ).—15 août 1840. Limoges. J.H. 41. 1. 155.

20. — *Exécutoire de dépens.* — Lorsque des questions de droit s'élèvent devant la chambre du conseil, au sujet de l'opposition à un exécutoire de dépens, ce n'est pas une obligation pour elle de renvoyer ces questions à l'audience publique ( Déc. du 16 fév. 1807 ). — 28 déc. 1840. Cass. J.H. 41. 1. 102.

21. — *Frais.* — L'art. 60 C. pr. civ., qui veut que les demandes en paiement de frais aux officiers ministériels soient portées devant le tribunal où ces frais ont été faits, ne s'applique pas aux frais qui ont eu lieu devant les tribunaux de commerce.

La demande en paiement de frais de cette nature, bien qu'inférieure à 200 fr., ne peut être portée également devant les juges de paix. — Les tribunaux civils sont seuls compétents pour en connaître ( Décr. du 16 fév. 1807, art. 9 ).—20 déc. 1842. Trib. de la Seine. J.H. 43. 1. 126.

22. ... Une Cour est compétente pour connaître de la demande en paiement de ses frais, formée par l'avoué qui exerce près d'elle (C. pr., 60).—50 déc. 1840. Caen. J.H. 41. 1. 185.

23. — *Gens de travail.* — Les gens de travail, les commis et autres serviteurs des négociants, doivent être réputés domestiques dans le sens de la loi de 1790, qui établit la compétence des juges de paix pour les contestations qu'ils élèvent contre leurs maîtres. — 7 fév. 1839. Rennes. J.H. 40. 1. 8.

24.—*Hypothèque.*—La loi du 25 mai 1838, en étendant la compétence des juges de paix quant à la quotité de la demande, ne l'a pas étendue quant à la nature de l'action.

Ainsi, sous la loi du 25 mai 1838, comme sous la législation antérieure, le juge de paix est incompétent pour connaître des questions auxquelles peut donner lieu l'action hypothécaire, quelque modique que soit la valeur du litige.—22 janv. 1840. Cass. J.H. 40. 1. 55.

25. — *Indemnité.* — Le juge de paix est exclusivement compétent, d'après l'art. 4, § 2 de la loi du 25 mai 1838, pour connaître de l'action en indemnité pour perte d'une chose mobilière louée, telle qu'un cheval. — 19 juill. 1842. Limoges. J.H. 43. 1. 27.

26.—*Juge de paix.*—Lorsque, sur une demande en paiement des arrérages d'une rente formée devant le juge de paix, le défendeur conteste qu'il soit chargé du service de cette rente, la compétence du juge se détermine par le taux du capital de la rente, et non pas seulement par celui des arrérages réclamés.—22 janv. 1840. Cass. J.H. 40. 1. 55.

27. ... Une action dont la connaissance est spécialement attribuée au juge de paix, soit en dernier ressort, soit à charge d'appel, ne peut être portée directement devant le tribunal de première instance (L. 24 août 1790, art. 10, tit. 3 ). — 16 mars 1841. Cass. J.H. 41. 1. 163.

28. ... Lorsque, sur une action de la compétence du juge de paix, qui est portée directement devant le tribunal civil d'arrondissement, aucun déclinatoire n'est proposé, le tribunal saisi peut connaître de l'affaire. — 30 juin 1857. Nancy. J.H. 38. 1. 514.

29. — *Juridiction ( prorogation de )* — Il est facultatif aux tribunaux ordinaires de renvoyer d'office les parties qui veulent proroger leur juridiction, bien qu'ils soient compétents *ratione materiæ*, si ces parties ne sont pas leurs justiciables. — 22 mars 1838. Rennes. J.H. 39. 1. 155.

30. — *Légataire.* — Bien qu'il existe un légataire universel de l'usufruit et un légataire universel de la propriété, ce n'est pas moins devant le tribunal de l'ouverture de la succession que, jusqu'au partage, un individu se prétendant légataire particulier du défunt doit porter son action en délivrance, et non devant le tribunal du domicile de l'un des deux légataires universels ( C. pr., 59).—25 janv. 1838. Toulouse. J.H. 38. 1. 261.

31. — *Loyers.* — L'incompétence des tribunaux de première instance en matière de demande en résiliation de bail pour non paiement des loyers, n'est pas *ratione materiæ*, et peut se couvrir par le silence des parties ( L. 25 mai 1838, art. 3, § 2 ).—5 déc. 1841. Bordeaux. J.H. 42. 1. 251.

32. — *Non commerçant.* — Les tribunaux civils sont compétents pour connaître des difficultés élevées à l'occasion d'un contrat ayant un caractère civil à l'égard de l'une des parties, et commercial à l'égard de l'autre, alors que la juridiction civile a été saisie par le non commerçant. — 51 mars 1841. Bourges. J.H. 42. 1. 96. — V. ci-après; Compétence commerciale.

33. — *Notaire.* — L'action en responsabilité formée contre un notaire ou ses héritiers, pour raison de la nullité d'un contrat de mariage, doit être portée devant le tribunal de sa résidence, et non devant le tribunal qui a prononcé la nullité de l'acte reçu par le notaire ( C. pr., 59 ; L. 25 vent. an 11, art. 5, 68 ). — 27 juin 1839. Bordeaux. J.H. 40. 1. 81. — V., en matière d'honoraires, 22 fév. 1842. Bourges. J.H. 44. 1. 55.

34.— *Ouvrier.*—L'ouvrier qui travaille à son compte, dans son propre domicile, ne peut être considéré comme un facteur ou commis ; en conséquence il peut traduire le commerçant qui lui donne du travail devant les tribunaux ordinaires ( C. comm., 634 ). — 12 déc. 1856. C. J.H. 37. 1. 162.

35. — *Patron, commis.* — L'engagement pris par un patron d'enseigner sa profession à son commis, ne peut

être assimilé à l'engagement passé entre un maître et son apprenti, et, par suite, les difficultés relatives au premier engagement sont de la compétence du tribunal civil, et non de celle des juges de paix (L. 6 juin 1838, art. 3). — 13 mai 1841. Nancy. J.H. 42. 1. 16.

36. — *Poursuite correctionnelle.* — Les juges de paix n'ont de compétence exclusive pour prononcer sur les actions en réparations civiles pour rixes et voies de fait, que lorsqu'il ne s'agit pas de faits donnant lieu à des poursuites correctionnelles (L. 25 mai 1838, art. 5, § 5). — 4 avril 1840. Nancy. J.H. 40. 1. 241.

37. — *Pouvoir du juge.* — Il n'est pas au pouvoir du juge de changer la nature de l'action qui lui est déférée, et, par suite, de statuer comme juge de police, lorsqu'il a été saisi comme juge civil. — 24 fév. 1837. Cass. J.H. 37. 1. 216.

38. — *Prorogation de juridiction.* — La compétence du juge de paix peut-elle être prorogée au-delà du taux sur lequel il peut statuer en dernier ressort? (C. pr., 7 54) — 15 nov. 1843. Cass. J.H. 44. 1. 9.

39. — *Sentence arbitrale.* — L'incompétence fondée sur ce que la connaissance de l'exécution d'une sentence arbitrale a été attribuée à un tribunal autre que celui qui a rendu l'ordonnance d'exécution, ne constitue point, une incompétence *ratione materiæ*, et, par suite, ne peut être invoquée pour la première fois en cause d'appel (C. pr. civ., 168, 169, 170, 1021). — 22 juill. 1836. Montpellier. J.H. 37. 1. 95.

40. — *Société (liquidation de).* — Tant qu'une société, quoique dissoute, n'a pas été liquidée, le juge compétent pour connaître des actions intentées contre elle est celui du lieu où elle était établie; mais du moment que la société a été liquidée par le règlement des comptes entre les intéressés, toute demande formée contre ces derniers, et dont le but serait même de faire annuler le règlement de la liquidation doit, comme toute action personnelle, être portée devant le juge du domicile des défendeurs (C. pr., 59). — 18 août 1840. Cass. J.H. 41. 1. 469.

41. — *Succession.* — Lorsqu'il n'existe qu'un seul héritier, soit pur et simple, soit bénéficiaire, les demandes formées contre lui par les créanciers de la succession, même celle en reddition de compte de bénéfice d'inventaire, doivent être portées devant le tribunal du domicile de l'héritier, et non devant celui de l'ouverture de la succession (C. pr., 59, § 5). — 20 av. 1836. Cass. J.H. 38. 1. 298.

42. — La règle qui attribue au tribunal du lieu de l'ouverture d'une succession la connaissance des actions dirigées contre cette succession, ne s'oppose pas à ce que le demandeur, dans une action réelle ou mixte, cite le défendeur décédé, en la personne de ses héritiers, devant le tribunal de la situation des biens (C. pr., 59). — 8 fév. 1840. Toulouse. J.H. 41. 1. 17.

43. — *Tiers-porteur.* — Lorsque le souscripteur d'un billet à ordre n'est pas commerçant, et que le billet n'a pas une cause commerciale, le tiers-porteur, en vertu d'un endossement irrégulier, ne peut, quoiqu'il soit lui-même commerçant, actionner le souscripteur devant la juridiction consulaire. — 11 déc. 1837. Orléans. J.H. 38. 1. 62. — V. Compétence commerciale.

44. — *Tribunal correctionnel.* — Un tribunal de première instance, siégeant comme chambre correctionnelle, est incompétent pour connaître des actions purement civiles, et spécialement des matières d'enregistrement. — 28 janv. 1835. Cass. J.H. 35. 146. — V. Degré de juridiction, Dernier ressort, Justice de paix, Tribunaux civils.

**COMPÉTENCE COMMERCIALE.** — 1. — *Agent d'affaires.* — Les agents d'affaires sont commerçants, et à ce titre justiciables de la juridiction consulaire, à raison des billets par eux endossés, alors, d'ailleurs, que ces billets n'énoncent pas une cause étrangère à leur commerce (C. comm., 638). — 18 août 1836. Paris. J.H. 37. 1. 188.

Il en est de même des aubergistes et des hôteliers. — 26 déc. 1838. Paris. J.H. 39. 1. 34.

2. ... Un agent d'affaires qui, en cette qualité, fait faire à un huissier des actes de son ministère, est justiciable des tribunaux de commerce, pour le paiement de ces actes : ici ne s'applique pas l'art. 60 C. pr. — 31 janv. 1837. Cass. J.H. 37. 1. 121.

3. — *Apprenti.* — L'action en exécution des engagements d'apprentissage consentis par le tuteur, tant en son nom personnel, qu'au nom de son pupille apprenti, doit être portée devant le juge du domicile du tuteur, et non devant celui de la situation de l'atelier où travaille le pupille. — 22 déc. 1835. Cass. J.H. 36. 1. 62.

4. ... Les contestations entre le père d'un apprenti mineur et son maître, relatives à l'inexécution du contrat d'apprentissage, intervenu avec le père et non avec l'apprenti, sont de la compétence des tribunaux ordinaires, et non du conseil de prud'hommes (Décret 11 juin 1809, art. 10). — 11 mai 1844. Cass. J.H. 44. 1. 195.

5. — *Billet à domicile.* — Il suffit qu'un billet à domicile, bien que payable dans un lieu autre que celui où il a été souscrit, n'ait pas pour cause une opération de commerce, pour que le souscripteur et les endosseurs non négociants ne soient pas justiciables des tribunaux de commerce (C. comm., 632). — 18 août 1836. Paris. J.H. 37. 1. 188.

6. ... Un billet souscrit par un non commerçant, pour cause non commerciale, payable au domicile indiqué dans une autre ville, constitue une simple obligation civile, et non remise de place en place dans le sens de l'art. 632 C. comm. — 8 mars 1839. Douai. J.H. 40. 1. 64.

7. — *Billet à ordre.* — Le tribunal de commerce est compétent pour connaître des poursuites dirigées contre le signataire non commerçant d'un billet à ordre qui est signé en même temps par des commerçants (C. comm., 637). — 7 mars 1857. Amiens. J.H. 57. 1. 316.

8. ... Le tribunal de commerce est compétent pour statuer sur l'assignation en paiement formée par le porteur d'un billet à ordre contre le souscripteur non négociant, lors même que le porteur aurait, faute de poursuites, perdu son recours contre les endosseurs négociants (C. comm., 637). — 7 avril 1838. Rennes. J.H. 39. 1. 28.

9. ... L'art. 637 C. comm., relatif à la compétence commerciale, ne s'applique pas aux billets au porteur.

.... Toutefois, l'action en paiement d'un billet au porteur doit être portée devant le tribunal de commerce, alors que ce billet émane d'un commerçant et qu'il est relatif au fait de son commerce (C. comm., 658). — 20 janv. 1836. Cass. J.H. 56. 1. 160.

10. — *Caution.* — En admettant que le commerçant qui s'est rendu caution d'une dette commerciale doive procéder devant le tribunal de commerce, cela ne serait vrai qu'autant que l'existence du cautionnement ne serait pas elle-même mise en question (C. pr., 181). — 18 janv. 1840. Bourges. J.H. 41. 1. 192.

11. ... Le négociant qui se rend caution d'une opération commerciale peut, tout aussi bien que le débiteur principal, être valablement assigné devant le tribunal de commerce du lieu où la promesse a été faite et la

marchandise livrée (C. pr. civ., 420). —16 avril 1836. Toul. J.H. 36. 1. 299.

12. ... Le cautionnement d'une dette commerciale, par un non commerçant, ne constitue pas de sa part un acte de commerce qui le soumette par suite à la juridiction commerciale (C. comm.,632). —27 juin 1840. Orléans. J.H. 41. 1. 57.

13. — *Chemin de fer.* —La compagnie d'un chemin de fer est réputée adjudicataire d'une entreprise de transport, et, par suite, les contestations qui s'élèvent entre elle et des particuliers doivent être soumises aux tribunaux de commerce (C. comm.,632).—1er juill.|1836. Lyon. J.H. 39. 1. 171.

14. — *Commis.* — Les tribunaux de commerce sont compétents pour connaître des actions formées par les commis contre leurs patrons, en raison des engagements qu'ils prétendent que ceux-ci ont contractés envers eux (C. comm., 634).—4 août 1840. Bordeaux. J.H. 41. 1. 143.

15. ... Les demandes formées contre les marchands par leurs commis ou facteurs (pour salaires et avances), sont de la compétence de la juridiction consulaire, alors qu'il s'agit de faits relatifs au commerce de ces négociants(C. comm., 634). — 15 déc. 1855. Cass. J.H. 36. 1. 85.

16. ... L'art. 634 C. comm. attribue aux tribunaux de commerce la connaissance des actions dirigées *contre* les commis des marchands, et non celles dirigées *par* ces commis; en conséquence, l'action formée par un caissier contre le marchand qui l'a employé, en paiement de son salaire et de dommages-intérêts, n'est pas de la compétence du tribunal de commerce. —28 juin 1839. Nîmes. J.H. 39. 1. 317.

17. — *Commission.* — La demande en paiement d'un compte d'avances et de valeurs fournis à raison de *commissions* ou *consignations* peut être portée devant le tribunal du lieu où les avances ont été faites (C. pr., 59, 420). — 9 janv. 1838. Bordeaux. J.H. 58. 1. 152.

18. ... Le commissionnaire ne peut être cité devant un autre tribunal que celui de son domicile, à raison d'un compte à rendre aux associés qui l'ont commis, lors même que, par suite d'une action exercée par les associés, l'un à l'égard de l'autre, le commissionnaire serait cité à titre de garantie (C. pr., 420).—5 janv. 1839. Toulouse. J.H. 39. 1. 163.

19. ... Lorsque, sur le refus des marchandises achetées par un commissionnaire agissant pour le compte d'autrui, comme non conformes à l'échantillon, ce commissionnaire a assigné le vendeur au lieu de leur domicile commun où il a appelé son commettant, celui-ci ne peut décliner la compétence de ce tribunal, sous le prétexte qu'à son égard, il n'y aurait eu ni livraison effectuée, ni obligation de paiement dans le ressort du tribunal saisi (C. pr., 59, 420).—8 juill. 1839. Rennes. J.H. 40. 1. 13.

20. — *Consignation.* — La demande en remboursement des frais et avances faits par le consignataire peut être formée devant le tribunal du lieu où la consignation a été offerte, acceptée et réalisée, surtout si c'est là que le paiement du prix de consignation doit être opéré (C. pr., 420).—25 janv. 1839. Bordeaux. J.H. 39. 1. 200.

21. — *Dépens.* — Le tribunal de commerce qui se déclare incompétent sur le fond est aussi incompétent pour condamner le défendeur aux dépens. — 18 juin 1841. Bourges. J.H. 42. 1. 252.

22. — *Domicile.* — A défaut de convention sur le lieu où doit s'effectuer le paiement d'une livraison de marchandises, c'est au domicile du débiteur qu'il doit être fait (C. civ., 1247).

Par suite, c'est devant le tribunal de ce domicile que doit être portée la demande, quoique des énonciations contraires se trouvent dans la facture, si, loin d'avoir été acceptée par le débiteur, celui-ci a refusé de l'acquitter, en se fondant sur ce que les marchandises n'étaient pas recevables (C. pr., 420).—5 mars 1855. Cass. J.H. 55. 275.

23. ... L'art. 420 C. pr. qui, en matière commerciale, autorise le demandeur à assigner, à son choix, devant le tribunal du domicile du défendeur, devant celui dans l'arrondissement duquel la promesse a été faite et la marchandise livrée, devant celui dans l'arrondissement duquel le paiement devait être effectué, s'applique à toutes les affaires commerciales, à tous les actes de commerce, et ne doit pas être restreint aux seules contestations relatives à des *marchandises* qui se nombrent, se pèsent et se mesurent, entre le vendeur et l'acheteur (C. pr., 420).

Ainsi, le différend qui s'élève pour fait de transport entre le destinataire et le voiturier peut valablement être porté devant l'un ou l'autre des trois tribunaux indiqués par l'art. 420 C. pr., sans qu'on soit tenu de s'adresser uniquement à celui du domicile du défendeur, toute entreprise de transport constituant un acte de commerce.—26 fév. 1839. Cass. J.H. 59. 1. 144.

24. ... La convention de lithographier des dessins pour l'ornement d'une publication littéraire constitue une obligation de faire, régie, quant à la compétence, par l'art. 1247 C. civ., et non une vente régie, au même égard, par l'art. 420 C. pr.

..... Et lorsque la convention a été consentie, sur l'offre de faire, venue du lithographe, elle est réputée s'être formée seulement par l'acceptation de l'éditeur, et, par suite, au domicile de celui-ci. — 17 fév. 1840. Colmar. J.H. 41. 1. 50.

25. ... Lorsque la promesse d'acheter n'a pas été faite au même lieu que la prise de livraison, l'acheteur doit être cité devant le tribunal de son domicile, alors surtout que le paiement devait être effectué à ce domicile, et non devant le tribunal du lieu où la marchandise a été livrée (C. pr., 420). — 23 nov. 1841. Paris. J.H. 42. 1. 156.

26. ... Le tribunal du lieu où une demande d'envoi de marchandises a été adressée par voie de correspondance et acceptée par le fait d'expédition des marchandises demandées, est compétent pour juger toutes contestations relatives à ce marché.—24 mars 1835. Douai. J.H. 36. 1. 134.—V. encore, dans le même sens, 8 juin 1838 et 19 janv. 1839. Rouen. J.H. 59. 1. 258; 7 juin 1859. Rouen. J.H. 40. 1. 105; 31 juill. 1859. Bordeaux. J.H. 40. 1. 92; 3 avr. 1843. Caen. J.H. 44. 1. 42.

27. ...L'art. 420 C. pr., qui permet au demandeur, en matière commerciale, d'assigner devant le tribunal dans l'arrondissement duquel *la promesse a été faite et la marchandise livrée*, doit être entendu en ce sens que le concours de ces conditions est nécessaire pour qu'il soit attributif de compétence (C. pr. civ., 420).

Dans les marchés liés par correspondance, la promesse doit être réputée faite au domicile de l'acceptant, et non de la proposition. — 15 déc. 1855. Bordeaux. J.H. 36. 1. 196.

La règle ci-dessus ne s'applique ni au contrat de louage, ni au mandat salarié.—22 mars 1836. Bordeaux. J.H. 36. 1. 541.

28. ... D'après les usages constants du commerce, les ventes faites par les commis voyageurs ne sont, à défaut de pouvoirs spéciaux, considérées comme défini-

tives qu'après la ratification des négociants au nom desquels les marchés ont été conclus; par suite, c'est au domicile de ces derniers que la promesse est réputée faite et que les marchandises ont été livrées; par suite encore, le tribunal de ce domicile est compétent pour connaître des difficultés survenues à l'exécution de ce marché (C. pr., 410).—24 déc. 1841. Montpellier. — 4 avr. 1842. Bordeaux. J.H. 42. 1. 174.

29.—*Domicile social.*—Lorsqu'une société a dans un lieu des usines, et dans un autre son gérant, ses bureaux, ses livres, ses caisses, son banquier, l'assemblée de ses actionnaires, son comité de surveillance, et enfin son siége principal aux termes de l'acte qui la constitue, c'est ce dernier lieu qui doit être réputé le domicile réel de la société.

Par suite, les opérations de la faillite de cette société sont de la compétence du tribunal de commerce du lieu où est son domicile réel.—30 déc. 1840. Cass. J.H. 41. 1. 108.

30. ... Les actions relatives aux opérations d'une société qui, depuis, a été mise en liquidation, continuent d'être portées devant le tribunal du siége de la société, tant que la liquidation n'est pas opérée (C. pr., 59).—13 nov. 1857. Aix. J.H. 38. 1. 159).

31. — *Dommages-intérêts.* — Le tribunal de commerce, saisi de l'action en paiement d'une dette commerciale, dirigée contre un débiteur étranger, est incompétent pour statuer sur la demande en dommages-intérêts formée reconventionnellement par celui-ci, à raison de son arrestation provisoire opérée en vertu d'une ordonnance du président du tribunal civil. — 4 janv. 1842. Paris. J.H. 42. 1. 127.

32. — *Droit d'option.* — Le non commerçant peut, pour un acte non commercial qu'il a fait avec un commerçant, assigner celui-ci à son choix devant le tribunal civil ou devant le tribunal de commerce, et il n'est pas tenu de procéder devant ce dernier tribunal (C. comm., 631).—17 juill. 1837. Bourges. J.H. 38. 1. 187.

33.—*Effets perdus.*—Les tribunaux de commerce sont compétents pour connaître des actions formées contre les entrepreneurs de voitures publiques, en paiement de la valeur d'effets qui leur avaient été confiés et qu'ils ont perdus (C. comm., 632). — 25 nov. 1835. Bourges. J.H. 37. 1. 246.

34. — *Emprisonnement.* — C'est au tribunal civil, et non au tribunal de commerce, qu'il appartient de prononcer sur la demande à fin de mise en liberté, formée par le débiteur incarcéré antérieurement à sa faillite, lorsque son écrou a été fait à la requête de plusieurs de ses créanciers, dans leur intérêt privé et isolé de l'intérêt général de la masse (C. comm., 456). — 14 oct. 1840. Paris. J.H. 41. 1. 103.

35. — *Endossement.* — Il suffit qu'un billet à ordre soit endossé par un commerçant, pour que le souscripteur soit compétemment assigné par le porteur devant le tribunal de commerce, encore bien que les endosseurs commerçants ne fussent pas mis en cause (C. comm., 637).—25 nov. 1834. Paris. J.H. 35. 176.

36. — *Expédition maritime.* — Une expédition maritime étant un acte commercial, et les frais sanitaires qu'occasionne la visite du navire faisant partie des frais de l'expédition, il s'ensuit que les contestations qui s'élèvent au sujet de pareils faits sont de la compétence du tribunal de commerce (C. comm., 632, 633).—22 av. 1835. Cass. J.H. 38. 4. 96.

37. — *Faillite.* — Le failli qui a souscrit en faveur de quelques-uns de ses créanciers un supplément de divi-



dende est justiciable des tribunaux de commerce.—26 juill. 1835. Paris. J.H. 35. 362.

38. ... En cas de faillite d'une société ou maison de commerce qui a plusieurs établissements, c'est au tribunal de commerce du lieu où est son principal établissement qu'appartient la connaissance des opérations de la faillite, alors même que le tribunal du lieu où est son comptoir aurait été le premier saisi (C. pr., 59; C. comm., 438).

..... Peu importe que, dans ce dernier lieu, des poursuites criminelles en banqueroute frauduleuse soient dirigées contre les associés. — 7 déc. 1841. Cass. J.H. 42. 1. 66.

39. ... La connaissance de la faillite d'une maison de commerce qui a plusieurs établissements appartient au tribunal du lieu de son principal établissement, encore bien que ce principal établissement soit situé dans une colonie française (C. pr., 59; C. comm., 438).—18 août 1841. Cass. J H. 42. 1. 64).

40. ... C'est aux tribunaux de commerce, juges en matière de faillite, qu'il appartient d'apprécier les priviléges réclamés par les créanciers. — 16 mai 1840. Limoges. J.H. 41. 1. 21.

41. ... Le débiteur de la faillite peut être assigné par les syndics devant le tribunal du domicile du failli et non devant celui de son domicile. On dirait en vain que l'art. 59, § 7 C. pr. ne s'applique qu'aux contestations entre le failli et ses créanciers (C. pr., 59, § 7).—22 août 1838. Poitiers. J.H. 59. 1. 30.

42. ... C'est devant le tribunal de commerce du domicile du failli que l'assignation en nullité des paiements faits par lui, dans les dix jours de sa faillite, doit être donnée, quelle que soit la qualité de l'assigné.—18 mars 1843. Bourges. J.H. 44. 1. 28.

43. ... C'est aux tribunaux ordinaires et non au tribunal de commerce qu'il appartient de statuer sur la contestation qui s'élève. à l'égard d'un acte de cession de créances dont l'admission est demandée au passif de la faillite (C. comm., art. 635).—8 août 1838. Bordeaux. J.H. 59. 1. 30.

44.—*Faillite (syndic de).*—Le syndic définitif d'une faillite ne peut être poursuivi, pour la reddition du compte des valeurs dont il est dépositaire, que devant le tribunal où la faillite s'est ouverte et non devant celui de son domicile personnel (C. pr., 59, 527). — 25 févr. 1836. Bordeaux. J.H. 36. 1. 507.

45. — *Fin de non recevoir.* — Lorsque le tribunal de commerce s'est déclaré compétent et a ordonné que les parties plaideraient au fond, si des témoins ont été entendus en présence du défendeur, sans protestations de sa part, il est réputé avoir reconnu la compétence du tribunal et est non recevable à la contester de nouveau en appel.—14 avr. 1840. Bordeaux. J.H. 41. 1. 29.

46. — *Garantie.* — Le tribunal de commerce, saisi d'une action redhibitoire entre commerçants, est incompétent pour connaître du recours en garantie, exercé par le vendeur contre son cédant non commerçant (C. pr., 181, 424).—7 mars 1857. Paris. J.H. 37. 1. 247.

47. ... La règle qui veut que le garant procède devant le tribunal du garanti, ne s'applique pas au cas où l'action en garantie serait de nature différente de l'action principale, par exemple, celle-ci commerciale, celle-là purement civile (C. pr., 181). — 27 juin 1840. Orléans. J.H. 41. 1. 57.

48. ... Le tiré qui n'a pas accepté une lettre de change ne peut, sur l'action en garantie dirigée contre lui par le tireur, être traduit devant le tribunal de ce dernier, encore bien qu'il serait son mandataire ou commis-

sionnaire (C. pr., 59, 181 et 420; C. comm., 164).—12 janv. 1837. Limoges. J.H. 38. 1. 128.

49. ... Celui sur qui une lettre de change a été tirée, en paiement de marchandises à lui expédiées par le tireur, ne peut, s'il ne l'a acceptée ni directement, ni indirectement, être assigné en garantie devant le tribunal du domicile du tireur, où ce dernier a été actionné lui même en remboursement par le tireur de la traite protestée.—5 avr. 1837. Cass. J.H. 37. 1. 219.

50. ... Un cultivateur qui a vendu un cheval à un marchand de chevaux, peut être appelé en garantie devant le tribunal de commerce par son acquéreur actionné lui-même en résolution de la revente qu'il a faite. — 20 août 1842. Paris. J.H. 43. 1. 41.

51. — Lettre de change. — Celui qui n'a ni accepté ni endossé une lettre de change tirée sur lui, ne peut pas être assigné devant le tribunal du domicile du tireur, lors même qu'il serait son débiteur du montant de la lettre de change. (C. pr., 181).—7 mars 1840. Bourges. J.H. 41. 1. 152.

52. ... La lettre souscrite par une femme non marchande publique, bien qu'elle soit réputée simple promesse, rend la femme justiciable des tribunaux de commerce (C. comm., 113, 632, 636). — 21 mars 1838. Limoges. J.H. 39. 1. 106. —V., dans le même sens, 20 janv. 1835. Montpellier. J.H. 35. 315.

53. ... C'est le tribunal de commerce du domicile du tireur d'une lettre de change et non celui du lieu où elle a été souscrite, qui est compétent pour connaître de la demande en aveu et en paiement de cette lettre de change. — 5 fév. 1838. Toulouse. J.H. 38. 1. 258.

54. ... La femme, non marchande publique, n'est pas justiciable du tribunal de commerce à raison de la lettre de change qu'elle aurait souscrite : cet écrit n'a, à son égard, d'autre valeur que celle d'une simple promesse, dont la connaissance appartient aux tribunaux civils (C. comm., 113, 636). — 8 avril 1840. Riom. J.H. 40. 1. 245.

55. ... Le tribunal de commerce est incompétent pour connaître de l'action en paiement d'une lettre de change, formée contre le tiré non négociant et pour une cause non commerciale, alors que le tiré ne l'a pas acceptée, et cela encore bien que cette lettre de change ait été endossée par des négociants..., et cette incompétence est proposable même pour la première fois en appel. — 8 fév. 1843. Orléans. J.H. 43. 1. 429. — V. cependant 10 nov. 1834. Pau. J.H. 35. 179.

56. — Marché à terme. — Le tribunal de commerce est compétent pour connaître des engagements entre négociants, même fondés sur une cause illicite, tels qu'un paiement de différence de marchés à terme non suivis d'exécution réelle (C. comm., 31). — 26 janv. 1841. Aix. J.H. 42. 1. 142.

57. — Meunier. — Les tribunaux de commerce sont compétents pour connaître d'une demande dirigée contre un meunier, ayant pour objet le paiement de travaux relatifs soit à l'exploitation, soit à l'édification du moulin affermé (C. civ., 632). — 18 mars 1836. Paris. J.H. 36. 1. 112.

58. — Ouvrier. — Le tribunal de commerce est incompétent pour statuer sur la demande en paiement du salaire d'un ouvrier briquetier loué à l'année : celui-ci doit, comme homme de peine et de travail, porter son action devant le juge de paix (C. comm., 632, 634; L. 24 août 1790). Un ouvrier briquetier loué à l'année à un commerçant n'est pas un facteur, commis ou serviteur dans le sens des art. 632, 634 C. comm., mais un homme de peine ou de travail dans le sens de la loi du 24 août 1790.—6 mars 1838. Toulouse. J.H. 38. 1. 189.

59. — Prud'hommes. — Les contestations relatives aux engagements respectifs des maîtres et de leurs ouvriers, sont, en matière commerciale comme en matière civile, de la compétence des juges de paix, à défaut de conseils de prud'hommes sur les lieux (L. 25 mai 1838. art. 5, § 5). — 8 juill. 1842. Limoges. J.H. 43. 1. 60.

60. ... La juridiction des conseils de prud'hommes est spéciale aux contestations entre les maîtres et les ouvriers. — 11 nov. 1834. Cass. J.H. 35. 11.

61.—Répétition.—L'action en restitution de sommes indûment payées, entre marchands, sur sentence de juges consulaires, est incompétemment formée devant ces mêmes juges (C. pr., 442).—10 mai 1842. Douai. J.H. 43. 1. 25.

62. — Restitution de pièces.—L'action en restitution de pièces remises à un individu chargé par les parties de vérifier un compte de liquidation commerciale doit être portée devant le tribunal saisi des débats élevés au sujet de ce compte, encore bien que ce dernier ne soit pas commerçant. — 20 nov. 1834. Cass. J.H. 35. 45.

63. — Société (liquidateur de). — Le liquidateur d'une société commerciale est valablement assigné pour rendre son compte de liquidation, devant le tribunal de commerce du domicile de l'un des associés, encore bien que ce tribunal ne soit pas celui de son domicile, et qu'il ne soit pas lui même un des associés (C. pr. civ., 59). — 22 fév. 1836. Paris. J.H. 36. 1. 124.

64. — Société (liquidation de). — La liquidation d'une maison de commerce est essentiellement commerciale, et c'est devant ce tribunal que l'un des liquidateurs a pu être assigné, en raison de sa gestion, soit par ses coliquidateurs, soit par tous les intéressés, quoique, par sa profession (celle d'avocat), il serait étranger au commerce (C. comm., 632). — 20 nov. 1834. Cass. J.H. 35. 44.

65. — Ventes à l'encan.—Le tribunal de commerce est compétent pour statuer, sur l'action formée par un marchand contre un autre marchand, à l'effet de faire interdire à celui-ci la vente de marchandises neuves, à l'encan, par l'entremise d'un commissaire-priseur (C. comm., 632). — 16 mars 1837. Grenoble. J.H. 38. 1. 57. — V. Tribunaux de commerce.

COMPÉTENCE CRIMINELLE. — 1. — Adultère. — L'adultère commis par un Français en pays étranger, contre un Français, peut être poursuivi en France, au retour de l'auteur du délit.

Le mot crime, employé dans l'art. 7 C. d'inst. crim., comprend les délits comme les crimes proprement dits. — 12 juill. 1839. Paris. J.H. 40. 1. 78.

2. — Entrepreneur de voitures publiques. — Le tribunal correctionnel devant lequel un entrepreneur de voitures publiques, contre lequel un procès-verbal a été dressé, en ce qu'il a exigé des voyageurs une somme supérieure à celle déclarée à l'administration et sur laquelle se perçoit l'impôt du dixième, oppose que l'excédant par lui exigé est un simple pour-boire non soumis par la loi à l'impôt, et, par suite, conclut au renvoi devant les juges civils pour statuer sur ce point, un tel tribunal doit statuer lui même sur cette exception. — 11 mai 1839. Cass. J.H. 39. 1. 504. — V. ci-dessus Compétence civile, 36 et 44.

COMPTE COURANT. — Il suffit que les opérations intervenues entre deux négociants aient nécessité l'ouverture d'un crédit et d'un débit, pour qu'il y ait entre eux compte-courant : et cette nécessité résulte de remises successives de billets, alors que les remises de ces valeurs ne sont point suivies de leur paiement immédiat.

Les conditions exigées par la loi pour autoriser la revendication n'ont eu pour but que la constatation de la permanence de propriété de l'objet revendiqué, entre les mains du revendiquant. En conséquence, les conditions spécifiées dans l'art. 584 C. comm doivent être considérées comme prescrites plutôt *exempli causâ* que comme condition *sine quâ non*. — 10 mai 1836. Douai. J.H. 56. 1. 312.

CONCILIATION.—1.—*Arbitres (nomination d')*.— La demande formée par un associé, à fin de nomination d'arbitres auxquels les statuts sociaux défèrent la connaissance des contestations éventuelles, n'est pas soumise au préliminaire de conciliation (C. pr., 49). — 14 nov. 1840. Douai. J.H. 41. 1. 114.

2.—*Assignation à bref délai.* — L'ordonnance du président, portant autorisation de citer à bref délai, sur le motif qu'il y a célérité, a pour effet, alors qu'il n'y a pas d'opposition de la part du défendeur, de dispenser la demande du préliminaire de la conciliation, encore que, par sa nature, elle y soit soumise (C. pr., 49).—29 janv. 1838. Cass. J.H. 38. 1. 90.

3.—*Compte de tutelle.*—La demande à fin de reddition de compte de tutelle, formée par le mineur à sa majorité, n'est pas soumise au préliminaire de conciliation (C. pr., 48, 49; C. civ., 472, 1045).—19 nov. 1840. Bastia. J.H. 41. 1. 119.

4.—*Droit personnel.*—L'exception résultant du défaut de préliminaire de conciliation, est attachée à la demande et non à la personne du défendeur; en conséquence, elle peut être valablement opposée par le garant du chef de garantie; ...Mais, toutefois, avant toute défense au fond de la part du garantie. — 2 juill. 1840. Douai. J.H. 41. 1. 95.

5.—*Faillite.*—Ne sont pas soumises au préliminaire de conciliation les demandes formées par les syndics définitifs d'une faillite, en paiement de sommes dues au failli, alors même que le contrat d'union donne aux syndics le droit de transiger (C. pr., 48).—10 juin 1836. Paris. J.H. 56. 1. 336.

6.—*Indivisibilité.* — Lorsqu'une action formée cumulativement par des majeurs et un mineur, dérive de la même cause, est fondée sur les mêmes moyens et tend au même but, la dispense de conciliation établie pour les mineurs s'étend aux majeurs (C. pr., 49).—22 fév. 1843. Limoges. J.H. 44. 1. 54.

Jugé anal. en sens contraire.—12 déc. 1835. Toulouse. J.H. 56. 1. 133.

7.—*Intérêt distinct.* — Les demandes collectives ne sont pas dispensées du préliminaire de conciliation, par le motif qu'elles seraient formées contre plus de deux personnes, si chacune de ces personnes a un intérêt distinct et séparé complétement indépendant de celui de ses co-défendeurs (C. pr., 48, 49)... bien que la demande repose, contre tous, sur le même titre. — 10 fév. 1841. Nîmes. J.H. 41. 1. 244.

8....La demande dirigée contre plus de deux parties, pour des causes distinctes, et dont aucune n'est commune à plus de deux de ces parties, n'est pas dispensée du préliminaire de conciliation, bien que formée par un seul exploit; ici ne s'applique pas l'art. 49 C. pr. — 15 nov. 1839. Caen. J.H. 41. 1. 85.

9. ... L'action dirigée contre plusieurs défendeurs, bien qu'ils aient des intérêts séparés et des exceptions différentes à opposer, comme si, par exemple, une action en délaissement est formée contre plusieurs usurpateurs, chacun en droit soi, est dispensée de l'essai préalable de conciliation, alors qu'elle dérive du même

titre (C. pr., 49). — 7 fév. 1839. Montpellier. J.H. 39. 1. 143.

10.—*Procès-verbal.*—L'art. 3, tit. 10 de la loi du 24 août 1790, qui, en cas de non conciliation des parties, voulait qu'il fût dressé un procès-verbal sommaire de leurs dires, aveux ou dénégations sur les points de fait, a été abrogé par la disposition de l'art. 54 C. pr., d'après lequel le procès-verbal ne doit plus contenir qu'une mention sommaire qu'elles n'ont pu s'accorder, disposition d'ordre public à laquelle il ne peut être dérogé ni par la volonté ou tolérance du juge, ni par le consentement tacite ou formel des parties.—Par suite, et pour l'expédition de ce procès-verbal, le greffier de la justice de paix ne peut réclamer que le droit fixe, et non le droit proportionnel. — 7 avril 1838. Orléans. J.H. 58. 1. 295.

11.—*Tiers-détenteur.*—L'opposition du tiers-détenteur d'un immeuble au commandement de payer que lui fait un créancier, porteur d'un bordereau de collocation sur le prix de cet immeuble, est une demande qui doit être soumise à l'épreuve de la conciliation (C. pr., 49).—18 nov. 1836. Orléans. J.H. 37. 1. 249.

CONCLUSION. — 1. — *Dépôt à l'audience.* — Pour saisir le tribunal, il faut que les conclusions aient été posées à l'audience; il ne suffit pas de celles qui ont été prises dans l'exploit introductif d'instance, bien que renouvelées par acte d'avoué à avoué (C. pr., 142). — En conséquence, le jugement qui, après avoir repoussé un incident, statue immédiatement au fond, lorsque des conclusions n'ont été prises à l'audience que sur l'incident, est nul comme ayant prononcé *ultra petita*. —22 mai 1840. Bordeaux. J.H. 41. 1. 60.

2.—*Dépôt tardif.*—Des conclusions ou moyens nouveaux peuvent être déclarés tardifs et non recevables, s'ils ont été produits après les débats oraux et même après l'audition du ministère public. — 25 avril 1835. Colmar. J.H. 39. 1. 222.

3.—*Mandat.* — Le mandant qui a assigné son mandataire à l'effet de rendre compte des sommes par lui perçues, en vertu du mandat, ne forme pas une demande nouvelle susceptible d'être soumise au bureau de conciliation, lorsque, d'après les exceptions du mandataire, il change ses conclusions primitives, et se borne à réclamer la remise de ses titres de créance. — 15 avril 1840. Nancy. J.H. 40. 1. 241.

CONCUSSION.—Le jury n'ayant pas le droit de qualifier le fait qui lui est soumis, il suffit de spécifier dans la question les circonstances constitutives du crime, sans attribuer à ce crime son caractère légal, et notamment de demander au jury si l'accusé (huissier) est coupable d'avoir perçu au-delà de ce qui lui était dû, sans lui demander s'il s'est rendu coupable de concussion (C. instr. crim., 357).—7 avril 1842. Cass. J.H. 42. 1. 177.

CONDITION.—La clause insérée dans un contrat de la nature de ceux appelés *innommés*, portant que l'indemnité sera fixée de gré à gré, est une stipulation permise aux parties contractantes; elle ne constitue pas une condition potestative, car, sur le refus de l'une d'elles de s'accorder sur la quotité de l'indemnité, il appartient toujours au juge de la fixer (LL. 1re et 5, § 1er et 22, ff. *de Præscript. verb.*; C. civ., 1456, 1442, 1146 et 1149).—4 juin 1835. Cass. J.H. 35. 243.

CONFLIT. — L'ordonnance royale qui approuve un conflit élevé sur une demande en indemnité, formée contre l'État par un propriétaire, ne fait point obstacle à ce qu'il soit procédé au jugement du fond, si la noti fication n'en a point été faite dans les trois mois de la réception des pièces au ministère, et bien qu'elle soit représentée à l'audience par le ministère public (L. 12 mars 1831, art. 7).

La justice administrative est une dérogation au droit commun, qui doit être resserrée dans les formes rigoureuses des lois d'exception.—14 juin 1834. Douai. J.H. 35. 88.

**CONSEIL DE FAMILLE.**—La délibération du conseil de famille, rendue à l'unanimité, atteste par cela seul que le juge de paix a concouru à cette délibération et a partagé l'avis de la famille (C. civ., 407, 416). —21 août 1841. Paris. J.H. 42. 1. 56.

**CONSEIL D'ÉTAT.** — V. Ordonn. des 21 sept. 1839 et 1er juill. 1840. J.H. 39. 2. 129, et 40. 2. 51.— Une loi sur cette matière est actuellement soumise à la Chambre des Députés.

**CONSERVATEUR DES HYPOTHÈQUES. — 1. —** *Droits distincts.*—Le salaire dû aux conservateurs des hypothèques pour la délivrance d'un état d'inscriptions concernant plusieurs personnes collectivement, doit être réglé à raison d'un franc par chaque extrait d'inscription, quel que soit le nombre des individus grevés, et non à autant de salaires d'un franc qu'il y a d'individus grevés (C. civ., 2196 ; Déc. 21 sept. 1810).

Il en est autrement à l'égard des certificats négatifs, lesquels sont nécessairement individuels : par suite, il est dû autant de salaires d'un franc qu'il y a de personnes à l'égard desquelles il est certifié qu'il n'existe pas d'inscription.

Il n'est dû aucun salaire pour les certificats de clôture, constatant que les inscriptions délivrées sont les seules subsistantes sur les individus grevés. — 31 déc. 1841. Inst. régie. J.H. 42. 1. 101.

2.—*Enregistrement.*—Les sommations faites au saisi et aux créanciers inscrits de prendre communication du cahier des charges, les jugements d'adjudication et de conversion, et la radiation de la saisie, doivent, outre la mention en marge de la transcription de la saisie, être enregistrés par le conservateur des hypothèques... mais sur un registre non timbré.—12 déc. 1841. Instr. régie. J.H. 42. 1. 102.

3. — *Radiation.* — Le conservateur des hypothèques requis d'opérer une radiation, en vertu d'un jugement rendu en matière d'ordre, ne peut se refuser à faire cette radiation jusqu'à ce qu'il lui soit justifié de la signification de ce jugement à partie : il suffit, en cette matière, de produire, outre le certificat de non opposition ni appel, la signification du jugement à avoué, conformément à l'art. 763 C. pr. (C. civ., 2157; C. pr., 548, 763). — 23 août 1843. Trib. de Draguignan. J.H. 44. 1. 70.

**CONSUL. — 1. —** *Appel.* — L'appel des jugements rendus par les consuls français établis ailleurs qu'aux échelles du Levant, aux côtes d'Afrique et de Barbarie, doit être porté devant la Cour royale du continent qui remplace le parlement le plus proche devant lequel, aux termes de l'art. 18, liv. 1er, tit. 9 de l'ordonnance de 1681, il devait être porté, et non devant la Cour royale de la colonie la plus proche du consulat.—24 nov. 1836. Bordeaux. J.H. 38. 1. 160.

2.—*Exequatur.*—En admettant qu'un consul étranger doive jouir des immunités diplomatiques, il ne saurait, en tous cas, y prétendre, tant qu'il n'a pas reçu l'*exequatur* du gouvernement français. — 25 août 1842. Paris. J.H. 43. 1. 135.—V. encore Agent diplomatique.

**CONTRAINTE.** — Un receveur principal des contributions indirectes qui n'a pas prêté le serment exigé par la loi du 51 août 1850, n'a ni qualité ni caractère public pour décerner une contrainte : à plus forte raison, ne peut-il pas la faire décerner, par délégation, par un individu qui n'a prêté aucun serment en qualité de préposé des contributions indirectes.—29 avr. 1835. Cass. J.H. 35. 197.

**CONTRAINTE PAR CORPS. — 1. —** *Acte d'écrou.* — Le geôlier a qualité pour rédiger l'acte d'écrou : il suffit qu'il soit signé par l'huissier (C. pr., 789). — 21 août 1838. Nancy. J.H. 38. 1. 306.

2. — Il n'est pas nécessaire que l'acte d'écrou d'un débiteur incarcéré soit rédigé séparément du procès-verbal d'incarcération (C. pr., 789). — 30 janv. 1838. Paris. J.H. 58. 1. 323.

3. — *Agent d'affaires.*—Les billets à ordre souscrits par un agent d'affaires entraînent contre lui la contrainte par corps. — 10 janv. 1838. Caen.; 21 oct. 1837 et 26 juin 1838. Paris. J.H. 39. 1. 113.

4. — *Aliments.* — Lorsque deux créanciers dont l'un a fait incarcérer un débiteur, et l'autre l'a fait recommander, se sont entendus pour consigner, chacun à leur tour, les périodes d'aliments prescrites par la loi, la consignation d'aliments faite par le créancier, à l'égard duquel le droit d'incarcération a cessé d'exister pendant la période à laquelle il a consigné pour son compte, ne peut profiter à l'autre créancier qui a omis de faire, pour lui et en son nom, une autre consignation. — 26 déc. 1835. Paris. J.H. 36. 1. 45.

5. ... Lorsque des aliments ont été consignés par un créancier, pour plusieurs périodes de la détention, et seulement dans la prévision éventuelle où pareille consignation faite, pour les mêmes périodes, par un autre créancier serait annulée, ces aliments, alors même que la consignation éventuelle serait restée au greffe à la disposition du débiteur, ne peuvent être appliqués à une période postérieure à celle pour laquelle la consignation a été faite. — Même arrêt.

6. ... Le recommandant qui a consigné directement des aliments peut les retirer sans le consentement de l'incarcérateur ; la disposition de l'art. 791 C. pr. n'est pas réciproque. —7 janv. 1856. Paris. J.H. 36. 1. 72.

7. ... L'obligation du créancier incarcérateur de consigner des aliments ne commence qu'au moment où le débiteur est écroué. — 8 oct. 1834. Paris. J.H. 55. 75.

8. ... Aucune disposition de loi n'oblige à faire mention sur le registre d'écrou d'autre consignation d'aliments que les premiers ; par suite cette mention n'est pas nécessaire pour la validité des consignations suivantes, sauf au débiteur à s'assurer par les certificats indiqués en l'art. 803 C. pr., qu'elles ont été légalement faites (C. pr., 789). — 6 fév. 1841. Rennes. J.H. 42. 1. 25.

9. ... Chaque période de consignation d'aliments se compte par jour et non par heure; en telle sorte que la consignation faite le 2 nov., à trois heures après midi, pour trente jours d'aliments, est tardivement renouvelée le 2 déc. à 4 heure (L. 29 av. 1832, art. 28).— 6 déc. 1836. Paris. J.H. 57. 1. 141.

10. ... Les consignations d'aliments se comptent par jour et non par heure. Le jour de l'écrou compte dans la période de consignation d'aliments, quelle que soit l'heure à laquelle ait été faite l'incarcération.

La requête d'élargissement pour défaut de consignation d'aliment, présentée par un détenu pour dettes, après l'heure de la première distribution de vivres, doit être admise, encore bien que les aliments aient été consignés dans le jour, sans distinction entre l'emprisonnement provisoire et celui dont le terme est déterminé. —14 nov. 1839. Toulouse. J.H. 40. 1. 109.

11. ... Les consignations d'aliments, faites par un créancier recommandant, ne peuvent profiter au créancier incarcérateur, alors que la recommandation faite par ce premier créancier est déclarée nulle (L. 17 avril 1832, art. 51; C. pr. civ., 791). — 24 août 1836. Paris. J.H. 37. 1. 60.

12. ... La consignation volontaire, faite par un second créancier recommandant, au moment de la recommandation, équivaut à la consignation forcée qu'il aurait pu être contraint de faire pour contribuer aux aliments du débiteur incarcéré, sur la demande du premier recommandant. — 18 août 1836. Cass. J.H. 37. 1. 155.

13. ... Dans le cas de deux consignations d'aliments faites d'avance, et simultanément, par le créancier incarcérateur et un créancier recommandant, chacun pour une période de 50 jours, sans aucune imputation, le fait par le greffier de la maison d'arrêt d'avoir imputé les fonds du créancier incarcérateur sur la première plutôt que sur la seconde période, ne peut préjudicier à ce créancier, et faire considérer le débiteur comme dépourvu d'aliments lors de la seconde période (L. 17 avril 1832, art. 17; C. pr., 792, 800). — 1er avril 1840. Rouen. J.H. 40. 1. 166.

14. ... La consignation d'aliments faite par un créancier recommandant, qui a été reconnu avoir perdu, au moment de cette consignation, la qualité de créancier et par suite le droit de contrainte envers son débiteur, ne profite pas aux autres créanciers (C. pr., 773, 791, 795, 796).

En conséquence l'élargissement du détenu doit être prononcé à défaut de consignation d'aliments, si, au moment de sa demande à fin de mise en liberté, ses autres créanciers n'avaient fait aucune autre consignation d'aliments. — 30 août 1843. Rouen. J.H. 44. 1. 47.

15. — Appel. — L'appel autorisé par la loi du 17 avril 1832, quant au chef de la contrainte par corps, d'un jugement du tribunal de commerce, rendu en dernier ressort, n'a pas pour effet de suspendre l'exécution de ce jugement, alors même que l'exécution provisoire, quant à la contrainte par corps, n'a pas été prononcée par ce jugement : ou que le créancier n'offre pas de donner caution, et ne justifie pas d'une solvabilité suffisante (C. pr. civ., 459; L. 17 avril 1832, art. 20). — 27 août 1836. Paris. J.H. 37. 1. 254.

16 — Arrestation. — La déclaration faite par un huissier, dans un procès-verbal d'arrestation, qu'il est nanti du mandat spécial du créancier, n'établit pas, jusqu'à inscription de faux, le nantissement de ce mandat; de sorte que le débiteur doit être admis à faire la preuve contraire. — 24 janv. 1854. Pau. J.H. 36. 1. 119.

17. — Aval. — Le donneur d'aval par acte séparé ne peut, bien que commerçant, être contraint par corps, si l'accepteur de la lettre de change n'est pas lui-même passible de la contrainte, en ce que, par exemple, les traites doivent, par suite de la supposition de lieu, être réputées simples promesses (C. comm., 637, 442). — 12 déc. 1837. Paris. J.H. 38. 1. 117.

18. — Billet à domicile. — Il suffit qu'un billet à domicile, bien que payable dans un lieu autre que celui où il a été souscrit, n'ait pas pour objet une opération commerciale, pour que le souscripteur non négociant ne puisse être contraint par corps au paiement de ce billet (C. comm., 652). — 5 fév. 1836. Grenoble et 21 janv. 1838. Bordeaux. J.H. 37. 1. 145.

19. — Billet à ordre. — De ce qu'un billet à ordre causé valeur reçue en effets mobiliers, a été souscrit par un commerçant, il ne résulte pas que la cause de ce billet, que ce dernier allègue n'avoir souscrit que pour son usage particulier, soit commercial et que, par

suite, la contrainte par corps puisse être prononcée contre le souscripteur, s'il n'est pas déclaré que les objets mobiliers n'ont pas été achetés pour son usage particulier (C. comm., 638). — 3 juin 1833. Cass. J.H. 55. 233.

20. — Cession. — Le cessionnaire d'une créance emportant contrainte par corps ne peut mettre cette contrainte à exécution qu'autant qu'il a fait *personnellement* au débiteur la signification et le commandement prescrits par l'art. 780 C. pr. : l'accomplissement de ce préalable par le créancier originaire ne saurait l'en dispenser lui-même (C. pr., 780). — 30 janv. 1838. Paris. J.H. 38. 1. 323.

21. ... Un billet à ordre souscrit dans un lieu et payable dans un autre, constitue la remise d'argent de place en place entraînant même contre le non commerçant la contrainte par corps (C. comm., 652). — 16 août 1837. Lyon. J.H. 38. 1. 160.

22. — *Chose jugée.* — Lorsqu'un jugement en dernier ressort, quant au fond, est frappé d'appel quant au chef qui prononce la contrainte par corps, la Cour peut, pour statuer sur le bien ou mal jugé de la contrainte par corps, se livrer à un nouvel examen du fond, et l'apprécier d'après d'autres bases que celles qui ont déterminé les premiers juges, tout en respectant leur décision, et spécialement, elle peut annuler la contrainte par corps, en décidant, contrairement au jugement, sans toutefois le réformer en ce point, que l'obligation a une cause illicite, tel qu'un jeu de bourse. — 26 janv. 1841. Aix. J.H. 42. 1. 142.

23. — *Commandement.* — Le commandement tendant à contrainte par corps, fait pendant la durée de l'effet suspensif d'une ordonnance de référé, confirmé sur appel, qui a suspendu par provision les poursuites du créancier, ne peut servir de base aux nouvelles poursuites exercées par ce créancier, après que l'effet suspensif de l'ordonnance a cessé. — On dirait en vain qu'un tel commandement n'est pas un acte d'*exécution* (C. pr., 780; C. civ., 1550, 1551). — 16 déc. 1839. Cass. J.H. 40. 1. 57.

24. ... Le commandement préalable à la contrainte par corps, fait pendant la durée de l'effet suspensif d'une ordonnance de référé, exécutoire par provision, puis confirmé sur appel, est nul et entraîne la nullité de l'incarcération qui a suivi (C. pr., 780). — 29 mai 1840. Nancy. J.H. 40. 1. 225.

25. — *Commerçant.* — L'art. 3 de la loi du 17 avril 1832 ne dispensant de la contrainte par corps que les individus non négociants qui ont souscrit des lettres de change réputées simples promesses, ou des billets à ordre, dont la cause commerciale n'est pas justifiée, cette exception ne s'applique pas au négociant dont la qualité est constatée par une patente prise avant la signature du billet. — 5 janv. 1838. Nancy. J.H. 39. 1. 210.

26. — *Consignation d'aliments.* — La consignation d'aliments faite par un tiers, au nom du créancier, est valable, bien qu'il ne soit pas justifié d'un pouvoir spécial émané de ce dernier. En cas pareil, et tant que le contraire n'est pas prouvé, la consignation doit être réputée faite par les ordres du créancier (C. pr., 554, 971). — 1er déc. 1854. Paris. J.H. 58. 1. 290.

27. — *Copie de titres.* — L'emprisonnement est nul à défaut, par l'huissier, d'avoir remis au débiteur, avec la copie de l'acte d'emprisonnement, copie de l'acte d'écrou : la simple mention de l'acte d'écrou sur la copie du procès-verbal d'emprisonnement ne satisfait pas au vœu de la loi (C. pr., 789, 794; Tarif, 16 fév. 1807, art. 65). — 15 janv. 1842. Paris. J.H. 42. 1. 140,

28. ... Il suffit qu'il ait été formé opposition à l'ordonnance d'*exequatur* d'une sentence arbitrale prononçant contrainte par corps, pour que le commandement préalable à l'exercice de cette contrainte doive contenir, à peine de nullité de l'arrestation, copie, non seulement de la sentence arbitrale, mais encore du jugement qui a rejeté l'opposition à l'ordonnance d'*exequatur* (C. pr. civ., 780). — 50 nov. 1846. Paris. J.H. 37. 1. 440.

29. — *Créances distinctes.* — La contrainte par corps, en matière commerciale, doit être prononcée pour toute condamnation s'élevant à 200 fr. et au-dessus, bien que la créance se compose de plusieurs billets ne s'élevant pas chacun à cette somme, et souscrits au profit de personnes différentes, mais réunis depuis dans la même main (L. 17 avril 1832, art. 1er).

.... A plus forte raison, il en doit être de même, lorsque la créance résulte de billets souscrits au profit de la même personne, pour une seule et même dette. — 16 déc. 1855. Amiens. J.H. 37. 1. 356.

30. ... La contrainte par corps doit toujours être prononcée pour une dette commerciale, si elle s'élève à 200 fr. de principal, bien qu'elle résulte de divers titres inférieurs chacun à cette somme (L. 17 avril 1832, art. 1er). — 26 juill. 1838. Grenoble. J.H. 39. 1. 158.

31. — *Demande nouvelle.* — La contrainte par corps qui n'a point été demandée lors de la condamnation principale ne peut être prononcée par sentence séparée, rendue sur action subséquente. — 21 déc. 1839. Paris. J.H. 40. 1. 73.

32. — *Député.* — La prohibition d'exercer la contrainte par corps contre un député, durant la session, et dans les six semaines qui la suivent, est applicable aussi bien au cas où la session prend fin par la dissolution de la Chambre qu'au cas de clôture ordinaire de cette session (Charte, art. 45). — 1er juill. 1842. Trib. de la Seine. J.H. 44. 1. 65.

33. — *Détention.* — En règle générale, il est conforme à la justice et à l'humanité que le débiteur soit détenu pour dette dans un lieu de son domicile qui offre garantie au créancier en même temps qu'il permet au débiteur d'y recevoir les secours de sa famille. — 5 fév. 1839. Bordeaux. J.H. 59. 1. 407. — Voy., dans le même sens, 17 nov. 1836. Agen. J.H. 37. 1. 159.

34. — *Domicile (inviolabilité de).* — Un huissier ne peut, sans l'assistance du juge de paix, s'introduire dans une maison pour y opérer l'arrestation d'un débiteur qui s'est échappé de ses mains et qu'il y a poursuivi : il n'a que le droit d'établir garnison aux portes pour empêcher l'évasion du débiteur (C. pr., 781, 785). — 22 juin 1837. Riom. J.H. 38. 1. 219.

35. — *Dommages-intérêts.* — Le silence gardé par le débiteur après son arrestation, ne le rend pas non recevable à invoquer la nullité des actes antérieurs à son arrestation; mais le retard qu'il a mis à former son action en nullité sera pris en considération pour modérer les dommages-intérêts auxquels l'irrégularité de son emprisonnement lui donnera droit. — 4 août 1840. Bordeaux. J.H. 41. 1. 120.

36. ... La femme mariée en communauté est soumise à la contrainte par corps pour les dommages-intérêts résultant de crimes et délits (C. pén., 52; L. 17 avril 1832, art. 21, 41). — 7 juin 1837. Douai. J.H. 59. 1. 17.

37. — *Durée.* — Il suffit que les condamnations pécuniaires prononcées au profit de l'État, en matière criminelle, correctionnelle ou de police, ne s'élèvent pas à 300 fr., pour que les tribunaux puissent ne point fixer par leur jugement la durée de la contrainte par corps. — 7 mars 1855. Douai. J.H. 55. 1. 516. — V. encore, dans le même sens, 20 mars 1855. Cass. J.H. 56. 1. 511.

38. — *Effet rétroactif.* — Depuis la loi du 17 avril 1852, la contrainte par corps, en matière commerciale, ne peut plus être prononcée pour une somme moindre de 200 fr., encore bien que la dette fût antérieure à cette loi. — 15 fév. 1855. Toulouse. J.H. 35. 1. 506.

39. ... La durée de la contrainte par corps effectuée depuis la loi de 1832, mais en vertu d'un jugement antérieur, est réglée par la loi ancienne (C. civ., 2). — 29 janv. 1835. Paris. J.H. 58. 1. 258.

40. — *Élargissement.* — La demande en élargissement pour défaut de consignation d'aliments n'est légalement formée que par la présentation de la requête au président du tribunal civil. Par suite, la consignation faite avant cette présentation est valable, encore bien qu'elle n'ait été effectuée qu'après la délivrance du certificat de non consignation et la rédaction de la requête à fin d'élargissement (C. pr. civ., 803). — 18 juin 1856. Paris. J.H. 36. 1. 268.

41. — *Emprisonnement.* — L'emprisonnement d'un débiteur est nul, si copie du procès-verbal d'emprisonnement ne lui a pas été remise au moment même de l'incarcération, ce qui doit être mentionné dans l'écrou (C. proc., 789, 791). Par suite, la clôture de ce procès-verbal ne peut être renvoyée au lendemain de l'incarcération.

..... Par suite encore, l'huissier qui opère l'incarcération doit nécessairement être porteur de l'ordonnance de référé qui l'autorise, puisque cette ordonnance fait partie du procès-verbal d'emprisonnement qui doit être rédigé à l'instant même (C. pr., 787). — 16 déc. 1839. Cass. J.H. 40. 1. 57.

42. — *Étranger.* — La validité de l'ordonnance du président du tribunal qui autorise l'arrestation provisoire d'un étranger n'est pas subordonnée au fait de la présence de cet étranger dans l'arrondissement du tribunal, au moment où l'ordonnance est rendue. — Il suffit que l'arrestation ait lieu dans cet arrondissement (L. 10 sept. 1807, art. 2; L. 17 avril 1832, art. 15).

L'associé français d'une société établie en France et dont les autres membres sont étrangers, a le droit de provoquer l'arrestation provisoire d'un débiteur étranger au nom même de la société. — Vainement on dirait que la faculté d'arrestation provisoire étant un privilège de la nationalité française, qui ne peut se transmettre, l'associé français ne peut en faire jouir ses coassociés étrangers, en agissant en leur nom comme au sien propre (L. 10 sept. 1807, art. 2; L. 17 avril 1832, art. 15).

L'étranger qui s'oblige envers une société française, même non suivie des publications en France, exigées par le Code de commerce, n'en est pas moins sujet à l'arrestation provisoire en France, à la requête des associés français, s'il a reconnu personnellement l'existence de cette société.

Il n'est pas nécessaire que la créance contre un étranger pour laquelle est provoquée l'arrestation provisoire de cet étranger soit liquidée; il suffit qu'elle soit échue ou exigible (L. 10 sept. 1807, art. 2; L. 17 avril 1832, art. 15). — 27 nov. 1839. Cass. J.H. 40. 1. 52.

43. ... L'art. 17 de la loi du 17 avril 1832, qui porte à dix ans la durée de la contrainte par corps pour les étrangers, lorsque la dette s'élève à 5,000 fr. et au-dessus, ne peut être invoqué par un étranger contre un autre étranger ou Français; le créancier étranger n'a le droit, en pareil cas, de détenir son débiteur

que pendant le délai de cinq ans fixé par l'art. 5 de la même loi.

Le délai de la contrainte par corps court, pour l'étranger, à partir du jour de l'emprisonnement provisoire, et non du jour seulement où cet emprisonnement est devenu définitif en vertu d'un jugement qui l'a validé. — 26 déc. 1835. Paris. J.H. 56. 1. 45.

44. ... Le droit qu'aurait eu un détenu étranger de s'opposer à son arrestation provisoire, sur le fondement de la qualité d'étranger dans la personne du créancier qui l'a fait incarcérer, n'appartient qu'à lui seul. — 26 déc. 1835. Paris. J.H. 56. 1. 45.

45. ... Le Français établi en pays étranger, mais avec esprit de retour, peut, de même que s'il résidait en France, faire procéder à l'arrestation provisoire de son débiteur étranger, pour obligation contractée en pays étranger, et saisir les tribunaux français de sa demande principale en condamnation (C. civ., 14; L. 17 avril 1832, 15). — 18 avril 1835. Paris. J.H. 56. 1. 259.

46. ... L'ordonnance pour l'arrestation *provisoire d'un étranger* n'est qu'une mesure de police facultative, abandonnée à la prudence des présidents des tribunaux civils, et dépourvue des éléments constitutifs d'un jugement de première instance, et, par suite, elle n'est pas susceptible d'appel (LL. 10 sept. 1807, art. 2; 1er mai 1790; C. pr., 443).

La réclamation d'un étranger dont l'arrestation provisoire a été opérée en vertu d'ordonnance du président du tribunal, à l'effet d'obtenir, soit sa mise en liberté, soit la restitution de la caution qu'il a fournie pour obtenir cette liberté, soit des dommages-intérêts, doit être exercée par action principale devant le tribunal civil, et non par voie d'appel contre l'ordonnance d'arrestation; et, pour cette demande, l'étranger dont la caution a été acceptée, doit jouir, comme le Français, des deux degrés de juridiction. — Dès lors, c'est à tort qu'une Cour royale a déclaré le tribunal civil incompétent pour connaître d'une telle réclamation. — 2 mai 1837. Cass. J.H. 37. 1. 270.

47. — *Exécution provisoire.* — L'âge avancé du prisonnier, et la faiblesse de sa santé, sont des motifs suffisants pour autoriser le juge à accorder l'exécution provisoire du jugement qui ordonne la mise en liberté, nonobstant appel, sur la minute, et sans caution. — 16 août 1838. Nîmes. J.H. 39. 1. 13.

48. — *Faillite.* — Tant que la liquidation d'une faillite n'est pas encore terminée, et que le failli reste dessaisi de l'administration de ses biens, la contrainte par corps ne peut être exercée contre lui par un des créanciers de la faillite, même pour cause de stellionat. L'art. 455 C. comm. s'étend aux jugements émanant d'une autre juridiction que la juridiction commerciale, et spécialement aux jugements civils en matière de stellionat. — 2 nov. 1837. Metz. J.H. 39. 1. 27.

49. — *Fixation de durée.* — Le jugement ou l'arrêt qui, en condamnant par corps un fol-enchérisseur, ne limite pas la durée de la contrainte, est nul, encore bien que la cause de cette contrainte serait antérieure à la promulgation de la loi du 17 avril 1832. — 25 fév. 1835. Cass. J.H. 35. 185.

50. — *Folle-enchère.* — En supposant que la contrainte par corps, qui est une voie d'exécution attachée à la folle-enchère, ne puisse, par exception, être exercée contre l'héritier bénéficiaire devenu adjudicataire d'un immeuble de la succession, il ne s'ensuit pas que la clause de folle-enchère doive être déclarée nulle à son égard; il suffit, dans ce cas, que la condamnation par corps ne soit pas prononcée. — 27 mai 1835. Cass. J.H. 35. 1. 281.



51. — *Frais.* — Le créancier qui a obtenu contre son débiteur une condamnation par corps, peut exercer la contrainte, lors même que son débiteur ne reste plus lui devoir que les frais (L. 17 avril 1832, art. 33). — 19 sept. 1839. Paris. J.H. 40. 1. 60.

52. — *Garde du commerce.* — L'omission de la date, dans la notification d'un écrou, constitue une faute grave de la part du garde de commerce chargé d'opérer l'arrestation.

En cas de nullité résultant d'une faute grave de la part d'un garde du commerce chargé d'opérer une arrestation, la responsabilité qui pèse sur ce garde doit s'estimer eu égard au préjudice que le créancier éprouve par suite de cette nullité, responsabilité abandonnée à l'appréciation des juges. — 10 nov. 1834. Paris. J.H. 35. 1. 60.

53. ... Les dispositions de l'art. 18 du décret du 14 mars 1808, ordonnant préalablement à l'exercice de la contrainte par corps dans la ville de Paris le dépôt, la vérification et le visa des titres, au bureau des gardes du commerce, ne sont pas exigées à peine de nullité, sauf la responsabilité du garde du commerce.

Il n'y a pas lieu à l'application du décret de 1808, lorsque l'arrestation du débiteur est faite en vertu de l'ordonnance du juge : dans ce cas, le créancier est dispensé de signification de titre et de commandement préalable (L. 17 avril 1832, art. 32). — 5 déc. 1839. Paris. J.H. 40. 1. 82.

54. — *Gendarmerie.* — ..... Des gendarmes n'ont point qualité pour retenir et conduire un débiteur pour dettes (Ordonn. sur la gendarmerie du 29 oct. 1820).

Les tribunaux ne peuvent requérir la gendarmerie pour opérer la translation d'un détenu pour dettes dans une prison d'un autre arrondissement que celui où il est détenu : les agents de la force publique n'ont reçu d'autre mission à l'égard de l'arrestation d'un débiteur, que celle de prêter main-forte à l'officier public seul compétent pour le retenir.

..... Si des gendarmes se chargeaient volontairement de la conduite d'un débiteur, ils ne pourraient signer le procès-verbal d'écrou à leur arrivée à la prison de destination. — 31 juill. 1839. Montpellier. J.H. 40. 1. 19.

55. — *Huissiers.* — Les tribunaux de commerce peuvent commettre un huissier pour faire le commandement préalable à la contrainte par corps, sans violer le principe qui leur défend de connaître de l'exécution de leurs jugements (C. pr., 780).

L'huissier qui procède à l'arrestation d'un débiteur pour dettes ne peut se refuser à le conduire devant le président du tribunal civil, lorsque celui-ci l'en requiert, et ce, à peine de nullité de l'emprisonnement et de dommages-intérêts (C. pr., 786).

..... Le juge de référé, compétent pour statuer sur la demande en liberté provisoire pour refus de l'huissier d'obtempérer à la réquisition de référé du débiteur, est incompétent pour prononcer sur les dommages-intérêts encourus par l'huissier. — 23 nov. 1839. Douai. J.H. 40. 1. 157.

56. — *Huissier commis.* — L'ordonnance qui commet un huissier pour recommander un débiteur peut être rendue par le juge sans l'assistance du greffier (C. pr., 1040). — 3 août 1837. Riom. J.H. 38. 1. 220.

57. — *Juge civil.* — Le juge civil ne peut prononcer la contrainte par corps pour violation d'un dépôt volontaire, sous le prétexte que c'est là un abus de confiance défini par l'art. 408 C. pén. Et spécialement, il ne peut la prononcer contre un notaire qui a détourné une somme d'argent qui lui avait été remise,

à titre de dépôt volontaire, par un client, pour en opérer le placement. — 18 nov. 1834. Cass. J.H. 55. 55.

58. — *Liquidateur*. — Le liquidateur d'une société commerciale, chargé de gérer et administrer sous sa responsabilité personnelle, est tenu par corps des engagements qu'il a souscrits.—28 avril 1844. Paris. J.H. 42. 1. 24.

59. — *Maladie*. — Le détenu pour dettes ne peut, en cas de maladie grave, exiger d'être soigné dans son domicile, même en offrant caution de se représenter. Seulement, les juges peuvent autoriser sa translation dans un hospice ou maison de santé. — 27 août 1838. Nimes. J.H. 39. 1. 73.

60. — *Mandat*. — Le refus fait par l'huissier d'exhiber son mandat au débiteur, au moment de l'arrestation, hors de la présence du juge, ne suffit pas pour prouver que l'huissier n'était pas nanti de ce mandat. — 24 janv. 1834. Paris. J.H. 36. 1. 119.

61. — *Militaire*. — Peut-on exercer la contrainte par corps contre un ancien commerçant actuellement militaire en activité de service ? *Rés. aff.* —..... 1837. Dissert. J.H. 37. 2. 41.

62. — *Non commerçant*. — Ces mots, *valeur reçue en marchandises*, contenus dans un billet à ordre, souscrit par un individu non commerçant, ne supposent pas nécessairement que ce billet ait eu pour cause un acte de commerce... Par suite, la contrainte par corps n'a pu être prononcée contre ce souscripteur. — 25 nov. 1834. Paris. J.H. 55. 176.

63. — *Omission de statuer*. — Lorsqu'un tribunal correctionnel, en accordant des dommages-intérêts par corps à la partie civile, omet de fixer la durée de la contrainte, un tribunal civil ne peut réparer cette omission.

L'omission de la fixation de durée de la contrainte par corps doit, dans ce cas, s'interpréter en faveur du débiteur, et la durée de la contrainte être réduite au minimum fixé par la loi. — 9 juin 1856. Paris. J.H. 56. 1. 247.

64. ... Le tribunal ne pourrait réparer l'omission par lui faite de statuer sur la durée de la contrainte par corps en matière de stellionat, et déterminer par un second jugement la durée de la contrainte. — 16 août 1858. Nimes. J.H. 39. 1. 43.

65. — *Parenté*. — L'exception tirée de l'art. 19 de la loi du 17 avril 1832, sur la contrainte par corps, ne peut être opposée aux tiers-porteurs non parents. — 1er avril 1840. Paris. J.H. 40. 1. 234.

66. ... La contrainte par corps ne peut être obtenue par un enfant d'un premier lit contre la femme en secondes noces de son père, même après le décès de celui-ci (L. 17 avril 1832, art. 19). — 18 nov. 1841. Nimes. J.H. 42. 161.

67. ... La contrainte par corps ne peut être exercée par le tiers-porteur d'un billet à ordre souscrit originairement par un frère au profit de son frère (L. 17 avril 1832, art. 19). — 8 mai 1837. Bourges. J.H. 37. 1. 317.

68. — *Percepteur des contributions*. — Bien que le tribunal de commerce soit compétent pour connaître de la demande en paiement d'un billet à ordre souscrit par un percepteur des contributions directes, il ne peut cependant prononcer contre lui la contrainte par corps, s'il n'est pas prouvé que le billet avait une cause commerciale, ou qu'il ait été souscrit au profit du trésor (C. civ., 2065 ; C. comm., 634, 636, 638 ). — 21 août 1835. Toulouse. J.H. 36. 1. 66.

69. — *Porte-fort*. — Le porte-fort qui s'oblige soli-

dairement pour une dette commerciale est soumis à la contrainte par corps, alors qu'il est lui-même commerçant ( L. 17 avril 1832 ). —12 avril 1842. Bastia. J.H. 42. 1. 254.

70. — *Prescription*. — La transcription d'un jugement de condamnation à l'emprisonnement, encore qu'elle soit faite par extrait sur le registre d'écrou, est un acte d'exécution de ce jugement ; en sorte que, si le condamné vient à s'évader, la prescription court en sa faveur, non du jour de la prononciation du jugement, mais seulement de celui de son évasion ( C. inst. cr., 636 ). — 5 fév. 1855. Cass. J.H. 55. 361.

71. — *Prête-nom*. — La contrainte par corps ne peut être exercée à la requête d'un créancier qui déclare lui-même que la créance dont le paiement est poursuivi a cessé de lui appartenir. La contrainte par corps ne peut être exercée par un prête-nom. —12 mars 1839. Paris. J.H. 39. 1. 127.

72. — *Procès-verbal d'emprisonnement*. — La loi ne prescrit pas que l'itératif commandement qui doit être fait au débiteur dans le procès-verbal d'emprisonnement, contienne les mêmes énonciations que le commandement primitif, par exemple, le détail des sommes dues et les causes de la créance ( C. pr., 785 ).

La signature du procès-verbal d'emprisonnement par les deux recors dont l'huissier doit être assisté n'est pas prescrite à peine de nullité : il suffit que cette assistance soit constatée dans l'acte si cet acte ne forme qu'un seul contexte avec l'acte d'écrou qui se trouve à sa suite et qui est signé des recors ( C. pr., 783 ).

Le procès-verbal d'emprisonnement et celui d'écrou peuvent être laissés au débiteur en une seule et même copie : une copie distincte pour chacun de ces deux actes n'est pas nécessaire ( C. pr., 789 ). — 21 août 1838. Nancy. J.H. 58. 1. 306.

73. ... Copie du procès-verbal d'emprisonnement doit être remise au débiteur, au moment même de l'incarcération, et mention doit en être faite sur le procès-verbal, à peine de nullité de l'emprisonnement (C. pr., 789, 794 ).

... Par suite, la clôture du procès-verbal ne peut être renvoyée au lendemain de l'incarcération ( C. pr., 789 ).

... Par suite encore, l'huissier qui opère l'incarcération, en vertu d'une ordonnance de référé, exécutoire sur minute, doit être porteur de cette minute pour en justifier sur-le-champ, soit au débiteur, soit au geôlier ( C. pr., 787 ). — 29 mai 1840. Nancy. J.H. 40. 1. 225.

74. — *Recommandation*. — Quoique une arrestation ait été faite irrégulièrement ou injustement, et que même l'élargissement soit demandé pour défaut de consignation d'aliments, la recommandation du débiteur doit néanmoins être déclarée valable, si elle a été faite tant que la mise en liberté du débiteur n'a pas été prononcée par le juge compétent ( C. pr. civ., 792, 793, 796, 800 ). — 24 janv. 1834. Paris. J.H. 56. 1. 119.

75. ... La recommandation faite par le créancier incarcérateur est nulle, lorsqu'elle a pour cause une créance de même origine que celle qui a motivé l'emprisonnement, bien que d'une échéance différente, et qu'elle a eu lieu dans le but évident de réparer les effets de la nullité de l'emprisonnement ( C. pr., 792 ).

Les dispositions de l'art. 796 C. pr., d'après lequel la nullité de l'emprisonnement n'emporte pas la nullité des recommandations, ne s'applique pas à la recommandation faite par le créancier incarcérateur.

La nullité de la recommandation peut être demandée pour la première fois en appel ; cette demande se confond en quelque sorte avec celle de la nullité de l'emprisonnement ( C. pr., 464 ). — 29 mai 1840. Nancy. J.H. 40. 1. 225.

76. ... Le débiteur qui a fait annuler son incarcération peut, immédiatement après le jugement d'annulation et sans attendre un jour après sa sortie, être recommandé par le créancier incarcérant, pour la même dette, alors qu'il existait déjà d'autres recommandations ( C. pr., 792, 796 ). — 3 août 1837. Riom. J.H. 38. 1. 220.

77. ... En cas d'arrestation provisoire d'un étranger, la recommandation peut valablement être faite par un Français cessionnaire, en vertu d'un endos, d'un effet de commerce souscrit par cet étranger au profit d'un autre étranger. — 6 déc. 1836. Paris. J.H. 37. 1. 141.

78. ... La nullité de la recommandation entraîne la nullité de la consignation faite, même en temps utile, par le créancier recommandant... Peu importe que, depuis la demande en élargissement, et à une époque où il n'y avait plus d'aliments valablement consignés, le créancier ait fait une consignation régulière ( C. pr., 800).

..... Et cette nullité donne lieu à la mise en liberté du débiteur, même à l'égard du créancier incarcérateur ou de tous autres créanciers recommandants, lorsqu'aucun de ces créanciers n'a fait de consignation particulière dans son intérêt. — 25 sept. 1834. Paris. J.H. 38. 1. 291.

79. ... Lorsque la nullité de l'emprisonnement d'un étranger a été prononcée par arrêt, la recommandation faite par le même créancier, pendant que son débiteur est encore détenu, est nulle, comme contraire à l'exécution de l'arrêt ( C. pr., 796 et suiv. ).

Encore bien que le créancier allègue que cette recommandation a pour cause une dette différente. — 30 nov. 1839. Toulouse. J.H. 40. 1. 420.

60. ... Le créancier qui a donné main-levée de l'écrou de son débiteur incarcéré, sous réserve du droit d'exercer de nouveau la contrainte par corps, pour le cas où celui-ci ne remplirait pas ses obligations dans un certain délai, peut, à défaut de paiement à l'échéance du délai prévu, le faire réincarcérer ( L. 17 avril 1832 ). — 27 mars 1838. Paris. J.H. 38. 1. 236.

81. — *Réparation civile.* — La femme poursuivie comme complice de banqueroute frauduleuse, et acquittée par la cour d'assises, n'a pu, à la requête de la partie civile, être condamnée par corps à la réparation du dommage dont elle a été l'auteur. — 29 juill. 1839. Douai. J.H. 40. 1. 61.

82. — *Stellionat.* — La durée de la contrainte par corps doit être fixée en matière de stellionat.

L'omission, par un tribunal qui prononce la contrainte par corps en matière de stellionat, d'en fixer la durée emporte de plein droit fixation de cette contrainte au minimum. — 16 août 1838. Nimes. J.H. 39. 1. 13.

83. — *Translation.* — Le débiteur incarcéré pour dettes ne peut obtenir sa translation dans la prison d'un autre arrondissement que celui où il se trouve détenu qu'autant que cette translation est nécessitée par un intérêt impérieux, et qu'elle peut s'opérer d'une manière légale ( C. pr., 794, 788, 800 ). — 31 juill. 1839. Montpellier. J.H. 40. 1. 19.

84. ... Le débiteur incarcéré pour dettes peut obtenir, malgré l'opposition de ses créanciers, d'être transféré dans une prison autre que celle où il a été écroué, surtout s'il offre de payer les frais de translation; à cet égard les juges ont un pouvoir d'appréciation discrétionnaire. — 16 nov. 1836. Agen. J.H. 38. 1. 304.

85. ... Il n'est pas exigé, à peine de nullité, que l'acte en vertu duquel a lieu l'arrestation ou la détention d'un individu, soit transcrit *en entier* sur le registre d'écrou; l'inscription *par extrait* de cet acte est suffisante pour la validité de l'exécution de l'arrestation ou de la détention ( C. inst. cr., 608, 609 ). — 5 fév. 1835. Cass. J.H. 35. 361.

**CONTRAT DE MARIAGE.** — 1. — *Authenticité.* — Les contrats de mariage suivis de la célébration du mariage ne sont point de simples contrats civils, mais de véritables contrats du droit des gens, valables entre toutes nations et en tout pays toutes les fois que leur date et leur authenticité sont certaines. — 25 nov. 1840. Cass. J.H. 41. 1. 71.

2. — *Promesse.* — La promesse que fait un avoué, dans le contrat de mariage de sa fille, de se démettre de ses fonctions en faveur du futur époux, avec déclaration que le prix de cette démission sera fixé à 20,000 fr., par exemple, lesquels 20,000 fr. formeront la dot de la future, soumet cet avoué, au cas où il se refuserait, après le mariage, à céder sa charge à son gendre, à l'obligation de lui payer les 20,000 fr. qui en représentent la valeur, comme constituant, d'après les termes du contrat, une dot réelle promise à la future épouse (C. civ., 1189, 1493). Et l'arrêt qui, dans ce cas, condamne l'avoué à payer à son gendre, non la somme de 20,000 fr. en capital, comme prix de la dot, mais seulement une rente de 1,000 fr. par an, à titre de dommages-intérêts dus à ce gendre, par suite de l'inexécution d'une obligation *de faire* à laquelle seule son beau-père aurait été soumis, un pareil arrêt doit être annulé comme modifiant des conventions matrimoniales, après la célébration du mariage, contrairement à l'art. 1395 C. civ. — 4 janv. 1837. Cass. J.H. 37. 11. 24.

**CONTRAVENTION.** — Le fait, par un boulanger, d'avoir exposé en vente des pains n'ayant pas le poids prescrit par le règlement local, est passible de la peine prononcée par l'art. 471, n. 15 C. pén.; et non de celle qu'établit l'art. 479, n. 5 du même code. — 28 fév. 1839. Cass. J.H. 39. 1. 252.

**CONTRE-LETTRE.** — Le cessionnaire apparent d'une créance pour le paiement de laquelle il a obtenu une condamnation personnelle, a droit et qualité pour reconnaître la remise qui lui a été faite de la copie de l'acte d'appel, et pour se présenter sur cet appel, sans que celui qui se dit, plus tard, le véritable propriétaire de cette créance, en vertu d'une contre-lettre, puisse, par voie d'intervention, critiquer cette reconnaissance et s'opposer à ce qu'elle reçoive ses effets (C., 1328, 1321). — 25 juin 1835. Cass. J.H. 35. 345.

**CONTRIBUTIONS INDIRECTES.** — 1. — *Action publique.* — Le droit de poursuivre les contraventions en matière de contributions indirectes et d'octroi appartient exclusivement à l'administration des contributions indirectes, qui, sur son appel, peut requérir l'application des peines, seule et sans intervention du ministère public, lequel, en ce cas, n'agit que comme partie jointe (L. 25 vent. an 12, art. 90; arr. 5 germ. an 12, art. 19). — 20 mai 1837. Paris. J.H. 37. 1. 350.

2. — *Procès-verbal.* — En matière de contributions indirectes, l'affiche, à la porte de la maison commune, de la copie du procès-verbal des employés, n'est obligatoire que dans les cas suivants : si le prévenu non présent à la rédaction du procès-verbal n'a pas de domicile connu; si son domicile est trop éloigné, ou s'il n'y a laissé personne pour le représenter; mais, dans les cas ordinaires, cette formalité est valablement remplacée par la signification de la copie à personne ou à

domicile (Déc. 1er germ. an 13, art. 24, 26). — 12 nov.
1835. Cass. J.H. 36. 1. 115. — V. encore 26 avril 1839.
Cass. J.H. 39. 1. 275 ; et 7 mars 1839. Bordeaux. J.H.
39. 1. 219.

**CONTUMACE.** — 1. — *Action.* — Le condamné par
contumace à une peine n'emportant pas mort civile, est,
pendant les cinq ans qui lui sont accordés pour purger
sa contumace, représenté dans l'exercice de ses actions,
tant actives que passives, exclusivement par la régie
des domaines ; par suite, c'est contre celle-ci et non
contre le curateur nommé au contumace que, durant
ce délai de cinq ans, les poursuites doivent, à peine de
nullité, être dirigées (C. inst. crim., 465, 471 ; C.
pén., 29).

..... Et, en tout cas, ce serait par un tuteur, et non
par un curateur, que, suivant l'art. 29 C. pén., le contumace devrait être représenté.—26 mars 1837. Montpellier. J.H. 37. 1. 356.—V. cependant ci-après.

2. ... Lorsque l'administration de l'enregistrement
veut intenter une action contre un condamné par contumace, qui se trouve encore dans le délai de grâce de
cinq ans, il est nécessaire, pour la régularité des poursuites, qu'elle provoque d'abord la nomination d'un
curateur *ad hoc* pour représenter le contumace, et
qu'elle dirige ensuite son action contre ce curateur ;
mais elle n'est tenue de faire signifier aucun acte au
domicile du contumace, soit avant, soit après la nomination du curateur *ad hoc* (C. civ., 28, 112 ; C. pr. civ.,
68, 69).—6 déc. 1836. Cass. J.H. 37. 1. 73.

3. — *Notification.* — La notification à l'accusé contumace de l'ordonnance du président, rendue conformément à l'art. 465 C. inst. crim., ainsi que la publication
et l'affiche de cette ordonnance aux lieux déterminés
par la loi, peuvent valablement être constatées par le
même procès-verbal (C. inst. crim., 466, 470).—2 avr.
1836. Cass. J.H. 36. 1. 248.

4. ... La notification de l'arrêt de renvoi et de l'acte
d'accusation faite au condamné par contumace depuis
sa représentation ou son arrestation, au lieu indiqué,
soit par l'arrêt de condamnation, soit par les actes antérieurs de la procédure, comme étant son domicile à
l'époque qui a précédé sa disparition, ne peut pas lui
être critiquée, alors que c'est dans ce lieu qu'il acquit-
tait sa contribution mobilière et que l'exploit de signification énonce qu'il a été remis à sa famille. — 7 fév.
1839. Cass. J.H. 39. 1. 178.

5. — *Saisie-arrêt.* — La saisie-arrêt formée par les
créanciers d'un condamné par contumace entre les
mains de ses débiteurs, n'est pas valable, tant que ses
biens sont séquestrés et administrés au profit de l'Etat...
Aux termes de la loi du 5 nov. 1790, la demande doit
être formée suivant les formalités administratives imposées aux créanciers du fisc (L. 24 août 1790, tit. 2, art.
13 ; arr. 18 fruct. an 8, art. 5 ; C. civ., 28 ; C. pr., 557 ;
C. inst. crim., 471). — 7 août 1833. Poitiers. J.H. 40.
1. 199.

**COPIE DE PIÈCES.** — 1. — *Agréé.* — Les agréés
ont-ils le droit de certifier les copies de pièces dans des
instances commerciales et de s'en attribuer les émoluments ? *Rés. nég.* — ......... 1838. Dissert. J.H. 38. 2. 1.

2. — *Amende.* — Les huissiers qui signifient des
copies illisibles et incorrectes, contenant des abréviations, des omissions, sont passibles d'une amende de
vingt-cinq fr. — 25 avr. et 9 mai 1837. Cass. J.H. 37.
2. 11.

3. ... La Cour de cassation peut condamner à l'amende
l'huissier qui a signifié une copie illisible de l'arrêt attaqué, sans qu'il soit présent ou appelé devant la Cour

(Déc. 29 avr. 1813, art. 2). — 11 août 1835. Cass. J.H.
36. 1. 53.

4. ... Les huissiers qui signifient des copies incorrectes et remplies d'abréviations sont passibles d'une
amende.

Cette amende peut être prononcée par les tribunaux
auxquels ces copies sont présentées, sur la simple réquisition du ministère public.—21 avr. 1836. Cass. J.H.
36. 1. 248.

5. — *Contravention.* — Le décret du 29 août 1813,
dont le but avait été de réparer l'omission présentée
par le décret du 14 juin de la même année, qui, en
fixant le nombre de lignes par pages, pour les copies de
pièces, n'avait pas déterminé ce nombre pour *le petit
papier*, a eu pour effet *d'abroger* la disposition sur ces
matières du décret du 14 juin 1813.

En conséquence, la disposition qui autorisait, dans le
décret du 14 juin, la poursuite des contraventions relatives au nombre de lignes, sur *la seule provocation* du
ministère public, ne se trouvant pas reproduite dans le
décret du 29 août, cette contravention ne peut plus
donner lieu qu'au mode de poursuites consacré pour
les infractions aux lois sur le timbre et la régie de l'enregistrement.—26 mars 1835. Douai, J.H. 55. 258.

6. — *Huissier.* — Lorsque des titres sont déposés
entre les mains d'un huissier pour les notifier, et qu'il
est nécessaire que cette notification soit faite hors du
ressort de cet huissier, a-t-il qualité pour dresser la
copie et la certifier par sa signature ? *Rés. affirm.*

L'huissier qui fait la signification sur une copie ainsi
certifiée par son collègue, est-il responsable des inexactitudes ? *Rés. nég.*

Dans le cas où l'huissier qui a fait la notification
serait responsable, aurait-il une action en garantie
contre son collègue qui a certifié la copie ? *Rés. affirm.*
—..... 1836. Dissertat. J.H. 36. 2. 34.

7. ... Dans son Supplément au Dictionnaire général,
M. Armand Dalloz se demande s'il existe des cas où les
huissiers ont le droit exclusif de faire et de certifier les
copies de pièces signifiées en tête de leurs exploits ; ou
bien si les avoués ont, dans tous les cas, caractère
pour les certifier concurremment avec eux.—La question, ajoute-t-il, a été résolue en sens divers par les
tribunaux. Et, malgré la sage distinction faite par Dalloz
aîné, la controverse continue.

Ainsi, il a été décidé : 1° que le droit de dresser et de
certifier les copies des actes extrajudiciaires et d'en percevoir les émoluments appartient aux huissiers, à l'exclusion des avoués. En conséquence, si un avoué a
dressé et certifié la copie à signifier des titres en vertu
desquels est fait un commandement à fin de saisie immobilière, un huissier est fondé à refuser de la recevoir, et, par suite, de lui tenir compte des émoluments.
—25 nov. 1830. Metz.

2° De même, le droit de certifier les copies de pièces
à signifier et de percevoir les émoluments dus pour ces
copies est général en faveur des huissiers, et leur appartient exclusivement, lorsqu'il s'agit de copies à signifier en dehors de l'instance, bien qu'elles aient été
faites dans l'étude d'un avoué. Ce droit n'appartient aux
avoués que par exception et dans les cas *mixtes*, c'est-
à-dire dans les cas où il s'agit d'actes qui doivent leur
naissance à la postulation, tels que l'acte introductif de
l'instance, l'exploit d'ajournement, les actes progressifs
de l'instance.—19 janv. 1836. Cass.

..... Et quant à ces derniers actes, les avoués qui les
ont certifiés en perçoivent les émoluments, et sont garants des nullités provenant de leur fait.—Même arrêt,

3° De même, et spécialement, les huissiers ont un droit exclusif quant aux copies de pièces données en tête, soit d'un commandement à fin de saisie immobilière, soit d'un commandement simple, soit d'un exploit de notification à fin de purge d'hypothèque légale ; ils ont ce droit, quant à la copie d'un jugement du tribunal de commerce. Mais les avoués exercent ce droit concurremment avec les huissiers, pour les copies données en tête d'une notification à fin de purge des hypothèques inscrites, la copie de l'autorisation du conseil de famille en tête d'une demande en partage, de la requête et ordonnance du juge en tête de l'exploit de saisie-arrêt, du procès-verbal de saisie-arrêt en tête d'un exploit de dénonciation, et pour la copie d'une ordonnance de référé. — 24 nov. 1836. Amiens. J.H. 37. 1. 275.

... Et quant à ces derniers actes, les avoués qui les ont certifiés en perçoivent les émoluments, et sont responsables des nullités provenant de leur fait. — Même arrêt.

4° De même encore, le droit de certifier les copies de pièces en tête de commandements et d'en percevoir les émoluments appartient aux huissiers exclusivement aux avoués (L. 27 vent. an 8, art. 93 ; décret 14 juin 1813, art. 24 ; tarif, 28, 29, 72 ; C. pr., 556, 675, 717).—28 nov. 1837. Cass. J.H. 38. 1. 7.

... Ce n'est que par exception que les avoués ont le droit de certifier les copies d'exploit.—Même arrêt.

5° De même enfin, les huissiers ont le droit exclusif de faire les copies de titres à signifier en tête des assignations devant les tribunaux de commerce ; des jugements de ces tribunaux ; des assignations et des jugements en matière correctionnelle; des commandements tendant à saisie-exécution ; des actes de dépôts à signifier au procureur du roi, dans les purges légales et des transports à signifier aux débiteurs, etc. — 22 mai 1838. Cass. J.H. 38. 1. 209.

6° ... Et il doit en être de même relativement aux copies à signifier en tête des commandements tendant à contrainte par corps et à saisie immobilières.—Même arrêt.

7° Mais, jugé en sens contraire aux décisions ci-dessus, que le droit de faire des copies des pièces à signifier en tête des exploits, et d'en percevoir les émoluments, appartient aux avoués concurremment avec les huissiers, bien que ces significations ne se rattachent pas à un procès dans lequel les avoués soient constitués. — 5 août 1854. Paris. J.H. 38. 1. 345.

8° De même, les avoués ont le droit de faire et d'authentiquer, concurremment avec les huissiers, les copies des pièces à signifier en tête des exploits introductifs d'instance et des jugements par défaut et contradictoires des tribunaux civils, et d'en percevoir les émoluments.—22 mai 1858 (Cass., arrêt ci-dessus).

9° Jugé de même qu'ils ont le même droit, relativement aux copies des actes à signifier en tête d'une assignation en référé ; aux ordonnances de référé ; aux procès-verbaux, placards et jugements d'adjudication dans une saisie immobilière ; aux actes à signifier en tête des exploits de notification à des créanciers inscrits ; au procès-verbal d'ouverture d'ordre et aux bordereaux de collocation.—Même arrêt.

10° De même enfin le droit de dresser les copies des notifications à faire aux créanciers inscrits dans l'intérêt d'un acquéreur, suivant les art. 2183, 2184 C. civ., et, par suite, d'en percevoir les émoluments, appartient aux avoués, sinon exclusivement, au moins concurremment avec les huissiers (Tarif 143).—3 juill. 1834. Nancy. J.H. 38. 1. 309.

11° Cette dernière opinion s'appuie sur le texte des art. 28, 29 et 72 du décret du 16 février 1807 et sur les considérations qui vont être indiquées et qui sont le résumé sur la question de l'opinion de Glandaz, avoué près le tribunal de première instance de la Seine.

Les deux premiers articles du décret, placés sous la rubrique des huissiers, contiennent les dispositions suivantes : —« Art. 28. Pour les copies de pièces, le droit de copie de *toutes espèces de pièces* et jugement appartiendra à l'avoué *quand les copies de pièces seront faites par lui.* »

Et l'art. 29, après avoir fait l'énumération d'une foule d'actes du ministère des huissiers, et après avoir déterminé l'émolument attaché à ces mêmes actes, continue comme suit : « Indépendamment des copies de pièces qui n'auraient pas été faites par les avoués, et qui seront taxées comme il est dit ci-dessus. »

Enfin l'art. 72, au titre des avoués, après avoir attribué à ceux-ci l'émolument des copies de pièces signifiées en tête des actes de leur ministère, reproduit presque textuellement la disposition de l'art. 28 dans les termes suivants : « Les copies de tous actes ou jugements qui seront signifiés avec les exploits des huissiers appartiendront à l'avoué, si elles ont été faites par lui. »

Ainsi, il résulte de ces textes, d'une part, que le droit de copie de pièces parait résulter uniquement du fait de la certification des copies, et que, d'autre part, ce droit est général et s'applique à toutes les copies sans exception. Bien plus, l'art. 29 semble même donner aux avoués un droit de préférence en ne laissant aux huissiers que l'émolument des copies de pièces qui n'auraient pas été faites par les avoués.

La Cour de cassation, qui a embrassé l'opinion contraire, s'est fondée sur cette règle « que l'accessoire suit la nature du principal, et que, par une conséquence de ce principe, le droit de faire et d'authentiquer par la signature la copie de pièces accessoires à un acte appartient naturellement à l'officier auquel la loi attribue le pouvoir exclusif de faire cet acte... »—V. les arrêts des 19 janv. 1836 et 28 nov. 1837.

Mais si l'on voulait appliquer rigoureusement ce principe dans la difficulté actuelle, il arriverait que les huissiers auraient droit à toutes les copies de pièces, puisque ce sont eux qui délivrent tous les exploits. Cependant on est obligé d'accorder aux avoués un droit de concurrence pour les copies qui précèdent les actes délivrés dans le cours de l'instance.

Si, comme on le prétend, l'avoué empruntait de la postulation seule le droit de certifier certaines copies de pièces, ce droit devrait être exclusif comme celui de la postulation lui-même. Cependant les huissiers réclament la concurrence pour les copies de pièces signifiées en tête des exploits pendant le cours des instances; ce qui achève de démontrer que la certification des copies de pièces est une faculté en dehors des droits privativement accordés à l'exercice de chacune des deux professions.

12° Enfin, continue Glandaz, sous un autre point de vue et dans l'intérêt surtout des justiciables, il se présente de puissantes raisons pour ne pas ravir aux avoués le droit de certifier les copies de pièces signifiées en tête des exploits. En effet, une pièce placée dans les mains d'un avoué, peut être signifiée à différentes personnes domiciliées loin les unes des autres ; dans le système de l'opinion contraire, il faudrait en un cas pareil, faire voyager ce titre de manière à donner, à chacun des huissiers, qui seront appelés à les signifier, la faculté d'en faire et d'en certifier la copie. Il est facile de comprendre, dès lors, à combien de lenteurs et d'inconvénients un semblable mode de procéder pourrait donner lieu.

De même, d'après l'art. 28 du tarif, les avoués ayant droit de faire, concurremment avec les huissiers, les copies de toutes pièces pour être données en tête des assignations, il s'ensuit que les huissiers, à qui de telles copies avaient été remises par des avoués, ont agi arbitrairement en faisant et signifiant d'autres copies aux parties, encore bien qu'ils alléguassent que les premières, contenant plus de 35 lignes à la page, ils n'avaient pas voulu répondre de cette irrégularité.

...... Dans cet état, sont bonnes et valables les offres faites par l'avoué aux huissiers pour le coût seulement de leurs exploits.—25 juill. 1835. Nancy.

1o Il a été jugé que lorsque le contrat est sous forme authentique, c'est au notaire seul qu'il appartient de certifier la copie dûment collationnée, dont parle l'art. 2494 C. civ. (jugé par la Cour royale). — 31 mars 1840. Req. Amiens.

2o Mais quand le contrat est sous la forme d'un acte sous-seing privé, à qui appartient le droit d'en certifier la copie qui doit être déposée au greffe? — Les huissiers ont-ils ce droit concurremment avec les avoués?—Même arrêt.

5o..... En tout cas, ne suffit-il pas que la copie soit certifiée par la signature de toutes les parties qui ont figuré à l'acte sous-seing privé? (Résolu affirmat. par la Cour royale).—Même arrêt.

8. — *Prescription.* — Tant que les employés de la régie n'ont pas été mis à même de découvrir une contravention aux lois du timbre, on ne peut leur opposer que la prescription de trente ans (C. civ., 2262).

La contravention résultant de la signification de copies ayant un nombre de lignes supérieur à celui fixé par l'art. 1er du décret du 29 août 1813, ne se prescrit par deux ans qu'à partir du jour où elle a pu être découverte par le *vu* des copies—11 nov. 1834. Cass. J.H.35.5.

COUR D'ASSISES. — 1. — *Notification.* — L'irrégularité de la notification aux accusés de l'ordonnance de jonction, dans le cas où elle a été faite, ne peut être une cause de nullité des débats, cette notification n'étant prescrite par aucun texte de loi. — 26 déc. 1835. Cass. J.H. 37. 1. 113.

2. ... Il n'est pas nécessaire de signifier aux accusés les changements survenus dans la composition du jury pendant le cours de la session; il suffit de la notification prescrite par l'art. 595 C. inst. cr.—16 janv. 1835. Cass. J.H. 36. 1. 52.

3. ... Lorsque deux accusations ont été jointes, il n'y a pas nullité de l'arrêt de la Cour d'assises, de ce qu'il n'a pas été notifié à chacun des accusés une liste complète de tous les témoins de l'une et de l'autre de ces accusations.

La Cour d'assises peut ordonner l'adjonction de jurés suppléants, en l'absence des accusés. — 26 déc. 1835. Cass. J.H. 37. 1. 113.

CULTE. — V. Commune, 13.

DATE. — 1. — *Cassation.* — L'arrêt qui fixe une date doit être maintenu si de l'un des faits qu'il constate dans ses qualités, il apparaît à la Cour de cassation, que l'exploit interruptif de prescription a été réellement donné à la date indiquée.—27 nov. 1839. Cass. J.H. 40. 1. 48.

2. — *Exploit.* — A supposer que, pour suppléer à l'omission de la date dans un exploit, on puisse puiser des équipollents dans un autre acte, au moins faudrait-il que cet acte eût été signifié à la partie qui se prévaut de la nullité (C. pr., 61).—14 fév. 1838. Toulouse. J.H. 38, 1. 221.

DÉFENSE. — Les procédures frustratoires peuvent être mises à la charge des officiers ministériels qui les ont occasionnées, sans qu'il soit nécessaire d'appeler ces officiers dans l'instance (C. pr., 132). — 11 avr. 1855. Rennes. J.H. 36. 1. 10.

DEGRÉS DE JURIDICTION (1). — 1. — *Chose demandée.* — Le dernier ressort se fixe d'après la quotité de la somme demandée, et non d'après le taux de la créance dont cette somme fait partie.—30 déc. 1836. Bourges. J.H. 37. 1. 245.

2. — *Complainte.* — En matière de complainte, lorsque l'immeuble dont la possession est litigieuse, est d'une valeur indéterminée, le juge de paix ne peut statuer qu'en premier ressort quelle que soit d'ailleurs la modicité des dommages-intérêts réclamés.—17 juin 1839. Cass. J.H. 59. 1. 194.

3. — *Défaut de qualité.* — Si, en réponse aux demandes rentrant dans la limite du dernier ressort, le défendeur oppose une exception tirée du défaut de qualité, le jugement qui est rendu sur cette exception ne cesse pas d'être en dernier ressort.—9 avr. 1840. Limoges. J.H. 40. 1. 234.

4. — *Demande (réduction de la).* — Lorsqu'une demande supérieure à 1,000 fr. se trouve réduite dans le cours de l'instance, par suite des offres du défendeur, à une somme inférieure à 1,000 fr., le jugement est rendu en dernier ressort.—28 nov. 1835. Montpellier. J.H. 59. 1. 219.

5. — *Demande alternative.* — La demande alternative du désistement d'un immeuble ou du paiement du prix de vente est en dernier ressort, lorsque ce prix est inférieur à 1,500 fr. (L. 11 avr. 1858, art. 1). — 9 mars 1843. Riom. J.H. 43. 1. 153.

6. ... Il suffit que la demande se trouve déterminée à une valeur inférieure à 1,000 fr. par l'un des chefs des conclusions alternatives pour que le jugement soit en dernier ressort.—16 janv. 1839. Limoges. J.H. 40. 1. 45.

7. — *Demande collective.* — Le jugement qui statue sur les demandes de plusieurs créanciers, réunies dans un titre commun, quoiqu'il soit interprétatif du titre, est en dernier ressort, lorsque chaque demande est inférieure à 1,000 fr. — 23 mars 1838. Besançon. J.H. 39. 1. 15.

8. — *Demande distincte.* — Lorsqu'une demande comprend deux chefs, l'un déterminé, l'autre indéterminé, quelque minime que soit la valeur de ce dernier, le tribunal ne peut statuer qu'à la charge de l'appel.—17 juill. 1839. Nancy. J.H. 39. 1. 507.

9. — *Demande indéterminée.* — Si, pour statuer sur une demande inférieure à 1,000 fr., le tribunal a eu à apprécier la validité d'un blanc-seing, opposée par exception, son jugement doit être réputé rendu sur chose indéterminée, et, par suite, est en premier ressort.—8 mars 1857. Grenoble. J.H. 58. 1. 56.

10. ... Lorsqu'une demande a pour objet le paiement d'une somme de 250 fr. pour prix de la cession d'un procédé, la question de savoir si le procédé remplit les conditions de la cession porte sur un objet déterminé, celui de savoir si la demande de 250 fr. est justifiée; dès lors, le jugement qui la décide est en dernier ressort (C. comm., 639). — 6 mars 1838. Cass. J.H. 58. 1. 214.

11.—*Demande nouvelle.*—Celui qui a donné mandat

---

(1) V. les lois du 13 avril 1858., sur les tribunaux de première instance, J.H. 38. 2. 17; du 6 juin 1838, sur les justices de paix, *loco cit.*; et 5 mars 1840, sur les tribunaux de commerce, J.H. 1840. 2. 19.

à un huissier de poursuivre le recouvrement d'une somme ne peut, sur l'appel du jugement qui a déclaré valable le paiement fait par le débiteur à l'huissier, conclure *de plano* devant la Cour, par voie subsidiaire, à ce qu'il lui soit accordé un recours contre le mandataire.—19 fév. 1839. Bordeaux. J.H. 39. 1. 300.

11. ... Il suffit qu'une partie n'ait pas été mise en cause en première instance pour qu'on ne puisse, en cause d'appel, former contre elle une demande dont le principe était antérieur à l'appel, encore bien qu'il s'agirait de créances solidaires et indivisibles (C. pr., 464).— 10 mars 1856. Riom. J.H. 56. 1. 297. — V. encore 7 juin 1857. Cass. J.H. 37. 1. 292.

12. — *Demande réduite.*—C'est le taux de la somme qui demeure en contestation après les concessions ou reconnaissances faites réciproquement par les parties, et non la somme demandée dans les conclusions primitives qui fixe le dernier ressort.—16 déc. 1854. Rennes. J.H. 36. 1. 192.

14. — *Demandes réunies.*—Il suffit qu'une demande ait pour objet une somme au-dessus de 1,000 fr. pour qu'elle doive subir deux degrés de juridiction, encore bien qu'elle serait fondée sur divers titres ou billets dont chacun est au-dessous de cette somme. — 2 mai 1857. Bastia. J.H. 37. 1. 285.

15. — *Dépens.* — L'appel d'une condamnation aux dépens qui ne s'élève pas à 1,000 fr. (aujourd'hui 1,500 fr.) n'est pas recevable, s'il y a acquiescement à tous les autres chefs.—31 janv. 1858. Limoges. J.H. 39. 1. 78.

16. — *Dessaisissement d'office.* — Le tribunal saisi d'une demande dont la connaissance en première instance est attribuée au juge de paix, doit, d'office, se déclarer incompétent, nonobstant le silence du défendeur. Il n'appartient pas aux parties de franchir ainsi le premier degré de juridiction.—9 août 1839. Rouen. J.H. 40. 1. 89.

17. — *Dommages-intérêts.* — La demande en dommages-intérêts excédant 1,000 fr. (aujourd'hui 1,500 fr.) pour préjudice causé par un *commandement de payer une somme inférieure à 1,000 fr.*, demande formée à la suite de l'action en nullité du commandement, ne doit pas être prise en considération pour la fixation du degré de juridiction.—11 mars 1839. Paris. J.H. 39. 1. 139.—V. cependant 3 avr. 1856. Cass. J.H. 38. 1. 89.

18. ... Les dommages-intérêts demandés reconventionnellement, qui ne prennent point leur source dans une cause antérieure à la demande principale, doivent être considérés comme l'accessoire de cette demande, et ne peuvent, dès lors, être pris en considération pour la détermination du dernier ressort.

Dans le cas où la demande originaire porte tout à la fois sur un chef de demande d'une valeur déterminée, n'excédant pas 1,000 fr., et sur un chef d'une valeur indéterminée, il suffit que ce dernier chef ait été évacué par un arrêt définitif, pour que le jugement qui survient plus tard sur le chef de la demande, relatif à la valeur déterminée, inférieure à 1,000 fr., doive être considéré comme rendu en dernier ressort. — 26 mai 1856. Cass. J.H. 56. 1. 325.

19. — *Frais.* — L'enregistrement du titre étant le préalable indispensable de l'action, les frais de cet enregistrement, dont le remboursement est demandé, doivent être considérés comme un accessoire qui ne peut concourir à fixer le taux du dernier ressort.

Il en est de même du coût des actes extrajudiciaires, tels que sommations et nominations d'experts, qui ont eu pour objet de fixer les droits du demandeur et de le mettre à même de préciser le montant de ses prétentions, encore bien que ces actes soient antérieurs à l'introduction de l'instance. —5 mai 1840. Cass. J.H. 40. 1. 185.—V. cependant 16 janv. 1836. Lyon. J.H. 37. 1. 60.

20.—*Intérêts.*— De ce que la demande d'une somme inférieure à 1,000 fr. est accompagnée de la réclamation vague d'*intérêts*, sans précision et sans qu'il soit établi où que des intérêts soient dus à un titre quelconque, ou que leur quotité élève le chiffre de la demande à une somme supérieure à 1,000 fr., le jugement qui intervient ne cesse pas d'être en dernier ressort.—23 fév. 1839. Colmar. J.H. 39. 1. 228.

21.—*Juge de paix.*—Il suffit que la demande formée devant le juge de paix soit personnelle, mobilière, et n'excède pas la somme de 100 fr. pour que ce magistrat puisse, sans sortir des limites de ses attributions, apprécier la clause d'un cahier des charges, invoquée par le défendeur pour repousser l'action intentée contre lui, encore bien que ce cahier des charges soit relatif à une vente dont le prix excède la somme de 100 fr. (L. 24 août 1790, tit. 3, art. 9). — 11 avr. 1856. Cass. J.H. 56. 1. 273.—V. cependant 17 août 1856. Cass. J.H. 38. 1. 66.

22. — *Louage.* — La demande en résiliation d'un bail est soumise aux deux degrés de juridiction, alors même que les loyers cumulés pour toute la durée du bail ne s'élèveraient pas à la somme de 1,000 fr.—23 juill. 1854. Pau. J.H. 55. 84.—V. cependant 10 janv. 1859. Rennes. J.H. 39. 1. 310. — V. encore 22 juill. 1839. Limoges. J.H. 1. 40. 102.

23. — *Ordonnance de référé.* — Les ordonnances de référé, sur valeur au-dessous de 1,000 fr., sont en dernier ressort (C. pr. civ., 809).—9 août 1836. Paris. J.H. 37. 1. 254.

24. — *Revendication.* — La revendication faite par les tiers, d'objets compris dans une saisie-exécution, constitue nécessairement à leur égard une demande indéterminée, susceptible d'appel, bien que les causes de la saisie soient de beaucoup inférieures au taux du dernier ressort.—9 janv. 1840. Limoges. J.H. 40. 1. 218. — V. conf., 31 août 1836. Paris. J.H. 37. 1. 96; 25 janv. 1839. Bordeaux. J.H. 59. 1. 299.

25. — *Saisie-arrêt.* — La demande contre le tiers-saisi en déclaration affirmative, est essentiellement indéterminée.... En conséquence, le jugement qui intervient sur cette demande, est susceptible d'appel, bien que la créance, objet de la saisie-arrêt, soit inférieure à 1,000 fr.—5 mars 1835. Douai. J.H. 35. 356.—V., dans le même sens, 20 juin 1838. Toulouse. J.H. 39. 1. 156.

26. — *Saisie-exécution.* — Le jugement qui statue sur la validité d'une saisie-exécution, faite pour une somme inférieure à 1,000 fr., est rendu en dernier ressort. — 25 janv. 1839. Bordeaux. J.H. 59. 1. 299. — V. conf. 18 janv. 1838. Pau. J.H. 58. 1. 121.

27. — *Saisie immobilière.* — Le jugement qui statue sur un incident de saisie immobilière est en premier ressort, bien que la créance en vertu de laquelle la saisie a été pratiquée soit inférieure à 1,000 fr., et non contestée. (L. 24 août 1790, tit. 4, art. 5; C. pr. 453). — 23 août 1836. Cass. J.H. 37. 1. 65.

28. ... L'importance de la demande en nullité d'une saisie immobilière doit être déterminée, pour la fixation du dernier ressort, d'après la valeur des biens saisis, et non pas seulement d'après la quotité de la créance du poursuivant, toutes les fois que la réalité ou la légitimité de cette créance n'est pas contestée (C. pr., 453, 692, 696). — 15 juillet 1840. Cass. J.H. 1. 227.

29. ... La demande en validité d'une saisie immobilière n'est pas susceptible d'appel, lorsque la saisie a été pratiquée pour obtenir le paiement d'une somme

inférieure à 1,500 fr. (L. 15 avril 1838). — 17 avril 1839. Bordeaux. J.H. 59. 1. 220. — V. Dernier ressort, Justices de paix, Tribunaux.

**DÉLAI.** — 1. — *Assignation à bref délai.* — Une partie ne peut, *de plano*, et sans l'autorisation du juge, assigner son adversaire *à bref délai*, pour arrêter des poursuites faites en vertu de l'exécution provisoire prononcée par un jugement (C. pr., 62, 72, 456). — 1er juillet 1835. Bordeaux. J.H. 36. 1. 117.

2. — *Distance.* — Dans le cas où il y a lieu à augmenter les délais à raison de la distance, on doit accorder le délai d'un jour pour toute distance quelconque excédant le nombre de myriamètres fixé par la loi.

Spécialement, la dénonciation d'un protêt est valablement faite le 32e jour de la date de ce dernier acte, lorsqu'il existe, entre le lieu où il a été fait et celui où il est dénoncé, une distance de 45 myriamètres 4 kilomètres, ce qui donnerait 31 jours pour les 45 myriamètres, un jour devant être accordé pour la fraction de 4 kilomètres. — 5 juill. 1835. Bordeaux. J.H. 35. 315. — V. cependant 15 fév. 1837. Limoges. J.H. 38. 1. 53. — 14 août 1840. Cass. J.H. 40. 1. 257.

3. — *Expropriation.* — La règle générale pour la computation des délais, établie par l'art. 1033 C. pr., doit être appliquée aux délais fixés par les lois spéciales qui ne contiennent aucune disposition contraire. Ainsi, le recours en cassation contre une décision du jury spécial qui doit, aux termes de la loi du 7 juillet 1835, avoir lieu dans les quinze jours à partir de celui de la décision, a été légalement formé le 23 juillet, bien que la décision attaquée ait été rendue le 7 du même mois. — 11 janv. 1836. Cass. J.H. 36. 1. 115.

4. — *Jugement de défaut profit-joint.* — Dans les assignations données en vertu de jugements par défaut profit-joint, on doit comme dans les assignations introductives d'instance, observer les délais des distances ; par suite est nul l'arrêt rendu le 24 d'un mois, lorsque l'assignation a été donnée le 14 de ce mois à des parties domiciliées à plus de 9 myriamètres du siége de la Cour (C. pr., 72, 1033). — 27 fév. 1838. Cass. J.H. 58. 1. 263.

5. — *Surenchère.* — L'acte de surenchère du quart, déclaré au greffe à quatre heures du soir, est valablement dénoncé le lendemain à pareille heure (C. pr., 711). — 18 juill. 1835. Orléans. J.H. 36. 1. 41.

6. — Le délai de 40 jours pour former une surenchère du dixième ne doit pas être augmenté, s'il n'existe qu'une fraction de la distance de 5 kilomètres entre le domicile réel des surenchérisseurs et leur domicile élu (C. civ., 2185). — 3 sept. 1835. Pau. J.H. 36. 1. 71.

**DEMANDE NOUVELLE.** — 1. — *Contrainte par corps.* — Après un jugement qui a prononcé la mise en liberté d'un débiteur incarcéré par deux créanciers, par le motif que l'un d'eux ne pouvait, par sa qualité d'étranger, exercer le droit de détention que pendant cinq ans, et que ce délai était expiré, l'autre créancier qui a été également déclaré sans droit pour détenir le débiteur, faute de consignation d'aliments en temps utile, est non recevable à faire décider en appel, contre le débiteur intimé, que les droits du créancier étranger ont été méconnus par les premiers juges, si ce créancier garde le silence et ne s'est pas rendu appelant. — 26 déc. 1835. Paris. J.H. 1. 45.

2. — *Défaut de qualité.* — L'exception prise du défaut de qualité du demandeur peut être proposée pour la première fois, même en cause d'appel (C. pr. civ., 173, 464). — 15 fév. 1836. Limoges. J.H. 37. 1. 58.

3. — *Héritiers.* — La prétention de faire réputer, en cause d'appel, héritiers purs et simples, des héritiers qui ont figuré en première instance comme héritiers bénéficiaires, est une demande nouvelle qui doit subir les deux degrés de juridiction (C. pr., 464). — 29 janv. 1835. Cass. J.H. 35. 152.

4. — *Ordre.* — La femme qui a demandé, devant les premiers juges, une collocation dans l'ordre ouvert sur son mari, ne peut, en appel, demander la révocation des aliénations de ces mêmes immeubles (C. pr., 464). — 5 déc. 1836. Caen. J.H. 37. 1. 560.

5. — *Preuve.* — Une partie est recevable à demander, en cause d'appel, une preuve qu'elle n'aurait pas proposée en première instance. — 21 juin 1837. Cass. J.H. 37. 1. 272.

6. — *Servitude.* — Demander en appel une servitude de pacage sur un terrain dont en première instance on demandait le délaissement, c'est former une demande nouvelle (C. pr., 464). — 4 fév. 1836. Pau. J.H. 37. 1. 348.

**DÉPOT.** — 1. — *Aubergiste.* — La responsabilité des aubergistes et hôteliers, quant aux effets des voyageurs volés chez eux, s'étend, même sans déclaration de la part du voyageur, aux valeurs considérables que le voyageur pouvait conserver sans imprudence, eu égard à sa fortune et à ses besoins. — 26 déc. 1838. Paris. J.H. 39. 1. 34.

2. ...La responsabilité de l'aubergiste s'applique aussi bien aux grosses marchandises laissées forcément sur la voie publique qu'aux objets que le voyageur peut facilement rentrer dans l'auberge (C. civ., 1952). — 14 mars 1839. Paris. J.H. 39. 1. 214.

3. — *Contrainte par corps.* — La contrainte par corps peut, en vertu de l'art. 2060, § 7 C. civ., être prononcée contre le notaire qui détourne les fonds à lui remis pour en opérer le placement, alors que la remise de ces fonds entre ses mains n'a été déterminée que par la confiance qu'inspiraient ses fonctions. — 31 juillet 1835. Paris. J.H. 36. 1. 182.

**DERNIER RESSORT.** — 1. — *Frais.* — La demande en validité de l'offre de payer les frais, à charge par l'adversaire de remettre toutes les pièces signifiées dans une instance, est indéterminée, et dès lors susceptible d'appel, bien que les frais n'aient été liquidés qu'à la somme de 242 fr. — 6 février 1837. Limoges. J.H. 59. 1. 208.

2. — *Intérêts.* — Les intérêts échus avant la demande doivent être ajoutés au capital pour déterminer le taux du dernier ressort. — 9 déc. 1837. Bourges. J.H. 38. 1. 149.

3. — *Offres réelles.* — Des offres non acceptées sont insuffisantes pour réduire le taux du litige au-dessous du dernier ressort (L. 11 avril 1838, art. 1, 2). 1er arrêt. — 29 juin 1841. Douai. J.H. 42. 1. 158.

4. — *Saisie-arrêt.* — Le jugement qui statue sur la validité d'une saisie-arrêt (mais non sur la déclaration affirmative) pour somme inférieure à 1,000 fr., n'est pas susceptible d'appel, quoique la somme due par le tiers-saisi soit supérieure à 1,000 fr. — 15 mai 1839. Cass. J.H. 59. 1. 174.

5. — Le jugement qui statue sur les causes de préférence proposées par deux créanciers opposants, est en premier ressort, 1o si les deniers saisis-arrêtés montent à plus de 1,500 fr. ; 2o si les deux créances réunies excèdent elles-mêmes ce chiffre. — 25 janv. 1843. Angers. J.H. 43. 1. 64.

4. — *Valeur indéterminée.* — La demande en restitution d'objets d'une valeur indéterminée, suivie de celle en paiement d'une somme inférieure à 1,500 fr., est en premier ressort, alors surtout que cette dernière

demande a été faite sous forme de conclusions subsidiaires. — 5 janvier 1843. Bordeaux. J.H. 43. 4. 153. — V. Dégré de juridiction, et les renvois.

**DÉSAVEU D'ENFANT.** — La défense à l'action en rectification de son acte de naissance, formée par un enfant né pendant le mariage, qui, à l'effet d'établir l'illégitimité de cet enfant, se fonde sur le recel de sa naissance et l'adultère de sa mère, constitue un véritable désaveu (C. civ., 312).

La signification d'un jugement de rectification de l'acte de naissance d'un enfant, faite à l'héritier détenteur des biens d'une succession, avec injonction de délaisser à cet enfant les biens de la succession qu'il est appelé à recueillir en vertu de ce jugement, constitue le trouble dans la possession, prévu par l'art. 317 C. civ., et fait, par suite, courir le délai de deux mois, prescrit pour contester la légitimité de l'enfant, encore bien que l'héritier détenteur ait relevé appel du jugement de rectification. — 5 fév. 1836. Grenoble. J.H. 37. 4. 56.

**DÉSAVEU D'OFFICIER MINISTÉRIEL.** — 4. — *Adjudication.* — La partie saisie n'est pas recevable à former une action en désaveu contre son avoué, en ce que ce dernier aurait, sans mandat spécial de sa part, demandé et obtenu en son nom diverses remises d'adjudication, alors que ces remises étaient favorables au véritable intérêt de cette partie. — 22 juin 1837. Cass. J.H. 37. 4. 271.

2. — *Frais.* — Le refus que fait une partie de payer à son avoué les frais d'une action en garantie, par le motif qu'il n'avait pas de mandat spécial pour la former, ne constitue pas un désaveu dans le sens de l'art. 352 C. pr.

Une partie qui refuse à un avoué de payer les frais qu'il a faits sans mandat, n'a pas besoin d'exercer contre cet avoué l'action en désaveu ; il suffit qu'elle excipe du défaut de mandat. La remise à l'avoué de la copie de l'assignation ne lui confère que le pouvoir de défendre à la demande principale, et non à celle de former une action en garantie. — 25 juin 1835. Cass. J.H. 35.255.

3. — *Ordre.* — Le désaveu dirigé, en matière d'ordre, contre l'avoué qui a occupé, est irrecevable comme tardivement proposé, lorsqu'il a été formé après l'expiration des délais d'appel du jugement statuant sur les contredits : un tel jugement est réputé exécuté dans le sens des art. 362 et 459 C. pr., lorsqu'il a acquis l'autorité de la chose jugée. Mais, à défaut de l'action en désaveu, la partie peut exercer un recours utile contre l'avoué qui a agi sans mandat (C. civ., 1382). — . . . . . . 1840. J.H. 40. 4. 205.

4. — *Reddition de compte.* — Les acquiescements et concessions émanés d'un avoué dans une procédure de reddition de comptes engagent les parties comme s'ils émanaient d'elles-mêmes, à moins qu'elles ne forment une action en désaveu, et cela bien que l'avoué n'ait pas de pouvoir spécial (C. pr., 534, 538, 539). — 24 juill. 1840. Cass. J.H. 40. 4. 245.

5. — *Sursis.* — Dans le cas de désaveu formé, en appel, contre un avoué de première instance, la Cour royale n'est pas tenue d'ordonner un sursis, alors que ce désaveu n'est pas produit devant elle, pour être mise à même d'en apprécier tout le mérite (C. pr. civ., 357). — 22 juin 1837. Cass. J.H. 37. 4. 271.

**DESCENTE DE LIEUX.** — L'inspection des lieux litigieux faite par le tribunal, ne peut être assimilée à une descente sur les lieux, et, par suite, n'est pas soumise aux formalités qui régissent cette sorte de procédure. (C. pr. 295 et suiv.). — 22 fév. 1843. Cass. J.H. 43. 4. 123.

**DÉSISTEMENT.** — 4. — *Acceptation.* — Un désistement d'appel n'éteint l'instance qu'autant qu'il a été formellement accepté.

Le désistement d'appel, qui, en matière indivisible, n'a été accepté que par quelques-unes des parties, peut être rétracté à l'égard de toutes. — 3 août 1837. Colmar. J.H. 38. 4. 162.

2. ... Le désistement de l'appelant ne forme contrat judiciaire et n'éteint l'instance que par l'acceptation de l'intimé ; c'est d'ailleurs à la Cour qu'il appartient de juger de l'opportunité ou de l'inopportunité du défaut d'acceptation. — 25 mai 1839. Lyon. J.H. 39. 4. 314.

Il a été jugé cependant que le désistement, pour emporter acquiescement au jugement et extinction de l'instance, n'a pas besoin d'être accepté par l'intimé (C. pr., 402). — 24 mars 1858. Bordeaux. J.H. 39. 4. 159.

3. ... De ce qu'une partie a pris une expédition d'un acte notarié, par lequel son adversaire s'est désisté d'une instance, et qu'elle l'a fait signifier à des créanciers intervenants, il ne résulte pas qu'elle doive être réputée avoir accepté le désistement, si, d'ailleurs, elle n'a rien déclaré à cet égard. (C. pr., 402). — 3 mai 1837. Caen. J.H. 37. 4. 338.

4. ... La partie à qui on a signifié un désistement par acte d'avoué à avoué, n'est pas obligée de l'accepter dans la même forme ; elle est en droit de le faire constater par jugement (C. pr., 402). — 26 nov. 1854. Toulouse. J.H. 35. 342.

5. — *Action possessoire.* — Si le désistement d'une action possessoire n'a pas été accepté par le défendeur, ou s'il n'en a pas été donné acte par le juge, le demandeur est non recevable à former une action au pétitoire..... Et c'est avec raison qu'en pareil cas, le juge du pétitoire renvoie celui-ci à faire préalablement régler le possessoire (C. pr., 25, 403). — 3 mars 1836. Cass. J.H. 36. 4. 110.

6. — *Appel.* — Le désistement de son appel, de la part de l'appelant au principal, n'enlève pas à l'intimé, qui avait formé lui-même un appel incident, le droit de réclamer une décision relativement aux conclusions de cet appel, auxquelles il n'a pas été acquiescé par l'acte de désistement. (C. pr. civ., 402, 403). — 20 nov. 1836. Cass. J.H. 37. 4. 46.

7. ... Le désistement de l'appelant, tant qu'il n'a pas été accepté par l'intimé, ne fait pas obstacle à ce que celui-ci interjette un appel incident (C. pr., 402, 405). — 22 juill. 1842. Montpellier. J.H. 43. 4. 89.

8. — *Appel correctionnel.* — Le condamné correctionnellement peut, à l'audience même de la Cour, se désister de l'appel qu'il a interjeté du jugement qui le condamne, sans que le ministère public, qui n'a point appelé de son côté, soit fondé à s'y opposer. — 24 avril 1835. Douai. J.H. 35. 4. 314.

9. — *Commune.* — Une commune ne peut accepter un désistement si elle n'y a été autorisée. — 3 août 1837. Colmar. J.H. 38. 4. 162.

10. — *Effet.* — Le désistement pur et simple ne peut être refusé (C. pr., 402, 403).

Un désistement ne cesse pas d'être pur et simple parce qu'il contiendrait des protestations et réserves indépendantes de l'objet du procès. — 11 avril 1840. Bordeaux. J.H. 40. 4. 244.

11. — *Frais.* — L'intimé peut exiger acte aux frais de l'appelant du désistement d'appel que celui-ci a fait

signifier par acte d'avoué à avoué (C. pr., 402). — 51 mars 1838. Amiens. J.H. 39. 1. 74.

12. — *Manœuvres frauduleuses.* — Il suffit que les juges constatent qu'un désistement a été le résultat de manœuvres frauduleuses, pour qu'ils soient autorisés à le déclarer nul, sans qu'il soit nécessaire qu'ils constatent en même temps que ces manœuvres ont été pratiquées par l'une des parties envers l'autre (C. civ., 1116). — 19 août 1836. Cass. J.H. 35. 1. 75.

13. — *Pouvoir spécial.* — Quand le désistement est signifié par l'avoué, il n'est pas nécessaire que l'exploit contienne ni même indique l'acte notarié par lequel l'avoué aurait reçu des parties un pouvoir spécial à cet effet : il suffit qu'il en justifie à l'audience (C. pr., 402). — 16 juin 1837. Pau. J.H. 38. 1. 101.

14. — *Révocation.* — Le désistement d'une action, tant qu'il n'a pas été accepté, peut être révoqué (C. pén., 403).

Le désistement signifié, dans un but indivisible, et pour faire cesser le litige, à deux défendeurs, peut être révoqué s'il n'a été accepté que par l'un d'eux. — 17 avril 1837. Pau. J. H. 38. 1. 54.—Voy. encore, dans le même sens, 19 août 1835. Cass. J.H. 56. 1. 75.

**DIFFAMATION.** — Le caractère public de la personne diffamée ou injuriée (celui de député) ne suffit pas pour qu'on doive assigner le diffamateur devant la Cour d'assises, si les faits injurieux ou diffamatoires ne sont pas relatifs aux fonctions du plaignant (LL. 26 mai 1819, art. 14, 20; 8 oct. 1830, art. 1, 2). Et l'on ne peut regarder comme *faits relatifs aux fonctions* d'une personne publique que ceux qui se rattachent à l'exercice de ses fonctions.

Ainsi, l'imputation injurieuse faite à un député d'avoir sollicité un emploi n'est un fait relatif à ses fonctions qu'autant qu'il peut se rattacher à un acte de participation à l'exercice du pouvoir législatif. — 25 nov. 1843. Cass. J.H. 44. 1. 77.

**DISCIPLINE.** — 1. — *Amende.* — L'amende n'entre pas dans la classe des peines disciplinaires à infliger aux officiers ministériels et notamment aux huissiers (L. 20 avril 1810, art. 50, 60, 61; décr. 14 juin 1813, art. 74).

C'est par le tribunal civil et non par le juge de paix, qu'une amende, pour faits relatifs à ses fonctions, peut être prononcée contre un huissier (Décr. 14 juin 1813, art. 75). — 16 janv. 1844. Cass. J.H. 44. 1. 5.

2. — *Appel.* — L'arrêté d'un tribunal, pris en chambre du conseil, qui, sur la plainte dirigée par une partie contre un officier ministériel, condamne ce dernier à des peines disciplinaires et à des dommages-intérêts, peut, quant au chef des dommages-intérêts, être frappé d'appel (Décr. 30 mars 1808). — 21 avril 1836. Paris. J.H. 57. 1. 189.

3. — *Cassation.* — C'est en vertu de l'art. 80 de la loi du 27 vent. an 8, et, par conséquent, devant la chambre des requêtes, et non en vertu de l'art. 88 de la loi, c'est-à-dire devant toute autre chambre de la même Cour, que le procureur général, agissant dans l'intérêt général, sur l'ordre du gouvernement, doit dénoncer l'illégalité d'une décision judiciaire violant une loi d'ordre public, et notamment d'une décision rendue en matière disciplinaire par un juge incompétent et prononçant contre un huissier une peine non prévue par la loi. — 16 janv. 1844. Cass. J.H. 44. 1. 3.

4. — *Dommages-intérêts.* — Le tribunal appelé à prononcer, en la chambre du conseil, sur la plainte dirigée par une partie contre un officier ministériel, est incompétent pour statuer sur la demande en dommages-intérêts formée par cette partie. — Cette demande doit être portée devant le tribunal jugeant publiquement et dans la forme réglée par la loi. — 21 avril 1836. Paris. J.H. 57. 1. 189.

5. — *Juges de paix.* — Aucune peine ne peut être prononcée par un juge de paix contre un huissier pour contravention à la taxe. — 18 janv. 1841. Cass. J.H. 41. 1. 106.

6. — *Notaires.* — Les notaires qui, sans excuse valable, manquent aux assemblées générales de leur chambre, sont passibles de peines disciplinaires (Ord. 4 janv. 1843, art. 15, 22, 25).

Les tribunaux sont compétents pour prononcer contre des notaires des peines de discipline intérieure, telles que celles du rappel à l'ordre, de la censure, etc. —31 mai 1843. Trib. de Tulle. J.H. 44. 1. 72.—V., dans le même sens, 1er avril 1840. Rennes. J.H. 40. 1. 177.— V. Office, Officier ministériel.

**DISCUSSION.** — Le tiers-détenteur recherché par un créancier hypothécaire de son vendeur, n'a le droit de demander la discussion préalable des autres biens hypothéqués à la même dette qu'autant qu'ils ne sont pas litigieux et qu'ils se trouvent encore en la possession du débiteur principal. Ainsi, il ne peut faire discuter un immeuble qui a été vendu par le débiteur, bien que l'acquéreur ne se soit pas encore libéré du prix, alors surtout que la distribution de ce prix peut donner lieu à des contestations entre le vendeur et des tiers (C. civ., 2170). — 6 août 1835. Bordeaux. J.H. 58. 1. 324.

**DISTRIBUTION PAR CONTRIBUTION.** — 1. — *Appel.* — La signification à avoué du jugement qui statue sur des contestations en matière de distribution par contribution, fait courir le délai de l'appel, bien que cette signification ne soit pas revêtue des formalités prescrites pour la signification à partie (C. pr., 61). — 12 mai 1835. Paris. J.H. 35. 1. 318.

2. ... L'appel d'un jugement de distribution de deniers par contribution entre créanciers, qui n'a été signifié qu'à quelques-uns des créanciers, au profit desquels il était rendu, ne cesse pas d'être recevable vis-à-vis de ceux à qui il a été signifié (C. pr., 443). — 27 janv. 1837. Bourges. J.H. 58. 1. 25.

3. — *Cession de biens.* — C'est d'après le mode déterminé par le Code de commerce, au cas d'union après faillite, et non par la voie de contribution judiciaire, tracée par le Code de procédure, que doit se distribuer l'actif d'un commerçant admis au bénéfice de cession après cessation de paiement, bien que sa faillite n'ait pas été déclarée (C. pr., 656; C. comm., 558). — 20 mars 1837. Paris. J.H. 37. 1. 344.

4. — *Compétence.* — La demande en distribution, par contribution, du prix des objets saisis, doit être portée devant le tribunal du lieu de la saisie et de la vente, et non devant le tribunal du domicile de la partie saisie (C. pr. civ., 658). — 11 juin 1836. Paris. J.H. 37. 1. 88.

5. — *Créanciers opposants.* — En matière de distribution par contribution, tous les créanciers opposants sur les deniers à distribuer sont représentés par l'avoué d'entre eux le plus ancien (C. pr., 667). — 8 déc. 1840. Cass. J.H. 41. 1. 68.

6. — *Forclusion.* — La forclusion prononcée par l'art. 660 est de droit; le juge ne peut en relever le créancier qui l'a encourue, dans le cas même où il a produit avant le règlement provisoire (C. pr., 660, 757). — 30 janv. 1837. Paris. J.H. 38. 1. 61.

7. — *Privilège.* — Le juge-commissaire est compétent, dans une distribution par contribution, pour sta-

tuer sur la contestation relative au privilége du propriétaire, à raison des loyers qui lui sont dus. — 10
juin 1837. Amiens. J.H. 37. 1. 284.

**8.** — *Production (délai de la)*. — Le délai d'un mois
accordé par l'art. 660 C. pr. au créancier sommé de
produire dans une contribution n'est pas un délai
franc susceptible de l'application de l'art. 1035 du
même Code.

Ce délai ne doit pas non plus être augmenté à raison
de distance (C. pr., 1035). — 30 janv. 1837. Paris. J.H.
38. 1. 61.

**9.** — *Sommes non exigibles*. — La distribution par
contribution ne peut avoir lieu sur les sommes à pro-
venir d'une créance non encore exigible. — 8 juin
1836. Paris. J.H. 36. 1. 233.

**DOMAINE DE L'ÉTAT.** — **1.** — *Domaine engagé*.
— Les questions de propriété concernant les domaines
engagés, restitués en vertu de la loi du 14 vent. an 7,
ainsi que les contestations sur la jouissance de ces
mêmes biens, sont de la compétence exclusive de l'autorité judiciaire.

Spécialement, les acquéreurs de ces domaines engagés, qui sont troublés dans leur jouissance par des
mesures conservatoires, prises par l'administration,
doivent porter leur demande en cessation de trouble
devant l'autorité judiciaire. — 12 août 1836. Paris. J.H.
37. 1. 248.

**2.** — *Préfet*. — Le préfet a qualité pour demander
la démolition d'une construction appuyée sur le mur
d'une place de guerre, et l'on prétend en vain que ce
droit n'appartient qu'au ministre de la guerre, d'après
les art. 13, 15 et suiv. de la loi du 10 juill. 1791. — 18
nov. 1836. Colmar. J.H. 37. 1. 352.

**3.** — ... Dans les instances relatives au domaine, le
préfet est le représentant légal de l'Etat; il procède
sans l'assistance nécessaire de procureur ni de défenseur officieux; seulement, pour lui tenir lieu de ce
dernier, le ministère public doit lire à l'audience les
mémoires qu'il a signifiés. — 21 août 1835. Douai. J.H.
36. 1. 100.

**4.** — *Prescription*. — Un mémoire présenté à l'autorité administrative, par un détenteur de domaines na-
tionaux, à l'effet d'obtenir la cessation des poursuites
dirigées contre lui par le domaine, ne constitue pas une
instance judiciaire, de telle sorte que la partie qui a
présenté ce mémoire doive être réputée, à raison de
cette démarche, avoir renoncé à proposer, et avoir couvert, par suite, comme n'ayant pas été proposée avant
la défense au fond, la nullité d'un acte qui lui avait été
signifié par le domaine, dans l'objet d'arrêter le cours
de la prescription d'un immeuble dont il jouissait, alors
surtout que l'autorité judiciaire était seule compétente
pour apprécier la validité de cet acte (C. pr. civ., 173;
Ord. 1667, art. 5, tit. 5; L. 14 vent. an 7, art. 27; 5 nov.
1790, art. 15). — 31 mai 1836. Cass. J.H. 36. 1. 217.

**DOMICILE.** — **1.** — *Absence de domicile*. — On ne
doit pas considérer comme n'ayant pas de domicile
connu l'individu qui, bien qu'il fût en fuite à l'époque
de la signification d'un jugement par défaut rendu
contre lui, avait le projet de revenir dans le même domicile et n'en avait pas pris un autre. En un tel cas,
la signification faite dans les formes de l'art. 68 est régulière et fait courir les délais de l'opposition. — 1er
déc. 1842. Cass. J.H. 43. 1. 51.

**2.** — *Appel*. — L'appel d'un jugement peut être valablement notifié au domicile élu dans la signification
de ce jugement, et auquel le requérant *a consenti la*

*validité de tous actes* (C. pr., 68, 69, 70; C. civ.,
111). — 51 mars 1843. Angers. J.H. 43. 1. 71.

**3.** — ... L'acte d'appel du jugement en vertu duquel a
été fait un commandement tendant à saisie immobilière
doit, à peine de nullité, être signifié à la personne ou
au domicile réel du créancier et non au domicile élu
dans le commandement. — 13 juill. 1838. Nimes. J.H.
39. 1. 38. — Voy., dans le même sens, 12 mars 1835.
Rennes. J.H. 36. 1. 97; 30 août 1838. Poitiers. J.H.
39. 1. 29. — Voy. cependant, en matière de saisie-
exécution, 26 juill. 1838. Grenoble. J.H. 39. 1. 138.

**4.** — ... La signification d'un jugement définitif, en matière de commerce, faite au greffe du tribunal, à défaut, par les parties non domiciliées dans le ressort du
tribunal, d'y avoir élu domicile, suffit pour faire courir le délai d'appel (C. pr., 122, 443). — 14 fév. 1837.
Paris. J.H. 38. 1. 239. — Voy. cependant 21 nov. 1835.
Limoges. J.H. 38. 1. 207.

**5.** — *Billet à ordre*. — Lorsqu'un billet à ordre
porte qu'il sera payable dans un domicile qu'il indique, le souscripteur est valablement assigné, pour le
paiement, au domicile indiqué (C. civ., 111; C. pr. civ.,
59, 420). — 4 fév. 1835. Bordeaux. J.H. 35. 1. 352.

**6.** — *Changement*. — De ce qu'un condamné par
contumace, pour banqueroute frauduleuse, s'est établi en pays étranger, il ne résulte pas preuve de changement de domicile, si, d'ailleurs, aucune déclaration
à cet égard n'a été faite par lui à sa municipalité : c'est,
dès lors, au domicile qu'il avait avant sa faillite qu'on
doit l'assigner (C. civ., 104, 105). — 5 août 1836. Montpellier. J.H. 37. 1. 357.

**7.** — ... Pour opérer un changement de domicile, il ne
suffit pas de faire la double déclaration prescrite par
l'art. 104 C. civ.; il faut, en outre, transférer sa résidence au lieu où l'on a l'intention de fixer son domicile (C. civ., 103, 104). — 15 août 1835. Cass. J.H.
38. 1. 87.

**8.** — *Changement (appréciation du)*. — Une question de changement de domicile est essentiellement une
question de fait dont les circonstances sont appréciées
souverainement par les juges du fond.

La preuve légale de l'intention de changer de domicile ne résulte pas suffisamment d'une seule déclaration
faite à la municipalité du lieu que l'on quitte, et non à
celle du lieu où l'on veut fixer son nouveau domicile
(C. civ., 103, 104, 105). — 8 déc. 1840. Cass. J.H. 41.
1. 65.

**9.** — *Colonie*. — La constitution d'un mandataire
dans les colonies par un Français domicilié en France,
n'emporte pas de droit élection de domicile chez ce
mandataire et attribution de juridiction au tribunal
dans le ressort duquel celui-ci réside, alors même
qu'on alléguerait l'usage constant de procéder ainsi
(C. civ., 111; C. pr., 59). — 29 mars 1843. Cass. J.H.
44. 1. 14.

**10.** — ... Lorsque plusieurs étrangers domiciliés en pays
étranger ont constitué un seul et même mandataire pour
les représenter dans une colonie française (à la Marti-
nique), en donnant à ce mandataire les pouvoirs les
plus étendus, l'assignation donnée dans ladite colonie
à tous ces étrangers à la fois, ayant un même intérêt,
peut valablement leur être signifiée dans la personne
de leur mandataire commun en une seule copie, au
lieu de l'être au ministère public en autant de copies
qu'il y a de défendeurs, conformément à l'art. 69 C. pr.
— 14 juill. 1840. Cass. J.H. 40. 1. 217.

**11.** — *Colporteur*. — Un marchand colporteur n'est
pas réputé, par l'effet seul de cette profession, être
sans domicile ni résidence connus, en sorte que, sur

la seule allégation d'ignorance de son domicile, les actes d'exécution, préalables à la contrainte par corps, dirigés contre lui, aient pu lui être valablement faits par affiches et du domicile du procureur du roi. — 4 août 1840. Bordeaux. J.H. 41. 1. 120.

12. — *Domicile conjugal.* — Les tribunaux civils ont un pouvoir discrétionnaire pour autoriser l'emploi de la contrainte personnelle contre la femme qui se refuse à réintégrer le domicile conjugal (C. civ., 214). — 23 mars 1840. Aix. J.H. 41. 1. 63.

13. — *Effet de commerce.* — L'indication, dans un effet de commerce, d'un lieu où le paiement doit être fait, emporte une véritable élection de domicile, attributive de juridiction (C. civ., 111; C. pr. civ., 420).

L'assignation au domicile élu, pour le paiement d'un effet de commerce, est valable, bien qu'on n'y ait pas observé les délais de distance, à raison du domicile réel (C. pr. civ., 1033). — 8 juill. 1836. Paris. J.H. 57. 1. 97.

14. — *Élection de domicile.* — Lorsqu'une élection de domicile a été stipulée dans un acte, et pour son exécution, la demande en nullité de cet acte est valablement formée au domicile d'élection (C. civ., 111). — 4 janv. 1841. Montpellier. J.H. 41. 1. 223.

Jugé de même, en matière de billet à ordre, par arrêt du 4 fév. 1835. Bordeaux. J.H. 35. 532.

15. — L'assignation à fin d'exécution d'un traité a pu valablement être donnée à un domicile élu dans un acte extrajudiciaire par lequel la partie déclarait ne vouloir plus exécuter ce traité (C. civ., 111). — 25 nov. 1840. Cass. J.H. 41. 1. 70.

16. — L'élection de domicile faite dans le but d'empêcher des significations au domicile réel dispense suffisamment de ces significations, bien qu'elle ne soit ni signée de la partie ni accompagnée de la notification d'un pouvoir qui l'autorise. — 22 juin 1838. Bordeaux. J.H. 39. 1. 47.

17. — *Faillite.* — L'élection de domicile faite pour l'exécution d'un acte, doit être observée, comme les autres clauses du contrat, nonobstant la faillite de l'une des parties, déclarée postérieurement; en conséquence, les syndics ne peuvent se prévaloir de la disposition de l'art. 59 C. pr., pour décliner la juridiction du tribunal d'élection (C. civ., 111; C. pr. 59). — 6 mars 1840. Bourges. J.H. 40. 1. 254.

18. — *Gardien.* — Le gardien d'objets saisis doit signifier l'exploit par lequel il demande à être déchargé de ses fonctions à la personne ou au domicile réel du saisissant et non au domicile élu par lui dans le commandement.—L'élection de domicile n'est établie qu'en faveur du saisi (Art. 584 et 606). — 25 fév. 1834. Poitiers. J.H. 35. 184.

19. — *Mandat.* — La faculté pour le mandataire d'élire chez lui domicile pour le mandant ne peut s'induire ni de la généralité de la procuration ou de toutes autres présomptions non appuyées sur un commencement de preuve par écrit (C. civ., 1353)... Ni de ce qu'il serait d'usage de stipuler cette élection de domicile pour l'espèce de mandat dont il s'agit.

Le pouvoir donné à un mandataire de faire chez lui élection de domicile pour le mandant ne peut être assimilé à l'élection elle-même, en ce sens que les tiers à l'égard desquels le mandataire n'a pas usé de ce pouvoir n'ont pas le droit de s'en autoriser pour assigner le mandant au domicile du mandataire (C. pr., 59). — 18 mars 1839. Cass. J.H. 59. 1. 96. — V. conf., 29 nov. 1843. Cass. J.H. 44. 1. 14.

20. — *Nomination d'arbitres.* — La signification du jugement qui constitue un tribunal arbitral, ou qui proroge les pouvoirs des arbitres, doit, pour faire courir les délais de l'opposition ou de l'appel, avoir été faite au domicile réel de la partie, et non au domicile élu dans la convention objet du litige (C. pr., 147, 155, 156). — 19 janv. 1841. Douai. J.H. 42. 1. 154.

21. — *Offres réelles.* — L'élection de domicile est attributive de juridiction, qu'elle soit conventionnelle ou qu'elle soit une condition de validité pour un acte de procédure; ainsi l'élection de domicile exigée par la loi dans les commandements préalables aux saisies permet au débiteur de demander devant le tribunal de ce domicile la validité des offres qu'il a faites (C. civ., 111; C. pr., 673). — 21 déc. 1837. Amiens. J.H. 40. 1. 29.

22. — *Opposition.* — L'élection de domicile, faite dans un acte contenant opposition à un jugement de défaut rendu par un tribunal de commerce, ne peut tenir lieu de l'élection de domicile qui, aux termes de l'art. 422 C. pr. civ., doit être mentionnée sur le plumitif de l'audience; dans ce cas, la partie opposante est valablement assignée au greffe. — 9 fév. 1836. Cass. J.H. 36. 1. 201.

23. — *Référé.* — L'appel des ordonnances de référé doit, à peine de nullité, être signifié comme tout autre appel, au domicile *réel* de l'intimé, et non à son domicile *élu* (C. pr., 456, 809). — 23 juill. 1835. Bordeaux. J.H. 36. 1. 65.

24. — *Résolution de vente.* — L'élection de domicile faite dans l'acte d'emprunt des deniers destinés à acquitter le prix de vente d'un immeuble, avec promesse de la part des emprunteurs de subroger les prêteurs dans les droits du vendeur, est attributive de juridiction pour l'action en résolution de vente formée par ces prêteurs, à défaut de paiement du prix. — 15 nov. 1843. Cass. J.H. 44. 1. 12.

25. — *Saisie-arrêt.* — La demande tendant à la péremption d'une instance en saisie-arrêt et à la nullité de l'acte qui a servi de base à cette saisie, est régulièrement formée par exploit signifié au domicile élu dans le commandement qui a précédé cette voie d'exécution; ce n'est pas ici une demande principale qui doive être signifiée à personne ou domicile (C. pr., 68, 70). — 20 juin 1838. Cass. J.H. 38. 1. 244.

26. — *Saisie-exécution.* — L'élection de domicile contenue dans le commandement à fin de saisie-exécution ou de saisie-brandon, attribue au tribunal du lieu de ce domicile la connaissance de l'action en validité des offres réelles faites par le débiteur au même domicile (C. pr., 584). — 5 janv. 1842. Bourges. J.H. 43. 1. 61.

27. — ... Lorsqu'un commandement à fin de saisie-exécution contient élection de domicile chez l'huissier instrumentant, et, jusqu'à la fin de la procédure, chez le maire de la commune du saisi, l'assignation donnée au créancier, au domicile de l'huissier, est valable, bien que l'huissier ne soit point domicilié dans la commune du saisi (C. pr., 584). — 27 juin 1835. Douai. J.H. 36. 1. 337.

28. — *Séparation de corps.* — L'autorisation obtenue par la femme plaidant en séparation de corps, de quitter le domicile conjugal, a pour effet de lui attribuer provisoirement et vis-à-vis de son mari un domicile propre; en conséquence, c'est à ce domicile que l'appel interjeté par le mari, contre le jugement qui prononce la séparation de corps, doit, à peine de nullité, être signifié (C. civ., 268; C. pr., 878). — 13 août 1841. Nîmes. J.H. 42. 1. 157.—V., en sens contraire, 15 avril 1839. Aix. J.H. 39. 1. 281.

29. — *Translation à l'étranger.* — La déclaration faite par un Français de transporter son domicile à l'étranger, a pu être déclarée insuffisante pour détruire

le domicile qu'il avait, en dernier lieu, en France, alors qu'il n'a pas perdu la qualité de Français.

Ainsi, il peut être réputé valablement assigné à son domicile, en France, là où il est né, où il a sa famille, où il fait habituellement sa résidence, où il est inscrit sur les contrôles de la garde nationale et porté sur les listes électorales, communales et du jury, sans que cette décision, basée sur une appréciation de faits et de circonstances, tombe sous la censure de la Cour suprême. — 17 janv. 1837. Cass. J.H. 37. 1. 237.

**DOMMAGES-INTÉRÊTS. — 1. — *Accusé*. —** L'accusé, bien que déclaré non coupable comme s'étant trouvé dans un cas de légitime défense, peut, néanmoins, d'après les circonstances, être condamné à des dommages-intérêts envers la partie civile (C. inst. cr., 358). — 15 nov. 1835. Cour d'assises de l'Aveyron. J.H. 57. 1. 120.

**2. — *Appel*. —** En matière correctionnelle, la partie civile qui, ayant obtenu des dommages-intérêts, a laissé expirer le délai d'appel, peut, sur l'appel du ministère public, demander de nouveaux dommages-intérêts pour l'aggravation de préjudice survenue depuis le jugement et l'appel ( C. inst. cr., 202 ). — 19 août 1837. Paris. J.H. 38. 1. 206.

**3. — *Commune*. —** L'indemnité allouée aux propriétaires d'une église, pour non jouissance, ne peut être mise qu'à la charge de la commune, et nullement à la charge de la fabrique. — 12 mars 1839. Cass. J.H. 59. 1. 93.

**4. — *Condamnation solidaire*. —** Lorsqu'un dommage a été causé par des travaux exécutés simultanément par deux individus, sans qu'il soit possible de déterminer la part que chacun d'eux a prise dans cette exécution, la réparation due à la partie lésée, constituant un objet indivisible, la condamnation aux dommages-intérêts a pu valablement, dans ce cas, être prononcée *sous clause solidaire*, contre les délinquants ( C. civ., 1202 ). — 8 nov. 1836. Cass. J.H. 56. 1. 353.

**5. — *Frais de voyage*. —** Dans les dommages-intérêts accordés par jugement, il ne doit être compris que les faux frais de voyage alloués par le tarif, et non en général tous les frais de voyage et de déplacement dont le procès a pu être la cause. — 12 juill. 1839. Amiens. J.H. 40. 1. 158.

**6. — *Opposition*. —** L'opposition à un arrêt de défaut peut valablement donner lieu, contre l'opposant, à une condamnation à des dommages-intérêts envers la partie qui avait obtenu l'arrêt, alors, par exemple, que les juges ne voient dans cette opposition, de la part de celui qui la forme, qu'une vexation et un moyen d'entraver l'exercice d'un droit incontestable. — 23 nov. 1836. Cass. J.H. 37. 1. 46. — V. cependant 24 août 1840. Bastia. J.H. 41. 1. 12.

**7. — *Recéleur*. —** Le recéleur condamné, qui est poursuivi civilement, n'est tenu des dommages-intérêts que pour les objets par lui recélés, et non pour tous les objets volés ( C. civ., 1382; C. pén., 55, 59, 62 ).

Il est tenu également des dommages-intérêts, pour la détérioration des objets restitués et le temps pendant lequel la partie lésée en a été privée. — 18 fév. 1837. Paris. J.H. 57. 1. 260.

**8. — *Saisie illégale*. —** Une saisie illégale, faite dans le but de nuire, donne lieu à des dommages-intérêts contre le saisissant ( C. civ., 1382 ). — 11 avril 1834. Bordeaux. J.H. 36. 1. 118.

**9. — *Surenchère*. —** L'acquéreur qui, par suite de la nullité d'une surenchère, obtient des dommages-intérêts contre le surenchérisseur, ne peut directement

répéter le paiement de ces dommages-intérêts contre l'huissier et le mandataire tenus d'indemniser le créancier surenchérisseur de toutes les suites de la nullité de la surenchère. Il ne peut agir contre eux que comme exerçant les droits de ce créancier (C. civ., 2095). — 18 avril 1836. Paris. J.H. 37. 1. 125.

**10. — *Trouble*. —** La simple opposition par un voisin, devant l'autorité administrative, à la permission demandée par un autre voisin, de faire des travaux nécessaires à la jouissance d'un droit, constitue un trouble à la propriété de celui-ci, et par suite, elle peut donner lieu à une action judiciaire, soit en reconnaissance du droit, soit en dommages-intérêts ( C. civ., 537, 544, 1382 ). — 5 avril 1837. Cass J.H. 37. 1. 240.

**DONATION. —** La donation qu'a faite par contrat de mariage le mari à sa femme pour le cas où elle lui survivrait, ne peut conférer à la donataire, pendant la vie du donateur et alors même qu'un jugement a prononcé entre eux la séparation de biens, le droit de prélever sur la masse partageable somme suffisante pour la remplir des libéralités qui lui ont éventuellement été assurées, et le mari peut toujours aliéner et hypothéquer ses biens, sauf l'effet de l'hypothèque légale de sa femme, s'il y a lieu ( C. civ., 1134, 1387, 1589 ). — 4 fév. 1835. Cass. J.H. 55. 156.

**DON MANUEL. — 1. — *Créance*. —** Une créance ordinaire ne peut être la matière d'un don purement manuel opéré par la seule tradition du titre.

Celui qui prétend qu'une créance, dont le titre est en sa possession, lui a été donnée, doit justifier que la transmission lui en a été faite ou par un acte de libéralité valable, ou par un acte sous forme de contrat onéreux remplissant les conditions requises pour opérer cette transmission : un acte de transport quelconque, joint à l'intention de donner et à la remise du titre, ne suffit pas pour valider la donation déguisée de la créance, s'il est irrégulier et nul dans sa forme (C. civ., 894, 931, 1607, 1689, 2279 ).

.... Spécialement, le don d'une créance, autre qu'un effet au porteur ou un billet négociable par voie d'ordre, ne peut résulter d'un endossement du titre au profit du prétendu donataire, la créance étant insusceptible de ce mode de transmission, alors surtout que cet endossement est lui-même irrégulier, en ce qu'il n'exprime pas la valeur fournie. — 1er fév. 1842. Cass. J.H. 42. 1. 105.

**2. — *Endossement*. —** Le don manuel d'un billet à ordre ne résulterait pas, en le supposant valide, au profit de celui qui l'allègue de l'endossement en blanc du billet. Par suite, le détenteur d'un tel effet doit être réputé simple mandataire de l'endosseur, et comme tel tenu de rendre compte à lui ou à ses représentants. — 29 déc. 1840. Rouen. J.H. 41. 1. 204.

**3. — *Lettre de change*. —** Une lettre de change ne peut faire l'objet d'un don manuel.

En tout cas, l'existence de ce don ne pourrait être constatée par la preuve testimoniale, lorsque les titres excèdent la valeur de 150 fr. (C. civ., 1341). — 10 mars 1840. Pau. J.H. 41. 1. 202.

Jugé de même en matière de billet à ordre. — 29 déc. 1840. Rouen. J.H. 41. 1. 204.

**DOT. — 1. — *Action révocatoire*. —** La femme mariée sous le régime dotal n'a, pour le prix de ses immeubles aliénés, que l'action révocatoire contre le tiers-détenteur, et non une hypothèque légale sur les biens de son mari; elle ne peut, dès lors, durant le mariage, obtenir, soit une collocation dans un ordre ouvert sur son mari, soit des immeubles de son mari, à titre de remploi ( C. civ., 2121 , 2155 , 1560, 1593 ). — 5 déc. 1836. Caen. J.H. 37. 1. 560.

2. — *Inaliénabilité.* — La dot mobilière est inaliénable. — Même arrêt que ci-dessus. — V. cependant 1er août 1834. Bordeaux. J.H. 38. 1. 25.

3. — *Paiement.* — Le défaut de réclamation de la part du mari pendant dix ans et plus écoulés depuis le dernier terme échu de la dot établit en faveur de la femme une présomption légale que cette dot a été réellement reçue par lui; et cette présomption équivaut à une quittance authentique ( C. civ., 1569 ). — 19 déc. 1837. Amiens. J.H. 38. 1. 223.

4. — *Partage.* — Le partage ne constituant pas une aliénation, la femme, bien que mariée sous le régime dotal, ne peut être assujettie à recourir à des formalités judiciaires pour opérer le partage d'un immeuble indivis sur lequel sa dot se trouve constituée. Par suite, elle peut valablement, du consentement de son mari, souscrire un compromis à l'effet de faire procéder au partage amiable de cet immeuble (C. civ., 883 et 1558). — 11 fév. 1836. Bordeaux. J.H. 37. 1. 49.

5. — *Revenus.* — Lorsque la dot s'est trouvée réduite au point que les revenus sont à peine suffisants pour soutenir les charges du mariage, ces revenus ne peuvent être saisis ( C. civ., 1449, 1549 ). — 10 janv. 1842. Paris. J.H. 42. 1. 125.

**DOUANES.** — 1. — *Appel.* — L'art. 6 de la loi du 14 fruct. an 3 s'applique indistinctement à toutes les affaires relatives aux douanes, et non pas seulement aux cas où des saisies ont eu lieu ( L. 14 fruct., art. 6, 10 ). En conséquence, l'appel d'un jugement du juge de paix qui a statué sur une opposition à une contrainte décernée par la douane, pour non rapport d'acquit-à-caution, n'est pas recevable, après la huitaine de la signification du jugement ( *Eod.*, art. 6 ). — 23 fév. 1836. Cass. J.H. 36. 1. 191.

2. — *Citation.* — En matière de douanes, la citation devant le juge de paix doit être dirigée, non contre le propriétaire prétendu des objets saisis, mais bien contre les préposés à la conduite de ces objets ( L. 22 août 1791, tit. 12, art. 4). — 28 déc. 1835. Cass. J.H. 36.1.108.

3. — *Compétence.* — L'art. 10 de la loi du 14 fruct. an 3 est applicable à l'amende de 500 fr. prononcée par l'art. 14, tit. 13 de la loi du 6 22 août 1791, contre toute personne qui a injurié, dans l'exercice de leurs fonctions, les préposés des douanes. En conséquence, c'est par la voie civile, devant le juge de paix, et non par la voie criminelle, en vertu de l'art. 224 C. pén., que cette amende doit être poursuivie, alors qu'aucune autre peine n'est requise, et cela encore bien que les injures n'auraient pas mis empêchement à l'exercice des fonctions des préposés. — 21 août 1837. Cass. J.H. 37. 1. 320.

4. — *Objets saisis.* — Si des objets saisis en fraude ont été vendus par ordonnance du juge de paix, comme sujets à dépérissement, la restitution de ces objets, alors que la saisie est annulée, doit consister dans le prix de la vente, et non dans la valeur même de ces objets estimée par le tribunal..., sauf à se conformer aux dispositions de l'art. 16 de la loi du 9 flor. an 7, s'il y a lieu d'accorder des dommages-intérêts.

5. — *Préemption.* — Quand la loi dit que l'offre de préemption ouverte en faveur de la régie sera *souscrite* par le receveur du bureau auquel la déclaration est faite, elle entend dire que l'offre sera *signée* par ce fonctionnaire, à peine de nullité.

... En cas pareil, le caractère de l'huissier qui signifie les offres ne dispense pas de la signature.

... Et la nullité n'est pas couverte par une déclaration d'offres faites régulièrement, mais après le délai. — 19 mars 1835. Cass. J.H. 55. 210.

6. — *Procès-verbal.* — En matière de douanes, on ne peut faire résulter un moyen de nullité de ce que copie du procès-verbal de saisie n'a pas été délivrée au saisi, lorsque celui-ci, présent à la rédaction, a refusé de le signer, d'en recevoir copie, et qu'il s'est retiré immédiatement.

La disposition de l'art. 6 de la loi du 9 flor. an 7, d'après laquelle les contrevenants aux lois de douanes doivent être assignés par le procès-verbal de saisie, ne s'applique que lorsque l'affaire est de nature à être jugée civilement; en conséquence, est nul l'arrêt qui annulle une citation donnée à domicile, ou affichée à la porte du bureau, dans une affaire de nature à être jugée correctionnellement, sous le prétexte qu'elle n'a pas été donnée par le procès-verbal même.

Il n'est pas nécessaire, à peine de nullité, d'observer la formalité de la loi qui exige qu'on fasse sommation au saisi, dans le procès-verbal, d'assister à la description des objets saisis, lorsqu'il est présent à toutes les opérations, jusqu'à la clôture du procès-verbal. — 10 nov. 1836. Cass. J.H. 37. 1. 43.

7. — *Saisie.* — Ce n'est pas au propriétaire des objets saisis qu'il est nécessaire de faire sommation d'assister à la description des marchandises saisies; c'est aux personnes préposées à leur conduite.

Il n'est pas nécessaire, en cas d'absence des contrevenants, d'afficher à la porte du bureau sommation de se présenter à chaque vacation que nécessitera la description des objets saisis; une première sommation régulièrement faite suffit pour toutes les vacations qui pourront avoir lieu. — 10 nov. 1836. Cass. J.H. 37. 1. 43.

**DROITS CIVILS.** — L'état de domestique à gages, *attaché à la personne ou au ménage*, suspend, tant qu'il dure, la jouissance des droits civils, et rend, par suite, le domestique incapable de servir de témoin dans un acte notarié autre qu'un testament, par exemple dans un contrat de mariage. Mais cette incapacité ne s'étend pas au domestique employé au labour ou à la culture des terres. — 9 juin 1843. Toulouse. J.H. 44. 1. 31.

**DROITS LITIGIEUX.** — Le pacte de *quota-litis* étant proscrit par le code comme il l'était par la loi romaine, bien que partie seulement d'une créance litigieuse soit cédée à un avocat et à un avoué, et que la cession ou abandon ne soit pas faite moyennant un prix, mais à charge d'en opérer le recouvrement par les soins et démarches de ceux-ci; cette cession n'est pas moins frappée de la nullité prononcée par l'art. 1597 C. civ. — 1er juin 1840. Nancy. J.H. 40. 1. 232.

**EAU.** — L'autorité judiciaire est compétente pour ordonner la vérification des changements opérés dans le mécanisme d'une usine, alors que cette mesure n'a pour but que d'apprécier, dans les limites d'une simple question de dommages-intérêts, l'influence de ces changements sur la privation des eaux dont se plaint un propriétaire inférieur (C. civ., art. 1,1582. — 11 avril 1838. Cass. J.H. 38. 1. 172.

**ÉCHANGE.** — La reconnaissance du véritable propriétaire que l'échange a eu lieu d'après son mandat verbal, et la ratification dudit échange avec promesse de garantir, en cas d'éviction intervenue par acte authentique antérieurement à l'exploit d'appel dans lequel seulement ce moyen de nullité a été employé, ont pour effet de valider l'échange. — 8 déc. 1834. Bastia. J.H. 55. 76.

**EFFET DE COMMERCE. — 1. — *Action.* — Les por-
teurs d'une traite tirée par ordre et pour compte d'un
tiers ont une action contre le tireur et l'accepteur os-
tensibles, sans en avoir aucune contre le donneur
d'ordre.

L'accepteur et le tireur d'une traite par ordre et pour
compte d'un tiers ont chacun une action individuelle
contre le donneur d'ordre, sans pouvoir exercer l'un
contre l'autre aucune espèce de recours en garantie
pour les suites de l'exécution du mandat commun (C.
civ., 1999 ).

En conséquence, les tireurs et accepteurs par ordre,
venant simultanément à la faillite du donneur d'ordre
pour se faire remplir du montant des traites rembour-
sées aux tiers-porteurs, doivent être admis, *sans aucune préférence entre eux*, aux répartitions du dividende, chacun en proportion de ce dont il a été mis à
découvert. — 23 déc. 1834. Cass. J.H. 35. 121.

**2.** — *Acceptation.* — L'accepteur étranger, résidant en
France, d'une lettre de change tirée sur lui par un
étranger, doit être condamné par corps au paiement
de cette traite envers le tiers-porteur français, alors
qu'il n'apparaît pas que celui-ci soit le prête-nom du
tireur étranger.

**5.** ... La garantie d'acceptation d'un effet de commerce n'emporte pas virtuellement mandat, pour le
preneur, de présenter cet effet à l'acceptation dans un
délai déterminé. — 23 fév. 1836. Bordeaux. J H. 37. 1. 84.

**4.** ... L'acceptation apposée par le tiré à une lettre
de change ne met pas obstacle au recours du porteur
contre le tireur, si cette acceptation est nulle, en ce
que, par exemple, la date indiquée par le tiré, pour le
paiement, se reporterait à une époque déjà passée.

La circonstance qu'une acceptation irrégulière et
nulle, mise par le tiré sur une traite, aurait disparu par
la faute du porteur, n'empêche pas le recours de celui-
ci contre le tireur, si ce dernier ne prouve pas que la
provision existait entre les mains du tiré ( C. comm.,
140, 160, 117; C. civ., 1315 ).

En cas pareil, c'est au tireur, et non au porteur, à
prouver que la provision existait à l'échéance. — 29 août
1836. Cass. J.H. 37. 1. 184. — V. encore 22 déc. 1835.
Cass. J.H. 36. 1. 95.

**5.** — *Acte notarié.* — Une lettre de change ou un
billet à ordre peuvent être faits par acte notarié ( C.
comm., 110, 189 ).

Le billet à ordre fait par acte notarié est transmissible par voie d'endossement ( C. civ., 1692 ; C. comm.,
149 ). — 17 nov. 1836. Grenoble. J.H. 38. 1. 270.

**6.** — *Altération de titre.* — Lorsqu'un billet à ordre
a été altéré en ce que l'indication du lieu du paiement
y a été mise postérieurement à la confection du billet ;
que la date de l'échéance a été changée par une surcharge et un renvoi non approuvé par les endosseurs,
ceux-ci peuvent opposer au tiers-porteur, même de
bonne foi, toutes leurs exceptions, sans inscription
de faux préalable. — 4 août 1838. Riom. J.H. 39. 1. 56.

**7.** — *Aval.* — L'aval n'emporte pour les signataires
d'autre obligation que celle qui résulte du cautionnement, et non celle de la solidarité ; en conséquence,
lorsqu'il se trouve sur une lettre de change plusieurs
signataires pour aval, le porteur ne peut exiger de chacun d'eux que la valeur partielle de l'effet ( C. comm.,
141 ). — 16 nov. 1839. Montpellier. J.H. 40. 1. 141.

**8.** ... L'aval donné par un non commerçant sur une
traite qui, faute de remise de place en place, constitue
une simple obligation civile vaut comme garantie, dont
la connaissance n'est pas de la compétence des tribu-

naux de commerce. — 6 nov. 1840. Paris. J.H. 41.
1. 143.

**9.** ... Le non commerçant donneur d'aval sur un
billet à ordre souscrit par un commerçant et pour
cause commerciale, est justiciable de la juridiction consulaire, et est passible de contrainte par corps ( C.
comm., 142). — 15 nov. 1841. Paris. J.H. 42. 1. 138.

**10.** ... Lorsque le donneur d'aval, par acte séparé,
conteste que son aval s'applique à l'opération commerciale à laquelle on veut le rattacher, le débat qui s'engage sur ce point est de la compétence des tribunaux
civils et non de celle des tribunaux consulaires ( C.
comm., 142, 631, 632 ). — 24 fév. 1841. Rouen. J.H.
42. 1. 18. — V. encore 12 déc. 1857. Paris. J.H. 58. 1. 117.

**11.** — *Besoin.* — La faculté d'indiquer un besoin appartient aux endosseurs aussi bien qu'aux tireurs ( C.
comm., 173 ).

Le *besoin* indiqué par un endosseur est obligatoire
pour le porteur, en ce sens que celui-ci est obligé,
avant de faire protester, de s'adresser au besoin, à
peine de payer les frais de protêt. — 25 nov. 1834. Trib.
de Falaise. J.H. 35. 135.

**12.** ... Les lettres de change ou billets à ordre doivent être protestés aux *besoins* indiqués par les endosseurs (C. comm., 162, 168, 173 ). — 16 fév. 1837.
Paris. J.H. 57. 1. 555.

**13.** — *Billet à domicile.* — Le billet à domicile diffère de la lettre de change, en ce que dans celui-là le
tireur et le tiré ne sont qu'une même personne.

Le billet à domicile, bien que payable en un autre lieu
que celui où il a été souscrit, ne constitue pas, à proprement parler, le contrat de change, et par conséquent ne soumet pas le souscripteur à la contrainte
par corps ( C. comm., 110, 632). — 12 janv. 1839. Lyon.
J.H. 40. 1. 7.

**14.** ... Le billet à domicile souscrit dans un lieu et
payable au domicile du créancier ne constitue pas une
remise de place en place, en sorte que le souscripteur,
s'il n'est pas négociant, n'est pas justiciable des tribunaux de commerce ( C. comm., 656, 657 ). — 15 janv.
1838. Colmar. J.H. 39. 1. 192. — V. cependant 19 mars
1839. Bourges. J.H. 39. 1. 308.

**15.** ... Bien que le billet à domicile, payable sur une
place autre que celle où il a été souscrit et où la valeur
a été comptée, contienne remise de place en place, il
ne constitue point une lettre de change, et, par suite,
n'oblige point par corps les signataires non négociants
( L. 15 germ. an 6, art. 1, § 4, tit. 2 ). — 5 mai 1835.
Bordeaux. J.H. 35. 335.

**16.** — *Billet à ordre.* — Un billet à ordre dégénéré
en simple promesse, par défaut d'énonciation de la valeur fournie, ne cesse pas d'être transmissible par la
voie d'endossement. Par suite, le souscripteur ne peut
opposer au tiers-porteur de ce billet les exceptions
qu'il pourrait personnellement opposer à celui au profit duquel le billet a été souscrit ( C. civ., 1154, 1295,
1690 ; C. comm., 188 ). — 25 juin 1836. Pau. J.H. 37.
1. 92.

**17.** — *Billet au porteur.* — Le billet qui n'indique
pas le nom de celui à l'ordre de qui il a été souscrit,
doit être considéré comme billet au porteur, et ne peut
être assimilé au billet à ordre.

Les billets au porteur ne peuvent, quant à la compétence, être assimilés aux billets à ordre; en conséquence, le Code de commerce n'ayant point compris
parmi les matières commerciales les contestations relatives aux billets au porteur, ces contestations doivent
être portées devant la juridiction ordinaire.

Les signatures, autres que celles du souscripteur

apposées au billet au porteur, ne pouvant valoir comme endos, soumettent ceux qui en sont les auteurs , aux principes généraux de la garantie.—20 mars 1838. Pau, J.H. 40. 1. 77.

18. — *Bon ou approuvé.* — Il n'est pas exigé, sous peine de nullité , qu'une lettre de change non écrite de la main du souscripteur, contienne le *bon* ou *approuvé* prescrit par l'art. 1326 C. civ., à l'égard des obligations civiles (C. civ., 1326).—20 janv. 1835. Montpellier. J.H. 55. 515.

19. — *Cause.* — Le billet à ordre souscrit par un non commerçant et causé *pour servir à mon commerce*, n'est pas réputé avoir par cela seul une cause commerciale, alors surtout que l'on peut présumer que ces expressions ont été employées pour donner au billet l'apparence d'un acte de commerce ( C. comm., 636). Encore bien que le souscripteur se soit livré parfois à des actes de commerce, si d'ailleurs il est constant que la somme empruntée n'a pas eu une destination mercantile (C. comm., 1). —19 nov. 1840. Bastia. J.H. 41. 1. 118.

20. ... Une lettre de change est valable, quoique la valeur fournie ne provienne pas d'une opération commerciale. Et, spécialement, une lettre de change est valable, quoiqu'elle soit faite en conséquence de la radiation d'une inscription hypothécaire, si, d'ailleurs, elle est tirée d'un lieu sur un autre ( C. comm., 110 ).

Une lettre de change ne peut être annulée comme ayant une cause illicite, quoique la convention civile qu'elle remplace fût entachée d'usure, si cette convention n'avait pas été attaquée.

Une lettre de change ne peut pas être annulée par le motif qu'elle énonce une fausse cause, si, d'ailleurs, elle a une cause réelle et licite : ici s'applique le principe des art. 1131, 1132 C. civ. — 11 nov. 1834. Pau. J.H. 35. 179. — V. cependant 13 fév. 1837. Paris. J.H. 57. 1. 259. — V. encore 16 janv. 1843. Nîmes. J.H. 43. 1. 154.

21. ... La présomption légale que le billet à ordre souscrit par un commerçant a une cause commerciale, n'exclut pas la preuve d'une cause différente ( C. comm., 638 ; C. civ., 1350). Les effets de cette preuve, lorsqu'elle a été fournie, s'appliquent au tiers-porteur aussi bien qu'à celui au profit de qui le billet a été créé. — 22 mars 1839. Metz. J.H. 41. 1. 149.

22. — *Compte courant.* — Les traites passées en compte courant ne constituent au profit du négociant qui les a remises qu'une créance conditionnelle, réalisable par l'encaissement.

La négociation de ces traites par le négociant qui les a acceptées, et qui, par suite, ne peut les représenter, ne le rend pas dès à présent débiteur de ces traites, lorsque les tiers-porteurs n'en poursuivent pas le paiement contre le tireur.—11 juill. 1840. Rouen. J.H. 41. 1. 30.

23. — *Contrainte par corps.* — L'individu, non négociant, qui a garanti par aval le paiement d'un billet à ordre, n'est pas contraignable par corps, si le billet n'a pour cause ni une opération de négoce ni une remise de place en place, et si le souscripteur n'est pas marchand ( C. comm., 142, 642, 636, 637). — 9 janv. 1837. Paris. J.H. 39. 1. 127.

24. — *Déchéance.* — La déchéance qui atteint le porteur d'un billet à ordre à défaut d'assignation donnée au souscripteur dans la quinzaine de la notification du protêt, est interrompue par l'assignation donnée devant un tribunal incompétent ( C. civ., 2246 ; C. comm., 165, 168). —1er fév. 1842. Caen. J.H. 42. 1. 173.

25. ... Le porteur d'une lettre de change est relevé de la déchéance prononcée par l'art. 170 C. comm., en faveur du tireur, lorsque celui-ci, après l'expiration des délais fixés pour le protêt, a reçu du tiré tombé en faillite un dividende de 30 pour 100 sur la créance formant provision, et l'en a libéré ( C. comm., 171). — 11 déc. 1838, Aix. J.H. 39. 1. 164.

26. — *Endossement.*—Si l'endossement conçu *valeur fournie* ne transfère pas de plein droit la propriété de l'effet à celui à qui il a été ainsi endossé , néanmoins ce tiers-porteur peut réparer l'irrégularité de l'endossement, même à l'encontre du souscripteur, en établissant par témoins qu'il a réellement fourni la valeur de cet effet ( C. comm., 136, 137 138 ). — 8 mars 1840. Amiens. J.H. 42. 1. 250.

27. ... L'effet de commerce tiré à l'ordre du tireur luimême ne vaut que comme simple promesse, et non comme lettre de change, lorsque l'endossement au profit d'un tiers a été daté du lieu même où la traite était payable ( C. comm., 110, 136 ). — 19 mars 1836. Montpellier. J.H. 40. 1. 105.

Jugé au contraire que la lettre de change est indépendante de l'endossement ; ainsi la lettre de change tirée à l'ordre du tireur lui-même est parfaite, bien que l'endossement au profit d'un tiers ait été daté du lieu même où la traite est payable ( C. comm., 110, 136 ).— 15 nov. 1839. Montpellier. J.H. 40. 1. 105.

28. ... L'endossement ainsi conçu : *valeur reçue*, n'exprime pas suffisamment la valeur fournie et ne vaut que comme procuration ( C. comm., 137 ). Par suite, celui en faveur duquel un tel endos a été consenti ne peut poursuivre , en son nom personnel, le paiement du billet à ordre, bien qu'il ne constitue en lui-même qu'une obligation civile. — 18 juill. 1837. Paris. J.H. 38. 1. 119.

29. ... L'endossement doit contenir en lui-même la preuve régulière de la réalité du transport ; et si cette preuve peut être suppléée par des documents en dehors de l'endossement vis-à-vis de l'endosseur, il n'en est pas de même vis-à-vis du souscripteur ( C. comm., 137, 138, 187 ). — 30 déc. 1840. Cass. J.H. 41. 1. 90.

30. ... Une lettre de change peut être transmise par endossement après son échéance et même après protêt. — 15 fév. 1838. Paris. J.H. 38. 1. 105.

31. ... A l'égard des créanciers de la faillite de l'endosseur, l'endossement en blanc ne peut être réputé qu'un simple mandat, nonobstant toute preuve extrinsèque contraire. — Par suite, si le preneur a négocié l'effet et en a touché le prix, il doit être condamné à rétablir ce prix à la masse de la faillite, comme ayant agi en qualité de mandataire du failli ; et c'est à tort qu'à l'encontre des syndics de la faillite, le juge déférerait au preneur le serment supplétoire à l'effet d'établir qu'il était créancier sérieux de l'endosseur, au moment où celui-ci lui aurait remis en paiement l'effet endossé en blanc ( C. comm., 138 ). — 15 déc. 1841. J.H. 42. 1. 59.

32. ... Bien que l'endossement soit revêtu des formalités extérieures, s'il a été modifié par des conventions particulières entre l'endosseur et le preneur, de manière à ne lui faire produire que l'effet d'une procuration, le souscripteur a le droit d'opposer au tiers-détenteur de l'effet de commerce sa qualité de simple mandataire de l'endosseur, et, par suite, de faire valoir contre lui les exceptions opposables à cet endosseur ( C. comm., 136 ).

Spécialement, le tiers auquel un billet à ordre a été endossé régulièrement a pu être réputé, vis-à-vis du souscripteur lui-même, n'avoir reçu l'effet qu'en nantissement, sans transmission de propriété, et à titre de simple mandataire de l'endosseur, sans que l'arrêt qui le décide ainsi par appréciation des actes et des faits relatifs à l'endossement, et qui déclare, par suite, que le souscripteur peut opposer au tiers-détenteur du billet que ce billet a pour cause une convention illicite et de nul effet, donne ouverture à cassation. — 12 janv. 1842. Cass. J.H. 42. 1. 124.

33. ... Par l'endossement, le porteur d'une lettre de change devenant créancier direct de l'accepteur, l'accepteur anglais d'une lettre de change tirée en Angleterre par un Anglais, et négociée à un Français, n'est pas recevable à proposer, devant les tribunaux français, l'exception d'incompétence *ratione personæ*.

L'endossement n'ayant pas besoin, en Angleterre, d'exprimer la valeur fournie pour transférer la propriété d'un effet de commerce, l'endos fait, à Londres, par un Anglais, au profit d'un Français, transfère à celui-ci la propriété de la traite, bien qu'il n'exprime pas la valeur fournie (C. comm., 136, 137, 138).

Une lettre de change est négociable, jusqu'à l'extinction de la dette contractée par l'accepteur, le tireur anglais eût-il obtenu un jugement à la Cour du banc du roi, par suite de l'inexécution d'un acte de *cognovit*, intervenu entre lui et l'accepteur, aussi Anglais. — 10 déc. 1834. Douai. J.H. 36. 1. 21.

34. ... La promesse d'endosser, comme caution, des billets à ordre, constitue, de la part de cette caution, une obligation solidaire, encore bien que les billets n'aient pas été signés ( C. civ., 1202 ).

Le non commerçant qui cautionne une dette commerciale ne peut, à défaut de stipulation expresse sur ce point, être soumis à la contrainte par corps (C. civ., 2060, n. 5; L. 17 avril 1932, art. 1er ). — 7 juin 1837. Cass. J.H. 37. 1. 307.

35. ... L'art. 138 C. comm., en déclarant que l'endossement irrégulier n'est qu'une procuration, dispose d'une manière générale, comme le faisait l'ordonnance de 1673 dont il a rétabli les principes dans toute leur rigueur. — En conséquence, l'effet ainsi endossé peut être saisi par les créanciers de l'endosseur dans les mains du preneur, conformément aux termes précis de l'ordonnance ( C. comm., 137, 138 ; Ordonn. de 1673, art. 25 ). — 15 déc. 1841. Cass. J.H. 42. 1. 59.

36. ... L'endosseur d'un billet à ordre ne peut être déchargé de la garantie solidaire à laquelle il est tenu envers le porteur de l'effet protesté, sous le seul prétexte qu'il avait dû penser qu'il ne se soumettait à aucun recours. — L'endossement ne peut être déclaré sans effet relativement à la garantie de l'endosseur, que sur le fondement de présomptions de dol et de fraude reconnues graves, précises et concordantes (C. civ., 1116, 1341, 1353; C. comm., 460, 164 et 187.) — 19 janv. 1841. Cass. J.H. 41. 1. 104).

37. ... Le cas de subrogation légale, spécifié dans le § 3 de l'art. 1251 C. civ., s'applique aussi bien aux matières commerciales qu'aux matières civiles.

Et spécialement, le porteur d'une lettre de change, en vertu d'un endossement en blanc, qui l'a transmise à un tiers par un endossement régulier, et postérieurement en a remboursé le montant à ce tiers, à défaut de paiement par le tiré accepteur, est subrogé aux droits du porteur contre celui-ci, lequel, par suite, n'est pas recevable à opposer contre le porteur d'endossement irrégulier, les exceptions qu'il pourrait opposer au tireur, celle, par exemple, résultant du défaut de provision avant l'acceptation (C. comm., 137, 138; C. civ., 1251).

... Sauf, entre le porteur d'endossement et le tireur, vis-à-vis duquel le premier reste toujours mandataire, les droits résultant du mandat (C. comm., 138). — 20 fév. 1843. Cass. J.H. 43. 1. 112. — V., dans le même sens, 18 avril 1842. Bourges. J.H. 43. 1. 120.

38. — *Endos en blanc.* — La traite créée par le tireur sur lui-même n'est pas valablement transmise par un endos en blanc et sans date. — 7 nov. 1840. Paris J.H. 41. 1. 157.

39. ... La traite tirée à l'ordre du tireur lui-même, et à son domicile, endossée en blanc à un tiers qui l'a transmise par un endos régulier daté d'une autre ville et payable en cette ville, ne contient pas remise de place en place, et, par conséquent, constitue une simple obligation civile (C. comm., 110). — 6 nov. 1840. Paris. J.H. 41. 1. 143.

40. ... Il suffit que l'endossement en blanc apposé à un effet de commerce se trouve rempli des énonciations qui en constituent la régularité, pour que le tiers-porteur soit fondé à en réclamer le paiement du souscripteur, sans que ce dernier soit recevable à lui opposer des exceptions tirées du vice intrinsèque de l'acte, tel, par exemple, que le dol qui aurait été pratiqué à son égard (C. comm., 144, 145, 146). Et la circonstance que ce remplissage du billet aurait été opéré par le porteur lui-même, lequel n'aurait fait en cela que se conformer à l'usage du commerce, ne le rend pas non recevable dans sa réclamation, sous le prétexte qu'il ne serait que simple mandataire (C. comm., 139).

....... En admettant que ces exceptions pussent être proposées contre le tiers-porteur de bonne foi, le souscripteur ne serait pas tenu, pour procéder contre le tiers-porteur, de mettre préalablement en cause celui auquel le dol est imputé. — 17 janv. 1843. Orléans. J.H. 43. 1. 105.

41. ... Le porteur d'une lettre de change endossée en blanc, est admis à prouver qu'il en a fourni la valeur; et, cette preuve faite, il peut recourir contre l'endosseur, aussi bien que contre le tireur et le tiré (C. comm., 137, 138). — 18 juill. 1838. Toulouse. J.H. 39. 1. 175.

42. ... Le porteur d'un effet de commerce revêtu d'un endossement en blanc est recevable à prouver qu'il en a réellement fourni la valeur, même vis-à-vis des créanciers de l'endosseur tombé en faillite (C. comm., 138). — 18 fév. 1838. Angers. J.H. 38. 1. 293.

43. ... L'endossement en blanc d'un billet à ordre n'en transmet pas la propriété; il ne vaut que comme procuration.

L'irrégularité d'un endossement en blanc ne peut, à l'égard du souscripteur, être réparée par la preuve extrinsèque au billet, que le porteur a réellement fourni les valeurs à son mandant.

Le porteur, en vertu d'un endossement en blanc, qui a transmis ensuite par un endos régulier le billet à un tiers, et qui a remboursé ce tiers après protêt, ne devient pas, par le fait de ce remboursement, propriétaire du billet de simple mandataire qu'il était dans le principe. — 11 déc. 1837. Orléans. J.H. 38. 1. 62.

44. — *Endos non daté.* — Le défaut de date, dans un endossement, ne peut faire considérer cet endossement comme simple procuration qu'à l'égard des tiers intéressés. Par suite, l'endossement d'un effet de commerce, bien que non daté, opère, vis-à-vis de l'endosseur, le transport de cet effet au profit du porteur, alors d'ailleurs qu'il énonce la valeur fournie (C. comm., 138). — 3 fév. 1836. Grenoble. J.H. 37. 1. 146.

45. — *Exception.* — Celui-ci peut opposer au tiers-porteur toutes les exceptions que le souscripteur d'un billet

à ordre non commerçant eût pu opposer au bénéficiaire du billet.—11 déc. 1837. Orléans. J.H. 38. 1. 62.

**46. — *Faillite.*** — La faillite du tiré avant l'échéance de la lettre de change a pour effet de détruire la provision et de conserver au porteur son recours contre le tireur, nonobstant même la tardiveté du protêt (C. comm., 162 et suiv., 442). Et peu importe que la faillite n'ait été déclarée que postérieurement à l'échéance, si le jugement déclaratif en reporte l'ouverture à une époque antérieure. — 30 mars 1840. Cass. J.H. 41. 1. 171.

**47. — *Garant.*** — Il suffit que la lettre de change dont un individu, par acte séparé, déclare se rendre garant, comme s'il était endosseur, contienne la stipulation de *retour sans frais* pour que le tiers - porteur puisse conserver son recours contre le garant sans être tenu de remplir les formalités prescrites par les art. 162 et 165 C. comm.—28 janv. 1835. Limoges. J.H. 35. 263.

**48. — *Intérêts.*** — Les intérêts d'un billet à ordre souscrit par un non commerçant, et pour cause non commerciale, ne courent pas à partir du protêt, mais seulement à dater de la demande en justice (C., 1157; C. comm., 184, 187).—22 mai 1837. Bordeaux. J.H. 38. 1. 188.

**49. — *Lettre de change.*** — Une lettre de change est imparfaite, par cela seul que le tireur qui se trouve en même temps porteur d'ordre l'a endossée au profit d'un tiers dans le lieu même où elle est payable. Et les tribunaux de commerce doivent, dans ce cas, se déclarer d'office incompétents pour prononcer sur la demande en paiement de cette lettre de change (C. comm., 110).—20 juin 1835. Toulouse. J.H. 36. 1. 13.

**50.** ... La lettre de change à l'ordre du tireur lui-même n'est parfaite que par l'endossement au profit d'un tiers donneur de valeurs : elle n'établit pas de contrat de change, et, par suite, ne vaut que comme simple promesse, lorsque l'endossement a été fait au lieu même où cette lettre est payable (C. comm., 110). —1er avr. 1841. Paris. J.H. 42. 1. 24.—V., dans le même sens, 12 fév., 20 août et 27 oct. 1841. Paris. J.H. 42. 1. 32. — V. encore, sur cette question et les points analogues, 24 janv. 1835. Paris. J.H. 35. 239; 9 nov. 1836. Cass. J.H. 37. 1. 15; 25 août 1838. Grenoble. J.H. 39. 1. 58.

**51. — *Lettre missive.*** — Le tiré qui a accepté une lettre de change, non sur le titre même, mais seulement par une lettre missive, ne peut, en cas de protêt, être cité par le porteur que devant le tribunal de son propre domicile.—22 mars 1836. Paris. J.H. 36. 1. 177.

**52. — *Loi étrangère.*** — Une lettre de change tirée de Londres par un Anglais, acceptée par un Français et déclarée payable dans la même ville, doit, quant à son caractère, être régie par la loi anglaise, en sorte que l'accepteur n'est pas fondé à prétendre que le titre n'est pas une véritable lettre de change, à défaut de remise de place en place, la loi anglaise attribuant ce caractère aux traites tirées d'un lieu et payables au même lieu, lorsqu'elles sont acceptées. — 7 fév. 1839. Paris. J.H. 39. 1. 122.

**53.** ... Un effet à ordre, payable au lieu d'où il est tiré, et ne portant que la signature du tiré sans son acceptation, étant considéré, en Angleterre, comme lettre de change, doit être réputé tel, lorsqu'il circule en France.—10 déc. 1834. Douai. J.H. 36. 1. 21.

**54. — *Paiement.*** — Le souscripteur d'un billet à ordre, auquel le créancier réclame son paiement après l'échéance, non en vertu de ce billet qu'il ne peut représenter et qui n'a pas été protesté, mais par action ordinaire en justice, n'a pas le droit de se refuser à payer, tant que le billet ne lui est pas représenté (C. comm., 161 et suiv.); il a seulement le droit d'exiger caution.—8 août 1840. Cass. J.H. 40. 1. 140.

**55. — *Paiement (indication de).*** — Le mandant qui adresse une traite avec ordre d'en verser le montant à un tiers, après recouvrement, ne fait qu'une indication de paiement et reste propriétaire des fonds qui, jusqu'à ce que la remise en ait été faite au tiers désigné, peuvent être saisis-arrêtés entre les mains du mandataire par les créanciers du mandant. — 10 janv. 1839. Bordeaux. J.H. 39. 1. 164.

**56. — *Perte du titre.*** — En cas de perte d'une lettre de change, le porteur doit, à peine de déchéance contre les endosseurs, faire précéder l'acte de protestation exigé par l'art. 153 C. comm. de l'ordonnance du juge autorisant le paiement (C. comm., 151, 152 et 155).—27 sept. 1841. Trib. comm. de la Seine. J.H. 42. 1. 97.

**57.** ... L'art. 152 C. comm., qui autorise celui qui a perdu une lettre de change et qui en justifie avoir la propriété, à en demander le paiement en donnant caution, s'applique aux billets souscrits dans la forme commerciale; et, dans ce dernier cas, comme dans le premier, la durée du cautionnement ne doit pas être fixée au-delà de trois ans (C. comm., 152, 155). — 15 déc. 1834. Paris. J.H. 38. 1. 332.

**58. — *Prescription.*** — Pour être interruptive de la prescription de cinq ans, prononcée par l'art. 189 C. comm., contre toutes actions relatives aux lettres de change ou billets à ordre, la reconnaissance de la dette par l'un des codébiteurs solidaires doit résulter d'un titre nouveau (C. civ., 2249; C. comm., 189).—14 mars 1838. Cass. J.H. 38. 1. 157.

**59.** ... La prescription, en matière de lettres de change, se règle d'après la loi du pays où elles sont payables.—7 fév. 1839. Paris. J.H. 39. 1. 122.

**60.** ... La prescription de cinq ans, établie par l'art. 189 C. comm., n'est pas applicable au billet à ordre souscrit avant la promulgation de ce code, encore que, depuis, il se soit écoulé plus de cinq ans sans poursuites (C. civ., 2281; C. comm., 189).—26 fév. 1838. Cass. J.H. 38. 1. 277.

**61.** ... Le billet portant promesse de tenir compte du montant d'une lettre de change dont il reconnaît la remise, ne constitue pas un titre nouveau séparé de cette traite, et se trouve, par suite, soumis à la prescription de cinq ans (C. comm., 189). — 10 déc. 1834. Cass. J.H. 35. 114.

**62.** ... La prescription de cinq ans, établie par l'art. 189 C. comm., en matière de lettres de change et de billets à ordre, n'est point suspendue par la minorité de l'une des parties (C. civ., 1107, 2252, 2278). — 23 avr. 1836. Paris. J.H. 37. 1. 102.

**63.** ... L'action en paiement d'un simple billet créé entre non commerçants, et causé pour prêt, ne se prescrit que par trente ans, et non par cinq (C. civ., 2262; C. comm., 189).—20 janv. 1836. Cass. J.H. 36. 1. 125.

**64.** ... Pour que le débiteur d'un billet à ordre puisse opposer la prescription résultant de l'art. 189 C. comm., il ne suffit pas que ce billet ait été souscrit par un *commerçant*; il faut encore qu'il l'ait été pour *fait de commerce* (C. comm., 189). — 2 mars 1836. Paris. J.H. 36. 1. 303.

**65. — *Protêt.*** — Sous l'ordonn. de 1673, la formalité du protêt n'était rigoureusement nécessaire que pour les billets et lettres de change; à l'égard des billets à ordre, il suffisait que les porteurs fissent leurs diligences pour obtenir sentence de condamnation.

Sous la même ordonnance, si l'échéance indiquée dans un effet de commerce était accompagnée des mots *fixe ou préfixe*, le protêt devait être fait le jour même de cette échéance, lors même que ce jour aurait été un jour de dimanche ou de fête solennelle : toutefois, dans ce dernier cas, il était loisible au porteur, d'après un usage reçu, de faire protester la veille. — 26 fév. 1838. Cass. J.H. 38. 1. 277.

66. ... L'obligation de faire protester dans les vingt-quatre heures, n'est imposée par la loi qu'aux tiers-porteurs, et non aux bénéficiaires, à l'égard desquels le délai utile pour protester est de cinq ans (C. comm., 162).—20 août 1839. Amiens. J.H. 41. 1. 85.

67. ... L'art. 174 C. comm., relatif aux conditions de l'acte de protêt, ne prescrit pas, à peine de nullité, les énonciations relatives à la présence du débiteur et aux motifs de son refus de payer et de signer. — Il suffit, pour remplir le vœu de cet article, que l'acte de protêt constate 1° la sommation faite au tiré ou au souscripteur (si c'est un billet à ordre) de payer l'effet présenté, et 2° le refus de paiement qui s'en est suivi (C. comm., 174).—14 déc. 1840. Cass. J.H. 41. 1. 76.

68. ... Les mandats tirés par un négociant sur un autre négociant sont susceptibles de protêt, à défaut de remboursement immédiat du mandant, comme les billets à ordre et les lettres de change (C. comm., 187, 173).—9 août 1839. Aix. J.H. 41. 1. 27.

69. ... Un protêt est valablement signifié au domicile du tiré en la personne d'un voisin trouvé à ce domicile, alors que ce voisin a été chargé de répondre pour le tiré. — 14 avr. 1835. Paris. J.H. 35. 236. — V. cependant 18 juin 1834. Bordeaux, J.H. 55. 112.

70. ... Le protêt faute d'acceptation d'une lettre de change, lorsqu'il est suivi d'une condamnation au paiement contre les tireurs et endosseurs passée en force de chose jugée et ainsi devenue définitive avant l'échéance, rend inutiles à cette époque le protêt faute de paiement et toutes poursuites ultérieures (C. comm., 163). —15 juin 1842. Cass. J.H. 42. 2. 167.

71. ... Le protêt d'un effet de commerce doit être fait *au besoin* indiqué par l'endosseur aussi bien qu'à celui indiqué par le tireur (C. comm., 173, 174). — 17 nov. 1836. Trib. de comm. de la Seine. J.H. 37. 1. 31.

72. ... Lorsque deux commerçants sont convenus, par acte authentique, contenant ouverture de crédit, que le créditeur ne pourrait exercer aucune poursuite contre le crédité, faute de paiement aux échéances des billets fournis par celui-ci, il résulte de cette clause que le créditeur, porteur des billets, n'est pas garant, envers le crédité, de la déchéance encourue par le défaut de protêt; en conséquence, le crédité n'est pas fondé à demander que les billets ne soient pas portés au compte du crédité comme argent comptant.—23 déc. 1835. Cass. J.H. 56. 1. 207.

73. ... Celui à l'ordre duquel a été souscrit un billet payable à son propre domicile, et qui l'a endossé sans indiquer ce domicile, qui n'était désigné en aucune manière dans le billet, n'est pas recevable à se prévaloir du défaut de protêt à ce domicile, ou d'acte de perquisition qui y supplée. Il suffit à son égard que le protêt ait été fait au domicile de l'un des endosseurs, qui l'avait indiqué *au besoin* (C. comm., 173).—51 mars 1841. Cass. J.H. 41. 1. 174.

74. — *Provision.* — Le porteur d'une traite protestée faute d'acceptation et de paiement ne peut en poursuivre le paiement contre le tiré qu'en justifiant d'une provision faite, existant en sommes liquides (C. comm., 117, 170).

Il ne peut être admis à prouver cette provision hors de la présence du tireur et des porteurs d'autres traites fournies sur le même tiré, et payées postérieurement à la sienne, lorsqu'il se propose d'induire l'existence de cette provision des résultats de comptes d'opérations très-considérables.—12 juin 1839. Aix. J.H. 40. 1. 122.

75. ... Les syndics du tireur, qui, postérieurement à l'échéance d'une lettre de change, ont repris des mains du tiré les fonds formant provision, sont tenus, à l'égard du porteur, du paiement de la lettre de change (C. comm., 115, 116). Le tiré peut, dans ce cas, être renvoyé de l'action dirigée contre lui par le porteur. — 17 août 1838. Rouen. J.H. 40. 1. 70.

76. ... La provision d'une lettre de change est détruite par la faillite du tiré avant l'échéance, et le porteur conserve, dès lors, son recours contre le tireur, quoiqu'il n'ait pas protesté en temps utile (C. comm., 170). — 2 juin 1837. Aix. J.H. 39. 1. 112.

77. ... La provision doit être faite dans le lieu où le paiement doit être effectué, dans le lieu où le protêt doit être fait en cas de non paiement. — 11 déc. 1838. Aix. J.H. 39. 1. 164.

78. ... La faillite du tiré avant l'échéance de la traite détruit la provision, tellement que le porteur, bien qu'il n'ait pas rempli les formalités du protêt, n'en conserve pas moins son recours contre le tireur (C. comm., 163, 170).—12 août 1837. Paris. J.H. 38. 1. 59.

79. ... Il suffit qu'au moment de l'échéance d'une traite, il existe provision entre les mains du tiré, pour qu'elle soit acquise au porteur, nonobstant la faillite du tireur, et cela, encore bien qu'il ne soit fait dans la traite aucune affectation spéciale de la provision, au profit du preneur, et que la traite n'ait pas été acceptée par le tiré (C. comm., 115, 136, 149).—3 fév. 1835. Cass. J.H. 35. 147.

80. ... L'accepteur d'une lettre de change peut opposer à celui à l'ordre duquel elle a été tirée, que c'est dans l'intérêt du commerce de ce dernier et pour aider son crédit au moyen de l'escompte, que l'effet a été négocié, et que c'est lui, par suite, et non le tireur, qui devait faire la provision (C. comm., 111, 115).—21 mars 1842. Cass. J.H. 42. 1. 124.

81. ... Lorsque des lettres de change ont été tirées sur l'indication et pour le compte d'un tiers, à titre d'avance sur la consignation de marchandises envoyées par le tireur, s'il arrive que ce dernier soit déclaré en faillite avant l'échéance de ces lettres, la provision appartient au porteur, pourvu que ces marchandises aient été envoyées avant la faillite, et que la provision existe avant cette faillite au moment de l'échéance (C. comm., 115, 116, 117, 149).—5 janv. 1836. Cass. J.H. 36. 1. 63.

82. ... La provision d'une lettre de change appartient au porteur de bonne foi dès l'instant de l'endossement.

Il y a provision, encore que les valeurs affectées au paiement de la lettre de change ne soient pas exigibles au moment de l'échéance de la traite. — 2 fév. 1836. Cass. J.H. 36. 1. 203.

83. — *Recours.* — Il suffit, pour que le porteur du billet protesté conserve son recours contre les endosseurs, qu'il leur ait notifié le protêt et les ait assignés dans la quinzaine; peu importe qu'au jour indiqué dans l'assignation, il n'a pas pris jugement contre eux, lorsqu'ils ne se présentaient pas, et s'est borné à prendre jugement contre le souscripteur.—11 mars 1835. Cass. J.H. 35. 203. — V. encore 5 nov. 1835. Cass. J.H. 36. 1. 254.

84. — *Remise de place en place.* — Les billets à domicile, souscrits dans un lieu et déclarés payables dans un autre, sont de véritables remises d'argent de place en place qui rendent le souscripteur, même non com-

merçant, passible de la contrainte par corps (C. comm., 632).—13 juin 1838. Bourges. J.H. 39. 1. 55.

85. ...Le billet à ordre souscrit en un lieu et payable en un autre lieu, contient remise d'argent faite de place en place, bien que le lieu du paiement soit au domicile du bénéficiaire (C. comm., 632, 112). — 19 janv. 1840. Caen. J.H. 40. 1. 189.

86. ...Le billet à ordre à domicile qui contient remise d'argent de place en place, constitue, entre toutes personnes, un acte de commerce qui rend le souscripteur justiciable du tribunal de commerce et contraignable par corps (C. comm., 632, 657).—1 janv. 1843. Cass. J. H. 43. 45.

87. ...La lettre de change à l'ordre du tireur lui-même, négociée par celui-ci dans le lieu où elle est payable, ne contient point remise de place en place, et, par suite, ne vaut que comme simple promesse (C. comm., 110). —8 mars 1842. Paris. J.H. 45. 1. 26.

88. ... Une lettre de change à l'ordre du tireur lui-même ne contient pas remise de place, bien qu'elle soit tirée d'un lieu sur un autre, si l'endossement qui la rend parfaite est daté d'un lieu dépendant de la commune où elle est payable. — Par suite, le tribunal de commerce auquel la demande en paiement a été portée a dû, d'office, se déclarer incompétent (C. comm., 110; C. pr., 424).—3 juill. 1835. Toulouse. J.H. 56. 1. 44.

89.—*Retour sans frais.* — La clause de *retour sans frais* apposée sur une lettre de change dispense le tiers-porteur, non seulement du protêt et de la citation en jugement, mais encore de dénoncer le non paiement à son cédant dans le délai de rigueur fixé par l'art. 165 C. comm. (C. comm., 162).—28 janv. 1835. Limoges. J.H. 35. 263.

90. ...Le porteur de lettres de change, sur lesquelles la mention *sans frais* a été apposée, est dispensé, tant du protêt et de la citation qui doit être donnée aux endosseurs dans la quinzaine, que de l'obligation de prévenir, dans le même délai, du non paiement de ces lettres (C. comm., 162 et 165).—28 janv. 1835. Limoges. J.H. 35. 349.

91. ...La clause de *retour sans frais* dispense le porteur de faire protester la lettre de change qui la contient... Et s'il la fait protester, les frais de protêt sont à sa charge...Mais pour conserver son recours en garantie contre le tireur et les endosseurs, il doit leur faire connaître, en temps utile, le refus ou défaut de paiement. Pour être obligatoire, la clause de *retour sans frais* doit faire partie intégrante de la lettre de change, c'est-à-dire être apposée par le tireur et non pas seulement par les endosseurs.—9 janv. 1838. Agen. J.H. 58. 1. 304.

92. ...Le porteur d'une lettre de change qui porte cette mention : *retour sans frais*, apposée à l'endos par les endosseurs, doit en réclamer le paiement à l'échéance et exercer son recours contre ceux-ci, dans les délais de l'art. 156 C. comm., à peine de déchéance (C. comm., 161, 165 et 169).—31 mai 1838. Besançon. J.H. 39. 1. 40.

93. — *Supposition de lieu.* — Il suffit qu'une lettre de change contienne une supposition de lieu, pour qu'elle doive être réputée simple promesse, encore bien que, dans la réalité, cette lettre de change ait été tirée d'un lieu sur un autre (C. comm., 112).—1er déc. 1836. Metz. J.H. 37. 1. 116.

94. ...Le souscripteur lui-même d'une lettre de change peut être admis à opposer, contre le bénéficiaire ou preneur de la lettre, la supposition de lieu, à l'effet de la faire déclarer simple promesse (C. comm., 112). — 19 déc. 1836. Agen. J.H. 38. 1. 29.

95. — *Timbre.* — Le premier endosseur d'une lettre de change, non écrite sur papier timbré, n'est pas passible du recours de l'endosseur postérieur qui a acquitté l'amende, lorsque le protêt de l'effet et l'amende qu'il a amené, sont la faute de ce dernier endosseur qui n'a point payé le billet, quoiqu'il eût provision (L. 24 mai 1834, art. 19; C. comm., 115, 116, 164; C. civ., 1382).— 31 mai 1839. Bordeaux. J.H. 40. 1. 21.

96. — *Valeur fournie.* — La lettre de change est valable, bien que la valeur fournie appartienne à un tiers qui n'y a point figuré (C. civ., 1119).—10 nov. 1834. Pau. J.H. 35. 179.

**EFFETS PUBLICS. — 1. —** *Obligations de la ville de Paris.* — Les obligations de la ville de Paris, bien que titres au porteur, et, par conséquent, transmissibles de main en main, doivent, néanmoins, être vendues à la Bourse, par le ministère d'un agent de change et dans la forme de la vente des effets publics.

Celui qui les a achetées *hors de la Bourse et d'un inconnu*, est présumé n'en être pas le légitime possesseur, et peut, dès lors, être tenu de les restituer au véritable propriétaire, encore bien que le détenteur fût connu pour se livrer au trafic de semblables effets (C. civ., 2279, 2280).—9 déc. 1839. Paris. J.H. 40. 1. 159.

2. — *Séquestre.* — Le principe de l'insaisissabilité des rentes sur l'Etat n'est point un obstacle à leur séquestration entre les mains d'un tiers dépositaire, par celui qui s'en prétend propriétaire indivis (L. 24 août 1793, art. 6 et 1655; 8 niv. an 6, art. 4).— 28 nov. 1838. Cass. J.H. 39. 1. 5.

**ÉGLISE. —** Voy. Fabrique.

**ÉLECTION.—1.—***Arrêt par défaut.*—Les arrêts par défaut, en matière électorale, ne sont pas susceptibles d'opposition.—30 nov. 1842. Agen. J.H. 45. 1. 153.

2.—*Contribution.*—Les questions d'attribution de contributions sont de la compétence des tribunaux ordinaires. Ainsi, un préfet excède ses pouvoirs en maintenant la décision d'un maire qui a rayé de la liste des électeurs les fils et le gendre d'un électeur décédé, par le motif que les contributions par eux réclamées appartiennent à sa veuve (L. 21 mars 1831, art. 41, 42).— 6 déc. 1836. Ord. C. d'Etat. J.H. 38. 2. 40.

3.—*Notification.* — Lorsque l'exploit de notification d'un arrêté du préfet qui raie un électeur de la liste est égaré, la preuve de cette notification peut résulter de présomptions graves, précises et concordantes. —7 fév. 1838. Bastia. J.H. 58. 1. 113.

4.—*Opposition.*—Les décisions rendues par défaut en matière électorale sont susceptibles d'opposition.—13 nov. 1841. Bourges. J.H. 42. 1. 249.—Voy., en sens contraire, 14 déc. 1843. Agen. J.H. 44. 1. 45.

5.— *Parenté.*—Dans le cas où l'incompatibilité des fonctions municipales entre deux membres élus est fondée sur leur alliance, si ce fait d'alliance est contesté, les tribunaux sont seuls compétents pour statuer sur cette question préjudicielle. — 21 oct. 1835. Ord. cons. d'Et. J.H. 56. 2. 18.

6.—*Radiation.*—La notification de l'arrêté du préfet qui radie un électeur de la liste électorale est rigoureusement exigée; et, à défaut de cette notification, l'électeur radié est fondé à réclamer le rétablissement de son nom, même après l'expiration du délai prescrit par l'art. 24 de la loi du 19 avril 1831 (L. 19 avril 1831, art. 21, 23, 29).

...L'électeur, en pareil cas, est recevable à se pourvoir immédiatement devant la Cour royale, laquelle doit ordonner le rétablissement de son nom, en ne l'astreignant qu'à justifier de son inscription sur la liste précédente. — 25 fév. 1839. Bourges; 26 fév., 1er mars 1839. Paris. J.H. 39. 1. 114.

7. ... La demande formée par un tiers en radiation d'électeurs des listes électorales d'un arrondissement, est non recevable, si la notification de cette demande faite à ceux-ci, n'en indique pas les motifs; mais il n'est pas nécessaire que cette notification contienne copie littérale de la demande. — 23 nov. 1843. Angers. J.H. 44. 1. 8.

8. — *Recours.* — Le recours au conseil d'Etat contre une décision rendue en matières d'élections municipales doit être formé dans les trois mois à dater de la connaissance de cette décision. — 23 oct. 1835. Ord. cons. d'Et. J.H. 36. 2. 18.

9. — *Translation de domicile.* — L'arrêté du préfet portant translation du domicile d'un électeur d'un collége dans un autre présente une simple rectification et non une radiation ; par suite, la notification de cet arrêté n'a pas été nécessaire pour faire courir le délai contre l'électeur, lequel a dû réclamer avant le 50 septembre. Et un tel arrêté ne peut être attaqué *de plano* devant la Cour royale. — 25 fév. 1839. Montpellier. J.H. 39. 1. 216.

**EMPRISONNEMENT.** — 1. — *Témoin.* — La qualité de mandataire de plusieurs créanciers de la faillite, ou même de clerc de l'un des syndics, n'empêche pas celui qui en est revêtu, de pouvoir être un des témoins de l'emprisonnement du failli (C. pr., 783). — 20 août 1839. Amiens. J.H. 41. 1. 115.

2. — *Gendarmes.* — Les gendarmes ont-ils qualité pour arrêter et emprisonner, sur la réquisition du ministère public, un failli contre lequel il n'y a aucune présomption de banqueroute simple ou frauduleuse ? *Rés. aff.* — ... 1837. Dissert. J.H. 37. 2. 40.

**ENCHÈRE.** — L'art. 412 C. pén. est applicable au cas où il s'agit d'entraves, non seulement aux enchères, mais encore aux surenchères. — 12 mars 1835. Cass. J.H. 35. 226.

**ENDOS—ENDOSSEMENT.** — V. Effet de commerce.

**ENFANTS.** — V. Manufacture.

**ENQUÊTE.** — 1. — *Appel.* — La disposition de la loi qui suspend le délai de l'enquête pendant le délai de l'opposition, ne peut être étendue au délai de l'appel : l'effet suspensif appartient à l'acte d'appel, et non à la faculté d'appeler (C. pr., 257). — 18 juin 1840. Paris. J.H. 41. 1. 84.

2. ... En matière d'enquête, les délais fixés par l'art. 257 C. pr. ne sont pas suspendus par l'appel. — 9 mars 1836. Cass. J.H. 36. 1. 137.

3. — *Audition du greffier.* — L'audition du greffier dans une enquête ordonnée par le juge de paix, n'est ni une cause de nullité du jugement définitif auquel il a pris part comme greffier,... ni même une cause de récusation. — 21 mars 1843. Cass. J.H. 45. 1. 114.

4. — *Copie.* — La copie donnée à chaque témoin, en ce qui concerne les faits admis, du dispositif du jugement qui ordonne l'enquête, doit à peine de nullité, reproduire le dispositif tout entier, c'est-à-dire non seulement la partie de ce dispositif relative aux faits de l'enquête, mais encore celle qui concerne les faits de la contre-enquête, si le jugement les spécifie (C. pr. civ., 260). — 18 mai 1840. Cass. J.H. 40. 1. 186.

5. — *Déchéance.* — Si, dans une procédure d'enquête l'exploit de notification de la liste des témoins à l'un des défendeurs est nul, la déchéance encourue pour ce fait, vis-à-vis de ce dernier, par le demandeur, ne peut être étendue à l'égard de l'autre défendeur, alors que l'enquête devait porter sur deux faits totalement distincts

personnels à chacun des défendeurs, et qui, séparément, suffisaient, s'ils étaient prouvés, pour justifier l'objet de la demande (C. civ., 1217, 1219). — 2 fév. 1836. J.H. 56. 1. 178.

6. — *Délai.* — Le délai de trois jours francs, accordé à la partie pour comparaître à l'enquête, doit être augmenté d'un jour par trois myriamètres de distance entre le domicile de cette partie et celui de son avoué (C. pr., 261, 270, 273, 275, 1033). — .... Et le délai doit être calculé d'après la distance réelle, et non d'après le tableau des distances dressé en exécution du décret du 11 juin 1811 pour les frais criminels. — 14 mars 1839. Nancy. J.H. 41. 1. 141.

7. ... A défaut d'indication de délai, l'enquête faite en un lieu distant de plus de trois myriamètres de celui où le jugement a été rendu, est valablement commencée après la huitaine du jugement (C. pr., 257, 258). — 4 déc. 1839. Bourges. J.H. 40. 1. 209.

8. ... L'acte par lequel une partie est appelée pour être présente à l'audition d'un témoin, qu'il y ait ou non avoué en cause, est un véritable ajournement; il y a lieu, par conséquent, d'augmenter le délai à raison des distances (C. pr., 261 et 1033). — 23 juill. 1839. Poitiers. J.H. 39. 1. 295.

9. ... La loi ne fixe pas de délai fatal pour l'admissibilité de la preuve.

Par suite, une demande d'enquête est valablement formée, sans signification préalable, et sur simples conclusions à la barre, contenant l'articulation des faits... (C. pr. civ., 252).

... Sauf aux parties à demander une remise de la cause.

Dans tous les cas, le jugement qui énonce les faits articulés dont il autorise la preuve, équivaut à une mise en demeure à l'égard de celle des parties qui doit reconnaître ou dénier ces faits (C. pr., 252). — 21 juin 1837. Cass. J.H. 37. 1. 272.

10. — *Déposition écrite.* — L'enquête faite devant le juge de paix, par délégation de la Cour, est nulle lorsque les témoins se sont servis de dépositions écrites (C. pr., 271, 272). — 17 août 1839. Orléans. J.H. 40. 1. 119.

11. — *Disposition d'office.* — Lorsqu'une enquête a été déclarée nulle, par la faute de l'huissier, les juges ne peuvent ordonner d'office la preuve des faits sur lesquels portait l'enquête (C. pr., 254, 295). — 20 nov. 1838. Bourges. J.H. 39. 1. 112. — Voy., en sens contraire, 24 avril 1839. Caen. J.H. 39. 1. 242.

12. — *Enquête nouvelle.* — Lorsqu'une enquête a été déclarée non avenue et recommencée (en ce que toutes les parties n'étaient pas en cause), les juges ne peuvent, en aucun cas, autoriser les parties à invoquer le contenu de l'enquête annulée, même à titre de renseignements et sauf à y avoir tel égard que de raison. — 24 déc. 1839. Cass. J.H. 40. 1. 66.

13. — *Fait du juge.* — L'indication du jour pour l'audition du témoin étant le fait du juge-commissaire, s'il est résulté de cette indication faite sur requête de l'une des parties, un délai trop court pour l'assignation à donner à la partie contre laquelle se poursuit l'enquête, et qu'il y ait eu, par suite, annulation de la déposition du témoin, le juge-commissaire est responsable de la nullité et le témoin doit être entendu de nouveau à ses frais (C. pr., 292). — 23 juill. 1839. Poitiers. J.H. 39. 1. 295.

14. — *Indivisibilité.* — L'enquête prématurément commencée est nulle en totalité : en conséquence, les dépositions reçues à l'époque où l'enquête aurait pu être valablement commencée sont anéanties. — 24 avril 1839. Caen. J.H. 39. 1. 242.

15. — *Juge-commissaire.* — Dans le cas où une partie s'oppose à ce qu'il soit procédé à la contre-enquête,

par le motif que l'autre partie est déchue et forclose de ce droit, le juge-commissaire ne peut surseoir à l'audition des témoins assignés, et porter cette demande au tribunal, par voie de référé.

De ce qu'un juge-commissaire qui, à la suite d'un incident, ferait difficulté de rester commissaire à une enquête, a continué, sur l'invitation et du consentement de toutes les parties, de procéder à l'audition des témoins, il n'en résulte pas que l'une de ces parties soit présumée avoir renoncé au droit qu'elle avait d'opposer à l'autre la déchéance de la faculté de faire la contraire enquête.—9 mars 1836. Cass. J.H. 36. 1. 137.

16.—*Juge de paix.* — Le juge de paix commis pour procéder à une enquête est incompétent pour entendre les témoins dans un lieu situé hors de son canton.

L'enquête annulée pour cette cause n'est pas considérée comme annulée par la faute du juge, si en procédant ainsi, il n'a fait qu'obtempérer aux réquisitions des parties (C. pr., 292).—2 janv. 1841. Toulouse. J.H. 41. 1. 199.

17. — *Notification.* — La loi ne prescrit pas, à peine de nullité, que les faits qu'on demande à prouver aient été préalablement notifiés à la partie adverse.—24 juin 1837. Cass. J.H. 37. 1. 272.

18.—*Nullité.*—La nullité résultant de la signification de copies incomplètes faite aux témoins d'une enquête n'est pas couverte par la comparution de la partie lésée, sans réclamation, devant le juge-commissaire, alors surtout qu'avant l'ouverture et avant la clôture du procès-verbal, cette partie s'est réservé de demander la nullité de la procédure et des dépositions des témoins. Il a suffi de ces réserves faites en termes généraux pour repousser l'idée de l'acquiescement (C. pr., 175). — 4 juill. 1839. Nimes.

19.—*Ordonnance d'ouverture.*—L'ordonnance d'ouverture d'enquête, délivrée sur réquisition de l'une des parties, par le juge-commissaire, pendant les délais de l'opposition du jugement qui a ordonné l'enquête, ne constitue pas, dans le sens de la loi, une faute de la part du juge-commissaire.—24 avril 1839. Caen. J.H.39.1.242.

20. — *Procès-verbal.* — Le procès-verbal d'enquête doit, à peine de nullité, exprimer que les témoins ont déposé oralement, et ne se sont pas servis de dépositions écrites (C. pr., 275). — …. Cette forme n'est pas suppléée par l'énonciation faite au procès-verbal que les témoins ont répondu aux demandes du juge et des parties.—17 août 1839. Orléans. J.H. 40. 1. 119.

21.—*Prorogation de délai.*—La demande de prorogation de délai pour la contre-enquête n'emporte pas reconnaissance de la validité de l'enquête, alors surtout que des réserves ont été faites à cet égard sur le procès-verbal.—17 août 1839. Orléans. J.H. 40. 1. 119.

22. — *Ratification.* — La partie qui concourt à l'enquête et en signe le procès-verbal, sans réserves ou avec des réserves générales et de style qui ne peuvent prévaloir contre le fait de l'exécution, n'est plus recevable à invoquer la nullité de l'exploit qui lui a été notifié : mais il en est autrement des exploits notifiés aux témoins par son adversaire et dont elle n'a pu avoir connaissance qu'après l'achèvement de l'enquête (C. pr., 175, 260, 269, 275). —18 mai 1840. Cass. J.H. 40. 1. 186.

23. — *Séparation de corps.* — Dans une demande en séparation de corps, l'enquête ordonnée par jugement rendu par défaut est nulle si elle a été commencée avant l'expiration de la huitaine accordée pour former opposition (C. pr., 155, 257). — 24 avril 1839. Caen. J.H. 39. 1. 242.

24. — *Signification.* — La signification chez l'avoué de la partie d'un arrêt qui ordonne entre autres choses

une enquête, ne fait pas courir le délai de pourvoi en cassation ; il faut absolument pour faire courir ce délai une signification à la *partie,* c'est-à-dire à personne ou domicile (C. pr., 261).

Spécialement : Lorsqu'un arrêt contenant deux dispositions, l'une par laquelle il statue au fond et prononce des dommages-intérêts, l'autre par laquelle il ordonne une enquête pour fixer la quotité des dommages-intérêts, a été signifié à l'avoué, pour procéder à l'enquête, conformément à l'art. 261 C. pr., cette signification ne suffit pas pour faire courir le délai du pourvoi en cassation contre l'arrêt : il faut une signification *à la partie,* c'est-à-dire à personne ou domicile.

Et la circonstance qu'après la signification à l'avoué, les parties auraient procédé à l'enquête sans faire de réserves, ne rend pas celle qui a été condamnée non recevable à se pourvoir contre l'arrêt, sous prétexte qu'elle aurait par là acquiescé à cet arrêt.—23 mars 1835. Cass. J.H. 35. 224. — V. cependant, en sens contraire, 13 juin 1834. Bordeaux. J.H. 35. 106.

25.— L'assignation donnée à une partie pour assister à une enquête doit, alors que cette partie a constitué avoué, être signifiée, à peine de nullité de l'enquête, non à son propre domicile, mais à celui de son avoué (C. pr., 261). — 9 mai 1834. Bordeaux. J.H. 35. 107.

26. — Une enquête est nulle lorsque les copies du jugement signifié aux témoins sont incomplètes, en ce qu'elles n'indiquent pas tous les faits à la preuve desquels l'une des parties a été admise. — 4 juillet 1839. Nimes. J.H. 40. 1. 45.

27. — *Témoin.* — Le témoin reproché pour l'une des causes énumérées dans l'art. 283 C. pr. (serviteur) doit être écarté sans examen par le juge de la valeur de la cause du reproche (C. pr., 283, 284, 291).—22 août 1839. Caen. J.H. 40. 1. 92. — V. cependant 2 juin 1842. Toulouse. J.H. 43. 1. 49.

28. — *Tribunal de commerce.* — Les dépositions des témoins entendus dans une enquête faite devant le tribunal de commerce doivent être rédigées par écrit, lorsque la matière n'est susceptible que du premier ressort. Les motifs du jugement ne peuvent suppléer aux dépositions écrites, exigées dans ce cas par la loi (C. pr., 422). — 9 juillet 1839. Bordeaux. J.H. 40. 1. 108.

**ENREGISTREMENT.** — 1. — *Actes.* — Les actes d'huissiers, les procès-verbaux des gardes forestiers, qui sont nuls lorsqu'ils ne sont pas enregistrés dans le délai de la loi, ne le sont pas lorsqu'ils sont enregistrés dans des bureaux autres que ceux assignés par la loi. —14 nov. 1835. Cass. J.H. 36. 1. 87.

2. — *Action industrielle.* — La cession d'un intérêt dans une société commerciale, faite par acte particulier, n'est passible que du droit de 50 c. pour 100 fr., quoique cet intérêt ne fût pas négociable par voie d'endossement, comme les autres actions. Ici s'applique l'art. 69, § 2, n. 6 de la loi du 22 frim. an 7.—8 fév. 1837. Cass. J.H. 37. 1. 200.

3.—*Amende.*—De ce qu'une assignation à fin de paiement d'effets protestés a été donnée avant que ces effets aient été enregistrés, l'huissier n'encourt pas d'amende, si d'ailleurs il a, dans le délai, présenté à la fois à l'enregistrement les effets, les protêts et les assignations (L. 22 frim. an 7, art. 42, 69, § 2, n. 6).—19 nov. 1834. Cass. J.H. 35. 49.

4. — *Cautionnement.* — Lorsqu'un tiers consent à ce que ses propres immeubles soient affectés à la sûreté du remboursement d'une somme d'argent em-

pruntée par un autre, et cela en faveur d'une personne étrangère, tant à l'emprunteur qu'à ce tiers lui-même, ce cautionnement en immeubles, ou garantie hypothécaire, bien qu'il ne soit pas un cautionnement illimité, dans le sens du Code civil, est néanmoins un *cautionnement pour sommes et objets mobiliers*, dans le sens de la loi du 22 frim. an 7, et, comme tel, il est passible d'un droit proportionnel d'enregistrement de 50 c. p. 0/0, indépendamment du droit à percevoir sur l'obligation principale (L. 22 frim. an 7, art. 69, § 2, n. 8; C. civ., 2011 et suiv.). — 10 août 1836. Cass. J.H. 56. 1. 556.

5. — *Command.* — Lorsqu'un individu s'est rendu adjudicataire, moyennant un prix unique, d'un lot composé de plusieurs parcelles de terre, en se réservant le droit de déclarer un command, la subdivision postérieure du lot et du prix, entre cet adjudicataire et plusieurs commands par lui déclarés, a pu être considérée comme ne constituant pas une revente, et ne donnant pas lieu à un nouveau droit proportionnel, sans que le jugement qui l'a ainsi décidé soit sujet à la censure de la Cour suprème. — 19 août 1835. Cass. J.H. 35. 552.

6. ... La déclaration de command, par cela seul qu'elle a été faite au profit de celui dont l'enchère a précédé immédiatement celle de l'adjudicataire, n'en reste pas moins soumise au droit fixe, et ne doit pas être assujettie au droit proportionnel, comme transmission nouvelle, si d'ailleurs elle a été faite dans les vingt-quatre heures de l'adjudication (LL. 22 frim. an 7, art. 68, § 1, n. 24; 28 avril 1816, art. 44, n. 6). — 26 nov. 1841. Dél. rég. J.H. 42. 1. 98.

7. ... Il n'est pas nécessaire que la déclaration de command qui est faite dans le contrat d'adjudication soit précédée de la réserve de command, et qu'elle soit notifiée dans les vingt-quatre heures. En conséquence elle ne doit pas être soumise au droit proportionnel de revente, alors surtout que du contexte de l'acte ne résulte aucun indice de fraude. — 5 août 1836. Trib. d'Angers. J.H. 37. 2. 22.

8. — *Commune.* — Les acquisitions de gré à gré faites par une commune pour l'alignement d'une rue, conformément au plan arrêté par ordonnance royale rendue en conseil d'État, jouissent de l'exemption des droits d'enregistrement et de timbre (L. 7 juill. 1858; 5 mai 1841, art. 58). — 11 mai 1843. Trib. de Châlons. J.H. 44. 1. 73.

9. — *Expertise.* — Lorsqu'une expertise des biens soumis à des droits de mutation, pour cause de décès, a été demandée par la régie de l'enregistrement, en l'absence d'une déclaration estimative qui lui parût suffisante, et à défaut de baux courants, propres à suppléer à cette déclaration, le redevable ne peut se faire un moyen de cassation contre les jugements qui ont ordonné et homologué l'expertise, soit de ce qu'elle était inutile, parce qu'il existait des marchés authentiques établissant les revenus des biens en nature de bois, soit de ce que les experts ont pris des bases d'estimation arbitraires. — 6 déc. 1836. Cass. J.H. 37. 1. 73.

10. — *Fausse indication.* — La fausse indication faite dans la signification de l'arrêt d'admission, du nom de la personne au profit de laquelle cet arrêt a été rendu, par exemple, en ce que l'exploit porte qu'il a été rendu au profit de la femme du défendeur, au lieu de dire que c'est au profit du demandeur, n'emporte pas, par cela seul, nullité de la signification. — 12 déc. 1842. Cass. J.H. 43. 1. 54.

11. — *Intérêts.* — La condamnation de la régie à la restitution des droits indûment perçus ne doit pas entraîner la condamnation au paiement des intérêts de la somme restituable, à partir de la demande (L. 22 frim. an 7, art. 61). — 26 avril 1836. Cass. J.H. 36. 1. 229.

12. — *Jugement par défaut.* — La restitution du droit proportionnel perçu lors de l'enregistrement d'un jugement par défaut emportant mutation de propriété, ne peut être exigée, alors même que ce jugement est réformé sur l'opposition de la partie défaillante. — 14 janv. 1835. Cass. J.H. 36. 1. 150.

13. — *Mandat spécial.* — Il n'est pas nécessaire que le pouvoir donné par un notaire, pour passer au bureau de l'enregistrement la déclaration de plusieurs ventes de récoltes ou meubles, auxquelles il doit procéder postérieurement, soit spécial pour chaque déclaration (L. 22 frim. an 7, art. 22).

Toutefois, le même mandat ne pourrait servir pour une déclaration qui serait faite un autre jour ou le jour même dans un autre bureau de l'enregistrement, à moins qu'il ne fût en forme authentique, et qu'une copie ou expédition en fût déposée dans chaque bureau, ou annexée à chacune des déclarations faites à des jours différents. — 30 janv. 1838. Délib. de la régie. J.H. 58. 2. 55.

14. — *Meubles.* — Les meubles corporels étant passibles d'un droit spécial de mutation, la vente qui en est faite cumulativement et par le même acte, avec la cession d'un office, doit donner lieu à une évaluation de la part des parties, ou, à défaut, le juge doit ordonner une ventilation propre à établir la valeur des objets corporels, afin d'asseoir la perception du droit proportionnel de mutation. — 26 avril 1836. Cass. J.H. 56. 1. 225.

15. — *Mutation.* — Le jugement portant qu'à défaut par l'une des parties d'opérer la passation d'un acte dans un délai déterminé, le jugement tiendra lieu de vente, emporte mutation de propriété, et donne lieu, par suite, à la perception du droit proportionnel. — 14 janv. 1835. Cass. J.H. 36. 1. 150.

16. — *Office.* — Lorsque, postérieurement à une ordonnance de nomination aux fonctions d'officier ministériel, intervient, et un jugement qui refuse d'admettre le titulaire au serment, par le motif qu'il n'avait pas rempli les conditions de son traité, et une seconde ordonnance prononçant sa déchéance, la restitution des droits perçus sur la première doit être ordonnée, attendu qu'il n'a jamais pris possession de sa charge. — 7 oct. 1834. Dél. du cons. d'adm. J.H. 35. 191.

17. ... Le procès-verbal de non conciliation par lequel un notaire, nommé depuis la loi du 21 avril 1832, se reconnaît débiteur du prix ou de partie du prix de son office dont l'acte de cession n'a point été enregistré, doit être soumis au droit proportionnel d'obligation ou de reconnaissance de somme à 1 pour 100 (LL. 22 frim. an 7, art. 68, § 3, n. 3; 21 avril 1832, art. 34). — 25 août 1836. Sol. régie. J.H. 37. 2. 20.

18. ... Depuis la loi du 21 avril 1832, qui soumet au droit proportionnel de 10 pour 100 du cautionnement les ordonnances de nomination aux offices ministériels, les actes de cession de ces mêmes offices ne doivent plus être assujettis qu'au droit fixe de 1 fr. 10 c. (LL. 22 frim. an 7, art. 4, 14, n. 5, et 69, § 1er; 21 avril 1832, art. 34). — 26 avril 1836. Cass. J.H. 36. 1. 225.

19. ... La loi du 25 juin 1841, qui règle le mode d'enregistrement des cessions d'offices, a créé un droit nouveau, dont l'application ne peut être faite qu'aux contrats consentis *depuis* la promulgation de cette loi, et non à ceux qui ont été consentis (et enregistrés) *antérieurement*, bien que l'ordonnance de nomination soit

intervenue *postérieurement*. — 31 janv. 1843. Cass. J.H. 44. 1. 62. — V., en sens contraire, 28 janv. 1842. Circ. de l'enreg. J.H. 42. 1. 164.

Il importe encore de se référer à une instruction de la régie du 15 juillet 1841, qui commente la loi précitée du 23 juin 1841. — V. J.H. 41. 1. 20.

20. — *Prescription.* — La prescription biennale, concernant les droits d'enregistrement indûment perçus n'est point interrompue par une saisie-arrêt faite entre les mains de la régie de l'enregistrement, alors que les poursuites ont été discontinuées pendant un an, avant l'introduction de l'instance judiciaire. — L'art. 397 C. pr. civ, relatif à la péremption, n'a point dérogé à l'art. 61 de la loi du 22 frim. an 7.

Une demande en réclamation de droits indûment perçus, faite administrativement, n'a pas pour effet d'interrompre la prescription biennale établie par l'art. 61 de la loi du 22 frim. an 7, alors qu'elle a été rejetée. — 14 janv. 1835. Cass. J.H. 36. 1. 50.

21. — *Prêt sur dépôt.* — La loi du 8 sept. 1830 qui réduit à un droit fixe de deux francs le droit proportionnel d'un franc pour cent sur les prêts sur dépôt ou consignations de marchandises, d'effets publics, etc., ne s'applique qu'aux prêts faits à des commerçants, et nullement aux prêts civils (L. 22 frim. an 7, art. 4 et 69, § 3, n. 3). — 5 déc. 1837. Cass. J.H. 38. 1. 20.

22. — *Privilége de second ordre.* — La déclaration faite par le propriétaire d'un journal pour faire acquérir un privilége de second ordre au bailleur des fonds fournis pour son cautionnement, est soumise au droit fixe d'un franc, et non au droit d'obligation (Déc. du 23 déc. 1812, art. 5). — 15 janv. 1841. Trib. de la Seine. J.H. 41. 1. 246).

23. — *Procès-verbal.* — Les procès-verbaux des gardes-champêtres, non enregistrés dans le délai, sont nuls, sans distinction entre ceux qui n'ont qu'un intérêt privé et ceux qui intéressent l'ordre public (L. 22 frim. an 7, art. 54, 70, § 1, n. 4). — 12 mai 1837. Bourges. J.H. 38. 1. 190.

24. — *Purge légale.* — Quoique divers acquéreurs de portions séparées d'immeubles ayant appartenu au même propriétaire aient formé une association en participation pour accomplir la purge légale, les significations faites dans l'intérêt commun par le gérant de la société doivent être soumises à autant de droits qu'il y a d'acquéreurs requérants.... Et l'acte qui nomme le gérant doit être considéré comme un simple mandat passible d'autant de droits qu'il y a de mandants.

Les deux significations faites à la femme et au procureur du roi dans le but d'accomplir la purge légale, étant l'une et l'autre dans l'intérêt de la femme seulement, on ne doit percevoir qu'un seul droit par chaque requérant. — 7 nov. 1834. Dél. du c. d'adm. J.H. 55. 126.

25. — *Qualité.* — Les acquéreurs de divers lots d'un même immeuble vendus par le même acte, qui prétendent qu'en vertu de cet acte, ils ont un droit de passage sur le lot d'un autre acquéreur, et qui se sont réunis pour intenter simultanément leur action contre ce dernier, en déclarant agir comme cointéressés, peuvent valablement être réputés avoir cette qualité vis-à-vis de la régie de l'enregistr.—11 janv. 1842. J.H.Cass.42.1.57.

26. — *Rétrocession.* — Le jugement qui annulle une vente d'immeuble, sur les allégations et l'interrogatoire des parties, desquels il résulte que, dans la réalité, il n'y avait pas de prix stipulé, et que celui contenu au contrat était fictif, donne lieu au droit proportionnel de rétrocession, alors qu'il est reconnu par le jugement que l'acte de vente était régulier dans sa forme extérieure. — 12 nov. 1834. Cass. J.H 55. 51.

27. — *Vente de meubles.* — L'art. 42 de la loi du 21 mai 1834, qui ne soumet qu'au droit de 50 c. par 100 fr. la vente de meubles et marchandises qui se font après faillite, conformément à l'art. 492 C. comm., est applicable au cas même où ces sortes de ventes sont faites par le ministère d'un commissaire-priseur ou tout autre officier public, parce que, d'après l'art. 492 ci-dessus cité, les syndics peuvent vendre, soit par la voie des enchères publiques, par l'entremise des courtiers et à la bourse, soit à l'amiable, à leur choix, quel que soit l'officier public que les syndics choisissent pour opérer la vente. — 4 août 1835. Délib. du cons. d'adm. J.H. 36. 2. 19.

28. — *Ventes publiques.* — Lorsque, dans les ventes publiques de meubles aux enchères, il est stipulé que si les acheteurs ne se libèrent pas dans le délai convenu, ils paieront une indemnité de cinq pour cent de la somme dont ils sont débiteurs, on ne doit pas, pour la perception du droit, ajouter au montant de la vente ces cinq pour cent stipulés seulement en compensation du retard apporté dans le paiement qui représente l'intérêt de la dette, et ne fait point partie du prix. — 19 janv. 1837. Solut. régie. J.H. 37. 2. 32.

**ÉTRANGER.** — 1. — *Autorisation.* — L'étranger qui n'a pas encore obtenu l'autorisation d'établir son domicile en France doit être assigné, à peine de nullité, devant le tribunal du lieu de sa résidence de fait, et non devant le tribunal du lieu où sont situées ses principales propriétés (C. civ., 102 ; C. pr., 59).—9 mai 1835. Paris. J.H. 55. 280.

2. — *Caution.* — L'étranger qui, par voie de la saisie immobilière, poursuit l'exécution d'une obligation contractée envers lui par un Français, n'est pas tenu de la caution *judicatum solvi* (C. civ., art. 16; C. pr., art. 166 et 167). — 5 fév. 1835. Bordeaux. J.H. 55. 241.

3. — *Compétence.* — Il suffit que la créance consentie en pays étranger, par un étranger, au profit d'un étranger, ne soit point un effet de commerce, pour que le Français cessionnaire de cette créance ne puisse diriger en France aucune poursuite contre le débiteur étranger (C. comm., 14; L. 17 avr. 1832, 15). — 15 mars 1835. Paris. J.H. 35. 265.

4. ... L'étranger qui s'est associé avec un Français peut être traduit devant les tribunaux français pour l'exécution des engagements sociaux qu'il a contractés envers ce Français, quels que soient l'objet, le siége et les clauses de la société (C. civ., 14). — 8 juill. 1840. Cass. J.H. 40. 1. 195.

5. ... Les tribunaux français sont compétents pour connaître des contestations relatives à des opérations commerciales consommées en France entre étrangers, bien que l'une des parties soit revêtue de la qualité de consul, si elle a agi dans un pur intérêt privé (C. pr., 420; C. comm., 631).—23 janv. 1841. Montpellier. J.H. 42. 1. 57.

6. ... Un tribunal français est incompétent pour prononcer sur la demande en validité d'une saisie-arrêt formée par un étranger sur un autre étranger, pour cause non commerciale, entre les mains d'un Français ; par suite, la saisie-arrêt elle-même est nulle, et la main-levée doit en être ordonnée par le jugement qui a déclaré l'incompétence. — 24 avril 1841. Paris. J.H. 42. 1. 16.

7. ... Les tribunaux français peuvent se déclarer compétents pour connaître d'une action, même purement personnelle, intentée par un étranger contre des étrangers, en leur qualité d'héritiers d'un Français décédé en France, alors que les biens de la succession sont si-

tués en France, pour la majeure partie, que les actes dont on réclame l'exécution ont été passés en France, et que tous les défendeurs y sont résidants (C. civ., 14). — 28 juin 1854. Paris. J.H. 56. 4. 175.

8. — *Exécution.* — Les tribunaux français sont compétents pour connaître de l'exécution réclamée en France d'un jugement rendu, entre étrangers, par des tribunaux étrangers (C. civ., 2123 ; C. pr. civ., 516). — 17 mai 1856. Paris. J.H. 57. 1. 59.

9. — *Jugements rendus à l'étranger.* — S'il appartient aux tribunaux français de vérifier, quant au fait et quant au droit, le bien jugé d'un jugement étranger, dont l'exécution en France est demandée, cette règle peut être modifiée par traité ou autre loi politique. (Ord. 4629, art. 421 ; C. civ., 2025 ; C. pr., 546).

En vertu de l'art. 22 du traité du 24 mars 1760, conclu entre la France et la Sardaigne, les sentences rendues dans l'un de ces deux pays sont exécutoires dans l'autre, après simple vérification du point de droit.

Ce traité est encore en vigueur, malgré la réunion momentanée de la Sardaigne à la France. — 14 août 1839. Nîmes. J.H. 40. 1. 100.

10. ... Les tribunaux français requis de rendre exécutoire en France un jugement rendu en pays étranger, peuvent examiner de nouveau la contestation, et juger les exceptions comme les moyens au fond.

Les tribunaux civils sont seuls compétents pour prononcer cette exécution, bien que la condamnation ait une cause commerciale.

L'étranger qui demande l'exécution de cette condamnation de nature commerciale n'est pas tenu de fournir la caution *judicatum solvi*, bien que procédant devant un tribunal civil (C. civ., 16). — 22 janv. 1840. Bordeaux. J.H. 40. 205.

11. — *Lettre de change.* — Les tribunaux français sont compétents pour connaître de l'action formée entre étrangers, à fin de paiement d'une lettre de change créée en pays étranger, mais tirée sur un Français.

Toutefois, en cas de faillite du tireur, survenue avant le paiement, les tribunaux français doivent surseoir à prononcer jusqu'à ce que le débat préjudiciel élevé devant les tribunaux étrangers, entre le porteur et les syndics de la faillite du tireur, sur la propriété de la provision, ait été vidé. — 4 janv. 1842. Paris. J.H. 43.1.94.

12. — *Obligation.* — L'étranger, non résidant en France, peut être traduit devant les tribunaux français, à raison de toutes les obligations dont il est tenu envers un Français, sans qu'il y ait lieu de distinguer entre les obligations résultant d'un contrat et celles qui dérivent d'un fait donnant lieu à une action civile (C. civ., 14). — 17 nov. 1834. Paris. J.H. 56. 1. 171.

13. — *Option.* — Le Français qui a actionné devant la juridiction étrangère un étranger qui ne possédait alors aucun bien connu en France, pour obtenir l'exécution d'une obligation, n'est pas déchu de la faculté de saisir de son action les tribunaux français, si, depuis, il est découvert que cet étranger possède des biens en France (C. civ., 14). — 19 juill. 1842. Rouen. J.H. 43. 1. 76.

14. — *Pays réuni.* — Le jugement rendu par le tribunal d'un pays, au temps où ce pays était réuni à la France, ne peut être exécuté en France, sur l'expédition authentique délivrée par le dépositaire des minutes, qu'après avoir été revêtu du *pareatis* délivré par un tribunal français. En conséquence, si le jugement est par défaut, la signification qui en a été faite sans *pareatis* est insuffisante pour faire courir les délais de l'opposition. — 6 déc. 1839. Lyon. J.H. 40. 1. 205.

15. — *Quasi-délit.* — Les obligations d'un étranger envers un Français, pour lesquelles celui-là peut être cité devant les tribunaux français, sont aussi bien celles qui résultent d'un quasi-délit, que celles qui résultent d'un contrat (C. civ., art. 14). — 13 déc. 1842. Cass. J.H. 43. 1. 16.

16. — *Saisie conservatoire.* — L'étranger non domicilié en France, et qui n'y possède ni immeubles, ni établissement, doit être considéré comme *débiteur forain*, et son mobilier est susceptible d'être saisi conservatoirement dans le lieu même de sa résidence (C. pr., 822). — 25 août 1842. Paris. J.H. 43. 1. 135.

17. — *Séparation de corps.* — Les tribunaux français sont incompétents pour connaître d'une demande en séparation de corps formée par une femme française mariée avec un Polonais réfugié ; ils peuvent seulement ordonner les mesures provisoires que nécessite l'instance en séparation de corps. — 25 juin 1836. Paris. J.H. 36.1. 292.

**ÉVOCATION.** — 1. — *Conclusions (absence de).* — La Cour, en annulant un jugement comme ayant prononcé au fond, bien que les parties n'eussent posé des conclusions que sur un incident, peut évoquer le fond, si la cause est en état de recevoir une décision définitive (C. pr., 473). — 22 mai 1840. Bordeaux. J.H. 41. 1. 60. — V., dans le même sens, 1838. Poitiers. J.H. 58. 1. 108.

2. — *Discipline notariale.* — L'évocation, bien qu'il y ait appel pour incompétence, peut avoir lieu dans le cas de l'art. 473 C. pr., même en matière de discipline notariale. — 6 janv. 1835. Cass. J.H. 55. 127.

3. — *Tribunal de commerce.* — Lorsqu'un tribunal de commerce saisi d'une demande s'est borné à se déclarer compétent, la Cour, sur l'appel, peut, en confirmant, retenir la cause et statuer au fond (C. pr., 473). — 25 fév. 1839. Colmar. J.H. 39. 1. 227.

**EXCEPTION.** — 1. — *Acquiescement.* — L'exception d'incompétence *ratione materiæ* n'est pas couverte par l'acquiescement ni même par l'exécution d'un jugement interlocutoire (C. pr., 170, 424). — 21 nov. 1835. Limoges. J.H. 38. 1. 207.

2. — *Algériens.* — Les Algériens ne doivent pas être assimilés à des étrangers, en ce sens qu'ils sont dispensés de fournir la caution *judicatum solvi*, lorsque, d'ailleurs, la contestation est la suite d'autres demandes déjà soumises aux tribunaux français entre les mêmes parties, et pour lesquelles l'exception n'a pas été soulevée. — 2 fév. 1839. Paris. J.H. 39. 1. 424.

3. — *Appel.* — La nullité de l'acte d'appel n'est pas couverte par des conclusions prises par l'intimé tendant à faire déclarer l'appel *non recevable* (C. pr., 175). — 17 juill. 1835. Limoges. J.H. 36. 1. 136.

4. ... L'exception d'incompétence *ratione personæ* ne peut être opposée, pour la première fois, en appel, par l'accepteur anglais d'une lettre de change créée en Angleterre, et négociée à un Français (C. proc., 168, 169). — 10 déc. 1834. Douai. J.H. 36. 1. 21.

5. ... Celui dont le déclinatoire a été rejeté tant en première instance qu'en appel (et alors que l'exception tendait au renvoi devant un tribunal étranger au ressort), est encore recevable à se pourvoir en règlement de juges devant la Cour de cassation (Ord. d'août 1737, art. 19 et 20). — 26 fév. 1839. Cass. J.H. 39. 1. 141. — V., sur une question analogue, 18 nov. 1836. Toulouse. J.H. 37. 1. 359.

6. — *Caution judicatum solvi.* — L'étranger défendeur, qui appelle d'un jugement rendu contre lui, n'est pas tenu de fournir la caution *judicatum solvi* (C. civ., 16 ; C. pr., 166). — 31 janv. 1835. Paris. J.H. 37. 1. 279.

**7.** ... La caution *judicatum solvi* doit être déterminée eu égard aux droits d'enregistrement auxquels le jugement à intervenir peut donner lieu (C. civ., 15, 16). — 12 fév. 1841. Douai. J.H. 41. 1. 200.

**8.** ... Les sujets sardes sont dispensés de fournir la caution *judicatum solvi* par le traité de 1760, qui, à cet égard, est encore en vigueur (C. civ., 17). — 8 fév. 1841. Bastia. J.H. 41. 1. 182.

**9.** ... La caution *judicatum solvi* ne peut être demandée en appel, lorsqu'elle ne l'a pas été en première instance (C. pr., 166). — 20 avril 1833. Bruxelles. J.H. 38. 1. 202. — Jugé au contraire qu'elle peut l'être (C. pr., 166). — 19 mars 1838. Paris. J.H. 38. 1. 205.

**10.** ... La caution *judicatum solvi* ne peut être demandée par un étranger plaidant contre un étranger ; ce droit est un privilége de nationalité, qui ne peut être invoqué que par un Français (C. civ., 16).

Cette exception n'est d'ailleurs pas admise en matière criminelle ou correctionnelle. — 5 fév. 1840. Paris. J.H. 40. 1. 107. — V., en sens contraire de la première partie de cette décision, 30 juillet 1834. Paris. J.H. 35. 110.

**11.** ... Avant l'expiration du délai des réassignations données par suite d'un jugement de défaut-joint, la demande à fin de caution *judicatum solvi* peut être valablement intentée et jugée contre l'étranger demandeur originaire, alors que ce dernier n'a pas invoqué de sursis (C. pr., 153). — 30 juill. 1834. Paris. J.H. 35. 110. — V. encore ci-dessus, 2.

**12.** — *Chemin de fer.* — Lorsqu'une clause de la concession d'une entreprise (chemin de fer) présente de l'obscurité, le tribunal saisi du différend doit, avant de statuer au fond, renvoyer à l'autorité administrative pour ce qui est relatif à l'interprétation. — 1er juill. 1836. Lyon. J.H. 39. 1. 171.

**13.** — *Clause compromissoire.* — Il suffit que, devant le tribunal de commerce, lequel est compétent en matière d'assurances, les parties aient conclu et même fait rendre un jugement interlocutoire sans exciper de la clause qui, en cas de contestation, établissait la juridiction arbitrale, pour que, sur la demande de l'une d'elles, le tribunal ne puisse plus renvoyer la cause à des arbitres..... (C. pr., 173). Et cela, encore bien que cette partie, qui était en état d'interdiction légale, ait été représentée par un curateur. — 7 mars 1835. Rennes. J.H. 56. 1. 176.

**14.** — *Conciliation.* — L'exception tirée du défaut de préliminaire de conciliation est une exception d'ordre public qui ne peut, en conséquence, être couverte par la signification des conclusions au fond. — 10 févr. 1841. Nîmes. J.H. 41. 1. 244.

**15.** — *Créancier inscrit.* — L'exception tirée de ce que le créancier premier inscrit n'a pas été mis en cause sur une demande en distraction, n'est pas péremptoire, mais purement dilatoire, et ne peut être proposée pour la première fois en appel (C. pr., 173, 727). — 5 août 1837. Colmar. J.H. 37. 1. 117.

**16.** — *Date.* — Le défaut de la mention du jour dans la copie de l'acte d'appel signifié à l'intimé, entraîne la nullité de l'acte, comme manquant de date, alors même que tout le mois aurait été utile pour interjeter appel (C. pr. civ., 61). — 31 mars 1835. Bastia. J.H. 35. 183.

**17.** — *Déclinatoire.* — Lorsque le déclinatoire, fondé sur l'incompétence, n'a pas été proposé préjudiciellement et directement, mais seulement parce qu'on déniait la recevabilité de l'action au fond, le juge prononce valablement, par une seule et même décision, sur l'incompétence et sur le fond. — 18 fév. 1835. Cass. J.H. 35. 167.

**18.** — *Défaut de qualité.* — L'exception péremptoire invoquée contre le demandeur, tirée de son défaut de qualité pour agir, peut être opposée en tout état de cause, et lors même que des conclusions au fond auraient déjà été posées. — 15 nov. 1838. Bordeaux. J.H. 39. 1. 207.

**19.** — *Délit forestier.* — Le prévenu d'un délit forestier ne peut pas exciper, pour la première fois, en appel de la nullité de la citation qui lui a été donnée (C. pr., 173; C. for., 172). — 6 janv. 1838. Cass. J.H. 38. 1. 171.

**19 bis.** — *Lettre de change.* — D'après les lois anglaises, celui qui reçoit une lettre de change après son échéance, étant passible de toutes les exceptions d'équité et de justice que l'accepteur pourrait opposer à celui qui en était porteur à l'échéance, et devant, par suite, souffrir la déduction des paiements faits à compte, ces exceptions peuvent être opposées, en France, par l'accepteur anglais, au Français qui a reçu d'un Anglais une lettre de change après son échéance. — 10 déc. 1834. Douai. J.H. 56. 1. 21.

**20.** — *Litispendance.* — Dans le cas où le vendeur d'un meuble, assigné en garantie par son acheteur qui, ayant revendu le même meuble à un tiers, a été actionné par ce dernier, devant le tribunal de son domicile, en nullité de la vente, pour vice dans la chose vendue, a introduit postérieurement, devant un tribunal différent (celui de la livraison du meuble), une instance en paiement de son prix, si la demande en garantie n'avait pour but elle-même que d'obtenir une réduction sur ce prix, c'est le tribunal saisi de cette demande qui doit, comme premier saisi, statuer aussi sur l'action du vendeur garant (C. pr. civ., 59, 181). — 23 fév. 1837. Cass. J.H. 37. 1. 231.

**21.** — *Matière forestière.* — En matière forestière, les tribunaux correctionnels ne peuvent admettre d'exceptions préjudicielles qu'autant *qu'elles sont fondées sur un titre apparent ou sur des faits de possession équivalents.* — 23 juill. 1836. Cass. J.H. 56. 1. 312.

**22.** — *Réserves.* — Pour pouvoir faire valoir dans le cours d'une instance des nullités d'exploit, il faut avoir précisé les vices qu'on lui reproche ; des réserves n'empêchent pas, lorsqu'il y a eu défense au fond, que ces nullités ne soient couvertes, encore bien qu'il s'agisse de mineurs (C. pr., 173). — 18 avril 1838. Cass. J.H. 38. 1. 182.

**23.** — *Saisie.* — Le moyen de nullité opposé contre une saisie, et tiré de ce que le titre du créancier consistant en un jugement par défaut, l'exécution aurait dû être précédée de la notification du certificat de non opposition ni appel, n'affecte pas seulement la forme de la saisie, mais le fond, et par suite n'est pas couvert faute d'avoir été proposé avant toutes défenses ou exceptions (C. pr., 164, 173). — 23 mars 1841. Bourges. J.H. 42. 1. 92.

**24.** — *Séparation de biens.* — Dans une action en nullité d'un jugement de séparation de biens, à défaut d'exécution dans le délai fixé par la loi, la nullité du procès-verbal de carence qui forme cette exécution est tardivement proposée pour la première fois en appel (C. pr., 173). — 25 nov. 1841. Amiens. J.H. 43. 1. 121.

**25.** — *Tribunal de commerce.* — Un tribunal de commerce ne peut, lorsqu'un déclinatoire est proposé devant lui, renvoyer les parties devant arbitres-rapporteurs, pour se régler tant sur le déclinatoire que sur le fond. Ce n'est qu'en ce qui concerne le déclinatoire que le renvoi peut être ordonné (C. pr., 172, 425). — 26 janv. 1839. Paris. J.H. 39. 1. 154.

**EXCÈS DE POUVOIR.** — Le jugement d'un tribunal civil qui, en réformant sur appel une décision du maire,

en matière électorale, se permet de blâmer la conduite
de ce fonctionnaire, en disant *qu'il ne paraît pas avoir
agi avec la maturité et l'impartialité que les citoyens
ont le droit d'attendre d'un administrateur*, encourt
lui-même la censure de la Cour de cassation, comme
s'arrogeant illégalement un droit censorial sur la personne d'un magistrat administratif. — 22 juill. 1840.
Cass. J.H. 40. 1. 248.

**EXÉCUTION. — 1. — *Action*.** — Le créancier, porteur d'un titre paré, peut agir par voie d'action ordinaire, surtout s'il craint que son titre ne soit querellé ;
et le débiteur ne serait affranchi des frais résultant de
cette action qu'autant qu'il serait en mesure ou qu'il of-
frirait de payer sa dette.

L'exception tirée de ce que le créancier, en vertu du
titre paré, aurait dû agir par voie d'action, et non par
voie ordinaire, doit, en tant que dirigée contre le mode
d'exercice du droit, et non contre le droit, être proposée avant toute défense au fond, et non pour la première fois en appel (C. pr., 173). — 17 mars 1837. —
Orléans. J.H. 37. 1. 314.

**2. — *Acte authentique*.** — L'exécution d'une obligation notariée qui, bien que causée pour prêt, est
reconnue par contre-lettre avoir pour cause le solde
probable d'un compte non encore arrêté entre les parties, peut, sur la demande du débiteur et sans recourir à la voie d'inscription de faux, être suspendue jusqu'au règlement définitif du compte (C. civ., 1319 ;
C. pr., 551). — 21 déc. 1836. Cass. J.H. 37. 1. 165.

**3. ...** L'appel d'un jugement, qui annulle une saisie-
arrêt, suffit pour autoriser le tiers-saisi à refuser de
payer son créancier, alors même que ce jugement a été
qualifié en dernier ressort et que des défenses de l'exécuter n'ont pas été obtenues de la Cour royale. — 22
mars 1834. Pau. J.H. 35. 1. 105.

**4. ...** Un arrêt contradictoire de Cour royale ne peut
être exécuté qu'après avoir été signifié à avoué (C. pr.,
147). — 11 juin 1831. Paris. J.H. 35. 1. 28.

**5. — *Clause compromissoire*.** — Il suffit que le créancier hypothécaire à qui son débiteur a donné, par acte
public, le droit de faire vendre, devant notaire, l'immeuble hypothéqué, ait commencé les actes nécessaires, à l'effet de parvenir à cette vente, pour qu'il
soit en droit de continuer ce mode d'expropriation,
nonobstant toute saisie immobilière faite postérieurement par un autre créancier. — 26 nov. 1834. Bordeaux. J.H. 35. 1. 85.

**6. — *Commandement*.** — Le commandement à fin de
saisie immobilière ne fait pas partie de cette saisie et
ne peut être réputé un acte d'exécution (C. pr., 673).
— 21 mars 1834. Agen. J.H. 38. 1. 328.

**7. ...** Un commandement de payer n'est point un acte
d'*exécution*, dans le sens de l'art. 877 C. civ. — En
conséquence, il est valablement fait dans le délai prescrit par cet article et conjointement avec la signification du titre à l'héritier du débiteur, pourvu que les
poursuites ne commencent que huit jours après (C. civ.,
877). — 9 août 1834. Rouen. J.H. 35. 90.

**8. — *Contrat public*.** — La demande relative à l'exécution d'un contrat public en forme exécutoire est une
demande requérant célérité, et qui, par suite, alors
qu'elle a été introduite par une assignation à bref délai,
est de la compétence de la chambre des vacations.

Il suffit que le jugement qui rejette le déclinatoire
proposé par l'une des parties ait ordonné qu'il serait
plaidé sur-le-champ, pour qu'il n'y ait pas lieu de se
conformer aux dispositions de l'art. 150 C. pr. — 26 nov.
1834. Bordeaux, J.H. 35. 85.



**9. — *Enquête*.** — L'art. 147 C. pr. civ. qui veut, à
peine de nullité, que, s'il y a avoué en cause, le jugement ne puisse être exécuté qu'après avoir été signifié à avoué, s'applique à l'exécution de toute sorte
de jugements ; et, *spécialement*, à celle du jugement
qui nomme un juge-commissaire pour procéder à une
enquête, en remplacement d'un autre juge antérieurement délégué dans le même but, alors même que les
préliminaires d'ouverture d'enquête auraient été déjà
remplis sous ce premier juge.

En conséquence, et dans ce cas, si le demandeur fait
signifier l'ordonnance du nouveau juge-commissaire
pour assigner les témoins, en même temps que le jugement qui l'a nommé en remplacement, il suit de là
que cette ordonnance constitue une exécution du jugement de nomination, et que l'enquête doit être annulée
en totalité, même y compris les actes d'ouverture de
l'enquête (C. pr. civ., 259). — 18 janv. 1837. Cass. J.H.
37. 1. 197.

**10. — *Procès-verbal de carence*.** — Un procès-verbal
de carence n'emporte pas exécution d'un jugement par
défaut, s'il n'a pas été précédé d'une signification à
personne ou domicile, encore bien que, sur la déclaration fausse du porteur que la partie condamnée n'a-
vait plus son domicile au lieu où il a été dressé, la
signification du jugement ait été faite au procureur du
roi (C. pr., 159). — 7 déc. 1836. Cass. J.H. 37. 1. 67.

**11. — *Référé*.** — Encore bien qu'il s'agisse de l'exécution d'un acte authentique, le juge des référés a le
droit d'apprécier les motifs sur lesquels le débiteur se
fonde pour demander la nullité de l'acte, et d'ordonner, dans le cas où ces motifs pourraient en paralyser
l'effet, que les poursuites seront provisoirement discontinuées (C. civ., 1319). — 29 fév. 1836. Paris. J.H.
36. 1. 122.

**12. — *Séparation de corps*.** — La Cour royale qui,
en infirmant un jugement de première instance, prononce une séparation de corps et de biens, et par voie
de conséquence, ordonne la liquidation de la communauté qui a existé entre les époux, peut retenir l'exécution de son arrêt et commettre un de ses membres
pour procéder à cette liquidation (C. civ., 822, 1476 ;
C. pr., 59, 472). — 25 nov. 1840. Cass., J.H. 41. 1. 80.

**13. — *Signification*.** — La possession de vive force,
prise par le légataire particulier d'une maison d'habitation, en vertu d'un jugement confirmé par arrêt, est
illégale, lorsque le légataire a signifié aux exécuteurs
testamentaires résistants, non pas le jugement, mais
l'arrêt confirmatif. — 29 fév. 1840. Bordeaux. J.H.
41. 1. 23.

**14. ...** L'arrêt qui ne fait que refuser une remise de
cause, et ordonner aux parties de plaider au fond,
peut être exécuté sans avoir besoin d'être signifié. —
13 mai 1838. Cass. J.H. 38. 1. 225.

**15. ...** Le jugement homologatif de la liquidation
d'une succession rendu sans contestation et en la chambre d'un conseil sur la requête collective de toutes les
parties, parmi lesquelles se trouve un mineur représenté par son tuteur, doit être signifié conformément
aux art. 147 et 444 C. pr., soit à l'avoué, soit au tuteur
ou subrogé-tuteur, préalablement à son exécution
contre un tiers, et reste soumis à l'égard de ce dernier, à l'accomplissement des formalités prescrites par
l'art. 548 du même Code. — 10 août 1838. Paris. J.H.
38. 1. 272.

**16. — *Testament olographe*.** — Il suffit que l'expédition régulière et authentique d'un testament olographe constate que la minute existe dans un dépôt public,
pour que son exécution n'en puisse être suspendue jus-

qu'à la représentation de la minute..... Dans ce cas, l'apport de la minute ne peut être mis à la charge de l'héritier institué (C. civ., 1354). — 9 août 1834. Toulouse. J.H. 55. 75.

17. — *Tiers.* — Les *tiers* contre lesquels un jugement par défaut ne peut être exécuté sans la notification préalable du certificat de non opposition ni appel, sont ceux auxquels le jugement ordonne quelque chose à faire par eux ou à leur charge, et non les tiers-détenteurs poursuivis hypothécairement (C. pr., 164, 548).

En conséquence, à supposer que l'exercice de l'action hypothécaire par le créancier porteur d'un jugement par défaut, puisse être considéré, au respect du tiers-détenteur, comme un acte d'exécution de ce jugement, celui-ci n'est pas un *tiers*, dans le sens de l'art. 164 C. pr., auquel il soit nécessaire de notifier un certificat de non opposition ni appel. — 23 mars 1841. Bourges. J.H. 42. 1. 92.

**EXÉCUTION FORCÉE.** — Les revenus des immeubles dotaux ne peuvent être saisis, après le décès de la femme mariée sous le régime dotal et séparée de biens, à raison des obligations par elle consenties, pour le fait de son administration, depuis sa séparation (C. civ., 1554 et 1571). — 1er déc. 1834. Cass. J.H. 55. 162.

**EXÉCUTION PROVISOIRE.** — 1. — *Appel.* — L'intimé peut demander, en appel, l'exécution provisoire du jugement qu'il n'a point demandée en première instance (C. pr., 458, 464). — 27 sept. 1838. Paris. J.H. 39. 1. 262. — Voy., dans le même sens, 16 août 1835. Bordeaux. J.H. 38. 1. 512. — Voy. encore 7 avril 1837. Poitiers. J.H. 37. 1. 351.

2. .... La Cour ne peut accorder des défenses à l'exécution provisoire d'un jugement par défaut, lorsqu'elle n'a pas été saisie par un appel régulier (C. pr., 459). — 7 nov. 1840. Paris. J.H. 41. 1. 157.

3. — *Bordereau de collocation.* — Le jugement qui statue sur des exécutions faites en vertu d'un bordereau de collocation attaqué par tierce-opposition ne peut ordonner l'exécution provisoire comme y ayant titre authentique (C. pr., 155). — 24 fév. 1835. Montpellier. J.H. 55. 1. 515.

4. — *Caution.* — Lorsque le tribunal de commerce a ordonné l'exécution provisoire de son jugement, sans caution, quoique le titre eût été contesté, la prohibition portée dans l'art. 647 C. comm. n'empêche pas la Cour saisie de l'appel d'imposer à l'intimé, préalablement au jugement du fond, de n'exécuter qu'à charge de caution (C. comm., 647; C. pr., 439). — 17 déc. 1838. Aix. J.H. 59. 1. 191.

5. ... L'exécution provisoire sans caution d'un jugement du tribunal de commerce, a pu être valablement ordonnée, alors que la contestation avait roulé non pas sur le titre en lui-même, mais sur la question de savoir quel était le propriétaire du titre (C. pr. civ., 439). — 26 nov. 1834. Rennes. J.H. 35. 1. 174.

6. — *Consul.* — L'acte passé en France devant un consul étranger entre deux étrangers, doit être considéré comme acte authentique par les tribunaux français; et, par suite, ceux-ci ont pu, en se fondant sur un pareil acte, ordonner l'exécution provisoire et sans caution de leur jugement (C. civ., 546, 1317). — 6 avril 1835. Rennes. J.H. 56. 1. 31

7. — *Contrainte par corps.* — L'exécution provisoire et sans caution d'un jugement, bien qu'il y ait titre authentique, ne peut être ordonnée en ce qui concerne la contrainte par corps (C. civ., 2068; C. pr., 155, 459, 160). — 6 avril 1835. Rennes. J.H. 56. 1. 31.

8. — *Demande nouvelle.* — L'exécution provisoire ne peut être demandée pour la première fois en appel (C. pr., 458, 464). — 27 août 1840. Montpellier. J.H. 41. 1. 153.

9. — *Dépositaire.* — Le paiement fait par un dépositaire, et spécialement par la caisse des dépôts et consignations, en vertu d'un simple jugement exécutoire par provision, n'est pas valable, si ce jugement vient à être réformé sur appel; et, par suite, le dépositaire qui a ainsi indûment payé doit être condamné à payer une seconde fois entre les mains de la partie qui est jugée en définitive avoir seule droit aux fonds déposés, alors surtout qu'il avait reçu, avant le paiement, une notification officielle de l'acte d'appel. Aucune loi particulière ne déroge à ces principes relativement à la caisse des dépôts et consignations. — 25 mai 1841. Cass. J.H. 41. 1. 211.

10. — *Disposition d'office.* — L'art. 135 C. pr. n'autorise pas le juge à ordonner *d'office* l'exécution provisoire sans caution, dans les cas qu'il prévoit : il faut que cette exécution soit *demandée.* — 16 août 1833. Bordeaux. J.H. 38. 1. 522.

11. — *Écriture reconnue.* — Il suffit que l'écriture d'acte sous-seing privé, en vertu duquel une action est dirigée, ait été tenue pour reconnue aux termes de l'art. 194 C. pr., pour que l'exécution provisoire doive être ordonnée (C. pr., 135). — 7 avril 1837. Poitiers. J.H. 37. 1. 351.

12. — *Jugement par défaut.* — On peut sur l'opposition à un jugement par défaut déclaré exécutoire par provision, demander préalablement et séparément au tribunal la rétractation de la disposition relative à l'exécution provisoire (C. pr., 157, 159). — 10 juin 1834. Bruxelles. J.H. 55. 11.

13. — *Opposition.* — L'opposition formée contre un jugement dont l'exécution provisoire a été ordonnée nonobstant opposition ou appel, remet tout en question devant le tribunal, même l'exécution provisoire. — 7 nov. 1840. Paris. J.H. 41. 1. 137.

14. — *Ordre.* — Les jugements rendus en matière d'ordre ne sont pas susceptibles d'exécution provisoire, nonobstant appel (C. pr., 235, 749). — 23 juill. 1842. Bordeaux. J.H. 43. 1. 28.

15. — *Promesse reconnue.* — L'exécution provisoire, dans le cas où il y a promesse reconnue, doit bien être ordonnée par le juge, lorsqu'elle est demandée, mais elle ne peut être suppléée d'office (C. pr., 134). — 7 juin 1836. Bordeaux. J.H. 37. 1. 286.

16. — *Testament public.* — Le testament public contre lequel une action en nullité est dirigée, n'en conserve pas moins légalement le caractère d'un acte authentique dont l'exécution provisoire sans caution doit être admise par les tribunaux (C. civ., 155). — 19 août 1835. Bordeaux. J.H. 56. 1. 149.

17. — *Titre authentique.* — L'art. 135 C. pr., en prescrivant aux juges d'ordonner l'exécution provisoire de leurs jugements, sans caution, lorsqu'il y a titre authentique, suppose le cas seulement où le condamné a été partie dans l'acte : dès qu'il y est étranger, l'article devient inapplicable. — 28 août 1832. Bordeaux. J.H. 39. 1. 515. — V., dans le même sens, 25 mai 1839. Rouen. J.H. 39. 1. 320.

18. ... L'exécution provisoire sans caution doit être ordonnée lorsque les contestations élevées contre le titre authentique non attaqué par la voie du faux principal ou incident, ont été écartées par les premiers juges qui en ont reconnu la validité (C. pr., 155). — 1er sept. 1840. Bordeaux. J.H. 41. 1. 156.

**EXPERTS—EXPERTISE.** — 1. — *Délai.* —Le délai

accordé pour procéder à une expertise est seulement comminatoire (C. pr., 315). — 25 janv. 1836. Pau. J.H. 36. 1. 289.

2. — *Enquête.* — De ce qu'entre autres modes prescrits à un juge par un tribunal pour constater l'état des lieux, il lui est enjoint d'entendre les anciens du pays, la mission qui lui est conférée ne constitue pas moins une expertise, et non une enquête, et, par suite, elle n'est pas susceptible de l'application de l'art. 261 C. pr. — 19 juill. 1837. Cass. J.H. 37. 1. 310.

3. — *Expert unique.* — L'art. 302 C. pr., par ces expressions, *lorsqu'il y aura lieu*, etc., prévoit deux cas, celui où l'expertise est demandée par les parties, et celui où elle se trouve prescrite par la loi ; c'est à ces deux cas seulement que s'applique l'art. 303 qui exige trois experts ; mais, hors ces cas, les tribunaux qui veulent s'éclairer sur un point de fait obscur ou douteux peuvent d'office nommer un seul expert ( C. pr., 302, 303). — 8 mars 1837. Colmar. J.H. 39. 1. 101.

4. — *Licitation.* — L'expertise pour parvenir à la licitation d'un immeuble indivis entre un majeur et des mineurs, doit être faite par trois experts, et non par un seul, à peine de nullité (C. civ., 466, 824 ; C. pr., 503, 909, 971). — 18 août 1834. Colmar. J.H. 35. 234.

5. — *Marchandises.* — Les marchandises dans le cas des art. 106 C. de comm. et 429 C. pr. peuvent être vérifiées par un seul expert. — 24 déc. 1833. Colmar. J.H. 35. 83.

5 bis. — *Mandataires.* — Les experts peuvent-ils être considérés comme les mandataires des parties ? — 9 août 1837. Cass. J.H. 37. 1. 331.

6. — *Matière domaniale.* — L'exécution d'un jugement qui ordonne, en matière domaniale, une expertise entre un particulier ayant avoué et l'État qui n'en a pas constitué, peut être poursuivie par l'État, sur simple signification faite à sa partie adverse, et sans signification préalable à avoué (C. pr., 315, 261). — 19 juill. 1837. Cass. J.H. 37. 1. 310.

7. — *Nomination.* — En cas d'absence du président du tribunal de commerce, c'est au juge le plus ancien de ce tribunal, et non au juge de paix, qu'appartient la nomination des experts chargés de vérifier l'état des marchandises qu'un destinataire refuse de recevoir du voiturier. — Cette nomination ne doit être faite par le juge de paix, qu'autant qu'il n'existe pas de tribunal de commerce dans la localité où naît la contestation (C. comm., 106). — 24 déc. 1833. J.H. 35. 83.

8. ... Il suffit qu'en exécution d'un arrêt qui désigne des experts, lesquels procéderont, dans le cas où les parties nommeraient pas dans un certain délai, ces parties aient elles-mêmes nommé les experts, pour qu'elles soient non recevables à se faire un moyen de ce que la Cour royale aurait ordonné l'exécution de son arrêt, avant même qu'il eût été signifié (C. pr., 447, 305). — 2 mars 1836. Cass. J.H. 36. 1. 269.

9. — *Nouvelle expertise.* — L'arrêt qui ne contient que des dispositions interlocutoires et qui ordonne, par exemple, une seconde expertise, sans porter atteinte à une autre déjà existante, à l'effet de constater des usurpations et entreprises sur un cours d'eau, ne lie point les juges pour l'avenir, et n'empêche pas l'appréciation ultérieure soit des réglements locaux, soit des titres produits par les parties. — 22 juin 1836. Cass. J.H. 36. 1. 313.

10. — *Nullité.* — La partie qui a demandé la nullité d'une expertise, en se bornant à conclure à ce qu'il fût procédé par un nouvel expert, dans les termes de l'arrêt ordonnant l'expertise, n'est plus recevable à se

prévaloir de la nullité de cet arrêt. — 19 juill. 1837. Cass. J.H. 37. 1. 310.

11. — *Récusation.* — Le délai de trois jours pour la récusation d'un expert nommé d'office ne commence à courir que du jour de la signification à partie du jugement (C. pr., 305, 308, 309).

Les experts peuvent être récusés par des motifs autres que ceux pour lesquels les témoins peuvent être reprochés.

Spécialement, un expert a pu être récusé comme étant le géomètre toujours employé par la compagnie qui se trouve en cause, comme ayant voté dans une délibération prise par celle-ci, et qui a donné lieu au procès, et comme étant le mandataire habituel de l'un des membres de cette compagnie. — 9 déc. 1834. Aix. J.H. 35. 68.

12. — *Remplacement.* — Le remplacement d'un expert pour cause de décès ou empêchement, étant un simple fait matériel, doit être demandé, non point dans les formes prescrites pour les incidents, mais bien par simple requête signifiée à l'avoué de la partie adverse (C. pr., 316). — 4 juin 1835. Colmar. J.H. 36. 1. 175.

13. — *Renvoi.* — La Cour royale qui, infirmant un jugement, ordonne une expertise sur des bases autres que celles indiquées par ce jugement, a pu renvoyer la cause et les parties devant le même tribunal, alors que ce tribunal se compose de deux chambres, et que les juges devant lesquels l'affaire est renvoyée sont autres que ceux qui en avaient déjà connu (C. pr., 472). — 22 juin 1836. Cass. J.H. 36. 1. 313.

14. — *Serment.* — Un expert, nommé dans le cas de l'art. 106 C. comm., a cette qualité du moment de sa nomination par le juge. — En conséquence, il peut, s'il y a urgence, fixer le jour de son opération, avant d'avoir prêté serment (C. pr., 315). — 24 déc. 1833. Colmar. J.H. 35. 83.

15. — *Signification.* — Le jugement qui ordonne une expertise peut être signifié et exécuté sur simple extrait et sans rédaction préalable de qualités (C. pr., 142). — 19 juill. 1837. Cass. J.H. 37. 1. 310.

16. — *Sommation.* — La sommation dont la notification est prescrite par l'art. 315 C. pr. civ., pour faire connaître à la partie absente le jour et l'heure de l'opération des experts, est une formalité substantielle dont l'omission annule le rapport.

La sommation peut seule donner une connaissance légale de l'opération des experts. — 25 janv. 1836. Pau. J.H. 36. 1. 289.

**EXPLOIT.** — 1. — *Acte d'avoué.* — Les actes d'avoué à avoué doivent-ils, à peine de nullité, contenir les formalités prescrites pour les exploits, et notamment être faits à personne ou domicile ? *Rés. aff.* — ... 1837. Dissert. J.H. 37. 2. 41.

2. — *Administration publique.* — L'acte d'appel signifié aux administrateurs des hospices d'une ville, en la personne du receveur de cette administration, en son domicile, est nul si les bureaux de l'administration ne se trouvent pas en ce domicile (C. pr., 69, 555). — 3 juill. 1838. Nîmes. J.H. 40. 1. 29.

3. ... La remise de la copie d'un exploit adressé à une administration est dûment constatée, bien que le *parlant à* ne soit rempli que sur l'original, si, d'ailleurs, cet original est revêtu du visa de l'employé qui a reçu la copie (C. pr., 61). — 21 juin. 1843. Cass. J.H. 44. 1. 52.

4. — *Affiche.* — Lorsque deux tribunaux différents, tels que le tribunal civil et le tribunal de commerce, sont établis dans le même bâtiment, et qu'indépendamment de la porte d'entrée particulière à chacun d'eux, on ar-

rive à leur prétoire par une porte extérieure qui leur est commune, on doit considérer cette dernière porte comme la porte principale de l'un et de l'autre de ces tribunaux, et, par suite, c'est là que doit être affichée la copie de l'exploit signifié à une personne n'ayant ni domicile, ni résidence connus, soit que cet exploit appartienne au tribunal de commerce ou au tribunal civil (C. pr., 69, § 8).—Dans ce cas, l'affiche n'est pas moins valable, quoique l'exploit désigne la porte principale où elle a été faite comme appartenant au tribunal qui ne doit pas connaître de l'action.—23 déc. 1840. Cass. J.H. 41. 1. 75.

5. — *Algérie.* — En Algérie, les nullités d'exploit et d'actes de procédure sont facultatives pour le juge, qui peut, suivant les circonstances, les accueillir ou les rejeter (Ord. du 10 août 1834, art. 59). — 25 janv. 1839. Cass. J.H. 39. 1. 148.

6. — *Appel.* — La nullité d'un acte d'appel ne saurait résulter de ce que l'avoué constitué dans cet acte a été désigné sous le nom de Brune Loume, au lieu de l'avoir été sous celui de Bruno Deloume, si, d'ailleurs, cette énonciation suffit pour faire connaître l'avoué désigné (C. pr., 61).—7 mars 1854. Toulouse. J.H. 36. 1. 97.

7. ... L'acte d'appel d'un jugement rendu au profit d'une personne demeurant à l'étranger, doit à peine de nullité, être signifié au parquet du procureur-général de la Cour saisie de l'appel, et non au parquet du procureur du roi près le tribunal qui a rendu le jugement (C. pr., 69, 456).—6 août 1841. Colmar. J.H. 42. 1. 89.

8. ... L'exploit d'appel contenant constitution d'un avoué qui avait cessé d'exercer ses fonctions par suite de sa démission, a pu être déclaré valable, par le motif que celui qui avait constitué cet avoué n'avait pu connaître sa démission, et était de bonne foi (C. pr. civ., 61, 1030).—16 mai 1836. Cass. J.H. 57. 1. 22.

9. ...L'exploit d'appel dont la constitution d'avoué est ainsi conçue : *constitue pour son avoué près la Cour royale de Caen, rue Guillaume-le-Conquérant,* est nul (C. pr., 61).—5 avril 1840. Caen. J.H. 40. 1. 183.

10. ...L'omission, dans un acte d'appel, de la demeure d'un huissier, alors que cet huissier est le même qui avait signifié, à la requête de l'intimé, le jugement à l'appelant, n'est pas une cause de nullité de l'appel (C. pr. civ., 61). — 15 avril 1837. Cass. J.H. 57. 1. 257.

11. ...L'exploit d'appel doit, à l'égard des individus domiciliés à l'étranger, être signifié, à peine de nullité, au parquet du procureur-général de la Cour royale où l'appel est porté, et non au procureur du roi du tribunal qui a rendu le jugement (C. pr., 69, 456).—Et la nullité n'est pas réparée par une assignation régulière donnée depuis en vertu d'un arrêt de défaut profit-joint. — 26 mai 1834. Nancy. J.H. 38. 1. 270.

12. ... L'appel interjeté contre une personne établie à l'étranger doit être notifié au domicile du procureur-général près la Cour royale qui doit connaître de l'appel et non au procureur du roi du tribunal qui a rendu le jugement (C. pr., 69, n. 9).

Un acte d'appel qui n'indique pas le délai est nul, encore bien qu'il ne soit que la réitération d'un précédent appel vicieux et dont le délai se trouvait même expiré (C. pr., 61, n. 1). — 6 janv. 1835. Pau. J.H. 35. 1. 331.

13. ... L'acte d'appel ne doit pas, à peine de nullité, contenir l'exposé des griefs contre le jugement frappé d'appel... (C. pr. civ., 456 et 462).—4 déc. 1834. Rennes. J.H. 55. 177.

14. ...L'acte d'appel contenant constitution d'un avoué démissionnaire n'est pas nul s'il est constant que cette constitution d'avoué est le résultat d'une erreur invo-

lontaire qu'il n'a pas dépendu de l'appelant d'éviter (C. civ., 1109, 2056 ; C. pr., 6).—20 juill. 1838. Limoges. J.H. 39. 1. 199.

15. ...Est nul l'acte d'appel signifié à un intimé domicilié à plus de trois myriamètres de distance du lieu où siège la Cour, si le délai n'y est indiqué qu'en ces mots : *pour comparaître huitaine franche après la date de l'exploit, et jours suivants, s'il est nécessaire.*—15 avril 1839. Toulouse. J.H. 39. 1. 193.

16. ... L'acte d'appel avec cette date irrégulière *l'an mil huit, le 15 juillet...* est nul (C. pr., 61).—14 mars 1840. Limoges. J.H. 40. 1. 197.

17. ... L'énonciation, dans la copie d'un acte d'appel, qu'assignation est donnée à l'intimé *dans le délai,* sans que cette expression soit suivie de celle-ci : *de la loi,* ou de termes équipollents, entraîne la nullité de l'appel (C. pr., 456, 72). — 16 nov. 1836. Bordeaux. J.H. 40. 1. 46.

18. — *Appel incident.* — L'appel incident formé par simples conclusions contre des parties qui n'ont pas constitué avoué sur l'appel principal, ne doit, pas plus que toutes autres demandes incidentes formées ou conclusions nouvelles prises dans le cours de l'instance, être signifié aux défaillants à personne ou domicile (C. pr., 337, 443).—17 avril 1839. Cass. J.H. 39. 1. 180.

19. — *Arbitrage.* — La sommation faite aux arbitres partagés, de se réunir au tiers-arbitre dans le cas de l'art. 1018 C. pr., n'est pas légale quand elle indique le moment de la réunion à moins de 24 heures.

Dans le cas où le jour de la comparution est exprimé à la fois dans une sommation à plusieurs personnes, par le jour de la semaine et le quantième du mois, si la concordance entre ces deux indications est erronée, l'arrêt qui constate, en fait, que cette double date erronée a empêché la comparution simultanée des personnes appelées, et considère, par suite, la sommation comme non avenue, ne commet aucune violation de la loi (C. pr., 61).—4 avril 1838. Cass. J.H. 38. 1. 200.

20.—*Bref délai.*—La partie assignée à bref délai, en vertu d'une ordonnance du président, fondée sur ce que la cause requiert célérité, est recevable à prétendre devant le tribunal que l'assignation est nulle, parce qu'il n'existait pas des motifs d'urgence, suffisants pour dispenser le demandeur du préliminaire de la conciliation (C. pr., 48, 49, 72). — L'appréciation des motifs d'urgence, qui appartient discrétionnairement au président pour autoriser l'abréviation du délai de l'ajournement, ne lui appartient pas de même pour dispenser le demandeur du préliminaire de la conciliation (C. pr., 49, 72).—2 mai 1840. Cass. J.H. 40. 1. 175.

21. ...Est nulle l'assignation donnée en vertu d'une ordonnance portant permis d'assigner à bref délai, dans laquelle le président a omis de commettre un huissier (C. pr., 808).—29 août 1838. Bourges. 59. 1. 17.

22. — En cas d'urgence, le président peut abréger le délai des distances, comme il peut abréger les délais ordinaires de l'assignation. — 9 juill. 1839. Riom. J.H. 40. 1. 90.

23. ...Bien que la citation à bref délai fixe le jour auquel les parties doivent comparaître, la cause peut être appelée et jugée aux audiences suivantes, si la Cour n'a pu s'en occuper au jour indiqué, lorsque, d'ailleurs, la citation porte : *jours et heures suivants.*—14 déc. 1839. Bastia. J.H. 40. 1. 14.

24.—*Cassation.*—L'exploit contenant citation devant la chambre civile de la Cour de cassation a pu être valablement remis au défendeur, *parlant au sieur........ chez lequel il demeure, ou du moins où se trouve son dernier domicile* (C. pr., 61).—23 nov. 1835. Cass. J.H. 36. 1. 59.

25. ... La signification d'un arrêt d'admission est valablement faite au domicile du défendeur, indiqué par ce dernier, dans la signification de l'arrêt attaqué, alors qu'aucun acte postérieur à cette dernière signification n'a pu faire connaître au demandeur en cassation le changement de résidence ou de domicile du défendeur, et que, lors de la signification de l'arrêt d'admission, celui-ci ayant été simplement déclaré absent à l'huissier qui s'était rendu à son domicile primitif, l'officier ministériel a, sur le refus des voisins, remis la copie au maire qui en a donné récépissé et signé l'original.—5 mai 1837. Cass. J.H. 37. 1. 223.

26. ... Aucune loi ne défend de comprendre dans le même exploit la signification d'un arrêt de cassation et l'assignation donnée en exécution de cet arrêt. — 19 fév. 1840. Cass. J.H. 40. 1. 85.

27. ... Lorsque le défendeur à un pourvoi décède postérieurement à l'arrêt d'admission, la signification de cet arrêt à l'héritier, au lieu de sa résidence, faite et reçue comme au lieu de son domicile, est valable, alors qu'il n'est constaté par aucune pièce produite que, dans le délai fixé pour la signification, le demandeur ait connu le véritable domicile de cet héritier (C. pr., 59). —17 avril 1837. Cass. J.H. 37. 1. 242.

28. ... La signification d'un arrêt d'admission doit contenir exactement les noms et prénoms de la partie à laquelle la signification est faite.

Il n'est pas nécessaire, pour la validité de la signification de la copie d'un arrêt d'admission, que cette copie porte la signature de l'avocat constitué à la Cour de cassation; il suffit que cet avocat soit désigné dans la signification et que la signature de l'huissier se trouve au bas de l'exploit.—12 mars 1839. Cass. J.H. 39. 1. 93.

29. ... Lorsqu'une partie n'a ni domicile ni résidence connus, la copie de l'exploit, contenant tout à la fois signification d'un arrêt par défaut de la Cour de cassation et assignation devant la Cour de renvoi, doit être laissée au parquet du procureur-général près cette dernière Cour, et non au parquet du procureur-général près la Cour de cassation (C. pr., 69, § 8).—La validité de l'assignation emporte, alors, validité de la signification de l'arrêt par défaut, la régularité de l'exploit contenant l'une et l'autre étant indivisible. ... Par suite, le délai de la demande en restitution contre l'arrêt par défaut court à partir de cet exploit.—19 fév. 1840. Cass. J.H. 40. 1. 85.

30. — Lorsque, sans faire connaître les motifs de son appréciation, une Cour royale valide un exploit en se bornant à dire que ses énonciations remplissent le vœu de la loi, il appartient à la Cour de cassation d'examiner le mérite de ce motif, sur le vu de la simple copie de l'exploit produite devant elle, et de décider, d'après la teneur de cette copie, que l'exploit manque d'une des conditions prescrites pour sa validité. — 2 mars 1841. Cass. J.H. 41. 1. 114.

31. ... La signification d'un arrêt d'admission, faite à la requête d'une personne décédée, est nulle; par suite, le pourvoi est non recevable. — 9 déc. 1834. Cass. J.H. 55. 113.

32. ... L'arrêt qui refuse d'accorder une remise de cause présentée verbalement peut être attaqué en cassation, sans qu'il soit besoin de produire l'expédition de cet arrêt.—14 mai 1838. Cass. J.H. 38. 1. 225.

33. ... Le pourvoi en cassation, formé contre un arrêt après le délai légal, est recevable si cet arrêt, bien que signifié à avoué, ne l'a pas été au domicile du demandeur.—15 août 1840. Cass. J.H. 40. 1. 157.

34. ... Aucune loi ne prescrit la forme et le lieu des significations à faire des arrêts par défaut rendus par la Cour de cassation contre des parties qui n'ont ni domicile ni résidence connus. — 19 fév. 1840. Cass. J.H. 40. 1. 85.

35. — *Changement d'état.* — La signification de l'arrêt d'admission faite aux défendeurs en cassation, conformément aux indications contenues dans l'exploit par lequel ces derniers avaient eux-mêmes signifié au demandeur le jugement ou arrêt attaqué, est valable, même à l'égard de ceux qui ont été assignés dans la personne de leur tuteur, quoique majeurs, s'ils étaient dits mineurs dans la signification du jugement. Mais lorsqu'un changement d'état s'est opéré dans la personne de l'un des défendeurs, et que, par exemple, une femme s'est mariée depuis l'arrêt attaqué, la signification de l'arrêt d'admission, qui n'est pas faite au mari en même temps qu'à la femme, est nulle, si toutefois le demandeur n'a pu ignorer ce changement d'état comme dans le cas où c'est la régie de l'enregistrement qui a formé le pourvoi.—30 mars 1841. Cass. J.H. 41. 1. 181.

36. — *Colonie.* — Lorsqu'un mandataire général a été constitué dans les colonies par un Français résidant dans la métropole, à l'effet de répondre à toute demande qui pourrait être formée contre le mandant, ce dernier est valablement assigné dans la personne et au domicile de ce mandataire, sans qu'il soit nécessaire d'observer alors le délai prescrit pour l'ajournement devant les tribunaux de la colonie d'une personne habitant le territoire continental de la France (C. pr., 68, 69, 70, 73).— 14 fév. 1842. Cass. J.H. 42. 1. 156.

37. — *Commune.* — Un exploit ne peut être valablement signifié à une commune parlant à la personne du juge de paix, qu'autant que l'huissier a préalablement constaté l'absence, non seulement du maire, mais encore des adjoints et de tous les conseillers municipaux (C. pr., 69; LL. 28 pluv. an 8, art. 13, et 21 mars 1831, art. 5).—11 déc. 1834. Colmar. J.H. 35. 175.

38. ... L'exploit signifié à une commune doit, en cas d'absence du maire, être remis, à peine de nullité, non à l'adjoint, mais bien au juge de paix ou au procureur du roi (C. pr., art. 69). — 17 déc. 1834. Nîmes. J.H. 35. 279.

39. ... L'exploit d'assignation laissé, pour la commune, à un conseiller municipal, sans qu'il soit légalement constaté que le maire et l'adjoint sont réellement absents, est nul (C. pr., 69, § 5). — 4 juill. 1836. Bordeaux. J.H. 38. 1. 314.

40. ... La signification d'un arrêt d'admission à une commune n'est pas nulle, en ce que, dans la copie donnée au maire, le *parlant à* est laissé en blanc, lorsque l'original constate que la copie a été remise au maire, et que le maire a visé cet original (C. pr., 59).— 25 janv. 1837. Cass. J.H. 37. 1. 208.

41. ... Si l'action intentée contre une commune est mixte, le demandeur n'est pas obligé d'obtenir au préalable l'autorisation du conseil de préfecture.— 24 juill. 1835. Pau. J.H. 36. 1. 211.

42. ... La signification d'un jugement à une commune, quoique non visée par le maire, fait courir contre elle les délais de la requête civile (C. pr., 69, 70; 1059.)—28 avr. 1835. Cass. J.H. 38. 1. 99.

43. ... *Communication de pièces.* — La nullité de l'exploit introductif d'instance est couverte par l'exception de communication de titres.—3 janv. 1840. Bourges. J.H. 41. 1. 58.

44. ... La nullité d'une assignation est couverte par la demande en communication de pièces formée par le défendeur.—25 fév. 1834. Bourges. J.H. 35. 91.

**45.** — *Conciliation.* — Le procès-verbal de non conciliation, dressé trois jours après la citation donnée à Sisteron à un individu domicilié à Paris, est nul, encore que cette citation aurait été donnée au défendeur, parlant à sa personne, rencontrée dans la ville où siége le Juge de paix (C. pr., 48, 1033).—21 fév. 1837. Cass. J.H. 37. 1. 193.

**46.** — *Constitution d'avoué.* — La fausse indication de la demeure d'un avoué constitué n'emporte pas nullité de l'acte d'appel (C. pr., 456). — 9 déc. 1840. Bourges. J.H. 42. 1. 130.

**47.** ... Est nul l'acte d'appel qui contient élection de domicile chez un avoué sans contenir de constitution d'avoué (C. pr., 456, 6). — 31 déc. 1840. Poitiers. J.H. 42. 1. 132.

**48.** ... Un exploit d'appel contenant constitution d'un avoué décédé ne doit pas être annulé, si l'appelant a ignoré le décès (C. pr., 61, 456).—17 mars 1836. Colmar. J.H. 37. 1. 337.

**49.** ... La constitution d'avoué, dans un exploit d'appel, résulte suffisamment de l'élection de domicile faite dans cet acte, chez un avoué exerçant près la Cour d'appel, et de la signification d'une copie de pièces donnée en tête de l'exploit et signée par cet avoué.— 17 août 1836. Paris. J.H. 37. 1. 189.

**50.** ... L'acte d'appel est nul si la partie a, par erreur, constitué pour son avoué un avoué postulant au tribunal de première instance du lieu où siége la Cour, bien que postérieurement, mais après le délai de l'appel, elle ait rectifié cette erreur en constituant un autre avoué postulant à la Cour (C. pr., 61, 456). — 17 juill. 1838. Bastia. J.H. 38. 1. 261.

**51.** ... Une constitution d'avoué ne couvre pas la nullité de l'exploit introductif d'instance, alors qu'elle contient des réserves.—9 déc. 1834. Cass. J.H. 35. 115.

**52.** ... La déclaration faite par l'appelant dans l'acte d'appel, qu'il élit domicile chez un avoué exerçant près la Cour, n'équivaut pas à la constitution d'avoué, que l'acte d'appel doit contenir sous peine de nullité (C. pr., 61. 456).—31 déc. 1840. Poitiers. J.H. 41. 1. 146.

**53.** ...L'acte d'appel dans lequel l'appelant a constitué pour avoué une personne non revêtue de cette fonction (un avocat) est nulle, et cette nullité n'est pas réparée par la constitution régulière d'un avoué, faite par acte séparé de l'exploit d'appel, surtout en dehors de l'acte d'appel (C. pr., 61).—24 juill. 1840. Toulouse. J.H. 41. 1. 24.

**54.** — *Copie.* — La preuve de la remise de la copie à personne ayant qualité pour la recevoir peut s'induire des termes de l'exploit, bien que le contraire soit littéralement mentionné, et la nullité qui résulterait du défaut de remise est couverte par des actes de procédure qui prouvent que l'assigné a eu en temps utile connaissance de l'exploit (C. pr., 61, 68).—27 juin 1835. Douai. J.H. 36. 1. 337.

**55.** — *Copie séparée.* — Lorsque plusieurs héritiers sont assignés dans une cause, il doit, à peine de nullité, être signifié au domicile réel, comme au domicile élu, autant de copies qu'il y a de parties, encore que ces héritiers aient agi indivisément (C. pr., 68 et 584). — 14 déc. 1852. Agen. J.H. 59. 1. 508.

**56.** ... L'exploit d'appel signifié par une seule copie aux deux époux est nul, lorsqu'il s'agit dans la cause des droits immobiliers de la femme (C. comm., 1428, C. pr., 68, 70, 261). — 10 janv. 1840. Rennes. J.H. 40. 1. 184.

**57.** ...L'exploit de signification d'un arrêt d'admission, portant qu'une seule copie a été laissée à Joseph L..... et à Léonarde V..., son épouse, *parlant à sa personne,*

n'est pas nul par défaut d'indication de la personne à laquelle la copie a été remise, quand les autres énonciations de l'exploit font connaître que l'huissier a voulu désigner la personne du mari (C. pr., 61).—29 janv. 1840. Cass. J.H. 40. 1. 11.

**58.** ... La signification des actes d'une instance relative aux biens de la communauté est valablement faite au mari seul, quoique la femme soit aussi partie dans cette instance (C. civ., 2421). — Même arrêt que ci-dessus.

**59.** ... La signification d'un jugement sur contredit d'ordre, faite par copie unique à l'avoué occupant à la fois pour le mari et la femme séparés de biens, et dont les intérêts sont distincts, est insuffisante pour faire courir les délais de l'appel : ici ne s'applique par l'art. 760 C. pr. (C. pr., 760, 763). — 12 juill. 1843. Cass. J.H. 43. 1. 170.

**60.** ... La signification d'un arrêt d'admission est valablement faite à des époux communs en biens, et à raison d'un procès où la communauté est engagée, en une seule copie remise au mari, parlant à sa personne. —27 mars 1838. Cass. J.H. 38. 1. 177.

**61.** ...Lorsque la femme est citée en justice comme solidairement obligée avec son mari, les exploits et actes de procédure doivent être signifiés au mari et à la femme par copies séparées (C. civ., 1424, 1428, 1431).

..... Une seule copie donnée au mari suffit lorsque la femme est assignée pour une action relative à la communauté ou à l'administration de ses biens. — 18 fév. 1839. Colmar. J.H. 39. 1. 240.

**62.** ... L'exploit signifié en une seule copie à deux époux ayant un intérêt commun, est valable, quoiqu'il énonce que la copie a été remise aux époux, *parlant à leurs personnes,* sans dire quel est celui des époux qui a reçu cette copie, la loi ne prononçant pas de nullité pour ce cas (C. pr., 61, 1030).—21 déc. 1840. Cass. J.H. 41. 1. 79.

**63.** ... L'exploit d'ajournement, et spécialement l'acte d'appel, signifié au mari et à la femme *par une seule copie,* est nul, alors qu'il s'agit au procès d'un *immeuble propre* à la femme (C. civ., 1428; C. pr., 68, 70, 1050). —24 mars 1841. Cass. J.H. 41. 1. 177.

**64.** ... La signification faite à deux époux non séparés, par copie unique remise au mari, est valable, quoiqu'il s'agisse des biens dotaux de la femme dont le mari a l'administration. — 23 janv. 1835. Bordeaux. J.H. 55. 305.

**65.** ... L'acte d'appel signifié en une seule copie au mari et à la femme, doit être déclaré nul, si le mari et la femme, quoique mariés sous le régime de la communauté, ont deux intérêts distincts, comme dans le cas où il s'agit des droits immobiliers de la femme (C. civ., 1428; C. pr., 61, 68, 69, 456).—15 juin 1842. Cass. J.H. 42. 1. 177.

**66.** ... L'acte d'appel d'un jugement qui prononce la séparation de corps de deux époux est valablement signifié à la requête du mari, au domicile que M. le président du tribunal a indiqué à sa femme pour résider pendant l'instance en séparation.

Cette signification est, par suite, régulière, lorsque l'huissier a laissé sa copie à ce domicile en parlant à un domestique de la femme.—........ 1837. Dissert. J.H. 37. 2. 36.

**67.** ... Lorsque, de fait, un mari et sa femme mineure ont tous deux été mis en cause, le jugement obtenu contre eux ne peut valablement leur être signifié que par copie distincte.—29 avr. 1839. Cass. J.H. 39. 1. 168.

**68.** — *Décès.* — Comment doit être notifié un exploit lorsque la partie à qui la copie est destinée vient de décéder, et que l'huissier n'a pas le temps de rechercher les héritiers, son exploit devant être signifié absolument le jour où il apprend le décès de cette partie?—... 1856. Dissert. J.H. 56. 2. 54.

69.... La signification d'un arrêt d'admission faite *à la requête d'un individu décédé* cinq mois auparavant, est nulle, malgré la bonne foi de l'avocat à la Cour qui a fait préparer les copies ; et, par suite, le pourvoi est non recevable, si cette signification n'a pas été renouvelée dans les délais utiles au nom des héritiers.—19 déc. 1857. Cass. J.H. 58. 1. 5.

70. ... La citation donnée au nom d'une personne décédée ou au nom de ses héritiers collectivement, sans autre désignation, est nulle (C. pr., 61). — 8 fév. 1859. Aix. J.H. 59. 1. 166.

71.... Le pourvoi formé contre une partie décédée depuis l'arrêt attaqué, et qui, nonobstant son décès, a seule été désignée, soit dans l'arrêt d'admission, soit dans l'exploit de notification de cet arrêt, soit dans l'assignation devant la chambre civile, doit être déclaré non recevable à l'égard de ses héritiers, qui sont constamment restés personnellement étrangers aux divers actes de la procédure devant la Cour suprême.—26 fév. 1840. Cass. J.H. 40. 1. 98.

72. — *Défenses au fond.* — La nullité d'un exploit d'ajournement, pour défaut de l'une des formalités prescrites par l'art. 61 C. pr. civ., est couverte par les défenses au fond du défendeur.—2 mars 1857. Cass. J.H. 57. 1. 209.

73. — *Demande principale.* — La demande tendant au paiement des intérêts d'un prix de vente, formée dans le cours d'une action principale en rescision de cette vente, doit être considérée comme destructive, et non comme accessoire de cette dernière, et, par suite, comme constituant une demande principale, laquelle doit être formée, non par acte d'avoué à avoué, mais par exploit à personne ou domicile (C. pr. civ., 357).— 14 avr. 1856. Cass. J.H. 56. 1. 270.

74. — *Désignation.* — L'exploit d'ajournement qui, sans indiquer expressément la nature et les tenants de l'immeuble litigieux, en donne néanmoins au défendeur une connaissance quelconque, remplit suffisamment le vœu de l'art. 64 C. pr.—24 juill. 1855. Pau. J.H. 56. 1. 241.

75. ... Le défaut de mention expresse, dans un ajournement, des tenants et aboutissants de l'immeuble litigieux, n'entraîne pas la nullité de l'exploit, si d'ailleurs l'immeuble est désigné de manière que le défendeur n'ait pu se méprendre (C. pr., 64). — 6 déc. 1857. Cass. J.H. 58. 1. 12.

76. — *Distance.*—L'acte d'appel portant assignation à comparaître après la *huitaine franche* est valable, bien qu'il n'indique pas expressément l'augmentation du délai à raison des distances (C. pr., 456).—31 mars 1858. Limoges. J.H. 59. 1. 60.

77.... Donner assignation dans un acte d'appel à comparaître le huitième jour après la date du présent, augmenté d'un jour par chaque trois myriamètres de distance, c'est suffisamment remplir le vœu de la loi (C. pr., 61, 72, 456, 1030). — 25 févr. 1855. Cass. J.H. 35. 471.

78. ... Le délai fixé par l'art. 73 C. pr., pour les ajournements donnés à des personnes domiciliées à l'étranger étant calculé à raison des distances, ne peut jamais être réduit par le juge.—17 nov. 1840. Cass. J.H. 41. 1. 59.

79. — *Délai.* — Le pouvoir accordé au juge de permettre, en cas d'urgence, d'assigner à bref délai ne l'autorise point à abréger le délai fixé à raison des distances

(C. pr., 72, 1035).— 17 nov. 1840. Cass. J.H. 41. 1. 59.

80. — *Domicile.* — La déclaration du portier qu'un individu n'a pas son domicile dans la maison, alors que, dans la réalité, il y a son domicile, ne suffit pas pour rendre valable la signification faite pour cet individu au procureur du roi (C. pr., 61).—7 déc. 1856. Cass. J.H. 57. 1. 67.

81.... L'acte d'appel dont la copie est ainsi formulée : « A la requête de..... juge de paix du canton d'Aubenas, » sans exprimer que l'appelant est domicilié au même lieu, est nul (C. pr., 61 et 456). — 19 janv. 1842. Nîmes. J.H. 42. 1. 255.

82. ... Jugé de même.—18 janv. 1857. Nîmes. J.H. 57. 1. 515.

83. .... Lorsqu'un huissier s'étant présenté au domicile précédemment occupé par un individu, il lui a été répondu, non que cet individu fût absent, mais que depuis « un certain temps (environ neuf mois), il avait quitté ce domicile et qu'on ne savait ce qu'il était devenu, » on doit réputer ce domicile inconnu, et, par suite, l'huissier doit, à son égard et pour la remise de l'exploit, se conformer, non à l'art. 68 C. pr., mais à l'art. 69, § 8 du même Code. En conséquence, si, au lieu d'afficher la signification d'un jugement correctionnel rendu par défaut, à la principale porte du tribunal, et d'en remettre copie au procureur-général, l'huissier a remis l'exploit au maire qui l'a visé conformément à l'art. 68, il contrevient à l'art. 69, § 8. — 11 août 1842. Cass. J.H. 45. 1. 50.

84. .... En matière de société, l'assignation peut être donnée aux différents associés, en la personne du gérant de la société au domicile de celui-ci, encore bien que quelques-uns des associés demeurent à l'étranger (C. pr., 69, § 6).—14 déc. 1859. Bastia. J.H. 40. 1. 14.

85.... Le changement d'habitation d'une personne, et la déclaration faite à l'huissier par le concierge, qu'il ignore le nouveau logement, n'assimile pas cette personne à celles qui sont réputées n'avoir pas de domicile connu ; en conséquence, l'exploit d'appel signifié au parquet de la Cour de cet ancien domicile, au lieu d'avoir été remis au maire de la commune, est nul.... En tous cas, c'est au parquet de la Cour saisie de l'appel que la copie de l'exploit eût dû être laissée. — 29 nov. 1859. Nîmes. J.H. 40. 1. 145.

86... La mention, faite dans un exploit signifié au parquet, que celui auquel est destinée la copie n'a ni domicile, ni résidence connus en France, n'est que l'expression de l'opinion de l'huissier et non la constatation, par cet officier ministériel, d'un fait matériel soumis à sa vérification (C. pr., 69). Par suite, la Cour royale peut, sans violer la foi due aux actes authentiques, déclarer que cette énonciation était erronée et anéantir l'effet des actes ainsi signifiés (C. civ., 1319).—10 janv. 1845. Cass. J.H. 45. 1. 142.

87. ... Lorsque le domicile d'un individu n'a pu être trouvé par suite des précautions qu'il a prises depuis longtemps pour laisser ignorer sa résidence, il peut être considéré comme n'ayant ni domicile, ni résidence connus, et, dès lors, la signification qui lui est faite au parquet du procureur du roi est valable (C. pr., 69, § 8).—23 déc. 1840. Cass. J.H. 41. 1. 73.

88.... L'appel est valablement signifié au lieu reconnu par le jugement même dont est appel pour être le domicile de l'intimé, nonobstant l'appel incident interjeté par l'intimé sur le chef du jugement relatif au domicile (C. pr., 68, 456).—3 janv. 1840. Bourges. J.H. 41. 1. 58.

89. ... L'acte d'appel doit, comme tout ajournement,

faire connaître le domicile de l'appelant, à peine de nullité (C. pr., 61, 456).

La mention du jugement de première instance contenue dans l'acte d'appel ne peut suppléer l'absence de l'énonciation du domicile de l'appelant, alors que ce jugement n'a été signifié qu'à l'avoué. — 1er mars 1841. Cass. J.H. 41. 1. 144.

90. ... La personne à laquelle une copie est remise en l'absence de la partie assignée de son domicile, doit être elle-même domiciliée ou résidante dans la même maison ; ainsi, le fait d'avoir remis la copie à un frère de l'assigné, qui se trouvait dans ce moment au domicile de ce dernier, constitue une nullité radicale (C. pr., 68, 456). — 24 août 1834. Poitiers. J.H. 35. 232.

91. ... L'exploit signifié au domicile d'une partie, et dont la copie a été remise au parent de cette partie, est régulier, encore bien que ce parent ne soit pas domicilié avec la partie assignée, et qu'il ne se soit trouvé là que par hasard. — 14 mai 1838. Cass. J.H. 38. 1. 225.

92. ... Un arrêt d'admission est valablement notifié au domicile indiqué par le défendeur dans la signification de l'arrêt attaqué, alors même que celui-ci aurait changé de domicile, sans toutefois en faire la déclaration légale, et qu'il aurait fait connaître son nouveau domicile dans quelques actes de procédure relatifs à une autre instance engagée contre la même partie. — 30 mars 1836. Cass. J.H. 38. 1. 77.

93. ... La signification d'un exploit, et, par exemple, celle d'un jugement, est régulière lorsque la personne à qui on l'a faite ayant quitté le domicile qu'elle avait conservé pendant tout le cours de l'instance, sans faire de déclaration de changement de domicile à la mairie de son ancien domicile, l'huissier s'est présenté à cet ancien domicile, s'est rendu, sur le dire du concierge que l'assigné n'y demeurait pas, à la mairie, pour s'y informer s'il avait fait une déclaration de changement, et a ensuite, sur une réponse négative, affiché une copie de son exploit à la porte du palais, et laissé une deuxième copie au parquet du procureur du roi (C. pr., 69, § 8). Par suite, le pourvoi en cassation formé après l'expiration de trois mois, à partir d'une telle signification est non recevable. — 28 nov. 1837. Cass. J.H. 38. 1. 85.

94. ... L'intimé ne peut se prévaloir de ce que son domicile est inexactement indiqué dans l'acte d'appel, lorsque lui-même avait commis cette inexactitude dans la signification de l'ordonnance sur référé, qui est l'objet de l'appel (C. pr., 68). — 24 fév. 1834. Poitiers. J.H. 35. 79.

95. — *Double indication.* — Il y a lieu d'annuler l'exploit contenant assignation devant le conseil de préfecture, et, pour le cas où le défendeur déclinerait la compétence administrative, assignation aux mêmes fins et pour le même jour devant le tribunal civil (C. pr., 59, 61). — 10 nov. 1840. Cass. J.H. 41. 1. 35. — V., en sens contraire, 17 déc. 1836. Angers. J.H. 38. 1. 289.

96. — *Erreur matérielle.* — L'erreur matérielle dans un exploit, consistant en ce que l'on a mis un nom au lieu d'un autre, dans la partie de l'acte où il est question de la remise de la copie, n'est pas une cause de nullité, alors surtout qu'il est établi que la partie a reçu cette copie et en a fait usage en temps utile. — 20 juin 1838. Cass. J.H. 38. 1. 244.

97. — *Fabrique.* — L'acte d'appel signifié au président d'une fabrique, en son domicile, n'est pas nul, s'il n'est pas constant que la fabrique ait un bureau ouvert pour recevoir les actes qui peuvent lui être signifiés. — 2 juill. 1839. Nîmes. J.H. 40. 1. 61.

98. ... L'assignation donnée à la requête du trésorier d'une fabrique, *en son nom et comme trésorier*, est réputée donnée au nom de la fabrique elle-même, et en conséquence est valable, bien que le requérant ait déclaré agir et se porter fort pour les administrateurs de la fabrique (Décr. 30 déc. 1809, art. 79). — 26 déc. 1840. Rouen. J.H. 41. 1. 206.

99. ... Les fabriques des églises étant des établissements publics, dans le sens de l'art. 69 C. pr. civ., l'exploit signifié à cette fabrique, dans la personne de son trésorier, doit être visé par celui-ci, à peine de nullité (C. pr. civ., 69, 70). — 8 janv. 1836. Paris. J.H. 36. 1. 187.

100. — *Femme mariée.* — La signification d'un arrêt d'admission, faite à une femme mariée, sous son nom de fille, plusieurs mois après son mariage, est nulle... ; et la déchéance du bénéfice de l'admission doit être prononcée, encore bien qu'avant l'arrêt de la chambre civile, mais plus de trois mois après l'arrêt d'admission, le mari aurait été lui-même assigné devant la chambre civile. — 29 nov. 1836. Cass. J.H. 37. 1. 76.

101. — *Garde nationale.* — La signification du jugement d'un conseil de discipline, faite au domicile du prévenu, est valable, et suffit pour faire courir les délais, quoiqu'il aurait fait lui-même signifier, six semaines auparavant, au secrétaire du conseil une déclaration de changement de domicile faite à la mairie et un acte constatant le paiement d'arrhes pour un voyage, s'il ne produit pas, d'ailleurs, de décision du conseil de recensement ou du jury de révision l'ayant rayé des contrôles, ni la preuve de son départ. — 30 mai 1835. Cass. J.H. 37. 1. 32.

102. — *Heure.* — Une signification ne peut être annulée en ce qu'elle aurait été faite avant ou après les heures déterminées par l'art. 1037 C. pr. ; seulement l'huissier est passible d'amende. — 27 janv. 1837. Bordeaux. J.H. 38. 1. 270.

103. — *Huissier.* — L'huissier qui ne rencontre au domicile qu'un parent de la partie, lequel refuse de recevoir la copie de l'exploit, doit, à peine de nullité de l'acte, s'adresser à un voisin avant de recourir au maire ou adjoint (C. pr., 68, 70). — 18 juin 1838. Nancy. J.H. 39. 1. 37.

104. ... Le défaut de mention dans un exploit de la demeure de l'huissier instrumentaire ne peut entraîner la nullité de cet acte, alors que les différentes énonciations contenues dans l'exploit empêchent de se méprendre sur la capacité et l'identité de l'huissier (C. pr., 61). — 12 fév. 1835. Lyon. J.H. 35. 268.

105. ... L'exploit d'appel dans lequel l'huissier instrumentant se borne, au lieu d'indiquer sa demeure, à mentionner, qu'il est huissier-audiencier près un tribunal, n'est pas nul (C. pr., 61). — 5 juin 1835. Toulouse. J.H. 36. 1. 116.

106. — *Huissier (signature de l').* — A défaut de signature de l'huissier instrumentaire sur la copie d'un exploit d'appel, cet exploit est nul (C. pr., 61). — 30 mai 1838. Rennes. J.H. 38. 1. 255.

107. — *Immatricule.* — L'absence de l'immatricule de l'huissier, dans la signification d'un jugement d'avoué à avoué, n'est pas une cause de nullité (C. pr., 61). — 23 nov. 1840. Montpellier. J.H. 41. 1. 184.

108. — *Indivisibilité.* — Il suffit, en matière indivisible, qu'il y ait un exploit d'appel régulier et signifié en temps utile à l'un des intimés, pour que la nullité des exploits signifiés aux autres intimés, ayant le même intérêt, se trouve couverte. — 15 avril 1839. Toulouse. J.H. 39. 1. 193.

109. — *Inscription de faux.* — L'inscription de faux, contre un exploit, fondée sur ce que cet acte énoncerait faussement qu'il a été remis à personne, ne peut

être rejetée, sous prétexte qu'il serait constant que l'huissier n'a pas agi frauduleusement. — 11 avril 1837. Cass. J.H. 57. 1. 241.

110. — *Interligne.* — A la différence des actes notariés, les interlignes insérés sans approbation, dans les copies des exploits d'huissier, ne sont pas nuls, et ne portent aucune atteinte à la validité de l'exploit, lorsque d'ailleurs la copie est conforme à l'original. Il en serait différemment de l'interligne inséré dans l'original, sans que les mots ainsi introduits se trouvassent dans la copie. — 2 mai 1840. Toulouse. J.H. 40. 1. 207.

111. — *Jury.* — L'omission sur la copie de la signification de la liste des jurés à l'accusé, de la date à laquelle cette signification a été faite, est une cause de nullité, bien que l'original soit régulier (C. inst. cr., 395). — 5 mars 1836. Cass. J.H. 36. 1. 215.

112. — *Maire.* — Lorsque l'huissier, qui se présente chez un citoyen pour lui signifier un acte de son ministère, trouve cet individu à son domicile, mais que celui-ci, par menaces, le contraint à remporter la copie qui lui était destinée, il procède régulièrement, en remettant cette copie au maire de la commune. — ... 1837. Dissert. J.H. 37. 2. 5.

113. ... L'exploit refusé (par un serviteur) au domicile de la partie à laquelle il est signifié, doit, à peine de nullité, être présenté au voisin avant d'être remis au maire, et cela encore bien que la partie fût *décédée* antérieurement, et non pas seulement *absente* de son domicile (C. pr., 68, 70). — 14 fév. 1843. Cass. J.H. 43. 1. 109.

114. ... Lorsque l'huissier n'a trouvé personne au domicile de la partie, il doit, à peine de nullité, constater qu'il a présenté la copie de l'exploit au voisin, avant de la remettre au maire (C. pr., 68, 70). — 29 mars 1841, Montpellier. J.H. 42. 1. 138.

115. ... Lorsque, dans le cas prévu par l'art. 68 C. pr., la copie de l'exploit est remise au maire qui vise l'original, l'huissier est tenu de faire mention, sur cette copie, du *visa* de ce fonctionnaire, sous peine de nullité de l'exploit (C. pr., 68, 70). — 7 mars 1836. Aix. J.H. 36. 1. 265.

116. ... Les pouvoirs et les fonctions de maire passant, de plein droit, en cas de vacance ou d'absence, à l'adjoint, celui-ci a qualité pour recevoir et viser, en l'absence du maire, une assignation donnée à la commune. L'art. 69, § 5 C. pr. ne contient pas, à cet égard, une dérogation aux principes de la perpétuité des pouvoirs administratifs, ni aux lois spéciales concernant les municipalités. — 24 août 1836. Cass. J.H. 36. 1. 315.

117. — *Matière criminelle.* — L'omission de la désignation du domicile du prévenu dans la copie d'une citation remise à sa personne à la requête de l'administration forestière, n'est pas une cause de nullité de la citation (C. pr., 61). — 29 mars 1838. Nîmes. J.H. 38. 1. 296.

118. ... Les assignations en police correctionnelle ne sont assujetties, quant à l'énonciation de l'objet des poursuites, à aucune formalité spéciale. — 17 sept. 1841. Cass. J.H. 42. 1. 82.

119. ... La citation donnée au prévenu par la partie civile n'est pas nulle pour n'avoir pas été remise à personne ou domicile, si l'assigné a comparu sur cette citation, et qu'il soit, par là, devenu certain que la citation lui est parvenue (C. pr., 68 et 70; C. inst. cr., 182, 183 et 184). — 29 mai 1843. Poitiers. J.H. 45. 1. 160.

120. ... Une citation en simple police ne peut être annulée en ce qu'elle n'indique au prévenu ni le jour ni



l'endroit où la contravention qui lui est imputée a eu lieu. — 28 fév. 1839. Cass. J.H. 39. 1. 252.

121. ... L'orfèvre, à la charge duquel il a été constaté par un procès-verbal qu'il n'avait pas inscrit sur son registre des objets d'or ou d'argent par lui achetés, ne peut être relaxé sous le prétexte que l'assignation ne contiendrait pas ce chef de poursuite, alors que la régie l'a formellement relevé dans ses conclusions (L. 19 brum. an 6, art. 74). — 17 sept. 1841. Cass. J.H. 42. 1. 82.

122. ... La notification d'un jugement, prononcé contre un individu qui a déserté son domicile, doit, comme dans le cas où le condamné n'a pas de domicile connu, être faite au parquet du procureur du roi (C. pr., 69). — 27 août 1836. Paris. J.H. 57. 1. 185.

123. ... L'erreur commise dans la notification de l'arrêt et de l'acte d'accusation, sur le nom de la personne homicidée, ne donne point ouverture à cassation, si, dans la copie de l'arrêt et de l'acte d'accusation, donnée en même temps à l'accusé, cette erreur n'existe pas (C. inst. cr., 243). — 9 avril 1835. Cass. J.H. 36. 1. 281.

124. ... Une citation en simple police, en réparation d'injures, qui énonce le fait de la plainte, est suffisamment libellée, quoiqu'elle n'indique pas le jour et le lieu où ces faits se sont passés. — 21 janv. 1836. Cass. J.H. 36. 1. 185.

125. ... Un exploit en matière correctionnelle n'est pas suffisamment libellé, et se trouve, par suite, nul, lorsque le prévenu d'outrages envers un maire est cité comme « prévenu d'avoir le... outragé par paroles tendantes à inculper l'honneur et la délicatesse de M. le maire de... et d'avoir ainsi outragé ce magistrat dans l'exercice de ses fonctions, et à l'occasion de cet exercice. » Il est nécessaire, pour la validité de l'exploit, de spécifier les faits (C. inst. cr., 183).

Lorsque les juges déclarent nulle la citation, en matière correctionnelle, ils peuvent relaxer purement et simplement le prévenu de l'action, encore bien qu'il n'y aurait pas conclu (C. inst. cr., 182). — 23 juill. 1835. Cass. J.H. 37. 1. 145.

126. ... Se borner à dire, dans une citation directe en diffamation, *que le prévenu aura à répondre sur les interpellations qui lui seront faites*, ce n'est pas se conformer suffisamment au vœu de l'art. 183 C. inst. cr., et cela quoique, dans la citation, on se référerait à une plainte qui aurait été déposée au greffe, mais sans que rien constatât ce dépôt. — 21 août 1835. Cass. J.H. 35. 351.

127. ... La nullité de l'art. 70 C. pr. s'applique aux exploits en matière correctionnelle, lesquels dans ce cas sont insuffisants pour faire courir les délais d'opposition ou autres.

128. ... L'arrêt qui valide une signification par affiche et qui constate néanmoins que le condamné a exercé dans un lieu désigné des fonctions publiques révocables (celles de greffier de la justice de paix), doit être cassé en ce que l'exercice de pareilles fonctions étant, jusqu'à preuve contraire, légalement présumé translatif de domicile, c'était, au siége de ses fonctions que devait, à peine de nullité, être faite la signification sus-énoncée (C. civ., 103; C. pr., 69). — 24 mai 1835. Cass. J.H. 38. 1. 97.

129. ... L'exploit d'assignation, fait à la requête de l'administration des forêts, qui ne contient pas l'énonciation des faits, est valable, alors que le prévenu a reçu copie du procès-verbal dressé contre lui. — 19 décembre 1834. Cass. J.H. 35. 449.

130. ... Une citation en police correctionnelle donnée à un délai exagéré, et, par exemple, en matière forestière, du 18 janv. *pour comparaître au* 30 nov., tandis qu'aux termes de l'art. 184 C. inst. cr., il suffit d'un intervalle de trois jours entre la citation et le jugement,

est néanmoins valable : il était loisible au prévenu d'anticiper ce délai ( C. for., 487 ; C. inst. cr., 184 ; C. pr., 1050 ). — 26 déc. 1842. Orléans. J.H. 43. 1. 452.

131. ... Le militaire en activité de service, poursuivi correctionnellement pour s'être fait admettre comme remplaçant, quoiqu'il fût marié, doit être assigné à son corps et non au domicile qu'il avait avant son départ ( C. inst. cr., 182 ; C. pr., 68 ). — 8 janv. 1834. Pau. J.H. 35. 7.

132. — *Noms.* — L'assignation donnée « à la requête d'une réunion d'assureurs, poursuites et diligences de son gérant, » est nulle à défaut de désignation des noms et prénoms de ces assureurs, lesquels ont souscrit individuellement la police et sans aucune solidarité entre eux ( C. pr., 59 ). — 23 déc. 1857. Aix. J.H. 58. 1. 161.

133. — *Notification.* — L'obligation imposée aux huissiers de notifier aux personnes détenues leurs actes entre deux guichets comme lieu de liberté, n'est pas applicable au cas où il s'agit de leur notifier la liste des jurés et des témoins. — 1er juill. 1837. Cass. J.H. 38. 1. 81.

134. — *Opposition.* — La notification d'une requête en opposition est valable, bien que, laissée à la mère de l'avoué, elle n'énonce pas que celle-ci a été trouvée au domicile de son fils. — 29 mai 1835. Colmar. J.H. 35. 337.

135. — *Ordre.* — La signification à avoué d'un jugement rendu sur un incident d'ordre n'est pas soumise aux formalités exigées par l'art. 61 C. pr., pour les exploits qui sont signifiés à personne ou à domicile. — 30 juill. 1838. Amiens. J.H. 39. 1. 224.

136. — *Original.* — L'expédition d'un jugement en vertu duquel des poursuites de saisie sont exercées, ne vaut que comme copie de titre, et, par suite, la représentation de l'original peut toujours être exigée, par application de l'art. 1334 C. civ. — 20 juin 1840. Bordeaux. J.H. 41, 1. 62.

137. ... Une nullité doit être prononcée, si elle se trouve dans l'original, encore bien que la copie ne soit pas représentée. — 31 déc. 1835. Cass. J.H. 36. 1. 105.

138. — *Parent.* — Il suffit, pour la régularité d'une signification, qu'elle soit faite à la partie, *parlant d'son oncle* ( C. pr., 68, 1030 ). — 11 janv. 1855. Riom. J.H. 37. 1. 289.

139. — *Patente.* — Les huissiers ne sont pas tenus de mentionner, sous peine d'amende, leur patente dans les actes de leur ministère. — 28 janv. 1843. Trib. de Charleville. J.H. 44. 1. 45. — V. les mots Huissiers et Patente.

140. — *Préfet.* — L'exploit signifié au préfet, au nom de l'État, en parlant au secrétaire-général de la préfecture, lequel a visé l'exploit comme préfet, est valable, quoiqu'il ne mentionne pas que ce dernier eût délégué ses fonctions au secrétaire-général, et que la délégation ne soit pas représentée : en cas pareil, la délégation est légalement présumée. — 27 août 1835. Metz. J.H. 58. 1. 59.

141. — *Prescription.* — L'exploit contenant une signification ayant pour but d'interrompre le cours d'une prescription, doit être réputé non avenu, et, par suite, inefficace pour opérer l'interruption de la prescription, si l'original n'en est représenté par celui qui l'oppose. ( C. civ., 2247 ). — 31 mai 1836. Cass. J.H. 36. 1. 217.

142. — *Protêt.* — Des protêts faute d'acceptation ou faute de paiement, faits *parlant à une citoyenne*, ou *parlant à une servante*, sans indiquer si cette citoyenne appartient à la famille du protesté, ou si cette servante est à son service, sont nuls ( Ord. 1667, tit. 2, art. 5 ; C. comm., 175 ; C. pr., 61 ).

L'exception de nullité des protêts pour vice de forme, n'est pas recevable après des défenses au fond, par exemple, après avoir contesté au requérant la qualité d'héritier, ou avoir répondu que les traites protestées avaient été payées ( C. pr., 173 ). — 19 août 1840. Bordeaux. J.H. 41. 1. 138.

143. — *Rature.* — L'approuvé des ratures n'est pas exigé, pour les exploits, à peine de nullité ; il en est spécialement ainsi à l'égard des ratures d'un exploit de surenchère. — 21 nov. 1843. Cass. J.H. 44. 1. 23.

144. ... Des ratures non approuvées dans une copie d'exploit ne sont pas une cause de nullité de l'exploit, lorsqu'elles portent sur des répétitions de mots. — 5 déc. 1836. Cass. J.H. 37. 1. 57.

145. — *Rectification.* — La foi due à un exploit ou acte authentique n'est pas violée par un arrêt qui, pour corriger une erreur de chiffre que cet acte contient, se borne à puiser les éléments de rectification dans les énonciations qu'il renferme, ou dans les actes qui s'y rattachent. — 3 déc. 1838. Cass. J.H. 39. 1. 7.

146. — *Saisie immobilière.* — Les diverses significations prescrites en matière de saisie mobilière, lorsque la saisie est pratiquée en vertu d'un arrêt de la Cour qui a retenu l'exécution, doivent être faites, pour le saisi résidant en pays étranger, au parquet du procureur-général, et non au procureur du roi de 1re instance ; et celles faites à ce dernier ne donnent pas cours aux délais ( C. pr., 602, 614, 73 ). — 9 juill. 1835. Aix. J.H. 36. 1. 65.

147. — *Serviteur.* — Un concierge n'a pas qualité pour recevoir la copie d'un exploit adressé à un locataire qui même a déménagé ; il ne peut être assimilé aux serviteurs mentionnés par l'art. 68 C. pr. — 29 nov. 1839. Nîmes. J.H. 40. 1. 143.

148. ... La mention d'un exploit portant que copie en a été remise au domicile de la partie, *parlant à un homme à son service, ainsi déclaré,* remplit le vœu de la loi et ne peut être jugée insuffisante par un arrêt, sous le prétexte que cette insuffisance résulte des faits et circonstances de la cause ( C. pr., 61, 68 et 70 ). — 13 nov. 1841. Cass. J.H. 42. 1. 5. — V. ci-après Visa.

149. — *Signification.* — La signification d'un jugement par défaut, faite à une femme nommée Joséphine-Marguerite-Ange Giniès, épouse Levasseur, sous le nom de Joséphine Rieux, femme Levasseur, est nulle, comme contenant une fausse désignation de la personne, et ne fait pas courir les délais de l'opposition ; et, en cas pareil, il n'entre pas dans les attributions de la Cour d'examiner les motifs qui ont déterminé les premiers juges à déclarer nulle une telle signification. — 18 avril 1835. Cass. J.H. 36. 1. 281.

150. — *Société.* — Quoique en matière civile, l'exploit dans lequel un associé déclare agir tant pour lui que pour ses coassociés, soit nul à l'égard de ceux-ci, lorsqu'ils n'y sont pas suffisamment désignés, cet exploit doit, néanmoins, être déclaré valable par rapport à l'associé demandeur qui, ayant donné toutes les indications voulues par la loi, peut, dans ce cas, réclamer sa part et portion virile dans l'objet de la demande. — 24 août 1835. Paris. J.H. 36. 1. 5.

151. — *Société civile.* — Une société purement civile ne peut être considérée comme un être moral, ni comme une personne fictive légale ayant des actions collectives, de sorte que l'assignation donnée à la requête de cette société comme personne sociale, est nulle si elle ne contient pas une désignation suffisante des

noms, profession et domicile des sociétaires (C. pr., 61).
— 24 août 1835. Paris. J.H. 36. 4. 5.

152. — *Société commerciale.* — Bien qu'une société
de commerce ait indiqué, dans son acte constitutif,
une maison sociale, on a pu considérer comme telle la
maison de son régisseur, où elle avait établi ses bureaux, placé son enseigne, et où elle faisait toutes ses
opérations de commerce. — Et, par suite, l'assignation
laissée aux sociétaires, dans cette dernière maison, a
pu être déclarée valable (C. pr., 49, § 6). — 23 nov.
1836. Cass. J.H. 37. 1. 161.

153. — *Timbre.* — L'emploi de papier libre au lieu
de papier timbré pour un exploit, n'est pas une cause
de nullité de cet exploit, et ne peut donner lieu qu'à
une amende. — 12 mars 1839. Cass. J.H. 59. 1. 93.

154. — *Visa.* — L'exploit d'ajournement notifié à un
maire, en son domicile, parlant à sa servante, est nul
à défaut de visa (C. pr., 69, 70). — 30 avril 1840.
Pau. J.H. 41. 1 97.

155. ... L'exploit d'assignation donnée à un maire,
dont la copie énonce qu'elle a été laissée à ce fonctionnaire, *parlant comme dessus,* sans mentionner le *visa*
et sans ajouter le nom de la personne à la suite du
*parlant à...,* est néanmoins régulier, si l'original porte
le visa et le récépissé formel de ladite copie par le maire
(C. pr., 61). — 16 déc. 1840. Cass. J.H. 41. 1. 81.

156. ... Le défaut de mention, dans la copie de l'exploit laissée au maire, conformément à l'art. 68 C. pr.,
que l'original a été visé par lui, n'entraîne pas la nullité de cet exploit, alors que le visa est réellement apposé sur l'original. — 29 nov. 1836. Paris. J.H. 37.
1. 195. — V. ci-dessus, Serviteur.

157. — *Voisin.* — L'exploit qui mentionne que l'huissier n'a trouvé personne au domicile de la partie, remplit suffisamment le vœu de la loi (C. pr., 68).
Dans le cas où un voisin refuse de recevoir la copie,
l'huissier est tenu seulement de constater ce refus. —
30 mars 1835. Cass. J. H. 55. 129.

158. ... Un exploit dont la copie a été remise au voisin de la personne à laquelle elle était destinée, et qui
porte cette mention : *Ai remis la copie au sieur N...,
son voisin, lequel a signé avec nous huissier susdit,*
est-il nul, en ce que ces expressions n'indiquent pas
suffisamment que c'est sur l'original que le voisin a apposé sa signature, lorsque, d'ailleurs, cet original est
bien et dûment signé par le voisin, aussi bien que la
copie. *Rés. nég.* — ... 1837. Dissert. J.H. 37. 2. 13.

159. ... Lorsque la copie d'une citation a été laissée,
en l'absence du défendeur, à son commensal trouvé
dans l'habitation commune, ce commensal n'est pas un
voisin, dans le sens de l'art. 68 C. pr., et n'est pas tenu,
en conséquence, à peine de nullité, de signer l'original.
— 23 nov. 1835. Cass. J.H. 36. 1. 59.

**EXPROPRIATION PUBLIQUE.** — Les lois des 8
mars 1810 et 7 juillet 1833 n'ont pas abrogé les dispositions des lois des 28 pluviôse an 8 et 16 septembre
1807, en ce qui concerne la compétence de l'autorité
administrative pour connaître de l'indemnité réclamée
par un propriétaire riverain, par suite des travaux effectués dans une rue faisant partie d'une route royale,
alors même que ces travaux ont été faits pour le compte
d'une commune. — 16 nov. 1836. Bastia. J.H. 37. 1. 54.

La loi du 3-6 mai 1841, sur l'expropriation pour
cause d'utilité publique, a remplacé celle du 7 juillet
1833. (V. J.H. 41. 2. 40.) Un grand nombre de dispositions de la loi ancienne ont été conservées par la
nouvelle loi, mais avec des améliorations de détail, et
l'innovation de l'expropriation *en cas d'urgence,* par

suite de laquelle l'expropriation immédiate peut avoir
lieu, moyennant consignation du montant présumé du
prix, lorsqu'une ordonnance royale a déclaré l'urgence.

Nous extrayons du supplément du Dictionnaire général de M. Armand Dalloz quelques documents relatifs
au tarif des frais et dépens en matière d'expropriation,
encore aujourd'hui applicable.

### *Des huissiers.*

Quel que soit le lieu de la résidence des huissiers,
et la juridiction à laquelle ils sont attachés, il ne leur
est alloué, par le tarif du 18 septembre 1833, qu'un
même émolument pour les actes de même nature.

Il n'en est alloué aucun aux agents de l'administration qui ont, comme on l'a vu, le droit de faire, concurremment avec les huissiers, les actes prescrits par
la loi sur l'expropriation.

Tous les actes du ministère des huissiers (à l'exception de deux, le procès-verbal d'offres et celui de consignation) donnent lieu à deux espèces d'émoluments
différents, 1 fr. et 1 fr. 50 cent., selon qu'ils exigent ou
non quelques soins de rédaction.

Les actes qui ne sont point nommément désignés
dans les art. 1 et 2 du tarif du 18 sept. 1833, doivent,
d'après les dispositions finales de cet article, être taxés
par analogie avec les actes qui y sont mentionnés.

En allouant 2 fr. 25 cent. pour le procès-verbal d'offres réelles, etc., l'art. 3 du tarif entend parler des
offres faites, conformément à l'art. 53 de la loi, et non
point de celles faites en vertu de l'art. 23. Il n'est alloué que 1 fr. pour la notification de ces dernières, lesquelles ne sont point des offres réelles proprement dites
(tarif, art. 1er, § 1).

Les significations relatives à l'expropriation doivent
être faites sur papier visé pour timbre (L. 1841, art. 58).
— V., à ce sujet, l'art. 8 du tarif.

Lorsque les significations sont faites, à la requête
de l'administration, par les huissiers, le préfet doit veiller à ce que ces officiers ne multiplient pas inutilement
les originaux des exploits qui donnent lieu à réclamer
des frais de transport. Ainsi, quand il s'agit de notifications à faire à des propriétaires résidant dans la même
commune ou dans des communes voisines, il ne doit être
fait qu'un seul original, lors même que les indemnités
se rattachent à des immeubles différents, pourvu que
ces immeubles soient acquis pour une même entreprise
d'utilité publique. — V. de Lalleau, 750.

Il doit en être de même des assignations à donner
pour comparaître devant le jury spécial. Ainsi, tous les
jurés domiciliés dans la même commune, ou dans des
communes voisines, doivent être cités par le même exploit. Il faut en dire autant des indemnitaires, pareillement résidant dans la même commune ou dans des
communes voisines, lorsqu'ils sont appelés devant le
même jury, quoique à des jours différents. Mais on ne
pourrait guère comprendre dans le même exploit les citations aux jurés et les assignations aux indemnitaires,
à cause de la diversité des énonciations de ces deux
actes. — Même autorité.

Il est alloué à tous huissiers 50 cent. pour *visa* de
leurs actes, dans le cas où cette formalité est prescrite;
ce droit est double, quand le refus du fonctionnaire qui
doit donner le *visa,* oblige l'huissier à se transporter
auprès d'un autre fonctionnaire (tarif, art. 7). Cette disposition se rattache à celle de l'art. 69, n. 5 C. pr. civ.

Lorsque les copies de pièces, dont la notification a
lieu en vertu de la loi, sont certifiées par l'huissier, il
lui est payé 30 c. par chaque rôle, évalué à raison de

28 lignes à la page, et 14 à 16 syllabes à la ligne (tarif, art. 5). On a suivi ici l'un des taux fixés par l'art. 71, n. 10, du décret du 18 juin 1811. On a pris le plus faible; mais on n'a pas renouvelé la défense faite par ce décret de compter le premier rôle. « Cette double innovation, dit Dalmas, a été motivée sur l'utilité qu'il y a à rendre les copies d'huissier en tout semblables aux expéditions des greffiers, afin qu'elles puissent se contrôler réciproquement, et faciliter ainsi la surveillance des magistrats chargés de les taxer. » Les préfets doivent veiller à ce que les huissiers ne fassent que les significations voulues par la loi, et rejeter de la taxe les copies de pièces inutiles.

Le droit de copie de pièces ne peut être réclamé par les huissiers quand ces copies ont été faites dans les bureaux de l'administration, ou qu'elles sont imprimées, auquel cas elles doivent être certifiées par le fonctionnaire qui les a fait faire.

Les huissiers, lorsqu'ils sont obligés de se transporter à une certaine distance du lieu de leur résidence, ont droit à une indemnité, pour frais de voyage, réglée par les art. 21, 22, 23 et 24 du tarif du 18 sept. 1833, par les art. 35 et 56 du décret du 14 juin 1813, et par l'art. 93 du décret du 18 juin 1811.

Lorsqu'un huissier est chargé de faire, le même jour, des actes de son ministère dans différentes communes, la distance parcourue de commune à commune se calcule d'après la notoriété publique.—Dalmas, 276.

Dans l'application de l'art. 22 de l'ordonn. du 18 sept. 1833, la réduction des kilomètres en myriamètres ne doit pas se faire isolément, d'abord sur les kilomètres parcourus en allant, puis sur ceux parcourus au retour, mais sur les kilomètres réunis de l'aller et du retour (circ. min. de la just., 2 nov. 1816).

La distance à parcourir est toujours calculée doublement pour l'aller et pour le retour, de sorte que si cette distance n'est que de deux kilomètres et demi, en en comptant autant pour le retour, on a 5 kilomètres, qui donnent droit à l'indemnité d'un demi-myriamètre (de Dalmas, p. 273). Il y a toutefois une sorte d'antinomie entre les art. 21 et 22 de l'ordonn. du 18 sept., car l'huissier qui se transporte à un kilomètre trois quarts, n'a droit, d'après le premier de ces articles, à aucune indemnité, tandis qu'il a droit, d'après le second, à l'indemnité d'un demi-myriamètre. — V. de Lalleau, n. 759.

FABRIQUES.—1.—*Bancs d'église.*— Les fabriques ont qualité, aussi bien que les communes, pour contester les prétentions des particuliers à la jouissance gratuite des bancs et chapelles des églises, et pour actionner ces particuliers en délaissement de ces bancs et chapelles, faute par eux de justifier de titres valables de concession. Par suite, lorsqu'une telle demande a été formée par le trésorier d'une fabrique, autorisé à cet effet par délibération du conseil de fabrique, dûment homologuée par le conseil de préfecture, le défendeur ne peut prétendre que la demande est non recevable sans le concours du maire de la commune. Peu importe même que le système du défendeur consiste à se dire propriétaire des bancs et chapelles litigieux, sauf à lui à mettre en cause le maire de la commune, s'il juge sa présence nécessaire pour le jugement de la question de propriété qu'il soulève.—7 juill. 1840. Cass. J.H. 40. 1. 212.

2. — *Envoi en possession.* — Pour que les fabriques puissent intenter une action en vertu de l'arrêté du 7 thermidor an 11, qui a rendu à leur ancienne destination les biens et les rentes non aliénés des fabriques, il faut qu'elles aient obtenu l'envoi en possession, conformément à l'avis du conseil d'Etat du 30 janvier 1807. — 2 déc. 1834. Bastia. J.H. 55. 78.

3.— *Propriété.* — La propriété absolue des églises n'appartient d'une manière exclusive ni aux communes ni aux fabriques (LL. 4 noy. 1789; 15 brum. an 2; 11 prairial an 5; Concordat du 26 messidor an 9; Arrêté du 7 therm. an 11; Décret du 30 déc. 1809, art. 1, 15, 92 et 94; L. 14 fév. 1810, art. 2; Décret du 6 nov. 1813, art. 25). — 7 juill. 1840. Cass. J.H. 40. 1. 222.

4. — *Restitution.* — Un individu se disant ministre de l'Eglise française, auquel des objets consacrés au culte catholique ont été confiés, peut être actionné directement en restitution de ces objets, et être condamné à les restituer à la fabrique romaine, encore bien qu'il prétende les avoir reçus des membres de la fabrique. — 14 mars 1836. Paris. J.H. 58. 1. 98.

FAILLITE(1).—1.—*Action individuelle.*—Les créanciers peuvent, après la dissolution du contrat d'union, demander individuellement contre le failli, devenu plus heureux, le paiement du reliquat de leur créance; ce droit existe surtout lorsqu'il s'est écoulé un long temps entre la dissolution du contrat d'union et l'action individuelle des créanciers (C. comm., 442, 449, 482, 528, 562). — 19 juin 1838. Amiens. J.H. 40. 1. 82.

2. — *Action judiciaire.* — De ce que l'art. 443 C. comm. défère aux syndics la faculté d'intenter comme de suivre toutes les poursuites contre le failli, il en résulte que le créancier non privilégié n'a pas qualité pour continuer, après la faillite de son débiteur, les poursuites de saisie-exécution commencées contre celui-ci avant la déclaration de faillite (C. comm., 443). — 6 janv. 1843. Rouen. J.H. 43. 1. 70.

3. ...La faillite ne prive pas le créancier du droit qu'il avait antérieurement de poursuivre son débiteur devant un tribunal autre que celui de la faillite (C. pr., 59). — 9 janv. 1838. Bordeaux. J.H. 58. 1. 152.

4....Le créancier qui, avant la faillite de son débiteur, a fait saisir les meubles et effets de celui-ci, n'en peut plus faire opérer la vente depuis la déclaration de faillite (C. comm., 442).

Le créancier saisissant ne serait fondé, parce qu'il lui est dû des frais de justice, à se dire *privilégié*, et autorisé, à ce titre, à faire opérer la vente (C. civ., 2101, 2102; C. pr., 716; C. comm., 533, 535, 536). — 5 fév. 1838. Bordeaux. J.H. 58. 1. 168.

5.— *Admission au passif.* — Le tireur et l'accepteur d'une traite pour le compte d'un tiers donneur d'ordres, ne peuvent se faire admettre l'un et l'autre au passif de la faillite de ce dernier, pour le montant intégral de la traite, encore que, étant eux-mêmes tombés en faillite, ils auraient dû chacun, et par suite de concordats, payer un dividende au tiers-porteur qui a successivement exercé son recours contre eux.

..... Mais si l'accepteur ayant reçu provision du tireur et pensant que cette provision était faite dans l'intérêt du donneur d'ordre, avait déchargé d'autant et par erreur le débit de ce dernier avec lequel il était en compte courant, un arrêt a pu, tout en admettant le tireur au passif du donneur d'ordre pour la totalité de la traite, y admettre aussi l'acquéreur pour le solde du compte courant, sans qu'une pareille décision puisse

---

(1) Il ne peut entrer dans les limites de ce Supplément de reproduire le texte et le commentaire de la loi nouvelle, du 25 mai 1838, sur les faillites et banqueroutes. On les trouvera dans toute leur étendue. J.H. 58. 2. 20; et 42. 1. 178 à 240.

être considérée comme emportant pour le donneur d'ordre, l'obligation de payer deux fois.—25 mars 1839. Cass. J.H. 39. 1. 232.

6. —*Affiche.*— L'affiche du jugement déclaratif de faillite, doit, pour faire courir les délais de l'opposition, être constatée par procès-verbal ou par exploit : un certificat du greffier est insuffisant (C. comm., 42, 442, 580).—21 août 1841. Caen. J.H. 42. 1. 52.

7. —*Avances.*— Les syndics définitifs ont action, pour leurs avances, non pas seulement sur la masse, mais encore personnellement, contre chacun des créanciers, pour leur part contributoire.—23 mai 1837. Cass. J.H. 37. 1. 239.

8. —*Banqueroute frauduleuse.* — Le débiteur en état de banqueroute frauduleuse ne peut être représenté que par l'administration des domaines (C. pén., 29 ; C. inst. cr., 478; C. comm., 501). — 22 juin 1838. Montpellier. J.H. 38. 1. 526.

9. — *Cessation de paiement.* — La cessation de paiement qui détermine l'état de faillite peut résulter du défaut de paiement d'un seul effet de commerce important, malgré le paiement ultérieur de quelques autres billets d'une faible valeur (C. comm., 437).

L'appréciation des faits constitutifs de la cessation de paiements et de l'état de faillite rentre-t-elle dans les attributions souveraines des Cours royales ?—26 av. 1841. Cass. J.H. 41. 1. 195.

10. —*Cession de biens.* — Le failli, après l'abandon de tous ses biens à ses créanciers, par suite d'un concordat, a encore intérêt et qualité pour poursuivre le recouvrement des créances qu'il a abandonnées, si ses créanciers négligent de le faire (C. comm., 442 et 567). — 5 avril 1854. Paris. J.H. 38. 1. 321.

11. — *Chose jugée.* — Lorsque, sur une plainte en complicité de banqueroute frauduleuse dirigée contre un tiers prévenu d'avoir sciemment traité avec le failli, au préjudice de la masse des créanciers, et, après l'époque à laquelle a été reportée l'ouverture de la faillite, il est intervenu une déclaration négative du jury, les syndics sont recevables,nonobstant cette déclaration,à poursuivre au civil la nullité de ce même traité, comme fait en fraude des droits de la faillite (C. comm., 595, 597, 598; C. civ., 1351). — 26 déc. 1840. Grenoble. J.H. 42. 1. 169.

12.—*Communauté.*—Les héritiers de la veuve d'un failli, qui avait accepté la communauté, ont qualité pour agir en justice personnellement contre un tiers, à l'occasion de biens dépendant de cette communauté, tant que la faillite n'est pas liquidée (C. comm., 442, 494).—26 déc. 1836. Cass. J.H. 37. 1. 207.

13. — *Concordat.* — Le décès du failli postérieur au concordat, ne porte pas obstacle à son homologation, qui peut être requise même par les héritiers bénéficiaires du failli.

Ce n'est que pour cause soit d'irrégularité quant à la forme, soit de fraude ou d'inconduite imputables au failli, que les tribunaux de commerce peuvent refuser l'homologation du concordat. Hors ces cas, ils ne le peuvent pas, même sous prétexte que, par suite du décès du failli postérieurement au concordat, ses héritiers bénéficiaires n'offrent plus aux créanciers les mêmes garanties que leur présentait le failli (C. comm., art. 526). L'homologation, en pareil cas, doit être donnée pure et simple, et non à charge par les héritiers de fournir caution jusqu'à concurrence des dividendes promis (C. civ., 807). — 23 fév. 1839. Paris. J.H. 39. 1. 117.

14. ... Il suffit que les faits sur lesquels se fonde un créancier pour demander la nullité du concordat, sous prétexte qu'ils constituent des présomptions de banqueroute contre le failli, n'aient pas été dénoncés par voie d'action en banqueroute simple ou frauduleuse, et ne soient articulés que devant le tribunal de commerce saisi par voie d'opposition, pour que ce tribunal ait pu juger que ces faits n'étaient pas caractéristiques de fraude ni de banqueroute, et rejeter par suite l'opposition, sans qu'une pareille décision, motivée sur une appréciation souveraine, et notamment sur ce que les créanciers avaient eu connaissance des faits reprochés au failli avant de signer le concordat, puisse tomber sous la censure de la Cour de cassation (C. comm. ancien, art. 521).—14 mai 1839. Cass. J.H. 39. 1. 188.

15. ... Un concordat n'est pas nul pour avoir été arrêté entre le failli et ses créanciers, après le délai de huitaine fixé par l'art. 522 C. comm. Cette disposition de la loi ayant été introduite en faveur des créanciers, il n'appartiendrait d'ailleurs qu'à eux seuls de l'invoquer contre le failli. — 2 avril 1858. Caen. J.H. 40. 1. 26.

16. ... Le concordat consenti à un failli redevable de l'administration des contributions indirectes ne peut être opposé à cette administration, qui, par suite, a droit d'obtenir, même par la voie de la contrainte par corps, le montant intégral de sa créance privilégiée (L. 5 vent. an 12, art. 89 ; 1er germ. an 13, art. 43 et 52; C. civ., 2098). — 29 août 1856. Paris. J.H. 37. 1. 61.

17. ... Le concordat consenti à un failli par ses créanciers, devant être exempt de dol et de fraude, cesse d'être obligatoire pour ceux-ci si le failli vient à être condamné même par contumace, pour banqueroute frauduleuse (C. comm., 521).—5 août 1836. Montpellier, J.H. 37. 1. 557. — V. analogue dans le même sens, 11 juill. 1837. Paris. J.H. 57. 1. 345; 21 juin 1838. Paris. J.H. 38. 1. 505.

18. ... La nullité de l'assignation donnée aux syndics et au failli, pour procéder sur l'opposition au concordat, entraîne la nullité de l'opposition, si le créancier n'est plus dans le délai de huitaine, fixé par l'art. 512 de la loi du 25 mai 1838, pour renouveler son assignation. — 7 juillet 1840. Paris. J.H. 40. 1. 256.

19. ... Le créancier, dont la créance a été vérifiée et admise, n'est plus recevable, après le délai de huitaine, à attaquer le concordat pour inaccomplissement des formalités prescrites pour sa validité; et cela bien qu'ayant produit ses titres, il n'ait pris aucune part aux autres opérations de la faillite. Il ne serait recevable à l'attaquer que pour cause de dol ou de fraude (C. comm., 523). — 27 mars 1838. Cass. J.H. 38. 1. 178.

20. ... Le failli réintégré dans ses biens, à la suite d'un concordat, peut poursuivre seul le jugement obtenu par le syndic contre un des débiteurs de la faillite, et, par suite, la signification qu'il a faite de ce jugement a fait courir les délais de l'appel (C. comm., 525, 526).—16 juill. 1840. Bordeaux. J.H. 41. 1. 52.

21. ... L'homologation du concordat prononcée par le tribunal, sans rapport préalable du juge-commissaire, est nulle (C. comm., 514, 515).—23 déc. 1839. Douai. J.H. 41. 1. 96.

22. ... Tout créancier du failli, même hypothécaire, peut former opposition au concordat comme étant le fruit d'un dol pratiqué à son préjudice. — 21 déc. 1840. Cass. J.H. 41. 1. 101.

23. ...Celui qui a cautionné l'exécution d'un concordat, et, par exemple, qui s'est engagé, comme le failli, à payer les créanciers vérifiés, est, comme ce dernier, tenu d'acquitter les créances même non vérifiées, si

le failli est déclaré tenu de ce paiement. — 6 déc. 1837.
Bordeaux. J.H. 39. 1. 155.

**24.** ...En matière de faillite, les dispositions des art.
471, 476, 502, 504 C. comm., n'établissant aucune distinction entre les créanciers, les formalités qu'ils pres-
crivent doivent être observées à l'égard des créanciers
hypothécaires, comme à l'égard des créanciers chirographaires. — En conséquence, ils doivent être convo-
qués à l'assemblée où doit se délibérer le concordat.

Le concordat ne peut être opposé aux créanciers
privilégiés, hypothécaires ou chirographaires, qui n'ont
point été compris dans le bilan, et qui n'ont été appelés
à aucune des opérations de la faillite, et cela alors
surtout que le failli n'a pu ignorer qu'il était leur débiteur (C. comm., 519, 520, 524). — 24 août 1836. Cass.
J.H. 37. 1. 59.

**25.**—*Connexité.*—Bien que les opérations d'une société en faillite se lient à celle d'une autre société également en faillite, cependant si les deux sociétés sont
distinctes, par les actes qui les constituent, par les personnes qui y figurent et par leur objet spécial, il n'y a
pas lieu de renvoyer au même tribunal, pour cause de
connexité, la connaissance des deux faillites.—30 déc.
1840. Cass. J.H. 41. 1. 108.

**26.**—*Contrainte par corps.*—La sommation faite au
failli d'assister à la vérification des créances, n'équivaut pas à un sauf-conduit; en conséquence, le failli
qui s'est présenté sur cette invitation et sans sauf-
conduit, a pu être valablement incarcéré (C. comm.,
505).—20 août 1839. Amiens. J.H. 41. 115.

**27.**...Le failli est contraignable par corps pour le paiement des dividendes réglés par le concordat. — 6 déc.
1837. Bordeaux. J.H. 59. 1. 155.

**28.**...Un créancier ne peut exercer individuellement
la contrainte par corps contre son débiteur failli, ni le
recommander, même en vertu d'un jugement qui la
prononce depuis la faillite pour *réparations civiles* résultant d'un délit commis antérieurement (C. comm.,
455; C. pén., 51, 52, 53; L. 17 avril 1832, art. 53, 55).
En cas pareil, le jugement n'est pas censé préjuger la
question de savoir si la contrainte peut être exercée
durant la faillite (C. civ., 1551).—12 oct. et 25 nov. 1837.
Paris. J.H. 38. 1. 165.

**29.**—*Créancier.* — Un créancier peut, si les agents
de la faillite n'agissent pas, agir directement contre un
débiteur du failli. — 22 juin 1838. Montpellier. J.H. 38.
1. 325.

**30.** — *Créancier hypothécaire.* — Le dividende réclamé dans la masse chirographaire par un créancier
hypothécaire qui a déjà reçu partie de sa créance dans
la distribution du prix des immeubles, doit être calculé
sur le montant intégral de sa créance et non pas seulement sur la somme qui lui reste due (C. comm., 559).
—6 déc. 1837. Bordeaux. J.H. 39. 1. 153.

**31.**...Le créancier hypothécaire du failli a le droit de
prendre part au concordat et d'y former opposition,
alors qu'il est certain, d'après le rang inférieur qu'occupe l'inscription de ce créancier, qu'il ne pourra pas
être utilement colloqué sur le prix des immeubles hypothéqués (C. comm. ancien, art. 520, 543).—24 déc. 1840.
Cass. J.H. 41. 1. 101.

**52.**—*Créanciers privilégiés.*—Des créanciers se prétendant privilégiés, et *spécialement* des ouvriers, à
qui la loi du 26 pluviôse an 2 accorde préférence sur
les sommes dues par l'État aux entrepreneurs de travaux publics, ne peuvent, après la faillite de ceux-ci,
former saisie-arrêt entre les mains du payeur; ils
n'ont, comme tous autres créanciers, que le droit de
se faire admettre au passif de la faillite et d'y faire

valoir le privilège attaché à leur créance (C. comm.,
535). — 16 mars 1838. Poitiers. J.H. 38. 1. 142.

**33.**—*Créancier unique.*—Un seul créancier ne peut,
quelle que soit l'importance de sa créance, faire déclarer son débiteur en état de faillite (C. comm., 457).
—30 mai 1838. Paris. J.H. 38. 1. 265.

**34.** — *Décès.* — Un commerçant peut être déclaré
d'office en état de faillite, après son décès, même en
l'absence de protêts ou actes judiciaires, lorsque son
insolvabilité est bien constatée et que ses héritiers font
aux créanciers des offres inférieures à l'actif de la succession (L. 28 mai 1838, 437).—30 août 1838. Colmar.
J.H. 39. 1. 75.

**35.** ...Il suffit qu'un négociant soit décédé *integri
status*, sans avoir cessé en aucune manière ses paiements, pour qu'il ne puisse être déclaré en faillite
après son décès, encore bien que l'actif de sa succession soit dépassé par le passif (C. comm., 441).—15 fév.
1836. Montpellier. J.H. 37. 1. 56. — V., en sens contraire, l'art. 437 de la loi du 28 mai 1838.

**36.** — *Déchéance.*—La contestation qui s'élève entre
le syndic et un créancier, non sur la créance (cette
créance ayant été admise), mais sur le droit que ce
créancier prétend avoir de se faire payer exclusivement
sur une partie de l'actif de la faillite, ne fait pas
obstacle à la déchéance prononcée par l'art. 523 C.
comm. — 27 mars 1838. Cass. J.H. 38. 1. 178.

**37.** — *Déclaration.*—Lorsqu'un commerçant a été
déclaré par jugement en état de faillite, ses créanciers
ne peuvent, à la suite d'un accord intervenu entre eux
et lui, faire rapporter le jugement : l'état de faillite
existe, et il ne peut cesser que par les voies ordinaires
de la réhabilitation (C. comm., 442, 604).—4 janv. 1839.
Rouen. J.H. 39. 1. 175.

**38.** ...Le droit de former opposition au jugement déclaratif de la faillite d'une société en commandite,
n'appartient pas aux commanditaires. — 26 nov. 1839.
Paris. J.H. 40. 1. 220. — V. ci-après, 46.

**39.**—*Frais.*—Le privilège des syndics d'une faillite,
pour leurs frais de gestion et d'administration, doit
s'exercer, non point sur le prix des immeubles du
failli, mais bien seulement sur les valeurs à distribuer
à la masse chirographaire (C. comm., 558 et suiv.).—
27 avril 1836. Paris. J.H. 37. 1. 50.

**40.** ...L'avoué qui a occupé pour les syndics d'une
faillite n'a d'action contre les créanciers personnellement, pour le paiement de ses frais, que jusqu'à concurrence des droits de ceux-ci dans l'actif de la faillite :
pour que les créanciers fussent obligés au-delà, il
faudrait que les syndics eussent agi en vertu d'un
mandat spécial. — 24 déc. 1841. Paris. J.H. 42. 1.
129.

**41.** ...Les tribunaux ont souverainement le droit de
réduire, sur la demande du failli réintégré, le montant
des salaires alloués par les syndics à un agent qu'ils ont
pris avec autorisation de justice, pour les aider dans les
opérations de la faillite, alors même que l'assemblée des
créanciers aurait approuvé la nomination et les frais
de cet agent. — 15 mai 1840. Cass. J.H. 40. 1. 488.

**42.** ...Les frais de la demande en séparation de biens,
formée par la femme d'un failli, ne doivent être admis
au passif de la faillite que comme créance ordinaire,
et non comme créance privilégiée.—29 fév. 1840. Rouen.
40. 1. 42.

**43.**—*Fraude.*—La présomption de fraude établie par
l'ancien art. 447 C. comm., contre tous actes ou engagements pour faits de commerce contractés par le failli dans
l'intervalle de l'ouverture de la faillite à la déclaration,
ne peut être invoquée que contre le failli et au profit de

la masse des créanciers.—16 nov. 1840. Cass. J.H. 41.
1. 17.

**44.—*Intérêt distinct.*—**Les syndics d'une faillite ne
représentent pas les créanciers qui ont des intérêts opposés à ceux de la masse. — 6 fév. 1835. Orléans. J.H.
37. 1. 260.

**45. — *Jugement.* —** Le jugement obtenu contre un
failli, antérieurement au jour de la déclaration de la
faillite, mais postérieurement au jour où l'ouverture de
la faillite a été reportée, ne peut être exécuté, alors
surtout que le jugement fixant l'ouverture de la faillite a
acquis l'autorité de la chose jugée (C. comm., 442). —
21 fév. 1840. Aix. J.H. 40. 1. 208.

**46.—*Jugement déclaratif.*—**Un jugement déclaratif
de faillite n'est pas seulement susceptible d'opposition;
il peut aussi être attaqué par voie d'appel (C. comm.,
580, 582, 583).

Un jugement déclaratif de faillite est nul, lorsqu'il n'a
pas été prononcé en audience publique.

La Cour saisie de l'appel d'un jugement déclaratif de
faillite, peut, en infirmant, renvoyer les parties devant
un autre tribunal que celui du domicile du failli (C.
comm., 472).—24 avril 1859. Amiens. J.H. 59. 1. 211.
— V. ci-dessus, 38.

**47. — *Locateur.* —** Le propriétaire bailleur, bien
qu'ayant privilége sur le mobilier garnissant les lieux
loués, ne peut être considéré comme créancier nanti
d'un gage dans le sens de l'art. 520 C. comm., et, par
suite, il a droit d'être porté au passif de la faillite, et
d'être admis aux délibérations des créanciers (C. civ.,
2073, 2074, 2102; C. comm., 555).— 15 déc. 1836. Paris.
J.H. 37. 1. 192.

**48. — *Mandat.* —** Pour que les mandants qui constituent conjointement un mandataire pour la même affaire
soient tenus solidairement des effets du mandat, il faut
que ce mandat ait été, de la part de tous, libre et volontaire, et non pas que, comme dans le cas de désignation d'un syndic définitif, par les créanciers d'une faillite, le choix de la minorité ait pu être écarté par le
vœu de la majorité.

Lorsqu'un arrêt a déclaré, en fait, qu'un individu n'a
agi que comme syndic définitif d'une faillite, on prétendrait en vain, devant la Cour de cassation, d'après les
termes de la délibération prise par la masse des créanciers à cet égard, que les pouvoirs conférés par ces
derniers à cet individu, excédant les bornes du mandat
attribué par la loi aux syndics, constituaient, dès lors,
un mandat conventionnel dont les effets devaient être
réglés par le droit commun, et notamment par l'art.
2002 C. civ.—23 mai 1857. Cass. J.H. 37. 1. 239.

**49.—*Mineur.*—**La mineure qui a une hypothèque légale peut former tierce-opposition au jugement prononçant la résolution d'une vente d'immeubles, faite à son
père failli, et rendu contradictoirement avec les syndics
(C. comm., 494, 528).—6 février 1835. Orléans. J.H. 37.
1. 260.

**50. — *Ouverture de la faillite.* —** Les créanciers ne
sont plus recevables, après la clôture du procès-verbal
constatant la vérification des créances, à former opposition au jugement qui fixe l'ouverture de la faillite, alors
même que cette fixation ne serait que provisoire (C.
comm., 457).—6 juin 1836. Cass. J.H. 56. 1. 224.

**51. ... **L'ouverture de la faillite peut être reportée à la
première échéance d'un effet protesté, quoique renouvelé depuis, si cet effet n'a pas été acquitté à sa nouvelle
échéance et que déjà, dès la première époque, le failli fût
en état d'insolvabilité (C. comm., 457, 441). — 26 avril
1841. Cass. J.H. 41. 1. 193.

**52.—*Paiements.* —** Les paiements faits par le failli,

pour des dettes échues, par l'endos de billets réguliers,
sont valables, si cet endossement porte la date de l'un
des dix jours qui précèdent l'ouverture de la faillite
bien que la remise des billets au bénéficiaire soit postérieure à cette ouverture. — 6 nov. 1838. Paris. J.H. 59.
1. 42.

**53.—*Privilége.* —** Le syndic d'une faillite, qui a fait
des frais dans le seul intérêt des créanciers chirographaires, n'a pas privilége pour ces frais sur le prix des
immeubles (C. comm., 30, 558). — 20 août 1836. Bordeaux. J.H. 37. 1. 360.

**54. ... **L'adjudicataire des biens d'un failli a privilége
pour les frais de notification de son adjudication aux
créanciers inscrits (C. pr. 777; C. comm., 565). — 21
déc. 1837. Rouen. J.H. 38. 1. 292.

**55.—*Rapport.*—**Les paiements reçus par un créancier après l'époque à laquelle a été reportée l'ouverture
de la faillite du débiteur sont rapportables à la masse,
alors qu'il est reconnu, en fait, que ce créancier avait
connaissance, lors des paiements, de l'état d'insolvabilité du débiteur (C. comm., 447). — 1er juin 1840. Cass.
J.H. 40. 1. 260.

**56. ... **Le créancier qui a accordé au débiteur com-
mun, conjointement avec la majorité des créanciers,
un délai pendant lequel il renonce à exiger sa créance,
doit rapporter à la masse ce qu'il a reçu avant l'expiration
du terme. Il opposerait en vain que tous les créanciers
n'ont pas adhéré à l'arrangement, si, parmi les retar-
dataires, les uns sont en faillite et les autres créanciers
de modiques sommes (C. comm., 447).—14 nov. 1838.
Paris. J.H. 59. 1. 51.

**57.—*Résolution.* —** En matière de faillite, l'action en
résolution de vente d'objets mobiliers, et même d'un
fonds de commerce, pour défaut de paiement, n'est pas
moins prohibée, par la loi du 27 mai 1838, que l'exercice du privilége et du droit de revendication consacré
par l'art 2102 C. civ. (C. comm., 550). — ... Mais si le
fonds de commerce a été cédé avec le bail, la prohibition
de l'action en résolution de la vente du fonds de commerce non payé n'empêche pas l'exercice de l'action
en résiliation du bail cédé. —24 août 1839. Paris. J.H.
40. 1. 106.

**58.—*Restitution.*—**Le créancier qui reçoit en consignation des marchandises de son débiteur qu'il sait être en
état de faillite non déclarée, pour les vendre et en employer le prix à se payer lui-même et d'autres créanciers
indiqués, doit la restitution de ce prix et des intérêts
qu'il a produits aux syndics de la faillite, sauf son recours contre les créanciers qu'il a indûment payés.—14
juin 1840. Nancy. J.H. 40. 1. 242.

**59.—*Saisie-arrêt.*—**Le créancier postérieur à la faillite peut faire procéder à la saisie-arrêt des valeurs
acquises par le failli depuis la faillite. Et l'action en
validité de cette saisie doit être intentée contre le failli
personnellement et non contre les syndics (C. comm.,
494).—2 fév. 1855. Paris. J.H. 55. 313.

**60.—*Saisie-exécution.*—**Les poursuites en saisie-exécution, pratiquées avant la déclaration de faillite, par
un créancier ordinaire, peuvent être continuées après
la faillite (C. comm., 494).—... Seulement le juge peut
les suspendre pendant un délai qu'il fixe aux syndics
pour procéder eux-mêmes à la vente, avec subrogation
du saisissant, si la vente n'est pas effectuée dans ce
délai.—21 et 26 juill. 1857. Paris. J.H. 57. 1. 527.

**61. ... **Un créancier ordinaire peut, après la faillite de
son débiteur, suivre contre les syndics la saisie-exécution
qu'il avait commencée avant la faillite : il n'est pas tenu
d'abandonner aux syndics la continuation des poursuites
(C. comm., 443).—21 juill. 1840. Aix. J.H. 42. 1. 131.

**62.—*Saisie-gagerie.*** — Le propriétaire bailleur peut continuer, malgré la faillite de son débiteur, la poursuite de la saisie-gagerie qu'il avait pratiquée pour son privilége (C. civ., 2102; C. comm., 555). — 9 mars 1837. Paris. J.H. 58. 1. 222.

**63.—*Société.*** —La faillite d'une société n'entraîne pas la faillite individuelle des associés, à moins qu'ils ne soient personnellement en état de cessation de paiements (C. comm., 437).—... Surtout lorsqu'il n'est pas constaté qu'ils étaient commerçants avant l'existence de la société (C. comm., 28). — 26 mars 1840. Paris. J.H. 40. 1. 218.

**64. — *Société anonyme.*** — La société anonyme qui tombe en faillite doit être appelée, par l'intermédiaire de ses anciens administrateurs ou de son liquidateur, à l'assemblée convoquée par les syndics provisoires ; et il ne peut auparavant être passé outre au contrat d'union (C. comm., 516).—29 déc. 1838. Paris. J.H. 39. 1. 46.

**65.—*Syndics provisoires.*** —Toute action, même immobilière, peut être intentée contre les syndics provisoires (C. comm., 494.) *Rés. impl.* — 13 juin 1837. Cass. J.H. 57. 1. 290. — V. conf., 6 fév. 1835. Orléans. J.H. 37. 1. 260.

**66. ...** Les syndics provisoires d'une faillite sont tenus solidairement et par corps de payer le reliquat du compte de leur gestion au failli concordataire, même lorsque le jugement de leur nomination les a autorisés à administrer séparément en cas d'absence ou d'empêchement de l'un d'eux, et que l'un allègue avoir laissé à l'autre le soin de gérer.—30 déc. 1837. Paris. J.H. 58. 1. 62.

**67.—*Tierce-opposition.*** —La résolution d'une vente d'immeubles, faite au failli (ou à ses syndics), ayant pour résultat de faire tomber dans la masse chirographaire, au préjudice des créanciers hypothécaires, les sommes payées par le failli, le mineur du failli, ayant hypothèque légale, est recevable à former tierce-opposition au jugement prononçant cette résolution, et rendu contradictoirement avec les syndics (C. comm., 494, 528). —15 juin 1837. Cass. J.H. 57. 1. 290.

**68.—*Union de créanciers.*** —L'union des créanciers, en admettant qu'elle ait été dissoute, après la dernière répartition, par la reddition de compte et la décharge du syndic, peut se réformer et se continuer, dans le cas de survenance de nouveaux biens, et le failli n'est pas recevable à s'opposer à la nomination de nouveaux juge-commissaire et syndic définitif. — 10 août 1838. Rouen. J.H. 39. 1. 102.

**69.—*Vérification de créances.*** —La déchéance établie par l'art. 513 C. comm. (505 de la loi nouvelle), contre les créanciers non vérifiés, ne peut être invoquée que par les créanciers de la faillite et non par le failli. — 6 déc. 1837. Bordeaux. J.H. 39. 1. 153.

**FAUX.** — En matière d'inscription de faux, la preuve testimoniale des moyens allégués est admissible, sans qu'il soit besoin que ces moyens se trouvent soutenus d'un commencement de preuve par écrit (C. pr., 252; C. inst. 228, 229, 315, 342; C. civ., 1353). — 2 juin 1842. Toulouse. J.H. 43. 1. 49.

**FAUX INCIDENT. — 1. — *Défaut d'intérêt.*—**L'inscription de faux n'est pas admissible, et doit, dans tous les cas, être rejetée pour défaut d'intérêt, lorsqu'elle aurait pour unique résultat de faire découvrir des nullités de procédure que l'inscrivant n'est plus recevable à proposer.—14 août 1838. Cass. J.H. 58. 1. 273.

**2.—*Délai.*** — Le délai de huitaine dans lequel le demandeur doit faire la déclaration qu'il se servira ou ne se servira pas de la pièce arguée de faux, n'est que

comminatoire. — 8 août 1837. Cass. J.H. 58. 1. 15. — Voy., dans le même sens, 14 août 1838. Cass. J.H. 38. 1. 273.

**3.—*Douanes.*—**C'est, au plus tard, à l'audience indiquée par la sommation de comparaître, que l'inscription de faux contre un procès-verbal des douanes doit être formée par le délinquant ou défendeur, qu'il ait ou non comparu ; — 9 nov. 1840. Cass. J.H. 41. 1. 31.—Voy., dans le même sens, 9 mai 1838. Cass. J.H. 38. 1. 203.

**4. — *Inscription.*** — L'inscription de faux incident n'est pas recevable, alors qu'elle tend à faire revivre une question déjà résolue définitivement par arrêt passé en force de chose jugée.

Spécialement, lorsqu'un moyen de nullité proposé contre un procès-verbal de saisie et pris de ce que cet acte énonce faussement l'accomplissement d'une formalité essentielle, a été rejeté définitivement comme ne pouvant être établi au mépris de la foi due au procès-verbal, le demandeur n'est plus recevable à s'inscrire en faux incident à l'effet de prouver son allégation, car l'inscription dans ce cas aurait pour but de faire revivre une instance qui est éteinte et de blesser l'autorité de la chose jugée (C. civ., 1351 ; C. pr., 214). — 8 déc. 1840. Cass. J.H. 41. 1. 65.

**5.—*Pouvoir discrétionnaire.*—**L'inscription de faux contre un exploit de signification, tendant à prouver que cet exploit n'a pas été remis à la personne qu'il indique a pu être déclarée inadmissible sur le motif qu'elle était dépourvue de fondement et qu'elle n'était en réalité qu'une demande en nullité de l'exploit, sans que l'arrêt qui le décide ainsi soit sujet à censure. —5 mai 1839. Cass. J.H. 39. 1. 214.

**6.—*Renvoi.*—**En matière de faux incident, comme en toute autre matière, l'arrêt infirmatif doit renvoyer devant un tribunal autre que celui dont l'arrêt est infirmé (C. pr., 472).—8 août 1837. Cass. J.H. 58. 1. 13.

**FEMME MARIÉE.**—La femme mariée sous le régime dotal peut être autorisée à contracter un emprunt pour l'établissement de ses enfants. — 23 juin 1835. Rouen. J.H. 58. 1. 29.

**FIN DE NON RECEVOIR.** — Le moyen de nullité, pris de ce qu'un exploit ne fait pas connaître la nature de l'héritage et deux de ses tenants, n'est pas couvert par des conclusions prises dans une requête d'apposition à un jugement par défaut, et tendantes à faire déclarer le demandeur purement et simplement non recevable, *ou, en tous cas, mal fondé dans sa demande*, si, d'ailleurs, dans le corps de la requête, on n'a pas défendu au fond. — 22 déc. 1837. Poitiers. J.H. 58. 1. 106. — V. Exception.

**FOLLE-ENCHÈRE.— 1.—*Contrainte par corps.*—**Le fol-enchérisseur n'est pas dégagé des obligations que lui impose la loi, par cela seul que, sur la revente, il s'est présenté un adjudicataire qui a mis une enchère supérieure à la sienne. Il est tenu solidairement et par corps avec le dernier adjudicataire, s'il y a sur lui une revente sur folle-enchère nouvelle, de la différence de son prix avec celui de la dernière adjudication.—25 fév. 1835. Cass. J.H. 35. 185.

**2. — *Délai.*—**Dans le cas des poursuites de la folle-enchère, le délai de quinzaine fixé par les art. 739 et 741 C. pr. civ. entre la première et la seconde publication du cahier des charges, se calcule en comptant le jour de la première publication.—7 fév. 1835. Toulouse. J.H. 35. 237.

**3. — *Héritier bénéficiaire.*—**L'héritier bénéficiaire qui se rend adjudicataire d'un bien de la succession, devient débiteur de son prix envers les créanciers de cette succession, et il est soumis à toutes les poursuites et voies d'exécution comme un acquéreur ordinaire. La nullité d'une folle-enchère, tirée de ce que le créancier poursuivant n'aurait pas signifié avant son bordereau avec commandement, sa demande est ouverte lorsqu'elle n'est pas proposée en première instance. — 27 mai 1835. Cass. J.H. 55. 281. — V. Saisie immobilière.

**FONCTIONNAIRE PUBLIC.** — 1. — *Autorisation préalable.* — Un maire doit être réputé agent du gouvernement lorsqu'il agit comme mandataire légal de la commune et pour ses intérêts privés , aussi bien que lorsqu'il agit dans l'intérêt général. — Par suite, il ne peut être poursuivi pour fait relatif à ses fonctions exercées dans le premier cas, sans l'autorisation préalable. — ... Même lorsqu'il n'est poursuivi que par l'action civile. — 28 août 1835. Pau. J.H. 58, 1. 56. — Voy., en sens contraire, 8 fév. 1840. Toulouse. J.H. 41. 1. 47.

2. ... Le maire qui, par des motifs de salubrité, a ordonné des mesures dont l'exécution a entraîné le chômage d'une usine (une fabrique d'huile) non autorisée, ne peut être actionné au civil, à fin de dommages-intérêts , sans une autorisation préalable du conseil d'Etat (Const. de l'an 8, art. 75).—8 fév. 1841. Bastia. J.H. 41. 1. 182.

3. ...Un conseiller municipal n'est agent du gouvernement que lorsqu'il agit comme remplaçant légal du maire ou de l'adjoint ; il peut être, dès lors, poursuivi sans autorisation préalable. — 23 déc. 1835. Pau. J.H. 38. 1. 57.

4. ...L'autorisation préalable n'est pas exigée à l'effet de poursuivre les préposés des ponts à bascule pour faits relatifs à leur qualité, surtout s'ils n'exercent plus leurs fonctions au moment des poursuites. — 21 juillet 1838. Nancy. J.H. 39. 1. 209.

5. ... Un tribunal doit , d'office, surseoir à prononcer sur l'action dirigée, sans autorisation préalable, contre un fonctionnaire, à raison de ses fonctions (Cons. an 8, art. 75).—15 déc. 1852. Pau. J.H. 38. 1. 55.

6. ... Le défaut d'autorisation peut être invoqué par un agent du gouvernement pour la première fois même en appel.—15 déc. 1852. Pau. J.H. 58. 1. 55.

7. ... Un curé ou desservant titulaire n'est pas recevable à intenter une action en complainte relative à un droit foncier de sa cure, et , par exemple , à la jouissance d'un droit de servitude, s'il n'y a été préalablement autorisé par le conseil de préfecture, sur l'avis du conseil de fabrique. —... 1837. J.H. 37. 1. 232.

8. — *Huissier.* — Les huissiers, lorsqu'ils font des actes d'exécution, agissent dans un caractère public. — Par suite, aux termes de l'art. 20 de la loi du 26 mai 1819, ceux qui sont poursuivis pour diffamation envers eux, à raison de leurs actes , peuvent faire, par tous les moyens ordinaires, la preuve de la vérité des faits qu'ils ont avancés.—31 déc. 1835. Cass. J.H. 57. 1. 81.

9. — *Juge suppléant.* — Un juge suppléant reste justiciable de la Cour royale pour les délits commis hors de ses fonctions, bien que les poursuites n'aient été dirigées contre lui qu'après l'expiration de ses fonctions. (C. instr., 479). — 19 déc. 1842. Orléans. J.H. 43. 1. 72.

10. — *Porteurs de contraintes.* — Les porteurs de contraintes pour le recouvrement des contributions directes , doivent être considérés comme des officiers publics , et non pas seulement comme des commis ou préposés. — Par suite, les concussions dont ils se rendent coupables constituent un *crime* justiciable de la Cour d'assises (C. pén., 174).—6 oct. 1857. Cass. J.H. 38. 1. 180.

**FORÊTS.** — 1. — *Citation.* — Le vœu de l'art. 172 C. for., qui veut, à peine de nullité, que l'acte de citation *contienne la copie du procès-verbal*, est suffisamment rempli , quand cette copie a été *jointe* à l'acte de citation et que ces deux pièces ont été remises simultanément au prévenu, en parlant à sa personne. — 22 fév. 1859. Cass. J.H. 59. 1. 487.

2. — *Exception.* — La nullité d'une citation donnée en matière forestière doit être proposée avant toute défense au fond, et ne peut , par suite , être invoquée, pour première fois, en cause d'appel (C. pr., 172). — 5 mai 1836. Cass. J.H. 36. 1. 216.

5. — *Maîtres des eaux et forêts.* — Les décisions que prenaient, sous l'ancienne législation, les grands maîtres des eaux et forêts, en cours de visite, sur des difficultés entre particuliers , étaient des actes judiciaires en première instance , dont l'appel devait être porté devant les parlements, et non devant l'autorité administrative.—26 nov. 1834. Cass. J.H. 55. 41.

4. — *Procès-verbal.* — L'appréciation des vices reprochés à un procès-verbal de récolement, en matière forestière, soit au fond, soit en la forme, appartient exclusivement aux conseils de préfecture (C. for., 50). — 2 fév. 1859. Cass. J.H. 59. 1. 487.

5. — *Récolement.* — L'adjudicataire doit, à peine de déchéance , pour mettre l'administration en demeure de procéder au récolement , lui adresser la sommation dont parle l'art. 47 C. for. Il ne peut y être suppléé par un acte différent émané de l'administration, ni par le jugement qui ordonne le récolement, mais sans fixe de délai, alors d'ailleurs qu'il n'a pas été signifié. — juin 1840. Cass. J.H. 40. 1. 246.

**FORGES.**—L'arrêt du conseil du 27 déc. 1729 qui punit de 300 fr. d'amende les ouvriers attachés au service d'une forge qui l'abandonnent pendant que le fourneau est en feu , n'a été abrogé ni par les lettres-patentes de 1749 , ni par l'art. 3 de la loi du 22 germ. an 11 , ni par aucune autre loi.

L'infraction résultant de ce qu'un ouvrier attaché à une forge l'a abandonnée pendant qu'elle était en feu, étant punie d'une amende de 500 fr., est de la compétence du tribunal correctionnel.—21 déc. 1837. Bourges. J.H. 38. 1. 256.

**FOURNITURES.** — Le cessionnaire de partie des sommes dues à un entrepreneur par l'état, qui demande non pas la nullité par action principale et comme frauduleuse , d'une liquidation faite depuis la notification du transport, par acte administratif entre ces derniers, mais le paiement des sommes à lui cédées par l'entrepreneur, doit porter son action devant l'autorité administrative, et non devant l'autorité judiciaire (L. 28 pluv. an 8).—11 mai 1836. Cass. J.H. 56. 1. 185.

**FRAIS ET DÉPENS** (1). — 1. — *Appel.* — Le désistement d'appel , avec soumission de payer les frais dont la distraction a été requise par l'avoué , doit , en plus contenir consentement de les acquitter entre les mains de cet avoué. — 10 août 1840. Caen. J.H. 41. 1. 97.

2. ...Il n'est pas dû à l'avoué d'appel un droit de 15 par chaque rôle d'arrêt ou de jugement qu'il signifie ; on ne doit lui allouer que la taxe accordée à l'huissier. —22 juin 1838. Bordeaux. J.H. 59. 1. 47.

5. ... L'arrêt qui condamne la partie perdante au

---

(1) Cet article doit être rapproché de l'article Honoraire.

dépens, *y compris le coût du jugement de* 1re *instance,* ne peut être réputé comprendre dans ce coût le montant du double droit perçu sur ce jugement, faute par la partie gagnante de l'avoir fait enregistrer dans les délais. —25 mai 1840. Cass. J.H. 40. 1. 190.

4.—*Avances.* —L'avoué qui paie bénévolement des honoraires d'experts a-t-il droit aux intérêts de ses avances comme un mandataire ordinaire (*negotiorum gestor*)?—27 août 1858. Cass. J.H. 58. 1. 279.

5.—*Avoué.*—Un avoué ne peut régulièrement se faire suppléer par un de ses confrères pour demander en son nom la distraction des dépens, et affirmer qu'il a fait la majeure partie des avances (C. pr. civ., 133).—11 avril 1834. Bordeaux. J.H. 36. 1. 118.

6.—*Bonne foi.*—Le greffier de la justice de paix qui a perçu un droit plus fort que celui autorisé par l'art. 10 du tarif ne peut, s'il a été de bonne foi, être passible des peines correctionnelles portées par la loi du 21 prairial an 7.—7 avril 1858. Orléans. J.H. 58. 1. 295.

7.—*Commissaire de police.* —Lorsque, conformément à la disposition de l'art. 23 de la loi du 21 avril 1832, un propriétaire de maison requiert l'assistance, soit du juge de paix, soit du commissaire de police ou du maire, à l'effet de faire constater qu'il y a eu déménagement furtif, et afin d'échapper par là à l'obligation de payer les contributions des locataires, ces magistrats ont-ils droit à des vacations? (*Non*).

La solution est la même, soit qu'il y ait nécessité de faire ouvrir les portes du locataire déménagé, soit que cette mesure ait été inutile, les portes s'étant trouvées ouvertes.

Le commissaire de police ou le maire, requis pour venir constater un accident quelconque, ont-ils droit à des vacations? (*Non*).

Y a-t-il lieu de distinguer si l'événement est arrivé par force majeure ou par autre cause (imprudence ou maladresse d'un tiers)? (*Non*).—... 1843. Dissert. J.H. 43. 1. 5.

8.—*Commune.*—L'enregistrement des lettres missives et le coût des consultations nécessaires à une commune pour obtenir l'autorisation de plaider, peuvent être compris dans la taxe des dépens, alors que la commune est défenderesse. — 1er août 1838. Toulouse. J.H. 39. 1. 18.

9.—*Compensation.*—Les dépens peuvent être compensés pour cause de parenté entre cousins (C. pr. 131).—31 mars 1838. Toulouse. J.H. 39. 1. 171.

10.—*Condamnation aux dépens.* — La partie qui a succombé sur tous les chefs de contestations peut être condamnée à tous les dépens, lors même que le chiffre de la demande de son adversaire a été beaucoup réduit par le juge (C. pr., 130). — 5 nov. 1834. Cass. J.H. 35. 52.

11.—...Le compte de retour et les intérêts d'une traite protestée ne sont pas des dépens ou frais de justice pour le paiement desquels la contrainte par corps ne puisse être prononcée (C. civ., 2063).—5 nov. 1835. Cass. J.H. 36. 1. 254.

12.—...La contrainte par corps doit être prononcée par le juge correctionnel qui doit en fixer la durée, contre la partie civile, alors même qu'elle ne succombe pas.— 9 mai 1837. Paris. J.H. 37. 1. 544.

13.—*Droit de copie.*—En matière sommaire, et spécialement en matière d'ordre, il est dû à l'avoué un droit pour chaque copie du jugement (avec les qualités) signifiée aux parties adverses, comme en matière ordinaire.—1er mars 1841. Cass. J.H. 41. 1. 155.—Voy. cependant 17 août 1839. Douai. J.H. 40. 1. 65.

14.—*Droit de plaidoirie.* —Il n'est pas dû autant de droits de plaidoirie qu'il il y a eu de jours employés à plaider.—22 juin 1838. Bordeaux. J.H. 39. 1. 47.

15.—*Enregistrement.*—La condamnation à tous les dépens, *liquidés à...., en ce non compris* (c'est-à-dire dans la liquidation) *les qualités, coût, enregistrement et signification du présent arrêt,* ne s'étend pas aux droit et double droit d'enregistrement perçus sur un acte célé à la régie et que l'arrêt lui a fait connaître. — 28 déc. 1840. Cass. J.H. 41. 1. 102. — Voy anal., en sens contraire, 6 janv. 1841. Caen. J.H. 41. 1. 190.

16. — *Exécutoire de dépens.* — L'opposition à l'exécutoire de dépens, formée trois jours après la signification à avoué, est nulle (Décr. 16 juill. 1807, art. 6). ...Bien que le troisième jour fût un jour férié (C. pr., 1037)....Et que l'affaire fût sommaire. —20 juill. 1840. Caen. J.H. 41. 1. 186.

17. ... L'opposition à un exécutoire de dépens constitue un litige qui ne peut être vidé par le président seul (Décr. 16 fév. 1807, art. 6). —17 janv. 1842. Cass. J.H. 42. 1. 115.

18. —*Expertise amiable.* — L'individu nommé par des parties majeures devant le juge de paix pour procéder à l'amiable, en qualité d'expert, au partage d'une succession, peut, pour le règlement de ses vacations, suivre la marche tracée par l'art. 519 C. proc., et déposer son rapport au greffe du tribunal où l'instance en partage devait être poursuivie et se faire délivrer, par le président, un exécutoire du montant de la taxe (C. pr., 519, 971, 985).

En conséquence, les poursuites, par voie de commandement et de saisie-arrêt, faites en vertu de cet exécutoire, par un notaire ainsi nommé expert, sont régulières et valables (C. pr., 519, 557).

N'en serait-il pas de même si l'expert avait été nommé par les parties majeures en dehors de toute espèce de tribunal? —17 avril 1838. Cass. J.H. 38. 1. 215.

19. — *Frais frustratoires.* — L'avoué qui a fait des frais au nom de ses clients, dont il était chargé de poursuivre les débiteurs, ne peut pas les répéter contre eux à titre de remboursement d'avances faites en exécution de son mandat, alors que ces frais ont été déclarés frustratoires (C. civ., 1999).

On doit considérer comme frustratoires, de la part d'un avoué qui poursuit des débiteurs au nom de ses clients, les frais résultant, soit de copies de pièces d'une longueur démesurée en tête d'un exploit d'ajournement, alors que l'intérêt du procès était minime, et qu'il pouvait se borner à notifier un extrait de ces pièces.

... Soit de la levée et signification d'un jugement obtenu contre les débiteurs, alors que l'avoué était prévenu que ces derniers étaient dans l'intention de déférer amiablement aux condamnations prononcées contre eux, et que, d'ailleurs, ses clients l'avaient engagé à suspendre toute exécution.

...Soit de commandements devenus inutiles par les bonnes dispositions bien connues des débiteurs.

...Soit enfin de la rédaction de qualités où l'on trouve des répétitions de noms et de détails inutiles. →26 déc. 1837. Cass. J.H. 38. 1. 73.

20. ... Un arrêt peut, sans excès de pouvoir, mettre tous les frais d'une procédure frustratoire à la charge de l'avoué, et en décharger ainsi toutes les parties. — 19 août 1835. Cass. J.H. 36. 1. 73.

21. — *Honoraires d'avocat.* — Aucune loi n'impose aux communes l'obligation de prendre des consultations d'avocats, soit qu'elles agissent en demandant ou en défendant; par suite celle qui gagne son procès ne peut réclamer contre son adversaire les honoraires d'une

consultation par elle produite, alors même qu'elle serait défenderesse. — 17 fév. 1840. Cass. J.H. 41. 1. 145. — V., en sens contraire, 28 janv. 1841. Grenoble. J.H. 42. 1. 133.

22. — *Huissier.* — Les huissiers peuvent réclamer directement des avoués qui les emploient le paiement des frais d'exploits signifiés dans les procédures et actions sur lesquelles ceux-ci ont été constitués. (C. civ., 1999). — 11 juill. 1840. Bourges. J.H. 42. 1. 155.

23. — *Intervention.* — Dans le cas où les créanciers d'un copartageant interviennent dans l'instance en partage ou licitation, comme, aux termes de l'art. 882 C. civ., les frais de leur intervention doivent nécessairement être mis à leur charge, il faut que les frais de chaque acte soient explicitement et distinctement taxés, et que chaque créancier soit déclaré passible de ceux auxquels il a donné lieu par son intervention, ce qui doit être exprimé dans la taxe (C. civ., 882).

Au nombre des frais d'intervention au partage, que l'art. 882 C. civ. met à la charge des créanciers intervenants, faut-il comprendre les frais des significations faites par le poursuivant aux avoués de ces créanciers, tels que droits de copies, timbre de ces copies, droits d'enregistrement de ces copies, droit de signification de l'huissier-audiencier (quant aux actes d'avoué) et droits de copies de pièces? — 27 août 1838. Cass. J.H. 38. 1. 279.

24. — *Matière criminelle.* — Une circulaire du ministre de la justice, en date du 16 août 1842, contient un grand nombre de règles relatives aux frais en matière criminelle. — V. J.H. 43. 1. 81.

25. ... Les avoués peuvent demander à leur profit la distraction des dépens qu'ils affirment avoir avancés, en matière correctionnelle, comme en matière civile (C. pr., 133; C. inst. cr., 185, 204). Et cette distraction est due aux avoués, soit qu'il y ait jugement, soit qu'il y ait seulement désistement. — 10 janv. 1835. Limoges. J.H. 38. 1. 330.

26. — *Matière électorale.* — Le maire dont la décision, en matière électorale, est déférée par appel au tribunal civil, ne peut être considéré comme étant personnellement partie dans l'instance et comme perdant son caractère de fonctionnaire administratif : par suite, il ne peut être condamné aux dépens. — 22 juill. 1840. Cass. J.H. 40. 1. 248. — V., dans le même sens, 14 nov. 1838. Cass. J.H. 39. 1. 250.

28. — *Matière sommaire.* — La disposition de l'art. 147 du tarif qui élève *au double* les émoluments des avoués d'appel en matière sommaire, s'applique aux frais directement faits devant la Cour, et non aux frais en matière sommaire faits en première instance, et taxés par un jugement dont la Cour a été saisie par voie d'appel. — 29 juin 1841. Douai. J.H. 42. 1. 158.

29. ... En matière sommaire, il est dû à l'avoué, outre le droit fixé par l'art. 67 du tarif pour le dressé des qualités et la signification du jugement, ce qui doit s'entendre de *l'original seulement*, un droit particulier pour chaque *copie* signifiée aux parties adverses, de même qu'en matière ordinaire. — 19 juin 1842. Cass. J.H. 42. 1. 73.

30. ... En matière sommaire, les avoués n'ont droit à aucun émolument ou honoraire pour *correspondance et port de pièces*; ils ne peuvent réclamer à cet égard, que leurs déboursés effectifs. — 19 janv. 1842. Cass. J.H. 42. 1. 75.

27. — *Mise en cause.* — Celui qui, en première instance, a obtenu la mise en cause d'un tiers, doit, en cas d'infirmation du jugement en appel, être condamné à tous les frais occasionés par ce tiers, encore bien que



la mise en cause sur l'appel aurait été réclamée par l'autre partie (C. pr., 150). — 22 août 1837. Cass. J.H. 38. 1. 241.

31. — *Notaire.* — Le coût d'une assignation donnée, à la requête du ministère public, devant un tribunal civil, à un notaire, pour le faire condamner à l'amende, pour contravention à la loi du 25 ventôse an 11, doit-il être fixé comme en matière civile ou comme en matière correctionnelle ? — 1838. Dissert. J.H. 38. 2. 2.

32. — *Offres réelles.* — La partie condamnée aux frais ne peut valablement offrir de les payer, à la charge, par son adversaire, de lui remettre les pièces de procédures signifiées. — 6 fév. 1837. Limoges. J.H. 39. 1. 208.

33. — *Partie civile.* — Dans les affaires soumises au jury, la partie civile n'est passible des frais qu'autant qu'elle succombe ; en conséquence, l'avance des frais nécessités par l'instruction, et notamment ceux d'expertise, doit être faite par le trésor, sauf répétition contre la partie civile s'il y a lieu (C. inst. cr., 368; L. 15 pluviôse an 13, art. 4; Décr. 18 juin 1811 ; C. comm., art. 159, 590, 592). — 25 août 1840. Paris. J.H. 41. 1. 55.

34. — *Partie gagnante.* — Une partie, bien qu'elle gagne son procès, peut être condamnée aux frais. — 21 fév. 1843. Cass. J.H. 43. 1. 123.

35. — *Peine disciplinaire.* — L'avoué qui intervient en cause d'appel, pour combattre des conclusions tendant à faire déclarer les frais d'une procédure inutiles et frustratoires, peut être condamné à une peine disciplinaire, en même temps que les frais sont déclarés frustratoires et mis à sa charge, sans qu'il puisse se plaindre d'avoir été privé d'un degré de juridiction. — 19 août 1835. Cass. J.H. 36. 1. 73.

36. — *Port de pièces.* — Le droit de port de pièces est dû aux avoués, aussi bien en matière sommaire qu'en matière ordinaire (Tar., 145). — 26 janv. 1843. Douai. J.H. 43. 1. 118.

37. — *Pouvoir.* — Le coût de l'enregistrement du pouvoir donné par une partie à son agréé, étant nécessaire pour représenter celle-ci, a pu être réputé faire partie des dépens à la charge de la partie condamnée. — 5 nov. 1835. Cass. J.H. 36. 1. 254.

38. — *Qualité de jugement.* — Les significations de qualités et de jugements, faites par acte d'avoué, ne sont point admises en taxe; il n'y a que celles faites d'avoué à avoué (30 mars 1808, art. 70, § 2 et 87). — 14 mars 1838. Douai. J.H. 38. 1. 335.

39. ... Les juges taxateurs peuvent réduire des qualités de jugement devenues irrévocables si elles leur paraissent trop étendues, ou contenir des détails oiseux. — 26 déc. 1837. Cass. J.H. 38. 1. 73.

40. — *Réduction de frais.* — Le droit de faire réduire les frais réclamés par un avoué peut être exercé par le client de cet avoué, sans qu'il soit besoin d'un désaveu préalable. — 26 déc. 1837. Cass. J.H. 58. 1. 73.

41. — *Règlement de qualité.* — Les avoués n'ont pas droit à une vacation au règlement de qualités, lorsque ce règlement a été fait à l'amiable. — 22 juin 1838. Bordeaux. J.H. 39. 1. 47.

42. — *Remise de cause.* — La simple remise de cause n'est pas un incident sur lequel le juge soit obligé de prononcer une condamnation particulière de dépens (C. pr., 150). — 29 déc. 1834. Cass. J.H. 35. 97.

43. — *Responsabilité.* — Les frais de l'exploit d'appel nul par la faute de l'huissier doivent, ainsi que ceux de la procédure qui en a été la suite, être supportés par cet officier ministériel (C. pr., 71). — 5 avril 1840. Caen, J.H. 40 1. 185.

44. — *Signification de jugement.* — La signification

de jugement qu'un avoué, occupant à la fois pour deux des parties litigantes, s'est faite à lui-même, doit lui être passée en taxe, lorsque ces deux parties, bien que d'accord pour concourir au même but, se sont cependant divisées dans leurs moyens de défense ( C. pr., 147). — 6 janv. 1843. Nancy. J.H. 45. 1. 157.

45. — *Taxe.* — Le décret du 16 fév. 1807 qui prescrit que la taxe des dépens soit signée, non seulement par le juge taxateur, mais aussi par le greffier, n'attache pas la peine de nullité à l'omission de la signature du greffier ( Second décr. du 16 fév. 1807, art. 5; C. pr., 1040). — 23 juill. 1839. Cass. J.H. 39. 1. 289.

46. ... Le juge taxateur doit se borner à la seule expression *taxé*, sans donner aucun motif d'admission ou de rejet. — 14 mars 1838. Douai. J.H. 38. 1. 335.

47. ... La requête afin de plaider à jour fixe et antérieur à celui déterminé par le rôle, si elle a été répondue par le juge, doit être admise en taxe, encore qu'elle ait été sans résultat, si ce n'est pas par la faute de l'avoué qui l'a présentée (Décr. 30 mars 1808, art. 18). — 14 mars 1838. Douai. J.H. 38. 1. 335.

48. ... Le chef de jugement ou d'arrêt qui détermine la nature des dépens adjugés, et spécialement qui porte que la taxe aura lieu comme en matière ordinaire, ne peut être réformé que sur appel ou recours en cassation, et non par la voie de l'opposition ( Décr. 16 fév. 1807, art. 6 ). — 6 juill. 1840. Nîmes. J.H. 42. 1. 49.

49. ... En matière sommaire, et spécialement en matière commerciale, la taxe des dépens ne peut être faite et rendue exécutoire par le président seul, lorsque ces dépens n'ont pas été liquidés par le jugement ( C. pr., 543; 2e décr. du 16 fév. 1807, art. 1, 2 et 5 ). — 17 janv. 1842. Cass. J.H. 42. 1. 113.

50. ... Bien que l'opposition à la taxe des actes d'huissier doive être portée devant la chambre du conseil, néanmoins elle peut être jugée en audience publique du tribunal, alors surtout qu'il s'élève des questions de droit, telles que la question de compétence du président taxateur, et que les parties y acquiescent en concluant au fond, sans que, par là, l'ordre des juridictions reçoive aucune atteinte (Décr. addit. du 16 fév. 1807). — 14 fév. 1838. Cass. J.H. 38. 1. 459.

51. — *Transport.* — Quelle est la taxe des huissiers des justices de paix lorsqu'ils se transportent à un myriamètre de distance ? — 1856. Dissert. J.H. 56. 2. 7.

52. — *Tribunal de commerce.* — Les tribunaux de commerce ne peuvent passer en taxe à ceux qui représentent les parties devant eux, des droits qui, tels que ceux de rédaction d'exploit, de consultation et de plaidoirie, supposent l'existence officielle de défenseurs en titre devant les juges consulaires, tandis qu'elle est interdite par la loi. — 17 janv. 1842. Cass. J.H. 42. 1. 113.

**FRUITS.** — L'usager qui, voyant ses droits déniés par le propriétaire, a négligé d'introduire immédiatement son action en justice, ne peut, même alors que l'opposition du propriétaire est jugée illégitime, obtenir contre lui la restitution des fruits dont il a été privé jusqu'à la demande judiciaire (C. civ., 2257). — 29 avril 1850. Cass. J.H. 39. 1. 181.

**GARANT—GARANTIE.—1.—***Adjudicataire.*—L'adjudicataire évincé par suite de la résolution de l'adjudication ne peut répéter les frais qu'il a payés que contre le saisi, et non contre le créancier saisissant (C. civ., 1135, 1382, 1383, 1235, 1377, 1585; C. pr., 715, 719). — 20 août 1850. Pau. J.H. 37. 1. 248.

2. — *Déclaration à l'audience.* — La déclaration faite à l'audience qu'on va former une demande en garantie, ne suffit pas pour obliger la Cour à remettre la cause, qui se trouve d'ailleurs en état d'être jugée au principal. — 14 mai 1838. Cass. J.H. 38. 1. 225.

3. — *Incompétence.* — Un marchand de chevaux, assigné devant le tribunal de commerce en restitution du prix d'un cheval par lui vendu, et reconnu atteint d'un vice redhibitoire, ne peut appeler en garantie, devant le même tribunal de commerce, le particulier non commerçant de qui il tient ce cheval (C. pr., 181). — 9 fév. 1838. Poitiers. J.H. 38. 1. 103.

4. — *Jugement.* — De ce que le jugement qui condamne le garanti contradictoirement, et le garant par défaut, est passé en force de chose jugée à l'égard du garanti, il ne s'ensuit pas que le garant, auquel ce jugement n'a pas été signifié, soit non recevable à y former opposition : en cas pareil, au contraire, l'opposition remet en question tant l'action principale que l'action subsidiaire en garantie (C. civ., 1350, 1351; C. pr., 184). — 12 avril 1843. Cass. J.H. 43. 1. 151.

5. — *Saisie immobilière.* — L'adjudicataire sur saisie immobilière n'a, en cas d'éviction, aucune garantie à exercer contre le créancier qui a poursuivi la saisie, alors que cette éviction provient, non pas d'un vice de la procédure en expropriation, mais bien d'un vice de la propriété saisie. — ... Il a droit seulement de rentrer dans le prix par lui payé aux créanciers colloqués dans l'ordre (C. civ., 1626; C. pr., 731). — 22 mars 1836. Colmar. J.H. 37. 1. 175.

6. — *Servitude.* — La garantie n'a pas lieu pour les servitudes non déclarées que l'acquéreur a dû nécessairement connaître (C. civ., 1638). Et la garantie générale, exprimée dans l'acte de vente, ne doit pas être réputée s'appliquer à ce cas. — 18 nov. 1836. Colmar. J.H. 37. 1. 552.

7. — *Sous-garant.* — Dans le cas où l'arrêt qui condamne un garant en sa qualité, vient à être annulé, en ce que l'action en garantie était prescrite, cette annulation doit s'étendre aussi aux condamnations prononcées par le même arrêt au profit du garant contre le sous-garant qu'il avait appelé en cause, tous droits des parties demeurant réservés. — 12 déc. 1837. Cass. J.H. 38. 1. 49.

8. — *Surenchère.* — L'acquéreur qui, au cas de surenchère exercée par un créancier, s'est rendu adjudicataire de l'immeuble à lui vendu, a droit de répéter, contre son vendeur, le paiement de l'excédant du prix d'adjudication sur le prix de vente.

... Cet acquéreur peut réclamer, contre son vendeur, le remboursement des frais de la procédure qui a eu lieu pour constater la plus-value de l'immeuble vendu; il ne peut exiger le remboursement des frais d'adjudication et d'enregistrement (C. civ., 1291). — 21 avril 1836. Bordeaux. J.H. 37. 1. 103. — Jugé dans le même sens pour des dommages-intérêts, 27 août 1834. Toulouse. J.H. 35. 287.

9. ... L'adjudicataire d'un immeuble vendu par licitation ne peut, au cas d'éviction par suite de surenchère, exercer aucune action en garantie contre les colicitants, encore bien que la surenchère eût été faite par l'un d'eux (C. civ., 1626). — 30 janv. 1835. Aix. J.H. 35. 284.

10. — *Vente à forfait.* — La cession à forfait d'une créance, sur laquelle est intervenu un jugement contre un tiers-saisi, bien que ce jugement ait fait partie des pièces remises, n'oblige pas le cédant à garantir le cessionnaire de ce qu'au moment de la cession, et sans qu'ils en eussent connaissance ni l'un ni l'autre, ce jugement était frappé d'opposition, et a été, par suite, anéanti (C. civ., 1629, 1693). — 9 mars 1837. Cass. J.H. 57. 1. 216. — V. Vices redhibitoires.

**GARDE NATIONALE.** — Est nul le jugement par lequel un conseil de discipline condamne à 48 heures de prison pour manquement à plusieurs services d'ordre et de sûreté, sans en spécifier la nature et l'époque.

Les conseils de discipline ne peuvent, sans excéder leurs pouvoirs, statuer sur des contraventions qui ne sont pas l'objet des plaintes portées devant eux (C. inst. cr., 183; L. 22 mars 1831, 110). — 30 juin 1836. Cass. J.H. 36. 1. 336.

**GREFFE (DROIT DE).** — Plusieurs documents émanés du ministère des finances ou de la régie posent des règles importantes en matière de perception de droit. — V. notamment 2 janv. 1836. Décis. min. fin. J.H. 37. 2. 19; 1er et 8 avril 1836. Décis. min. fin. et just. J.H. 37. 2. 19; 24 déc. 1836. Inst. gén. de la régie. J.H. 38. 2. 36.

**HONORAIRES** (1). — 1. — *Arbitres.* — La demande en paiement d'honoraires convenus, formée par des arbitres forcés, contre les associés dont la contestation leur a été soumise, doit être portée devant la juridiction civile (C. comm., 51). — 29 janv. 1840. Rouen. J.H. 40. 1. 79.

2. — *Avocat-avoué.* — Nonobstant la nullité du pacte *quota litis*, l'avocat ou l'avoué a le droit d'obtenir des honoraires proportionnés aux soins qu'il a donnés et aux démarches qu'il a faites pour obtenir le recouvrement de la créance. — 1er juin 1840. Nancy. J.H. 40. 1. 252.

3. ... L'avoué a qualité pour payer les honoraires de l'avocat, et peut, en conséquence, en poursuivre le remboursement contre son client (1998, 1999). — 30 déc. 1840. Caen. J.H. 41. 1. 185.

4. — *Expertise.* — Les experts commis d'office par le tribunal, ou nommés par les parties elles-mêmes, sont considérés comme les mandataires de toutes les parties en cause à l'expertise; celles-ci sont tenues solidairement du paiement des honoraires qui leur sont dus, surtout lorsque toutes les parties ont comparu devant les experts, leur ont fourni des renseignements, et qu'aucune d'elles ne pouvait s'opposer à l'expertise (C. pr., 319; C. civ., 1222).

Les experts peuvent, durant le procès, réclamer le paiement de leurs honoraires, contre la partie poursuivante; mais s'ils ont attendu l'expiration du procès, ils peuvent demander le paiement de leurs honoraires contre les parties condamnées. — ... Ils ne peuvent exiger le paiement de leurs honoraires, préalablement au dépôt de leur rapport au greffe. — 30 janv. 1840. Montpellier. J.H. 40. 1. 164.

5. — *Huissiers.* — Les huissiers peuvent-ils exiger un droit pour la transcription des protêts qu'ils sont obligés de faire sur un registre spécial aux termes de l'art. 176 C. comm.?

Quel est le montant de ce droit? — ... 1836. Dissert. J.H. 36. 2. 6.

6. ... Est-il dû aux huissiers-audienciers des tribunaux civils, des Cours royales, dans les affaires qui ne sont jugées qu'après plusieurs audiences de plaidoiries et de délibéré, autant de droits d'appel de cause qu'il y a eu d'audiences? *Rés. nég.* — ... 1836. Dissert. J.H. 36. 2. 3.

7. — *Notaire.* — Le créancier non colloqué dans un ordre a le droit de répéter contre le notaire les honoraires prélevés entre eux, bien que ce créancier ait eu connaissance de la clause du cahier des charges qui en faisait mention. — 20 mai 1836. Paris. J.H. 36. 1. 237.

8. ... Les notaires d'un arrondissement ont le droit d'arrêter le tarif de leurs honoraires pour les divers actes de leur ministère, taxés ou non taxés par le décret de 1807. — 6 janv. 1844. Cass. J.H. 44. 1. 147.

9. — *Port de pièces.* — Le droit de port de pièces et de correspondance est dû à l'avoué en matière sommaire, comme en matière ordinaire. (Tarif, art. 67, 145, 7). — 26 janv. 1843. Douai. J.H. 43. 1. 149. — V. ci-dessus, Frais.

**HUISSIERS.** — 1. — *Amende.* — Dans le cas où une amende a été encourue par un huissier, c'est par jugement rendu en audience publique, et non en chambre du conseil, que cette condamnation doit être prononcée. — 16 janv. 1844. Cass. J.H. 44. 1. 3.

2. — *Arrestation illégale.* — Le fait, par un individu, d'avoir mis un huissier sous la garde de plusieurs personnes, pendant le temps que cet individu allait requérir la force publique, pour conduire ensuite l'officier ministériel chez le commissaire de police, constitue le crime d'arrestation illégale puni par les art. 341, 343 C. pén.

... Il importe peu que l'arrestation ait été faite dans le but de forcer l'huissier, qu'on prenait pour un clerc, à justifier de sa qualité. — 11 déc. 1842. Trib. corr. de la Seine. J.H. 43. 1. 7.

3. — *Audienciers.* — L'art. 2 du décret du 14 juin 1813, qui donne indistinctement aux Cours et tribunaux le droit de choisir leurs huissiers-audienciers, doit être entendu en ce sens qu'un tribunal ou une Cour ne peut faire ce choix parmi *tous* les huissiers, en général, qui se trouvent dans son ressort, mais seulement parmi ceux qui résident dans la ville où son siège est établi.

..... Et c'est à tort, dès lors, qu'un tribunal de commerce d'une ville a choisi pour audiencier un huissier résidant dans un canton rural voisin (Déc. 14 juin 1813, art. 2).

Il ne pourrait choisir non plus un huissier déjà choisi par un autre tribunal. — 14 déc. 1836. Cass. J.H. 37. 1. 65.

4. — *Cautionnement.* — Lorsqu'un huissier a été admis à changer de résidence, le cautionnement versé pour la résidence abandonnée ne peut être appliqué à la résidence nouvelle. — 31 oct. 1836. Circ. du garde des sceaux. J.H. 37. 2. 32.

5. — *Chambre.* — La chambre de discipline des huissiers a qualité pour intervenir dans une contestation où la chambre des notaires conteste à un huissier de l'arrondissement le droit de faire des ventes mobilières à terme. — 27 mai 1837. Colmar. J.H. 37. 1. 284.

6. — *Citation amiable.* — Les huissiers peuvent-ils refuser de donner aux parties une invitation de se présenter devant le juge de paix, avant de les assigner par exploit? — ... 1836. Dissert. J.H. 36. 2. 27.

7. — *Concussion.* — Dans une accusation de concussion, il n'est pas nécessaire d'énoncer dans la question posée au jury le montant des surtaxes, la quotité de la perception n'étant ni constitutive, ni aggravante du crime (C. pén., 174). L'huissier qui exige au-delà de ce qui lui est dû, se rend coupable de concussion (C. pén., 174). L'arrêt qui, en condamnant un fonctionnaire pour crime de concussion à une amende, ne détermine pas la quotité de restitution ou de dommage sur laquelle néanmoins l'amende doit être fixée, doit être cassé sur le chef qui condamne à l'amende (C. pén. 174). — 7 avril 1842. Cass. J.H. 42. 1. 177.

8. — *Consignation d'aliments.* — Un huissier qui laisse sortir un débiteur de prison faute d'opérer la consignation d'aliments dont il était chargé, n'est pas

responsable de la totalité de la créance, et le tribunal peut, eu égard aux chances de recouvrement, apprécier les dommages-intérêts à la charge de l'huissier. — ... Déc. 1842. Trib. de la Seine. J.H. 45. 1. 67.

9. — *Contravention.* — L'huissier qui, même sans aucune mauvaise intention, fait remettre par des tiers (par son fils) les copies des exploits qu'il est chargé de notifier, commet une contravention passible d'une amende et de la suspension.

Il en est de même de l'huissier qui perçoit deux droits de transport pour deux actes faits le même jour, dans le même lieu; il ne peut s'excuser sur ce que cette perception a été faite involontairement et par erreur.

La contravention résultant de ce qu'un huissier a perçu deux droits de transport sur deux actes faits dans la même course, est suffisamment établie par la production des deux originaux faisant mention des deux droits. — 30 juill. 1836. Cass. J.H. 36. 1. 241.

10. — *Copie illisible.* — L'huissier qui a signifié la copie d'un arrêt qui est illisible soit à raison de la ténuité affectée des caractères d'écriture, soit à cause du nombre d'abréviations qu'elle contient, peut être condamné directement par la Cour de cassation à l'amende de 25 fr. prononcée par l'art. 2 du décret du 29 août 1813. — 29 janv. 1836. Cass. J.H. 36. 1. 169. — Voy. encore 1837. J.H. 37. 1. 232.

11. — *Désaveu.* — De ce qu'une partie, au nom de laquelle un arbitre a été nommé sur acte extrajudiciaire d'huissier, sans mandat de sa part, n'a formé une action en désaveu contre l'huissier qu'après la sentence, et même après la demande en dépôt au greffe par elle formée, elle ne se rend pas non recevable dans cette action (C. pr., 360).

Le juge peut, tout en admettant une action en désaveu contre un officier ministériel, se dispenser de le condamner, soit à des dommages-intérêts, soit même aux dépens, et mettre ceux-ci à la charge du désavouant (C. pr., 360). — 27 août 1855. Cass. J.H. 35. 240.

12. — *Distance.* — L'art. 25 du décret du 16 février 1807, qui alloue à l'huissier un droit de transport quand il y a plus d'un demi-myriamètre de distance « entre la demeure de l'huissier et le *lieu* où l'exploit devra être posé, » doit s'entendre en ce sens que la distance doit être mesurée, non pas entre les maisons respectives qu'habitent l'huissier et la partie assignée, mais bien entre les clochers des deux communes où chacun d'eux demeure séparément (Déc. des 16 fév. 1807, art. 25, 66; et 14 juin 1813, art. 35). — 14 fév. 1858. Cass. J.H. 58. 1. 129.

13. — *Dommages-intérêts.* — La signification d'un jugement par défaut faite par un autre huissier que celui commis est-elle nulle ? *Rés. nég.*

L'huissier au préjudice duquel cette signification a été faite a-t-il une action en dommages-intérêts contre son confrère ? *Rés. aff.* ..... J.H. 55. 286.

14. — ... Lorsqu'un huissier se transporte périodiquement dans le lieu où réside un autre huissier, son confrère, qui éprouve un préjudice de cet état de choses peut-il agir en dommages-intérêts ? — ..... 1856. Dissert. J.H. 56. 2. 27.

15. — ... L'huissier qui a remis par erreur une copie à un parent se trouvant accidentellement chez l'assigné, s'il est dans l'habitude de remplir ses fonctions avec zèle, si l'exploit a été remis au demandeur longtemps avant que la nullité fût irréparable, peut ne pas être condamné à des dommages-intérêts (C. civ., 1382). — 24 août 1831. Poitiers. J.H. 55. 212.

16. — ... Un huissier qui a signifié un acte d'appel nul peut être déchargé de toute responsabilité, lorsqu'il est certain qu'il n'a pas agi de mauvaise foi, qu'il remplit habituellement ses fonctions avec zèle, et alors surtout que l'acte a été, par lui, remis à son client, longtemps avant que la nullité fût irrémédiable (C. pr., 74, 1031, 1585). — 14 mai 1858. Cass. J.H. 58. 1. 225.

17. — ... Les tribunaux civils de première instance sont seuls compétents pour condamner les huissiers, à raison de faits relatifs à leurs fonctions, à des restitutions civiles et à des dommages-intérêts (Déc. du 14 juin 1813, art. 75).

L'incompétence des autres tribunaux est essentiellement d'ordre public; par suite, elle doit être déclarée d'office par les juges, et ne peut être couverte par l'acquiescement de l'huissier, sauf le cas où celui-ci laisserait acquérir l'autorité de la chose jugée à un jugement qui aurait rejeté l'exception (C. pr., 424).

Spécialement, il y a lieu d'annuler, pour cause d'incompétence, le jugement du tribunal de commerce condamnant un huissier qui a procédé en cette qualité à une vente d'objets mobiliers, à garantir l'acheteur des condamnations prononcées contre lui envers un second acheteur pour défaut de livraison des objets vendus. — 28 août 1840. Cass. J.H. 40. 1. 262. — V. conf. 29 juin 1840. Cass. J.H. 40. 1. 257. — Voy., sur la compétence en matière de dommages-intérêts, 20 mai 1842. Paris. J.H. 44. 1. 51.

18. — *Droit de copie.* — Le droit de certifier les copies à signifier et de percevoir les émoluments dus pour cette copie est général en faveur des huissiers, et leur appartient exclusivement, lorsqu'il s'agit de copies à signifier en dehors de l'instance, bien qu'elles aient été faites dans l'étude d'un avoué. Ce droit n'appartient aux avoués que par exception et dans les cas *mixtes,* c'est-à-dire dans les cas où il s'agit d'actes qui doivent leur naissance à la postulation, tels que l'acte introductif de l'instance, l'exploit d'ajournement, les actes progressifs de l'instance. Et, quant à ces derniers actes, les avoués qui les ont certifiés en perçoivent les émoluments, et sont garants des nullités provenant de leur fait. — 19 janv. 1836. Cass. J.H. 36. 1. 53. — Voy. encore Copie de pièces.

19. — *Effets de commerce.* — L'huissier qui reçoit à présentation le montant d'un effet qu'il était chargé de protester, a-t-il le droit néanmoins de dresser un acte et de s'en faire payer le coût par son commettant ? *Rés. nég.* — ..... 1855. Dissert. J.H. 55. 2. 17.

20. — ... L'huissier qui a endossé un effet de commerce peut-il faire le protêt et les autres actes de poursuites, lorsqu'il se trouve libéré par le paiement d'un des endosseurs antérieurs à sa signature ? *Rés. aff.* — ..... 1857. Dissert. J.H. 57. 2. 6.

21. — *Copie illisible.* — La simple provocation du ministère public n'est suffisante pour saisir la Cour ou le tribunal devant lequel des pièces sont produites, que s'il s'agit d'une contravention à la disposition du décret du 29 août 1813, qui défend aux huissiers de signifier des pièces illisibles (Décret du 29 août 1813, art. 2). — 26 mars 1855. Douai. J.H. 55. 258.

22. — *Faillite.* — Un huissier ne peut signifier un acte d'opposition à un concordat, au nom du créancier qu'il est chargé de représenter dans les opérations de la faillite (C. pr., 66). — 25 août 1843. Cass. J.H. 44. 1. 1.

23. — ... Lorsqu'un huissier est préposé par le tribunal de commerce à la garde d'un failli, lui est-il dû des émoluments ? *Rés. aff.* (Art. 455 C. comm.)

Est-il nécessaire, pour que ces émoluments soient exigibles, que le jugement qui contient cette nomination lui soit notifié ? *Rés. nég.* — ..... 1838. Dissert. J.H. 38. 2. 2.

24. — *Garantie.* — La Cour est compétente pour statuer sur la demande en garantie formée par l'appelant contre l'huissier qui a commis une nullité (C. pr., 1031). — 31 mars 1835. Bastia. J.H. 35. 183.

25. — *Garde nationale.* — L'huissier-audiencier qui est commandé pour la même cérémonie, comme sergent de la garde nationale et comme devant assister le tribunal, peut-il être réprimandé par le tribunal pour n'avoir pas fait le service auprès de lui ? *Rés. nég.* — ..... 1838. Dissert. J.H. 38. 2. 1.

25. *bis.* — *Immatricule.* — L'immatricule d'un huissier est suffisamment indiqué dans un exploit, par ces mots : *huissier-audiencier près la Cour royale de...* — 5 déc. 1856. Cass. J.H. 57. 1. 57.

26. — *Justice de paix.* — La qualité d'huissier-audiencier d'une justice de paix ne confère plus à celui qui en est revêtu le droit exclusif d'instrumenter, soit en matière civile, soit en matière de simple police ; par suite, tous les huissiers ont capacité pour exploiter concurremment entre eux, en toute matière, dans le ressort de la juridiction assignée à leur résidence, même dans les villes où il y a plusieurs justices de paix.

Le juge de paix qui, dans une ville divisée en plusieurs cantons, attribue aux huissiers-audienciers attachés à son tribunal, le droit exclusif d'instrumenter devant le tribunal de police pendant qu'il le préside, crée un privilége non accordé par la loi et commet un excès de pouvoir. — 16 janv. 1844. Cass. J.H. 44. 1. 1.

27. — *Mandat.* — L'huissier qui est habituellement chargé par un banquier soit d'encaisser des effets de commerce, soit d'en faire le protêt, ne peut être réputé mandataire ou comptable ordinaire, ni assujetti aux obligations imposées par les art. 1372, 1993 C. civ. La présomption est que cet huissier a remis les fonds au mandant de la main à la main à mesure des encaissements ; et c'est à ceux qui lui demandent un compte ou qui prétendent qu'il est détenteur de sommes autres que celles encaissées, d'en faire la preuve d'après les règles du droit commun. — 24 nov. 1837. Rouen. J.H. 39. 1. 53.

28. ... L'huissier, porteur d'un titre de créance, qui agit pour l'exécution de ce titre dans le cercle de ses attributions, oblige le créancier qui ne peut méconnaître le fait de l'huissier qu'en intentant contre lui une action en désaveu (C. pr., 352). Mais il en est autrement, et le créancier n'a pas besoin de prendre la voie du désaveu, lorsque l'huissier fait au nom du créancier un acte en dehors de son caractère légal, en acceptant, par exemple, un paiement en billets, au lieu du paiement en espèces stipulé par le titre : dans ce cas, comme l'huissier n'a pu agir que comme mandataire officieux (à moins d'un pouvoir spécial), il suffit au créancier de ne pas ratifier le fait de l'huissier, pour empêcher d'être lié par lui. — 5 août 1840. Cass. J.H. 41. 1. 5.

29. — *Matière criminelle.* — Le ministère public peut-il contraindre les huissiers à extraire *sans salaire* de la maison de justice, les condamnés pour les remettre à l'exécuteur des arrêts criminels, ou à la gendarmerie, qui les conduit au bagne ou ailleurs ?

Ou bien l'exécuteur et les gendarmes doivent-ils eux-mêmes extraire les condamnés de la maison de justice ?

Par suite, l'huissier qui n'aurait pas surveillé l'extraction sur l'ordre qu'il avait reçu du ministère public, serait-il responsable et passible de peines dans le cas où il y aurait eu erreur ? — ... 1836. Dissert. J.H. 36. 2. 19.

30. — *Paiement.* — L'huissier auquel un créancier remet son titre exécutoire a qualité pour recevoir le paiement de la créance ; mais il excède ses pouvoirs légaux, si, au lieu d'espèces métalliques, il accepte en paiement un effet de commerce, dénaturant ainsi le titre qu'il était chargé d'exécuter (C. civ., 1243 ; C. pr., 556). — 5 août 1840. Cass. J.H. 41. 1. 5.

31. — *Patente.* — Les huissiers ne sont pas tenus, dans l'exercice de leurs fonctions, d'être porteurs de leur patente, à l'effet de justifier de leur qualité ; l'exhibition de leur médaille est suffisante. — 11 déc. 1842. Trib. corr. de la Seine. J.H. 43. 1. 7.

Par l'art. 11 de la loi du 7 mai 1844, les huissiers sont affranchis de l'impôt de la patente. — V. J.H. 44. 2.

52. — *Porteur de contraintes.* — Les huissiers ne peuvent être forcés d'accepter une commission de porteur de contraintes ; mais ils peuvent être requis d'exercer contre les redevables les actes de leur ministère, et, dans ce cas, ils ont droit de demander que leurs émoluments soient fixés d'après le tarif judiciaire. — 13 août 1841. Avis cons. d'Etat. J.H. 42. 1. 144.

33. — *Prescription.* — La reconnaissance par une veuve, dans un inventaire, d'une dette en faveur d'un huissier pour acte de son ministère, n'empêche pas les héritiers du débiteur d'opposer à cet huissier la prescription de l'art. 2272, alors surtout qu'ils ont fait des protestations (C. civ., 1271, 2274). — 10 mai 1856. Cass. J.H. 56. 1. 195.

54. — *Quittance.* — La quittance délivrée à la partie par l'huissier qui a fait commandement de la part du créancier, est valable, bien qu'il n'en ait pas dressé procès-verbal régulier (C. pr., 556 ; C. civ., 1240, 1784). — 24 août 1840. Bastia. J.H. 41. 1.12.

55. — *Remise de copie.* — Le fait seul, abstraction faite de toute intention frauduleuse, de la part d'un huissier, d'avoir chargé un tiers de remettre des copies d'exploit qu'il devait remettre lui-même, constitue une contravention passible des peines édictées par l'art. 45 du décret du 14 juin 1813, encore bien qu'il serait reconnu que c'était parce qu'un torrent débordé l'empêchait de passer, que l'huissier aurait consenti à confier l'exploit à un tiers qui se trouvait sur l'autre rive, et auquel il l'avait jeté après l'avoir attaché à une pierre ; et c'est en vain que, pour excuser l'huissier, le juge d'appel aurait vu dans cette circonstance un cas de force majeure (C. civ., 1348). — 25 mars 1856. Cass. J.H. 56. 1. 129.

56. — *Résidence.* — Les tribunaux de première instance ont le droit de changer la résidence des huissiers de leur ressort toutes les fois que les besoins du service et l'intérêt des justiciables l'exigent (Décret du 14 juin 1813).

Leurs délibérations à cet égard constituent des actes souverains d'administration judiciaire, qui ne peuvent être attaqués par la voie de l'appel.

Elles ne peuvent non plus être déférées à la censure de la Cour de cassation, si ce n'est pour incompétence ou excès de pouvoir, comme en matière disciplinaire. — 11 août 1840. Cass. J.H. 41. 1. 14.

37. — *Responsabilité.* — La responsabilité des huissiers, relativement aux actes de leur ministère, de même que celle des autres officiers ministériels, résulte du principe général que tout fait quelconque de l'homme qui cause à autrui un dommage oblige celui par la

faute duquel il est arrivé, à le réparer (C. civ., 1382). — ... déc. 1842. Trib. de la Seine. J.H. 43. 1. 67.

59. ... L'huissier qui a omis de mentionner le domicile du saisi sur la copie d'un procès-verbal de saisie-revendication, est responsable vis-à-vis du saisissant de la nullité qui en est la suite (C. pr., 171, 1031). — 21 mai 1834. Poitiers. J.H. 55. 371.

40. ... Outre que l'huissier est responsable des suites de la nullité de la notification de surenchère provenant d'une énonciation mensongère dans l'exploit, s'il conclut avec le surenchérisseur à ce que l'inscription de faux formée contre cet exploit soit déclarée non recevable, il est de plus personnellement tenu des frais de l'incident (C. civ., 1382). — 31 mars 1841. Bordeaux. J.H. 42. 1. 54.

41. ... L'endosseur qui rembourse le porteur est subrogé de plein droit dans l'action en responsabilité, qui appartenait à celui-ci, contre l'huissier chargé de poursuivre le recouvrement de la créance, et résultant de ce que le porteur aurait été privé des bénéfices d'une distribution, par la négligence qu'aurait mise l'huissier à lui faire connaître les sommations de produire, faites au domicile élu en son étude (C. civ., 1251, § 3; C. comm., 164). — 9 mars 1837. Cass. J.H. 37. 1. 225.

42. — *Vente de récoltes*. — L'huissier chargé, en cette qualité, de faire une vente de récoltes, et qui en a touché le prix, est, à l'égard de ce prix, un dépositaire et un comptable public, dans le sens de l'art. 169 C. pén., passible, en cas de détournement, des peines portées par les art. 171, 172 C. pén., lorsque la somme détournée, inférieure à 5,000 fr., n'excède pas le montant de son cautionnement (C. pén., 169, 171, 172). — 5 déc. 1839. Rouen. J.H. 42. 1. 88.

45. — *Visa*. — L'art. 45 du décret du 14 juin 1813, d'après lequel l'huissier qui ne remet pas lui-même à personne ou domicile l'exploit qu'il a été chargé de signifier, sera condamné à une suspension de trois mois et à une amende de 200 fr. à 2,000 fr., s'applique à tous les actes qu'un huissier est tenu de *signifier* ou de *remettre*, et spécialement aux actes que l'huissier doit présenter au *visa* des fonctionnaires publics, tel qu'un commandement tendant à saisie immobilière (C. pr., 675). — 18 déc. 1843. Cass. J.H. 44. 1. 25. — V. conf., 7 oct. 1842. Cass. J.H. 43. 1. 10; dans le même sens, 19 fév. 1842. Cass. J.H. 42. 1. 128. — V. encore Frais et dépens, Honoraires, Responsabilité, Saisie immobilière, Tribunal de commerce.

HYPOTHÈQUE. — 1. — *Accessoires immobiliers*. — — A l'égard des créanciers inscrits, un simple acte de la volonté du débiteur grevé, tel qu'une vente spéciale, ne suffit pas pour affranchir du droit d'hypothèque, en les mobilisant, les accessoires immobiliers des biens hypothéqués, tels que les bois non coupés (C. civ., 521). — 10 juin 1841. Cass. J.H. 41. 1. 255.

2. — *Chose d'autrui*. — L'hypothèque consentie sur la chose d'autrui, laquelle chose a été depuis acquise par le débiteur, ne peut être critiquée par un créancier hypothécaire postérieur à l'acquisition. — 20 avril 1836. Metz. J.H. 58. 1. 24.

3. — *Étranger*. — La femme étrangère, régulièrement mariée avec un Français en pays étranger, a une hypothèque légale indépendante de toute inscription sur les biens de son mari situés en France, encore bien que l'acte de mariage n'ait point été transcrit sur les registres de l'état civil en France, conformément à l'art. 171 C. civ. — 23 nov. 1840. Cass. J.H. 41. 1. 71.

4. — *Femme*. — La femme a, par l'obligation solidaire qu'elle a contractée avec son mari, droit à une collocation actuelle sur les biens de son mari, bien qu'elle n'ait pas payé (C. civ., 2032, § 2). — 19 déc. 1837. Amiens. J.H. 58. 1. 223.

5. ... L'hypothèque légale de la femme n'est pas susceptible de s'éteindre, au profit des tiers-acquéreurs des biens du mari, qui ont négligé les formalités de la purge, par la prescription de dix ans écoulés depuis la transcription de la vente, mais avant la dissolution du mariage ou la séparation de biens entre les époux : ici s'applique le principe, *contrà non valentem agere non currit prescriptio* (C. civ., 2180, 2265). — 29 nov. 1833. Bordeaux. J.H. 59. 1. 526.

6. — *Immeuble dotal*. — La femme ne peut être autorisée à hypothéquer ses biens dotaux, pour l'établissement des enfants communs (C. civ., 1556). — 11 août 1836. Bordeaux. 58. 1. 28.

7. — *Immeuble par destination*. — La machine à vapeur, qui a été placée à perpétuelle demeure dans la maison de celui qui l'a achetée, doit être réputée avoir changé de nature et être devenue immeuble par destination, en ce sens que le vendeur ne peut, à défaut du paiement du prix convenu, demander la résolution de la vente, au préjudice des créanciers ayant hypothèque sur la maison et, par suite, sur la machine qui a été immobilisée. Peu importe, dans ce cas, que le vendeur se soit réservé un droit de suite sur le meuble vendu, en quelques mains qu'il pût passer, pour le cas où le prix n'en serait pas payé (C. civ., 524, 1654). — 9 déc. 1835. Cass. J.H. 36. 1. 58.

8. — *Inscription*. — L'hypothèque légale non inscrite ne peut servir de base à des poursuites en expropriation contre les tiers-détenteurs de l'immeuble grevé (C. civ., 2166, 2167, 2168). — 25 mars 1841. Bourges. J.H. 42. 1. 92.

IMMEUBLES PAR DESTINATION. — 1. — *Insaisissabilité*. — Une cuve destinée à recevoir le vin est-elle insaisissable comme immeuble par destination ? *Rés. aff.* — ...1836. Dissert. J.H. 36. 2. 25.

2. — *Machines*. — Les machines placées par un locataire dans un immeuble loué, ne peuvent être réputées à son égard immeubles par destination. — 20 fév. 1843. Grenoble. J.H. 44. 1. 46.

INCENDIE. — L'usufruitier est, comme le locataire, responsable de l'incendie des bâtiments soumis à son usufruit, à moins qu'il ne prouve que l'incendie a eu lieu par cas fortuit (C. civ., 607, 624, 1302, 1311, 1383). — 15 mai 1837. Toulouse. J.H. 57. 1. 348.

Jugé de même en regard du détenteur d'une maison à titre pignoratif. — 10 mars 1836. Riom. J.H. 56. 1. 297.

INDIVISION. — Le propriétaire par indivis d'une chose, et qui a un droit déterminé sur chaque partie de cette chose, peut pratiquer une saisie-revendication sur la totalité de la chose. — 30 déc. 1835. Cass. J.H. 56. 1. 81.

INSCRIPTION HYPOTHÉCAIRE. — 1. — *Action*. — Le créancier hypothécaire qui, porteur d'un bordereau de collocation, a laissé périmer son inscription, ne peut agir directement contre le sous-acquéreur qui a purgé en paiement du montant de la collocation ou en délaissement de l'immeuble (C. civ., 2154). — 24 fév. 1837. Bourges. J.H. 37. 1. 346.

2. — *Exigibilité (mention de l')*. — L'inscription hypothécaire est nulle, alors qu'elle n'énonce pas l'époque de l'exigibilité de la créance hypothéquée (C. civ., 2148). — 19 mars 1833. Poitiers. J. H. 55. 266.

3. — *Renouvellement*. — L'inscription hypothécaire renouvelée sous le nom du cédant est valable à l'égard

du cessionnaire. — 17 avril 1839. Bourges. J.H. 40. 1. 95.—Voy., dans le même sens, 16 nov. 1840. Cass. J.H. 41. 1. 50.

**INSTRUCTION CRIMINELLE.—1.—*Demande nouvelle*.**—Sur l'appel d'un jugement qui condamne , pour vagabondage , un individu cité pour ce seul délit , on ne peut le condamner pour rupture du ban de surveillance , délit essentiellement distinct. Il en serait autrement, s'il s'agissait de faits identiques, lesquels seraient virtuellement compris dans la qualification de l'objet primitif de l'action.—24 juin 1836. Cass. J.H. 36. 1. 318.

2.—*Jonction de procédure*.—Le président de la Cour d'assises peut ordonner la jonction de deux procédures, dans *tous* les cas où il la croit nécessaire.—26 déc. 1835. Cass. J.H. 37. 1. 113.

**INTERDIT—INTERDICTION.—1. — *Conseil judiciaire*.** — Les parties peuvent , par action principale, réclamer la nomination d'un conseil judiciaire à un individu , au lieu de provoquer son interdiction (C. civ., 499).—4 mai 1836. Agen. J.H. 36. 1. 270.

2. ...Le billet à ordre qui porte une date *antérieure* à l'époque où un conseil judiciaire a été donné au souscripteur, fait foi de sa date tant que l'antidate n'est pas prouvée (C. civ., 502, 1322, 1328).

En cas pareil, c'est au prodigue à faire preuve de l'antidate.

Le billet souscrit par un prodigue, pendant les poursuites en nomination d'un conseil judiciaire , n'est pas nul pour dol , encore bien que le preneur eût connaissance des poursuites, et qu'il ait pour cause une libéralité déguisée.—En conséquence, le souscripteur n'est pas fondé à le faire annuler, par ces motifs, contre le porteur.—25 août 1837. Orléans. J.H. 37. 1. 348.

3.—*Gendre*.—Le gendre, comme père et administrateur légal des biens de ses enfants, a qualité pour provoquer, dans leur intérêt, l'interdiction de son beau-père (C. civ. , 490). — 20 janv. 1842. Limoges. J.H. 43. 1. 31.

**INTÉRÊTS.—1.—*Anatocisme*.**—Les intérêts des intérêts peuvent, entre commerçants, être capitalisés tous les trois mois, s'il y a convention : ici ne s'aplique pas l'art. 1153, 3ᵉ alinéa, uniquement relatif aux dettes des particuliers non commerçants. — 24 août 1852. Dijon. J.H. 35. 55.

2. —*Billet à ordre*.—A l'égard du souscripteur d'un billet à ordre , la simple demande en paiement suffit pour faire courir les intérêts, sans qu'il faille, en outre, qu'il y ait eu un protêt, lequel n'est exigé qu'à l'égard des tiers (C. comm., 184 ; C. civ., 475). — 8 avril 1840. Cass. J.H. 40. 1. 140.

3. — *Demande*. — L'individu condamné à rendre indemne un tiers , a pu être condamné à payer des intérêts antérieurs au jour de la demande formée contre lui.—5 nov. 1834. Cass. J.H. 35. 32.

4.—*Dommages-intérêts*.—Un arrêt portant condamnation à des dommages-intérêts peut allouer, en outre, les intérêts de ces dommages-intérêts à partir d'une époque antérieure à la demande , sans qu'il en résulte une ouverture à cassation (C. civ., 1155). — 1ᵉʳ mars 1842. Cass. J.H. 42. 1. 103.

5.—*Mandat*.—Dans le cas où une obligation est acquittée par un tiers au nom du débiteur, si le mandat n'est pas justifié, les intérêts courent à dater du jour de la demande et non de celui de l'avance (C. civ., 1236 et 2001).— 4 nov. 1838. Paris. J.H. 39. 1. 42.

6.—*Obligation notariée*.— Une obligation notariée , constitutive d'hypothèque, consentie par un négociant envers un non négociant, n'échappe pas à la présomp-

tion qu'elle a été consentie pour le commerce de l'obligé. — En conséquence , bien que le contrat ne contienne stipulation d'intérêts qu'au taux de 5 p. 100, si , par des conventions étrangères à l'acte, il a été convenu que les intérêts seraient payés à 5 et demi et 6 p. 100., ces conventions sont légales, et elles doivent recevoir leur exécution (L. 3 sept. 1807, art. 1 et 3).—6 juill. 1836. Cass. J.H. 36. 1. 345.

7.—*Provision*. — La somme accordée par provision au demandeur en pétition d'hérédité, ne produit pas des intérêts *de plein droit*, même vis-à-vis des tiers détenteurs des biens de la succession avec lesquels la condamnation est déclarée commune (C. civ. , 1153.) — 29 avril 1840. Cass. J.H. 40. 1. 456.

8.—*Surenchère*.—L'adjudicataire sur surenchère ne doit les intérêts de son prix que du jour de son adjudication et non de la vente faite au premier acquéreur (C. civ., 1652, 2188 ; C. pr., 838).—15 juill. 1837. Paris. J.H. 38. 1. 158.

**INTERROGATOIRE SUR FAITS ET ARTICLES.** —Le jugement par défaut, qui ordonne un interrogatoire sur faits et articles, ne peut être attaqué par la voie de l'opposition (C. pr. civ., 525).

Le jugement qui ordonne un interrogatoire sur faits et articles, étant un jugement préparatoire, ne peut, par suite, être frappé d'appel qu'avec le jugement définitif (C. pr. civ., 451).—11 janv. 1836. Paris. J.H. 36. 1. 294. — Voy., en sens contraire, sur les deux points, 14 fév. 1835. Angers. J.H. 35. 268.

**INTERVENTION.—1.—*Appel*.**—Celui qui, ayant été partie dans l'instance principale, n'a pas été mis en cause sur l'appel, a le droit d'intervenir pour faire confirmer le jugement.—14 nov. 1838. Paris. J.H. 39. 1. 51.

2. ... L'intervention qui a lieu, pour la première fois, sur un appel non recevable, est non recevable elle-même en tant qu'accessoire de l'appel auquel, d'ailleurs, l'intervenant a déclaré adhérer.—28 déc. 1836. Cass. J.H. 37. 1. 178.

3. ... Le nu-propriétaire qui n'a pas été partie en première instance sur une action pétitoire intentée par l'usufruitier, a qualité pour intervenir en appel (C. pr., 466).—29 janv. 1841. Aix. J.H. 41. 1. 187.

4.—*Chambre de discipline*. — Les chambres de discipline des avoués et des huissiers ont qualité pour intervenir dans une contestation entre un avoué et un huissier ayant pour objet le droit à l'émolument des copies de pièces signifiées. — 5 août 1834. Paris. J.H. 38. 1. 315.

5.—*Commune*. — Lorsque l'État ou ses ayants-cause demandent à quelques habitants d'une commune le paiement d'une rente dont la commune tout entière était autrefois débitrice , les autres habitants ont le droit d'intervenir dans l'instance.—28 janv. 1835. Cass. J.H. 35. 159.

6.—*Intérêt personnel*.—Un créancier peut intervenir dans une instance, non seulement pour y faire valoir un intérêt commun entre lui et l'une des parties, mais encore pour y défendre un intérêt qui lui est personnel. —8 fév. 1837. Cass. J.H. 37. 1. 216.

7.—*Jugement*.—Il n'y a que ceux qui ont été parties dans un jugement qui peuvent figurer dans l'instance en interprétation de ce jugement. — 4 avril 1839. Cass. J.H. 39. 1. 186.

8. — *Motifs de jugement*. — Le notaire qui prétend trouver, dans les *motifs* d'un jugement frappé d'appel par les parties, un blâme exprimé contre des actes de son ministère, n'est pas admis à intervenir dans l'instance

d'appel, alors qu'il ne lui appartiendrait pas de former tierce-opposition contre ce jugement (C. pr., 466).—21 déc. 1840. Paris. J.H. 41. 1. 254.

9.—*Question d'état.*—L'action qui tend à fixer l'état et la qualité d'un individu dans une famille, étant une action exclusivement attachée à la personne, le créancier de celui qui, défendant à une action en désaveu, réclame la qualité d'enfant légitime, est irrecevable à intervenir dans l'instance où s'agite cette question d'état alors, d'ailleurs, qu'il n'allègue aucun fait de collusion entre les parties en cause, ayant pour but de préjudicier à ses droits (C. civ., 1166, 1167). — 6 juill. 1836. Cass. J.H. 36. 1. 243.

10.—*Tierce-opposition.*—Un créancier peut, à la fois, intervenir dans une instance et attaquer incidemment par tierce-opposition un jugement qu'on lui oppose (C. pr., 466, 474).—8 fév. 1837. Cass. J.H. 37. 1. 216.

11.—*Tiers.* — Le vendeur qui n'a pas été assigné en garantie par son acquéreur, ne peut intervenir dans une instance de celui-ci avec un tiers (C. civ., art. 1640). — 9 mars 1835. Bastia. J.H. 35. 181.

INVENTAIRE. — *Prisée de meubles.* — Un notaire chargé de procéder à un inventaire peut, pour la prisée des meubles, se faire assister d'un expert, auquel il fait prêter serment, aussi bien qu'il pourrait faire lui-même l'estimation; et cet expert, ainsi requis, peut procéder à la prisée, sans être en butte à une action de la part des huissiers (C. pr., 955).—22 août 1837. Orléans. J.H. 37. 1. 282.—Voy., en sens contraire, 18 déc. 1834. Trib. de Lorient. J.H. 35. 189.

JOURS FÉRIÉS. —1.— *Appel.* — L'appel d'un jugement correctionnel interjeté le 11e jour est non-recevable, quoique le 10e jour fût férié (C. instr. crim., 203). —27 fév. 1835. Douai. J.H. 35. 215.—Jugé de même au civil en matière d'ordre, 4 juin 1835. Bordeaux. J.H. 36. 1. 188.

2.—*Matière criminelle.* — L'art. 1037 C. pr., relatif aux jours fériés, ne s'applique pas aux actes se rattachant à la justice répressive.

La citation devant un conseil de discipline de la garde nationale peut être donnée un jour férié.—29 nov. 1838. Cass. J.H. 39. 1. 26.

JOURNAL. —1.— *Action publique.* — En cas de saisie d'un journal pour délit de la presse, l'action publique est périmée s'il s'est écoulé plus de dix jours depuis la notification de la saisie, sans que la chambre du conseil ait statué ou que le ministère public ait usé de la voie de citation directe (L. 26 mai 1819, art. 11; 8 avril 1831, art. 5; 9 sept. 1835, art. 24). Et si le ministère public a la faculté d'employer la voie de la citation directe, ouverte par l'art. 24 de la loi du 9 sept. 1835, alors même qu'il y a saisie, et après avoir opté d'abord pour la procédure ordinaire, il ne peut le faire valablement qu'autant que la citation directe est donnée dans le délai de dix jours imparti à la chambre du conseil en vertu de l'art. 11 de la loi du 26 mai 1819.— 15 août 1843. Rennes. J.H. 44. 1. 46.

2.— *Refus d'insertion.* — Un journaliste peut toujours se refuser à l'insertion d'un jugement rendu dans un intérêt privé, lorsqu'il a été étranger dans la cause, encore bien que l'impression dans son journal ait été ordonnée, et que la partie intéressée offre de payer le prix de l'insertion : les dispositions de l'art. 1036 C. pr. ne dérogent pas à la maxime *res inter alios acta* (C. pr., 1036; LL. 25 mars 1822, art. 11; 9 sept. 1835, art. 18).

... Il n'y a pas lieu d'appliquer aux tribunaux les dispositions de l'art. 18 de la loi du 9 sept. 1835, laquelle ne concerne que les dépositaires de l'autorité active.— 13 nov. 1839. Paris. J.H. 40. 1. 10.

JUGE DE PAIX.—JUSTICE DE PAIX.—1.—La loi du 25 mai 1838 sur les justices de paix a beaucoup étendu le ressort de cette juridiction. Il est devenu, dès lors, nécessaire d'en indiquer les différentes dispositions dans un nouvel exposé, emprunté en partie au Supplément du Dictionnaire général de M. Armand Dalloz. Cet exposé se divisera en cinq parties.

ART. 1er.—*Des actions dont les juges de paix connaissent en dernier ressort jusqu'à 100 fr., et, à charge d'appel, jusqu'à 200 fr.—Actions purement personnelles et mobilières.*

ART. 2. — *Des actions dont les juges de paix connaissent en dernier ressort jusqu'à 100 fr., et en premier ressort jusqu'à 1,500 fr.—Contestations entre les hôteliers, voituriers, carrossiers et les voyageurs. Indemnités réclamées par le fermier ou locataire pour non jouissance, et actions du bailleur pour dégradations et pertes.*

ART. 3. — *Des actions dont les juges de paix connaissent en dernier ressort jusqu'à 100 fr., et, à charge d'appel, à quelque somme que s'élèvent les demandes.—Actions en paiement de loyers, congés, résiliations de baux, expulsions de lieux, validité de saisie-gagerie.—Actions pour dommages aux champs. —Actions relatives à l'élagage des arbres, au curage des fossés, aux réparations locatives, aux engagements des gens de travail et domestiques, aux paiement des nourrices.—Actions civiles pour diffamation, injures, voies de fait.*

ART. 4. —*Des actions dont les juges de paix ne connaissent jamais qu'en premier ressort.—Actions possessoires et en bornage.—Actions relatives à la distance prescrite pour les plantations et aux travaux énoncés en l'art. 674 C. civ. — Demandes de pensions alimentaires.*

ART. 5. — *Des attributions conférées aux juges de paix par les lois spéciales.*

—————

ART. 1er. — *Des actions dont les juges de paix connaissent en dernier ressort jusqu'à 100 fr., et, à charge d'appel, jusqu'à 200 fr. — Actions personnelles et mobilières et demandes reconventionnelles.*

2.— L'art. 9, tit. 3 de la loi du 16-24 août 1790 a été modifié en ces termes par l'art. 1er de la loi de 1838 : « Les juges de paix connaissent de toutes actions purement personnelles ou mobilières, en dernier ressort, jusqu'à la valeur de 100 fr., et, à charge d'appel, jusqu'à la valeur de 200 fr. »

3.—On a demandé, sous la loi de 1790, si cette loi, en attribuant aux juges de paix la connaissance de toute cause ou action *purement personnelle ou mobilière* jusqu'à 100 fr., exigeait que l'action, pour rentrer dans la compétence des juges de paix, fût tout à la fois *personnelle et mobilière*, ou s'il suffisait qu'elle eût ce dernier caractère.—C'est cette dernière opinion que la loi nouvelle a fait prévaloir en remplaçant les mots : actions personnelles et mobilières, par ceux-ci : actions personnelles ou mobilières.

4.—Toutes les actions *immobilières* sont exclues de la compétence du juge de paix.

5.— Jugé ainsi que la loi de 1838, en étendant la compétence des juges de paix quant à la quotité de la demande, ne l'a pas étendue quant à la nature de l'action.

6.— Malgré la généralité de ces termes de la loi, *toutes actions purement personnelles,* etc., il est cependant des actions de cette nature qui sont placées hors de la compétence du juge de paix ; telles sont, par exemple, les demandes en paiement des droits que la régie est chargée de recouvrer (L. 22 frim. an 7, art. 64), et les affaires attribuées à l'administration.

7. — Les affaires commerciales sont aussi totalement exclues de la juridiction des tribunaux de paix. La commission de la Chambre des Pairs proposa d'ajouter à l'art. 1er précité le paragraphe suivant : *Cette juridiction s'étendra aussi aux affaires commerciales dans les limites de la compétence ci-dessus, dans les lieux où le tribunal de première instance remplit les fonctions de tribunal de commerce.*

8. — C'est la valeur de la demande, et non celle de la condamnation, qui règle la compétence du juge de paix.

9. — La demande doit s'entendre de ce qui fait l'objet de la contestation actuelle; de sorte que la demande, dès qu'elle n'excède pas 200 fr., est de la compétence du juge de paix, bien que la somme demandée ne soit que le reliquat d'une somme plus forte, et que le juge ait à examiner un titre qui contenait une obligation originaire excédant sa compétence. — V. Degrés de jurid. n. 76 et suiv.

10. — Par la même raison, le juge de paix devrait connaître d'une demande de plus de 200 fr., si le défendeur reconnaissait devoir une partie de cette somme, de manière que la contestation ne porterait plus, dès lors, que sur une somme inférieure à 200 fr. — V. Carou, *Jurid. des juges de paix*, t. 1, p. 129.

11. — Le juge de paix peut-il connaître de la demande en paiement d'une somme inférieure, il est vrai, à 200 fr., mais formant la portion actuellement exigible d'une somme plus forte à laquelle le demandeur ne renonce pas? L'affirmative est enseignée par Carré. M. Carou est avec raison d'une opinion contraire.

12. — Il faudrait décider autrement s'il était constaté que la validité du titre n'est l'objet d'aucune contestation.

13. — Le demandeur a essentiellement le droit de rectifier ses conclusions; de sorte que le juge de paix resterait valablement saisi d'une demande que la citation portait à plus de 200 fr., si, au jour de la comparution, le demandeur réduisait à ce taux sa réclamation par des conclusions expresses. Il est même reconnu que la demande peut être modifiée et restreinte jusqu'au jugement définitif, et que, par conséquent, c'est par la valeur de la demande, lors du jugement, que la compétence doit se régler.

14. — Le droit de réduire ses conclusions, de manière à faire rentrer sa demande dans la compétence du juge de paix, cesse-t-il d'appartenir au demandeur, quand le défendeur fait défaut? Nous ne le pensons pas.

15. — Quoique non déterminée par la citation, ni par des conclusions postérieures, la demande peut néanmoins être considérée comme déterminée dans le sens de la loi, lorsqu'elle a pour objet des choses dont la valeur a été fixée légalement en vertu de mesures administratives ou de police.

16. — Dans le cas d'une demande dont la valeur, bien qu'indéterminée, est moralement au-dessous de 200 fr., la sentence du juge de paix, intervenue, sans que le déclinatoire eût été proposé, devrait être considérée comme compétemment rendue. La nécessité d'une prorogation explicite de juridiction cesse dans ce cas, où la modicité de l'objet litigieux, et le silence des parties concourent à démontrer que la demande rentrait dans les attributions ordinaires du juge de paix.

17. — Lorsque le demandeur a expressément fixé la valeur de la demande à une somme *excédant* 200 fr.,

il y a nécessité pour le juge de paix de se déclarer incompétent, alors même que le défendeur, contestant cette évaluation, prétendrait que la valeur réelle de la chose litigieuse est inférieure à 200 fr., et requerrait, à cet égard, une expertise.

18. — Lorsque la chose réclamée est évaluée par le demandeur à une somme *inférieure* au taux de la compétence du juge de paix, et qu'il est laissé au choix du défendeur, soit de payer cette somme, soit de donner ou faire la chose comprise dans l'obligation, l'affaire est de la compétence du juge de paix, sans que le défendeur soit recevable à prouver, pour se soustraire à la juridiction de ce magistrat, que la valeur de l'objet litigieux excède 200 fr.

19. — Doit-on, pour déterminer la valeur de la demande, et, par suite, la compétence du juge, ajouter à cette demande les intérêts qui ont couru *depuis qu'elle a été intentée*? Non; car quoique le demandeur, au moment où il forme son action, réclame expressément, outre le capital n'excédant pas 200 fr., les intérêts à courir, néanmoins sa demande ne comprend réellement que le capital, puisque, en le payant immédiatement, le demandeur peut se libérer. Il est vrai que s'il diffère de payer, la demande pourra s'élever à plus de 200 fr., mais cela résultera d'un fait postérieur et accessoire à la demande.

20. — Il en est autrement des intérêts échus *avant* la demande du principal; ils constituent, à mesure de leur échéance, un capital particulier, susceptible de produire de nouveaux intérêts.

21. — La même distinction qui vient d'être établie entre les intérêts échus avant la demande et ceux échus depuis s'applique aux dommages-intérêts ordinaires.

22. — Quant aux dépens, ils sont essentiellement accessoires de la demande.

23. — Lorsque des demandes sur plusieurs chefs *distincts* sont formées *par une même partie* et réunies dans une même instance, faut-il, pour déterminer la compétence, avoir égard à la somme *totale*, ou considérer l'importance individuelle de chacune d'elles prise séparément? Le projet de loi primitif avait adopté le second système; néanmoins c'est le premier qui a prévalu.

24. — L'art. 9 est ainsi conçu : « Lorsque plusieurs demandes formées par la même partie seront réunies dans une même instance, le juge de paix ne prononcera qu'en premier ressort, si leur valeur totale s'élève au-dessus de 100 fr., lors même que quelqu'une de ces demandes serait inférieure à cette somme. Il sera incompétent sur le tout, si ces demandes excèdent, par leur réunion, les limites de sa juridiction. »

25. — Mais le juge de paix ne pourrait se déclarer incompétent, par cela seul que toutes les demandes non entièrement justifiées par écrit n'auraient pas été formées par un même exploit, aux termes de l'art. 1346 C. civ.

26. — L'art. 7 de la loi de 1838 porte que : — « Les juges de paix connaissent de toutes les demandes reconventionnelles ou en compensation qui, par leur nature ou leur valeur, sont dans les limites de leur compétence, alors même que, dans les cas prévus par l'art. 1er, ces demandes, réunies à la demande principale, s'élèveraient au-dessus de 200 fr. — Ils connaissent, en outre, à quelques sommes qu'elles puissent monter, des demandes reconventionnelles en dommages et intérêts fondées exclusivement sur la demande principale elle-même. »

27. — Il ne suffit pas, pour que le juge de paix puisse connaître de la demande reconventionnelle, qu'elle rentre par sa *valeur* (sauf le cas de prorogation prévu par l'art. 7 C. pr.) dans la compétence de ce magistrat;

il faut aussi qu'elle y rentre par sa *nature*. L'art. 7 n'a pas pour but d'étendre la juridiction du juge de paix *ratione materiæ*, mais seulement de lui donner le moyen de statuer, par un seul jugement, sur les demandes respectives des parties, pourvu que chacune de ces demandes soit dans les limites de sa compétence, tant par son objet que par sa quotité.

28.—Mais le juge de paix est compétent pour statuer sur la demande reconventionnelle qui ne serait pas de la même nature que la demande principale, pourvu qu'elle soit de sa juridiction.

29.—Il a été jugé, sous la loi de 1790, et cette décision serait encore applicable, qu'une demande reconventionnelle en bornage, incidente à une demande en dommages-intérêts, pour dommages causés aux champs, n'empêche pas celle-ci d'être de la compétence du juge de paix.—27 mars 1859. Bourges.

30.—La demande reconventionnelle peut être formée tant que les débats judiciaires ne sont pas clos et que les parties peuvent prendre des conclusions nouvelles, à moins cependant, quand elle est intentée vers la fin du débat, qu'elle ne soit de nature à retarder le jugement de la demande principale, auquel cas le juge peut statuer sur celle-ci, et renvoyer le défendeur à se pourvoir par action principale pour sa demande.

31.—L'art. 8 de la loi, complétant le système établi par la disposition de l'art. 7, porte que : « Lorsque chacune des demandes principales, reconventionnelles ou en compensation, sera dans les limites de la compétence des juges de paix en dernier ressort, il prononcera sans qu'il y ait lieu à appel. — Si l'une de ces mandes n'est susceptible d'être jugée qu'à charge d'appel, le juge de paix ne prononcera sur toutes qu'en premier ressort.— Si la demande reconventionnelle ou en compensation excède les limites de sa compétence, il pourra soit retenir le jugement de la demande principale, soit renvoyer, sur le tout, les parties à se pourvoir devant le tribunal de première instance, sans préliminaire de conciliation.

32. — Lorsqu'une action embrasse tout à la fois des chefs de la compétence du juge de paix et des chefs réservés aux tribunaux ordinaires, doit-on la porter devant ceux-ci pour qu'ils prononcent sur le tout ? Il faut distinguer : oui, si les divers chefs présentent des demandes connexes, des demandes dérivant d'une même source ; mais si cette connexité n'existe pas, si les demandes n'ont point une origine commune, et si l'une d'elles appartient, non seulement par sa valeur, mais par sa nature, à la juridiction du juge de paix, ce magistrat n'est point tenu de se dessaisir pour le tout ; il peut ordonner la disjonction et statuer sur celle des demandes qui rentre dans ses attributions.

33.—Lorsque plusieurs demandeurs forment, par le même exploit, des demandes dont aucune, considérée séparément, n'excède 200 fr., mais qui, réunies, dépassent ce taux, appartient-il au juge de paix d'en connaître ? L'affirmative est certaine pour le cas où les diverses demandes ne reposent pas sur un même titre. Cette décision ne contrarie pas d'ailleurs l'art. 9 précité de la loi de 1838, lequel ne s'applique qu'aux demandes formées *par la même partie*.

34.—La question serait plus difficile si les divers demandeurs agissaient en vertu d'un titre commun, comme si, par exemple, trois héritiers réclamaient par le même exploit le paiement d'une somme de 500 fr. due par le défendeur à la succession.—Cependant, les auteurs et la jurisprudence tendent à établir que des demandes dérivant d'un même titre, et, par conséquent, connexes, doivent, quand elles se trouvent réunies, être considé-

rées, sous le rapport de la compétence, comme ne formant qu'une seule demande.

55.—La même solution s'appliquerait au cas où il s'agirait d'une demande formée contre plusieurs défendeurs par un seul demandeur, c'est-à-dire que l'on ne réglerait la compétence d'après le montant total des conclusions du demandeur qu'autant que les intérêts de chacun des défendeurs vis-à-vis de lui ne seraient pas distincts et indépendants les uns des autres, et que l'action de celui-ci contre tous les défendeurs aurait le même titre pour fondement.—5 niv. an 13. Cass.

**ART. 2.**—*Des actions dont les juges de paix connaissent en dernier ressort jusqu'à 100 fr., et en premier ressort jusqu'à 1,500 fr. — Contestations entre les hôteliers, carrossiers, voituriers et les voyageurs.— Actions intentées par le fermier ou locataire pour non jouissance, et par le bailleur pour dégradations et pertes.*

*Contestations entre les hôteliers, carrossiers, voituriers et les voyageurs.*

36. — D'après l'art. 2 de la loi du 25 mai 1838, « les juges de paix prononcent, sans appel, jusqu'à la valeur de 100 fr., et, à charge d'appel, jusqu'au taux de la compétence, en dernier ressort, des tribunaux de première instance (c'est-à-dire jusqu'à la valeur de 1,500 fr.);—Sur les contestations entre les hôteliers, aubergistes ou logeurs et les voyageurs ou locataires en garni, pour dépenses d'hôtellerie et perte ou avarie d'effets déposés dans l'auberge ou dans l'hôtel;—entre les voyageurs et les voituriers et bateliers, pour retards, frais de route et perte ou avarie d'effets accompagnant les voyageurs; — entre les voyageurs et les carrossiers ou autres ouvriers pour fournitures, salaires et réparations faites aux voitures de voyage. » (L. 25 mai 1828, art. 2.)

37. — La compétence du juge de paix, dans les cas dont il s'agit, est subordonnée à la condition que la valeur de la demande soit déterminée ; ainsi, par exemple, l'action formée par un voyageur contre un hôtelier en représentation d'effets volés sans fixation de leur valeur, devrait être renvoyée devant les tribunaux ordinaires.

38. — Des difficultés se sont élevées sur l'interprétation de ces mots : *des contestations entre les logeurs et locataires en garni.* Cependant on reconnaît généralement qu'il est logique et raisonnable d'assimiler les locations en garni dans les maisons particulières aux locations en garni dans les hôtels, les unes et les autres constituant le même contrat.

39. — Il faut entendre par voyageurs, dans le sens de la loi, toutes personnes non résidantes dans la commune qui se présentent dans une auberge pour y manger ou y coucher.

40. — On ne saurait, d'après les termes de l'art. 2, faire rentrer dans la compétence exceptionnelle qu'il attribue aux juges de paix les actions intentées contre les cafetiers, restaurateurs ou baigneurs publics, à raison de la perte des effets transportés dans leurs établissements; il n'appartiendrait au juge de paix de statuer sur de semblables demandes qu'autant qu'elles n'excéderaient point la valeur de 200 fr.

41. — Il faudrait en dire autant des actions intentées contre un aubergiste, en restitution d'effets qu'une personne de la localité ou autre, qui ne serait pas logée chez lui, aurait remis entre ses mains, à l'effet de les faire transporter dans un autre lieu.

42. — Les dépenses d'hôtellerie doivent s'étendre à tout ce qui a été la conséquence du séjour du voyageur dans l'hôtellerie, et lui a été fourni par l'hôtelier, l'au-

bergiste ou ses préposés; ainsi, il faut comprendre sous
ces expressions non seulement les frais de nourriture,
de couchage, d'éclairage, mais aussi les frais de service, les voitures et chevaux ou autres moyens de
transport fournis par l'hôtelier ou l'aubergiste, ainsi que
les frais d'entretien ou de remise en état des moyens
de transport appartenant au voyageur et qui *l'accom-
pagneraient*, si c'est l'aubergiste qui les a payés ou qui
s'en est chargé.

**43.** — Les *voituriers*, dans le sens de l'article précité, sont non seulement les personnes qui conduisent
les voitures, mais encore les entrepreneurs mêmes de
ces voitures et tous les préposés.

**44.** — Il faut entendre par les mots *effets accompagnant les voyageurs*, non seulement leurs hardes et
bagages, mais aussi les marchandises qu'ils transportent avec eux.

**45.** — La compétence du juge de paix pour connaître
de la perte ou avarie des effets ou marchandises d'un
voyageur, ne cesserait point dans le cas où ce voyageur
serait un commerçant. La généralité des termes de
l'art. 2 écarte toute difficulté à cet égard.

**46.** — Les contestations élevées à raison de fournitures, salaires et réparations faites aux voitures de
voyage, ne sont de la compétence du juge de paix, aux
termes de notre article, que lorsqu'elles s'agitent *entre*
les voyageurs et les carrossiers et autres ouvriers.

*Actions du preneur en indemnité pour non jouis-
sance; et actions du bailleur pour dégradations et
pertes.*

**47.** — L'art. 4 de la loi du 25 mai 1838 est ainsi conçu :
« Les juges de paix connaissent, sans appel, jusqu'à
la valeur de 100 fr., et, à charge d'appel, jusqu'au taux
de la compétence en dernier ressort des tribunaux de
première instance : 1° des indemnités réclamées par le
locataire ou fermier pour non jouissance provenant du
fait du propriétaire, lorsque le droit à une indemnité
n'est pas contesté; 2° des dégradations et pertes, dans
les cas prévus par les art. 1752 et 1755 du Code civil.
Néanmoins, le juge de paix ne connaît des pertes causées par incendie ou inondation que dans les limites
posées par l'art. 1er de la présente loi. »

**48.** — La compétence accordée par cet article aux
juges de paix n'est point limitée, comme dans l'art. 3,
au cas où il s'agit de baux n'excédant pas, à Paris,
400 fr., et 200 en province; elle n'est subordonnée qu'à
la condition que la demande n'excède pas le taux de
la compétence en dernier ressort des tribunaux de première instance, c'est-à-dire 1,500 fr.

**49.** — De la disposition qui attribue aux juges de paix
la connaissance des indemnités réclamées par le locataire ou fermier, pour non jouissance provenant du fait
du propriétaire, il résulte qu'il appartient à ces magistrats de statuer, dans les limites de la compétence fixée
par l'art. 4, sur les dommages-intérêts résultant, soit
du retard ou du défaut de délivrance de la chose louée
(C. civ., 1719), soit du défaut de réparations que le bailleur doit faire, aux termes de l'art. 1720 C. civ., soit
des pertes provenant des vices ou défauts de la chose
louée (C. civ., 1721), soit de la contravention à la défense faite au bailleur, de changer la forme de cette
chose (C. civ., 1723), soit enfin de tout fait quelconque
du bailleur, qui entrave ou diminue la jouissance du
preneur.

**50.** — Il est bien entendu que la compétence du juge
de paix pour connaître des indemnités réclamées pour
non jouissance, cesse lorsque le preneur demande en
même temps la résiliation du bail.

**51.** — Le juge de paix est incompétent pour connaître
de l'indemnité réclamée par le fermier, à raison de
non jouissance d'une pièce de terre comprise dans le
bail de la ferme, alors que cette indemnité est contestée par le propriétaire, en ce que, par exemple, la non
jouissance est conforme à l'usage des lieux.

**52.** — A l'exemple de la loi de 1790, la loi nouvelle ne
confère aux juges de paix la connaissance des indemnités réclamées par le locataire ou fermier, que *lorsque
le droit à une indemnité n'est pas contesté.*

**53.** — L'art. 4 ne parlant que des indemnités réclamées par le *locataire ou fermier*, pour non jouissance
*provenant du fait du propriétaire*, ne s'étend pas au
cas d'une demande formée par un *usufruitier* en dédommagement de troubles apportés à sa jouissance.
Mais cet article s'applique à l'indemnité réclamée contre
un usufruitier qui aurait donné à bail, ou qui jouirait
de celui passé par son auteur.

**54.** — C'est, de même, au juge de paix, de connaître
de l'action en indemnité pour non jouissance formée
par un sous-fermier contre un fermier principal, car le
fermier principal est, à l'égard du sous-fermier, substitué au propriétaire.

**55.** — De plus, le fermier principal, assigné en vertu
du sous-bail, pourrait recourir contre son bailleur, si
c'était du fait de celui-ci que résulterait la non jouissance du sous-fermier, et le juge de paix serait compétent pour prononcer tant sur la demande principale que
sur celle en garantie.

**56.** — La deuxième disposition de l'art. 4 qui attribue
aux juges de paix la connaissance des dégradations et
pertes dans les cas prévus par les art. 1752 et 1755 C.
civ., ne se trouve modifiée par aucune restriction analogue à celle qui, dans la première partie du même
article, limite la compétence du juge de paix au cas où
le droit à une indemnité pour non jouissance n'est pas
contesté; d'où il suit que ce magistrat est appelé à connaître des dégradations spécifiées dans l'art. 4, alors
même qu'elles ne sont pas avouées par le fermier ou
locataire, et quelle que puisse être l'exception par lui
alléguée, pourvu que la demande du bailleur n'excède
pas 1,500 fr., ou ne soit pas indéterminée.

**57.** — La loi de 1790 attribuait au juge de paix la connaissance, en général, *des dégradations alléguées par
le propriétaire.* La loi nouvelle restreint cette compétence au cas où la demande n'excède pas 1,500 fr.,
et où, de plus, elle est fondée sur les art. 1752 et 1755
C. civ., portant que le preneur répond des dégradations ou des pertes qui arrivent pendant sa jouissance,
à moins qu'il ne prouve qu'elles ont eu lieu sans sa
faute, et qu'il est pareillement tenu des dégradations
et des pertes arrivées par le fait des personnes de sa
maison ou de ses sous-locataires. C'est donc à ces articles, et aux diverses autres dispositions du Code civil
qui en sont la conséquence, comme, par exemple, celles
des art. 1728, 1729, 1766, etc., que le juge de paix doit
recourir pour s'éclairer sur sa compétence. Bien entendu que si les dégradations donnaient lieu, non à
une simple action en dommages-intérêts, mais en outre à une demande en résiliation du bail, il n'appartiendrait pas à ce magistrat d'en connaître.

**58.** — L'application des art. 1730 et 1731 C. civ. rentre aussi dans les attributions conférées au juge de paix
par les art. 4 et 5 de la loi nouvelle.

**59.** — Il a été jugé que l'on doit considérer comme des
dégradations, dans le sens de la loi, des divertisse-
ments par le fermier des foins et pailles, des ensemen-
cements de terre sans fumier. — 29 mars 1820, Cass.

**60.** — Les dégâts commis dans des bois taillis, soit

par la coupe d'un plus grand nombre de baliveaux que celui déterminé par le bail, soit par l'étronçonnage de quelques arbres, sont des dégradations dans le sens de la loi.—21 juill. 1830. Req. D.P. 30. 1. 376.

61. —Dans le cas où la demande en dommages-intérêts pour dégradations a été portée devant le tribunal d'arrondissement accessoirement à une demande en résiliement du bail, le tribunal, alors même que les faits allégués par le propriétaire ne lui paraissent pas de nature à faire prononcer le résiliement, est compétent pour condamner le fermier ou locataire à des dommages-intérêts. 18 nov. 1856. Cass.

Néanmoins., il pourrait, si l'action en résiliation ne paraissait avoir été formée que pour distraire le défendeur de son juge naturel, déclarer que l'action a été mal à propos qualifiée d'action en résiliation, et renvoyer le demandeur à se pourvoir. — Carou, n. 260.

62. —. La compétence du juge de paix s'étend-elle aux dégradations commises, depuis l'expiration du bail, par le locataire qui a prolongé sa jouissance au-delà du terme fixé par la convention ou la loi, ou qui a refusé d'obtempérer au congé ou à l'avertissement à lui donné? L'affirmative est enseignée par Curasson, t. 1er, p. 357, sur le motif que cette continuation de jouissance doit être considérée comme la suite du bail. Tel est aussi le sentiment de Carou, n. 261.—V. toutefois l'arrêt cité au D.G., eod., n. 407.

63. —En cas de sous-location, le propriétaire peut agir directement contre le fermier principal, lors même qu'il aurait consenti au remplacement de celui-ci, ce consentement n'emportant pas novation.—28 août 1833. Cass.

64. —Le fermier principal peut aussi agir contre le sous-locataire, devant le juge de paix, soit par voie de garantie, soit même directement, et avant toute demande intentée par le propriétaire, car il a intérêt à prévenir le danger d'un procès avec celui-ci.

ART. 5. — *Des actions dont les juges de paix connaissent en dernier ressort jusqu'à 100 fr., et, à charge d'appel, à quelque somme qu'elles s'élèvent. — Actions en paiement de loyers, congés, résiliations de baux, expulsions de lieux, validité de saisie-gagerie; — Actions pour dommages aux champs; — Actions relatives à l'élagage des arbres, au curage des fossés, aux réparations locatives, aux engagements des gens de travail et domestiques, au paiement des nourrices; — Actions civiles pour diffamation, injures, voies de fait.*

65. — *Actions en paiement de loyers, en congés, résiliations de baux, expulsions de lieux, validité de saisie-gagerie.* — L'art. 5, de la loi du 25 mai 1838 porte : « Les juges de paix connaissent sans appel jusqu'à la valeur de 100 fr., et, à charge d'appel, à quelque valeur que la demande puisse s'élever; — Des actions en paiements de loyers ou fermages, des congés, des demandes en résiliation de baux, fondées sur le seul défaut de paiement des loyers ou fermages, des expulsions de lieux et des demandes en validité de saisie-gagerie, le tout lorsque les locations verbales ou par écrit n'excèdent pas annuellement à Paris 400 fr., et 200 fr. partout ailleurs. »

66. —Il est sans difficulté qu'il suffit que la maison, dont le bail fait naître une contestain, soit située à Paris, et que la location n'excède pas 400 fr., pour que tout juge de paix, bien que résidant ailleurs qu'à Paris, puisse être compétemment saisi par les parties de cette contestation. C'est sur la nature de l'objet en litige et non sur la qualité du juge qu'est basée la compétence déterminée par notre article.

67. — *Actions en paiement de loyers ou fermages.* — L'art. 5, ne parlant que des actions en paiement de *loyers* ou *fermages*, des *congés*, des demandes en résiliation de baux, etc., laisse assez entendre qu'il ne s'applique point au louage de travail ou de service.

68. —L'art. 5 ne s'applique pas non plus au devis, marchés ou prix faits. Ce n'est qu'autant que le prix du marché n'excéderait pas 200 fr., que l'affaire rentrerait, aux termes de l'art. 1er, dans les attributions du juge de paix. — Curasson, *loc. cit.*

69. —Il faut encore excepter des dispositions de l'article dont il s'agit les baux à loyer d'objets *mobiliers.*

70. —Il est sans difficulté que l'action en paiement de loyers ou fermages serait non recevable, si le demandeur était déjà muni d'un titre exécutoire, en vertu duquel il pourrait réclamer ce paiement; car, en ce cas, le demandeur puise dans son titre, pour contraindre son débiteur à satisfaire à ses engagements, une force d'exécution à laquelle une sentence du juge ne saurait rien ajouter.—Mais il en serait autrement si le titre du demandeur était sous-seing privé, quoique d'ailleurs reconnu entre les parties.

71. — Lorsqu'il y a contestation sur le prix du loyer, et qu'il n'existe ni bail ni écrit, ni quittance, de sorte qu'il faut recourir, pour fixer ce prix, aux moyens indiqués par l'art. 1716 C. civ., le juge de paix cesse d'être compétent pour statuer sur la demande en paiement du loyer, cette demande étant alors indéterminée.

72. — *Congés.* — En matière de baux dont le loyer annuel n'excède pas 400 fr. à Paris, et 200 fr. partout ailleurs, les demandes en validité ou en nullité de congés sont de la compétence du juge de paix, quel que soit le motif qui leur serve de base, c'est-à-dire soit qu'on tire ce motif de la forme ou du délai dans lequel le congé a été donné, soit qu'on le tire du fond même du droit ; car la loi ne fait point à cet égard de distinction, et l'on ne pourrait en établir sans créer des dispositions arbitraires, et soulever beaucoup de difficultés.

73. —*Demandes en résiliation de baux.*—La faculté donnée au juge de paix de prononcer la résiliation des baux a soulevé dans les chambres beaucoup d'objections; aussi a-t-elle été restreinte, non seulement au cas où il s'agit de baux n'excédant pas 400 fr. à Paris, et 200 fr. en province, mais encore au cas où la résiliation est fondée *sur le seul défaut de paiement des loyers ou fermages.*

74. —Il résulte de l'exposé des motifs que la loi ne soumet aux juges de paix, en matière de baux, que de simples *questions de fait*, mais jamais les difficultés dont le jugement nécessiterait l'examen et l'interprétation des titres des parties, et que, par exemple, l'action en résiliation, alors même qu'elle serait fondée sur le seul défaut de paiement, sortirait des attributions du juge de paix, si le défendeur invoquait quelque exception tirée du titre, s'il soutenait que le bail lui accorde un terme qui n'est pas encore échu.

75. — La résiliation, quand est elle encourue, peut donner lieu contre le locataire à des dommages-intérêts. Dans ce cas, le juge de paix, saisi de la demande principale en résiliation, le serait compétemment aussi de celle accessoire en dommages-intérêts.

76.—*Expulsion de lieux.*—Le juge de paix est compétent pour statuer sur les demandes en expulsion de lieux, quelles que soient les causes de cette expulsion alléguées par le bailleur, et quelles que soient les exceptions que fasse valoir le fermier ou locataire.

**77.** — *Demandes en validité de saisie-gagerie.* — En attribuant aux juges de paix la connaissance des actions relatives à certains baux, le législateur était conduit naturellement à leur attribuer aussi, comme il l'a fait, la connaissance des demandes en validité des saisies-gageries pratiquées à l'occasion de ces baux; car les demandes en validité de saisies-gageries se lient à celles en paiement des loyers et fermages; les unes et les autres sont presque toujours instruites simultanément; il convient même de procéder d'abord par voie de saisie, afin d'obtenir, sur le tout, une seule et même décision.

**78.** — Il est sans difficulté que la compétence du juge de paix, en matière de saisie-gagerie, est tout à fait indépendante de toute considération relative à l'importance du mobilier saisi; quelle que soit la valeur de ce mobilier, il suffit pour que la demande en validité doive être portée devant le juge de paix, qu'il s'agisse de location n'excédant pas, à Paris, 400 fr., et 200 fr. en province.

**79.** — *De la fixation du prix des baux pour déterminer la compétence.* — Le juge de paix n'est compétent, pour statuer *en dernier ressort*, que lorsque la demande a pour objet le paiement de loyers ou fermages n'excédant pas 400 fr.; mais s'il s'agit de congé, de résiliation de baux, d'expulsion de lieux, la demande étant alors indéterminée, le juge de paix ne peut prononcer qu'en premier ressort.

**80.** — Quant à la compétence du juge de paix, *en premier ressort*, elle est réglée, dans les cas prévus par l'article qui nous occupe, non par le montant de la somme demandée, mais par le prix annuel de la location; de telle sorte que si ce prix n'excède pas, à Paris, 400 fr., et 200 fr. partout ailleurs, il appartient au juge de paix de connaître de la demande en paiement des loyers, quand même le montant des loyers réclamés excéderait le taux de la compétence ordinaire et en dernier ressort du tribunal de première instance. — Mais la juridiction de ce magistrat cesse dès que la contestation a pour base une location dont le prix annuel dépasse 400 fr. à Paris, et 200 fr. partout ailleurs, et cela, quand même la demande n'aurait pour objet que le paiement de loyers échus ne s'élevant pas au-dessus du taux ordinaire de sa compétence en matière personnelle et mobilière.

**81.** — Lorsque le prix du bail consiste *en denrées ou prestations en nature*, appréciables d'après les mercuriales, la loi veut que l'évaluation soit faite sur celles *du jour de l'échéance*, lorsqu'il s'agira du *paiement des fermages; dans tous les autres cas*, elle a lieu suivant les mercuriales *du mois qui aura précédé la demande* (L. 1838, art. 5).

**82.** — Lorsque le prix du bail consiste *en prestations non appréciables d'après les mercuriales*, ou lorsqu'il s'agit *de baux à colons partiaires*, le juge de paix doit déterminer sa compétence, en prenant pour base du revenu de la propriété le principal de la contribution foncière de l'année courante multiplié par cinq (L. 1838, art. 5).

**83.** — C'est devant le juge du domicile du défendeur que doivent être portées les demandes spécifiées dans notre article (à l'exception des demandes en validité de la saisie-gagerie, qui doivent être soumises au juge de paix du lieu de la saisie). La raison de cette décision est que les demandes dont il s'agit sont purement personnelles et mobilières, et qu'il y a lieu, dès lors, d'appliquer la règle générale *actor sequitur forum rei*, conformément à l'art. 2 C. pr. — Foucher, p. 159, Carou, n. 234, et Augier, *Encyclopédie*, Suppl., v° Bail, émet-

tent une opinion contraire; ils pensent que l'article qui nous occupe a voulu faire exception aux règles générales en matière de compétence, et saisir le juge de paix du lieu de la situation de l'immeuble des contestations relatives aux loyers; ils soutiennent que cette exception ressort des motifs d'urgence et d'économie de frais qui ont déterminé le législateur à déférer ce genre d'affaires à la juridiction des justices de paix. Enfin, ils invoquent, à l'appui de leur opinion, ces paroles du rapporteur Amilhau : « Il est à remarquer que les contestations relatives aux loyers appartiendront principalement aux juges de paix des villes qui connaissent les usages et règles de cette matière; et les questions sur les fermages, plus souvent de fait que de droit, seront dévolues aux juges de paix des cantons ruraux *qui sont sur le lieu du litige*, et ont sur ces matières des lumières pratiques dont beaucoup de personnes éclairées, dans les villes, se trouvent dépourvues. » Ce serait, sans doute, donner trop d'autorité aux paroles d'un rapporteur, que d'en faire découler une exception aux dispositions positives d'une loi générale, alors surtout que la convenance ou l'opportunité de cette exception n'était point l'objet spécial de la discussion où ces paroles ont été prononcées. Mais, d'un autre côté, il faut reconnaître aussi que l'omission d'une disposition attributive de juridiction au juge du lieu de la situation des biens loués, fait perdre à la loi une partie de son bienfait, et que cette omission a été vraisemblablement involontaire, si l'on en juge par les règles de compétence établies par l'art. 3 C. pr. pour des cas analogues.

**84.** — S'il est vrai que la saisie-gagerie emporte attribution de juridiction au juge du lieu de la saisie, il en est autrement, toutefois, lorsque la saisie-gagerie est pratiquée aux mains d'un tiers; dans ce cas, d'après l'art. 831 C. pr., la demande en validité doit être portée devant le juge du domicile du débiteur saisi.

**85.** — Il appartient au juge de paix, lorsqu'il s'agit de baux ruraux dont la connaissance lui est attribuée, de prononcer, dans les deux cas prévus par l'art. 2062 C. civ., la contrainte par corps contre les fermiers. Remarquez que, dans le second de ces cas, la prononciation de la contrainte est facultative. Dans l'un et dans l'autre, du reste, le juge doit en déterminer la durée, conformément à la loi du 17 avr. 1832, art. 7. — V. Contrainte par corps.

**86.** — En matière de baux, comme en toute autre matière, le juge de paix peut, s'il y a urgence, rendre le jugement exécutoire sur la minute. Cela résulte, et de la disposition de l'art. 12 de la loi du 25 mai 1838, et de la discussion élevée à la Chambre des Députés.

**87.** — *Actions pour dommages aux champs.* — L'article 5 de la loi du 25 mai 1838 porte : « Les juges de paix connaissent, sans appel, jusqu'à la valeur de 100 fr., et également, à charge d'appel, à quelque valeur que la demande puisse s'élever : 1° des actions pour dommages faits aux champs, fruits et récoltes, soit par l'homme, soit par les animaux, et de celles relatives à l'élagage des arbres ou haies, et au curage, soit des fossés, soit des canaux servant à l'irrigation des propriétés ou au mouvement des usines, lorsque les droits de propriété ou de servitude ne sont pas contestés.

**88.** — Le mot *champs*, employé par l'art. 5, ne désigne pas seulement les terres labourables, mais toutes les terres productives de fruits naturels, tels que *prés, bois, vignes*, etc.

**89.** — Les dommages ou dégâts ruraux provenant du fait de l'homme peuvent résulter, soit de simples contraventions, soit de délits ou quasi-délits, soit même de crimes; dans tous ces cas, quelle que soit l'importance des dégâts, quelle que soit la gravité du fait d'où ils dérivent, l'action en dommages-intérêts, dès qu'elle est formée au civil, est de la compétence des juges de paix.

90. — Peu importe que le dommage fait aux champs, fruits et récoltes ait été causé par le fait *médiat* ou *immédiat* de l'homme; dans l'un comme dans l'autre cas, l'action rentre dans les attributions du juge de paix. C'est l'opinion générale des auteurs; quelques arrêts cependant sont d'avis contraire.

91. — L'action pour dommages aux champs ne cesserait pas d'appartenir à la juridiction du juge de paix, par cela seul que ces dommages auraient été commis par des entrepreneurs de travaux publics, à moins que les dépôts ou enlèvements de terres n'aient eu lieu sur des terrains désignés par l'autorité administrative, en vertu des lois des 16 sept. et 21 mai 1836.

92. — La compétence des juges de paix, en cas de dommages aux champs, ne s'étend qu'à la connaissance de l'action en réparation de ces dommages; de sorte que si, par exemple, le demandeur, dans le cas où le préjudice par lui souffert proviendrait d'un établissement insalubre, requérait, outre la réparation de ce préjudice, la destruction de l'établissement dont il s'agit, son action sortirait des limites de la juridiction du tribunal de paix.—Caron, n. 303.

93. ... Pour qu'il y ait dommage, dans le sens de la loi, il ne suffit pas, suivant Curasson et Caron, que le propriétaire éprouve un préjudice, il faut que le dommage ait été fait à la chose, qu'il constitue un *dégât*, et non un vol de fruits ou récoltes. L'action civile à laquelle donnerait lieu un pareil vol ne serait de la compétence du juge de paix qu'autant qu'elle n'excéderait pas 200 fr.

94. — *Actions relatives à l'élagage des arbres et au curage des fossés.*—La loi de 1790 ne contenait aucune disposition particulière relativement à ces actions.

95. — Le juge de paix cesserait d'être compétent pour statuer sur l'action en élagage, si, s'agissant de l'élagage des arbres d'une forêt, le défendeur soutenait que ces arbres avaient déjà plus de trente ans à l'époque de la publication du Code forestier, et réclamait, en conséquence, le bénéfice de l'art. 150 de ce Code. La question de servitude qui s'élèverait alors serait hors des attributions du tribunal de paix.

96. — Les actions relatives au curage des fossés ne sont de la compétence des juges de paix que lorsqu'il s'agit de fossés appartenant à des particuliers, et non lorsqu'il s'agit du curage, soit des fossés faisant partie de la propriété des routes royales ou départementales, soit des fossés que les préfets peuvent faire établir le long des chemins vicinaux; le curage, dans ces derniers cas, est à la charge de l'administration (L. 12 mai 1825, art. 2; L. 21 mai 1836, art. 21), et demeure étranger à la juridiction des tribunaux de paix.

97. — Lorsque, sur la demande tendant au curage d'un fossé que le demandeur prétend être mitoyen, le défendeur conteste la mitoyenneté et se prétend propriétaire exclusif du fossé, la question de propriété soulevée par cette défense ne permet pas que le juge de paix reste saisi de l'affaire.

98. — Les actions concernant le curage des canaux servant à l'irrigation des propriétés ou au mouvement des usines, ne sont point du ressort du juge de paix, lorsqu'il s'agit soit du curage des rivières navigables et flottables, soit de celui des petites rivières (V. la loi du 14 flor. an 11), soit même de celui des ruisseaux, lorsqu'il est prescrit dans un intérêt général (L. 16-20 août

1790); c'est devant le conseil de préfecture que les contestations sont portées dans ces divers cas. Il n'y a lieu à la compétence des juges de paix, en matière de curage des ruisseaux, que lorsque des intérêts purement privés sont seuls engagés dans la contestation.

99. — *Réparations locatives des maisons et fermes.*— La connaissance de ces réparations était déjà attribuée aux juges de paix par la loi de 1790.

100. — Il résulte de ces mots : *réparations locatives* mises *par la loi* à la charge du locataire, que la loi ne confère de compétence aux juges de paix que pour les réparations locatives ou de menu entretien dont les locataires et fermiers sont tenus de *plein droit*, d'après la loi ou l'usage; mais qu'il n'appartient point à ces magistrats de connaître des contestations élevées entre le bailleur et le preneur au sujet des réparations d'une autre nature, auxquelles celui-ci se serait expressément obligé *par son bail*.

101. — S'il était question tout à la fois et de réparations locatives et de réparations plus considérables mises à la charge du fermier par une clause du bail, il ne serait pas nécessaire de former deux actions distinctes, pour l'exécution d'un même bail, l'une devant le juge de paix, l'autre devant le tribunal d'arrondissement; ce serait à ce dernier tribunal à prononcer sur les divers chefs de demande dérivant du même titre. C'est l'opinion générale des auteurs.

102. — La compétence des juges de paix s'étend aux réparations locatives des usines.

103. — La loi ne parlant que des réparations *locatives* imposées aux fermiers ou locataires, on ne doit pas y comprendre les réparations *d'entretien* dont sont tenus les usufruitiers; ces réparations, qui sont plus étendues que celles locatives proprement dites, ne sont de la compétence du juge de paix que lorsqu'elles n'excèdent pas 200 fr.

104. — Toutes les difficultés que peuvent faire naître les réparations locatives, soit avant l'entrée en jouissance des preneurs, soit depuis, sont de la compétence du juge de paix.

105. — Il importe peu que l'action pour réparations locatives soit intentée par le propriétaire contre le fermier, ou qu'elle le soit par un locataire principal contre un sous-locataire; il est évident que, dans l'un comme dans l'autre cas, elle rentre également dans les attributions du juge de paix. Il n'y a aucun motif pour établir ici une distinction que repoussent d'ailleurs les termes de la loi.

106. — La loi attribue, d'une manière générale et sans distinction, aux juges de paix, la connaissance des réparations locatives mises à la charge du locataire. Dès qu'il s'agit de réparations de cette nature, la contestation est du domaine du juge de paix; la question de savoir si ces réparations peuvent ou non être exigées de suite, ne constitue qu'une exception ordinaire sur laquelle le juge de l'action est naturellement appelé à statuer.

107. — Il en est encore de même dans le cas où le preneur, poursuivi pour réparations locatives, se prétend dispensé de ces réparations en vertu d'une clause de son bail. Il suffit qu'il soit question de réparations réputées locatives pour que le juge de paix soit compétent, quelles que soient les exceptions invoquées par le défendeur.

108. — C'est devant le juge de paix du canton où sont situés les biens loués ou affermés que doivent être portées les demandes relatives aux réparations locatives (C. pr., art. 3, n. 3).

109. — La compétence des juges de paix est limitée

aux réparations locatives nécessitées par les dégradations qui ont eu lieu pendant le bail; c'est aux tribunaux civils à connaître de celles qui auraient été faites après son expiration, et, par exemple, pendant le cours d'une instance entre le propriétaire et le fermier ou locataire.

**110.** — *Engagement des gens de travail et des maîtres.* — Par sa troisième disposition, l'article qui nous occupe confère aux juges de paix la connaissance des contestations relatives aux engagements respectifs des gens de travail au jour, au mois et à l'année, et de ceux qui les emploient; des maîtres et des domestiques ou gens de service à gages; des maîtres et de leurs ouvriers ou apprentis, sans néanmoins qu'il soit dérogé aux lois et règlements relatifs à la juridiction des prud'hommes.

**111.** — Peu importe la forme des engagements spécifiés dans cette disposition; qu'ils aient été contractés verbalement ou par écrit, ils rentrent également dans la juridiction du juge de paix. Il en serait ainsi, quand même ils revêtiraient la forme de billets, pourvu qu'il y fût fait mention de la cause de l'obligation.

**112.** — La définition donnée par Henrion de ces mots *gens de travail* n'est point admissible sous la loi nouvelle, qui parle des gens de travail *au jour, au mois ou à l'année,* et qui comprend, dès lors, dans sa disposition tous les artisans, tous ceux qui travaillent manuellement, tels que menuisiers, maçons, tailleurs, etc., lorsqu'ils sont employés à tant par jour, par mois ou par an.

**113.** — Par les mots *domestiques ou gens de service à gages,* il faut entendre, suivant Carou et Curasson, « toutes les personnes qui reçoivent un salaire, que leurs services soient plus ou moins relevés, et même celles qui reçoivent des gages ou appointements, sans vivre à la maison, tels que les commis, les clercs de notaire, d'huissier, les portiers, jardiniers, etc. »

**114.** — La disposition de la loi relative aux *domestiques et gens de service à gages* ne s'étend pas aux facteurs et commis.

Et, par suite, la connaissance des engagements respectifs des facteurs ou commis et des maîtres qui les emploient, ne rentre dans le domaine des juges de paix que lorsque la demande n'excède pas 200 fr.

**115.** — « Mais la même chose ne peut se dire, comme le fait remarquer Carou, n. 544, des personnes désignées dans l'art. 634 C. comm. sous le nom de *serviteurs,* tels, par exemple, que ceux qui ne sont gagés dans la maison du marchand que pour le service des ouvriers ou du maître, comme s'il s'agit de porter la marchandise au dehors, de remuer les ballots dans l'intérieur du magasin, de préparer les matières qui doivent être employées par le maître ou ses ouvriers, balayer, etc. » Ces sortes de serviteurs sont compris dans la disposition relative aux gens de travail ou gens de service à gage; les contestations relatives à leurs engagements envers leurs maîtres et aux engagements de ceux-ci envers eux, sont de la compétence des juges de paix, à quelque valeur que s'élève la demande.

**116.** — La loi ne donne aux juges de paix compétence pour prononcer sur les engagements respectifs des maîtres et des domestiques, qu'autant que ce qui est réclamé, à titre de pareils engagements, tient nécessairement aux rapports de domesticité. Toute autre contestation qui n'aurait pas sa source dans les relations de services du domestique avec son maître, devrait être portée devant les tribunaux civils. — L'incompétence du juge de paix, dans ce dernier cas, est absolue; il doit

la déclarer d'office; s'il ne le fait pas, elle peut être invoquée en cause d'appel.

**117.** — Si la contestation entre le maître et le domestique avait à la fois pour objet des demandes résultant des rapports de domesticité, par exemple, des demandes en paiement de gages, et d'autres ne dépendant pas nécessairement de ces rapports, par exemple, une demande en remboursement d'un prêt, dans ce cas, l'action se diviserait; le juge de paix devrait retenir la connaissance des chefs de demande de sa compétence, et renvoyer pour les autres devant les tribunaux compétents.

**118.** — Il est hors de doute que c'est devant le juge de paix du domicile du défendeur que doivent être portées, conformément au droit commun, les actions dérivant des engagements respectifs des maîtres et des domestiques.

**119.** — La loi qui attribue aux juges de paix les contestations relatives aux engagements respectifs des gens de travail au jour, au mois et à l'année, et de ceux qui les emploient, par une disposition subséquente, confère aussi à la même juridiction la connaissance des contestations relatives aux engagements des maîtres et de leurs ouvriers ou apprentis, sans néanmoins qu'il soit dérogé aux lois et règlements relatifs à la juridiction des prud'hommes. Ces deux dispositions concernent, comme on le voit, deux classes différentes d'ouvriers; la première s'applique aux engagements des manœuvres ou artisans et des cultivateurs ou autres chefs de famille qui les emploient; la seconde, aux engagements des ouvriers ou *apprentis* et de leurs *maîtres.*

**120.** — *Paiement des nourrices.* — La juridiction que le n. 4 de l'art. 5 confère aux juges de paix, concernant les contestations relatives au paiement des nourrices, n'est pas de nature à faire naître beaucoup de difficultés; on fera observer seulement que les mots *paiement des nourrices* doivent s'entendre du paiement, non seulement du salaire convenu ou fixé par l'usage, mais aussi du prix des fournitures de linge et autres objets faites par la nourrice, et des médicaments qu'elle aurait payés, en cas de maladie de l'enfant.

**121.** — *Actions pour diffamation, injures et voies de fait.* — Le paragraphe final de l'art. 5 est fort important : il décide que « les juges de paix connaissent, sans appel, jusqu'à la valeur de 100 fr., et, à charge d'appel, à quelque valeur que la demande puisse s'élever, des actions civiles, pour diffamation *verbale,* et pour injures publiques ou non publiques, verbales ou par écrit, autrement que par la voie de la presse; des mêmes actions pour rixes ou voies de fait; le tout lorsque les parties ne se sont pas pourvues par la voie criminelle. »

**122.** — A la différence de l'action civile pour diffamation, dont le juge de paix ne connaît que lorsque la diffamation a été *verbale,* l'action civile pour injures rentre dans la compétence de ce magistrat, soit qu'il s'agisse d'injures verbales ou d'injures faites par écrit, si ce n'est lorsqu'elles ont eu lieu par la voie de la presse.

**123.** — Cette compétence est, du reste, indépendante du plus ou moins de gravité de l'injure. Il en était déjà ainsi, à l'égard des injures *verbales,* sous l'empire de la loi de 1790. Il a été jugé en effet que la disposition de l'art. 10 du tit. 3 de cette loi « était générale; qu'elle embrassait toutes les actions pour injures verbales, quelque graves qu'elles fussent, et ne pouvait être restreinte aux actions qui, si elles eussent été formées par la voie de plainte, auraient dû être portées devant les tribunaux de police. » — 5 fév. 1813.

**124.** — L'action civile pour injures appartient toujours au juge de paix, quelle que soit d'ailleurs la qualité de la personne injuriée ou diffamée. C'est également devant ce magistrat que devraient être poursuivis les fonctionnaires publics eux-mêmes, pour la réparation civile des injures dont ils se seraient rendus coupables dans l'exercice de leurs fonctions ; mais l'action, dans ce cas, ne serait recevable qu'après que l'exercice en aurait été autorisé par le conseil d'Etat ou autre autorité compétente.

**ART. 1.** — *Des actions dont les juges de paix ne connaissent jamais qu'en premier ressort. — Actions possessoires et en bornage ; actions relatives à la distance voulue pour les plantations, aux travaux énoncés en l'art. 674 C. civ. ; demandes en pensions alimentaires.*

**125.** — L'art. 6 de la loi du 25 mai 1838 est ainsi conçu : « Les juges de paix connaissent, en outre, à charge d'appel, 1° des entreprises commises, dans l'année, sur les cours d'eau servant à l'irrigation des propriétés, et au mouvement des usines et moulins, sans préjudice des attributions de l'autorité administrative dans les cas déterminés par les règlements ; des dénonciations de nouvel œuvre, complaintes, actions en réintégrande et autres actions possessoires fondées sur des faits également commis dans l'année ; — 2° des actions en bornage et celles relatives à la distance prescrite par la loi, les règlements particuliers et les usages locaux, pour les plantations d'arbres ou de haies, lorsque la propriété ou les titres qui l'établissent ne sont pas contestés ; — 3° des actions relatives aux constructions et travaux énoncés dans l'art. 674 C. civ., lorsque la propriété ou la mitoyenneté du mur ne sont pas contestées ; — 4° des demandes en pension alimentaire n'excédant pas 150 fr., et seulement lorsqu'elles seront formées en vertu des art. 205, 206 et 207 du Code civil. »

**126.** — *Actions possessoires.* — En n'attribuant au juge de paix la connaissance de ces actions qu'*à charge d'appel*, la première disposition de cet article résout une question sur laquelle la jurisprudence de la Cour de cassation avait varié sous la loi de 1790. Le motif de la décision adoptée par le législateur de 1838 a été que les actions possessoires exerçant toujours une influence plus ou moins grande sur le sort de la propriété, il convenait de laisser toute espèce de garantie pour ces sortes d'actions.

**127.** — Pour que les entreprises sur les cours d'eau soient de la compétence des juges de paix, il faut que l'action ait tous les caractères de l'action possessoire.

**128.** — Une demande tendant à la répression d'un trouble possessoire, et, par exemple, d'une entreprise sur un cours d'eau, et au rétablissement des choses dans leur ancien état, ne cesse pas d'être de la compétence des juges de paix, quoique le demandeur ait aussi conclu à des dommages-intérêts à raison du préjudice causé par l'entreprise.

**129.** — Les entreprises commises dans l'année sur les cours d'eau paraissaient ne rentrer, sous la loi de 1790, dans la compétence des juges de paix que lorsqu'il s'agissait de cours d'eau *servant à l'arrosement des prés*. Les termes de la loi nouvelle n'admettent point cette restriction.

**130.** — Il ne faut pas induire de ces mots : *sur les cours d'eau*, que la loi ait voulu interdire aux juges de paix la connaissance des actions relatives aux *eaux mortes*. Une solution contraire résulte de la disposition de notre article qui réserve à ces magistrats *toutes les*

*autres actions possessoires.* Or, l'action possessoire peut être intentée aussi bien à l'occasion de la possession d'un étang, d'une mare, d'une citerne, que de celle d'un ruisseau.

**131.** — La loi nouvelle réserve expressément la compétence de l'autorité administrative dans les cas spécifiées par les lois et les règlements.

**132.** — Bien qu'il n'appartienne pas aux tribunaux, et particulièrement aux juges de paix, de connaître des entreprises faites sur des cours d'eau navigables ou flottables, dans lesquels il est interdit aux riverains de prendre des eaux, il n'en est pas de même lorsque cette interdiction n'existe pas (comme par exemple, en cas de contestations sur la possession ou propriété d'un droit de prise d'eau concédé par l'Etat), ou lorsque, l'interdiction existant, l'entreprise résulte d'une alluvion, d'un atterrissement, ou autre fait *prescriptible*.

**133.** — *Actions en bornage.* — Sous la loi de 1790, les juges de paix ne connaissaient que des actions possessoires en déplacements de bornes ; la loi nouvelle leur attribue, en outre, la connaissance des actions en bornage et de celles relatives à la distance prescrite pour les plantations d'arbres ou de haies, lorsque la propriété ou les titres qui l'établissent ne sont pas contestés.

**134.** — *Actions relatives aux distances prescrites pour les plantations.* — De même que les actions en déplacement de bornes, celles relatives à la distance prescrite pour les plantations d'arbres ou de haies, ne rentraient, sous la loi de 1790, dans les attributions des juges de paix que lorsqu'elles constituaient des actions possessoires. Aujourd'hui, cette condition n'est plus nécessaire ; les actions dont il s'agit sont de la compétence des juges de paix, « quand même, dit très-bien Foucher, il y aurait plus d'une année que les entreprises auraient été faites, quand même la demande ne serait pas basée sur un trouble apporté à l'état antérieur, ou quand même les arbres ou haies seraient plantés pour la première fois, toujours sous la condition que la propriété ou les titres qui l'établissent ne soient pas contestés. »

**135.** — Quant au règlement de la distance à laquelle les propriétaires riverains des chemins publics peuvent planter sur le bord de ces chemins, soit des arbres, soit des haies vives, il appartient à l'autorité administrative.

**136.** — C'est devant le juge de paix de la situation des biens que doivent être portées soit les actions en bornage, soit celles relatives à la distance prescrite pour la plantation des arbres.

**137.** — *Actions relatives aux travaux énoncés dans l'art. 674 C. civ.* — Le troisième paragraphe de notre article défère, comme on l'a vu, aux juges de paix la connaissance de ces actions, lorsque la propriété ou la mitoyenneté du mur ne sont pas contestées.

**138.** — La loi, par cette disposition, n'a-t-elle entendu attribuer aux juges de paix que les actions fondées sur l'art. 674, celles tendant à faire appliquer aux constructions et travaux mentionnés dans cet article, les prescriptions des usages ou règlements ; ou bien a-t-elle voulu soumettre à ces magistrats toutes les actions relatives à ces travaux et constructions, et, par exemple, les demandes en indemnité du préjudice qui peut en résulter, alors même qu'on s'est conformé pour leur exécution aux mesures exigées par les règlements ou usages locaux ? La première interprétation est admise par Foucher, qui décide, en conséquence que l'action en indemnité pour dommages causés malgré l'observation des règlements, n'ayant pas sa base dans l'art. 674 C. civ., mais bien dans l'art. 1582, n'est de la compétence du juge de paix que dans les limites de l'art. 1er de la loi, c'est-à-dire lorsqu'elle n'excède pas 200 fr. — L'opinion contraire est néanmoins plus conforme à la lettre de la loi qui défère aux juges de paix toutes les contestations *relatives* aux travaux *énoncés* dans l'art. 674, ce qui semble comprendre toutes les difficultés qui peuvent surgir à leur occasion.

159. — *Demandes en pension alimentaire.* — Deux conditions sont indispensables pour qu'une demande en pension alimentaire puisse être compétemment portée devant le juge de paix : 1° que cette demande n'excède pas 150 fr. ; 2° qu'elle soit formée en vertu de l'un des art. 205, 206 et 207 C. civ.

140. — Les demandes en pensions alimentaires sont de la compétence des juges de paix, lors même qu'elles sont formées par ou contre des enfants *naturels* (l'art. 205 ne distinguant pas entre les enfants légitimes et les enfants naturels), à moins qu'il n'y ait contestation sur la qualité d'enfant naturel, auquel cas il s'élève une question préjudicielle dont le juge de paix ne peut connaître. De même pour les enfants adoptifs, non pour les enfants adultérins et incestueux.

141. — C'est devant le juge du domicile du défendeur que doivent être portées les demandes de pensions alimentaires.

ART. 5. — *Attributions conférées aux juges de paix par des lois spéciales.*

142. — Indépendamment des attributions que la loi du 25 mai 1838 a conférées aux juges de paix, ou dans lesquelles elle les a maintenus, ces magistrats ont été investis par diverses lois spéciales de la connaissance de certaines actions en matière de douanes, d'octroi, de contrefaçon de marques, de règlement d'indemnités dues aux propriétaires du sol au cas d'exploitation de mines dans leurs terrains, et au cas d'élargissement des chemins vicinaux ; mais il ne serait d'aucune utilité de rappeler ici les règles de la compétence des juges de paix en ces matières.

143. — Avant la loi de 1838, les juges de paix connaissaient, aux termes des lois des 7 janv. et 25 mai 1791, des actions en contrefaçon en matière de brevets d'invention. Mais cette attribution leur a été enlevée par l'art. 20 de la loi de 1838. — Voy. encore Compétence civile et Dernier ressort. — V. également D.H., au mot Compétence civile, sect. 4.

JUGEMENT — JUGES. — 1. — *Acquéreur.* — Un jugement rendu entre un créancier du vendeur et ses héritiers, et qui a pour effet de donner au créancier le droit de mettre une surenchère, comme si, par exemple il reconnaît une dette inscrite avant la vente, dans les cas de l'art. 2111 C. civ., mais qui, lors de son inscription, était prescrite, un tel jugement est réputé porter préjudice à l'acquéreur dans le sens de l'art. 474 C. proc. — 26 mars 1858. Cass. J.H. 58. 1. 151.

2. — *Affiche.* — L'art. 1036 C. pr. d'après lequel les juges peuvent ordonner, suivant les circonstances, l'affiche de leurs décisions, n'autorise pas les parties, à peine de réparation du dommage causé par l'affiche, de suppléer à leur silence. — 25 fév. 1859. Paris. J.H. 59. 1. 123.

3. — *Avoués.* — Le jugement de condamnation rendu contre un avoué occupant pour lui-même, doit nécessairement lui être signifié à partie, à peine de ne pouvoir être exécuté : il ne suffit pas qu'il lui soit signifié d'avoué à avoué (C. pr., 147). — 25 janv. 1841. Cass. J.H. 41. 1. 128.



4. — *Cassation.* — Une citation devant la chambre civile de la Cour de cassation, donnée sous un nom différent de la personne qu'on se propose de citer, n'est pas nulle, lorsque cette différence se trouve dans les qualités de l'arrêt attaqué signifiées par le cité lui-même et ses consorts.

On ne peut assigner devant la chambre civile de la Cour de cassation une partie contre laquelle le pourvoi n'a pas été dirigé, et que la chambre des requêtes n'a pas permis d'assigner. — 3 fév. 1835. Cass. J.H. 35. 55.

5. — *Chose jugée.* — Il est permis aux juges, immédiatement après le prononcé de leur jugement, de réparer, à la même audience, publiquement et en présence des parties, une omission de motifs dont ils se sont aperçus ou qui leur a été signalée, sans qu'il y ait violation de la règle qui veut que les jugements ou arrêts, une fois prononcés, soient acquis aux parties et ne puissent plus être changés (C. pr., 138, 141). — 19 janv. 1842. Cass. J.H. 42. 1. 77.

6. — *Dommage éventuel.* — Le jugement qui, en prononçant des dommages-intérêts contre une partie, pour violation de contrat, fixe la somme à payer à chaque nouvelle infraction qui surviendrait au contrat, est nul, quant à ce dernier chef, comme s'appliquant à une infraction non encore existante (C. civ., 5). — 4 déc. 1841. Paris. J.H. 42. 1. 125.

7. — *Dommages-intérêts.* — Le jugement qui alloue des *dommages pour frais frustrés*, sur des conclusions formelles en dommages-intérêts, doit être réputé avoir simplement alloué des dommages-intérêts et non des frais non portés en taxe. — 31 mars 1841. Cass. J.H. 41. 1. 174.

8. — *Effet (du jugement).* — Les jugements ne sont que déclaratifs et nullement constitutifs des droits qu'ils reconnaissent. — 14 déc. 1840. Cass. J.H. 41. 1. 49.

9. — *Élections.* — L'obligation pour les tiers d'attaquer dans les dix jours les décisions du préfet en matière électorale est rigoureuse. — 28 avril 1843. Angers. J.H. 43. 1. 147.

10. — *Enquête.* — Le tribunal qui avait déclaré les titres insuffisants et ordonné une enquête, peut, en cas d'annulation de celle-ci, juger la cause sur les mêmes titres. — 2 janv. 1841. Toulouse. J.H. 41. 1. 199.

11. — *Enregistrement.* — L'opposition *motivée* d'un redevable à la contrainte de la régie suffit pour faire réputer *contradictoire* le jugement qui intervient sur cette opposition, encore bien qu'il n'ait été fourni par le redevable, durant le cours de l'instance, aucun mémoire en défense (L. 22 frim. an 7, art. 64). — 24 août 1835. Cass. J.H. 35. 354.

12. ... L'art. 113 C. pr., qui répute contradictoires les jugements rendus sur la production d'une seule des parties, est applicable aux jugements rendus en matière d'enregistrement. — 24 août 1835. Cass. J.H. 35. 354.

13. — *Étranger.* — Le jugement rendu en pays étranger (en Angleterre), qui admet un commerçant français au bénéfice d'une cession de biens, ne peut être déclaré exécutoire par les tribunaux français entre ses créanciers. Le débiteur doit, pour obtenir en France le bénéfice de cession, remplir les formalités et faire les justifications exigées par la loi française ; et cela encore bien qu'ils aient été appelés devant le juge étranger, si d'ailleurs ils n'y ont pas comparu (C. civ., 1268, 2128 ; C. pr., 546). — 18 nov. 1858. Paris. J.H. 58. 1. 50.

14. — *Forme.* — Aucune disposition de loi n'exige qu'il soit fait mention dans les jugements et arrêts de la présence du greffier ou d'un commis-greffier à l'audience. Cette présence est légalement présumée par la

signature du président et du greffier sur la minute (Décret du 30 mars 1808, art. 91).—16 mars 1840. Cass. J.H. 40. 1. 114.

15. — *Interprétation.* — L'on peut se pourvoir en interprétation d'un arrêt devant la Cour royale qui l'a rendu, avant son exécution, sans que l'exception du défaut d'intérêt puisse être opposée. — 1er juillet 1841. Bastia. J.H. 42. 1. 25.

16. — *Matière commerciale.* — Le jugement en matière de commerce, qui énonce avoir été rendu par un nombre suffisant de juges et de suppléants, et en présence d'un autre suppléant dont le concours n'était pas nécessaire, mentionne suffisamment que ce dernier n'y a pas concouru (C. comm., 626). — 5 nov. 1835. Cass. J.H. 36. 1. 254.

17.—*Motifs.*—Le jugement d'appel qui adopte purement la décision du premier juge, laquelle n'accordait que la possession d'un pont, n'est point vicié par les motifs qui reconnaîtraient que la demande possessoire, sur laquelle le premier juge a statué, s'appliquait non seulement au pont, mais encore aux droits de passage et de puisage, pour lesquels le pont avait été établi, droits qui ne peuvent être l'objet d'une action possessoire. —17 juill. 1837. Cass. J.H. 37. 1. 322.

18. ... De ce que quelques-uns des motifs d'un jugement reposent sur des principes erronés en droit, il ne s'ensuit pas qu'il doive être cassé, alors que le *dispositif* peut se soutenir sans ces motifs. — . . . 1837. J.H. 37. 1. 252.

19. — *Moyens d'office.* — L'art. 1030 C. pr. civ., qui défend aux juges de suppléer des nullités non expressément prononcées par la loi, ne s'applique pas au cas où il s'agit d'un acte ou d'une partie de cet acte manquant des signatures qui en font l'essence : dans ce cas, l'acte étant frappé de non existence, il s'ensuit que la loi n'a pas eu besoin de le déclarer nul.—20 juin 1837. Cass. J.H. 37. 1. 266.

20. — *Novation.* — Le jugement de validité d'une saisie-arrêt n'opère pas novation dans la dette du tiers saisi, en ce sens que, si ce dernier est un acquéreur, il peut encore se soustraire au paiement du prix saisi-arrêté par la voie légale du délaissement par hypothèque, sans que le saisissant puisse faire résulter à son profit, du jugement de validité, des droits autres ou plus étendus que ceux des vendeurs, débiteurs saisis (C. civ., 1261, 2167, 2172). —15 janv. 1839. Cass. J.H. 39. 1. 86.

21. — *Présence à l'audience.* — De ce que des conseillers n'ont pas assisté à une audience dans laquelle la cause a été renvoyée après lecture des conclusions, il ne résulte pas une nullité, si, d'ailleurs, ils ont assisté aux audiences où la cause a été plaidée et les conclusions reprises.

De ce que le ministère public qui avait conclu dans une affaire civile entre parties, n'était pas présent à l'audience dans laquelle a été rendu l'arrêt, il ne saurait résulter une cause de nullité.—29 déc. 1834. Cass. J.H. 35. 97.

22. — *Prononciation.* — Un jugement peut être prononcé à une audience autre que celle indiquée pour cette prononciation par un précédent jugement du tribunal, sans qu'il résulte de là une nullité (C. pr., 116 ; C. civ., 1351). —13 nov. 1834. Cass. J.H. 35. 11.

23. — *Publicité (défaut de).* — Les arrêts qui n'ont pas été rendus publiquement peuvent indifféremment être attaqués par la voie de la requête civile et la voie de cassation (C. pr., 480, n. 2).—5 déc. 1836. Cass. J.H. 37. 1. 57.

24. — *Qualités.* — Un arrêt doit être réputé contradictoire, alors que les qualités énoncent que «les avoués des parties ont conclu, et que les parties ont été ouïes après avoir renouvelé leurs conclusions.....» encore que ces conclusions ne soient pas rapportées dans les qualités. — 23 déc. 1835. Cass. J.H. 36. 1. 94.

25. — *Remise de pièces.* — N'est pas définitif et irrévocable le jugement qui, faute par le défendeur d'avoir obéi à un premier jugement qui lui prescrivait une remise de pièces dans un certain délai, l'a condamné à des dommages-intérêts *pour tenir lieu de cette remise,* tout en ordonnant que le premier jugement continuera d'être exécuté suivant sa forme et teneur : en un tel cas, la condamnation aux dommages-intérêts étant une simple voie de contrainte, et non une décision définitive, le défendeur peut se faire décharger de cette condamnation, en effectuant la remise des pièces, sans que la chose jugée y fasse obstacle..., sauf le droit du demandeur d'obtenir la réparation du préjudice causé par le retard, s'il en a souffert aucun (C. civ., 1350, 1229). — 22 nov. 1841. Cass. J.H. 42. 1. 56.

26. — *Saisie-arrêt.* — L'arrêt qui condamne un individu au paiement d'une somme, qu'il constate en même temps être à la charge d'un autre individu non appelé dans l'instance, en vertu d'un engagement particulier, peut être considéré comme obligatoire contre ce dernier, en ce sens que, si la partie condamnée vient à se libérer envers le créancier, cet arrêt, en vertu d'une subrogation légale, devient pour elle un titre contre le véritable débiteur, suffisant pour motiver une saisie-arrêt au préjudice de celui-ci sans permission du juge (C. pr., 557 et 559). — 18 mars 1839. Cass. J.H. 39. 1. 59.

27. — *Signification.* — Un jugement doit être signifié par copie séparée à deux époux demeurant ensemble, bien que le litige ne concerne que les propres de la femme, si le mari, comme chef de la communauté, en a les revenus. Et cela, bien qu'il ne soit en cause que pour autoriser sa femme....., surtout si dans les actes notifiés se trouvent ces mots : pour autoriser sa femme *et au besoin en privé nom,* ces mots faisant supposer qu'il y a des intérêts opposés entre eux.—30 mai 1838. Rennes. J.H. 38. 1. 255.

28. ...Doit être déclaré nul le jugement intervenu sur le fond, s'il a été rendu avant la signification à avoué du jugement qui a rejeté le déclinatoire ; et ce, nonobstant qu'il ait été ordonné aux parties de plaider sur-le-champ (C. pr., 147). — 16 janv. 1838. Poitiers. J.H. 38. 1. 108.

29. — *Titres nouveaux.* — La production de titres nouveaux après une mise en délibéré, sans rapport et fixation de la prochaine audience pour le prononcé du jugement, a pu être admis, par le tribunal, sans qu'il résulte de là une nullité, si la partie adverse a été, par sommation, mise à même de discuter le mérite des titres nouveaux.

...... Surtout s'il est déclaré par le jugement que ces titres ont été sans influence sur la décision. — 13 nov. 1854. Cass. J.H. 35. 44.

**JUGEMENT EN MATIÈRE CRIMINELLE.** — 1. — *Cassation.* — Le défendeur est non recevable, en matière criminelle, à former opposition à un arrêt de la Cour de cassation, lorsque le demandeur lui a régulièrement fait notifier le pourvoi (C. civ., 425).—20 juin 1835. Cass. J.H. 36. 1. 159.

2. — *Défaut.* — En matière correctionnelle, le prévenu qui, tout en excipant de l'incompétence du tribunal, conclut subsidiairement à son renvoi de l'action, conserve néanmoins, alors que le déclinatoire est re-

jeté, la faculté de faire défaut sur le fond.—En conséquence, si le prévenu se retire après le rejet du déclinatoire, le jugement qui intervient sur le fond doit être réputé par défaut.—13 nov. 1835. Paris. J.H. 37. 1. 120.

3. — *Jugement par défaut.* — L'opposition à un jugement correctionnel par défaut fait bien tomber la condamnation, mais laisse subsister l'instruction qui la précède.

Par suite, le prévenu auquel on oppose les dépositions des témoins entendus lors du jugement par défaut, n'est pas fondé à en demander le rejet sous prétexte qu'ils l'ont été hors sa présence... Seulement, il lui est loisible de les appeler sur son opposition.—14 fév. 1838. Bordeaux. J.H. 39. 1. 105.

4. — *Matière forestière.* — L'opposition à un arrêt par défaut en matière de délit forestier, lequel arrêt a été poursuivi et signifié à la requête de l'administration forestière, peut être signifié seulement à cette dernière, sans qu'il soit nécessaire de faire la même signification au ministère public, suivant les termes de l'art. 187 C. inst. cr.—21 juill. 1838. Nîmes. J.H. 39. 1. 96.

5. — *Opposition.* — La notification de l'opposition à une condamnation par défaut, qui doit être faite, aux termes de l'art. 187 C. inst. cr., au ministère public, en même temps qu'à la partie civile, n'est prescrite, à l'égard du ministère public, qu'autant qu'il est partie principale et poursuivante dans la cause.—9 oct. 1835. Cass. J.H. 36. 1. 80.

6. — *Partie civile.* — La partie civile a, comme le prévenu, qualité pour former opposition à un jugement correctionnel rendu par défaut contre elle, qui renvoie le prévenu de la plainte sur les conclusions conformes du ministère public (C. inst. cr., 208).—29 nov. 1837. Paris. J.H. 38. 1. 49.

7. — *Procès-verbal de perquisition.* — Il suffit qu'un procès-verbal de perquisition, dressé par l'huissier chargé de citer un prévenu, ait constaté que celui-ci avait déserté son domicile, pour que la notification du jugement de condamnation, prononcé par défaut contre ce dernier, soit valablement fait au parquet du procureur du roi, encore bien que, lors de cette notification, l'huissier n'ait pas préalablement dressé un nouveau procès-verbal de perquisition. — 27 août 1836. Paris. J.H. 37. 1. 125.

8. — *Renvoi.* — Dès qu'il est reconnu par un tribunal que, malgré la communication qu'un prévenu a reçue d'un arrêté, il n'a cessé de violer cet arrêté en contrevenant à la défense de mettre en jeu une usine, et en employant le barrage et les vannes dont la suppression était ordonnée, ce prévenu ne peut être renvoyé de la plainte par le motif que ces faits ne suffisent pas pour justifier une condamnation (C. inst. crim., 161). — 19 fév. 1835. Cass. J.H. 35. 1. 491.

9. — *Signification.* — En matière correctionnelle, la signification *à domicile* du jugement par défaut, fait courir les délais d'opposition comme la signification *à personne*... En conséquence, le tribunal qui admet l'opposition après le délai de cinq jours, en se fondant seulement sur ce que le prévenu n'a eu connaissance du jugement que par son arrestation, viole l'art. 187 C. inst. crim.—16 janv. 1836. Cass. J.H. 36. 1. 126.

10. — *Simple police.* — En matière de simple police, on ne peut considérer comme contradictoire le jugement qui, après deux remises accordées au prévenu qui s'était présenté pour les demander, le condamne sans qu'il ait conclu au fond (C. inst. crim., 149, 150). Il n'est pas nécessaire de signifier l'opposition qu'on forme à un jugement par défaut, en matière de simple

police, lorsque ce jugement n'a pas été signifié lui-même. En ce cas, l'opposition est valablement formée par une déclaration verbale faite devant le tribunal par le défaillant à une audience suivante (C. inst. cr., 151). —23 fév. 1837. Cass. J.H. 37. 1. 232.

**JUGEMENT PAR DÉFAUT.** — 1. — *Acquiescement.* —L'acquiescement positif donné à un jugement par défaut, contre une partie, périmé pour défaut d'exécution dans les six mois de son obtention, donne à ce jugement l'autorité de la chose jugée. — .... 1837. Dissert. J.H. 37. 2. 4.

2. ... L'acquiescement à un jugement par défaut, dans les six mois, de la part de l'un des condamnés solidairement, a pour effet d'interrompre la péremption de ce jugement vis-à-vis des autres débiteurs solidaires. — L'acquiescement, dans ce cas, équivaut à l'exécution même du jugement (C. civ., 1206, 2249).— 14 avril 1840. Cass. J.H. 40. 1. 167.

3. — *Chose jugée.* — Le jugement par défaut, qui, à la suite d'une adjudication, ordonne que le débiteur exproprié sera tenu d'abandonner la possession des biens adjugés, acquiert l'autorité de la chose jugée sur la validité de l'adjudication, alors que le débiteur, loin de former opposition à ce jugement, y a, au contraire, obtempéré.—19 mai 1836. Cass. J.H. 36. 1. 522.

4. — *Commandement.* — Le commandement de payer fait en vertu d'un jugement par défaut n'est qu'un acte préliminaire à l'exécution et non un acte d'exécution réelle qui fasse courir le délai de l'opposition (C. pr., 159).—23 juill. 1838. Limoges. J.H. 39. 1. 125.

5. — *Conclusions prises.* — De ce que les conclusions auraient été déjà prises pour fixer l'ordre d'appel des causes inscrites au rôle sans indication du jour de la plaidoirie, il ne s'ensuit pas que, si l'une des parties fait défaut, l'arrêt qui intervient doive être considéré comme contradictoire, alors surtout qu'il est qualifié de défaut, et que les juges qui l'ont rendu n'étaient pas les mêmes qui avaient entendu la lecture des conclusions à une précédente audience (L. 20 avr. 1810, art. 7; C. pr. civ., 342 et 343).—9 mars 1835. Bastia. J.H. 35. 181.

6. — *Défaut congé.* — Un jugement qui prononce défaut congé est susceptible d'opposition, comme tout autre, bien qu'il se borne à condamner le demandeur aux dépens (C. pr., 154, 157).

Il est aussi susceptible d'appel après les délais d'opposition..., surtout s'il renvoie le défendeur de la demande (C. pr., 154, 445).

Le jugement qui donne acte à un avoué de sa constitution et ordonne de plaider au fond peut être exécuté sans signification, même à avoué (C. pr., 147).—14 fév. et 6 avr. 1837. Poitiers. J.H. 37. 1. 339.

7. — *Démence.* — Si le jugement de condamnation par défaut obtenu contre un individu, dont l'interdiction a depuis été provoquée avant son décès, ne tombe pas sous l'application de l'art. 504 C. civ., qui ne se réfère qu'aux *actes* faits par ce dernier, il en est autrement des actes desquels on voudrait faire résulter contre lui l'exécution de ce jugement; ces actes n'ayant pu être connus du dément, n'emportent pas exécution du jugement (C. civ., 504). Et, par suite, si plus de six mois se sont écoulés depuis l'obtention de ce jugement, il est frappé de péremption à défaut d'exécution (C. pr., 156). —1er fév. 1842. Poitiers. J.H. 43. 1. 148.

8. — *Exécution.* — On ne peut regarder comme volontaire et, par suite, comme emportant exécution d'un jugement par défaut, le paiement des frais, opéré en vertu d'exécutoire de l'avoué de la partie qui a obtenu ce jugement sur des sommes appartenant à la partie condamnée, déposées à la caisse des consigna-

tions et sans aucune adhésion donnée par celle-ci. — 7 déc. 1836. Cass. J.H. 37. 1. 67.

9. ... Le jugement par défaut, faute de constitution d'avoué, qui condamne le défaillant au délaissement d'un immeuble, doit être réputé exécuté, et, par suite, à l'abri de la péremption, lorsque, dans les six mois de son obtention, il a été suivi de la dépossession de fait du défaillant (C. pr., 159).... Alors même que la partie défaillante serait une commune, et que, dès lors, la dépossession de fait n'aurait pu être effectuée qu'à l'égard des habitants *ut singuli*. — 18 juill. 1859. Cass. J.H. 59. 1. 291.

10. ... Un jugement par défaut, qui, au sujet d'une contestation sur la qualité de marchandises vendues entre l'acquéreur et le vendeur, ordonne que ces marchandises seront déposées dans un lieu indiqué pour y être vérifiées par des experts, doit être réputé exécuté par l'opération de l'expertise, alors qu'elle a été précédée, accompagnée et suivie de notifications à la partie défaillante; par suite, cette partie n'est plus recevable à former opposition (C. pr. civ., 159).

De même, le jugement par défaut qui, après que des marchandises ont été vérifiées par des experts, dans un entrepôt où elles avaient été déposées, en vertu d'un autre jugement, autorise l'acheteur à se les faire livrer et à n'en payer le prix convenu avec le vendeur défaillant, que sous les déductions qu'il indique, doit être considéré comme exécuté et insusceptible d'opposition, alors que la livraison a été effectuée, le vendeur dûment appelé, et que ce dernier a reçu un acte d'offre du prix déduit, conformément au jugement, le tout, sans qu'il se soit porté aussitôt opposant (C. pr. civ., 159). — 27 juin 1837. Cass. J.H. 37. 1. 270.

11. ... Une inscription hypothécaire, prise en vertu d'un jugement par défaut, n'est pas à elle seule un acte d'exécution qui empêche la péremption de ce jugement (C. pr., 455). Alors surtout qu'il n'a pas été signifié (C. pr., 156). — 22 nov. 1841. Agen. J.H. 42. 1. 253.

12. ... Un arrêt par défaut est réputé exécuté contre la partie, dans le sens de l'art. 159 C. pr. civ., lorsque cette partie a assisté au procès-verbal de saisie mobilière, dressé chez elle en exécution de l'arrêt; qu'elle a indiqué elle-même un gardien de saisie, et qu'enfin elle a déclaré, dans le procès-verbal, protester contre l'arrêt et se réserver le droit d'y former opposition. — 8 mars 1856. Cass. J.H. 56. 1. 165.

13. — *Faillite.* — La péremption, à défaut d'exécution dans les six mois, s'applique aux jugements de déclaration de faillite comme aux autres (C. pr., 456, 459; C. comm., 455, 643). — 6 déc. 1838. Paris. J.H. 40. 1. 28.

14. ... Le jugement rendu sur la demande en rapport de somme formée par les syndics d'une faillite contre des créanciers doit être réputé jugement en matière de faillite, dans le sens de l'art. 582 C. comm.; et l'appel n'en est pas recevable s'il est interjeté après la quinzaine de la signification. — 29 juin 1839. J.H. 40. 1. 23.

15. — *Motifs de jugement.* — Sur l'opposition d'un créancier au jugement de défaut qui déclare son débiteur libéré, et alors que ce dernier oppose, en outre, une compensation de dette, un arrêt motive suffisamment la décision par laquelle il admet le créancier à continuer les poursuites en contrainte personnelle qu'il avait déjà commencées contre le débiteur en disant que l'opposition de ce créancier, régulière en la forme, est justifiée par un acte authentique (L. 20 avr. 1810, art. 7). — 7 déc. 1836. Cass. J.H. 37. 1. 67.

16. — *Opposition.* — Les jugements par défaut, en matière de saisie immobilière, sont susceptibles d'opposition. — 2 déc. 1842. Agen. J.H. 43. 1. 154.

17. ... Si l'opposition à un jugement par défaut, prononçant une condamnation pécuniaire, peut être formée jusqu'à l'exécution de ce jugement par voie de saisie, cela n'est vrai qu'autant qu'une opposition n'aurait pas été précédemment faite sur commandement; en cas pareil, et lorsque le débiteur n'a pas réitéré son opposition dans la huitaine, il est déchu, et, partant, non recevable à en former une nouvelle lors de la saisie. — 10 juill. 1845. Cass. J.H. 45. 1. 177.

18. ... L'opposition à un jugement rendu contre une partie n'ayant pas d'avoué, bien que non renouvelée par requête, a pu néanmoins être déclarée valable, alors qu'elle a été formée par conclusions motivées à l'audience même (C. pr. civ., 162). — 30 mai 1837. Cass. J.H. 37. 1. 261.

19. ... La disposition de l'art. 165 C. pr. civ., qui déclare non recevable l'opposition à un jugement portant débouté d'une première opposition, s'applique même au cas où une exception d'incompétence, qui était proposée pour la première fois dans la requête d'opposition, a été rejetée. — 15 avril 1836. Paris. J.H. 36. 1. 173.

20. ... L'art. 165 C. pr. civ., qui défend l'opposition à un jugement qui aurait débouté d'une première opposition, n'est applicable qu'à celle des parties qui aurait été déboutée, et le rejet de celle-ci ne peut être un obstacle à l'opposition d'une autre partie. — 9 mars 1835. Bastia. J.H. 35. 1. 181.

21. ... L'opposition aux jugements par défaut, faute de comparaître, formée par exploit, doit, à peine de déchéance, être réitérée par requête dans la huitaine, alors même qu'elle contient les moyens de l'opposant avec assignation et constitution d'avoué (C. pr., 162). — 21 août 1834. Pau. J.H. 38. 1. 287.

22. ... L'opposition à un jugement par défaut du tribunal de commerce, formée sur commandement, doit, à peine de déchéance, comme celle qui est formée *sur procès-verbal, à l'instant de l'exécution,* être réitérée dans les trois jours (C. pr., 162, 438). — 19 avril 1859. Rouen. J.H. 59. 1. 241. — V..... 1856. Dissert. J.H. 56. 2. 42.

23. ... L'opposition à un jugement par défaut, rendu par un tribunal de commerce contre une partie ayant un agréé, n'est pas recevable après huitaine, à partir de la signification (C. pr., 456; C. comm., 642). — 30 nov. 1837. Paris. J.H. 38. 1. 125.

24. ... La même partie est recevable à former une seconde opposition contre un second jugement ou arrêt par défaut intervenu contre elle à la suite de son opposition à une première condamnation par défaut, alors que la seconde décision, au lieu de confirmer la première et de débouter purement et simplement le défaillant de son opposition primitive, contient des dispositions et prononce des condamnations différentes (C. pr., 65, 470). — 5 août 1840. Cass. J.H. 40. 1. 241.

25. ... L'opposition à un jugement du tribunal de commerce rendu par défaut, faute de plaider au fond, est non recevable après la huitaine de la signification (C. pr., 426, 156, 157, 158, 159; C. comm., 612). — 29 juin 1839. Paris. J.H. 40. 1. 23. — V. encore, sur des points analogues, 23 fév. 1856. Cass. J.H. 56. 1. 191, et 17 janv. 1838. Cass. J.H. 38. 1. 82.

26. — *Ordre.* — L'art. 153 C. pr. civ., relatif au défaut de profit-joint, n'est pas applicable en matière d'ordre : par suite, si quelques-uns des créanciers assignés ne comparaissent pas, il peut, nonobstant ce défaut, être statué de suite, par jugement définitif, à l'égard de tous (C. pr. civ., 153). — 26 fév. 1835. Cass. J.H. 38. 1. 81.

27. ... Bien qu'un jugement rendu en matière d'ordre ne soit pas susceptible d'opposition, l'arrêt par défaut qui statue sur l'appel de ce jugement peut être frappé d'opposition (C. pr. civ., 762, 765).

L'art. 153 C. pr. civ., qui ordonne que le profit du défaut sera joint, si, de deux ou de plusieurs parties assignées, l'une fait défaut et l'autre comparaît, est applicable en matière d'ordre, mais seulement en cause d'appel (C. pr. civ., 765). — 25 juillet 1835. Metz. J.H. 37. 1. 52.

28. — *Péremption.* — Les art. 1206 et 2249 C. civ., d'après lesquels la prescription interrompue à l'égard d'un des codébiteurs solidaires, est interrompue vis-à-vis de tous, s'appliquent à tous les genres de prescription, et notamment à la péremption d'un jugement par défaut rendu contre plusieurs obligés solidaires : en telle sorte que l'exécution de ce jugement à l'égard de l'un d'eux en empêche la péremption vis-à-vis des autres (C. pr., 156; C. civ., 1206, 2249). — 2 fév. 1841. Cass. J.H. 41. 1. 130. — Voy. conf., 16 août 1837. Pau. J.H. 38. 1. 297; 7 juillet 1842. Bourges. J.H. 44. 1. 44.

29. ... L'exécution d'un jugement par défaut contre un ou même plusieurs des débiteurs solidaires (signataires d'effets de commerce) ou l'acquiescement de ceux-ci, n'empêche pas que le jugement ne tombe en péremption à l'égard des autres : ici ne s'applique pas l'art. 1206 C. civ. — 3 mars et 8 mai 1837. Paris. J.H. 38. 1. 240.

30. ... Un jugement par défaut, rendu contre plusieurs codébiteurs solidaires n'est à l'abri de la péremption de six mois qu'autant qu'il reçoit son exécution vis-à-vis tous les codébiteurs (C. pr., 156 ; C. civ., 1026, 2249). — 7 juin 1836. Amiens. J.H. 36. 1. 335.

31. ... L'arrêt par lequel la Cour de cassation, jugeant par défaut, casse l'arrêt d'une Cour royale, et renvoie devant une autre Cour, n'est pas périmé, encore bien que la Cour de renvoi n'ait été saisie qu'après l'expiration des six mois. — 6 déc. 1833. Orléans. J.H. 36. 1. 189.

32. ... Le jugement d'un tribunal de commerce, rendu par défaut, faute de défendre au fond, contre une partie représentée par un agréé qui s'est borné à demander la remise de la cause, n'est point périmé faute d'exécution dans les six mois (C. pr. civ., 156, 436; C. comm., 643). — 17 août 1836. Paris. J.H. 37. 1. 115.

33. ... Un jugement par défaut rendu contre l'Etat est réputé exécuté dans le sens de l'art. 159 C. proc., lorsqu'après avoir été signifié au préfet, en sa qualité de représentant de l'Etat, il lui a été en outre signifié un exécutoire des dépens et qu'il a visé les deux exploits (C. proc., 156, 159). — 27 juin 1838. Colmar. J.H. 39. 1. 109.

34. — *Procès-verbal de carence.* — Le procès-verbal de carence dressé en vertu d'un jugement par défaut obtenu contre cinq frères, héritiers de leur père, doit être réputé acte d'exécution suffisant pour rendre leur opposition non recevable, lorsque ce procès-verbal, dressé au domicile commun, en présence de deux des frères, a été signifié immédiatement à ceux-ci, parlant à leur personne, et aux trois autres frères, parlant aux deux frères présents (C. pr., 156, 158, 159). — 28 nov. 1837. Montpellier. J.H. 40. 1. 47.

35. ... Lorsqu'à la suite d'un jugement solidaire, obtenu par défaut contre deux conjoints, un procès-verbal de carence a été dressé dans un lieu qui n'est pas le domicile du mari, mais qui a été la résidence momentanée de sa femme, l'opposition du mari n'est pas recevable, alors, d'ailleurs, que le créancier a fait tout ce qui était en son pouvoir pour donner au défaillant connaissance du jugement et de son exécution. — 9 fév. 1836. Cass. J.H. 36. 1. 201.

36. ... Un procès-verbal de carence qui manque d'une formalité substantielle, telle que la mention de la personne à laquelle l'huissier a parlé, n'est point un acte d'exécution qui rende non recevable plus tard l'opposition (C. pr., 159).

La signature, sur le procès-verbal de carence, des deux témoins qui assistent l'huissier, est une formalité substantielle (C. pr., 585, 1030).

La signature ou le paraphe des témoins est, pour la validité des renvois, comme pour celle du procès-verbal de carence, une formalité substantielle qui, si elle n'a été remplie, doit les faire réputer non écrits (C. pr., 586; L. 25 vent. an 11, art. 15). — 20 juin 1837. Cass. J.H. 37. 1. 266.

37. ... Un jugement par défaut contre une partie est réputé exécuté, et, par suite, à l'abri de la péremption de six mois, par la notification d'un procès-verbal de carence à la partie, en parlant à sa femme. — 3 août 1843. Toulouse. J.H. 44. 1. 55.

38. ... Un procès-verbal de carence dressé en l'absence du condamné, à la requête de celui qui a obtenu un jugement par défaut, n'est point un acte d'exécution empêchant la péremption, alors que ce procès-verbal n'a point été signifié à la personne du débiteur, et que la copie, sur le refus des voisins de la recevoir, a été laissée au maire (C. pr., 156, 159). — 20 mars 1835. Bordeaux. J.H. 36. 1. 185.

39. — *Profit-joint.* — Le demandeur qui, après avoir obtenu un jugement par défaut contre le défendeur qui y a formé opposition, se laisse juger par défaut sur cette opposition, est recevable à se pourvoir à son tour par opposition contre ce jugement. Ici ne s'applique point l'art. 165 C. pr., qui ne concerne que le cas où *la même partie*, défaillante une seconde fois sur son opposition à un premier jugement par défaut, voudrait attaquer par une seconde opposition le nouveau jugement par défaut qui la déboute de la première (C. pr., 22, 165, 470). — 3 août 1840. Cass. J.H. 40. 1. 230.

40. ... De ce que les jugements par défaut en matière de saisie immobilière ne sont pas attaquables par opposition, il suit qu'ils ne sont pas susceptibles de défaut profit-joint (C. pr., 153, 751 nouv.). — 4 juin 1842. Rouen. J.H.        — 23 sept. 1842. Riom. J.H.

41. ... Le jugement par défaut, profit-joint, ne doit pas, à peine de nullité, être signifié aux avoués des parties comparantes ; il suffit qu'il soit signifié avec assignation aux parties défaillantes. Par suite, les parties présentes au premier jugement ne peuvent former opposition au jugement qui statue sur le fond, sous le prétexte que le jugement de jonction n'aurait pas été signifié à avoué.

La partie qui, sur assignation donnée à plusieurs personnes, dont quelques-unes ont fait défaut, a comparu au jugement de jonction, mais a fait défaut au jugement du fond, n'a pas plus le droit de former opposition à ce dernier jugement que les autres parties. Le jugement est réputé contradictoire pour toutes les parties, sans distinction. — 15 janv. 1838. Cass. J.H. 38. 1. 91.

42. ... L'art. 153 C. pr., qui déclare non recevable l'opposition à un jugement rendu sur le fond, à la suite d'un jugement par défaut profit-joint, n'est pas seulement applicable aux parties défaillantes aux deux jugements, mais encore à celle qui, après avoir comparu lors du jugement de profit-joint, ne fait défaut

que lors du second jugement. — 17 déc. 1834. Cass. J.H. 55. 401.

43. ... Lorsqu'une des parties assignées, étant demeurée inconnue par le fait du demandeur qui a omis, par exemple, de faire mention de l'assignation qu'il lui avait donnée, dans l'exploit signifié aux autres parties, vient à faire défaut, s'il arrive que le demandeur refuse de conclure, et que les autres défendeurs comparants requièrent défaut contre lui, les tribunaux doivent se borner à donner défaut contre le demandeur, faute de conclure, et, pour le profit, le déclarer non recevable dans sa demande. — 6 mai 1856. Bordeaux. J.H. 36. 1. 283.

44. ... Un arrêt de défaut profit-joint peut en même temps ordonner une mesure provisoire (C. pr., 155).— 14 déc. 1859. Bastia. J.H. 40. 1. 44.

45. ... Ita procédure de saisie immobilière admet les jugements de défaut profit-joint. — 15 janv. 1842. Toulouse. J.H. 43. 1. 37.

46. ... Le délai de comparution pour la partie défaillante, réassignée en vertu d'un jugement de défaut profit-joint, est le même que celui qui lui était accordé par la loi pour répondre à l'assignation primitive, et les juges ne peuvent, sans excès de pouvoir, prononcer le jugement définitif avant l'échéance de ce délai (C. pr., 153). — 17 nov. 1840. Cass. J.H. 41. 1. 39.

47. — *Réassignation.* — Il suffit que le demandeur, au lieu de faire appeler la cause à la première audience utile après l'expiration du délai pour la comparution des défendeurs, ne l'ait fait appeler qu'à une audience subséquente, pour que les défendeurs, qui ne comparaissent point, ne puissent être considérés comme défaillants, alors qu'ils n'ont pas été réassignés. — 4 déc. 1834. Rennes. J.H. 55. 177.

48.—*Requête.*— Il n'est pas nécessaire, pour former opposition aux jugements par défaut contre avoué, de présenter requête au juge et d'obtenir une ordonnance; il suffit que l'opposition soit formée par un acte signé de l'avoué et signifié à l'avoué adverse (C. proc., 160, 1030). — 3 fév. 1835. Cass. J.H. 35. 1. 55.

49.—*Tribunal de commerce.*—L'art. 157 C. pr. n'est pas applicable aux jugements rendus par les tribunaux de commerce.—Ainsi, l'opposition à un jugement rendu par défaut, le jour auquel la cause avait été remise sur la demande de l'agréé du défendeur, est recevable après la huitaine du jour de la signification et jusqu'à l'exécution (C. comm., 643; C. pr., 156, 158, 159). — 26 fév. 1836. Paris. J.H. 36. 1. 125.

50. ... Un jugement du tribunal de commerce, rendu contre une partie représentée par un tiers, lorsqu'il n'est pas prouvé que ce dernier avait un mandat spécial ou même tacite, est par défaut (C. pr., 421; C. comm., 627). — 26 janv. 1856. Aix. J.H. 36. 1. 187.

51. — *Vente de récoltes.* — L'opposition à un jugement par défaut est recevable, nonobstant la saisie-brandon, jusqu'à la vente des récoltes (C. pr., 158, 159). — 22 juillet 1839. Limoges. J.H. 40. 1. 102.

**JUGEMENT PRÉPARATOIRE.** — 1.—*Chose jugée.* — Bien qu'un jugement interlocutoire ordonnant une expertise ait été exécuté par toutes les parties, la Cour royale, saisie de la contestation, qui ordonne une nouvelle expertise dans le but d'obtenir de nouveaux éclaircissements, *tous droits et moyens demeurant réservés aux parties*, ne viole pas néanmoins l'autorité de la chose jugée par ce jugement interlocutoire non suivi d'un jugement définitif (C. civ., 1351). — 22 juin 1836. Cass. J.H. 36. 1. 313.

2. — *Exécution provisoire.*—Le jugement qui, sur la demande d'exécution provisoire, formée en matière d'assurance maritime, par le porteur d'un connaissement, se borne à surseoir pendant un certain délai, jusqu'à la production d'une pièce tendant à infirmer la foi due au connaissement, doit, quant à la demande d'exécution, être réputé définitif, et non pas seulement préparatoire; par suite, l'appel contre ce jugement est recevable au chef relatif à cette demande.

Le tribunal de commerce ne peut, en accordant d'office un délai pour la production d'une pièce tendant à détruire la foi due à un connaissement, dispenser les assureurs du paiement provisoire (C. comm., 384). — 8 déc. 1835. Aix. J.H. 36. 1. 68.

3. — *Faux incident.* — Le jugement qui admet une inscription de faux incident pour l'instruction de laquelle il doit être procédé par le juge qui l'a rendu, est définitif et non simplement préparatoire.—5 nov. 1835. Cass. J.H. 36. 1. 88.

4. — *Réquisition du ministère public.* — Une Cour royale a pu renvoyer à statuer avec le fond, sans qu'il s'ensuive de nullité, sur une demande du ministère public, tendant à ce qu'un exploit dont argumentait la défense, soit produit au procès, cette cour ayant pu croire cette production inutile pour le jugement de l'incident et du fond. — 18 avril 1836. Cass. J.H. 36. 1. 281.

**JURÉ—JURY.**—1.— *Notification.* — La notification à l'accusé dont la date présente une surcharge non approuvée, et dont l'exploit n'a été enregistré que le jour de la formation du tableau, est nulle ainsi que la liste des jurés et tout ce qui s'en est suivi, à défaut de preuve légale qu'elle ait été faite en temps utile (C. inst. cr., 395).

..... Les frais de la procédure à recommencer, dans ce cas, sont à la charge de l'huissier, qui, en faisant cette surcharge sans approbation, a commis une faute lourde (L. 25 vent. an 11, art. 15 et 16; C. inst. cr. 78.) —14 mai 1840. Cass. J.H. 40. 1. 255.

2. ... La notification de la liste des quarante jurés est nulle, si le nom du quatrième juré supplémentaire y est omis, alors que ce juré a été appelé à faire partie des trente. — 51 déc. 1835. Cass. J.H. 56. 1. 105.

3. ... De ce que la liste des jurés notifiée à l'accusé contient une indication erronée de l'époque de la naissance d'un juré, qui aurait ainsi moins de trente ans, il ne s'ensuit aucune nullité, alors qu'il est prouvé par les actes et pièces déposés au greffe que ce juré avait l'âge requis pour ses fonctions (C. inst. cr., 381). — 15 oct. 1834. Cass. J.H. 55. 560.

**LÉGITIME.** — L'enfant renonçant, moyennant une somme, à rien prétendre à l'avenir dans la succession de ses père et mère, conservait néanmoins, sous l'ancienne législation, et notamment dans le ressort du parlement de Toulouse, le droit de réclamer, pendant trente ans, ce qui lui manquait pour former sa légitime (C. civ., 2262). — 4 fév. 1830. Pau. J.H. 57. 1. 558.

**LEGS.** — 1.—*Accroissement.*—Lorsqu'un testateur a, par une seule et même disposition, institué pour ses héritières générales et universelles les deux sœurs, *par portions égales*, pour recueillir sa succession intégrale après son décès, ce n'est pas là assigner la part de chacune des légataires; il y a lieu à accroissement (C. civ., 1044). — 18 déc. 1834. Pau. J.H. 55. 367.

2. — *Action en délivrance.*—L'action en délivrance de legs, formée contre plusieurs cohéritiers, est indivisible (C. civ., 1217). — 15 avril 1839. Toulouse. J.H. 59. 1. 195.



7

3.—*Saisine.*—Le légataire universel en concours avec un héritier à réserve est propriétaire des objets compris dans son legs, du jour de l'ouverture de la succession, nonobstant l'obligation où il se trouve d'en demander la délivrance (C. civ., 1004, 1014 et 1041).

Dès lors, le créancier du légataire universel peut saisir-arrêter du chef de celui-ci les valeurs dues à la succession (C. pr., 557). — 15 mai 1839. Cass. J.H. 39. 1. 174.

**LIBERTÉ INDIVIDUELLE.** — Le fait d'avoir facilité l'évasion d'un individu illégalement arrêté, en vertu d'un jugement de condamnation pour délit de douanes, par les agents de cette administration, non pourvus de titre exécutoire et d'ordre d'arrestation, ne constitue pas le délit prévu par l'art. 338 C. pén. — 22 nov. 1839. Douai. J.H. 40. 1. 159.

**LITISPENDANCE.** — 1. — *Conflit.* — Une citation donnée devant le conseil de préfecture, après qu'une première citation relative à la même contestation avait saisi un tribunal, ne peut avoir pour effet d'empêcher que ce tribunal n'exerce sa propre juridiction et ne demeure juge de sa compétence, sauf le cas où un conflit aurait été formé conformément aux lois (C. civ., 25).—22 juin 1836. Cass. J.H. 36. 1. 237.

2. — *Tribunaux étrangers.* — La litispendance de la cause devant les tribunaux étrangers ne peut faire surseoir à la décision de l'affaire soumise aux tribunaux français.—14 déc. 1839. Bastia. J.H. 40. 1. 14.

**LOUAGE.** — 1. — *Bail administratif.* — Les tribunaux civils sont compétents pour statuer sur l'exécution d'un bail administratif, quoiqu'il soit passé avec une administration publique.

Quoique, dans un bail administratif, il soit dit que le fermier *remettra les objets loués dans l'état décrit par un état estimatif, et qu'il paiera la dépréciation,* cependant, cette clause a pu être entendue par les juges, en ce sens que le fermier, suivant la règle générale, ne supporterait pas les dégradations survenues par vétusté (C. civ., 1730). — 11 nov. 1834. Cass. J.H. 35. 24.

2. — *Destruction partielle.* — La démolition de la façade d'une maison pour la reconstruire sur un nouvel alignement, en vertu d'ordres de l'autorité municipale, ne peut être assimilée à une destruction totale qui autorise le propriétaire à obtenir la résiliation du bail de cette maison (C. civ., 1722).

La destruction partielle d'une maison, par exécution des règlements de la voirie, n'est pas un cas fortuit dans le sens de l'art. 1722 C. civ., qui affranchisse le bailleur de dédommagement envers le preneur.— 8 mars 1841. Paris. J.H. 41. 1. 231.

3. — *Force majeure.* — La destruction partielle d'un édifice en état de délabrement par suite de vétusté, et d'ailleurs sujet à reculement, ordonnée par l'autorité municipale, est un cas de force majeure qui affranchit le bailleur de tous dommages-intérêts envers le preneur (C. civ., 1721).

..... Celui-ci a seulement droit à une diminution dans le prix du loyer (C. civ., 1722).

.....Mais non à demander que la reconstruction de la maison soit faite sur l'alignement nouveau (C. civ., 1719).—19 août 1839. Paris. J.H. 41. 1. 205.

4. — *Impôt foncier.* — Le locataire qui a payé l'imposition foncière à la décharge du propriétaire peut imputer cette avance sur ses loyers.— 3 sept. 1839. Bordeaux. J.H. 40. 1. 162.

5. — *Moulin.* — Le bail d'un moulin à vent doit être assimilé à un bail de maisons, et non à un bail d'héri-

tages ruraux, en sorte que, s'il a été fait sans limitation de terme, le congé doit en être donné suivant les règles des baux de maisons (C. civ., 1736, 1775, 1776).— 18 déc. 1840. Toulouse. J.H. 41. 1. 230.

6. — *Paiement (anticipation de).* — Un bail à ferme notarié portant anticipation de fermages, ne peut être critiqué par le créancier hypothécaire devenu adjudicataire, sur saisie, de l'immeuble loué, soit quant à son existence, soit quant à l'anticipation qu'il renferme lorsque le bail est antérieur tout à la fois à l'hypothèque de ce créancier et à la saisie.—22 avr. 1841. Grenoble. J.H. 43. 1. 44.

7. — *Preuve testimoniale.* — La preuve testimoniale n'est pas admissible à l'effet d'établir le commencement d'exécution d'un bail verbal, dont le prix serait au-dessus de 150 fr., et cela dans le but de prouver l'existence du bail (C. civ., 1715). Mais elle l'est à l'effet d'établir des faits de possession et de jouissance. — 1er août 1836. Nimes. J.H. 38. 1. 160.

8. — *Résiliation.* — La découverte de procédés nouveaux de fabrication qui ont mis le locataire d'une usine (une papeterie) hors d'état de soutenir la concurrence, n'est pas une cause de résiliation du bail (C. civ., 1719, 1721).—19 mai 1838. Caen. J.H. 38. 1. 295.

9. ... Il suffit que, sur sommation faite au bailleur par le preneur troublé, de le faire jouir, celui-là ait refusé de faire cesser le trouble, pour que la résiliation du bail ait dû être prononcée... Et cela, encore bien que les auteurs du trouble, lequel remonte à une époque antérieure au bail, ne prétendent aucun droit à la propriété.

Lorsque le trouble apporté à la jouissance du preneur, de la part de tiers qui ne prétendent aucun droit à la propriété, remonte à une époque antérieure au bail, c'est au bailleur, et non au preneur, de le faire cesser (C. civ., 1603, 1725).—7 juin 1837. Cass. J.H. 37. 1. 292.

10. ... Le bail d'une maison qui a été destinée de tout temps à l'exploitation d'un commerce de *droguerie pharmacie*, doit être résilié dans le cas où le locataire a transporté son établissement commercial dans un autre lieu, et laissé, par suite, la maison fermée et non occupée (C. civ., 1728, 1729).—1er mars 1830. Paris. J. H. 36. 1. 29. — V. encore, sur la forme de la demande en résiliation, 16 déc. 1837. Bourges. J.H. 38. 1. 189.

11. —*Sous-location.*—La résiliation du bail principal entraîne celle des sous-baux. — 3 déc. 1841. Bordeaux. J.H. 42. 1. 251.

12. ...La clause insérée dans l'acte de bail, « que le locataire ne pourra point céder son bail, » entraîne avec elle la défense de sous-louer la *totalité* des lieux (C. civ., 1717).—6 mai 1835. Paris. J.H. 35. 317.

**MAIRE.** — L'action d'un maire qui fait enlever, par un commissaire de police, des objets retenus, sur un voyageur, par un aubergiste, constitue de la part du maire un acte fait, non en qualité d'administrateur, mais en qualité d'officier de police judiciaire, et, par suite, peut être traduit directement devant la Cour royale sous la prévention de violation de domicile, en vertu de l'art. 483 C. inst. crim. La nécessité de l'autorisation préalable du C. d'Etat, mentionnée dans l'art. 75 de la constitution de l'an 8, ne s'applique pas à ce cas.

Le fait en question, quoique illégal, ne constitue pas une violation de domicile, l'art. 9 de la loi des 16-22 juill. 1791 autorisant les officiers de police judiciaire à pénétrer dans les lieux publics. — 2 mai 1836. Paris. J.H. 36. 1. 186.

**MANDAT.** — 1. — *Bureau de tabac.* —La convention entre le titulaire d'un bureau de tabac et un autre particulier, portant que celui-ci régira le bureau de tabac pendant un certain délai, sauf le cas de malversation, moyennant le tiers du produit net de la gestion, et à charge par lui d'avancer les fonds nécessaires pour l'achat des tabacs, constitue, non une société en participation, mais un mandat salarié. — 7 juin 1856. Bordeaux. J.H. 37. 1. 286.

2. — *Commis-voyageurs.* — Il suffit qu'un commis-voyageur soit accrédité par un négociant pour que celui-ci soit tenu d'exécuter tous les marchés conclus par ce commis dans la limite des usages du commerce. —8 nov. 1836. Paris. J.H. 37. 1. 85.

3. — *Créanciers.* — Les créanciers d'un mandant ne sont pas recevables à contester l'obligation de somme consentie au profit du mandataire, à titre de salaire, sous prétexte d'inexécution du mandat, alors que leur contestation est dirigée, non pas contre le mandataire lui-même, mais contre son cessionnaire, et que, d'ailleurs, l'allocation a été faite sans fraude (C. civ., 1167). —18 juill. 1843. Cass. J.H. 43. 1. 480.

4. — *Effets de commerce.* — Les billets à ordre souscrits par le mandataire, pour raison du service dont il est chargé, peuvent être déclarés obligatoires pour le mandant, bien que le mandat soit conçu en termes généraux (C. civ., 1998). — 28 juin 1856. Cass. J.H. 58. 1. 68.

5. — *Étendue.* — Le mandat donné par un cohéritier de procéder, pour lui, au partage des biens de la succession, situés dans tel département, n'autorise pas le mandataire à faire comprendre, dans le partage, les biens situés dans un département différent. — 7 fév. 1839. Bordeaux. J.H. 39. 1. 452.

6. — *Exploit.* — Un exploit d'assignation, fait par le mandataire au nom du mandant, peut être considéré, suivant les termes de cet acte, comme fait à la requête du mandant lui-même.—8 nov. 1836. Cass. J.H. 37. 1. 5.

7. — *Huissier.* — L'huissier qui, dans un exploit, a fait volontairement élection de domicile en son étude, pour son client, a pu être considéré comme ayant accepté un mandat de celui-ci, et comme s'étant soumis à toutes les conséquences de ce mandat. — 9 mars 1837. Cass. J. H. 37. 1. 225.

8. — *Imputation.* — Un mandataire, bien que le compte qu'il doit à son mandant ne soit pas encore apuré, a droit d'imputer sur le reliquat dont il se reconnaît débiteur, lors de la présentation de son compte, les créances qu'il peut avoir à exercer contre son mandant, si elles sont d'ailleurs exigibles et bien justifiées (C. civ., 1291, 1691). —18 avr. 1836. Paris. J.H. 37. 1. 125.

9. — *Protêt.* — Si un négociant sur lequel un mandat est tiré, a reconnu lors du protêt, *avoir reçu les fonds nécessaires et déclaré qu'il espérait pouvoir payer incessamment*, cette déclaration équivaut à un engagement de payer, et oblige le mandataire pour les causes du mandat (C. comm., 121, 117).—9 août 1839. Aix. J.H. 41. 1. 27.

10. — *Répétition.* — Le mandataire ne peut répéter, contre son mandant, le montant des suppléments d'intérêts ou droits de commission qu'il a payés à des tiers dont il obtient des emprunts pour son mandant, qu'autant qu'il aurait reçu, pour ce paiement, une autorisation spéciale.—18 avr. 1836. Paris. J.H. 37. 1. 125.

11. — *Responsabilité.* — Le mandataire qui a fait signifier, au nom de son mandant, un acte entaché d'une nullité radicale, et l'huissier qui en a fait la notification, doivent indemniser le mandant de toutes les suites de la nullité de cet acte; mais, dans ce cas, la solidarité ne peut être prononcée contre l'huissier et le mandataire, pour le paiement des dommages-intérêts auxquels

chacun d'eux est séparément condamné (C. civ., 1202 et 1382). — 18 avril 1836. Paris. J.H. 37. 1. 125.

12. — *Salaire.* — Des salaires, bien que stipulés au profit du mandataire, en cas de réussite d'une opération ou liquidation, ne sont pas dus, quoiqu'il y ait réussite, s'il n'est justifié ni même allégué qu'il a été fait des démarches par le mandataire (C. civ., 1999, 1315, 1134). —11 nov. 1834. Cass. J.H. 55. 30.

13. — *Stipulation pénale.* — Le dédit ou stipulation pénale auquel le mandant s'est soumis en cas de révocation du mandat n'est pas acquis au mandataire, lorsque la révocation est motivée par l'abus que celui-ci a fait de son mandat, en exigeant, par exemple, des acquéreurs des biens qu'il avait été chargé de vendre, des suppléments de prix qu'il a détournés à son profit.— 14 fév. 1840. Bordeaux. J.H. 40. 1. 239.

**MANUFACTURE.** — La loi du 22-24 mars a réglé le mode et le temps du travail des enfants employés dans les manufactures, usines ou ateliers. — Voy. J.H. 41. 2. 17.

**MARAIS.** — L'autorité administrative est seule compétente pour décider si les travaux de desséchement, imposés à une compagnie concessionnaire de marais à dessécher, par l'ordonnance de concession, sont ou non achevés.

... Lors donc que la question de savoir si cette compagnie a pris fin, par la consommation de l'opération, vient à naître devant les tribunaux, ceux-ci doivent renvoyer devant l'autorité administrative, pour faire décider, par interprétation de l'ordonnance de concession, si les travaux imposés à la société sont ou ne sont pas achevés (L. 16 sept. 1807, art. 17, 26, 42 et 46). — 29 mars 1837. Cass. J.H. 37. 1. 235.

**MARIAGE.** — 1. — *Contrainte par corps.* — La voie de la contrainte par corps ne peut être employée contre la femme qui refuse d'habiter le domicile conjugal (C. civ., 214). On ne peut autoriser non plus l'action en dommages-intérêts contre elle, au profit du mari (C. civ., 333). Le mari peut seulement refuser des aliments à sa femme (C. civ., 214); ou faire saisir ses revenus (C. civ., 1448).

Il ne peut être pris non plus que ces deux dernières voies, et non celle des dommages-intérêts ou de la contrainte par corps, pour forcer une femme à rendre au mari les enfants mineurs nés du mariage (C. civ., 267, 373). — 10 juill. 1833. Colmar. J.H. 35. 65. V. cependant 25 juill. 1840. Dijon. J.H. 41. 1. 9.

2. — *Enfants.* — Des enfants n'ont pas qualité pour former opposition au mariage de leur père, bien qu'elle soit fondée sur l'état de démence de celui-ci. — 9 janv. 1839. Toulouse. J.H. 39. 1. 141.

3. — *Opposition.* — C'est au tribunal du lieu de la célébration du mariage que doit être portée la demande en main-levée d'opposition, et non au domicile de l'opposant (C. civ., 176; C. pr., 59).— 7 janv. 1840. Bordeaux. J.H. 40. 1. 162. — V., dans le même sens, 28 déc. 1839. Paris. J.H. 40. 1. 107.

4. — *Promesse de mariage.* — Les dommages-intérêts auxquels peut donner lieu l'inexécution d'une promesse de mariage, se bornent au préjudice *matériel*, comme frais de contrat, de nourriture ou autres, mais ne s'étendent pas au préjudice *moral*, même à celui résultant de la grossesse de la future délaissée sans motifs qui lui soient imputables.—13 mai 1842. Toulouse. J.H. 43. 1. 47.

5. — *Transcription.* — Le retard ou le défaut de transcription en France, dans les trois mois du retour, d'un

acte de célébration de mariage contracté en pays étranger, n'entraîne ni déchéance ni nullité (C. civ., 171).—23 nov. 1840. Cass. J.H. 41. 1. 71.

**MATIÈRE SOMMAIRE.** — 1.— *Bref délai.* — On ne doit pas considérer comme affaire sommaire une contestation élevée entre un commissionnaire et un courtier de commerce sur leurs attributions respectives, par les motifs qu'elle a été introduite sur assignation à bref délai (C. pr., 404, § 4). — 24 août 1839. Bourges. J.H. 40. 1. 94.

2. — *Ordre.* — L'incident à ordre qui a donné lieu à un interrogatoire sur faits et articles, à un jugement ordonnant la communication de registres, à une expertise, à de longs débats sur la validité du titre contesté, doit être réputé de nature ordinaire, et taxé comme tel (C. pr., 404; tarif, 191).—21 août 1839. Bourges. J.H. 40. 1. 94. — V. cependant 8 fév. 1843. Cass. J.H. 45. 1. 121; 22 janv. 1831. Riom. J.H. 37. 1. 264.

3. — *Sursis.* — Lorsque, sur une demande ordinaire, quant au fond, il n'y a de contestation que sur le point de savoir s'il y a lieu à sursis, l'affaire doit être considérée comme sommaire et taxée comme telle. — 17 août 1839. Douai. J.H. 40. 1. 65.—V. Tribunaux.

**MESURES.** — La mention, dans les actes notariés, des mesures anciennes après les mesures nouvelles, ne rend pas les notaires passibles d'amende. — 12 nov. 1834. Cass. J.H. 35. 71.—V. ci-après Poids et mesures.

**MEUBLES.** — Le mot *meubles* employé dans la disposition finale de l'art. 819 C. pr., comprend les fruits récoltés qui garnissent la maison de ferme. — 5 déc. 1837. Nancy. J.H. 38. 1. 312.

**MINE.** — La saisie et l'adjudication d'un immeuble où se trouve une mine, comprennent le tréfonds comme la superficie, à moins d'énonciation contraire ou de séparation existant antérieurement entre la propriété du tréfonds et celle de la superficie (C. civ., 552). Mais, pour produire ce dernier effet, il faut que la séparation du tréfonds et de la superficie soit définitive. — 14 juill. 1840. Cass. J.H. 40.1. 495.

**MINEUR.** — 1. — *Aliénation.* — L'acquéreur des biens d'un mineur émancipé ne peut voir une cause de trouble qui l'autorise à suspendre le paiement de son prix, dans la cession de ce prix faite par le mineur, quand il a été assisté de son curateur (C. civ., 1653).—15 janv. 1840. Cass. J.H. 10. 1. 67.

2. — *Dommages-intérêts.* — Une demande en dommages-intérêts peut être dirigée par la partie civile contre un mineur traduit en police correctionnelle, encore bien que ce dernier ne soit pas assisté de son tuteur (C. civ., 450; C. inst. cr., 3, 161, 189, 358 et 359). — 4 mars 1835. Grenoble. J.H. 55. 307.

**MINISTÈRE PUBLIC.** — 1. — *Audition.* — Le défaut de mention d'audition du ministère public, dans un arrêt qui a statué sur un procès intéressant un mineur, donne lieu à requête civile et non à cassation (C. pr., 480).—22 nov. 1857. Cass. J.H. 58. 1. 16.

2. — *Conseil de famille.* — Le ministère public n'a pas qualité pour requérir, d'office et comme partie principale, la nullité d'une délibération de conseil de famille portant nomination d'un tuteur.—23 fév. 1837. Orléans. J.H. 57. 1. 320.

3. — *Tribunaux.* — Les tribunaux de première instance n'ont, dans aucun cas, le droit d'inviter le ministère public à faire des réquisitions au sujet d'un abus qu'ils lui signalent.—6 janv. 1841. Cass. J.H. 41. 1. 147.

**MOTIFS DE JUGEMENT.** — 1. — *Arrêt.* — Est nul, pour défaut de motifs, l'arrêt contradictoire statuant sur opposition à un arrêt de défaut qui en ordonne l'exécution en se bornant à dire *que les opposants ne justifient pas les moyens par eux employés*, et sans adopter les motifs des premiers juges (C. pr., 141).—14 juin 1836. Cass. J.H. 36. 1. 249.

2. — *Cassation.* — L'arrêt qui ne motive pas le rejet implicite de conclusions subsidiaires tendant à être admis au sujet d'une question de propriété, à la preuve tant par titres que par témoins, d'une possession paisible et non interrompue du fonds litigieux depuis plus de trente ans, doit être annulé. — 29 janv. 1838. Cass. J.H. 58. 1. 90.

3. — *Exceptions.* — De ce qu'un arrêt ne motive pas spécialement le rejet de certaines exceptions, il ne s'ensuit pas qu'il soit en cela dépourvu de motifs, si, d'ailleurs, il contient des motifs généraux qui peuvent s'appliquer à ces exceptions, et quel que soit le mérite de ces motifs. — 5 mars 1838. Cass. J.H. 58. 1. 138.

4.—*Responsabilité.*—Déclarer responsable et passible de dommages-intérêts un individu actionné en réparation de certain fait, mais sans exprimer la cause de cette responsabilité, laquelle était contestée par le défendeur, c'est, de la part d'une Cour royale, contrevenir à l'art. 7 de la loi du 20 avril 1810. — 5 nov. 1834. Cass. J.H. 55. 29.

5.—*Servitude.*—La maintenue, sur l'action en réintégrande, en possession d'un pont établi sur un cours d'eau pour arriver à la propriété qui borde ce cours d'eau, n'implique pas nécessairement la reconnaissance d'une servitude de passage sur cette propriété. — 17 juill. 1837. Cass. J.H. 57. 1. 322.

**NOTAIRES.** — 1. — *Actes extrajudiciaires.* — Les notaires peuvent-ils faire tous les actes et notifications extrajudiciaires étrangères aux exécutions forcées? — ..... J.H. 55. 523.

2.—*Barres.*—Aucune disposition de loi n'oblige les notaires à faire approuver par les parties les *barres* qu'ils sont dans l'usage de tirer pour occuper les blancs indicatifs des paragraphes; il suffit que ces *barres* aient été faites lors de la signature des parties (L. 25 vent. an 11, art. 13).— 5 janv. 1842. Trib. de la Seine. J.H. 42. 1. 99.

3. — *Dépositaire.* — Le notaire à qui des fonds ont été remis pour en assurer le placement peut, d'après les circonstances, être considéré comme dépositaire volontaire, sans que cette décision tombe sous la censure de la Cour de cassation (C. civ., 1915). — 18 nov. 1834. Cass. J.H. 55. 34.

4. — *Mandataire.* — Un notaire ne peut être réputé avoir agi comme mandataire dans le placement opéré par acte reçu de lui, lorsque le prêteur est intervenu dans le contrat, y a agi seul, et a reçu communication réelle de tous les titres et renseignements produits sur la solvabilité de l'emprunteur.—29 juill. 1839. Aix. J.H. 40. 1. 165.

5.—*Matières de discipline.*—Les matières de discipline sont civiles. La suspension d'un notaire ne peut être prononcée qu'en audience publique, et non en chambre du conseil. — 6 janv. 1835. Cass. J.H. 55. 127.

6. — *Noms des parties.* — Le défaut d'indication des noms et qualités des parties ne constitue pas de contravention, lorsque les actes où il se remarque sont annexés à d'autres actes auxquels ils se réfèrent pour cette indication.—5 janv. 1842. Trib. de la Seine. J.H. 42. 1. 99.

7. — *Offres réelles.* — Les notaires ont qualité pour faire des offres réelles (C. civ., 1258). Ils ont qualité

pour faire sommation d'assister à lla consignation des offres par eux faites (C. civ., 1259). — 17 mai 1856. Agen. J.H. 37. 1. 258.

**8. — *Résidence*.** — Le notaire résidant dans une commune, qui, sans en être requis, se rend à jour fixe dans une autre commune du canton où il reçoit les clients dans un local par lui loué, y passe des actes et procède même à des adjudications, se rend passible de dommages-intérêts envers le notaire de cette dernière commune (C. civ., 1382). — 15 juill. 1840. Cass. J.H. 40. 1. 219.—V. conforme, 10 août 1836. Trib. de Brignolles. J.H. 57. 2. 21; 26 juin 1837. Rouen. J.H. 38. 1. 43; 11 janv. 1841. Cass. J.H. 41. 1. 117.—V. cependant 29 juill. 1837. Aix. J.H. 38. 1. 46.

**9.—*Suspension*.**—Le notaire qui, par suite du désordre de ses affaires, est obligé de prendre des arrangements avec ses créanciers, et qui, soit par défaut de soins ou par incurie, expose ses clients à ne pas être intégralement payés des sommes qu'ils lui ont confiées, encourt la peine disciplinaire de la suspension. — 15 mai 1856. Toulouse. J.H. 37. 1. 116.

**10.—*Tarif*.**—Le tribunal qui prend d'office une délibération par laquelle il déclare illégal le tarif de leurs honoraires, arrêté par les notaires de l'arrondissement, commet un excès de pouvoir.—6 janv. 1841. Cass. J.H. 41. 1. 147. — V. ci-après *Office*.

**NOVATION. — 1. — *Créancier hypothécaire*. —** L'acceptation par un créancier hypothécaire, porteur d'un bordereau de collocation, de billets souscrits par l'acquéreur, pour le montant du bordereau, mais sous la réserve des droits résultant de ce bordereau, n'opère pas novation (C. civ., 1271, 2169). —18 nov. 1856. Orléans. J.H. 37. 1. 249.

**2.—*Lettre de change*.**—Un acte de *cognovit* qui, en Angleterre, équivaut à une espèce d'arrêté de compte exécutoire, n'opère pas novation de la dette; en conséquence, si cet acte est intervenu entre le tireur et l'accepteur d'une lettre de change, tous deux Anglais, il ne rend point cette lettre intransmissible. — 10 déc. 1834. Douai. J.H. 36. 1. 21.

**3. — *Mandat*.**—Le vendeur ne peut être réputé avoir fait novation à la facture, par un mandat tiré sur l'acheteur et payable au domicile de celui-ci, lorsque le mandat n'a pas été accepté (C. civ., 1273). — 8 juin 1838 et 19 janv. 1859. Rouen. J.H. 39. 1. 258.

**4. — *Prix de vente*.**—Le paiement du prix de vente d'un immeuble, fait en lettres de change, mais causées valeur reçue *en propriété*, n'opère pas novation au préjudice du vendeur, auquel appartient l'action en résolution à défaut de paiement des lettres de change à l'échéance, et nonobstant la quittance donnée dans le contrat à l'acheteur (C. civ., 1271, 1273, 1654). — 6 sept. 1842. Orléans. J.H. 43. 1. 24.—V., dans le même sens, 4 fév. 1837. Limoges. J.H. 37. 1. 347.—V. cependant 6 mai 1837. Bourges. J.H. 38. 1. 19.

**OBLIGATION. — 1. — *Association*. —** Toute cause d'action et toute condition qui se rattachent à l'exécution de règlements ou de traités relatifs à une association ou confrérie religieuse non autorisée, comme celle des *Pénitents-Bleus*, doivent être repoussées par les tribunaux comme illicites, contraires aux lois et à l'ordre public (C. civ., 1131, 1133, 1172). — 12 mars 1839. Cass. J.H. 39. 1. 93.

**2. — *Cause*. —** Des billets souscrits par un non commerçant, sans cause exprimée, ne sont pas nuls comme obligation sans cause; ils sont, au contraire, présumés avoir une juste cause, sauf au débiteur à renverser cette présomption par des présomptions contraires (C. civ.,

1131,1152, 1353).—5 janv. 1845. Angers. J.H. 43. 1. 104.

**3. — *Condition potestative*. —** La convention faite par un mandataire, de suivre un procès à ses risques, et moyennant une prime déterminée, mais sous la réserve, sans réciprocité, de ne pas l'entamer ou de ne pas le continuer, après plus mûr examen de l'affaire, et sans être tenu d'expliquer sa détermination, est nulle comme faite sous condition potestative (C. civ., 1170, 1174). — 30 mai 1859. Paris. J.H. 39. 1. 287.

**4. — *Date certaine*. —** L'obligation sous-seing privé, et spécialement le bail consenti par le mandataire, est opposable au mandant, quoiqu'il n'ait acquis date certaine que depuis la révocation du mandat (C. civ., 1328, 1998). — 19 nov. 1834. Cass. J.H. 35. 417.

**5.—*Répétition*.—**Quoique du titre même de créance d'un individu (son contrat de mariage) il résulte qu'il est dans l'intention du débiteur que la créance d'un autre créancier soit payée par préférence, cependant si celui-là a été payé légitimement sur les biens du débiteur, celui-ci ne peut répéter contre lui la somme indûment reçue, alors qu'il n'était pas inscrit sur ces biens (C. civ., 1235).—29 janv. 1835. Cass. J.H. 35. 152.

**6. — *Solidarité*. —** La solidarité ne peut être prononcée contre les syndics d'une faillite, pour une faute qui ne leur est pas commune et qui n'a pas un caractère d'indivisibilité (C. civ., 1202, 1995). — 30 août 1856. Lyon. J.H. 38. 1. 303.

**7. ... **Des cohéritiers condamnés au délaissement d'un immeuble possédé par leur auteur, à titre pignoratif, ainsi qu'à la restitution des fruits perçus, tant par leur auteur que par eux-mêmes, ne sont tenus de cette restitution, chacun que pour leur part et portion, et non solidairement (C. civ., 873).—10 mars 1836. Riom. J.H. 36. 1. 297.

**8. ... **Les héritiers d'un des débiteurs solidaires ne peuvent être condamnés solidairement au paiement de la dette, ces héritiers n'en étant tenus que pour leur part et portion (C. civ., 870, 873). —27 nov. 1835. Cass. J.H. 40. 1. 18.

**OFFICES. — 1. — *Agent de change*. —** L'association formée pour l'exploitation, par profits et pertes, de l'office d'un agent de change, est nulle, encore bien que les associés du titulaire se soient interdit les opérations, lesquelles ne sont d'ailleurs permises qu'à ce dernier (C. comm., 85; L. 28 avril 1816). — 2 janv. 1852. Paris. J.H. 38. 1. 47.—V. conforme, pour les notaires, 29 no. 1859. Rennes. J.H. 40. 1. 150.

**2. — *Agents de l'autorité*. —** Les avoués et les notaires ne peuvent être considérés comme dépositaires ou agents de l'autorité publique, dans le sens de l'art. 20 de la loi du 26 mars 1819; et, par suite, la preuve par témoins des faits diffamatoires à eux imputés, à raison de leurs fonctions, ne peut être admise.—19 nov. 1855. Paris. J.H. 37. 1. 420.

**3. — *Anticipation de paiement*. —** L'acquéreur d'un office peut en payer le prix à son vendeur, avant l'ordonnance de nomination; et ce paiement, lorsqu'il a été fait sans fraude, est valable à l'égard des créanciers opposants, bien qu'il ne soit établi que par une quittance sans date certaine, ceux-ci n'étant que les ayants cause de leur débiteur (C. civ., 1322, 1328). Il n'y avait pour les contractants aucune obligation de porter ce paiement anticipé à la connaissance du gouvernement. — 8 janv. 1841. Aix. J.H. 42. 1. 26. — V. cependant ci-après.

**4. ... **Le paiement de tout ou de partie du prix de son office, fait par le cessionnaire avant le terme exprimé au traité patent, est nul au regard des tiers créanciers du cédant (L. 28 avril 1816). — 17 juill. 1840. Trib. de Marseille. J.H. 41. 1. 198.

5. — *Cession de prix.* — Le vendeur d'un office ne peut transporter valablement à l'un de ses créanciers le prix de cession avant l'ordonnance de nomination de son cessionnaire; jusqu'à cette nomination, la somme stipulée comme condition de la démission ne peut être considérée comme étant dans le commerce (C. civ., 1690; L. 28 avril 1616, art. 91).

Par suite, les autres créanciers du vendeur sont recevables à critiquer une telle cession, comme faite en fraude de leurs droits. —5 avril 1843. Trib. de la Seine. J.H. 44. 1. 69.

6. — *Commissaires-priseurs.* — La convention par laquelle les commissaires-priseurs d'une résidence se sont obligés, et ont promis d'obliger leurs successeurs, à mettre en caisse commune les produits de leur exploitation d'après un tarif convenu, supérieur au tarif légal et à n'instrumenter qu'alternativement, est nulle comme contraire à l'ordre public. — 23 avril 1842. Angers. J.H. 42. 1. 246. — V. ci-après, n. 20.

7. — *Compétence.* — Les difficultés élevées à l'égard de la vente d'un office de courtier de commerce ne sont pas de la compétence du tribunal de commerce (C. comm., 632 et suiv.). — 5 mai 1840. Aix. J.H. 40. 1. 240.

8. — *Courtier de commerce.* — Les héritiers du courtier, qui est décédé sans avoir fourni de cautionnement, ont perdu tout droit à la propriété de la charge de leur auteur et à sa transmission (L. 28 avril 1816, art. 91). — 2 juin 1840. Bordeaux. J.H. 41. 1. 48.

9. — *Créancier.* — Le créancier d'un officier ministériel décédé peut être autorisé, à défaut par les héritiers de présenter un successeur dans un délai déterminé, de le faire en leur lieu et place (C. civ. 1166; loi 28 avril 1816, art. 91). — 17 nov. 1838. Paris. J.H. 39. 1. 35.

10. — *Demande nouvelle.* — Si la suspension d'un officier ministériel n'a été prononcée qu'après une instance engagée pour arriver à la résiliation d'un traité, et postérieurement à la décision des premiers juges, la demande en résiliation fondée sur ce fait ne peut être considérée comme une demande nouvelle (C. pr., 464). — 2 juill. 1841. Rouen. J.H. 42. 1. 35.

11. — *Démission.* — L'obligation consentie par un officier ministériel, et spécialement, par un notaire, de résigner son office et de présenter un candidat pour le remplacer, ne peut recevoir son accomplissement que par la volonté suprême du roi, sur la preuve de la démission volontaire du titulaire et la présentation d'un candidat apte à le remplacer, et les tribunaux ne peuvent déclarer que leur jugement tiendra lieu de démission et de présentation, sauf toutefois les dommages-intérêts contre le titulaire. — 6 janv. 1856. Agen. J.H. 36. 1. 229. — V. conf. 4 janv. 1837. Cass. J.H. 37. 1. 124. — V. encore 7 mai 1834. Bordeaux. J.H. 35. 251.

12. — L'engagement par lequel les notaires d'un canton, non encore réduits au nombre légal, s'obligent à indemniser, de gré à gré, celui d'entre eux qui donnera volontairement sa démission *en faveur de la compagnie*, a pu, si cette démission a réellement eu lieu, être déclaré obligatoire et doit être exécuté, alors même que la démission aurait été donnée pour faciliter la transmission d'un autre titre. — 4 juin 1835. Cass. J.H. 35. 243.

13. — *Destitution.* — Tout officier ministériel qui a été l'objet d'une condamnation disciplinaire peut, sur le rapport du procureur-général et sans provocation du tribunal, être destitué (Décr. 30 mars 1808, art. 102, 103). — 27 mai 1836. Paris. J.H. 37. 1. 357.

14. — L'officier ministériel, et notamment un huis-

sier, qui a été l'objet d'une condamnation disciplinaire, peut être destitué par ordonnance royale *de propre mouvement*, c'est-à-dire sans que cette destitution ait été provoquée par le tribunal (Décr. 50 mars 1808, 102 et 103).

Les tribunaux sont compétents pour statuer sur la légalité d'une ordonnance royale qui prononce la destitution d'un officier ministériel. — 11 avril 1835. Cass. J.H. 55. 289.

15. — Encore bien qu'un officier ministériel ait été destitué, et ait été privé par là du droit que lui accorde l'art. 91 de la loi du 28 avril 1816 de présenter un successeur, cependant le ministre de la justice peut imposer à celui qui est nommé en remplacement du destitué l'obligation de payer une indemnité quelconque à la décharge de celui-ci. — 15 fév. 1835. Déc. min. J.H. 37. 2. 8.

16. — Le notaire destitué et dont l'office est supprimé, ne peut réclamer aucune indemnité de ses collègues auxquels profite la suppression de son titre (LL. 25 vent. an 11, art. 32 ; 28 avril 1816, art. 91). — 18 avril 1836. Lettre du garde des sceaux. J.H. 57. 2. 20.

17. — *Diminution de prix.* — La vente d'un office dont le prix a été déterminé d'après les documents exagérés du vendeur, donne ouverture, au profit du cessionnaire, à une action en diminution de prix (C. civ., 1109, 1611). Et le paiement d'à-comptes par le cessionnaire depuis la découverte du préjudice souffert, n'élève pas une fin de non recevoir contre lui, alors d'ailleurs que les paiements ont été accompagnés de réserves. — 6 juill. 1843. Trib. de Fontainebleau. J.H. 44. 1. 67.

18. — *Droit de présentation.* — L'art. 91 de la loi du 28 avril 1816, qui accorde aux titulaires d'une charge la faculté de présenter son successeur à l'agrément du roi, autorise toutes les conventions nécessaires pour l'exercice de cette faculté. — 11 déc. 1834. Paris. J.H. 35. 260.

19. — *Enregistrement.* — La résolution de la vente d'un office de notaire est passible du droit proportionnel, lorsque cette résolution a été prononcée judiciairement, non par le défaut de sanction royale, mais par le refus de paiement de la part de l'acheteur (L. 22 frim. an 7, art. 4 et 69). — 24 août 1835. Cass. J.H. 55. 354.

20. — *Gardes du commerce.* — Les gardes du commerce sont compris dans la classe des officiers ministériels. — 27 mai 1836. Paris. J.H. 37. 1. 357.

21. — *Huissier.* — La convention par laquelle les huissiers du même canton s'associent pour exploiter en commun leurs offices et en partager également les produits, est nulle comme contraire à l'ordre public (C. civ., 1133 ; décr. 1813 ; ord. 1822). — 3 août 1841. Riom. J.H. 42. 1. 29. — V. ci-dessus, n. 6.

22. — *Maître de poste.* — Les brevets de maître de poste constituent au profit des titulaires une propriété de même nature que celles des offices ministériels, cessible et transmissible comme eux, avec l'agrément du gouvernement (L. 24 juill. 1795, art. 65 ; arr. du 1er prairial an 7, art. 3). — 2 mai 1840. Trib. de Lons-le-Saulnier. J.H. 42. 1. 99.

23. — Les brevets de maître de poste, étant personnels, ne constituent pas, lorsque la femme en est titulaire, un bien de communauté placé sous l'administration du mari, en vertu de l'art. 1428 C. civ. ; à la femme seule appartient l'exploitation du brevet, et, par suite, la jouissance du matériel et des locaux nécessaires, à la charge par elle de compter tous les mois à son mari les produits de la poste (Arrêté du 1er prair. an 7, art. 3 ; C. civ., 1428). — 10 janv. 1840. Amiens. J.H. 42. 1. 55.

**24.** — *Novation.* — La réception, par le titulaire cédant d'un office, d'effets de commerce, en paiement du prix, n'opère pas novation dans la créance de ce prix; il est censé n'avoir donné quittance que sauf encaissement (C. civ., 1271, 1273). — 22 fév. 1840. Toulouse. J.H. 40. 1. 152.

**25.** — *Obligation naturelle.* — Si la convention secrète d'un prix supérieur à celui du traité ostensible ne constitue pas une obligation parfaite, elle forme du moins *une obligation naturelle*, qui suffit pour empêcher la répétition du supplément de prix volontairement payé (C. civ., 1235). — 31 janvier 1840. Paris. J.H. 40. 1. 124. — V. conf. 15 fév. 1840. Paris. J.H. 40. 1. 127.

**26.** — *Privilége.* — Le vendeur d'une charge d'officier ministériel a pour le paiement du prix, un privilége sur la valeur de cette charge même en cas de revente (C. civ., 2102). — 12 mai 1835. Paris. J.H. 35. 309. — V. encore, dans le même sens, 22 fév. 1840. Toulouse. J.H. 40. 1. 152.

**27.** — *Prix.* — Sur la question de validité des traités secrets, portant un prix supérieur au prix ostensible, voyez 31 janv. 1840. Paris. J.H. 40. 1. 124; 15 fév. 1840. Paris. J.H. 40. 1. 127; 29 nov. 1839. Rennes. J.H. 40. 1. 130; 22 fév. 1840. Toulouse. J.H. 40. 1. 152.

**28.** — Bien qu'un notaire ait été nommé sans avoir été présenté par les héritiers de son prédécesseur, il est néanmoins tenu du prix de l'office envers l'hoirie, alors surtout qu'il est, du chef de sa femme, l'un des cohéritiers, et que c'est à ce titre qu'il a formé sa demande. — 4 fév. 1837. Grenoble. J.H. 37. 1. 321.

**29.** — Pour déterminer le prix d'un office de notaire auquel un individu s'est fait nommer, on doit prendre en considération, soit l'éventualité de la suppression de cet office, soit les dépenses faites par cet individu pour obtenir sa nomination à cet office dont la suppression était demandée. — 4 fév. 1837. Grenoble. J.H. 37. 1. 321.

**30.** — La dissimulation du prix réel de l'office soumet le titulaire à l'action disciplinaire de sa chambre, soit à raison du préjudice que cette dissimulation a causé aux créanciers du vendeur, soit en ce qu'elle a privé le trésor d'une portion des droits de mutation, soit en ce qu'elle contient dans le traité l'énonciation d'un fait faux (L. 25 vent. an 11; ord. 4 janv. 1843, art. 2 et 14). — 17 août 1843. Délib. de la ch. des notaires de Vic. J.H. 44. 1. 74. — V. ci-après n. 36 et suiv.

**31.** — *Recouvrements.* — La réserve insérée par un notaire, en cédant son office, du droit de faire ses recouvrements, et la promesse, de la part de son successeur, de lui délivrer les expéditions nécessaires, est une clause illicite contraire à l'ordre public et à l'institution du notariat; le notaire démissionnaire doit seulement traiter de gré à gré de ses recouvrements avec son successeur. — 12 juin 1839. Orléans. J.H. 40. 1. 180.

**32.** — *Répétition.* — Le paiement volontaire d'un billet souscrit par le cessionnaire d'un office, pour supplément de prix, au-delà de celui qu'exprime le traité ostensible, n'est pas sujet à répétition, et, par suite, l'imputation n'en peut être exigée par celui-ci sur la portion du prix encore due, alors qu'il n'est pas douteux que l'intention du débiteur, en payant, était bien d'éteindre l'obligation relative au supplément convenu, et, par suite, d'exécuter le traité secret (C. civ., 1235, 1131, 1133). — 23 août 1842. Cass. J.H. 43. 1. 48.

**33.** — *Résiliation.* — La condamnation disciplinaire à la suspension prononcée contre le titulaire d'un office est une cause de résiliation de la cession de cet office avec dommages-intérêts. — 2 juill. 1841. Rouen. J.H. 42. 1. 53.

**34.** — *Saisie-arrêt.* — En supposant que la clause d'une cession d'office, par laquelle le cédant a stipulé qu'il aurait droit au partage des produits de la charge, constitue un mode de paiement illicite, cette clause ne pourrait être attaquée par le cessionnaire comme moyen de nullité de la saisie-arrêt basée sur l'obligation qu'elle contient, lorsqu'il ne l'invoque pas comme cause de nullité du traité lui-même. — 29 mai 1840. Bordeaux. J.H. 41. 1. 64.

**35.** — *Sentence arbitrale.* — Le compromis arrêté entre les associés d'un office de notaire à l'égard des contestations élevées entre eux, et la sentence arbitrale qui en a été la suite sont nuls comme relatifs à une matière d'ordre public. — 29 nov. 1839. Rennes. J.H. 40. 1. 150.

**36.** — *Simulation de prix.* — La simulation de prix dans le traité d'acquisition d'un office rend l'officier ministériel passible de peines disciplinaires. — 1er avril 1840. Rennes. J.H. 40. 1. 177. — V. encore 29 nov. 1839. Même Cour. J.H. 40. 1. 150.

**37.** — L'acte de cession d'un office distinct de celui qui a été communiqué à l'autorité et qui contient un prix supérieur à celui porté dans ce dernier acte, doit être annulé comme contraire à l'ordre public, non seulement dans la clause relative à la simulation, mais encore pour la totalité (C. civ., 1172).

Dans tous les cas, l'acte portant stipulation d'un supplément de prix ne constitue, pour les tiers, et notamment pour les créanciers du cessionnaire, qu'une contre-lettre qui ne peut leur être opposée (C. civ., 1321). — 23 déc. 1840. Rouen. J.H. 41. 1. 252.

**38.** — Les directeurs de l'enregistrement, en autorisant la demande d'un supplément de droit à percevoir sur le prix de cession d'un office, pour cause d'insuffisance de la valeur déclarée, doivent en même temps, dans l'intérêt de la discipline, faire connaître au procureur du roi de la résidence de l'officier ministériel, la simulation présumée et les preuves de cette contravention (L. 25 juin 1841, art. 11). — 5 mars 1842. Inst. min. des fin. J.H. 42. 1. 166.

**39.** — *Société.* — Le traité entre le cédant d'un office de notaire et son successeur, pour le partage des produits du notariat, pendant un temps déterminé, en représentation du prix de cette cession, ne peut, bien qu'il blesse des convenances délicates, être annulé comme ayant une cause illicite. — 14 nov. 1835. Toulouse. J.H. 36. 1. 101. — V. conf. Cass. 12 janv. 1841; Cass. J.H. 41. 1. 115; 4 août 1841. Trib. de Valenciennes. J.H. 42. 1. 97.

**OFFRES RÉELLES.** — **1.** — *Arrérages.* — Quand une saisie a été pratiquée pour différents termes échus d'une rente, il faut, pour que les offres réelles, faites plus tard, et après que de nouveaux termes sont venus à échéance, et arrêtent les poursuites, qu'elles désintéressent entièrement le créancier des sommes qui lui sont dues alors (C. civ., 1244, 1258). — 19 nov. 1834. Cass. J.H. 35. 120.

**2.** — *Consignation.* — Les offres réelles ne suffisent point pour libérer le débiteur; il faut de plus qu'elles soient suivies de la consignation. — 15 nov. 1835. Toulouse. J.H. 37. 1. 20. — V. conf. 23 mai 1835. Toulouse. J.H. 36. 1. 111.

**3.** — *Domicile.* — Les offres réelles du débiteur, à la suite d'un commandement, sont valablement signifiées au créancier, au domicile élu par celui-ci dans le commandement, soit qu'il s'agisse d'un commandement à fin de saisie immobilière ou tendant à une saisie-exécution. — 12 janv. 1842. Cass. J.H. 42. 1. 85.

**4. — *Forme.*** — Des offres réelles peuvent être faites à la barre d'un tribunal. — 2 juill. 1835. Cass. J.H. 35. 548.

**5. — *Frais.*** — Les offres réelles sont insuffisantes et nulles, si elles ne sont pas faites pour les dépens liquidés, encore bien qu'elles contiendraient plus qu'il ne faut pour les dépens non liquidés, et que le débiteur voudrait reporter cet excédant sur les dépens liquidés, cette compensation entre l'excédant d'un article et le déficit d'un autre n'étant pas autorisée par la loi (C. civ., 1258, § 3). — 3 avril 1835. Bordeaux. J.H. 35. 361.

**6. — *Indication de paiement.*** — La stipulation, dans un acte, que le paiement aura lieu chez telle personne, en telle ville (par exemple, en l'étude du notaire rédacteur de l'acte), emporte, de la part du débiteur, élection de domicile en ce lieu pour le paiement, et, par suite, les offres réelles qui sont faites à ce domicile sont valables. — 6 déc. 1842. Bourges. J.H. 44. 1. 2.

**7. — *Notaire.*** — Les offres réelles peuvent être faites par les notaires comme par les huissiers (C. civ., 1258, n. 7). — 30 juin 1836. Bordeaux. J.H. 37. 1. 258.

**8. — *Ordre.*** — L'adjudicataire, bien qu'ayant poursuivi l'ouverture de l'ordre, peut, même après le règlement provisoire de cet ordre et le jugement des contestations élevées sur ce règlement, valablement se libérer de son prix, par des offres réelles, suivies de consignation (C. civ., 2186). — 12 déc. 1835. Paris. J.H. 36. 1. 172.

**9. ...** L'adjudicataire d'un immeuble dont le prix est à distribuer par voie d'ordre, n'est pas tenu de remplir, pour la consignation de ce prix, opérée dans le cours de la procédure d'ordre, les formalités indiquées par les art. 1258 et suiv. C. civ.. (C. civ., 2186). Et il n'est passible d'aucuns dommages-intérêts, pour n'avoir pas signifié le dépôt aux créanciers, si d'ailleurs il leur a fait connaître, avant la clôture de l'ordre, que les fonds étaient à la caisse des consignations. — 20 fév. 1840. Amiens. J.H. 42. 1. 30.

**10. — *Règlement de qualités.*** — Lorsque, sur l'opposition au règlement des qualités et à la demande en levée d'un jugement, des offres réelles sont faites par l'opposant, le président peut déclarer qu'il n'y a lieu *quant à présent* à expédier le jugement, et, donnant acte des offres, renvoyer devant qui de droit pour statuer sur le mérite de ces offres, sans commettre ni excès de pouvoir, ni déni de justice.

... Et, en cas pareil, si le demandeur en levée du jugement, au lieu de s'adresser au tribunal pour faire prononcer sur les offres, a attaqué soit par opposition, soit par appel, l'ordonnance du président, il a été justement déclaré non recevable dans ses attaques (C. pr., 143, 145, 454). — 17 mars 1835. Cass. J.H. 35. 206.

**11. — *Rente.*** — Sans examiner si des offres réelles peuvent être valablement faites par le débiteur de la rente après une mise en demeure, il est certain, du moins, que, s'il se borne à faire à l'audience des offres verbales, le juge ne peut pas plus les accueillir qu'il ne peut accorder un délai après cette mise en demeure. — 3 déc. 1858. Cass. J.H. 39. 1. 7.

**12. — *Sursis.*** — Le créancier poursuivant, auquel des offres réelles suivies de consignations ont été notifiées par le débiteur, n'est pas tenu de suspendre ses poursuites jusqu'à ce qu'il ait fait déclarer les offres insuffisantes. — 4 juill. 1858. Cass. J.H. 38. 1. 251.

**13. — *Tiers-détenteur.*** — Pour satisfaire à l'obligation où est le tiers-détenteur poursuivi hypothécairement, qui demande à faire discuter les autres biens du débiteur affectés à la même créance, de fournir les deniers suffisants pour la discussion, il ne suffit pas qu'il offre de fournir ces deniers à la première réquisition, il faut

qu'il fasse préalablement des offres réelles de la somme nécessaire, sans quoi il n'est pas recevable dans sa demande (C. civ., 2170, 2023). — 6 août 1833. Bordeaux. J.H. 38. 1. 324.

**ORDONNANCE DU JUGE. — 1. — *Chose jugée.*** — Lorsque la partie assignée à jour fixe, en vertu d'une ordonnance du président, n'a pas attaqué cette ordonnance, elle n'est pas recevable à demander la nullité de l'assignation, sur le motif qu'elle a été privée du délai supplémentaire, à raison des distances, fixé par l'art. 1033 C. pr. — 4 janv. 1841. Cass. J.H. 41. 1. 92.

**2. — *Contrainte par corps.*** — L'ordonnance de mise en liberté, pour défaut de consignation d'aliments, rendue par le président du tribunal de 1re instance, doit être attaquée, non devant ce tribunal, mais par appel devant la Cour royale (C. pr., 803; L. 17 avril 1832, art. 30). — 30 nov. 1836. Toulouse. J.H. 37. 1. 549.

**3. — *Envoi en possession.*** — L'ordonnance d'envoi en possession du légataire universel institué par testament olographe, est susceptible d'opposition devant le tribunal civil.

Le sursis à l'exécution de l'ordonnance d'envoi en possession peut être prononcé, lorsqu'il s'élève de graves soupçons sur la sincérité du testament (C. civ., 1008). — 29 nov. 1834. Bordeaux. J.H. 35. 215.

**4. — *Juge d'instruction.*** — La réformation d'une ordonnance du juge d'instruction, et spécialement d'un exécutoire contenant allocation des honoraires dus à un expert, doit être poursuivie devant la chambre d'accusation, et non devant la chambre du conseil (Décr. 16 fév. 1807, art. 6).

L'opposition à une ordonnance du juge d'instruction, présentant tous les caractères d'un appel, doit être formée, non point dans le délai de 24 heures prescrit pour l'opposition aux ordonnances de la chambre du conseil, mais bien dans le délai de huitaine (C. instr. crim., 135, 205). — 5 janv. 1836. Paris. J.H. 36. 1. 184.

**5. — *Opposition.*** — Lorsque le président du tribunal de 1re instance a envoyé, à tort, en possession un prétendant à l'hérédité qu'il a cru être institué héritier universel, l'héritier saisi de la succession peut former opposition à l'ordonnance, en se conformant à ce qui est prescrit par l'art. 1028 C. civ. — 26 juin 1839. Besançon. J.H. 39. 1. 315.

**6. — *Référé.*** — Une ordonnance sur référé est susceptible d'appel, lorsqu'elle décharge un gardien de meubles d'une valeur indéterminée, encore bien qu'elle lui adjuge des dommages-intérêts inférieurs à 1,000 fr. (L. 24 août 1790, tit. 1, art. 5). — 25 fév. 1834. Poitiers. J.H. 35. 79.

**ORDRE. — 1. — *Acquiescement.*** — La partie sommée de contester, et qui ne l'a pas fait, ou n'a contesté qu'une collocation, est réputée acquiescer aux collocations non critiquées, et dès lors est déchue du droit de les contester. — 27 déc. 1839. Rouen. J.H. 40. 117.

**2. — *Appel.*** — En matière d'ordre, on n'est tenu d'intimer sur l'appel que les créanciers qui ont été parties en première instance. Il n'est pas indispensable d'intimer l'avoué du dernier créancier colloqué. — 19 nov. 1837. Cass. J.H. 38. 1. 17.

**3. ...** Le délai, pour interjeter appel d'un règlement définitif, est de trois mois à compter du jour de l'ordonnance de clôture.

Le créancier produisant qui n'a point contesté un règlement provisoire supplémentaire dressé par suite d'un jugement sur contredit, est-il recevable à interjeter appel du règlement définitif? (*Rés. aff. impl.*). — 11 janv. 1837. Paris. J.H. 37. 1. 248.

4. ... En matière d'ordre, et sur l'appel d'un jugement relatif à une contestation de collocation, l'avoué du créancier dernier colloqué ne doit être intimé que dans le cas où le résultat de l'appel pourra intéresser ce créancier dernier colloqué, et le reste de la masse.—19 juill. 1839. Toulouse. J.H. 40. 4. 40.

5. ... Le créancier forclos, faute d'avoir élevé de contredit à l'ordre dans le délai légal, et qui n'a pas adhéré aux contredits ou aux conclusions prises à l'audience par les autres créanciers, est non recevable à interjeter appel du jugement rendu sur les contredits (C. pr., 755, 756).—18 mai 1840. Limoges. J.H. 41. 1. 142.

6. ... Le vendeur et l'acquéreur d'un immeuble ne doivent pas nécessairement être mis en cause sur l'appel du jugement d'ordre, alors qu'ils n'ont aucun intérêt à l'objet de la contestation (C. pr., 763).—19 mars 1835. Poitiers. J.H. 55. 266.

7. ... Le règlement définitif d'ordre doit être attaqué par appel devant la Cour royale, et non par opposition devant le tribunal auquel appartient le juge-commissaire qui l'a arrêté.

Le délai d'appel du règlement définitif est de trois mois.

Ce délai de trois mois court, non du jour de la clôture du règlement définitif, mais seulement du jour de la signification de l'ordonnance du juge, portant bordereau de collocation.—9 juin 1837. Pau. J.H. 37. 1. 528.

8. ... Le délai d'appel du règlement définitif d'ordre est de trois mois. Ce délai court du jour de l'ordonnance de clôture et non de la délivrance des bordereaux (C. pr., 443, 767, 759). — 11 mars 1839. Paris. J.H. 39. 1. 126.

9. ... Le règlement définitif d'ordre est susceptible d'appel.

Le délai de dix jours pour interjeter appel d'un règlement d'ordre court non à partir du jour de l'ordonnance du juge-commissaire, mais de la signification de cette ordonnance (C. pr., 763).—9 avril 1842. Paris. J.H. 43. 1. 96.—Voy. cependant 2 et 10 avril 1840. Limoges. J.H. 40. 1. 235; 3 oct. 1839. Paris. J.H. 40. 1. 42.

10. ... La signification par acte d'avoué à avoué d'un jugement d'ordre fait courir le délai de l'appel, alors même qu'elle n'a pas été faite en autant de copies qu'il y a de parties représentées par l'avoué auquel elle a été notifiée (C. pr., 760, 763, 1030).—10 mai 1836. Cass. J.H. 56. 1. 161.—Voy., analogue, dans le même sens, 10 mai 1836. Cass. J.H. 56. 1. 161.

11.—Avoué.—L'avoué du dernier créancier colloqué ne doit être intimé sur l'appel d'un jugement d'ordre qu'autant que ce créancier peut avoir intérêt dans le débat renouvelé en appel (C. pr., 764).—18 mars 1837. Paris. J.H. 38. 1. 30.

12. — Chose jugée. — Le jugement d'ordre auquel quelques-uns des créanciers n'ont pas été parties ne peut être réputé avoir une autorité quelconque à leur égard.—19 nov. 1837. Cass. J.H. 38. 1. 17.

13.—Collocation nouvelle.—Les portions du prix qui deviennent libres après la clôture de l'ordre, doivent être distribuées aux créanciers non utilement colloqués, et non à la partie saisie, bien qu'il y ait eu radiation des inscriptions.—23 avril 1838. Paris. J.H. 37. 1. 96.

14.—Contredit. — Le saisi peut contester l'ordre, même après l'expiration du délai de l'art. 756 C. pr., pourvu que les choses soient encore entières.

S'il n'a été élevé aucun contredit, la partie saisie est déchue de la faculté de contester l'état d'ordre, après la clôture et l'ordonnance de délivrer les bordereaux.—... En cas de contredit, elle est déchue après que l'exécution définitive de l'état d'ordre a été ordon-

née contradictoirement entre tous les intéressés, encore bien que la clôture de l'ordre n'ait point été prononcée par le juge.—27 déc. 1839. Rouen. J.H. 40. 1. 117.

15. ... Les contredits élevés contre une collocation provisoire sont valables même après l'expiration d'un mois, s'ils sont proposés à titre d'exception et de défense.—18 déc. 1837. Cass. J.H. 38. 1. 203.

16. ... Le créancier qui poursuit un ordre doit, comme tous autres créanciers produisant à l'ordre, faire, à peine de déchéance, ses contredits dans le mois qui suit la dénonciation qu'il fait faire de l'état provisoire (C. pr., 754).—10 déc. 1834. Cass. J.H. 35. 113.

17.—Créanciers. — Les créanciers qui, sur l'appel, ne se sont pas fait représenter par un seul avoué, et ont pris part à la contestation, doivent supporter personnellement les frais inutiles auxquels ils ont donné lieu.—24 mars 1835. Grenoble. J.H. 36. 1. 55.

18.—Créancier chirographaire. — Les créanciers chirographaires sont recevables à contester à un créancier sa qualité d'hypothécaire et à s'opposer, par suite, à la délivrance du bordereau de collocation à son profit (C. civ., 2092, 2093, 1166). — 10 avril 1838. Cass. J.H. 38. 1. 150.

19. ... Les créanciers hypothécaires qui ont négligé de produire à l'ordre ouvert pour la distribution du prix des immeubles qui servaient de garantie à leurs créances, conservent leur droit de préférence sur ces sommes, tant qu'elles n'ont pas été payées à d'autres par l'acquéreur.—15 fév. 1837. Cass. J.H. 37. 1. 171.

20.—Créanciers (nombre des). — C'est l'état des inscriptions existantes au moment de la réquisition de l'ordre, qui détermine le nombre des créanciers inscrits, exigé par l'art. 775 C. pr., pour qu'il y ait lieu à provoquer cette procédure, peu importe que depuis l'ouverture de l'ordre les créanciers inscrits se trouvent réduits à moins de quatre.—5 janv. 1842. Cass. J.H. 42. 1. 148.

21.—Dernier ressort.—L'appel d'un jugement qui a statué sur une collocation inférieure à 1000 fr. est recevable si la somme à distribuer excède la quotité du premier et dernier ressort (C. pr., 758, 760). — 17 déc. 1838. Toulouse. J.H. 39. 1. 205.

22.—Lorsque, dans un ordre ouvert sur une somme de 1,000 fr. seulement, le cessionnaire de plusieurs créances distinctes et reposant sur des hypothèques différentes, créances montant ensemble à plus de 1,000 fr., mais dont chacune est inférieure à cette somme, demande à être colloqué en invoquant, au moyen de productions séparées, les causes de préférence qui résultent de chacune des créances cédées, le jugement qui statue sur les contredits élevés contre les collocations doit être réputé en dernier ressort.

La jonction, ordonnée en justice, de deux ordres distincts, ouverts sur les prix dus par deux acquéreurs différents, en vertu de contrats séparés, ne peut influer sur la compétence, qui demeure, relativement à chaque ordre, telle qu'elle eût été s'il n'y avait pas eu de jonction.—9 mars 1840. Cass. J.H. 40. 1. 113.

23.—Divisibilité. — En matière d'ordre la procédure est divisible.—19 nov. 1837. Cass. J.H. 38. 1. 17.

24.—Erreur de calcul.—L'acquéreur poursuivi par les créanciers hypothécaires en vertu de leur bordereau de collocation à l'ordre ouvert sur le vendeur, a le droit de leur opposer les erreurs de calcul commises dans cet acte, s'il n'a point figuré dans l'ordre, et si cet ordre est intervenu postérieurement à la vente (C. civ., 1235; C. pr. civ., 551). — 15 avril 1835. Cass. J.H. 55. 201.

25. — Forclusion. — La forclusion encourue par les

créanciers produisants qui n'ont pas contesté dans le délai prescrit par l'art. 756 C. pr. civ., n'est pas applicable aux syndics d'une faillite, quand même ils auraient été poursuivants et provocateurs de l'ordre (C. pr., 756). — 16 mai 1838. Agen. J.H. 39. 1. 63.

**26.** — Le créancier qui n'a pas contesté, dans le délai de la loi, le règlement provisoire d'ordre, ne peut attaquer le règlement définitif, ni par la voie d'appel, ni par la voie de la requête civile (C. pr., 756). — 26 déc. 1836. Paris. J.H. 37. 1. 439.

**27.** — *Intervention.* — Un créancier retardataire peut, tant que l'ordre n'est pas clos, demander sa collocation dans l'ordre, même par voie d'intervention dans l'instance d'appel d'un jugement qui a statué sur des contestations élevées lors du règlement provisoire. (C. pr., 756, 466). — 28 fév. 1837. Rouen. J.H. 37. 1. 559.

**28.** — *Mineur.* — Lorsque le procureur du roi a pris d'office inscription sur un immeuble, pour la conservation des droits des mineurs, la sommation de produire à l'ordre ouvert sur le prix de cet immeuble doit être adressée non au procureur du roi, mais aux mineurs, et cela à peine de nullité de l'ordre. — 17 déc. 1838. Toulouse. J.H. 39. 1. 205.

**29.** — *Opposition.* — Les arrêts par défaut, en matière d'ordre, sont susceptibles d'opposition. — 9 mai 1837. Caen. J.H. 37. 1. 338.

**30.** — *Production.* — Bien qu'un jugement ait statué définitivement sur des contestations élevées sur le règlement provisoire d'un ordre, le créancier hypothécaire inscrit, qui n'a pas produit dans le délai fixé par l'art. 754 C. pr. civ., peut toujours demander sa collocation à l'ordre, tant que le règlement définitif n'a point été arrêté, et contester par suite le règlement provisoire, tant à l'égard de sa collocation qu'à l'égard de celle des autres créanciers (C. pr., 757, 758). — 13 fév. 1836. Paris. J.H. 36. 1. 266.

**31.** — *Radiation d'inscriptions.* — La radiation d'inscriptions faite en exécution d'un ordre postérieurement annulé est nulle, et les inscriptions doivent être rétablies dans leur intégrité. — 7 déc. 1838. Toulouse. J.H. 39. 1. 205.

**32.** — *Règlement définitif.* — Le règlement définitif d'ordre est un véritable jugement qui ne peut être attaqué que par la voie d'appel (C. pr., 759). — 11 janv. 1837. Paris. J.H. 37. 1. 248.

**33.** ... Le créancier colloqué dans un règlement provisoire, à la charge de produire la grosse de son obligation, n'est pas déchu pour n'avoir pas satisfait à cette production, lors du règlement définitif, s'il n'a point été préalablement mis en demeure. — 3 oct. 1839. Paris. J.H. 40. 1. 42.

**34.** — *Répétition.* — L'adjudicataire peut répéter, contre les créanciers derniers colloqués, la portion de son prix qu'il a été obligé de payer une seconde fois à un créancier préférable en hypothèque, dont les droits étaient inconnus lors de la confection de l'état d'ordre (C. civ., 1377). — 16 août 1842. Caen. J.H. 43. 1. 42.

**35.** — *Saisie immobilière.* — Même en cas de vente sur saisie immobilière, il n'y a pas lieu de procéder à un ordre, s'il n'y a, par exemple, qu'un seul créancier inscrit (C. pr., 775). — 13 janv. 1840. Cass. J.H. 40. 1. 67.

**36.** — *Signification.* — En cas de décès de l'avoué d'une partie, après la prononciation du jugement d'ordre, mais avant la signification de ce jugement la signification, pour faire courir le délai de l'appel, doit être faite à personne ou domicile. Et ce délai est de dix jours, non de trois mois (C. pr., 763). — 10 avril 1837. Orléans. J.H. 37. 1. 342.

**37.** — *Sommation.* — La sommation de produire, dans

un ordre, signifiée au créancier, au domicile élu dans son inscription, est valable à l'égard de ses héritiers, bien que ce créancier fût décédé à l'époque de la signification, et que l'exploit fasse mention que ce décès a été déclaré à l'huissier (C. civ., 2156). — 14 fév. 1843. Cass. J.H. 43. 1. 109. — Voy., dans le même sens, 15 mars 1838. Paris. J.H. 38. 1. 222.

**38.** — *Subrogation.* — La délivrance d'un bordereau à un créancier inscrit opère, à son profit, subrogation aux droits du premier vendeur, et il peut, du chef de ce dernier, exercer, en cas de revente, les priviléges et actions attachés à la qualité de vendeur. — 21 fév. 1837. Bourges. J.H. 37. 1. 346.

**39.** — *Tiers-acquéreur.* — Le tiers-acquéreur qui a produit à l'ordre pour ses frais n'est pas présumé avoir par cela seul, acquiescé à l'ordonnance de clôture de l'ordre, de manière à ne pouvoir l'attaquer en cas d'irrégularité. — 17 déc. 1838. Toulouse. J.H. 39. 1. 205.

**40.** — *Transport.* — Lorsque celui sur lequel un ordre est ouvert devient héritier pour partie de l'un des créanciers colloqués, il ne peut valablement transporter sur un tiers et obtenir la collocation de ce titre au rang du créancier décédé au préjudice des autres créanciers colloqués et pour la partie correspondante à ses droits héréditaires. — 9 avril 1842. Paris. J.H. 43. 1. 98.

**OUTRAGES.** — **1.** — *Diffamation.* — Il ne suffit pas que la diffamation ait été dirigée par la voie de la presse contre un fonctionnaire *agissant dans un caractère public*, à raison de ses fonctions, pour que la Cour d'assises doive connaître de la plainte; il faut encore que ce fonctionnaire soit *agent* ou *dépositaire* de l'autorité publique (L. 26 mai 1819, art. 20).

**2.** — *Fonctionnaire public.* — L'art. 463 C. pén. est applicable en matière d'outrages faits à un fonctionnaire public à l'occasion de l'exercice de ses fonctions; outrage puni par les dispositions combinées de la loi du 25 mars 1822, art. 6, et du C. pén., art. 528, 529. — 21 mars 1839. Cass. J.H. 39. 1. 256.

**3.** — *Héritier.* — Les faits diffamatoires imputés à la mémoire d'une personne décédée, donnent aux héritiers ou représentants le droit d'en demander la réparation, alors que ces faits sont de nature à porter atteinte à leur honneur et à leur considération, et qu'ils ont été publiés dans cette intention (L. 26 mai 1819, art. 5). — 9 juill. 1836. Paris. J.H. 37. 1. 200.

**4.** — *Ministère public.* — Le ministère public saisi d'une plainte en diffamation n'est pas tenu de la relater dans la citation par lui donnée au prévenu. — 21 mai 1840. Cass. J.H. 40. 1. 256.

**5.** — *Officiers ministériels.* — Les notaires, chambres de notaires et avoués, quand ils sont diffamés par voie de publication, doivent exercer leur recours contre le diffamateur devant le tribunal correctionnel (L. 17 mai 1819, art. 18). — 6 sept. 1836. Cass. J.H. 36. 1. 320.

**PAIEMENT.** — **1.** — *Délai de grâce.* — La prohibition faite aux juges d'accorder des termes ou délais pour le paiement des lettres de change ou des billets à ordre, ne s'étend pas aux autres engagements commerciaux, et notamment aux obligations résultant de comptes courants. (C. comm., 155, 157, 187; C. civ., 1244, § 2). — 20 déc. 1842. Cass. J.H. 43. 1. 20.

**2.** — *Huissier.* — Par la remise qui lui est faite d'un acte ou titre de créance, l'huissier a qualité pour recevoir le paiement comme le créancier lui-même. Il en est ainsi quoiqu'il s'agisse des arrérages d'une rente *quérable*, et que le commandement exprime que le paiement doit être fait non à l'huissier mais au requérant. — 5 déc. 1838. Cass. J.H. 39. 1. 7.

5. — *Opposition.* — Toutes les oppositions sur les créanciers de tous les ministères peuvent être faites au bureau des oppositions, placé au ministère des finances, et ont pour effet de rendre nul tout paiement qui serait fait par un payeur de département au préjudice de ces oppositions.

Spécialement, lorsque, nonobstant la signification faite au chef du bureau des oppositions du trésor à Paris, du transport d'une créance sur le ministère de la guerre, le paiement de cette créance a été effectué par le payeur d'un département, au préjudice du cessionnaire, sur une ordonnance délivrée au cédant par le ministère des finances, le trésor n'est pas, dans ce cas, valablement libéré; il doit être condamné à payer de nouveau entre les mains du cessionnaire, sauf sa garantie contre le cédant. — 21 déc. 1835. Cass. J.H. 36. 1. 96.

**PARTAGE.** — 1. — *Compétence.* — Lorsqu'il existe, en France, des immeubles dépendant de la succession d'un étranger, ouverte à l'étranger, les demandes en partage ou rapport de ces immeubles peuvent être formées devant les tribunaux français avant la liquidation de la succession. En conséquence, est nul l'arrêt qui déclare non recevables de telles demandes, sous le prétexte que la liquidation de la succession n'est pas faite au lieu de son ouverture. — 14 mars 1837. Cass. J.H. 37. 1. 225. — Voy. anal., dans le même sens, 17 nov. 1834. Paris. J.H. 56. 1. 171.

2. — *Créancier.* — Le créancier qui a négligé de s'opposer à ce qu'un partage auquel son débiteur est intéressé se fît hors de sa présence n'est plus admis à attaquer le partage consommé. — 29 nov. 1836. Bordeaux. J.H. 39. 1. 261. — Voy. cependant 10 juillet 1839. Paris. J.H. 39. 1. 302.

3. — Il suffit que le partage entre des héritiers ne soit pas encore consommé, bien qu'un jugement ait fixé la quote-part de chacun d'eux, pour que les créanciers de l'un des cohéritiers soient recevables à former tierce-opposition à ce jugement, eût-il même été acquiescé par leur débiteur (C. civ., 882; C. pr., 474). — 4 déc. 1834. Cass. J.H. 55. 417.

4. — *Lésion.* — Bien qu'un acte public présente en apparence les caractères d'une donation, sous la forme d'un abandon ou cession de droits successifs, il peut n'être considéré par une Cour royale que comme un premier acte entre cohéritiers, ayant eu pour objet, sous la même forme, de faire cesser l'indivision, et susceptible d'être rescindé pour lésion de plus du quart. — 2 mars 1837. Cass. J.H. 37. 1. 209.

5. — *Opposition.* — L'adjudication préparatoire et même la dénonciation de la saisie sont des actes équipollents à une opposition au partage de l'immeuble saisi, et, par suite, le partage intervenu entre le saisi et ses copropriétaires, postérieurement à l'adjudication préparatoire ou même à la dénonciation de la saisie, est nul, alors qu'il a été fait hors de la présence du créancier poursuivant. — 11 nov. 1840. Cass. J.H. 41. 1. 44.

6. — *Preuve littérale.* — Un partage n'a d'existence légale qu'autant qu'il en a été dressé *acte*, c'est-à-dire qu'autant qu'il a été rédigé par écrit; et, à défaut d'écrit, l'indivision existe toujours, et chaque cohéritier a droit de demander le partage (C. civ., 815, 816, 819). — 16 juillet 1842. Orléans. J.H. 43. 1. 45.

**PARTIE CIVILE.** — Lorsqu'au délit d'usure se joint une imputation d'escroquerie, toute personne peut être admise à se porter partie civile sur cette imputation (L. 3 sept. 1807). — 6 juin 1837. Cass. J.H. 37. 1. 233.

**PATENTE.** — Le notaire rédacteur d'un acte de remplacement militaire, passé entre l'appelé au service et un agent de remplacement, est passible d'amende, lorsqu'il ne relate point la patente à laquelle ce dernier est soumis en sa qualité d'agent d'affaires (L. 1er brumaire an 7, art. 37). — 10 fév. 1844. Trib. de Vitré. J.H. 44. 1. 246.

La loi nouvelle sur les patentes, promulguée le 7 mai 1844, déclare, par son art. 13, que.... 2° Les notaires, les avoués, les avocats au conseil, les greffiers, les commissaires-priseurs, les huissiers ne sont pas assujettis à la patente. En ce qui concerne les huissiers, il y a innovation et rétablissement d'une égalité que la loi de l'an 7 avait méconnue. — Voy. l'ensemble de la loi de 7 mai 1844. J.H. 44. 2.

**PÊCHE.** — Voy. la loi du 15 juin 1840 qui modifie celle du 15 avril 1829 sur la pêche fluviale, J.H. 40. 2. 11.

**PEINE.** — Un tribunal de police ne peut, tout à la fois, condamner à l'amende pour une contravention et ordonner que le prévenu n'exécutera l'arrêté municipal auquel il a contrevenu, qu'autant qu'il lui aura été notifié, et qu'il n'aurait pas pu le faire réformer. — 25 mai 1835. Cass. J.H. 35. 1. 311.

**PÉREMPTION.** — 1. — *Acte d'avoué.* — La demande en péremption d'instance doit être formée par acte d'avoué à avoué, et ne peut valablement être faite par acte signifié à la partie, alors que celle-ci a un avoué en cause (C. pr. civ., 400).

La sommation de communiquer les pièces concernant le fond du litige, signifiée à l'avoué constitué, pour poursuivre une demande en péremption d'instance, ne peut être considérée comme un acte interruptif de la péremption, encore bien que cet avoué eût été également constitué pour défendre sur le fond (C. pr. civ., 399). — 15 mars 1836. Pau. J.H. 36. 1. 290.

2. — *Actes frustratoires.* — Les actes frustratoires, et spécialement une assignation en reprise d'instance, lorsque cette instance était déjà reprise, suffisent pour interrompre la péremption (C. pr., 397, 399). — 29 mai 1835. Colmar. J.H. 35. 1. 337.

3. — *Appel.* — L'art. 401 C. pr., sur les effets de la péremption en première instance, est inapplicable à la péremption en cause d'appel, laquelle est exclusivement régie, quant à ses effets, par l'art. 469 du même Code.

La péremption en cause d'appel a pour effet de donner au jugement dont est appel l'autorité de la chose jugée, soit qu'il s'agisse d'un jugement interlocutoire ou d'un jugement définitif; à cet égard, il n'y a aucune distinction à faire (C. pr., 469).

L'instance d'appel conserve la demande et l'instance principale introduite par l'intimé et en suspend la prescription pendant sa durée, sans que cet effet suspensif soit détruit dans le cas où l'instance d'appel vient à être déclarée éteinte par péremption. — 15 juillet 1839. Cass. J.H. 39. 1. 270.

4. — *Arrangement.* — A supposer que des propositions d'arrangement dans le cours d'une instance en interrompent la péremption, au moins faut-il qu'elles soient prouvées autrement que par témoins (C. civ., 1341). — 23 juillet 1838. Limoges. J.H. 39. 1. 125. — Voy., en sens contraire, 15 mars 1836. Pau. J.H. 36. 1. 290.

5. — *Arrêt interlocutoire.* — La péremption ne peut atteindre les poursuites dirigées en exécution d'un arrêt interlocutoire qui juge définitivement que, dans une instance en restitution pour lésion, la lésion du tiers au quart sera substituée à celle d'outre moitié, qui ad-

met l'une des parties à répudier une succession pour l'affranchir de toutes garanties vis-à-vis de l'autre partie, et qui contient une condamnation aux dépens, ceux de l'interlocutoire réservés jusqu'après l'expertise ordonnée : cette partie interlocutoire de l'instance ne peut se prescrire qu'avec l'arrêt définitif. — 19 déc. 1837. Cass. J.H. 38. 1. 22.

6. — *Assignation.* — L'assignation en péremption donnée à la requête d'une personne décédée, est nulle. — 11 mars 1835. Bordeaux. J.H. 35. 1. 193.

7. — *Cassation.*—Lorsque la Cour de cassation a annulé un arrêt, l'appel est périmé et le jugement de première instance acquiert l'autorité de la chose jugée si l'appelant reste plus de trois ans sans donner suite à son appel devant la Cour où les parties ont été renvoyées (C. pr., 597).—10 avril 1859. Rouen. J.H. 39. 1. 258.

8. ... La discontinuation des procédures, pendant trois ans, après l'arrêt de cassation qui a renvoyé les parties devant une autre Cour, entraîne la péremption de l'instance (C. pr., 597, 599). — 29 nov. 1838. Amiens. J.H. 39. 1. 258.

9. — *Délai (augmentation de).* — L'augmentation de six mois, pour les délais de la péremption, profite indistinctement à toutes les parties, sans qu'il y ait lieu de distinguer si la cause qui donne lieu au délai additionnel provient soit du demandeur, soit du défendeur. — 9 août 1836. Limoges, et 15 juin 1836. Toulouse J.H. 37. 1. 71.

10. ... Pour que le délai ordinaire de la péremption doive être augmenté de six mois, au cas où il y a lieu à reprise d'instance, il n'est pas nécessaire que le fait qui donne lieu à la reprise d'instance ait été notifié avant la demande en péremption (C. pr., 597). — 28 mai 1838. Paris. J.H. 38. 1. 256. — V. conf., 19 avril 1834. Bordeaux. J.H. 36. 1. 94.

11. ... Lorsque, dans le cours d'une instance, il survient plusieurs événements donnant lieu à reprise d'instance ou constitution de nouvel avoué, le délai ordinaire de trois ans, fixé pour la péremption d'instance, ne doit être augmenté que d'un seul délai de six mois, et non de six mois pour chacun des événements (C. pr., 597). — 11 mars 1835. Bordeaux. J.H. 35. 1. 193. — Voy., dans le même sens, 9 août 1836, et 15 juin 1836. Toulouse. J.H. 37. 1. 71 ; 25 janv. 1839. Bordeaux. J.H. 39. 1. 201.

12. — *Demande en péremption.* — La demande en péremption n'étant point une instance principale, mais bien un incident judiciaire, ne tombe point elle-même en péremption par la discontinuation de poursuites pendant trois ans (C. pr., 597). — 22 août 1836. Aix. J.H. 37. 1. 55.—Voy., en sens contraire, 19 déc. 1837. Cass. J.H. 38. 1. 20.

13. — *Demande (formes de la).* — Pour la signification d'une demande en péremption faite par requête d'avoué à avoué, il n'est pas besoin de remplir les formalités exigées par l'art. 61 C. pr. pour les ajournements (C. pr., 400). — 13 nov. 1834. Cass. J.H. 35. 1. 18.

14. — *Domicile élu.* — La demande en péremption d'une instance qui avait eu pour cause le titre en vertu duquel a eu lieu une saisie-exécution, n'est qu'un incident à cette saisie, et, comme telle, l'assignation donnée derechef au domicile élu procède régulièrement (C. pr., 584). — 27 juin 1835. Douai. J.H. 36. 1. 537.

15.—*Exception.*— Les moyens tirés, soit de ce que la péremption aurait eu lieu de plein droit, soit de la prescription de l'action, ne peuvent être opposés par

exception à la demande en péremption d'une demande en péremption ; elle ne peut l'être qu'à la demande en reprise de l'instance première. — 19 déc. 1837. Cass. J.H. 38. 1. 20.

16. — *Fait du juge.* — La péremption peut avoir lieu, bien qu'il y ait eu clôture des plaidoiries et audition du ministère public : il n'y a pas lieu à distinguer si le délai s'est écoulé par la négligence du juge ou par celle de la partie (C. pr., 397). — 24 juin 1836. Lyon. J.H. 37. 1. 316.

17. — *Faute commune.* — La péremption d'instance est acquise au défendeur, bien que la discontinuation des poursuites, pendant le temps légal, soit le résultat de la négligence de toutes les parties (C. civ., 397). — 17 fév. 1845. Rouen. J.H. 45. 1. 176.

18. — *Héritiers.* — Les héritiers d'une partie qui a figuré dans une instance ont qualité pour en demander la péremption, après une discontinuation de poursuites pendant plus de trois ans et six mois, sans qu'ils soient tenus, au préalable, à une demande en reprise d'instance. — 30 mars 1835. Cass. J.H. 35. 1. 129.

19. — *Indivisibilité.* — L'instance étant indivisible, même en matière divisible, ne peut en même temps subsister à l'égard de quelques-unes des parties en cause et être éteinte vis-à-vis des autres.—6 juin 1841. Cass. J.H. 41. 1. 111.

Lorsqu'une exception protége un des codemandeurs, les autres en profitent en même temps. Mais, si la péremption étant acquise contre tous les demandeurs, un seul des défendeurs demande qu'elle soit prononcée, cette demande a pour effet d'éteindre l'instance vis-à-vis de tous les défendeurs sans exception.—Voy., dans le même sens, 13 nov. 1834. Cass. J.H. 35. 1. 18 ; 27 fév. 1834. Lyon. J.H. 36. 1. 53 ; 27 déc. 1838. Montpellier. J.H. 39. 1. 200 ; 19 juin 1839. Bastia. J.H. 39. 1. 286 ; 15 nov. 1838. Bordeaux. J.H. 39. 1. 207 ; 20 déc. 1839. Colmar. J.H. 40. 1. 73.

20. — *Interruption.* — Les actes valables dans le sens de l'art. 399 C. pr., sont des actes de poursuites, émanés des parties en cause, ou intervenus dans leur intérêt et ayant pour objet la continuation de l'instance. Mais on ne peut considérer comme tels, soit l'ordonnance de taxe des vacations des experts, rendue sur leur requête, par le président et suivie de l'exécutoire délivré contre la partie qui a requis l'expertise, soit la signification de ces actes à cette partie, à la requête des experts.

L'acte de dépôt du rapport des experts est-il un acte interruptif ? — 9 août 1837. Cass. J.H. 37. 1. 331.

21. ... La mise d'une cause au rôle n'a pas pour effet d'interrompre la prescription. — 30 mars 1835. Cass. J.H. 35. 1. 129.

22. ... L'arrêt qui n'a d'autre objet que de faire compléter l'expédition du jugement appelé en ordonnant la délivrance d'une nouvelle expédition, n'est pas un acte interruptif de la péremption d'instance (C. pr., 397, 599). — 1er août 1837. Grenoble. J.H. 39. 1. 492.

23. ... Lorsque, par suite d'une demande en péremption, l'instance principale est demeurée impoursuivie, le demandeur en péremption ne peut, en se désistant de cette demande, en former une seconde, et se prévaloir de la cessation de poursuites occasionnée par la première.—16 juin 1837. Pau. J.H. 38. 1. 101.

24. ... Des démarches officieuses faites auprès du juge pour l'engager à rendre son jugement, ne sont pas interruptives de péremption (C. pr., 599). — 24 juin 1836. Lyon. J.H. 37. 1. 316.

25. — *Jugement par défaut.* — Un jugement ou arrêt par défaut, faute de plaider, interrompt la péremption,

tant qu'il n'a pas été attaqué par la voie de l'opposition, bien qu'il n'ait pas été signifié (C. pr., 397 et 401). — 27 fév. 1834. Lyon. J.H. 36. 1. 53.

26. ... La péremption d'un jugement par défaut, résultant de ce qu'il n'a point été exécuté dans les six mois de son obtention, ne s'applique qu'au jugement seul, et non à l'assignation sur laquelle il a été rendu. —En conséquence, on peut poursuivre un second jugement sur la même assignation. (C. pr., 156). — 20 fév. 1855. Bordeaux. J.H. 55. 240.

27. ... La péremption d'un jugement par défaut pour non exécution dans les six mois entraîne la nullité de l'inscription prise en vertu de ce jugement (C. civ., 2160).—22 nov. 1841. Agen. J.H. 42. 1. 253.

28. — *Justice de paix*. — La péremption, devant les justices de paix, prononcée par l'art. 15 C. pr., à défaut de jugement définitif dans les quatre mois du jugement interlocutoire qui a ordonné, par exemple, une expertise, est couverte par la renonciation implicite de la partie qui pouvait l'opposer. Et il y a renonciation implicite, au bénéfice de cette péremption, de la part du défendeur qui, après les quatre mois expirés, demande, dans son propre intérêt, une nouvelle visite d'experts, dont le résultat lui est profitable.—22 mars 1837. Cass. J.H. 37. 1. 224.

29.—*Matière commerciale*. — La péremption d'instance est admise en matière commerciale (C. pr., 397). —21 déc. 1836. Cass. J.H. 37. 1. 153.

50. — *Matière correctionnelle.*— La péremption n'a pas lieu en matière correctionnelle, et, spécialement, la discontinuation de poursuites pendant trois ans, à partir de l'appel, ne donne pas au jugement l'autorité de la chose jugée (C. pén., 597, 469).—8 déc. 1856. Toulouse. J.H. 38. 1. 52.

51.—*Mineur*. — La péremption d'instance ne court pas contre le mineur, pendant qu'il est dépourvu de tuteur (C. pr., 397, 398). — 25 janv. 1839. Bordeaux. J.H. 39. 1. 201.

52.—*Mise au rôle.*— La mise d'une cause au rôle est un acte valable pour interrompre la péremption d'une instance (C. pr., 399). —14 août 1837. Cass. J.H. 38. 1. 23.—V., dans le même sens, 9 août 1836. Limoges, et 15 juin 1836. Toulouse. J.H. 37. 1. 71.

55. — *Qualité*. — La péremption d'une instance ne peut être demandée que par le défendeur (C. pr., 401). —Et, pour savoir à laquelle des deux parties litigantes appartient la qualité de *demandeur*, dans le procès, c'est à l'exploit introductif d'instance qu'il faut s'attacher, quelle que soit d'ailleurs la cause de la demande. — 10 déc. 1839. Cass. J.H. 40. 1. 55.

54.—*Reprise d'instance.* — La demande en péremption formée par des héritiers contre l'assignation en reprise d'instance, dirigée contre eux, produit le même effet que si elle était formée contre l'assignation principale.— 6 janv. 1841. Cass. J.H. 41. 1. 111.

55. ...La demande en péremption d'une demande en péremption ne constitue pas une demande en reprise de l'instance première. — 19 déc. 1857. Cass. J.H. 58. 1. 20.

56.—*Saisie-arrêt.* — La saisie-arrêt et la demande en validité de cette saisie, poursuivie devant un tribunal civil, constituent des actes valables pour interrompre la péremption de la demande antérieurement formée devant un tribunal de commerce, en paiement d'une créance. — 8 mars 1839. Lyon. J.H. 40. 1. 17.

57. — *Suspension.* — La péremption d'une instance n'est pas suspendue par une demande en péremption prématurément formée.—20 août 1838. Nimes. J.H. 39. 1. 64.

58.— *Tuteur*. — Le tuteur d'un mineur devenu majeur n'a pas qualité pour demander, du chef de ce mineur, la péremption d'une instance dans laquelle celui-ci est partie.—15 nov. 1838. Bordeaux. J.H. 39. 1. 207.

PLACARDS. — Par qui doit être constatée l'apposition des placards nécessaires pour arriver à la vente des immeubles d'un mineur?

Les notaires ont-ils le droit de constater cette apposition au préjudice des huissiers? — ..... 1836. Dissert. J.H. 36. 2. 50.—V. Saisie immobilière.

POIDS ET MESURES. —Voy. la loi du 8 juill. 1837, J.H. 37. 2. 50, et deux ordonnances royales, l'une du 1er mai, l'autre du 28 juin 1839, J.H. 39. 2. 43 et 74.— V. ci-dessus Mesures.

POSSESSION. — 1. — *Époux*. — L'époux donataire contractuel, en cas de survie, de l'usufruit d'un immeuble appartenant à l'autre époux, continue de plein droit la possession de ce dernier à partir de son décès, et peut joindre cette possession à la sienne propre, à l'effet de former la possession annale exigée pour l'exercice de l'action possessoire. — 14 déc. 1840. Cass. J.H. 41. 1. 49.

2. — *Escroquerie*. — La revendication autorisée par l'art. 2279 C. civ., au cas de vol, ne s'applique point au cas d'escroquerie.—21 nov. 1835. Paris. J.H. 36. 1. 12.

3. — *Objets mobiliers*. — Le propriétaire d'objets mobiliers, tels que des bestiaux, trouvés en la possession d'un saisi, est recevable, nonobstant la disposition de l'art. 2279, à prouver, à l'encontre du saisissant, que ces animaux étaient seulement en dépôt chez le saisi. — 22 août 1842. Nimes. J.H. 43. 1. 138.

4. — *Titre précaire*. — L'usage plus ou moins restreint fait par un particulier, dans son seul intérêt et à sa convenance, d'un droit qu'il a la faculté d'exercer d'une manière absolue, ne peut faire acquérir aux tiers qu'une possession à titre précaire.— 4 déc. 1837. Cass. J.H. 38. 1. 10.

POSTE. —L'amende que prononce l'arrêté du 27 prairial an 9, contre tout individu qui s'immisce dans le transport des lettres, n'est point applicable au particulier trouvé nanti de deux paquets ayant la forme extérieure d'une lettre, mais ne renfermant autre chose que des exploits renvoyés par le receveur de l'enregistrement à l'huissier.

Le porteur desdits paquets est admis à faire preuve par témoins, devant le tribunal, de leur contenu. — 14 janv. 1837. Poitiers. J.H. 57. 1. 245.—V. cependant 6 août 1841. Bourges. J.H. 43. 1. 124.

PRESCRIPTION.—1.—*Amende.*—Les amendes pour contraventions aux lois fiscales, bien que prononcées par les tribunaux civils, ayant néanmoins un caractère pénal et répressif, le moyen de la prescription doit être suppléé d'office par le juge.—5 janv. 1842. Trib. de la Seine. J.H. 42. 1. 99.

2. — *Avoué*. — La prescription de l'action de l'avoué pour ses honoraires résultant de mémoires qu'il a publiés, et pour les plaidoiries qu'il a prononcées comme licencié, dure trente ans.

La prescription de deux ans, établie contre l'action des avoués pour le paiement de leurs frais, est fondée sur une présomption *juris et de jure*, contre laquelle aucune preuve n'est admissible, sauf à l'avoué à déférer le serment à son client (C. civ., 1350, 1352, 2273, 2275). — 10 juin 1834. Rouen. J.H. 35. 81. — V., dans le même sens, 22 juill. 1835. Cass. J.H. 35. 543.

3. — *Demande reconventionnelle*. — La demande reconventionnelle, régulièrement formée, est, comme la citation elle-même, interruptive de la prescription

(C. civ., 2244). Mais si la partie qui a fait une demande reconventionnelle vient à s'en *désister*, ou si elle laisse *périmer* l'instance, ou si sa demande est *rejetée sans réserve*, l'interruption doit être réputée non avenue (C. civ., 2247).

Doit être considérée comme définitivement rejetée, et, par suite, comme n'ayant pu interrompre le cours de la prescription, une demande reconventionnelle sur laquelle il a été omis de statuer, alors qu'on a épuisé les recours légaux auxquels cette omission pouvait donner lieu, et que le pourvoi fondé sur ce motif a été rejeté (C. civ., 1351). — 25 janv. 1837. Cass. J.H. 37. 1. 208.

**4.** — *Domaines engagés.* — Le domaine est non recevable à invoquer, comme ayant eu pour effet d'interrompre la prescription contre un détenteur de domaines engagés, soumis aux dispositions de la loi du 14 vent. an 7, un exploit contenant signification et copie des titres exigée par cette loi, pour empêcher la prescription, s'il n'en reproduit pas l'original... Et c'est vainement qu'il en établirait l'existence, tant par l'extrait du registre du receveur de l'enregistrement, que par d'autres documents. — 31 mai 1836. Cass. J.H. 36. 1. 217.

**5.** — *Effet de commerce.* — La mention d'une traite dans le bilan du failli le rend non recevable à invoquer la prescription de cinq ans antérieurement accomplie. Mais cette mention n'a pas pour effet de convertir la prescription quinquennale, à laquelle la traite reste soumise, en prescription trentenaire; en conséquence, la traite sera prescrite par le laps de cinq ans, écoulé depuis la date du bilan.

L'exception de paiement opposée par le débiteur d'une traite, ne le rend pas non recevable à en opposer la prescription.

La prescription de cinq ans établie pour les lettres de change, par l'art. 21, tit. 5 de l'ordonnance de 1673, est fondée sur une présomption légale de paiement, et ne peut être combattue par de simples présomptions contraires (C. comm., 189; C. civ., 1352). — 19 août 1840. Bordeaux. J.H. 41. 1. 158.

**6.** — *Femme mariée.* — La prescription des actions en reprises de la femme, instituée légataire de l'usufruit de tous les biens de son mari, n'est point suspendue pendant la durée de son usufruit (C. civ., 2256, 2262).

La prescription de la dot mobilière de la femme ne commence à courir qu'un an après la dissolution du mariage. Mais à l'égard des autres sommes (telles que le montant d'une donation de survie ou du droit de viduité), que la femme peut avoir à répéter contre la succession de son mari, et dont le paiement peut être exigé avant l'expiration de l'an de deuil, la prescription court du jour de la dissolution du mariage (C. civ., 1565, 1570). — 21 avril 1836. Aix. J.H. 36. 1. 301.

**7.** — *Frais.* — Dans le cas où deux époux ont *constitué conjointement le même avoué*, pour une affaire relative aux droits de la femme, l'assignation en paiement des frais, donnée à l'un, interrompt la prescription vis-à-vis de l'autre au profit de l'avoué, les deux époux étant tenus des frais solidairement (C. civ., 2002, 2249). — 27 nov. 1839. Cass. J.H. 40. 1. 48.

**8.** ... Lorsque plusieurs arrêts ont été rendus, à des époques différentes, sur des contestations relatives à la liquidation d'une créance, la prescription de deux ans pour le paiement des frais dus à l'avoué qui a occupé dans ces diverses instances, ayant le même objet, ne commence à courir que du jour du jugement qui a sta-



tué définitivement sur la liquidation de la créance (C. civ., 2273.) — 5 déc. 1835. Paris. J.H. 36. 1. 305.

**9.** ... La prescription annale, établie contre les officiers ministériels, court, quoiqu'ils aient en leur possession les actes qu'ils ont faits pour leurs clients (C. civ., 2272). — 10 mai 1836. Cass. J.H. 36. 1. 193.

**10.** — *Garantie.* — La prescription d'une action en garantie pour éviction commence à courir, soit du moment de l'éviction de fait suivie d'une demande judiciaire en dommages-intérêts pour non jouissance, soit du moment où l'auteur de l'éviction a introduit, contre l'acquéreur évincé, une instance pour faire consacrer son droit (C. civ., 2257, 2262).

Le fait, de la part d'un sous-garant, qui, à son égard, pourrait être considéré comme interruptif de la prescription de l'action en garantie, ne peut pas être opposé comme tel au garant direct étranger à ce fait. — 12 déc. 1837. Cass. J.H. 38. 1. 19.

**11.** — *Intérêts.* — L'acquéreur qui, en notifiant son titre d'acquisition, fait offre de son prix d'acquisition, n'est pas fondé à prétendre que ces intérêts se sont compensés avec d'autres que les vendeurs lui devaient pour une dette personnelle, ou qu'ils ont été atteints par la prescription établie par l'art. 2277 du Code civil. — 16 mars 1838. Nancy. J.H. 38. 1. 156.

**12.** — *Interruption.* — Le commandement fait, à la requête du créancier, au débiteur de payer des intérêts échus, n'a pas pour effet de substituer la prescription trentenaire à la prescription de cinq ans, mais seulement d'interrompre la prescription quinquennale pendant cinq autres années (C. civ., 2244, 2277). — 18 déc. 1837. Nancy. J.H. 38. 1. 59.

**13.** ... Un commandement qui est nul comme manquant des conditions voulues pour autoriser des poursuites contre le débiteur n'est pas interruptif de la prescription de la créance (C. civ., 2244).

La contrainte décernée par la régie des domaines contre un débiteur de l'Etat, et spécialement en paiement d'arrérages de rentes constituées à des corps religieux représentés par l'Etat, n'est pas exécutoire si elle est visée par le président d'un tribunal autre que celui de la situation des biens ou du domicile de ce débiteur. Par suite, le commandement signifié en vertu de cette contrainte non exécutoire, ne peut avoir l'effet d'interrompre la prescription de la dette (C. civ., 2244, 2247). — 8 juin 1841. Cass. J.H. 41. 1. 219.

**14.** ... La demande déclarée non recevable *quant à présent*, faute de justifications suffisantes, est une demande rejetée, incapable, par suite, d'interrompre la prescription (C. civ., 2247). — 6 janv. 1841. Bordeaux. J.H. 41. 1. 209.

**15.** ... Une demande en partage a pu valablement être déclarée interruptive de la prescription décennale de l'action en nullité ou en rescision de ce traité (C. civ., 1304). — 2 mars 1837. Cass. J.H. 37. 1. 209.

**16.** ... La prescription par dix ans de l'action en nullité d'une transaction intervenue entre un particulier et le maire d'une commune, transaction approuvée par le conseil municipal et homologuée par ordonnance royale, a pu être déclarée interrompue par l'arrêt qui, sur une pareille action formée en temps utile par la commune, a rejeté néanmoins ses prétentions, mais seulement comme non recevable *quant à présent*, en se fondant sur ce que l'existence de l'ordonnance homologative faisait obstacle à ce que l'autorité judiciaire pût compétemment statuer sur la nullité de l'acte sanctionné par cette ordonnance (C. civ., 2244). — 28 juin 1837. Cass. J.H. 37. 1. 280.

**17.** — *Lettre de change.* — Celui qui acquitte une

lettre de change tirée sur lui, sans qu'on lui en ait fait les fonds, ne peut plus exercer son recours contre le tireur après cinq ans (C. comm., 189). — 21 janv. 1839. Montpellier. J.H. 39. 1. 54.

18. — *Lettre missive.* — La reconnaissance faite par une partie, dans des lettres missives adressées à son avoué, des sommes dont elle est débitrice envers lui, a pour effet d'interrompre la prescription de deux ans établie par l'art. 2273 C. civ., et de constituer au profit de l'avoué un titre spécial qui ne peut s'éteindre que par la prescription trentenaire (C. civ., 2273, 2274). — 29 juin 1841. Douai. J.H. 42. 1. 158.

19. — *Mandat.* — Lorsqu'un notaire ou un huissier a procédé, en vertu d'une procuration, à une vente de meubles, mentionnée au procès-verbal de vente faite au comptant, il est présumé en avoir touché le prix, et il doit, pendant 30 ans, ou ses héritiers pour lui, pouvoir justifier de sa libération (C. civ., 1991, 2262). — 19 déc. 1835. Douai. J.H. 36. 1. 181.

20. — *Matière commerciale.* — Il suffit qu'une promesse ou reconnaissance de somme entre commerçants ait pour cause un fait de commerce, pour qu'elle soit soumise à la prescription de cinq ans (C. comm. 189). — 10 déc. 1834. Cass. J.H. 35. 114.

21. ... Celui qui oppose la prescription quinquennale contre un billet à ordre peut être admis à prouver qu'à l'époque où il a souscrit ce billet, il était commerçant, alors surtout qu'il n'est point contesté qu'il l'était auparavant (C. comm., 195). — 2 mai 1837. Bastia. J.H. 37. 1. 285.

22. — *Matière criminelle.* — Un jugement de condamnation par défaut, tant qu'il n'a pas été notifié, ne peut être considéré que comme un simple acte d'instruction et de poursuite, à partir duquel commence à courir la prescription de l'action publique et non celle de la peine (C. inst. cr., 638). — 27 août 1836. Paris. J.H. 37. 1. 185.

23. ... Par la discontinuation de poursuites pendant 3 ans, à partir de l'appel d'un jugement correctionnel, il y a prescription et du délit et des actes des poursuites, encore bien que le jugement contiendrait une condamnation au profit de la partie civile (C. inst. cr., 656). — 8 déc. 1836. Toulouse. J.H. 38. 1. 52.

24. ... Une citation, donnée devant un tribunal de répression compétent, qui s'est cependant déclaré incompétent par un jugement passé en force de chose jugée, n'interrompt pas la prescription (C. civ., 2246; C. inst. crim., 192). — 13 janv. 1837. Cass. J.H. 37. 1. 206.

25. ... La prescrition d'un délit de pêche n'est pas interrompue par une citation annulée pour vice de forme.

En cas de délit commun, les poursuites exercées contre deux des délinquants interrompent la prescription à l'égard du troisième, et la prorogent pendant trois années, bien que le délit poursuivi soit un délit de pêche prescriptible par un mois (L. 15 avril 1829; C. inst. cr., 637, 638). — 31 janv. 1839. Bourges. J.H. 39. 1. 298.

26. ... La prescription quinquennale des peines prononcées par un jugement correctionnel, commence à courir seulement à compter des deux mois accordés pour l'appel du procureur-général. — 27 août 1836. Paris. J.H. 37. 1. 185.

27. ... En matière correctionnelle comme en matière civile, les citations régulières en justice interrompent la prescription, quoique données devant un juge incompétent (C. civ., 2246; C. inst. cr., 637). — 13 janv. 1837. Cass. J.H. 37. 1. 182.

28. ... Décidé de même par la Cour royale de Toulouse par arrêt du 17 novembre 1835. J.H. 36. 1. 67.

29. — *Mauvaise foi.* — L'acquéreur est réputé de mauvaise foi, et dès lors ne peut opposer la prescription de 10 ou 20 ans à l'égard des hypothèques inscrites sur l'immeuble acquis, lorsqu'il est constant qu'il a connu les inscriptions et a exigé des sûretés pour se garantir de leur effet (C. civ., 2265). — 17 avril 1839. Bourges. J.H. 40. 1. 95.

30. — *Moyen personnel.* — Le moyen pris de ce qu'un immeuble, en tant qu'appartenant à l'Etat, n'a pu être prescrit que par une possession de quarante ans avant le Code civil, ou de trente ans depuis ce Code, est un moyen personnel à l'Etat, lequel, par suite, ne peut être invoqué entre particuliers qui ne tiennent pas leurs droits de l'Etat. — 17 juin 1839. Cass. J.H. 39. 1. 245.

31. — *Possession.* — La possession de l'immeuble litigieux, continuée pendant l'instance d'appel dont la péremption a été prononcée, ne peut être invoquée à titre de prescription (C. civ., 2244, 2262). — 15 juill. 1839. Cass. J.H. 39. 1. 270.

32. — *Séparation de biens.* — La prescription des actions de la femme ne court pas pendant le mariage, même après la séparation de biens, alors que l'action de la femme pourrait réfléchir contre le mari. — Il en était de même, sous l'ancien droit, dans les ressorts des parlements de Guyenne et de Normandie, et dans le Béarn (C. civ., 1561, 2256). — 17 nov. 1835. Cass. J.H. 36. 1. 264.

33. — *Terme.* — En matière de prescription, le jour *ad quem* se trouve compris dans le terme. — 6 mai 1835. Rennes. J.H. 36. 1. 304.

**PRÉSOMPTION.** — 1. — *Quittance.* — La quittance donnée sans réserve par un notaire, pour des frais d'actes reçus par lui, fait présumer le paiement des frais relatifs aux actes d'une date antérieure (C. civ., 1347). — 8 déc. 1835. Bordeaux. J.H. 37. 118.

2. — *Titre.* — Toutes les fois qu'un titre se trouve égaré par événement de force majeure, il peut être suppléé à ses énonciations à l'aide de présomptions graves, précises et concordantes, comme à l'aide de la preuve testimoniale (C. civ., 1348, 1353). — 9 avril 1839. Cass. J.H. 39. 1. 166.

**PRESSE.** — 1. — *Citation directe.* — En matière de délit de la presse, le ministère public conserve la faculté de citer directement le prévenu devant la Cour d'assises, même après les actes d'instruction qui auraient suivi la saisie, et spécialement après l'interrogatoire du prévenu.

L'art. 5 de la loi du 8 avril 1831 a été abrogé par l'art. 24 de celle du 9 sept. 1835. — 17 déc. 1836. Cass. J.H. 37. 1. 172. — V. cependant 8 juin 1836. Cour d'ass. de la Seine. J.H. 36. 1. 282.

2. — *Injures.* — La poursuite pour délit d'injures verbales et publiques contre un dépositaire ou agent de l'autorité publique est suffisamment provoquée par une plainte adressée par le fonctionnaire outragé au procureur du roi (L. 26 mai 1819, art. 5).

Si les faits d'où ressort le délit d'injures n'ont pas été qualifiés dans la plainte, il suffit qu'ils soient articulés et qualifiés dans la citation donnée à la requête du ministère public (L. 26 mai 1819, art. 6). — 14 janv. 1842. Douai. J.H. 43. 1. 63.

3. — *Poursuites.* — La déchéance que l'art. 11 de la loi du 26 mai 1819 prononce pour le cas où la chambre du conseil ne statue pas sur une poursuite pour délit de la presse, dans les dix jours qui suivent la notification

du procès-verbal de saisie, ne s'applique pas au cas de diffamation ou d'injures envers des agents ou dépositaires de la force publique, à raison de l'exercice de leurs fonctions.

Le ministère public n'est pas irrecevable à poursuivre un délit de diffamation ou d'injures envers un fonctionnaire public, par cela seul qu'une première citation qu'il aurait fait donner, aurait été annulée. — 17 oct. 1836. Cass. J.H. 37. 1. 467.

4. — *Réponse.* — Le gérant d'un journal ne peut se refuser à l'insertion d'une réponse faite par la personne nommée dans un article de son journal, sous prétexte qu'elle contient des inexactitudes, si d'ailleurs les expressions dans lesquelles elle est conçue ne constituent ni crime ni délit (L. 25 mars 1825, art. 11). — 21 fév. 1840. Paris. J.H. 40. 1. 232.

5. — *Saisie.* — L'art. 7 de la loi du 26 mai 1819 qui ordonne de notifier, dans les trois jours de la saisie, l'ordre de saisir un écrit, et le procès-verbal de saisie, n'est applicable qu'à la saisie ordonnée par le juge d'instruction. — 27 déc. 1837. Cour d'ass. de la Seine. J.H. 39. 1. 183.

**PREUVE.** — 1. — *Acte sous-seing privé.* — La date de la cession sous-seing privé faite, après concordat, par un associé à son co-associé, de ses droits actifs et passifs dans la liquidation à faire, peut, à défaut d'enregistrement, être constatée de la manière déterminée par l'art. 109 C. comm., à l'égard du tiers-cessionnaire, des mêmes droits en vertu d'un acte authentique. — 21 juill. 1836. Paris. J.H. 37. 1. 152.

2. — *Aveu d'un officier ministériel* — L'aveu, de la part d'un officier ministériel, qu'il a reçu plusieurs des titres qu'on lui réclame, a pu être considéré comme ne constituant pas un commencement de preuve par écrit de la remise de la *totalité* de ces titres, sans que l'arrêt qui le décide ainsi, sur le motif que l'aveu ne rend pas vraisemblable le fait allégué, soit sujet à censure (C. civ., 1347).

L'aveu d'un officier ministériel (un huissier), chargé du recouvrement d'une créance, qu'il a fait ce recouvrement, mais en ajoutant qu'il a ensuite remis la somme au créancier, ne peut être divisé contre lui : c'est au créancier qui prétend que la dernière partie de l'aveu n'est pas exacte, à le prouver soit par écrit, soit à l'aide d'un commencement de preuve par écrit ; à défaut de preuve, l'officier ministériel, qu'on le considère comme mandataire ou comme dépositaire, doit être cru sur sa déclaration, sans qu'on puisse la scinder (C. civ., 1356). — 6 nov. 1838. Cass. J.H. 39. 1. 253.

3. — *Cession.* — Le cessionnaire est l'ayant-cause du cédant, en ce sens au moins que les paiements faits à celui-ci, antérieurement à la cession, peuvent être valablement opposés au cessionnaire par le débiteur cédé, bien qu'ils ne soient établis que par quittances sous-seing privé, sans date certaine. — 26 juin 1840. Bordeaux. J.H. 41. 1. 209.

4. — *Commencement de preuve.* — Un acte écrit par une partie, par simple annotation, mais non signé par elle, peut tout infirme qu'il est, servir de commencement de preuve de l'engagement qui y est pris ; il peut même être regardé comme une preuve complète, sans que l'arrêt qui le décide ainsi, tombe sous la censure de la Cour de cassation. — 7 déc. 1836. Cass. J.H. 57. 1. 123.

5. ... Le billet signé, mais non écrit par le souscripteur, qui ne porte pas de *bon* ou *approuvé*, vaut néanmoins comme commencement de preuve par écrit autorisant l'admission de la preuve testimoniale sur le point

de savoir si la signature a été donnée et l'engagement contracté en connaissance de cause (C. civ., 1326). — 16 janv. 1843. Nîmes. J.H. 43. 1. 154.

6. — *Exploit.* — L'existence d'un exploit et même sa date peuvent être prouvées, encore bien que l'exploit ne soit pas représenté par celui qui l'invoque. — 27 nov. 1839. Cass. J.H. 40. 1. 48.

7. — *Signature.* — La simple signature, sans *bon*, ni *approuvé*, apposée au bas d'un billet, peut servir de commencement de preuve (C. civ., 1324, 1348). — 2 mai 1837. Bastia. J.H. 37. 1. 285.

**PRISÉES.** — Les huissiers ont, à l'exclusion des simples particuliers, le droit de faire les prisées dans les inventaires faits après décès.

Quelles sont à cet égard les attributions des greffiers des juges de paix ? — . . . . . Dissert. J.H. 36. 2. 31, 52 et 38. — V. Commissaires-priseurs, Huissiers.

**PRIVILÉGE.** — 1. — *Agent d'affaires.* — L'agent d'affaires qui cède son cabinet à un de ses confrères ne peut plus tard exercer le privilége de vendeur dans la faillite de l'acheteur, alors que celui-ci a réuni les deux cabinets en un seul (C. civ., 2102, § 4). — 17 juin 1836. Paris. J.H. 36. 1. 267.

2. — *Cautionnement.* — Les amendes et peines pécuniaires prononcées contre un fonctionnaire (un huissier) ne sont pas privilégiées sur son cautionnement (C. civ., 2102, § 7 ; L. niv. an 13, art. 1er). — 21 janv. 1837. Paris. J.H. 37. 1. 357.

3. — *Commis.* — Le privilége établi par l'art. 2101 C. civ. s'étend généralement à tous les individus qui louent leur travail, et engagent leurs services à l'année, au mois ou à la journée, quelle que soit d'ailleurs la nature de ces services. Et spécialement, les commis d'un négociant, à qui des appointements sont donnés au mois ou à l'année, sont compris dans la catégorie des gens de service qui ont droit au privilége de l'art. 2101 C. civ. — 19 août 1834. Paris. J.H. 35. 64.

4. — *Frais de justice.* — Les seuls frais de justice qui priment les créanciers hypothécaires sont ceux qui leur ont profité, par exemple, les frais de scellé et d'inventaire, mais nullement ceux de déclaration et de gestion de la faillite du débiteur (C. civ., 2101, 2104, 2105). — 2 déc. 1841. Rouen. J.H. 42. 1. 104.

5. — *Imprimeur.* — Le privilége de vendeur d'effets mobiliers non payés, encore en la possession de l'acheteur, par exemple, d'un brevet d'imprimeur avec fonds et achalandage, peut être réclamé, lorsque la vente est antérieure à la loi du 28 mai 1838, bien que l'ouverture de la faillite soit postérieure à cette loi (C. civ., 2102 ; L. 28 mai 1838, 550). — 16 mai 1840. Limoges. J.H. 41. 1. 21.

6. — *Office.* — Le vendeur d'une étude d'huissier a un privilége sur le prix de cette étude, lors même que le prix aurait été réglé en lettres de change, et qu'elle aurait été transmise par le débiteur à un tiers (C. civ., 2102).

Le privilége du vendeur sur le prix d'un office est suffisamment conservé à l'égard des créanciers ordinaires, par l'opposition formée à la chambre des huissiers, à la transmission du titre à un tiers. — 12 mai 1835. Paris. J.H. 35. 318. — V. cependant 23 janv. 1843. Cass. J.H. 43. 1. 100, et le mot Office.

7. ... L'officier ministériel, non payé du prix de sa charge, jouit du privilége du vendeur sur le prix de la revente faite par son cessionnaire (C. civ., 2102).

Le vendeur primitif est admis à combattre par la preuve testimoniale les actes de libération produits par les acquéreurs successifs et qu'il argue de fraude.—24 juin 1859. Caen. J.H. 40. 1. 116. — V. Conf., 11 déc. 1854. Paris. J.H. 55. 260.

8. ... Le privilége du vendeur non payé a lieu sur le prix de la revente d'un office ministériel, par exemple, d'une charge d'avoué.

Ce privilége existe pour le paiement du prix du titre de l'office et de la clientèle, mais non pour le paiement du prix des recouvrements. — 8 juin 1856. Paris. J.H. 56. 4. 235.

9. ... Le vendeur d'un office, non payé, exerce son privilége, en cas de destitution de son successeur, sur l'indemnité que le titulaire désigné par le gouvernement a été tenu de payer (C. civ., 2102, § 4).

..... En cas pareil, le privilége est conservé par la notification de ses droits, faite par le vendeur au titulaire nommé, et par les actes conservatoires pratiqués entre ses mains avant qu'il ait payé son indemnité. — 2 déc. 1842. Bordeaux. J.H. 43. 4. 67.

10. ... En cas de faillite de l'acheteur, le privilége du vendeur d'objets mobiliers non payés ne peut pas plus être accordé pour remboursement du prix de cession d'un office, tel qu'une charge de courtier, que pour la créance résultant de la vente d'un objet mobilier d'une nature ordinaire (C. comm., 550; C. civ., 2102). — 16 janv. 1842. Paris. J.H. 43. 4. 117.

11.—Ouvrier.—Les ouvriers d'une fabrique, salariés à la pièce, au mois ou à la journée, ne peuvent être assimilés aux gens de service désignés dans l'art. 2101 C. civ., et, par suite, ils n'ont point droit au privilége qu'il établit.—1er août 1834. Paris. J.H. 35. 62.

Jugé de même pour les conducteurs de travaux de maçonnerie et de charpente.—29 mars 1837. Paris. J.H. 37. 4. 359.—V. encore 6 mai 1842. Lyon. J.H. 43. 1. 33. —V. cependant 25 avr. 1856. Lyon. J.H. 57. 4. 191.

12.—Professeur.—Les professeurs n'ont pas de privilége pour leurs honoraires sur le prix de vente du mobilier de l'établissement auquel ils sont attachés (C. civ., 2201, n. 4; 2202, n. 3).—7 déc. 1858. Toulouse. J.H. 39. 4. 61.

13. — Propriétaire.—Le privilége résultant au profit du propriétaire, d'une saisie-gagerie, ne peut s'exercer que sur les objets saisis, et ne doit pas être étendu à d'autres objets, par exemple, aux animaux nés et aux grains récoltés depuis la saisie (C. civ., 2102; C. pr., 819).—19 déc. 1843. Cass. J.H. 44. 1. 79.

14. ... Le privilége que l'art. 2102 C. civ. accorde aux sommes dues pour les semences et frais de récolte de l'année, sur le prix de cette récolte, par préférence même au propriétaire, ne s'étend pas aux fournitures de simples engrais, tels que poudres végétales.— 28 juin 1837. Caen. J.H. 37. 4. 525.

15. ... Le privilége du propriétaire, en cas de bail sous-seings privés sans date certaine, limité par l'art. 2102 C. civ., quant aux loyers à échoir, à ceux d'une année à partir de l'expiration de l'année courante, s'applique à la totalité des loyers échus (C. civ., 2102).—25 avr. 1842. Rouen. J.H. 45. 1. 46.

16. ... Le propriétaire n'a aucun droit de gage sur les machines confectionnées par son locataire, sur l'ordre d'un tiers et avec les matériaux de celui-ci, alors surtout que ces machines sont l'objet d'un brevet d'invention obtenu par ce tiers, et que l'inventeur a, par conséquent, le droit exclusif de les livrer au commerce (C. civ., 2102).—8 mars 1841. Paris. J.H. 44. 1. 201.

17. ... Le propriétaire, en cas de bail sous-seing privé n'ayant pas date certaine, a privilége sur les meubles garnissant la ferme, non seulement pour l'année à échoir à partir de l'année courante, mais encore pour cette

année courante elle-même (C. civ., 2102).—6 mai 1855. Cass. J.H. 55. 269.

18. — Saisie-exécution. — Le privilége des frais de saisie-exécution faits contre un débiteur, avant sa faillite, continue à subsister sur le prix des meubles saisis, bien que leur vente n'ait été opérée que postérieurement à l'ouverture de la faillite : les frais doivent être réputés faits dans l'intérêt de la masse des créanciers (C. civ., 2102).—15 nov. 1837. Amiens. J.H. 40. 1. 27.

19.—Second ordre (privilége de). — Le privilége de second ordre appartenant au bailleur des fonds d'un cautionnement n'est pas incessible (L. 25 niv. an 13; décr. des 28 août 1808, et 22 déc. 1812).—17 nov. 1841. Cass. J.H. 42. 1. 44.

20. — Trésor public. — L'administration du domaine qui, par sa négligence, ne s'est pas fait payer, sur le prix du mobilier d'un condamné, des frais dont la condamnation avait été prononcée à son profit, est non recevable à se faire colloquer, par privilége et de préférence à tous autres créanciers hypothécaires, sur le prix des immeubles du condamné, vendus postérieurement à la distribution qui a été faite du prix du mobilier (C. civ., 2104, 2105, 2098).—22 août 1836. Cass. J.H. 37. 4. 52.

21. — Vente. — Le vendeur non payé d'un fonds de commerce, et, spécialement d'un fonds de boulangerie, peut, en cas de faillite de l'acheteur, exercer le privilége de l'art. 2102, § 4 C. civ.

Le privilége de l'art. 2102, § 4 C. civ., s'applique aux effets mobiliers corporels ou incorporels sans distinction; et, dans le cas où il s'agit d'effets incorporels, tels qu'un fonds de commerce, il n'est pas nécessaire, pour avoir droit au privilége, que ce fonds se trouve, entre les mains de l'acheteur, dans le même état qu'au moment de la vente.—2 janv. 1838. Cass. J.H. 38. 1. 69.

PROCÈS-VERBAL. — 1. — Gendarme. — Les gendarmes ont qualité pour dresser des procès-verbaux en matière de pêche, et pour donner à ces procès-verbaux toutes les suites dont ils sont susceptibles, au nombre desquelles figure en certains cas la saisie des filets. — 23 nov. 1843. Trib. corr. de Libourne. J.H. 44. 1. 66.

2. — Justice de paix. — Le procès-verbal dressé par le juge de paix, constatant une transaction écrite à l'avance, ne vaut ni comme jugement, ni comme procès-verbal de conciliation; et, par suite, cette transaction est nulle si elle n'est signée que par l'une des parties. —13 mars 1857. Rennes. J.H. 40. 1. 45.

3. — Sergent de ville. — Les procès-verbaux ou rapports des sergents de ville et des inspecteurs chargés des rondes de nuit dans Paris ont été valablement déclarés insuffisants pour constater l'existence des contraventions.—30 mars 1839. Cass. J.H. 39. 1. 274.

PRODIGUE. — 1. — Action. — L'individu auquel il est interdit de plaider sans l'assistance d'un conseil judiciaire que le jugement lui nomme, est non recevable à attaquer, soit par appel, soit par pourvoi en cassation, sans l'assistance de ce conseil, et, à plus forte raison, malgré sa résistance, une décision rendue contre lui... sauf au prodigue, en cas d'abus d'autorité du conseil, à demander sa révocation (C. civ., 513, 514).—13 fév. 1844. Cass. J.H. 44. 1. 59.

2. — Curateur. — Le conseil judiciaire, assigné en cette qualité avec le prodigue, peut, s'il est intervenu un jugement par défaut contre tous les deux, former seul et hors de la présence du prodigue, opposition à ce jugement.—27 déc. 1843. Cass. J.H. 44. 1. 28.

3. — Mariage. — Le prodigue, pourvu d'un conseil judiciaire, ne peut, sans l'assistance de ce conseil, demander en justice main-levée de l'opposition à son

mariage, formée par sa mère (C. civ., 513).—2 déc. 1839. Toulouse. J.H. 40. 1. 121.

**PROPRIÉTÉ.**—1.—*Hypothèque.*—Le propriétaire de biens grevés d'hypothèques conserve la plénitude de son droit de propriété, et peut en user et en abuser comme il le veut, tant qu'une saisie n'est pas venue modifier son droit.—10 juin 1841. Cass. J.H. 41. 1. 235.

2. — *Propriété industrielle.* — L'élève et le directeur, employés dans une fabrique de produits chimiques, ont pu, en formant une exploitation du même genre, rappeler leurs titres d'élève et de directeur. — 5 mars 1839. Paris. J.H. 59. 1. 119.

3. — *Titre.* — De ce qu'un individu ne produit pas ou refuse de produire l'acte par lequel il déclare avoir acquis le fonds d'un autre, il ne suit pas qu'on puisse le déclarer déchu de son titre, lui imposer un perpétuel silence à cet égard, et lui défendre de plus en arguer contre ce dernier; il en résulte seulement qu'on doit lui défendre de récidiver, tant qu'il ne le produira pas.—5 juin 1835. Nîmes. J.H. 36. 1. 103.

**PRUD'HOMME.** — 1. — *Appel.* — Les jugements de prud'hommes sont susceptibles d'appel, non seulement de la part du défendeur, lorsqu'ils prononcent contre lui une condamnation excédant 100 fr. en principal et accessoires, mais encore de la part du demandeur, lorsqu'il a été débouté d'une demande supérieure à 100 fr. ou indéterminée, et, de la part de toute partie, lorsqu'il y a annulation d'un traité. — 10 janv. 1842. Cass. J.H. 42. 1. 74.

2. — *Compétence.* — La juridiction des conseils de prud'hommes est limitée aux individus travaillant pour la fabrique du lieu ou du canton de la situation de la fabrique, et n'embrasse que les difficultés qui s'élèvent entre les fabricants et leurs subordonnés, relativement aux opérations de la fabrique (Décr. régl. 11 juin 1809, art. 11 et 12).

Cette juridiction est spéciale et exceptionnelle. — 1er août 1840. Cass. J.H. 40. 1. 137.

3. ... Les conseils de prud'hommes sont incompétents pour connaître des difficultés élevées entre un commerçant et un ouvrier qui n'est pas son subordonné (L. 18 mars 1806).—12 déc. 1836. Cass. J.H. 37. 1. 162.

**PURGE.** — 1. — *Hypothèque légale.* — L'acquéreur qui veut purger les hypothèques légales non inscrites n'a pas besoin de se faire assister d'un avoué pour effectuer au greffe le dépôt de son contrat d'acquisition, conformément à l'art. 2194 C. civ.

Quand le contrat est sous forme authentique, c'est au notaire seul qu'il appartient de certifier la copie dûment collationnée dont parle l'art. 2194 C. civ. *Jugé par la Cour royale.*

Mais quand le contrat est sous la forme d'un acte sous-seing privé, à qui appartient le droit d'en certifier la copie qui doit être déposée au greffe? Les huissiers ont-ils ce droit concurremment avec les avoués?

En tout cas, ne suffit-il pas que la copie soit certifiée par la signature de toutes les parties qui ont figuré à l'acte sous-seing privé ? — 31 mars 1840. Cass. J.H. 40. 1. 149.

2. — *Notification.* — Lorsque l'acquéreur notifie son titre d'acquisition aux créanciers hypothécaires inscrits et fait offre de payer, entre leurs mains, le montant du prix de son acquisition, les intérêts de ce prix cessent d'appartenir au vendeur et se capitalisent au profit desdits créanciers. En conséquence, lorsque, postérieurement à cette notification, un créancier cédulaire du vendeur fait saisir-arrêter, entre les mains de l'acquéreur, le montant du prix de l'acquisition, ce dernier ne



peut se refuser à payer aux créanciers hypothécaires les intérêts de ce même prix, sous le prétexte que la saisie-arrêt l'a empêché de se libérer et de faire produire des intérêts au capital par lui dû.—16 mars 1838. Nancy. J.H. 38. 1. 155.

3. — *Ordre.* — Il suffit qu'un ordre soit ouvert sur le prix d'un immeuble vendu, pour que le tiers-acquéreur ne soit plus admis à en faire le délaissement vis-à-vis les créanciers inscrits, bien qu'il n'ait pas notifié son contrat à ceux-ci (C. civ., 2172).... Surtout lorsqu'il y a eu clôture de l'ordre et délivrance des bordereaux.—18 janv. 1834. Bourbon. J.H. 37. 1. 356.

4. — *Sommation.* — La sommation de payer ou de délaisser, faite au tiers-acquéreur par un créancier inscrit, est valable, et donne droit à celui-ci de faire vendre l'immeuble acquis, à défaut de purge dans le délai des art. 2169 et 2183 C. civ., bien que la sommation ne contienne pas copie du titre du créancier. — 18 mai 1836. Douai. J.H. 37. 1. 353.

**QUALITÉS DE JUGEMENT.**—1.—*Opposition.* — Si l'avoué, qui a formé opposition aux qualités, néglige de faire régler cette opposition, conformément à l'art. 145 C. pr., il y a lieu de lever le jugement ou l'arrêt sur les qualités telles qu'elles ont été signifiées.—12 fév. 1840. Cass. J.H. 40. 1. 98.

2. — *Pouvoir du juge.* — Un président ne peut, sans déni de justice, refuser à une partie de régler les qualités d'un jugement ou de le lever.—17 mars 1835. Cass. J.H. 35. 206.

**QUESTION PRÉJUDICIELLE.** — 1. — *Propriété.* —Sur l'action du ministère public pour encombrement de matériaux sur la voie publique, si le défendeur se prétend propriétaire du sol, le tribunal de simple police doit surseoir à son jugement jusqu'à ce que la question de propriété ait été décidée par les tribunaux civils (C. inst. crim., 408, 413).—16 avr. 1836. Cass. J.H. 36. 1. 280.

2. — *Renvoi.* —La simple dénégation d'un écrit ou l'allégation de faux n'oblige pas le tribunal de commerce à renvoyer devant les tribunaux civils, alors qu'il est évident que ce ne sont là que des moyens dilatoires sans aucune espèce de fondement (C. pr., 429). — 26 nov. 1834. Rennes. J.H. 35. 174.

**QUITTANCE.** — 1. — *Forme.* — La quittance, qui n'est que la suite et le complément d'une obligation dans laquelle les noms et qualités des parties ont été énoncés, n'est pas rigoureusement soumise à contenir les mêmes indications. — 5 janv. 1842. Trib. de la Seine. J.H. 42. 1. 98.

2. — *Timbre.* —Les quittances données, à des dates différentes, par des créanciers divers, à la caisse des consignations, pour réception de sommes déposées dans cette caisse par leur débiteur, et formant le montant de leur collocation, à la suite de saisies-arrêts pratiquées contre ce dernier, ne peuvent être rédigées à la suite les unes des autres, sur la même feuille de papier timbré. — 17 avril 1831. Délib. cons. d'adm. — 19 mai 1831. Déc. min. fin. J.H. 35. 8.

**QUOTITÉ DISPONIBLE.** — À l'égard d'immeubles situés en France, et appartenant à un étranger, la quotité disponible de l'étranger se règle par la loi française. — 14 mars 1837. Cass. J.H. 37. 1. 323.

**RÉBELLION.** — La résistance opposée par les condamnés, lors de leur arrestation illégale, ne constitue pas le délit de rébellion aux agents de la force publique, prévu par l'art. 209 C. pén.—22 nov. 1839. Douai. J.H. 40. 1. 159.

**RECOMMANDATION.**—V. *Contrainte par corps.*

**RÉFÉRÉ.** — 1. — *Appel.* — Une ordonnance de référé, rendue sur l'exécution d'un jugement en dernier ressort, n'est pas susceptible d'appel (C. pr., 809).—16 avril 1836. Paris. J.H. 37. 1. 286.

2. ... L'appel d'un jugement rendu en état de référé doit, de même que l'appel d'une ordonnance de référé, être formé dans la quinzaine de la signification (C. pr., 809). — 14 mai 1836. Paris. J.H. 37. 1. 286. — V. conf. 14 mai 1835. Paris. J.H. 37. 1. 104.

3. ... Une ordonnance de référé est susceptible d'appel pour incompétence, quelle que soit la valeur de la contestation, alors, d'ailleurs, que le moyen d'incompétence a été proposé en référé (C. pr., 809). — 13 oct. 1841. Paris. J.H. 42. 1. 94.

4. — *Autorisation de femme.* — Le juge du référé est incompétent pour autoriser la femme, contre la volonté du mari, à vendre partie de son mobilier, et à transporter le surplus dans un domicile qu'elle s'est choisi (C. civ., 1449). —19 oct. 1836. Paris. J.H. 37. 1. 255.

5. — *Avoué commis.* — L'ordonnance du président qui commet un avoué pour la notification d'un contrat d'acquisition aux créanciers inscrits, conformément à l'art. 832 C. pr., rentre dans la classe des ordonnances de référé, et n'est pas, dès lors, susceptible d'opposition (C. pr., 806, 809). — 13 fév. 1839. Cass. J.H. 39. 1. 251.

6. — *Délai.* — L'assignation, en matière de référé, peut être donnée à la première audience, bien qu'il n'y aurait pas un délai de 24 heures, ... et sans qu'il ait été besoin de permission du juge pour abréger le délai (C. pr., 72, 807). — 25 oct. 1838. Paris. J.H. 39. 1. 171.

7. — *Délai de grâce.* — Le juge des référés n'est pas compétent pour statuer sur une demande en sursis tardivement formée et pour ordonner la suspension des poursuites. — 23 mai 1835. Bordeaux. J.H. 35. 352.

8. — *Exécution de jugement.* — Le juge des référés est compétent pour statuer, par provision, sur les difficultés nées de l'exécution même d'un arrêt infirmatif... surtout en matière de contrainte par corps (C. pr., 472, 786). — 12 oct. 1837. Paris. J.H. 38. 1. 165.—V. cependant 15 oct. 1841. Paris. J.H. 42. 1. 94, et 11 déc. 1841. Montpellier. J.H. 42. 1. 171.

9. — *Nantissement.* — En matière de gage, le juge des référés est incompétent pour ordonner que la remise en soit faite au créancier, ou qu'il soit procédé à la vente : la connaissance de cette demande est attribuée au tribunal entier, par l'art. 2078 C. civ. — 5 oct. 1839. Paris. J.H. 40. 1. 41.

10. — *Saisie-arrêt.* — Le juge de référé ne peut autoriser un paiement au préjudice de la saisie-arrêt qu'il a autorisée (C. pr., 658 et 806). —28 juin 1833. Paris. J.H. 39. 1. 309.

11. — *Sous-location.* — La question de savoir si un locataire peut exercer la faculté de sous-louer, ne peut faire l'objet d'un référé, lorsqu'il n'existe pas de bail écrit. — 31 août 1839. Toulouse. J.H. 40. 1. 39.

12. — *Vice-président.* — Le vice-président d'un tribunal ne peut statuer comme juge de référé qu'en cas d'empêchement ou d'absence du président, exprimé dans l'ordonnance (C. pr., 807; décr. 30 mars 1808, art. 47). — 31 août 1839. Toulouse. J.H. 40. 1. 39.

**RÈGLEMENT DE JUGES.**—La demande en folle-enchère formée devant le tribunal qui avait prononcé l'adjudication, et la demande en licitation des biens adjugés portée devant le tribunal de la situation de ces biens par les héritiers de l'adjudicataire, constituent deux litiges différents qui ne peuvent donner lieu à un règlement de juges, lorsque, d'ailleurs, le droit de poursuivre la folle-enchère n'est pas contesté devant ce dernier tribunal.—9 janv. 1834. Cass. J.H. 38. 1. 284.

**REMPLACEMENT MILITAIRE.** — 1. — *Obligation personnelle.* — Les père et mère qui souscrivent une obligation pour le remplacement de leur fils, majeur, ne sont pas réputés agir en qualité de *negôtiorum gestores* de ce fils ; par suite, ce dernier n'est pas tenu au remboursement de cette obligation à laquelle il est resté étranger, alors d'ailleurs que son étendue serait de nature à engager son avenir (C. civ., 1375). — 11 juill. 1840. Amiens. J.H. 43. 1. 45.

2.—*Patente.* — Une compagnie d'assurances pour la libération du service militaire ne saurait être considérée comme une entreprise commerciale (L. 1er brum. an 7, art. 37). Par suite, le notaire qui a omis de mentionner la patente de la compagnie dans l'acte qu'il reçoit pour elle n'a commis aucune contravention. —5 janv. 1842. Trib. de la Seine. J.H. 42. 1. 98.

**REMPLOI.** — Le remploi en immeubles, stipulé par contrat de mariage, ne peut être réputé légalement accompli, par l'acquisition de rentes nominatives sur l'État, nonobstant la disposition de l'art. 9 de l'ordonn. du 29 avril 1831 qui prohibe la conversion des rentes ainsi acquises en rentes au porteur.

Le remploi en immeubles, stipulé par contrat de mariage peut être valablement effectué en acquisition d'actions sur la banque de France, immobilisées.

Les frais de remploi sont à la charge de la femme, lorsque le remploi n'est pas la suite d'une aliénation volontaire.

.... Dans ce cas, ces frais doivent être prélevés sur le capital à remplacer. — 8 mai 1838. Caen. J.H. 39. 1. 323.

**RENTE.** — 1. — *Arrérages.* — La simple délégation faite par le crédi-rentier, des intérêts à échoir d'une rente, constitue bien de la part de ce dernier un engagement personnel, mais n'attribue point au délégataire le *jus in re* sur les arrérages à échoir. En conséquence, les créanciers du crédi-rentier peuvent faire procéder à la saisie des arrérages à échoir cédés et venir, par contribution avec le délégataire, dans la distribution de ces arrérages (C. civ., 546, 547, 1150, 1690). — 5 mai 1836. Caen. J.H. 37. 1. 99.

2. — *Remboursement.* — Le débiteur d'une rente quérable qui, pendant deux années, cesse le service des arrérages, ne peut être contraint au remboursement du capital qu'après avoir été mis en demeure de payer les arrérages échus. En conséquence, sont valables les offres faites par le débiteur de la rente, de payer seulement les arrérages échus, lorsque le crédi-rentier lui fait commandement de solder, soit les arrérages échus, soit le capital. — 23 mai 1838. Angers. J.H. 39. 1. 51. — V. cependant 10 déc. 1836. Aix. J.H. 37. 1. 252 et 28 juin 1836. Cass. J.H. 36. 1. 548.

3. — *Rente sur l'État.* — Des inscriptions de rente sur l'État peuvent être séquestrées entre les mains d'un tiers dépositaire, par celui qui s'en prétend le véritable propriétaire ; nonobstant le principe de l'insaisissabilité des rentes sur l'État (L. 8 niv. an 6 ). — 7 juill. 1836. Paris. J.H. 37. 1. 119.

**RENTE VIAGÈRE.**—L'adjudicataire d'un immeuble grevé d'une rente viagère, qui n'a point fait transcrire son contrat, conformément à une des clauses du cahier des charges, ne peut être, par cela seul, considéré comme n'ayant pas donné les sûretés stipulées, alors surtout si cette clause n'avait pas pour but de fournir des sûretés au vendeur ( C. civ., 1977 ). — 6 fév. 1855. Orléans. J.H. 37. 1. 260.

RENVOI. — Il n'est pas exigé, sous peine de déchéance, que la signification d'un arrêt de renvoi pour cause de suspicion légitime soit faite dans les délais prescrits par l'ordonnance du mois d'août 1737, pour la signification des arrêts en règlement de juges. — 28 janv. 1855. Toulouse. J.H. 37. 1. 117.

RÉPERTOIRE. — L'acte notarié portant deux dates différentes peut, sans contravention, être inscrit au répertoire à la première, alors même que le notaire et les parties ne l'ont signé qu'à la dernière. — 11 nov. 1854. Délib. de la régie. J.H. 55. 1. 127.

REPRISE D'INSTANCE.—1.—*Assignation*. — Une assignation en reprise d'instance ne peut être annulée par le motif qu'elle ne serait suffisamment libellée, aux termes de l'art. 61 C. pr. civ. ; il suffit qu'elle soit conforme aux dispositions de l'art. 346 du même Code. La nullité serait, dans tous les cas, couverte par la partie qui a comparu volontairement devant le président du tribunal, et subi un interrogatoire sur faits et articles (C. pr., 173). — 25 août 1855. Bordeaux. J.H. 56. 1. 148.

2. — *Vente judiciaire.* — L'art. 342 C. pr., qui veut que le jugement de l'affaire mise en état ne soit pas différé par le décès d'une des parties, est applicable dans le cas d'une vente judiciaire par licitation (C. pr., 342). — 29 avril 1854. Bordeaux. J.H. 56. 1. 42.

REQUÊTE CIVILE. — Le fait de la part du juge de n'avoir pas lu, en audience publique, une partie du dispositif d'un arrêt, est suffisant pour autoriser l'annulation de tout l'arrêt sur requête civile (L. 20 avril 1810, art. 7). — 5 déc. 1856. Cass. J.H. 37. 1. 37.

RÉSOLUTION. — 1. — *Chose mobilière.* — La vente de bois sur pied destinés à être coupés, constitue une vente mobilière, en sorte que le vendeur ne peut, surtout après l'exploitation commencée et la prise de possession des bois faite de son consentement par des sous-acquéreurs, poursuivre contre ceux-ci la résolution de la vente, ou la revendication de la chose vendue, à défaut de paiement du prix (C. civ., 2102)... et le vendeur primitif est non recevable à exercer, contre les sous-acquéreurs, l'action en résolution de vente à défaut de paiement du prix. — 12 déc. 1842. Cass. J.H. 45. 1. 53.

2. — *Rente viagère.* — La vente faite moyennant un capital et une rente annuelle et viagère n'est pas susceptible de résolution pour défaut de paiement des arrérages de la rente, surtout lorsque le capital stipulé a été intégralement payé.—12 juill. 1859. Nîmes. J.H. 39. 1. 316.

3. — *Vente.*—Par la poursuite en saisie immobilière, et même par son consentement donné à la conversion en vente volontaire, le vendeur non payé de son prix ne perd pas le droit de demander la résolution de la vente par lui faite, alors qu'après sa production à l'ordre, on conteste la validité de son privilége. —12 août 1855. Paris. J.H. 37. 1. 296.

RESPONSABILITÉ. — 1. —*Avoué.* — L'avoué n'est passible envers son client d'aucuns dommages-intérêts, si la Cour décide qu'à part le moyen de nullité de procédure, le jugement aurait été confirmé. —5 avril 1840. Caen. J.H. 40. 1. 183.

2. —*Détenu pour dettes.*—Le directeur d'une maison de santé qui a reçu dans son établissement un détenu pour dettes, et s'est formellement chargé de sa garde, est responsable, à l'égard des créanciers, de



l'évasion de leur débiteur, s'il ne prouve pas qu'elle a été le résultat d'une force majeure, ou qu'il a pris toutes les précautions nécessaires pour la prévenir (C. civ., 1383). — 30 nov. 1841. Paris. J.H. 42. 1. 89.

3. — *Huissier.* — L'huissier qui n'a ni connivence, ni fraude, ni négligence à se reprocher dans le choix qu'il a fait d'un gardien d'objets qu'il avait saisis, a pu être déclaré responsable des fautes commises par ce gardien, sans que l'arrêt qui le décide ainsi tombe sous la censure de la Cour de cassation.

L'huissier n'est pas responsable de la solvabilité des gardiens qu'il établit. — 25 janv. 1836. Cass. J.H. 36. 1. 106.

4. ... La nullité de l'emprisonnement d'un débiteur, imputable à la négligence de l'huissier, non seulement laisse à sa charge les frais des actes nuls, mais encore le rend passible envers le créancier de dommages-intérêts dont l'appréciation appartient aux tribunaux (C. civ., 1932 ; C. proc., 1031). — 23 mai 1839. Montpellier. J.H. 40. 1. 181.

5. ... L'huissier qui a commis une nullité dans un protêt n'est responsable des suites de cette nullité qu'à l'égard du porteur qui l'a chargé de faire l'acte, et non à l'égard de l'endosseur qui a remboursé sans s'être assuré de la validité du protêt ; l'endosseur n'est pas non plus admissible à poursuivre l'huissier, comme se trouvant, par le fait du paiement, subrogé aux droits et actions du tiers-porteur qui avait chargé l'huissier d'instrumenter. —1er juin 1843. Rouen. J.H. 44. 1. 51.

6. ... L'huissier qui a commis une nullité dans un protêt n'est responsable des suites de cette nullité que vis-à-vis celui qui l'a chargé de faire cet acte ; les autres endosseurs n'ont aucune action contre lui, alors surtout qu'ils ont remboursé l'effet protesté et les frais sans se prévaloir de la nullité (C. pr., 1582 ; C. civ., 1992). — 17 juill. 1827. Cass. J.H. 37. 1. 273.

7. — *Hypothèque légale.* — Le tiers-détenteur d'un immeuble grevé d'une hypothèque légale, n'est pas obligé, si cette hypothèque n'a pas été conservée par l'inscription, et alors même qu'il aurait eu connaissance des titres constatant l'existence de cette hypothèque, de faire notifier au créancier à hypothèque légale la sommation prescrite par l'art. 2194 C. civ. Il suffit que, dans ce cas, il ait rempli les formalités prescrites pour la purge, par l'art. 2194 C. civ., et par le décret de juin 1807. — 20 janv. 1856. Cass. J.H. 56. 1. 96.

8. — *Garde du commerce.* — Les gardes du commerce sont, soit comme officiers ministériels, soit comme mandataires salariés, responsables des fautes graves qu'ils commettent dans leurs actes (C. civ., 1382; Décret 18 mars 1808, art. 19, 27). —10 nov. 1854. Paris. J.H. 55. 60.

9. — *Maître.* — Quand un enfant travaille chez un maître, au moment où il a commis un fait dommageable, c'est le maître, et non le père de l'enfant, qui est civilement responsable (C. civ., 1382). —15 nov. 1855. Metz. J.H. 56. 1. 72.

10. ... La responsabilité civile pèse contre le maître, quoique, sur l'action dirigée contre son domestique par l'administration des contributions indirectes, il n'ait pas été mis en cause (C. civ., 1384). — 26 avril 1839. Cass. J.H. 39. 1. 275.

11. — *Notaire.* — Un notaire est responsable de la nullité d'un paiement qu'il a conseillé à son client, et des suites d'un procès qu'il a conseillé, à l'effet de soutenir la validité de cet acte.

En cas pareil il est réputé agir non comme officier ministériel, mais comme mandataire salarié.

Il est responsable de la totalité du préjudice souffert par son client.

Il est du devoir des notaires d'éclairer les parties sur les conséquences de leurs conventions. — 23 nov. 1843. Cass. J.H. 44. 1. 17.

12. ... Un notaire n'est pas responsable des suites d'un placement, s'il est constant qu'il a pris toutes les mesures de prudence que la circonstance exigeait. — 29 juill. 1839. Aix. J.H. 40. 1. 163.

13. ... Un notaire qui a agi comme mandataire salarié est responsable du préjudice causé par suite de la faute lourde commise dans l'exécution de l'affaire dont l'a chargé un de ses clients, qui l'avait investi de toute sa confiance (C. civ., 1382, 1992). — 23 nov. 1843. Cass. J.H. 44. 1. 17.

14. ... Un notaire est responsable à l'égard de son client de l'individualité de la personne avec laquelle il le fait contracter en sa présence. Toutefois l'indemnité est soumise à l'appréciation des juges, et peut être inférieure à la valeur du dommage éprouvé par le client, si aucune fraude ne peut être reprochée au notaire (C. civ., 1383). — 24 mai 1838. Caen. J.H. 48. 1. 145.

15. ... Le notaire est responsable des sommes remises dans son étude par un prêteur de fonds au clerc qui a dressé l'acte. — 29 nov. 1854. Tribunal de la Seine. J.H. 55. 145.

16. — Parents. — Les père et mère sont responsables des actes nuisibles commis par l'enfant majeur, en état de démence, bien que non interdit, qui demeure chez eux (C. civ., 1384). — 27 mai 1840. Lyon. J.H. 41. 1. 54.

17. — Saisie-arrêt. — Le créancier qui a fait une saisie-arrêt contre son débiteur, n'est pas responsable de l'insolvabilité du tiers saisi, survenue pendant la durée de la saisie (C. pr., 573, 656, 1242 ; C. civ., 1382). — 12 mai 1837. Grenoble. J.H. 58. 1. 259.

**RETRAIT CONVENTIONNEL.** — Le retrait conventionnel, entre copropriétaires et communistes, des quotes-parts de copropriété et de jouissance commune transmises à des tiers, ne peut se présumer ni s'induire. La convention doit être écrite, explicite, et régler expressément le mode suivant lequel le droit exorbitant du retrait pourra être exercé contre les tiers. — Cette matière est d'ordre public, en ce qu'elle a pour objet de déroger aux lois sur la propriété privée et sa transmission. — 12 mars 1839. Cass. J.H. 39. 1. 93.

**RETRAIT LITIGIEUX.** — 1. — Cassation. — L'éventualité d'un pourvoi en cassation ne rend pas litigieux, et, dès lors, susceptible de retrait, un droit reconnu par arrêt de Cour royale (C. civ., 1699, 1700). — 18 janv. 1839. Bordeaux. J.H. 39. 1. 261.

2. — Droit litigieux. — Celui contre lequel on a cédé un droit litigieux n'est pas privé de la faculté d'en exercer le retrait, par cela que la cession n'aurait été notifiée qu'après la décision qui a terminé le procès, si réellement elle a été faite pendant que le litige durait encore (C. civ., 1699).

Tant que dure le procès, le droit au fond doit toujours être considéré comme litigieux, quoiqu'au jour de la cession les parties ne plaident pas précisément sur le fond du droit, mais seulement sur la péremption de l'instance à laquelle il a donné lieu (C. civ., 1700). — 6 juill. 1838. Bordeaux. J.H. 39. 1. 80.

3. — Héritier. — Le cohéritier qui, avant partage, a exercé le retrait de droit litigieux contre un tiers, est tenu de faire partager à ses cohéritiers, si ceux-ci le demandent, le bénéfice de ce retrait (C. civ., 1699, 1701). — 21 mai 1836. Limoges. J.H. 39. 1. 51.

**RETRAIT SUCCESSORAL.** — Le retrait successo-

ral ne peut être exercé contre un non successible qui a acquis la part indivise d'un cohéritier dans un immeuble, encore bien que cet immeuble compose toute la succession du défunt (C. civ., 841). — 16 janv. 1835. Toulouse. J.H. 35. 216.

**SAISIE.** — 1. — Appel. — Celui qui a interjeté appel d'un jugement prononçant des condamnations à son profit ne peut, nonobstant son appel, se prévaloir de ce jugement comme d'un titre exécutoire, lui donnant droit de pratiquer une saisie contre son adversaire. — 4 fév. 1839. Rouen. J.H. 39. 1. 260.

2. — Communauté. — Les saisies pratiquées par les créanciers du mari sur les revenus de la communauté sont valables, quoique postérieures à la demande en séparation de biens : ce n'est qu'à l'égard du mari que doit être appliqué le principe de la loi qui fait remonter les effets de la séparation de biens au jour de la demande (C. civ., 1445). — 9 août 1839. Rouen. J.H. 40. 1. 6.

**SAISIE-ARRÊT.** — 1. — Appointements. — La loi du 21 vent. an 9 qui déclare insaisissables, dans les proportions qu'elle détermine, les traitements des fonctionnaires publics, est exclusivement applicable aux employés de l'État ; elle ne peut s'étendre aux appointements d'individus attachés à des entreprises particulières, et, spécialement des artistes dramatiques (L. 21 vent. an 9 ; C. pr., 557 ; C. civ., 2082, 2092, 2093).

Néanmoins, la saisie-arrêt des appointements d'un acteur ne peut atteindre la somme qui lui est rigoureusement nécessaire pour sa subsistance et l'exercice de son état.

Par suite, lorsqu'au mépris d'oppositions formées entre ses mains, le directeur d'un théâtre a payé à un acteur attaché à son entreprise l'intégralité de ses appointements et de ses feux, il ne peut être condamné à restituer aux créanciers opposants la portion qui était nécessaire à l'acteur pour vivre et exercer sa profession.

Il doit en être ainsi, alors même que l'acteur saisi serait décédé sans avoir réclamé contre les créanciers opposants le paiement à son profit d'une fraction de ses appointements, nonobstant les saisies-arrêts pratiquées.

Les feux font partie des appointements et sont saisissables comme tels. — 7 juill. 1843. Paris. J.H. 43. 1. 161. — V. encore 28 juin 1837. Lyon. J.H. 58. 1. 123.

2. ... Quelle est la quotité des appointements d'un commis dans une maison de commerce, d'un artiste dans un théâtre, etc., etc., qui peut être l'objet d'une saisie-arrêt entre les mains du chef de la maison de commerce, ou du directeur de théâtre ? — .... 1837. Dissert. J.H. 37. 2. 29.

3. ... Peut-on saisir-arrêter le traitement d'un instituteur communal pour obligation par lui contractée avant sa nomination ? — .... 1836. Dissert. J.H. 36. 2. 5.

4. ... Une saisie-arrêt faite sur les appointements d'un commis ou les salaires d'un ouvrier, atteint-elle non seulement ce qui peut lui être dû au moment de la saisie, mais encore ce qui échoit postérieurement, en telle sorte que tant que le commis ou l'ouvrier reste chez la personne dans les mains de laquelle a eu lieu la saisie, cette dernière ne puisse valablement se libérer soit de la totalité, soit d'une partie des appointements ou salaires ? — .... 1837. Dissert. J.H. 37. 2. 28.

5. ... Peut-on former saisie-arrêt sur tout ou une partie quelconque de la solde d'activité d'un militaire, d'un gendarme, par exemple ? (C. pr., 580) — .... 1837. Dissert. J.H. 37. 2. 1.

**6. ...** *Arrêt sur soi-même.* — La saisie-arrêt sur soi-même, faite par un individu qui est à la fois créancier et débiteur du saisi, n'est pas valable (C. pr., 557). — 12 déc. 1834. Bordeaux. J.H. 35. 213.

**7.** — *Ayant-cause.* — Les créanciers saisissants doivent être considérés comme les *ayants-cause* de leur débiteur, et non comme des *tiers*, à l'égard du tiers-saisi qui, dès lors, peut leur opposer valablement les mêmes actes de libération sous-seing privé qu'il pourrait opposer à celui dont ils poursuivent les droits, et cela encore bien que ces actes constatent des paiements anticipés, mais d'ailleurs non attaqués pour fraude (C. civ., 1166, 1167, 1522, 1328). — 14 nov. 1836. Cass. J.H. 37. 1. 25.

**8.** — *Cassation.* — Il suffit que des créanciers aient été admis intervenants sur une saisie-arrêt, sans réclamation de la part des parties, devant les juges du fond, pour que le saisi, eût-il même sans cesse fait défaut, ne soit pas recevable à tirer de là un moyen de cassation, sous le pretexte que ces créanciers étaient seulement admissibles à former opposition à la distribution des deniers (C. pr., 609). — 29 déc. 1834. Cass. J.H. 55. 97.

**9.** — *Caution.* — Une saisie-arrêt peut être valablement formée entre les mains de celui qui, comme caution, n'est obligé que conditionnellement envers le saisi. En tout cas, ce serait à la caution et non au saisi à se prévaloir de cette nullité. — 29 mai 1840. Bordeaux. J.H. 41. 1. 64.

**10.** — *Cession.* — La saisie-arrêt ne frappe d'indisponibilité le capital saisi que jusqu'à concurrence des causes de la saisie; le surplus peut être cédé par le débiteur; mais le saisissant doit être indemnisé par le cessionnaire du préjudice que lui fait éprouver le concours de créanciers saisissants postérieurs à la cession (C. civ., 1242; C. pr., 559).

Le surplus du capital saisi excédant les causes de la saisie, peut être cédé, sans que le créancier saisissant, postérieur à la signification de la cession, soit fondé à prétendre un droit sur le surplus du capital (C. civ., 1690). — 9 fév. 1837. Paris. J.H. 38. 1. 237.

**11. ...** La déclaration, par un débiteur, au pied de l'exploit de notification d'une saisie-arrêt, qu'il consent à ce que le créancier saisissant touche toutes les sommes que pourra lui devoir le tiers-saisi, n'ayant le caractère ni d'un transport, ni d'une délégation parfaite, n'a pas pour effet de rendre ce créancier propriétaire de ces sommes, encore bien que cette déclaration aurait été notifiée au tiers-saisi, alors surtout qu'à cette époque les créances saisies n'étaient [pas entièrement liquidées; par suite des saisies-arrêts, postérieures à cette déclaration, viennent en concurrence avec la première (C. civ., 1134, 1166, 1690; C. pr., 557). — 9 janv. 1838. Cass. J.H. 58. 1. 78.

**12. ...** La saisie-arrêt ne frappe d'indisponibilité les sommes entre les mains du tiers-saisi que jusqu'à concurrence du montant des causes de l'opposition; en conséquence, le débiteur saisi peut céder le surplus de sa créance sans que les créanciers qui n'ont formé opposition que depuis la signification du transport y aient aucun droit à prétendre (C. civ., 1242, 1690; C. pr., 559, 575).

Le créancier qui a formé opposition sur une créance cédée par son débiteur, mais saisie par un créancier avant la cession, devant concourir avec ce dernier à la distribution de la somme arrêtée par la première saisie, le cessionnaire doit indemniser le premier saisissant du préjudice qu'il éprouve de ce concours (C. pr., 575).

Le créancier qui a formé opposition sur une créance précédemment cédée par son débiteur, mais frappée, pendant la cession, d'une première saisie-arrêt par un autre créancier, conserve ses droits sur la somme rendue indisponible par la première saisie, nonobstant la main-levée ou l'annulation ultérieure de cette saisie (C. civ., 1242; C. pr., 579). — 30 mai 1835. Paris. J.H. 35. 553.

**13. ...** La saisie-arrêt ne frappe d'indisponibilité les sommes saisies qui en sont l'objet que jusqu'à concurrence des causes de l'opposition; en conséquence, le transport du surplus de ces sommes peut être valablement opéré, et les droits du cessionnaire ne peuvent être altérés par les saisies-arrêts, survenues postérieurement à la notification de son transport.

Les opposants et le cessionnaire qui ont fait signifier le même jour leur opposition et leur transport viennent simultanément au marc le franc de leur créance, sans distinction de la priorité de l'heure de la signification.

Le cessionnaire qui concourt avec des premiers opposants, par égalité de date de leur titre, devient immédiatement propriétaire d'une portion des sommes dues, proportionnelle à son transport, sans que des saisies survenues postérieurement à la notification de sa cession puissent altérer ses droits, tandis qu'il en est différemment à l'égard des premiers opposants, dont les droits peuvent être modifiés par des oppositions postérieures : tous les opposants, sans égard pour la date de leur opposition, viennent en concurrence sur les sommes dues, au marc le franc de leur créance. — 19 juin 1838. Nîmes. J.H. 40. 1. 110.

**14. ...** Le créancier qui a formé opposition au trésor, sur les fonds de son débiteur avant la cession que ce dernier a faite au profit d'un tiers, n'a pas un droit exclusif et spécial sur la réserve faite par le trésor du montant de son opposition; il ne vient que par contribution avec les créanciers opposants depuis la signification de la cession (Déc. 18 août 1807, 4).

A supposer qu'il puisse recourir en garantie contre le cessionnaire, cette action en garantie ne pourrait être intentée que par voie principale et non par une voie incidente dans la contribution des sommes restant à distribuer.

Le cessionnaire de créances saisies-arrêtées entre les mains du trésor, après avoir touché les fonds libres, lors du paiement desquels le trésor a réservé ce qui restait dû au saisi, en vue des oppositions formées par d'autres créanciers que le cessionnaire, ne peut venir à la distribution par contribution des sommes ainsi réservées, bien que sa créance ne soit pas complétement éteinte. — 5 juill. 1838. Paris. J.H. 39. 1. 129.

**15.** — *Chose jugée.* — Un jugement par défaut qui déclare une saisie-arrêt bonne et valable, bien que signifié au tiers-saisi, n'opère pas saisine en faveur du créancier, s'il n'a pas été rendu avec le tiers-saisi, et s'il ne le condamne pas à payer. — 17 mars 1836. Paris. J.H. 36. 1. 198. — V. cependant 24 mars 1835. Rennes. J.H. 36. 1. 9. — V. encore 17 mars 1836. Paris. J.H. 36. 1. 169.

**16. ...** Le jugement de validité d'une saisie-arrêt, passé en force jugé, qui ordonne que le tiers-saisi videra ses mains dans celles du saisissant, jusqu'à concurrence des sommes dues au débiteur saisi et qui sont déterminées par ce jugement, a pour effet de rendre le saisissant propriétaire de la créance du débiteur saisi et de le faire considérer comme créancier direct du tiers-saisi, de telle sorte qu'il peut prendre inscription en son nom personnel sur les biens de celui-ci ou renouveler à son profit les inscriptions déjà existantes en faveur du débiteur saisi (C. civ., 1251, 2148 ). — 20 mai 1839. Cass. J.H. 59. 1. 216.

17. ... Le jugement de validité de saisie-arrêt , qui ordonne au tiers-saisi de vider ses mains dans celles du saisissant jusqu'à due concurrence, a pour effet de transporter judiciairement à ce dernier la propriété de la créance saisie ; et cela à l'exclusion des autres créanciers saisissants postérieurs ; lorsque du moins leurs oppositions sont postérieures même à l'époque où ce jugement a acquis l'autorité de la chose jugée : par suite, ceux-ci ne peuvent venir à contribution (C. civ., 1550, 1551, 1690; C. pr., 557, 567, 573, 575, 576, 578 et 579 ).

Peu importe que la dette du tiers-saisi ne soit actuellement ni exigible, ni liquide, ni certaine, et que les oppositions des autres créanciers aient été pratiquées antérieurement à son exigibilité. — 30 janv. 1842. Cass. J.H. 42. 1. 68.

18. ... Le jugement qui, hors la présence du tiers-saisi, valide une saisie-arrêt, n'a pas pour effet d'opérer, au profit du saisissant, la saisie des sommes arrêtées ; et, par suite, ces sommes peuvent, surtout avant la signification de ce jugement, être valablement frappées de nouvelles oppositions ( C. pr. civ., 575 ). — 24 juin 1836. Paris. J.H. 57. 1. 104.

19. — *Consignation.* — L'ordonnance de référé qui prescrit, du consentement respectif des parties, le dépôt à la caisse des consignations d'une somme saisie-arrêtée, avec affectation spéciale à l'extinction de la créance du saisissant, équivaut, au profit de celui-ci, à une délégation avec privilège et s'oppose à ce que les créanciers du saisi, depuis tombé en faillite, puissent obtenir la réintégration, dans l'actif, de la somme déposée. — 23 juin 1841. Paris. J.H. 42. 1. 147.

20. — *Contribution.* — Le jugement qui prononce la validité d'une saisie-arrêt, et ordonne la délivrance des sommes saisies, ne fait pas obstacle, lorsque ce jugement n'a pas acquis l'autorité de la chose jugée, à ce que tout autre créancier use de saisie sur les mêmes deniers, et en demande la distribution par concours, sans que le nouveau saisissant soit obligé de former tierce-opposition envers le jugement obtenu par le premier créancier. — 21 janvier 1839. Montpellier. J.H. 59. 1. 54.

21. — *Créance (liquidité de).* — La condition de liquidité de la créance, servant de base à la saisie, n'est pas tellement absolue, qu'elle doive entraîner la nullité d'une saisie-arrêt faite en vertu d'une créance non liquide, mais susceptible d'une liquidation facile. — 29 mai 1840. Bordeaux. J.H. 41. 1. 64. — V. dans le même sens, 5 juill. 1859. Nîmes. J.H. 40. 1. 65. — V. cependant 10 déc. 1836. Douai. J.H. 38. 1. 186 ; 26 août 1859. Bordeaux. J.H. 40. 1. 249 ; 4 mars 1835. Douai. J.H. 59. 1. 310.

22. — *Créancier (droits du)* — Le créancier qui a saisi les loyers d'une maison, n'a pas, pour cela, le pouvoir d'y placer des locataires. — 26 juill. 1856. Cass. J.H. 37. 1. 33.

23. — *Déclaration affirmative.* — La disposition de l'art. 577 C. pr., bien que comminatoire, ne peut plus être considérée comme telle, lorsque, devant la Cour, le tiers-saisi se borne à soutenir, sans le justifier, qu'il ne doit rien au débiteur saisi ( C. pr., 574, 577 ). — 24 août 1841. Bordeaux. J.H. 42. 1. 126.

24. ... Les tribunaux ont la faculté, avant de déclarer le tiers-saisi débiteur des causes de la saisie, de lui accorder préalablement un délai pour faire sa déclaration ( C. pr., 577 ). — 5 mars 1855. Douai. J.H. 55. 356.

25. — *Dénonciation.* — La dénonciation du procès-verbal de saisie-arrêt doit, à peine de nullité, contenir, comme le procès-verbal lui-même, la mention du titre, ou copie de l'ordonnance en vertu de laquelle la saisie a été faite (C. pr., 559, 563). — 1er août 1839. Lyon. J.H. 59. 1. 304.

26. — *Dépens.* — La saisie-arrêt pratiquée, sur les dépens dont l'avoué a obtenu la distraction, par les créanciers de son client, n'est pas valable, lors même que l'avoué déclarerait qu'il a été désintéressé par le saisissant et qu'il renonce à la distraction. (C. pr., 557). — 20 juin 1838. Toulouse. J.H. 59. 1. 156.

27. — *Dépôt.* — La saisie-arrêt faite entre les mains d'un tiers, dépositaire de sommes appartenant au saisi, doit être déclarée sans effet quant à ces sommes, si le tiers-saisi qui ne les avait reçues qu'à charge d'en faire un usage déterminé, et, par exemple, de les employer au paiement de quelques débiteurs du saisi, avait, à cette époque, fait ces paiements en déclarant les avoir effectués, bien que les quittances qui les établissent n'aient pas été enregistrées. — 5 août 1839. J.H. 59. 1. 522.

28. — *Distribution.* — Le jugement qui, sur une saisie-arrêt, a renvoyé les créanciers à procéder à la distribution par contribution des sommes déclarées par le tiers-saisi, doit être réputé avoir clos cette instance, tellement que le tiers-saisi ne peut plus, au mépris de ce jugement, se dessaisir des sommes dont il avait fait sa déclaration. — 27 mai 1835. Montpellier. J.H. 36. 1. 70.

29. — *Domicile ( élection de).* — L'art. 559 C. pr., exigeant, en matière de saisie-arrêt, que le procès-verbal de saisie contienne élection *de domicile dans le lieu où demeure le tiers-saisi*, cette élection est-elle régulière lorsqu'elle est faite chez un habitant de la commune de la résidence du tiers-saisi, dans le cas où la commune est divisée en plusieurs hameaux, et que le tiers-saisi habite un hameau autre que celui où le domicile a été élu ? — 1836. Dissert. J.H. 36. 2. 41.

30. — *Effet.* — La saisie-arrêt n'a d'effet que jusqu'à concurrence de ses causes. Par suite, le tiers-saisi se libère valablement, entre les mains du saisi, de l'excédant de la somme arrêtée ( C. civ., 1242 ).

Le tiers-saisi peut opposer aux saisissants des quittances enregistrées seulement depuis les saisies, alors qu'il s'agit de dettes échues avant les saisies. — 5 fév. 1836. Bourges. J.H. 37. 1. 265.

31. — *Exécution.* — Le créancier, opposant dont la saisie a été déclarée valable, n'est pas obligé, sous peine de dommages-intérêts, de mettre à exécution ce jugement, dans les quinze jours de son obtention : aucune loi ne lui en fait un devoir.

Il n'est pas non plus obligé de demander, dans le mois, la forclusion des saisies postérieures à la sienne. — 26 juill. 1836. Cass. J.H. 37. 1. 35. — Voy., dans ce sens, 12 mai 1837. Grenoble. J.H. 38. 1. 259.

32. — *Instruction criminelle.* — Un créancier ne peut valablement former saisie-arrêt entre les mains d'un greffier d'instruction pour l'empêcher de se dessaisir des titres et papiers de son débiteur inculpé d'un crime ( C. pr., 557, 591 ). — 1er juin 1838. Amiens. J.H. 58. 1. 237.

33. — *Lettre de change.* — Peut-on pratiquer, sans permission de juge, une saisie-arrêt en vertu d'une lettre de change protestée faute d'acceptation, soit avant la notification au protêt, soit après ce dernier acte, mais avant le jugement de condamnation ? *Rés. aff.* — 1837. Dissert. J.H. 37. 2. 29.

34. — *Matières de poste.* — Les sommes dues, par

les entrepreneurs de voitures publiques, aux maîtres de postes, et formées par l'accumulation des rétributions de 25 cent. non encore acquittées, ne jouissent pas du privilége d'insaisissabilité accordé par l'art. 76 de la loi du 23-24 juill. 1793, et, par suite, peuvent être l'objet d'une saisie-arrêt ( L. 25 vent. an 15). — 11 juill. 1843. Cass. J.H. 43. 1. 163.

35. — *Mise en cause.* — Il suffit que, sur la dénonciation d'une saisie-arrêt au saisi, le saisissant ait mis en cause le tiers-saisi, pour qu'à défaut de comparution et de constitution d'avoué de la part du saisi, il y ait eu lieu à ordonner un réassigné, profit-joint, conformément à l'art. 153 C. pr. — 29 déc. 1834. Cass. J.H. 35. 97.

36. — *Paiement.* — Le tiers-saisi qui, nonobstant la dénonciation de la demande en validité formée par le créancier saisissant, a payé avec les deniers saisis un autre créancier du débiteur, que ce dernier lui avait indiqué, a le droit d'invoquer les causes de préférence que ce créancier désintéressé aurait pu opposer au saisissant, à l'effet de faire déclarer le paiement valable vis-à-vis de celui-ci ( C. pr., 565, 577 ; C. civ., 1242). — 29 déc. 1841. Cass. J.H. 42. 1. 47.

37. — *Papiers domestiques.* — Le propriétaire ne peut, en l'absence de son locataire, faire saisir les livres, titres de créance et papiers du commerce de ce dernier; il ne peut que requérir leur mise sous le scellé (C. pr., 591). — 11 avril 1834. Bordeaux. J.H. 36. 1. 118.

38. — *Pension.* — La pension de retraite constituée par un établissement privé, au profit d'un ancien employé ne participe pas du privilége de l'insaisissabilité attribué aux pensions de l'État, à moins de stipulation contraire exprimée dans l'acte de collation de la pension. En conséquence, la saisie peut en être opérée pour la totalité (C. pr., 581, 582 ; L. 21 vent. an 9). Néanmoins le tribunal peut, en se fondant sur des motifs d'humanité, et en considération de l'état de dénûment où se trouverait le saisi, ne valider la saisie que pour la moitié seulement de la pension, et ordonner que le saisi touchera l'excédant jusqu'à l'extinction de sa dette. — 13 mai 1839. Lyon. J.H. 40. 1. 97.

39. — *Prescription.* — La saisie-arrêt a pour effet non seulement de suspendre la prescription au profit du débiteur saisi, mais encore de l'interrompre ; et cette interruption empêche même la prescription quinquennale des intérêts, alors même que ces intérêts n'ont pas fait expressément l'objet de la saisie-arrêt (C. civ., 2244, 2277.) — 21 déc. 1842. Toulouse. J.H. 44. 1. 40.

40. — *Quittance.* — Les quittances sous-seings privés du débiteur, produites par le tiers-saisi, font foi de leurs dates à l'égard des créanciers saisissants, à la charge de qui est la preuve du dol (C. civ., 1328, 1322). — 5 juin 1840. Toulouse. J.H. 40. 1. 252.

41. — *Responsabilité.* — Le créancier qui a formé opposition entre les mains d'un débiteur de son débiteur, n'est nullement responsable de l'insolvabilité du tiers-saisi, qui arriverait pendant le temps que dure son opposition, une saisie-arrêt n'enlevant pas au saisi la faculté d'agir pour la conservation de ses droits (C. civ., 1382, 1315). — 26 juill. 1836. Cass. J.H. 37. 1. 33.

42. — *Restitution.* — Le dépositaire de valeurs et marchandises saisies-arrêtées en ses mains, ne peut se dispenser d'effectuer la restitution des marchandises au propriétaire, sous prétexte du défaut de justification de l'acte de main-levée de la saisie et du non remboursement des frais de dépôt, lorsque les causes de la saisie ont cessé, que le rapport en a été ordonné, et que le tiers-saisi se trouve en outre débiteur de sommes plus que supérieures pour acquitter les causes de la saisie

(C. pr., 557 ; C. civ., 1944). — 26 fév. 1834. Cass. J.H. 35. 166.

43. — *Société.* — Tant que la liquidation d'une société n'est pas achevée, l'un des associés ne peut pratiquer une saisie-arrêt au préjudice de l'autre, étant incertain s'il est débiteur ou créancier. — 24 mai 1837. Bordeaux. J.H. 38. 1. 187.

44. — *Tiers.* — Des créanciers n'ont pas qualité pour saisir-arrêter des sommes dues par un tiers à un débiteur de leur débiteur.... Il en serait autrement s'ils avaient obtenu subrogation judiciaire aux droits de leur débiteur contre ce débiteur (C. civ., 1166 ; C. pr., 557). — 5 janv. 1839. Bordeaux. J.H. 39. 1. 98.

45. — *Tiers-acquéreur.* — Par le délaissement de l'immeuble aux créanciers inscrits, l'acquéreur perd sa qualité et se trouve affranchi de toutes les obligations qui en dérivent. Ainsi, après le délaissement, les jugements qui auraient validé les saisies-arrêts pratiquées entre ses mains comme acquéreur, ne peuvent plus être exécutés contre lui ; et on lui opposerait en vain la chose jugée, puisqu'il n'a plus la qualité en laquelle il avait été condamné (C. civ., 1351). — 15 janv. 1839. Cass. J.H. 39. 1. 86.

46. — *Tiers-saisi.* — Le jugement qui, à défaut de déclaration affirmative de la part du tiers-saisi, le condamne comme débiteur pur et simple du saisissant, doit être entendu en ce sens que, bien que passible en son nom personnel, le tiers-saisi n'est cependant tenu que de la même manière que le saisi l'était lui-même, c'est-à-dire qu'il pourra opposer au saisissant les exceptions, ou exiger de lui les justifications que le saisi était en droit d'exiger. Par suite, le pourvoi formé par le tiers-saisi, contre un arrêt, en ce qu'il a été condamné purement et simplement, et sans que cette réserve y ait été faite expressément, doit être déclaré sans objet, et, partant, mal fondé. — 11 juin 1835. Cass. J.H. 35. 271.

47. ... Par une saisie-arrêt pour somme inférieure à celle dont le tiers-saisi est débiteur, il n'est pas vrai de dire que la somme tout entière soit frappée d'indisponibilité au profit du saisissant postérieur : par suite, des paiements ont pu être faits au préjudice de ceux-ci par le tiers-saisi, soit au débiteur saisi, soit à des créanciers délégués.

Le tiers-saisi peut opposer aux saisissants des paiements antérieurs aux saisies-arrêts, bien qu'ils ne soient pas constatés par des actes ayant date certaine (C. civ., 1328). — 7 déc. 1838. Toulouse. J.H. 59. 1. 61.

48. ... Le tiers-saisi dont la déclaration n'est pas contestée, n'est pas *partie* dans l'instance en validité de la saisie-arrêt ; par suite, s'il y a été appelé, et que le débiteur saisi fasse défaut, il n'y a pas lieu à un jugement de défaut profit-joint (C. pr., 153).

Le jugement validant la saisie-arrêt, quoique rendu hors de la présence du tiers-saisi, est exécutoire contre lui (C. pr., 548). — 21 avril 1841. Tribunal de Vitré. J.H. 42. 1. 144.

**SAISIE-BRANDON.** — 1. — *Arbres.* — Sous le mot *fruits* dont se sert l'art. 626 C. pr., on doit comprendre tous les fruits que la terre produit à l'aide la culture, et, par exemple, les arbres en pépinière. Et, spécialement, les arbres d'une pépinière peuvent être saisis-brandonnés lorsqu'ils sont en maturité, c'est-à-dire lorsqu'ils sont excrus dans une pépinière dont l'existence remonte à plus de six ans. — 1er mars 1839. Rouen. J.H. 39. 1. 213.

2. — *Opposition.* — Les formes de l'opposition à la saisie-exécution doivent être appliquées, à peine de

nullité, à l'opposition à la saisie-brandon ; en conséquence, l'opposition à la saisie-brandon, qui n'a été signifiée ni au gardien ni à la partie saisie, est nulle (C. pr., 608). — 9 août 1839. Rouen. J.H. 40. 4. 6.

5. — *Témoin.* — L'huissier qui procède à une saisie-brandon n'est pas tenu de se faire assister de témoins (C. pr., 628, 634 ; tarif, 45). —8 juin 1836. Agen. J.H. 57. 4. 341.

4. — *Titre.* — Un propriétaire de biens ruraux ne peut, sans titre exécutoire et sans permission du juge, saisir les récoltes de ses fermiers, conformément à l'art. 819 C. pr., pour une autre cause que pour les loyers et fermages échus. — 4 fév. 1839. Rouen. J.H. 39. 4. 260.

**SAISIE-EXÉCUTION.** — **4.** — *Animaux.* — Lorsque des chevaux ont été compris dans une saisie, ce n'est pas le saisissant, mais le gardien, qui est tenu de veiller à ce que ces animaux ne manquent pas de la nourriture qui leur est nécessaire.

De ce qu'on a laissé périr de faim des animaux saisis et confiés à un gardien, il ne peut en résulter, contre le saisissant, qu'une action civile, et, par suite, il y a lieu d'annuler le jugement qui l'aurait condamné à des peines correctionnelles, sous prétexte que ce fait constituait à son égard le délit prévu par l'art. 455 C. pén.

En cas de refus, de la part du saisissant, de fournir les fourrages nécessaires à la subsistance des animaux qu'il a fait saisir, le gardien doit se pourvoir en référé devant le président du tribunal civil, afin de faire ordonner par ce magistrat les mesures que les circonstances exigent. — 17 juill. 1839. Bordeaux. J.H. 40. 4. 83. — V. encore 22 janv. 1840. Nancy. J.H. 40. 4. 79.

2. — *Gardien.* — L'huissier qui, allant au domicile d'un saisi enlever les objets mobiliers saisis pour les faire vendre, ne trouve pas le gardien qui est le saisi lui-même, mais seulement sa femme et ses enfants, peut-il néanmoins procéder à cet enlèvement ? — ..... 1836. Dissert. J.H. 36. 2. 25.

3. ... Un gardien de meubles ne peut, pour être déchargé de sa garde, assigner le saisissant au domicile élu par celui-ci dans le commandement tendant à la saisie ; il doit assigner à personne ou domicile (C. pr. civ., 584). — 25 fév. 1834. Poitiers. J.H. 35. 79.

4. ... L'art. 400 C. pén. ne peut être appliqué au saisi, pour simple refus de représenter au préposé au récolement les objets saisis dont il a été constitué gardien (C. pén., 400).—5 mars 1839. Bordeaux. J.H. 39. 4. 221.

5. ... Quel est le moyen que doit employer un huissier chargé de faire une saisie mobilière, dans un hameau ou une maison de campagne, lorsque les habitants de ces localités ne veulent pas accepter les fonctions de gardiens ?— ....... 1836. Dissert. J.H. 36. 2. 47.

6. — *Gendarme.* — Les huissiers peuvent-ils, dans les saisies mobilières, prendre pour témoins des gendarmes ?— ...... 1836. Dissert. J.H. 36. 2. 28.

7. — *Huissier.* — L'huissier saisissant est-il tenu, lorsque la saisie doit comprendre une grande quantité de mobilier, de passer la nuit pour la rédaction de son procès-verbal, si la saisie se prolonge au-delà de la journée ?

L'huissier aurait-il droit, en ce cas, à plus de trois vacations par jour ?

Le président du tribunal a-t-il le droit de réduire les vacations d'un huissier qui n'en réclame que trois par jour ?

L'huissier qui procède à une saisie est-il autorisé à prendre une personne de l'art pour les descriptions des objets à saisir ?

Lorsqu'il en a pris une, est-il tenu de la payer de ses propres deniers ? — ..... 1836. Dissert. J.H. 56. 2. 56.

8. ... Un huissier qui saisit les meubles d'un autre que le débiteur, lorsqu'il est de bonne foi, et qu'il y a des circonstances propres à lui faire croire que ces meubles appartenaient au débiteur, n'est passible d'aucune peine. — 5 sept. 1837. Trib. de la Seine. J.H. 57. 4. 26.

9. ... L'huissier qui procède à une saisie-exécution par ordre de justice, en plein marché, peut-il, sous un prétexte quelconque, être assujetti à payer un droit de place à l'adjudicataire du marché ? *Rés. nég.* — ...... 1837. Dissert. J.H. 57. 2. 57.

40. ... C'est l'huissier qui a compris, dans sa saisie, des objets insaisissables, tels que des armes appartenant à un officier, qui est responsable du préjudice fait à ce dernier, et non le saisissant, qui est censé ne lui avoir donné mandat qu'autant qu'il se conformerait aux lois (C. civ., 1382).—22 avril 1838. Paris. J.H. 38. 4. 233.

11. — *Insaisissabilité.* — L'épée et le sabre d'un officier-général sont insaisissables, bien qu'il soit à la retraite (C. pr., 592, n. 5 ; L. 8 juillet 1791, tit. 5, art. 65).

*Quid*, des armes d'honneur ?—22 avril 1838. Paris. J.H. 38. 4. 233.

42. — *Procès-verbal.* — L'omission, dans un procès-verbal de saisie mobilière, de l'indication du jour de la vente, n'entraîne pas nullité de cette vente, mais peut donner lieu à des dommages-intérêts envers la partie saisie qui justifie d'un préjudice éprouvé par suite de l'ignorance où on l'a laissé du jour des enchères (C. pr. civ., 595). Toutefois, si, dans ce cas, la partie saisie a eu, en fait, connaissance de l'époque de la vente, et qu'elle y ait assisté sans opposition, elle est irrecevable dans son action en dommages-intérêts. —21 nov. 1836. Bourges. J.H. 57. 4. 246.

43. ... Que doit-on entendre par ces mots de l'art. 599 C. pr., *le procès-verbal (de saisie) sera fait sans déplacer ?* Le législateur a-t-il simplement voulu dire que l'huissier saisissant ne déplacerait pas les meubles ? ou bien a-t-il entendu dire que le procès-verbal serait fait sans désemparer et sans divertir à d'autres actes ?— .... 1836. Dissert. J.H. 36. 2. 36.

44. — *Récolement.* — Un créancier, en vertu d'un titre exécutoire et qui a formé opposition par acte séparé à une première saisie, pratiquée par un autre créancier, est-il obligé, pour faire vendre les meubles, si le premier saisissant néglige de le faire, de procéder d'abord à un récolement, et de faire ensuite sommation au saisissant ? Ou bien peut-il omettre la formalité du récolement et se borner à faire sommation au premier saisissant de vendre dans la huitaine, et puis de procéder au récolement qui précède immédiatement l'enlèvement des meubles ? — .... 1836. Dissert. J.H. 56. 2. 43.

45. — *Revendication.* — L'exploit de revendication de bestiaux indûment compris dans la saisie faite dans une métairie, exprime d'une manière suffisante les preuves de propriété du revendiquant, lorsque celui-ci a énoncé qu'il était propriétaire des bestiaux saisis, pour les avoir placés dans la métairie du consentement du saisi (C. pr., 608). —17 déc. 1837. Limoges. J.H. 40. 4. 197.

46. — *Signification.* — Lorsque, dans un commandement tendant à saisie-exécution, le saisissant a fait élection de domicile chez le maire du lieu de l'exécution, conformément à l'art. 584 C. pr., et en outre chez l'huissier, les débiteurs peuvent signifier indifféremment à l'un ou à l'autre de ces domiciles élus les actes de pro-

cédures relatives à cette saisie.—20 juin 1838. Cass.
J.H. 38. 1. 244.

17. — *Sous-locataire.* — Le propriétaire qui a loué
une maison par bail authentique à un locataire qui s'est
réservé la faculté de sous-louer, a-t-il la même action
contre les sous-locataires qui n'ont nullement contracté
avec lui, que contre son locataire principal? En d'autres termes, le propriétaire peut-il, dans une telle situation, faire vendre les meubles des sous-locataires sans
faire déclarer la saisie valable par jugement, ainsi qu'il
a le droit de le faire à l'égard du locataire principal, en
vertu de son bail authentique?—.... 1836. Dissert.
J.H. 56. 2. 40.

**SAISIE-GAGERIE.** — 1. — *Faillite.* — Le propriétaire peut faire procéder à la saisie-gagerie et à la vente
des meubles, nonobstant la faillite de son locataire (C.
civ., 2103; C. pr., 819; C. comm., 533). — 27 mai 1835.
Paris. J.H. 35. 508.

2. — *Loyers à échoir.* — Le propriétaire de la ferme
peut, en cas de déplacement des meubles qui sont dans
la ferme, les faire saisir-gager non seulement pour les
fermages échus, mais encore pour les fermages à échoir
(C. civ., 1777; C. pr., 819). — 5 déc. 1837. Nancy. J.H.
58. 1. 312. — V. encore 16 déc. 1837. Bourges. J.H. 58.
1. 189.

3. — *Propriétaire.* — Le droit de saisir-gager les
meubles et effets du locataire ou fermier n'appartient
qu'au propriétaire actuel des lieux loués ou affermés.
Ce droit ne peut dès lors être exercé par celui qui a
cessé d'être propriétaire, même pour loyers échus antérieurement à la vente, et encore quelle vendeur se soit
réservé son privilége sur le prix des effets garnissant
les lieux (C. pr., 819). — 23 nov. 1838. Orléans. J.H.
59. 1. 79.

**SAISIE IMMOBILIÈRE.** — 1. — Les règles établies
par le Code de procédure, concernant la saisie immobilière, et, en général, les ventes judiciaires de biens
immeubles, ont été modifiées par la loi du 2 juin 1841,
dont nous empruntons en partie l'analyse et le commentaire à l'article du Supplément de M. Armand Dalloz, déjà inséré dans la Jurisprudence des Huissiers,
vol. de 1842. 1. 257.

ART. 1er. — *Du droit de saisir.* — *Qualité, biens
saisissables, titres.*

ART. 2. — *De la saisie immobilière.*—*Commandement, procès-verbal, dénonciation de la saisie, transcription; dépôt au greffe, annonces, affiches, adjudication, etc.*

ART. 3. — *Des incidents sur la poursuite de saisie
immobilière.* — *Concours de saisissants; subrogation
de poursuites.* — *Radiation d'une première saisie;
demande en distraction; moyens de nullité; recours
contre les jugements, revente sur folle-enchère;
clause de voie parée; conversion de la saisie en vente
volontaire.*

ART. 4. — *Dispositions diverses.*

ART. 5. — *Du tarif des frais et dépens.*

ART. 1er.—*Du droit de saisir.—Quels biens sont saisissables.—Par qui, contre quelles personnes, pour
quelles causes et en vertu de quels titres la saisie
peut être poursuivie.*

2.—Le créancier peut poursuivre l'expropriation des
biens immobiliers de son débiteur, de leurs accessoires
réputés immeubles, et de l'usufruit des biens de même
nature.—V. l'art. 2204 C. civ.

3. — Il est généralement admis que les droits de servitude, d'usage et d'habitation ne peuvent être l'objet

d'une saisie, non plus que les actions en rescision
en réméré.—27 janv. 1842. Orléans. J.H. 42. 1. 159.
V. conf., 1841. Trib. de Romorantin. J.H. 42. 1. 146.

4. — Les bâtiments que l'usufruitier a construits, s
pour se conformer à une clause de l'acte constitutif
l'usufruit, soit même spontanément, peuvent être fra
pés de saisie par les créanciers du propriétaire du fond

5. — Les constructions faites par le fermier ou loc
taire ne peuvent être saisies par les créanciers de celt
ci que mobilièrement.

6. — Lorsqu'une personne a élevé, avec des mat
riaux qui lui appartiennent, des constructions sur
terrain d'un tiers, les créanciers de celui-ci, avant
saisir immobilièrement ces constructions, doivent d
clarer que, comme exerçant les droits de leur débiter
ils entendent retenir les constructions dont il s'agit, co
formément à l'art. 555 C. civ.; sans cela, il pourrait a
river que la procédure à laquelle ils se seraient liv
fût ensuite anéantie par la déclaration de leur débite
qu'il renonce à la faculté d'acheter les constructions
qu'il en requiert la suppression.—Persil fils, *Comme
taire sur la loi du 2 juin 1841*, t. 1, p. 14; Chauvea
sur Carré, t. 5, p. 404.

7. — Le créancier peut poursuivre l'expropriation
la part que son débiteur possède, dans un immeuble i
divis, à tout autre titre que celui de cohéritier d'u
succession non licitée, sans être tenu préalablement
provoquer le partage (C. civ., 2204, 2205). — 23 jar
1854. Liége.

8. — Jugé, en sens contraire, que l'adjudication pr
paratoire, sur saisie immobilière, d'un immeuble cor
pris dans la communauté d'époux séparés de biens p
jugement, et resté indivis entre eux, est nulle (C. ci
2205). — 14 fév. 1839. Lyon. J.H. 59. 1. 184. — Con
Persil fils, p. 15; Chauveau, *eod.*, p. 410. La loi no
velle a supprimé l'adjudication préparatoire.

9. — A supposer que l'art. 2205 C. civ. doive s'éte
dre à tous les cas d'indivision entre communistes à
autre titre que celui d'hérédité, il ne peut recevoir d'a
plication au cas où le créancier d'un communiste s
saisir, non pas seulement la part indivise de son dé
teur, mais bien la totalité de l'immeuble. Par suit
dans ce cas, il n'y a pas lieu d'annuler la saisie, s
aux copropriétaires non débiteurs à soustraire leur p
de l'immeuble à la saisie par voie de revendication
de distraction. — 29 nov. 1833. Bordeaux. J.H. 38.
226.

10. — La saisie sur un héritier de biens indivis n'
pas nulle de plein droit; le juge peut, suivant les c
constances, surseoir aux poursuites jusqu'après p
tage (C. civ., 2205). — 20 août 1835. Poitiers; 15 n
1838. Nîmes. J.H. 38. 272.

11. — Une saisie immobilière peut être faite sur
poursuite collective de créanciers à titres différents,
suivant un procès-verbal de saisie unique. — 19 no
1839. Bordeaux. J.H. 40. 1. 201.

12. — La question de savoir contre qui doit ê
poursuivie l'expropriation des biens qui font partie
la communauté conjugale, et celle des propres de
femme, est résolue par l'art. 2208 C. civ. — D.
n. 117 et suiv.

13.—Le commandement à fin des saisies des imme
bles de la femme non entrés en communauté, peut ê
fait à la femme seule, si elle est séparée de biens
civ., 2208; C. pr., 673).—1er août 1834. Bordeaux. J.
38. 1. 25.

14. — Pour la validité des poursuites en saisie imm
bilière dirigées contre la femme, relativement à s
propres, et, par suite, pour la validité de l'adjudicatio

il n'est pas nécessaire que le poursuivant obtienne l'autorisation du mari ou de justice ; il suffit qu'il fasse notifier, tant au mari qu'à la femme, tous les actes qui se rapportent à la poursuite, sans qu'il ait ensuite à s'inquiéter, soit de la non comparution du mari, soit du défaut d'autorisation de la femme (C. civ., 2208, 215, 218). — 11 nov. 1839. Cass. J.H. 40. 1. 29.

14 *bis*.—La procédure de saisie jusqu'à l'adjudication préparatoire ne constitue pas une instance dans le sens légal de ce mot, exigeant, à l'égard de la femme qui s'y trouve intéressée, l'autorisation préalable de son mari, alors surtout que les époux ont procédé conjointement dans le jugement d'adjudication préparatoire (C. civ., 215).—22 juin 1840. Bordeaux. J.H. 41. 1. 59.

15. — A partir du décès d'une femme poursuivie en expropriation, en exécution d'une obligation contractée avec son mari, il est vrai de dire que les intérêts des enfants mineurs laissés par cette femme, et ceux du mari, leur tuteur légal, sont en opposition, et, par suite appellent l'intervention du subrogé-tuteur. — 19 avril 1859. Paris. J.H. 39. 1. 283.

16.—L'héritier bénéficiaire qui est dûment poursuivi par voie de saisie immobilière sur ses biens personnels, se rend non recevable à attaquer l'adjudication, s'il néglige, avant qu'elle ne soit consommée, de faire valoir le moyen de nullité qui résulte de sa qualité. — 18 mai 1841. Cass.

17. — L'art. 2209 C. civ. ne permet au créancier de poursuivre la vente des immeubles qui ne lui sont pas hypothéqués que dans le cas d'insuffisance des biens qui lui sont hypothéqués.—V. D.H., *eod.*, n. 63 et suiv.

C'est au créancier à prouver lui-même cette insuffisance. — 26 juill. 1855. Toulouse. Faur Gariasse. D. P. 35. 2. 94. — 21 avril 1856. Trib. de Pau. D.P. 58. 2. 15. —V. D.H., *eod.*, n. 66 et suiv.

17 *bis*.—Décidé, néanmoins, que lorsqu'une saisie comprend à la fois des biens hypothéqués et des biens non hypothéqués à la créance, la loi n'ayant pas déterminé lequel du saisissant ou du saisi doit prouver l'insuffisance des biens hypothéqués, les juges peuvent faire cette appréciation d'après les éléments qu'ils ont sous les yeux (C. civ., 2209). — 9 mai 1857. Pau. J.H. 58. 1. 52.

18. — Il est généralement admis qu'on peut ne saisir qu'une partie d'un immeuble, sauf au saisi la faculté de requérir, s'il croit y avoir intérêt, la vente de la totalité.

Toutefois il a été jugé qu'un chemin de fer ne peut être vendu par portions séparées, et, par suite, ne peut être saisi efficacement que dans son intégralité ; qu'en conséquence, la poursuite, en cas de concurrence entre un saisissant partiel et un saisissant intégral, appartient au saisissant intégral, qui, le premier, a mis sous la main de la justice la véritable chose inaliénable, c'est-à-dire la totalité du chemin de fer, bien que la saisie intégrale soit postérieure en date à la saisie partielle. — 20 fév. 1840. Lyon. J.H. 41. 1. 54.

19. — Le débiteur peut faire discontinuer les poursuites en justifiant que le revenu de ses immeubles pendant un an, suffit pour le paiement de la dette, et en en offrant la délégation au créancier.—V. art. 2212 C. civ., et D.H., n. 72 et suiv.

19 *bis*. — La faculté d'arrêter les poursuites en déléguant le revenu des immeubles n'est pas restreinte au cas où ce revenu proviendrait des biens saisis. L'art. 2212 parle en général du revenu des immeubles du débiteur. — Persil fils, p. 59.

20. — La vente forcée des immeubles ne peut être poursuivie qu'en vertu d'un titre authentique et exécutoire pour une dette certaine et liquide. Si la dette est en espèces non liquidées, la poursuite est valable ; mais l'adjudication ne peut être faite qu'après la liquidation (C. civ., 2213). — V. D.H., *eod.*, n. 153 et suiv., 177 et suiv.

20 *bis*.—Une saisie immobilière, prononcée en vertu d'un jugement passé en force de chose jugée et qui reconnaît le poursuivant créancier de sommes liquides, ne peut être annulée sous prétexte que ces sommes ne sont pas liquides (C. civ., 2213, 1351). — 25 janv. 1837. Cass. J.H. 37. 1. 201.

21. — On peut continuer des poursuites en saisie immobilière pour les intérêts du capital, dus avant le remboursement de ce capital, et pour les frais liquidés et taxés par jugements et arrêts. — Même arrêt que ci-dessus.

22.—Lorsque le poursuivant a été payé de sa créance, en capital et intérêts, avant l'adjudication, et qu'il a même reçu une certaine somme applicable aux frais de la saisie non liquidés, il n'a plus de créance certaine et liquide à réclamer, ni de titres valables à faire exécuter, et, par suite, il y a lieu d'annuler les actes de procédure en expropriation par lui ultérieurement faits. — 5 avril 1837. Cass. J.H. 37. 1. 235.

23. — La disposition de l'art. 2213 qui permet de faire tous les actes nécessaires à la poursuite et antérieurs à l'adjudication, quoique la dette soit en espèces non liquidées, est modifié par l'art. 551 C. pr., qui prescrit de surseoir, après la saisie, à toutes poursuites jusqu'à l'appréciation du montant de la dette.

24. — L'hypothèque légale non inscrite ne peut servir de base à des poursuites en expropriation contre les tiers-détenteurs de l'immeuble qui en est affecté (C. civ., 2166, 2167, 2168).—14 déc. 1840. Dijon. J.H. 41. 1. 224.

25. — Le cessionnaire d'un titre exécutoire ne peut poursuivre l'expropriation qu'après que le transport a été signifié au débiteur (C. civ., 2214).

Le cessionnaire, même par acte sous-seing privé, peut poursuivre l'expropriation du débiteur, si la créance est établie par acte authentique (C. civ., 2213, 2214).— 16 nov. 1840. Cass. J.H. 41. 1. 50. —17 avril 1839. Bourges. J.H. 40. 1. 95. — V. D.H., *eod.*, n. 180, 181.

### Art. 2. — *De la saisie immobilière.*

26. — L'art. 1er de la loi du 2-3 juin 1841, *sur les ventes judiciaires de biens immeubles*, porte : « Les tit. 12 et 13 du liv. 5 de la première partie du C. proc. civile, et le décret du 2 févr. 1811, relatifs à la saisie immobilière et à ses incidents, seront remplacés par les dispositions suivantes. »— V. *infrà*.

27.—Les changements apportés au Code de 1806 par la loi de 1841, en matière de saisie immobilière, se trouvent nettement résumés et motivés dans le passage suivant du rapport de M. Persil à la Chambre des Pairs : « Suivant le C. de procédure, a-t-il dit, la poursuite se compose : 1° du commandement ; 2° du procès-verbal de saisie ; 3° de la transcription de la saisie au bureau des hypothèque ; 4° de la transcription au greffe du tribunal ; 5° de la dénonciation au saisi ; 6° de l'insertion d'un extrait de la saisie au tableau placé dans l'auditoire du tribunal ; 7° de l'insertion de cet extrait dans les journaux ; 8° de l'affichage dans divers lieux ; 9° de la notification aux créanciers inscrits du placard d'affiches ; 10° de la transcription de ce placard ; 11° du dépôt du cahier des charges au greffe ; 12° de la publication à l'audience du cahier des charges, de quinzaine en quinzaine, trois fois au moins avant l'adjudication préparatoire ; 13° de nouvelles annonces dans les journaux et de nouveaux placards, huit jours au moins avant l'adjudication préparatoire ; 14° de l'adjudication préparatoire ; 15° de nouvelles annonces et nouveaux placards dans les quinze jours de cette adjudication ; 16° enfin de l'adjudication définitive.

« De cette accumulation de formalités, la plupart inutiles, plusieurs dispendieuses, et presque toutes absorbantes d'un temps très-précieux, la loi nouvelle ne conserve que les plus rapides, celles qui sont d'une véritable utilité, et qu'on pourrait dire indispensables ; savoir : 1° le commandement ; 2° la saisie ; 3° la dénonciation au saisi ; 4° la transcription au bureau des hypothèques ; 5° le dépôt du cahier des charges au greffe ; 6° une sommation au saisi d'assister à la publication et lecture de ce cahier ; 7° pareille sommation aux créanciers inscrits ; 8° transcription de cette sommation en marge de la transcription de la saisie ; 9° jugement qui donne acte de la publication, statue sur les incidents, et fixe le jour de l'adjudication ; 10° annonces, dans le journal, à ce destiné, du jour, des conditions de l'enchère et de l'adjudication ; 11° affiches et placards contenant la même indication ; 12° l'adjudication.

« Tout se suit, tout se lie dans cette procédure, qui renferme tout ce qu'il faut pour mettre le débiteur en demeure, et lui laisser le temps de se libérer ; pour donner aux créanciers les moyens de surveiller et de faire valoir leurs gages ; pour instruire et appeler les tiers au concours d'une adjudication publique vers laquelle tous les intérêts doivent désormais converger. On n'y trouve plus ces inutilités que les hommes pratiques n'avaient pas cessé de signaler, telles que la transcription de la saisie au greffe, et l'insertion au tableau placé dans la salle d'audience ; les registres du greffe ne sont pas publics, et les tableaux d'audience, presque aussitôt encombrés qu'ouverts, n'offrent aucun avantage réel. Il en était de même des trois insertions dans les journaux, des trois affiches successives, des trois publications à l'audience, auxquelles personne n'assistait, et qui ne se faisaient même pas. L'adjudication préparatoire n'était elle-même qu'une vaine forme, qui ne servait souvent qu'à dissimuler et à faire perdre de vue le jour où le débiteur devait être définitivement dépouillé. En appelant le saisi et les créanciers inscrits à une seule publication, on met tous les intéressés en présence, chacun fera valoir ses droits ; le jugement qui en sortira réglera définitivement les conditions des enchères, et l'époque certaine et non arbitraire de l'adjudication. Il ne restera plus qu'à faire connaître les unes et les autres aux tiers et au public dont il importe de stimuler le concours ; et des insertions une fois faites dans un journal spécial, et des appositions d'affiches une fois placardées, mais qui, par des précautions sagement combinées, ne seront pas aussitôt enlevées, donneront toutes les garanties d'une véritable publicité. »

On a calculé que la saisie immobilière, qui ne pouvait durer autrefois moins de huit mois à un an, pourra se terminer aujourd'hui dans un intervalle de cinq à huit mois au plus, et qu'une dépense de 700 fr. en moyenne sera remplacée par une taxe d'environ 300 fr.

### § 1er. — Du commandement.

28. — La saisie immobilière sera précédée d'un commandement à personne ou domicile ; en tête de cet acte, il sera donné copie entière du titre en vertu duquel elle est faite. Ce commandement contiendra élection de domicile dans le lieu ou siége le tribunal qui devra connaître de la saisie, si le créancier n'y demeure pas ; il énoncera que, faute de paiement, il sera procédé à la saisie des immeubles du débiteur ; l'huissier ne se fera pas assister de témoins ; il fera dans le jour viser l'original par le maire du lieu où le commandement sera signifié (C. pr., nouvel art. 673).

29. — Lorsque la grosse du titre, en vertu duquel a été fait le commandement, grosse à la suite de laquelle se trouve transcrite une procuration annexée à la minute, porte deux fois les signatures des notaires instrumentaires, une première fois au bas du titre, et la seconde fois au bas de la procuration, il suffit que la copie de cette grosse, signifiée en tête du commandement, mentionne une seule fois les signatures des notaires, comme ayant été apposées au bas de la procuration, pour que le vœu de l'art. 673, qui prescrit que la copie du titre soit *entière*, ait pu être déclaré suffisamment rempli, par le motif que la copie de la grosse et celle de la procuration ne formaient qu'un seul tout. — 12 juin 1859. Cass. J.H. 59. 1. 263.

30. — La copie doit contenir la formule exécutoire du titre ( V. D.H., Saisie immob., n. 258). La prudence commande aux huissiers d'observer cette formalité, bien que l'on soit fondé à prétendre que la formule exécutoire ne fait pas partie du titre. — V., à ce sujet, les observations de Persil fils, *eod.*, p. 60.

51. — Le commandement doit contenir, outre la copie du titre, la preuve de l'existence du créancier. — V. D. H., *eod.*, n. 271.

52. — Le commandement fait par le cessionnaire du créancier originaire doit contenir copie de l'acte de cession, si cet acte n'a pas été précédemment notifié au débiteur (C. civ., 2214).

Il a même été jugé que, nonobstant la signification antérieure de la cession, signification que le saisi peut avoir oubliée, il en doit encore être donné copie à peine de nullité, dans le commandement. — 21 déc. 1857. Toulouse. J.H. 38. 1. 193.

Mais cette décision ne semble pas fondée, attendu que la cession ne fait pas partie du titre en vertu duquel a lieu la saisie. — 1er août 1834. Bordeaux. J.H. 38. 1. 25.

53. — Suivant Tarrible, il doit être donné copie, avec le commandement, non seulement du transport, mais de la signification de ce transport. Mais décider ainsi, c'est ajouter à la loi.

54. — La notification du transport et le commandement peuvent-ils être faits par le même acte ? L'art. 2214 C. civ. porte que le cessionnaire d'un titre exécutoire ne peut poursuivre l'expropriation qu'après que la signification du transport a été faite au débiteur. La solution de la question ci-dessus est donc subordonnée au point de savoir quel est le véritable caractère du commandement. D'une part, on dit qu'il n'est point un acte de poursuite, mais une simple mise en demeure qui précède l'exécution et tend à la prévenir, et qu'ainsi l'art. 2214 ne fait nul obstacle à la simultanéité des deux actes. D'autre part, au contraire, on soutient que le commandement est la première phase de la procédure relative à la saisie ; qu'elle en fait conséquemment partie, et que, dès lors, la notification du transport doit nécessairement précéder le commandement. La première opinion nous semble préférable. — *Contrà*, Persil fils, p. 63.

55. — Le commandement n'est point un acte d'exécution. En conséquence, l'art. 877 C. civ., qui ne permet de poursuivre l'exécution des titres exécutoires contre le défunt que huit jours après leur signification à l'héritier, ne fait pas obstacle à ce que le commandement soit fait avant l'expiration de ces huit jours, et même ce qu'il contienne lui-même, comme on l'a dit *suprà* la signification des titres, puisque ce n'est que trente jours après le commandement qu'il pourra être procédé au procès-verbal de saisie, premier acte d'exécution.

56. — Le débiteur ne peut valablement faire au do

micile élu des offres réelles. Ici ne s'applique pas l'art. 584 C. pr.

**37.** — L'élection de domicile dont il s'agit conserve son effet jusqu'à la dénonciation du procès-verbal de saisie au débiteur, dénonciation par laquelle il devient certain que le créancier a constitué un avoué, chez qui son domicile est élu de droit.—V. Persil fils, p. 69.

**38.** — L'ancien art. 673 portait que l'huissier ferait viser l'original par le maire ou *l'adjoint du domicile du débiteur et qu'il laisserait une seconde copie* à celui qui donnerait le visa. La rédaction nouvelle modifie ces dispositions : 1o Elle supprime, avec raison, a dit Persil, comme inutile ou inexacte, la désignation de *l'adjoint* que la loi générale sur l'administration des communes appelle en première ligne toutes les fois que le maire est empêché. Cette même loi fait remplacer l'adjoint lui-même par le plus ancien conseiller municipal, quand il n'est pas disponible. Dans ce cas, l'adjoint et le conseiller municipal se trouvent nécessairement compris sous la désignation du maire dont l'art. 673 exige le visa. »

2o Il n'est plus nécessaire de laisser une *seconde copie* au fonctionnaire qui donne le visa. Cette formalité aggravait les frais sans ajouter à la garantie que le commandement parviendra à la connaissance du débiteur.

3o Il a paru convenable de remplacer ces mots : le maire du *domicile* du débiteur par ceux-ci : le maire du *lieu où le commandement sera signifié*. L'ancienne rédaction supposait, à tort, que le visa ne serait jamais donné ailleurs qu'au domicile du débiteur ; tandis qu'il est évident, comme l'a fait observer M. Pascalis, que « si le commandement est signifié à la personne du débiteur, c'est à la mairie du lieu où l'huissier se trouvera que le visa sera demandé. »

**39.** — L'huissier qui reçoit le visa d'un adjoint n'est pas tenu de constater que le maire était empêché ou absent.—12 juin 1859. Cass. J.H. 59. 1. 263.

**40.** — La saisie immobilière ne pourra être faite que trente jours après le commandement ; si le créancier laisse écouler plus de quatre-vingt-dix jours entre le commandement et la saisie, il sera tenu de le réitérer dans les formes et avec les délais ci-dessus (art. 674).

**41.** — Cet article ne diffère de la disposition correspondante du Code de 1806, qu'en ce qu'il substitue le délai de *quatre-vingt-dix* jours à celui de *trois mois*, pour la péremption du commandement. — En ne permettant de procéder à la saisie que trente jours après le commandement, la loi a voulu donner le temps au débiteur de se procurer les moyens d'éviter cette mesure. En exigeant le renouvellement du commandement, quand il n'aurait pas été suivi de saisie dans les trois mois, elle a voulu empêcher que l'inaction prolongée du créancier après le commandement n'inspirât au débiteur une fausse sécurité dont viendraient ensuite le tirer trop tard des actes de rigueur qu'il ne serait plus à même d'éviter.—Mais il est à regretter que ces dispositions aient été maintenues par la loi nouvelle. Elles blessent à la fois les principes généraux, les justes droits du créancier, l'intérêt même du crédit foncier ; et l'expérience atteste hautement l'inutilité du secours qu'elles accordent au débiteur.

**42.**—Le délai de trente jours doit être franc. Ici s'applique l'art. 1033 C. pr.

**43.**—Il est de l'intérêt du créancier qui veut bien accorder au débiteur un délai de plus de quatre-vingt-dix jours, de n'y consentir qu'en exigeant le remboursement des frais du commandement qu'il peut se voir obligé plus tard de renouveler.

**44.** — L'opposition à un commandement en saisie immobilière est *interruptive* et non *suspensive* de la péremption… en sorte que, si trois mois entiers ne se sont pas encore écoulés depuis le jugement de l'opposition, la saisie pourra être pratiquée sans commandement nouveau… Et c'est à tort qu'on prétendrait qu'il suffit que le temps écoulé depuis le commandement jusqu'à l'opposition, et depuis le jugement de l'opposition jusqu'à la saisie, forment plus de trois mois, pour qu'il y ait péremption de commandement (C. pr., 674). — 19 juillet 1837.

**45.**—La péremption du commandement non suivi de saisie dans les trois mois doit être réputée interrompue par tout fait de la part du débiteur, qui forme un obstacle réel à la poursuite, en ce qu'elle pourrait devenir impossible ou frustratoire.

Spécialement, dans le cas d'une poursuite en expropriation dirigée contre des tiers-détenteurs possédant indivisément, la péremption du commandement fait au débiteur principal a pu être déclarée valablement interrompue par la circonstance qu'une procédure en licitation déjà avancée se poursuivait entre les tiers-détenteurs.—Par suite, le procès-verbal de saisie, commencé et suspendu avant les trois mois à cause de cette circonstance, a pu être déclaré valablement repris, après ce délai, contre le colicitant devenu adjudicataire définitif, sans que l'arrêt qui le décide ainsi donne ouverture à cassation (C. pr., 674). — 23 mars 1841. Pau.

Décidé, dans le même sens, que la demande en licitation d'un immeuble, formée par l'un des propriétaires indivis, pendant la saisie, est une interruption suffisante pour justifier une prolongation du délai de trois mois fixé par l'art. 674 C. pr.—2 juillet 1840. Pau. J.H. 41. 1. 148.

**46.** — La saisie faite depuis la promulgation de la loi du 2 juin 1841, plus de 90 jours après le commandement, est nulle, bien que le commandement fût antérieur à cette loi.—8 déc. 1841. Rouen. J.H. 42. 1. 54.

**47.**—Le saisi n'est pas fondé à demander la nullité d'une deuxième saisie pratiquée après l'annulation de la première, sur le motif que le procès-verbal de cette saisie aurait été dressé moins de trente jours avant la radiation de la saisie antérieurement annulée (C. pr., 674 et 692).—24 mars 1835. J.H. 35. 227.

**48.** — Le cohéritier qui détient un immeuble hypothéqué par son auteur n'est pas un tiers-détenteur dans le sens de l'art. 2169 C. civ.

Par suite, la vente, sur saisie, de l'immeuble peut être valablement poursuivie, contre cet héritier seul ; par le créancier hypothécaire, après un simple commandement, sans accomplir les formalités prescrites par l'art. 2169, et notamment sans que ce commandement ait été aussi fait à ses cohéritiers.—19 juill. 1837. Cass. J.H. 57. 1. 300.

**49.** — Le poursuivant n'est point tenu, du moins à peine de nullité, de donner copie, dans sa sommation au tiers-détenteur, des titres sur lesquels repose la saisie.—17 avril 1839. Bourges.—V. D.H., *eod.* n. 355 et suiv.

**50.** — Il a été jugé que le tiers-détenteur n'est pas fondé à demander la nullité de la saisie, par le motif qu'elle n'a eu lieu qu'après la péremption du commandement fait au débiteur originaire.—9 mars 1836. Cass. J.H. 37. 1. 150. — 23 mars 1841. Cass. J.H. 41. 1. 160. —10 mai 1837. Amiens. J.H. 58. 1. 255.

### § 2. — *Procès-verbal de saisie.*

**51.**—Le procès-verbal de saisie contiendra, outre toutes les formalités communes à tous les exploits :

1° L'énonciation du titre exécutoire en vertu duquel la saisie est faite;

2° La mention du transport de l'huissier sur les biens saisis;

3° L'indication des biens saisis, savoir:

Si c'est une maison, l'arrondissement, la commune, la rue, le numéro, s'il y en a, et, dans le cas contraire, deux au moins des tenants et aboutissants;

Si ce sont des biens ruraux, la désignation des bâtiments quand il y en aura, la nature et la contenance approximative de chaque pièce, le nom du fermier ou colon, s'il y en a; l'arrondissement et la commune où les biens sont situés;

4° La copie littérale de la matrice du rôle de la contribution foncière pour les articles saisis;

5° L'indication du tribunal où la saisie sera portée;

6° Et enfin constitution d'avoué chez lequel le domicile du saisissant sera élu de droit (675).

52. — *Les formalités communes à tous les exploits.* — D'où il faut conclure, ce semble, que l'énonciation de la *demeure* du saisissant n'équivaut pas, dans le procès-verbal de saisie, à celle du *domicile* exigée par l'art. 61 C. pr. — Persil fils, p. 84. — V., en sens contraire, D.H., *eod.*, n. 386.

53. — Par la même raison, il est nécessaire d'indiquer la profession du saisissant, sans que l'omission de cette formalité soit justifiée par l'allégation que le saisissant était suffisamment désigné pour que le débiteur pût la connaître. — V., néanmoins, D.H., *eod.*, n. 384.

54. — L'omission, dans le procès-verbal de saisie, de l'indication exacte et précise de la demeure du saisi, peut être suppléée par des énonciations équivalentes.

Et, spécialement, l'indication dans le procès-verbal même de la situation des immeubles, avec déclaration qu'ils *sont exploités et habités* par les saisis, jointe à la mention contenue en l'extrait de la matrice des contributions foncières annexé au procès-verbal, que les saisis *sont meuniers et cultivateurs*, au lieu de la situation des biens, a pu être déclarée fournir une indication suffisante de la demeure des saisis (C. pr., civ., 675, 617 et 61). — 24 mars 1835. Cass. J.H. 35. 227. — V. D.H., *eod.*, n. 388.

55. — Le procès-verbal doit contenir l'immatricule de l'huissier. — V., au surplus, D.H., *eod.*, n. 385.

56. — L'huissier doit être muni d'un pouvoir spécial soit authentique (C. pr., 556), soit sous-seing privé, à peine de nullité de la saisie. — V., à cet égard, D.H. *eod.*, n. 344 et suiv.

57. — Une saisie immobilière ne peut être déclarée nulle par le motif que le pouvoir spécial dont l'huissier doit être muni n'aurait pas eu, faute d'avoir été enregistré, une date certaine au moment de la saisie. — 6 déc. 1833. Orléans. J.H. 36. 1. 189. — V., en sens divers, D.H., *eod.*, n. 355 et suiv.

58. — Il n'est pas nécessaire que le procès-verbal énonce que l'huissier est muni d'un pouvoir spécial. Il suffit que l'huissier puisse en justifier. — D.H., *eod.*, n. 370. — Conf., Chauveau, p. 412; Paignon, p. 70.

59. — Il n'est pas nécessaire non plus que copie de ce pouvoir spécial soit notifiée au saisi. — V. D.H., *eod.*, n. 368 et suiv.

60. — Le pouvoir spécial peut ne pas émaner du saisissant, s'il a été donné par son mandataire général. — V. D.H., *eod.*, n. 372 et suiv.

61. — Il n'est pas exigé que le procès-verbal soit écrit en entier de la main de l'huissier. — V. D.H., *eod.*, n. 399. — Conf., Chauveau, p. 446.

62. — *L'énonciation* (et non la copie entière) *du*



*titre exécutoire.* — Le Code de procédure portait: *du jugement ou du titre exécutoire.* La loi actuelle supprime le mot *jugement*, parce qu'il est évidemment compris dans l'expression générale *titre exécutoire* en vertu duquel s'exerce la poursuite. On aurait pu, avec autant de raison, s'abstenir de qualifier ce titre d'*exécutoire*, car la nature de la poursuite n'en comporte pas d'autre (Rapp. de M. Persil).

63. — *La mention du transport de l'huissier.* — Mais celui-ci n'est pas tenu de rédiger le procès-verbal sur les lieux mêmes. — V. D.H., Saisie immob., n. 404. Chauv., p. 446.

64. — *L'indication des biens saisis*, etc.

65. — La loi nouvelle n'exige plus que le procès-verbal fasse connaître *l'extérieur* des maisons saisies, mais elle prescrit l'énonciation du *numéro*, s'il y en a.

Elle n'exige pas non plus l'indication de *tous les tenants et aboutissants* des maisons saisies, mais *deux* seulement. Cela a paru suffire; et, d'ailleurs, s'agissant de formalités prescrites à peine de nullité, on a voulu simplifier le plus possible les indications exigées. — V., au reste, D.H., *eod.*, n. 418 et suiv.

66. — Lorsqu'un terrain est une dépendance d'un bâtiment exproprié et sert, par exemple, de communication entre le bâtiment et une grand'route; il n'est pas nécessaire, pour qu'il puisse être réputé compris dans l'expropriation, qu'il soit désigné sur le procès-verbal par ses tenants et aboutissants et suivant les autres prescriptions de l'art. 675 C. pr. (C. civ., 161; C. pr., 675). — 29 janv. 1838. Cass. J.H. 58. 1. 98. V. D.H., *eod.*, n. 457.

67. — On a proposé, à la Chambre des Députés, de désigner les biens *ruraux*, de même que les propriétés urbaines, par *au moins deux des tenants aboutissants*, attendu que cette énonciation n'est pas moins nécessaire pour les immeubles ruraux que pour les maisons, qui se reconnaissent toujours aisément; que la disposition du Code de procédure qui l'exige également pour les uns et les autres a toujours été exécutée; que l'énonciation dont il s'agit est d'ailleurs prescrite par l'art. 957 C. pr., dans le cas de vente de biens de mineurs; que les indications du cadastre, sur lesquelles on paraissait beaucoup compter pour compléter la désignation de l'immeuble saisi, seraient souvent fautives, et qu'enfin le cadastre n'était pas terminé dans tous les départements. — Il a été répondu qu'il ne faut pas assimiler la saisie immobilière à la vente sur licitation dont parle l'art. 957; que, dans ce dernier cas, la désignation des aboutissants est facile, celui qui poursuit la vente étant le propriétaire lui-même ou un copropriétaire qui connaît toujours les voisins; que, dans le cas de saisie, au contraire, l'huissier qui agit au nom d'un créancier souvent éloigné, a moins de facilité pour connaître les immeubles; qu'il peut arriver que les personnes auxquelles il devra s'adresser, ne lui donnent, par intérêt pour le saisi, que des renseignements inexacts; qu'on doit être sobre de formalités dont l'inobservation annule la saisie; que la désignation réclamée par l'amendement devient chaque jour plus difficile, à raison du morcellement du sol, et qu'elle est enfin tout à fait insignifiante dans le cas où l'immeuble saisi est de quelque étendue.

68. — Le procès-verbal qui, lorsqu'il s'agit de biens ruraux, donne aux immeubles saisis une contenance supérieure ou inférieure à la contenance réelle, n'est pas pour cela nul, puisque la loi ne demande qu'une contenance approximative.

69. — La saisie d'un corps de domaine comprend aussi la saisie des bestiaux servant à l'exploitation de ce do

maine, dont ils sont l'accessoire et la dépendance, sans qu'il soit besoin de les y comprendre expressément (C. civ., 1615, 1692, 1064). — 22 avril 1834. Toulouse. J.H. 35. 353. — V. D.H., *eod.*, n. 406 et suiv.

70. — *Le nom du fermier ou colon s'il y en a un et s'il est connu.* — V. D.H., *eod.*, 455.

Le défaut de mention du nom du fermier, alors que le bail est authentique, sincère, qu'il a acquis de la publicité, et qu'il est connu de l'huissier, emporte nullité de la saisie ( art. 675 ; 717 C. pr. ). — 19 mai 1841. Bordeaux. J.H. 41. 1. 248. — Conf., Chauveau, p. 455. — V. D.H., *eod.*, n. 458 et suiv.

71. — *L'indication de l'arrondissement et de la commune.* — V. D.H., n. 463. — Toutefois, il y a, une rigueur exagérée à décider, comme l'a fait la Cour d'Aix ( V. *eod.*, n. 465), que le défaut de désignation de l'arrondissement entraîne nullité, alors même que le procès-verbal indique la commune, et que celle-ci est le chef-lieu de l'arrondissement. — V., en ce sens, Persil fils, p. 95. — *Contra*, Chauveau, p. 449.

72. — *La copie littérale de la matrice du rôle de la contribution.* — V. D.H., *eod.*, n. 485 et suiv. — L'extrait ( aujourd'hui la *copie littérale* ) de la matrice du rôle de la contribution foncière, que doit contenir le procès-verbal, peut être délivré par le directeur des contributions aussi bien que par le maire. — 1er août 1834. Bordeaux. J.H. 38. 1. 25. — V. D.H., *eod.*, n. 513.

73. — Le procès-verbal qui contient seulement un extrait du rôle des contributions diverses que paie le saisi doit être déclaré nul. — Un tel extrait, insuffisant pour indiquer la valeur vénale de l'immeuble saisi, ne saurait remplacer l'extrait de la matrice du rôle de la contribution foncière, exigé à peine de nullité. — 18 déc. 1834. Rennes. J.H. 36. 1. 200. — V. D.H., *eod.*, n. 492.

74. — Le vœu de la loi est rempli par l'insertion au procès-verbal de la copie de la matrice du rôle, telle qu'elle a été délivrée par l'autorité compétente, bien que cette copie présente quelque défectuosité. — V. D.H., *eod.*, n. 490.

Lorsqu'il n'existe pas de matrice de rôle dans les communes de la situation des biens à saisir, il n'est exigé du saisissant aucune formalité supplétive de celle que cette circonstance rend impossible. — V. D.H., *eod.*, n. 493.

75. — La saisie n'est pas nulle par cela seul que la copie dont il s'agit serait d'une date postérieure au procès-verbal. — Conf., Chauv., p. 457. — V. D.H., *eod.*, n. 511.

76. — *L'indication du tribunal où la saisie sera portée.* — V. D.H., *eod.*, n. 516 et suiv.

77. — *Constitution d'avoué.* — V. D.H., *eod.*, n. 519 et suiv.

78. — Le procès-verbal peut être nul dans une de ses parties sans pour cela devoir être annulé pour le tout. — V. D.H., *eod.*, n. 476 et suiv.

79. — Le procès-verbal de saisie sera visé, avant l'enregistrement, par le maire de la commune dans laquelle sera situé l'immeuble saisi ; et, si la saisie comprend des biens situés dans plusieurs communes, le visa sera donné successivement par chacun des maires, à la suite de la partie du procès-verbal relative aux biens situés dans sa commune ( art. 676 ).

80. — Il a été jugé, sous le Code de procédure, que la mention que les copies du procès-verbal ont été laissées au maire et au greffier pouvait être mise sur le procès-verbal par ces fonctionnaires eux-mêmes ; il n'était pas exigé qu'elle le fût par l'huissier instrumen-

tant. — 30 août 1833. Bordeaux. J.H. 58. 1. 322. — V. D.H., *eod.*, n. 524 et suiv.

81. — Le vœu de la loi paraît être que le procès-verbal soit visé par le maire le jour même de la saisie des biens situés dans sa commune ; néanmoins, elle ne fait pas une obligation de ce visa immédiat : elle se borne à exiger que le visa soit donné avant l'enregistrement, lequel doit avoir lieu dans les quatre jours, aux termes de l'art. 20 de la loi du 22 frim. an 7.

82. — Le procès-verbal est valablement visé par le maire de la commune où sont situés les biens saisis, quoiqu'il soit le beau-frère du saisissant. — V. D.H., *eod.*, n. 554. — V. cependant *eod.*, n. 552.

83. — Le procès-verbal peut, en l'absence du maire, être visé par l'adjoint, sans qu'il soit besoin de mentionner cette absence ( C. pr., 687 ). — 1er août 1834. Bordeaux. J.H. 58. 1. 25. — V. D.H., *eod.*, n. 528 et suiv.

§ 3. — *Dénonciation de la saisie au saisi.*

84. — La saisie immobilière sera dénoncée au saisi dans les quinze jours qui suivront celui de la clôture du procès-verbal, outre un jour par cinq myriamètres de distance entre le domicile du saisi et le lieu où siège le tribunal qui doit connaître de la saisie. L'original sera visé dans le jour par le maire du lieu où l'acte de dénonciation aura été signifié ( art. 677 ). — V. D.H., *eod.*, n. 579 et suiv.

85. — La dénonciation doit contenir copie entière du procès-verbal de saisie. — D.H., *eod.*, n. 586.

86. — Il a été jugé, avant la loi nouvelle, qu'il n'était pas nécessaire que la dénonciation contînt copie entière des certificats de transcription du procès-verbal de saisie au bureau des hypothèques et au greffe du tribunal. — 14 juin 1836. Cass. J.H. 36. 1. 249. — V. D.H., *eod.*, n. 587. — La question ne peut plus se présenter aujourd'hui, puisque la dénonciation précède la transcription au bureau des hypothèques, et que la transcription au greffe est supprimée.

87. — La dénonciation peut être signifiée au domicile élu dans l'acte en vertu duquel est opérée l'expropriation. — V. D.H., *eod.*, n. 590.

88. — Il a été jugé que la règle générale *dies termini non computatur in termino*, est applicable au délai prescrit pour la dénonciation au saisi ( V. D.H., *eod.*, n. 581 ). Mais cette décision, bien qu'approuvée par Pigeau, t. 2, p. 210, est justement combattue par Goffinière, Huet, Carré, n. 2266 et Duvergier, *eod.*, n. 227. « Il est de principe, dit Carré, qu'on ne doit donner aucune extension au délai dans lequel la loi a circonscrit la confection ou la signification d'un acte. Or, c'est ce qu'a fait l'art. 681 ( aujourd'hui l'art. 677 ) en indiquant le délai dans lequel la dénonciation doit être faite, et, en déclarant qu'il serait soumis à une augmentation proportionnée à la distance du domicile des parties, ce qui eût été inutile, si l'art. 1033 eût été applicable à ce délai. » — V. D.H., *eod.*, n. 581.1

89. — Le saisissant pourrait être relevé par les tribunaux de la déchéance résultant du défaut de dénonciation dans la quinzaine, si le retard apporté à l'accomplissement de cette formalité provenait d'un événement de force majeure. — V. D.H., *eod.*, n. 583. — Conf., Chauveau, p. 471 ; Paignon, p. 78.

90. — Il a été jugé, avant la loi nouvelle qui supprime la formalité de l'insertion d'un extrait de la saisie dans un tableau placé dans l'auditoire du tribunal ( V. D.H., *eod.*, n. 612 et suiv.), que la nullité résultant de ce que la saisie n'avait pas été suivie du dépôt et de l'insertion au tableau dans les trois jours, pou-

vait être couverte par une nouvelle transcription au
g effe, suivie des formalités précédemment omises ; si
les délais permettaient encore aux poursuivants de la
recommencer (C. pr., 682).

...: Le saisissant n'avait pas besoin de déclarer dans
sa nouvelle transcription qu'il s'était départi de la première. — 19 nov. 1859. Bordeaux. J.H. 40. 1. 201. —
V. D.H., eod., n. 647.

91. — Et que les tribunaux, en annulant les extraits
de la saisie, pour omissions des noms des maires et
greffiers des juges de paix, auxquels copie du procès-
verbal de saisie avait été laissée, conformément à l'art.
682, n. 6 C. pr., devaient annuler, non seulement tous
les actes de la procédure postérieurs à la publication
de ces extraits, mais encore la dénonciation de la saisie
au saisi, et la transcription et enregistrement d'icelle,
— 19 mars 1836. Agen. J.H. 36. 1. 231. — V. D.H., eod.,
n. 628.

### § 4. Transcription de la saisie et de la dénonciation au bureau des hypothèques.

92. — La saisie immobilière et l'exploit de dénonciation seront transcrits, au plus tard, dans les quinze
jours qui suivront celui de la dénonciation, sur le registre à ce destiné au bureau des hypothèques de la
situation des biens, pour la partie des objets saisis qui
se trouvent dans l'arrondissement (art. 678). — V. D.
H., eod., n. 557 et suiv.

93. — Le projet de loi n'exigeait que la transcription
de la saisie. Mais la commission de la Chambre des
Pairs a pensé que ce n'était point assez. « Les tiers,
les créanciers surtout, ont intérêt à savoir si l'instance
est déjà régulièrement liée avec le saisi par la notification du procès-verbal de saisie. C'est pour cela qu'elle
a proposé d'exiger, en même temps et dans le même
délai, la transcription de l'exploit de dénonciation de
la saisie au débiteur. On aurait pu se contenter d'une
simple mention, mais pour éviter l'arbitraire du conservateur ou du poursuivant dans sa rédaction, on a
préféré la transcription de l'exploit qui, sans prendre
plus de temps, et coûter davantage, donnera plus
de garantie. » ( Même rapport. ) — A la Chambre
des Députés, on insista pour obtenir la suppression de
la formalité, réellement inutile, de la transcription de la
dénonciation. On fit observer que la simple mention
de la date de cet acte suffisait. L'amendement présenté à cet effet n'a point été admis.

94. — Il a été jugé, avant la loi nouvelle, que la dénonciation de la saisie n'était pas soumise, comme le
procès-verbal de cette saisie, à une transcription entière sur les registres du conservateur ; il suffisait
qu'elle fût simplement enregistrée ( C. pr., 677, 684 ).
— 12 juin 1839. Cass. J.H. 39. 1. 265. — Mais cette solution ne peut plus être suivie. — Chauveau, p. 472.

95. — Le conservateur peut enregistrer la saisie à sa
requête comme receveur de l'enregistrement. — V. D.
H., eod., n. 559.

96. — La double transcription doit être faite dans
chaque bureau de la situation des biens saisis, encore
que la saisie soit portée devant un seul tribunal. — V.
Persil fils, p. 110.

97. — Si le conservateur ne peut procéder à la transcription de la saisie à l'instant où elle lui est présentée, il fera mention, sur l'original qui lui sera laissé,
des heure, jour, mois et an auxquels il aura été remis,
et, en cas de concurrence, le premier présenté sera
transcrit (art. 679). — V. D.H., eod., n. 565 et suiv.

98. — S'il y a eu précédente saisie, le conservateur
constatera son refus en marge de la seconde ; il énon-

cera la date de la précédente saisie, les noms, demeur[es]
et professions du saisissant et du saisi, l'indication d[u]
tribunal où la saisie est portée, le nom de l'avoué [du]
saisissant et la date de la transcription ( art. 680 ).
V. D.H., eod., n. 567 et suiv.

99. — Si les immeubles saisis ne sont pas loués [ou]
affermés, le saisi restera en possession jusqu'à la vent[e]
comme séquestre judiciaire, à moins que, sur la d[e-]
mande d'un ou plusieurs créanciers, il n'en soit autr[e-]
ment ordonné par le président du tribunal, dans [la]
forme des ordonnances sur référé ( 681, alin. 1er ). —
D.H., eod., n. 784 et suiv.

100. — Les créanciers pourront néanmoins, après
avoir été autorisés par ordonnance du président rend[ue]
dans la même forme, faire procéder à la coupe et à [la]
vente, en tout ou en partie, des fruits pendants par l[es]
racines ( 681, alin. 2 ). — V. D.H., eod., n. 798 et su[iv.]

101. — La première disposition de l'art. 681, en [di-]
sant que si les immeubles saisis ne sont pas loués [ou]
affermés, le saisi restera en possession jusqu'à la vent[e]
comme séquestre judiciaire, à moins qu'il n'en soit a[u-]
trement ordonné, ne fait que reproduire l'ancien a[rt.]
688. — Mais elle le modifie ensuite, 1° en ce que,
l'établissement d'un autre séquestre que le saisi [est]
demandé par un ou plusieurs créanciers, elle veut qu[e]
soit statué sur cette demande par le président du tr[i-]
bunal, tandis que l'ancien art. 688 voulait qu'il y [fût]
statué par le juge, c'est-à-dire par le tribunal entie[r]
ce qui entraînerait plus de frais ; — 2° en ce qu'elle d[é-]
cide que la sentence du président doit être rendue, da[ns]
ce cas, dans la forme des ordonnances sur référé.

102. — Quant au 2e alin. de l'art. 681, portant q[ue]
les créanciers pourront néanmoins, après y avoir é[té]
autorisés par ordonnance du président rendue da[ns]
la même forme, faire procéder à la coupe et à la vent[e]
en tout ou en partie, des fruits pendants par les ra[ci-]
nes, il reproduit également la disposition finale de l'a[n-]
cien art. 688, mais en la modifiant par l'addition de [la]
phrase incidente que nous venons de souligner.

103. — La demande faite par les créanciers de dépo[s-]
séder le saisi avant la vente doit être examinée avec [la]
plus grande prudence par le président du tribunal ; [il]
ne doit l'accueillir que lorsqu'elle est basée sur d[es]
motifs graves.

104. — Le saisi laissé en possession est un séques[tre]
judiciaire soumis aux prescriptions de l'art. 1963 C. c[iv.]
Si les créanciers ne se sont pas fait autoriser à proc[é-]
der à la coupe et à la vente des fruits, la récolte se[ra]
opérée par le saisi, à la charge de rendre compte a[ux]
créanciers. — V., au surplus, D.H., eod., n. 788.

105. — Le saisi qui reste en possession des biens [est]
obligé, même par corps, à la conservation du fonds [et]
à la représentation des fruits échus depuis la transcri[p-]
tion. — V. Carré, n. 2304 et suiv. ; Duvergier, eod., p. 23[.]
et D.H., eod., n. 788.

106. — Plusieurs auteurs décident que le saisi qui fa[it]
des dépenses pour la conservation de l'immeuble lais[sé]
à sa garde n'a pas droit à une indemnité (V. D.H., eo[d.,]
n. 790). Cette solution, motivée sur ce que, dans le c[as]
dont il s'agit, le saisi administre dans son propre i[n-]
térêt, est combattue par Persil fils (p. 121), qui soutien[t]
avec raison, que c'est dans l'intérêt des créanciers q[ue]
le saisi administre, et qu'il a, en conséquence, [les]
mêmes droits qu'un dépositaire ordinaire. — Co[nf.]
Chauv., 482.

107. — Les fruits seront vendus aux enchères ou [de]
toute autre manière autorisée par le président, dans [le]
délai qu'il aura fixé, et le prix sera déposé à la cais[se]
des dépôts et consignations (681, alin. 3).

**108.**—Les fruits naturels et industriels recueillis postérieurement à la transcription, ou le prix qui en proviendra, seront immobilisés pour être distribués, avec le prix de l'immeuble, par ordre d'hypothèque (682).

**109.**—Dans sa disposition correspondante à celle-ci (art. 689), le Code de 1806 n'établissait aucune distinction entre les fruits *naturels et industriels* et les fruits *civils*, et les immobilisait tous à partir, non de la *transcription*, mais de la *dénonciation* au saisi. — V. D.H., *eod.*, n. 800 et suiv. — Relativement aux fruits *civils*, V. *infrà*, n. 117 et suiv.

L'immobilisation a lieu de plein droit.—V. D.H., *eod.*, n. 802 et suiv.

**110.**—Le saisi ne pourra faire aucune coupe de bois ni dégradation, à peine de dommages-intérêts auxquels il sera contraint par corps, sans préjudice, s'il y a lieu, des peines portées dans les art. 400 et 434 C. pén. (683). —V. D.H., *eod.*, n. 806 et suiv.

Cette prohibition n'a d'effet que du jour de la *transcription* de la saisie, et non pas du jour de la saisie ou de sa dénonciation au saisi ; car ce n'est qu'à partir de la transcription dont il s'agit qu'a lieu le dessaisissement qui fait que le saisi n'est plus en quelque sorte que le séquestre de la chose d'autrui (arg. des art. 682, 685 et 686 C. pr.).—Rogron, sur l'art. 683.

**111.**—Il semble résulter de ces expressions : *il sera contraint par corps*, que la contrainte par corps doit *nécessairement* être prononcée, bien que l'art. 126 C. pr. laisse en général aux juges la *faculté* d'ordonner ou non cette contrainte pour dommages-intérêts. — Du reste, dans le cas même de l'art. 683, il faut que les dommages-intérêts excèdent 500 fr., pour qu'il y ait lieu à la contrainte par corps (C. civ., 2065 ; C. pr., 126).

**112.**— Ces mots : *sans préjudice, s'il y a lieu, des peines portées dans les art. 400 et 434 du C. pén.*, ont été substitués à ceux-ci de l'ancien art. 690 : *Il pourra même être poursuivi par la voie criminelle, suivant la gravité des circonstances.*

**113.** — Il est arrivé que des individus, menacés d'expropriation par la saisie, ont mis le feu aux bâtiments saisis ou aux bois et récoltes, en haine de la saisie. C'est ce qui a déterminé à rappeler, dans la disposition ci-dessus, l'art. 434 C. pén., lequel ne serait applicable qu'autant que l'incendie aurait été volontairement allumé par le saisi.

**114.**—Les baux qui n'auront pas acquis date certaine avant le commandement pourront être annulés, si les créanciers ou l'adjudicataire le demandent (684).

**115.** — Cette disposition reproduit l'ancien art. 691, en en modifiant seulement la rédaction (V. D.H., *eod.*, n. 811 et suiv.).

**116.**—Le bail passé de bonne foi, et qui aurait date certaine avant le commandement, serait valable, bien qu'il fût à long terme et qu'il eût été consenti depuis l'inscription des hypothèques.—V. D.H., *eod.*, n. 822.— Conf., Chauveau, p. 488 et suiv.

**117.**—Les loyers et fermages seront immobilisés à partir de la transcription de la saisie, pour être distribués avec le prix de l'immeuble par ordre d'hypothèque (685).—V. l'ancien art. 691, deuxième alinéa. D.H., *eod.*, n. 816 et suiv.

**118.**—Un député ayant demandé pourquoi l'art. 685 ne parlait que de la distribution des loyers par ordre d'hypothèque, sans parler des priviléges, il a été répondu, par le ministre des travaux publics, que, de droit, l'ordre des hypothèques est de venir après les priviléges.

**119.** — Un simple acte d'opposition à la requête du poursuivant ou de tout autre créancier vaudra saisie-arrêt entre les mains des fermiers et locataires, qui ne pourront se libérer qu'en exécution de mandements de collocation, ou par le versement des loyers ou fermages à la caisse des consignations ; ce versement aura lieu à leur réquisition, ou sur la simple sommation des créanciers. A défaut d'opposition, les paiements faits au débiteur seront valables, et celui-ci sera comptable, comme séquestre judiciaire, des sommes qu'il aura reçues (685).

**120.** — La partie saisie ne peut, à compter du jour de la transcription de la saisie, aliéner les immeubles saisis, à peine de nullité, et sans qu'il soit besoin de la faire prononcer (686).

**121.**—L'ancien art. 692 faisait commencer la défense d'aliéner à dater de la dénonciation au saisi, laquelle n'avait lieu alors qu'après la transcription (V. D.H., *eod.*, n. 824 et suiv.). Aujourd'hui, la dénonciation précède la transcription. On n'a pas cru, dans l'intérêt des tiers, devoir faire remonter la défense d'aliéner au premier de ces deux actes, attendu que ce n'est que par le second qu'ils sont régulièrement instruits de la saisie.

**122.** — Le projet de loi étendait l'incapacité du saisi au droit d'*hypothéquer* les immeubles mis sous la main de justice. Mais il est résulté de la discussion, de la manière la plus formelle, que, comme l'a dit M. Pascalis, « il suffisait que la faculté d'aliéner soit seule interdite ( au saisi ) pour que celle de donner en hypothèque soit permise. »

**123.**—Malgré les termes de l'art. 686, le saisi ne cesse pas d'être propriétaire de l'immeuble ; il n'a perdu des diverses prérogatives attachées à ce titre, que la disposition de son bien. — D.H. *eod.*, n. 827.

**124.** — Toutes les aliénations faites, sans fraude, par le saisi avant la transcription, doivent être maintenues. — V. D.H. *eod.*, n. 830 et suiv.

**125.** — La vente, consentie par le saisi le jour même de la transcription, mais avant que celle-ci n'ait eu lieu, est valable. — Chauveau, p. 505.— *Contrà*, Persil fils, p. 454.—V. D.H., *eod.*, n. 832.

**126.**—A compter de la transcription, toute aliénation, quelque forme qu'elle prenne, est nulle de droit. — V. D.H., *eod.*, n. 833 et suiv.

**127.** — La nullité de la vente faite par le saisi n'est établie que dans l'intérêt des créanciers inscrits et du saisissant. — 10 janv. 1838. Cass. J.H. 38. 1. 136. Elle ne peut être invoquée par l'acquéreur (V. D.H., Saisie immobilière, n. 841 et suiv.—*Contra*, *eod.*, n. 839), ni par les créanciers chirographaires (27 avril 1820. Rouen), ni par le saisi lui-même. — Persil fils, p. 459. —V. D.H., *eod.*, n. 843.—Conf., Chauveau, p. 501.

**128.**—Si un créancier dont la créance n'est ni liquide, ni certaine, poursuit l'adjudication de l'immeuble, les juges peuvent, sur l'offre de l'acquéreur de payer ce que le créancier établira lui être dû, ordonner un sursis aux poursuites. — 10 janv. 1838. Cass. Arrêt ci-dessus.

**129.**—Néanmoins l'aliénation ainsi faite aura son exécution si, avant le jour fixé pour l'adjudication, l'acquéreur consigne somme suffisante pour acquitter en principal, intérêts et frais, ce qui est dû aux créanciers inscrits, ainsi qu'au saisissant, et s'il leur signifie l'acte de consignation (687).

**130.**—Cette disposition, en tant qu'elle exige, pour la validité de la vente, que l'acquéreur consigne somme suffisante pour désintéresser les créanciers inscrits, ne fait que reproduire l'ancien art. 693, alin. 1er (V. D.H., *eod.*, n. 844 et suiv.).— Mais elle contient une addition à cet article, en tant qu'elle exige, en outre, la consignation du montant de la créance du *saisissant*.

**131.**— Il résulte clairement de la discussion élevée à l'occasion de cet article, 1° que l'art. 687 attribue aux créanciers inscrits et au saisissant la propriété exclusive des sommes consignées, et qu'il n'y a pas lieu, par conséquent, à une instance d'ordre, pour la distribution de ces sommes entre *tous* les créanciers, hypothécaires et autres, comme le voulaient plusieurs orateurs.

2° Et que le paiement ainsi fait aux créanciers inscrits et au saisissant, est sans effet relativement aux hypothèques non encore inscrites dont l'immeuble peut être grevé ; de sorte que l'acquéreur, pour éteindre ces hypothèques, est tenu de recourir aux formalités de la purge, sauf à lui à se présenter à l'ordre qui pourra être ouvert et à faire valoir ses droits, comme étant subrogé aux créanciers qu'il a désintéressés.

**132.**— A cet égard, toutefois, on ne doit pas perdre de vue que, comme l'a fait remarquer dans la discussion M. Maurat-Ballange, il n'y a subrogation légale, au profit de l'acquéreur, d'après les termes de l'art. 1251, § 2 C. civ., que dans les droits des créanciers *hypothécaires* qu'il a payés, et non dans les droits du créancier saisissant, si celui-ci est simple chirographaire ; de sorte que, dans ce dernier cas, l'acquéreur ne serait pas fondé à réclamer la garantie du cautionnement ou du gage attaché à la créance du saisissant. — M. Maurat-Ballange a présenté un amendement tendant à prévenir ce résultat ; mais cet amendement a été rejeté. L'acquéreur ne peut donc être considéré, dans l'hypothèse dont il s'agit, que comme créancier, à titre nouveau, du vendeur dont il a payé la dette en désintéressant le saisissant, créancier chirographaire.

**133.**— Il est à remarquer que, déjà sous l'empire de l'ancien art. 693, il était reconnu par les auteurs et les tribunaux, que l'acquéreur de l'immeuble saisi ne pouvait arrêter les poursuites qu'en désintéressant, outre les créanciers inscrits, le saisissant simple chirographaire, quoique la loi ne le dit pas (V. D.H., *eod.*, n. 848).—Et il a été attesté, dans la discussion, par M. Debelleyme, qu'il était aussi admis, dans la pratique, que les sommes consignées, conformément à l'art. 693 précité, étaient exclusivement attribuées aux créanciers inscrits et au saisissant. De sorte que le nouvel art. 687 ne fait que consacrer des règles préexistantes.

**134.**— Pour qu'il y ait obligation de la part de l'acquéreur de consigner des sommes dues aux créanciers inscrits, il suffit que la vente soit postérieure à la transcription de la saisie, il n'est pas nécessaire que la procédure soit, en outre, arrivée au point prévu par l'art. 693 ci-après. C'est ce qui s'induit nécessairement des termes généraux et absolus de l'art. 687 (V., en ce sens, l'arrêt cité au D.H., *eod.*, n. 837, et, en sens contraire, l'arrêt rappelé *eod.*, n. 838 : cette dernière décision est réfutée par Duvergier, *eod.*, p. 247).

**135.**— La consignation autorisée par l'art. 687 n'est point précédée d'offres réelles.—V. D.H., *eod.*, 850.— Conf. Chauveau, p. 508 ; Persil fils, p. 145.

**136.**— Si les deniers ainsi déposés ont été empruntés, les prêteurs n'auront d'hypothèques que postérieurement aux créanciers inscrits lors de l'aliénation [ art. 688).—Conf. au deuxième § de l'ancien art. 693.

**137.**— A défaut de consignation avant l'adjudication, il ne pourra être accordé, sous aucun prétexte, de délai pour l'effectuer (art. 689).—Conf. à l'ancien art. 694.— V. D.H., *eod.*, n. 852.

**138. 139.**— Le dépôt d'une somme fait par le saisi, sur le bureau de l'huissier-audiencier, au moment même de l'adjudication définitive, avec déclaration qu'elle fait offres réelles de cette somme au poursuivant et aux créanciers intervenants dans la poursuite, ne peut avoir l'effet d'une consignation d'offres régulière, ni, dès lors, autoriser un sursis à l'adjudication, nonobstant l'opposition des créanciers, quand la somme offerte est inférieure au montant de toutes les créances inscrites. (C. civ., 1258 et suiv. ; C. pr., 693, 694).—18 fév. 1840. Cass. J.H. 40. 1. 88.



**§ 5.** — *Dépôt du cahier des charges au greffe.*

**140.** — Dans les vingt jours, au plus tard, après la transcription, le poursuivant déposera au greffe du tribunal le cahier des charges, contenant :

1° L'énonciation du titre exécutoire, en vertu duquel la saisie a été faite, du commandement, du procès-verbal de saisie, ainsi que des autres actes et jugements intervenus postérieurement ;

2° La désignation des immeubles, telle qu'elle a été insérée dans le procès-verbal ;

3° Les conditions de la vente ;

4° Une mise à prix de la part du poursuivant (690).

**141.**— A quelques modifications près, ces dispositions reproduisent l'ancien art. 697.

**142.** — Le cahier des charges, rédigé par l'avoué poursuivant, doit énoncer, comme on le voit, tous les actes faits avant son dépôt. — V. D.H., *eod.*, n. 859 et suiv.

**143.** — Il a été jugé, avant la loi nouvelle, qu'il n'était pas besoin que le cahier des charges mentionnât le certificat du greffier, constatant l'affiche des placards, ce certificat n'étant pas un acte de procédure (C. pr., 682, 697).—1er août 1834. Bordeaux. J.H. 38. 1. 25.— La question ne peut plus se présenter.

**144.**— Le cahier des charges doit contenir la désignation des immeubles saisis, *telle qu'elle a été insérée dans le procès-verbal* de saisie ; d'où la conséquence que le cahier des charges serait nul, s'il ne contenait qu'une désignation générale des objets saisis. — Chauveau, p. 522.—V., en outre, D.H., *eod.*, n. 870 et suiv.

**145.** — ..... Ainsi que les conditions de la vente, qu'il appartient au poursuivant d'indiquer.—V. D.H., *eod.*, n. 874 et suiv.

**146.**— Il a été jugé que, dans une expropriation poursuivie en vertu du droit de vendre, donné au créancier par la convention, comme dans l'expropriation sur saisie, c'est le créancier poursuivant qui est le vendeur ; en conséquence, c'est à lui qu'il appartient de stipuler les charges de la vente.—25 juill. 1837. Cass.

**147.** — Il importe que le poursuivant, pour mettre sa responsabilité à couvert, fasse connaître toutes les charges qui grèvent l'immeuble, tels que les servitudes, les baux, etc.

**148.** — On peut valablement imposer dans le cahier des charges, à l'adjudicataire, la condition de donner caution. — V. D.H., *eod.*, n. 882. — Conf. Persil fils, p. 155 et suiv.

**149.** — Le cahier des charges doit enfin contenir une mise à prix, laquelle est entièrement laissée à l'arbitraire du poursuivant.—Chauveau, 525.—V. D.H., *eod.*, n. 883 et suiv.

**150.** — Il a été décidé que la mise à prix insérée dans le cahier des charges par le poursuivant ne doit pas être considérée comme un contrat judiciaire entre le débiteur et le créancier : celui-ci a, par conséquent, le droit de la restreindre ou de la modifier jusqu'au moment où les enchères doivent s'ouvrir. — 15 avr. 1834. Bordeaux. J.H. 56. 1. 9.

151. — Quelques auteurs estiment néanmoins que la faculté de changer ainsi la mise à prix ne doit appartenir au poursuivant que dans le cas où il a été trompé sur la valeur de l'immeuble ou sur les charges à acquitter en sus de l'adjudication.— V. Persil fils, p. 159.

§ 6.— *Sommation au saisi et aux créanciers inscrits de prendre communication du cahier des charges et d'assister à la publication de ce cahier. — Mention de cette sommation en marge de la transcription de la saisie au bureau des hypothèques.*

152.— Dans les huit jours, au plus tard, après le dépôt au greffe, outre un jour par cinq myriamètres de distance entre le domicile du saisi et le lieu où siége le tribunal, sommation sera faite au saisi, à personne ou domicile, de prendre communication du cahier des charges, de fournir ses dires et observations, et d'assister à la lecture et publication qui en sera faite, ainsi qu'à la fixation du jour de l'adjudication. Cette sommation indiquera les jour, lieu et heure de la publication (691).

*Dans les huit jours au plus tard.* — Ainsi, ce délai n'est pas franc.—Chauveau, p. 527.

153. — Aucun délai n'est fixé au saisi pour prendre communication du cahier des charges et fournir ses observations; il a pour cela tout le temps qui s'écoule entre la sommation voulue par l'art. 691 et le jour indiqué pour la publication et la lecture du cahier des charges, conformément à l'art. 694.

154. — La sommation prescrite par l'art. 691 remplace la notification du procès-verbal d'affiches, qui devait être faite au saisi un mois au moins avant la première publication du cahier des charges, aux termes des anciens art. 687, 700 et 701.

Il a été jugé, sous le Code de 1806, que, lorsque la notification du procès-verbal d'affiches avait eu lieu le 29 juin, la première publication était valablement faite le 30 juill. suivant (C. pr., 701).—19 nov. 1839. Bordeaux. J.H. 40. 1. 201.—V. aussi D.H., *eod.*, n. 906.

155. — Une seule publication est substituée, par la loi nouvelle aux trois publications qui, suivant l'ancien art. 702, devaient être faites de quinzaine en quinzaine.

156. — Il a été jugé, sous le Code de 1806, qu'il n'était pas nécessaire que la quinzaine exigée entre le dépôt du cahier des charges au greffe, et la première publication, fût franche.—Ainsi, lorsque le dépôt avait été effectué le 24 oct., la première publication était valablement faite au 7 nov. (C. pr., 697). — 6 fév. 1840. Metz. J.H. 41. 1. 84.

Que le délai de quinze jours fixé par l'ancien art. 702 C. pr. n'était pas applicable au cas où la publication avait été retardée par suite d'incident.—17 juill. 1839. Bordeaux. J.H. 40. 1. 72.

Que l'original de placard dressé par l'avoué, sur lequel le jour de la première publication était écrit au crayon, était néanmoins valable, si d'ailleurs les placards apposés avaient fait connaître exactement ce jour. —6 fév. 1840. Metz. J.H. 41. 1. 84.

Et que, lorsque le poursuivant avait, par mégarde, disposé les époques des trois publications de saisie, de telle sorte que la troisième publication tombait un jour férié, la rectification par le tribunal de cette inattention devait être considérée comme *un incident*, dans le sens de l'art. 752 C. pr., suffisant pour retarder la publication.—22 juin 1840. Bordeaux. J.H. 41. 1. 59.

157-158.—Pareille sommation sera faite, dans le même délai de huitaine, aux créanciers inscrits sur les biens saisis, aux domiciles élus dans les inscriptions (692).

Cet appel aux créanciers inscrits était indispensable, parce que l'effet de l'adjudication sera d'éteindre leur droit hypothécaire sur l'immeuble et de le transporter sur le prix en provenant: la sommation les avertit de veiller à ce que ce prix s'élève à la valeur réelle de l'immeuble en recherchant des enchérisseurs, ou en usant eux-mêmes de la faculté de surenchérir.

159. — La sommation prescrite par l'art. 692 remplace la notification du placard imprimé prescrit par l'ancien art. 684; notification qui devait être faite aux créanciers inscrits, aux termes de l'ancien art. 695.

160. — Il a été jugé, sous le Code de 1806, que la notification des placards, exigée par l'art. 695 C. pr., devait être faite par le saisissant, à peine de nullité, aux créanciers inscrits sur les précédents vendeurs.—29 juin 1835. Toulouse. J.H. 56. 1. 15. — V. conf. D.H., *eod.*, n. 745, et *contrà*, n. 744.

Sous la loi nouvelle, la sommation prescrite par l'art. 692 doit être faite indistinctement à tout créancier inscrit sur l'immeuble.—V. Chauveau, par 533 et suiv.

161. — Si parmi les créanciers inscrits se trouve le vendeur de l'immeuble saisi, la sommation à ce créancier portera qu'à défaut de former sa demande en résolution et de la notifier au greffe avant l'adjudication, il sera définitivement déchu, à l'égard de l'adjudicataire, du droit de la faire prononcer (692, deuxième alinéa).

162. — Ce second paragraphe a été introduit pour mettre le vendeur en demeure d'exercer son droit en connaissance de cause. Si, après un tel avertissement, le vendeur se tait et laisse prononcer l'adjudication, il est présumé avoir renoncé à son action en résolution. —V., au surplus, l'art. 717 ci-après.

163. — 1o Mention de la notification prescrite par les deux articles précédents sera faite dans les huit jours de la date du dernier exploit de notification, en marge de la transcription de la saisie au bureau des hypothèques (693).

2o Du jour de cette mention, la saisie ne pourra plus être rayée que du consentement des créanciers inscrits ou en vertu de jugements rendus contre eux (*id.*).—V. D.H., *eod.*, n. 772 et suiv.

3o La mention dont il s'agit remplace l'enregistrement que prescrivait l'ancien art. 695, des notifications du placard au saisi et aux créanciers inscrits. Elle fait connaître au conservateur des hypothèques l'existence des créanciers auxquels la saisie est désormais rendue commune.

164.—Un créancier serait non recevable, pour défaut d'intérêt, à se plaindre de l'omission de la mention voulue par l'art. 693, si la saisie n'avait pas été rayée.— Arg. de l'arrêt cité au D.H., *eod.*, n. 773.

165. — Il a été jugé qu'il suffit que l'enregistrement, en marge de la saisie, de la notification des placards (aujourd'hui, la mention de la sommation de prendre communication du cahier des charges) n'ait pas encore été effectué au bureau des hypothèques, pour que le saisissant ait pu valablement donner main-levée de la saisie, et rendre ainsi au saisi le droit d'aliéner volontairement ses biens, même au préjudice d'un second saisissant, dont les poursuites avaient été arrêtées par la première saisie, et encore bien qu'il y eût eu un jugement de conversion de la saisie en vente sur publications volontaires, contenant, en faveur du second saisissant, et pour le cas de négligence du premier, une subrogation conditionnelle dans la poursuite de la

vente (C. pr., 692, 696, 721, 722). — 14 mai 1855. Cass. J.H. 35. 275.

Mais cette solution ne semble point admissible. Il est évident que si la loi, quand il intervient une seconde saisie, interpose son autorité pour arrêter les poursuites du second saisissant, ce n'est et ne peut être que parce qu'elle le considère comme représenté par le premier poursuivant, et comme étant partie dans l'instance d'expropriation ; d'où il suit que le désistement de celui-ci n'a d'effet qu'à son égard, et n'affecte pas la saisie elle-même qui se trouve dévolue au second saisissant.—V., en ce sens, Duvergier, *eod.*, p. 251.

**§ 7.** — *Jugement qui donne acte de la publication, statue sur les incidents et fixe le jour de l'adjudication.*

166. — Trente jours au plus tôt et quarante jours au plus tard après le dépôt du cahier des charges, il sera fait à l'audience, et au jour indiqué, publication et lecture du cahier des charges (694).

Cette publication unique remplace, on le répète, les trois publications qu'exigeait l'ancienne loi, et dont la dernière se confondait avec l'adjudication préparatoire aussi supprimée par la loi nouvelle.

167.—La publication consiste dans la lecture à haute voix du cahier des charges. Elle est faite par un huissier, et le greffier en fait mention sur le cahier des charges qu'il signe avec le juge. — D.H., *eod.*, n. 916 et suiv.

168. — Il n'y a pas de nullité dans la publication du cahier des charges parce que la lecture en a été faite par *l'avoué poursuivant* : la loi ne désigne pas la personne qui doit faire cette lecture.—15 fév. 1840. Montpellier.

Ce n'est que par induction de l'art. 110 du tarif, qu'on a déclaré que la lecture du cahier des charges devait être faite par un huissier.

169. — Pendant les vacances, les publications sont valablement faites à la chambre des vacations.—D.H., *eod.*, n. 919.

170. — Si la publication ne se faisait pas au jour indiqué, il n'y aurait pas lieu d'annuler pour cela tous les actes antérieurs.—V. D.H., *eod.*, n. 915.

171. — Trois jours au plus tard avant la publication, le poursuivant, la partie saisie et les créanciers inscrits seront tenus de faire insérer, à la suite de la mise à prix, leurs dires et observations ayant pour objet d'introduire des modifications dans ledit cahier. Passé ce délai, ils ne seront plus recevables à proposer de changements, dires ou observations (art. 694).

172. — Au jour indiqué par la sommation faite au saisi et aux créanciers, le tribunal donnera acte au poursuivant des lecture et publication du cahier des charges, statuera sur les dires et observations qui y auront été insérés, et fixera les jour et heure où il procédera à l'adjudication. Le délai entre la publication et l'adjudication sera de trente jours au moins et de soixante au plus (695).

Le jugement sera porté sur le cahier des charges, à la suite de la mise à prix ou des dires des parties (*id.*).

N'aurait-il pas été convenable, comme le pense Duvergier, de laisser aux tribunaux la faculté d'abréger les longs délais fixés par les art. 694 et 695 ?

173. — Les juges peuvent ordonner qu'un cahier des charges qui contient des irrégularités sera rectifié, au lieu d'ordonner qu'il en soit fait un nouveau.—V. D.H., *eod.*, n. 888.

174. — Si cependant les irrégularités étaient trop importantes, si les formalités essentielles avaient été

omises, le cahier des charges devrait être annulé. — Persil fils, p. 168.

175. — Quand la demande à fin de réformation du cahier des charges est rejetée, l'exécution du jugement qui a lieu à l'instant même ne peut être opposée comme fin de non recevoir à l'appel interjeté par le créancier. —V. D.H., *eod.*, n. 889.

176. — Si le cahier des charges est déclaré nul, cette annulation n'entraîne pas celle des actes antérieurs.— V. D.H., *eod.*, n. 890 et suiv.

**§ 8.** — *Annonces dans les journaux du jour, des conditions de l'enchère et de l'adjudication.—Affiches et placards contenant la même indication.*

177. — Quarante jours au plus tôt et vingt jours au plus tard avant l'adjudication, l'avoué du poursuivant fera insérer, dans un journal publié dans le département où sont situés les biens, un extrait signé de lui et contenant :

1o La date de la saisie et de sa transcription ;

2o Les noms, professions, demeures du saisi, du saisissant et de l'avoué de ce dernier ;

3o La désignation des immeubles telle qu'elle a été insérée dans le procès-verbal ;

4o La mise à prix ;

5o L'indication du tribunal où la saisie se poursuit, et des jour, lieu et heure de l'adjudication.

A cet effet, les Cours royales, chambres réunies, après un avis motivé des tribunaux de première instance respectifs, et sur les réquisitions écrites du ministère public, désigneront chaque année, dans la première quinzaine de décembre, pour chaque arrondissement de leur ressort, parmi les journaux qui se publient dans le département, un ou plusieurs journaux où devront être insérées les annonces judiciaires. Les Cours royales régleront en même temps le tarif de l'impression de ces annonces. Néanmoins, toutes les annonces judiciaires relatives à la même saisie seront insérées dans le même journal (696).—V. l'ancien art. 683, et D.H., *eod.*, n. 629 et suiv.

178. — Un amendement tendant à ce que l'extrait mentionné dans cet article fût inséré *deux fois* dans le journal, à huit jours d'intervalle, a été rejeté.

179. — Il en a été de même d'un autre amendement qui prescrivait une insertion sommaire de l'extrait quinze jours au plus tôt, et dix jours au plus tard avant l'adjudication.

180. — Il en a été de même encore d'une disposition faisant suite au n. 2 de l'article ci-dessus, et portant que l'extrait contiendrait les noms des maires qui auraient visé les procès-verbaux de saisie.

181. — Le législateur a pensé que, pour donner aux annonces le plus de publicité possible, il convenait de limiter et de désigner d'avance les feuilles où elles devaient être insérées. — De là la disposition finale de l'art. 696, disposition qui a été vivement combattue, à la Chambre des Députés, comme conférant à l'autorité ministérielle un pouvoir exorbitant de vie et de mort sur les feuilles des départements.

182.—Le procureur-général a le droit d'assister, sans y prendre part, aux délibérations des cours. — V. aussi Expropriation pour utilité publique.

183.—Les Cours royales peuvent désigner un journal autre que celui ou ceux qui se publient dans l'arrondissement, s'il y a dans le reste du département une feuille beaucoup plus répandue.

184. — On avait proposé d'abord de concentrer, pour chaque arrondissement, toutes les annonces dans un seul journal. Cette proposition a été écartée.

**185.** — Y a-t-il nécessité d'insérer dans les journaux désignés par les Cours royales toutes les annonces judiciaires, ou seulement celles prescrites par la loi du 2 juin 1841, dont il est ici question? A l'appui de la première opinion, on peut alléguer, soit la généralité des expressions de l'art. 696, où devront être insérées les *annonces judiciaires*, soit la suppression d'un amendement de M. Mérilhou, qui faisait suivre ces mots : *annonces judiciaires*, de ceux-ci : *prescrites par la présente loi;* soit enfin du passage suivant du discours de M. Persil : « Veuillez le remarquer, y est-il dit, cette publicité s'applique, non seulement à la saisie immobilière, mais à une multitude d'actes pour lesquels notre Code de procédure, et même le Code de commerce, renvoient à l'article qui est actuellement en discussion. Il ne s'agit pas seulement, dans cet article, quoique sa lettre semble le dire, de la publicité à donner aux saisies immobilières et aux ventes qui doivent suivre, mais aux séparations de corps, aux séparations de biens, à la purge des hypothèques, aux notifications à faire aux femmes; en un mot, toutes les fois qu'il y a publicité, notre législation renvoie à cet article. » (*Monit.*, 25 fév. 1841, p. 797, 1re col., *in fine*.)

**186.** — Toutefois, cette solution serait trop absolue, comme le démontre Duvergier dans une dissertation étendue, p. 253 et suiv. Il est conforme aux principes élémentaires, en matière d'interprétation des lois, de restreindre l'application de l'art. 696 aux annonces relatives aux ventes judiciaires d'immeubles. Quant à la suppression des mots *prescrites par la présente loi*, elle a été opérée par la Chambre des Pairs, sans qu'on en connaisse les motifs. — Enfin, rien ne tend à faire penser que les paroles précitées de M. Persil expriment autre chose que l'opinion individuelle de cet orateur. Il y a même lieu de croire qu'elles n'ont pas la portée qu'on serait d'abord tenté de leur donner, et que M. Persil n'a voulu que reproduire la pensée plus exactement formulée dans l'art. 8 de la loi du 2 juin, article ainsi conçu : « L'art. 696 ci-dessus sera substitué à l'art. 683 C. pr. civ. dans les différentes lois qui font mention de cette dernière disposition. Il en sera de même de toutes dispositions auxquelles renvoie la législation, et qui se trouvent remplacées par les nouveaux articles de la présente loi. »

**187.** — Partant de ces données, Duvergier établit, 1º que les seules annonces qu'il y ait nécessité d'insérer dans les journaux désignés par les Cours royales sont celles relatives aux ventes judiciaires d'immeubles, ou celles qui, d'après des dispositions formelles, devaient être faites en la forme prescrite par l'ancien art. 683; 2º que, dans ce nombre, on doit comprendre les annonces de saisie de rentes constituées (C. pr., 646, 647), les publications au cas de séparation de biens (C. pr., 868) et en matière de purge d'hypothèques légales (avis du C. d'Etat du 9 mai-1er juin 1807); 3º qu'au contraire, on peut insérer dans un journal autre que ceux désignés par la cour, les annonces en matière de saisie de barques et bateaux (C. pr., 620); de vaisselle d'argent et de bijoux (C. pr., 621), de bâtiments de mer (C. comm., 202); 4º et qu'il faut enfin suivre, pour la publication des actes de commerce, des jugements déclaratifs de faillite et des avertissements en matière d'expropriation pour cause d'utilité publique, les formes prescrites par les lois du 31 mars 1833, du 28 mai 1838 (C. comm., 442) et du 5 mai 1841, art. 6.

**188.** — Il a été reconnu, dans la discussion à la Chambre des Pairs, que si le journal désigné pour recevoir les annonces cessait de paraître durant les poursuites, les annonces qu'il resterait à faire seraient léga-

lement insérées dans le journal qui serait désigné à la place du premier.

**189.** — L'erreur qui aurait été commise dans l'annonce pourrait être réparée dans un autre numéro du journal, par une simple rectification, et sans qu'il fût nécessaire de renouveler entièrement l'annonce, pourvu, bien entendu, que la rectification eût lieu dans les délais de l'art. 696. — Persil fils, p. 174; Chauveau, p. 554. — V. D.G., *eod.*, n. 940.

**190.** — Lorsque, indépendamment des insertions prescrites par l'article précédent, le poursuivant, le saisi, ou l'un des créanciers inscrits, estimera qu'il y aurait lieu de faire d'autres annonces de l'adjudication par la voie des journaux, le président du tribunal devant lequel se poursuit la vente pourra, si l'importance des biens paraît l'exiger, autoriser cette insertion extraordinaire. Les frais n'entreront en taxe que dans le cas où cette autorisation aurait été accordée. L'ordonnance du président ne sera soumise à aucun recours (697).

**191.** — L'insertion extraordinaire peut avoir lieu, soit dans le même journal que l'insertion légale, soit dans d'autres feuilles.

**192.** — Il a été reconnu, à la Chambre des Députés, que les annonces supplémentaires peuvent être faites d'une manière sommaire.

**193.** — Les journaux désignés pour recevoir les annonces ne sont pas obligés de se conformer, pour les annonces supplémentaires, au tarif qui a été fixé par la Cour royale pour les insertions ordinaires.—V. Duvergier, *eod.*, p. 256.

Les frais de l'insertion extraordinaire, lorsqu'elle a été autorisée, sont privilégiés et à la charge de l'immeuble.—Paignon, p. 143; Chauveau, p. 555.

**194.** — Il sera justifié de l'insertion aux journaux par un exemplaire de la feuille, contenant l'extrait énoncé en l'article précédent (c'est de l'art. 696 que la loi entend ici parler); cet exemplaire portera la signature de l'imprimeur, légalisée par le maire (698).—V. D.H., *eod.*, n. 635 et suiv.

**195.**—Extrait pareil à celui qui est prescrit par l'art. 696 sera imprimé en forme de placard et affiché dans le même délai :

1º A la porte du domicile du saisi;

2º A la porte principale des édifices saisis;

3º A la principale place de la commune où le saisi est domicilié, ainsi qu'à la principale place de la commune où les biens sont situés et de celle où siège le tribunal devant lequel se poursuit la vente;

4º A la porte extérieure des mairies du domicile du saisi et des communes de la situation des biens;

5º Au lieu où se tient le principal marché de chacune de ces communes, et, lorsqu'il n'y en a pas, au lieu où se tient le principal marché de chacune des deux communes les plus voisines dans l'arrondissement;

6º A la porte de l'auditoire du juge de paix de la situation des bâtiments, et, s'il n'y a pas de bâtiments, à la porte de l'auditoire de la justice de paix où se trouve la majeure partie des biens saisis;

7º Aux portes extérieures des tribunaux du domicile du saisi, de la situation des biens et de la vente.

L'huissier attestera, par un procès-verbal rédigé sur un exemplaire du placard, que l'apposition a été faite aux lieux déterminés par la loi, sans les détailler.

Le procès-verbal sera visé par le maire de chacune des communes dans lesquelles l'apposition aura été faite (699).

**196.**—*Extrait pareil... sera imprimé et affiché*, etc. —V. D.H., *eod.*, n. 648 et suiv.

Les placards doivent être *imprimés*, sans néanmoins qu'une rectification ou une légère addition faite à la main soit une cause de nullité. — V. D.H., *eod.*, n. 669 et suiv. — Conf., Chauveau, p. 559.

Ils doivent être frappés du timbre de dimension.

197. — *A la porte du domicile du saisi.* — On a demandé la suppression de cette formalité. Elle est, a t-on dit, injurieuse pour le saisi, qui d'ailleurs ne manquera pas de faire disparaître l'affiche; — elle peut lui préjudicier, s'il exerce une industrie dans un lieu éloigné de celui de la situation de l'immeuble exproprié; — enfin, elle tend à faire renaître toutes les difficultés sur le domicile réel, difficultés qu'on a voulu éviter en permettant de signifier au domicile élu.—Néanmoins, la formalité dont il s'agit a été maintenue. « Elle a surtout pour but, a dit M. Persil, d'avertir le saisi, et elle est d'autant plus nécessaire que l'on permet de signifier au domicile élu; elle informe les tiers de la situation pécuniaire du saisi; et, en définitive, cette disposition, qui existe également pour les saisies mobilières, s'exécute sans difficulté depuis la promulgation du Code. »

198. — Lorsque l'immeuble saisi est entre les mains d'un tiers-détenteur l'affiche doit être mise à la porte de son domicile.—V. D.H., *eod.*, n. 684.

199. — Si le logement du saisi n'a pas de porte extérieure, l'affiche est régulièrement apposée à la porte extérieure du bâtiment où se trouve ce logement. — V. D.H., *eod.*, n. 683.—Chauveau, p. 561.

200. — *A la porte principale des édifices saisis.* — V. D.H., *eod.*, n. 685 et suiv.

201. — *A la principale place de la commune*, etc. — Il a été reconnu, dans la discussion, que si les biens sont situés dans plusieurs communes, les affiches doivent être apposées à la principale place de chacune d'elles.

202. — *Au lieu où se tient le principal marché*, etc. —La question de savoir ce qu'il faut entendre par marché *principal* est résolue dans chaque lieu par l'usage, dont on doit suivre les indications. — V., à cet égard, D.H., *eod.*, n. 690 et suiv.

203. — A défaut de marché dans la commune du domicile du saisi, les placards doivent être affichés dans les deux marchés les plus voisins de cette commune: il ne suffirait pas qu'ils l'eussent été aux deux marchés les plus voisins de la situation des biens (C. pr., 684). — 2 déc. 1837. Aix.

204. — Il a été décidé que, dans le cas de l'art. 684, n. 4 (aujourd'hui 699, n. 5, *in fine*), les affiches doivent, à peine de nullité, être apposées aux deux marchés les plus *voisins* de la situation des biens; il ne suffit pas qu'elles le soient aux deux marchés les plus *importants* dans le voisinage (C. pr., 684, 717). — 8 mai 1838. Cass. J.H. 38. 1. 194. — 15 juill. 1839. Orléans. J.H. 40. 1, 5. — Conf., Chauveau, p. 563; Persil fils, p. 182.

205. — Jugé néanmoins, en sens contraire, que, bien que les placards doivent être affichés aux deux marchés les plus voisins, une légère différence entre les distances n'opère pas nullité. — 1er août 1834. Bordeaux. J.H. 38. 25.

206. — Et que, pareillement, l'apposition faite dans la commune dont le marché est *un peu* plus éloigné que celui d'une autre commune où l'apposition n'a pas eu lieu n'est pas une cause de nullité, lorsque les communications sont plus faciles et plus rapides à l'égard de la première commune; qu'elle est un chef-lieu de canton; que son marché est plus fréquenté; enfin, que la commune du marché plus voisin dépend d'un autre

département. — 19 nov. 1859. Bordeaux. J.H. 40. 1. 201. — Voy. encore, en sens divers, D.H., *eod.*, n. 697 et suiv.

207. — La loi n'exige pas que l'affiche soit apposée *un jour de marché.* — V. D.H., *eod.*, n. 703. — Conf., Chauveau, p. 503.—*Contra, eod.*, n. 702.

Il suffit que les lieux où les placards doivent être affichés soient des marchés établis par la loi et reconnus par l'autorité administrative, bien qu'en fait il ne s'y tienne pas de marchés.—V. D.H., *eod.*, n. 705; Chauveau, p. 562.

208. — *A la porte de l'auditoire du juge de paix*, etc.; *aux portes extérieures des tribunaux*, etc.—V. D.H., *eod.*, n. 706 et suiv.

209. — La disposition qui prescrit à l'huissier de rédiger le procès-verbal d'apposition des affiches *sur un exemplaire* du placard est nouvelle. Le Code de procédure exigeait un acte séparé auquel on annexait un exemplaire du placard. — Voy. D.H., *eod.*, n. 709 et suiv.

210. — Il a été jugé, avant la loi nouvelle, que ce n'était pas l'original du placard qui devait être annexé au procès-verbal d'apposition, mais seulement un exemplaire du placard (C. pr., 687).—19 nov. 1839. Bordeaux. J.H. 40. 1. 201.

211. — Il résulte du même arrêt que l'apposition des placards peut être constatée par procès-verbaux distincts, lorsqu'en raison du nombre des communes où elle a eu lieu, elle n'a pas été faite le même jour : chacun des procès-verbaux a pu séparément contenir la mention que l'apposition a eu lieu *dans tous les endroits* exigés par la loi, si les procès-verbaux réunis et leur visa des maires justifient cette énonciation; à cet égard, les différents procès-verbaux doivent être réputés ne former qu'un même acte (C. pr., 685).

212. — Le procès-verbal d'apposition des placards qui, au lieu d'exprimer que ces placards ont été affichés dans les lieux désignés par l'art. 684 C. pr. en les spécifiant, se borne à dire, après l'indication des communes où l'huissier s'est transporté, qu'ils ont été apposés *dans tous les endroits apparents et habitués à recevoir les affiches des placards*, a pu être déclaré remplir suffisamment le vœu de la loi (C. pr., 684, 185). —23 nov. 1836. Cass. — Voy. D.H. *eod.*, n. 714.

213. — Il faut que l'huissier qui fait apposer les placards ait le droit d'instrumenter dans tous les lieux où il les a mis, à peine de nullité. On peut donc être obligé d'employer plusieurs huissiers. — Voy. D.H., *eod.*, n. 716.

214. — *Le procès-verbal sera visé par le maire*, etc. —V. D.H., *eod.*, n. 718 et suiv.

215. — Un maire, quoique créancier ou beau-frère du saisi, peut valablement donner son visa dans le cas de l'art. 687 C. pr. (aujourd'hui 699). — 9 fév. 1837. Cass. J.H. 57. 1. 250.

216. — Le visa donné par un conseiller municipal, en l'absence des maire et adjoint, est valable, sans qu'il soit nécessaire de constater que ce conseiller est le premier dans l'ordre du tableau. Ici ne s'applique pas l'art. 5 de la loi du 21 mars 1831.—Même arrêt.

217. — La loi nouvelle n'exige plus qu'une apposition de placards au lieu de trois que prescrivait le Code de procédure.

218. — Du reste, sous ce Code, la seconde et troisième appositions de placards ne devaient pas, comme la première, être notifiées au saisi (C. pr., 705).—12 juin 1839. Cass. J.H. 59. 1. 265; 1er août 1834. Bordeaux. J.H. 38. 1. 25.—V., au surplus, D.H., *eod.*, n. 943 et suiv.

**219.** — Selon la nature et l'importance des biens, il pourra être passé en taxe jusqu'à cinq cents exemplaires des placards, non compris le nombre d'affiches prescrit par l'art. 699 (art. 700).

**220.** — Les frais de la poursuite seront taxés par le juge, et il ne pourra être rien exigé au-delà du montant de la taxe. Toute stipulation contraire, quelle qu'en soit la forme, sera nulle de droit (art. 701).

**221.** — *Il ne pourra être rien exigé au-delà du montant de la taxe.* — Le projet disait : « Et le montant de la taxe pourra seul être mis à la charge de l'adjudicataire. » Cette rédaction a été changée.

**222.** — *Toute stipulation contraire, quelle qu'en soit la forme*, etc. — « Ce qui comprend, a dit M. Persil, ces clauses de l'enchère par lesquelles, faisant une sorte de forfait, il était dit que l'adjudicataire paierait telle somme, si mieux n'aimait faire faire la taxe. »

**223.** — Le montant de la taxe sera publiquement annoncé avant l'ouverture des enchères, et il en sera fait mention dans le jugement d'adjudication (art. 701).

### § 9. — *Adjudication.*

**224.** — Ainsi qu'on l'a déjà dit, l'adjudication *préparatoire* a été supprimée. Et c'est là une des plus heureuses innovations de la loi de 1841.

**225.** — Avant cette suppression, il a été jugé que l'adjudication préparatoire de biens vendus sur folle-enchère, faite avant le jour indiqué sur les affiches, était nulle (C. pr., 703), sans que cette nullité fût couverte par la production des procès-verbaux d'affiches, d'où il résultait que le jour primitivement fixé pour cette adjudication avait été changé au moyen d'une surcharge ; la nullité des mots surchargés, interlignés ou ajoutés, prononcée par la loi du 25 ventôse an 11, à l'égard des actes notariés, s'appliquant aux actes de tous les officiers ministériels. — 25 mai 1840. Lyon. J.H. 40. 1. 205.

**226.** — Que l'adjudication préparatoire pouvait être prononcée à la même audience où avait eu lieu la troisième publication, alors d'ailleurs qu'elle avait été précédée des annonces et appositions de placards prescrites par l'art. 703 C. pr. — 10 fév. 1857. Poitiers. J.H. 58. 1. 162. — V. D.H., *eod.*, n. 964 et suiv.

**227.** — Que le saisi n'était pas fondé à demander la nullité de l'adjudication préparatoire, en ce qu'elle avait eu lieu le jour indiqué par les affiches, alors surtout que ce retard était le fait du saisi (C. pr., 782). — 16 nov. 1839. Bordeaux. J.H. 40. 1. 254.

**228.** — Que le jugement d'adjudication préparatoire devait être signifié comme tout autre jugement susceptible d'exécution (C. pr., 147). — 30 mars 1840. Cass. J.H. 40. 1. 147. — V. D.H., *eod.*, n. 977 et suiv.

**229.** — Qu'il devait être signifié à l'avoué du saisi, ou, à défaut d'avoué, à son domicile, à peine de nullité de l'adjudication définitive, nullité qui pouvait être invoquée même après cette dernière adjudication. — Même arrêt. — V. D.H., *eod.*, n. 1646.

**230.** — Qu'il était susceptible d'appel et ne pouvait être réformé que par cette voie. — 14 fév. 1839. Lyon. J.H. 39. 1. 184. — *Contra*, 20 juill. 1839. Toulouse. J.H. 40. 1. 22. — V., en sens divers, D.H., *eod.*, n. 999 et suiv. — V. aussi *infra*.

**231.** — Revenons à la loi nouvelle : Au jour indiqué pour l'adjudication, il y sera procédé sur la demande du poursuivant, et, à son défaut, sur celle de l'un des créanciers inscrits (702) ; c'est la conséquence de la mise en cause des créanciers (Rapp. de M. Persil). — V. D.H., *eod.*, n. 1041 et suiv.

**232.** — Sous le Code de 1806, l'adjudication définitive devait, à peine de nullité, être précédée de la signification au saisi du jugement d'adjudication provisoire (C. pr., 147 et 733). — 17 juill. 1834. Lyon.

**233.** — Néanmoins cette règle recevait exception pour le cas de force majeure, et spécialement dans le cas où la jurisprudence du tribunal devant lequel l'expropriation était poursuivie, rejetait de toute taxe la signification du jugement d'adjudication provisoire, comme occasionnant des frais frustratoires, et refusait de commettre un huissier pour en faire la signification, alors qu'il avait été rendu par défaut. — Même arrêt.

**234.** — Il a été jugé que l'adjudication définitive doit avoir lieu au jour fixé par l'adjudication préparatoire, si ce jour-là l'affaire est en état, c'est-à-dire si toutes les formalités ont été accomplies, alors même qu'il surviendrait un changement dans l'état ou la qualité des parties, et, spécialement, encore bien que, la saisie étant poursuivie contre le syndic d'une faillite, ce syndic aurait notifié le jour même de l'adjudication sa démission de ses fonctions (C. pr., 542 ; C. comm., 443). — 6 juill. 1841. Cass. J.H. 41. 1. 228. — V. D.H., *eod.*, n. 1497.

**235.** — Qu'il y a nullité, lorsque l'adjudication définitive n'a pas eu lieu au jour indiqué par le jugement d'adjudication définitive.

..... Et que cette nullité doit être prononcée même dans le cas où, par suite de l'erreur du copiste, l'expédition du jugement ou arrêt signifié au saisi fixerait une autre époque que celle désignée dans la minute (C. pr., 707, 717). — 2 juin 1857. Pau. J.H. 39. 1. 156.

**236.** — Néanmoins l'adjudication pourra être remise sur la demande du poursuivant, ou de l'un des créanciers inscrits, ou de la partie saisie, mais seulement pour causes graves et dûment justifiées (703).

**237.** — L'acquéreur d'un immeuble saisi peut opposer au créancier, qui demande la reprise des poursuites en expropriation, l'incertitude et la non liquidité de sa créance, pour se refuser à la consignation préalable de la somme inscrite, et pour demander un sursis à la poursuite en adjudication de l'immeuble par lui acquis. Et les tribunaux ont pu, sans violer aucune loi, prononcer ce sursis, alors surtout que l'acquéreur offrait le paiement de ce qui serait dû au créancier (C. proc., 692, 693, 694, 695, 551, 722 ; C. civ., 2215). — 10 janv. 1838. Cass. J.H. 58. 1. 136. — V. D.H., *eod.*, n. 1478 et suiv.

**238.** — L'expropriation pour cause d'utilité publique d'une portion de l'immeuble saisi ne peut être un motif de surseoir à l'adjudication indiquée ; elle constitue une charge que l'adjudicataire devra souffrir. — 9 oct. 1839. Paris. J.H. 40. 1. 74.

**239.** — Il est des cas où il y a, non pas faculté, mais nécessité pour le juge de prononcer la remise, par exemple, lorsque le saisi ayant proposé contre la procédure antérieure à la publication du cahier des charges, des nullités qui ont été rejetées, interjette appel de ce jugement, il faut nécessairement ajourner l'adjudication (C. civ., 2215).

**240.** — La remise ne peut, suivant Persil (p. 194), être accordée sur simple requête du saisissant et sans que le saisi ait été mis à même de débattre la demande ; mais il paraît plus juridique de restreindre, avec Chauveau, (p. 574), cette décision au cas où la remise est demandée avant l'audience, d'abord fixée pour l'adjudication : si elle est requise à cette audience même, de simples conclusions prises à la barre, sans assignation préalable, semblent suffire pour la validité de la demande, les parties ayant été suffisamment prévenues du jour de l'audience et mises en demeure de s'y trouver. — V., au surplus, D.H., *eod.*, n. 1074.

241. — Le jugement qui prononcera la remise fixera de nouveau le jour de l'adjudication, qui ne pourra être éloigné de moins de quinze jours, ni de plus de soixante.

Ce jugement ne sera susceptible d'aucun recours (703).

242. — Dans ce cas, l'adjudication sera annoncée huit jours au moins à l'avance par des insertions et des placards, conformément aux art. 696 et 699 (art. 704).

243. — Le jugement qui prononce la remise n'est, d'après l'art. 703 ci-dessus, susceptible d'aucun recours. — Persil fils décide (p. 191), qu'il en serait autrement du jugement qui refuserait une remise qu'il y avait nécessité d'accorder; mais Chauveau fait observer, au contraire, que quand le sursis est commandé *par un incident ou tout autre motif légal*, il n'y a pas lieu d'en faire la demande; il est de droit, l'art. 741 le suppose évidemment; il n'y a donc pas alors de jugement à l'égard duquel la question de recours puisse se présenter. Le tribunal n'est appelé à prononcer, d'après l'art. 703, que sur les cas de sursis que la loi n'a point prévus. Il les apprécie souverainement. Et son jugement n'est susceptible d'aucun recours, soit qu'il ait prononcé, soit qu'il ait refusé la remise.

244. — Il a été jugé, avant la loi nouvelle, que lorsque, par suite d'incidents, un nouveau jour avait été indiqué pour l'adjudication, il n'était pas nécessaire que ce nouveau délai fût égal à celui que la loi exige pour la première indication de jour : la durée du second délai était abandonnée à l'arbitrage du juge (C. pr., 706). — 17 juill. 1839. Bordeaux. J.H. 40. 1. 72. — V. D.H., *eod.*, n. 1081.

245. — Les enchères sont faites par le ministère d'avoués et à l'audience. Aussitôt que les enchères seront ouvertes, il sera allumé successivement des bougies préparées de manière que chacune ait une durée d'environ une minute.

L'enchérisseur cesse d'être obligé, si son enchère est couverte par une autre, lors même que cette dernière serait déclarée nulle (705). — V. D.H., *eod.*, n. 1158.

246. — L'adjudication ne pourra être faite qu'après l'extinction de trois bougies allumées successivement.

S'il ne survient pas d'enchères pendant la durée de ces bougies, le poursuivant sera déclaré adjudicataire pour la mise à prix.

Si, pendant la durée d'une des trois premières bougies, il survient des enchères, l'adjudication ne pourra être faite qu'après l'extinction des deux bougies sans nouvelle enchère survenue pendant leur durée (706). — V. D.H., *eod.*, n. 1166.

247. — Le procès-verbal doit constater que des bougies ont été successivement allumées. Mais il n'est pas nécessaire qu'il indique la durée des bougies. — V. D.H. *eod.*, n. 1159 et suiv.

248. — Dès qu'une enchère a été couverte, le premier enchérisseur cesse d'être obligé. — V. D.H., *eod.*, n. 1170 et suiv.

Un enchérisseur ne peut faire annuler son enchère sous prétexte de la nullité de celle qui a précédé la sienne. — D.H., *eod.*, n. 1171. — Conf., Persil fils, p. 200, et Chauveau, p. 582.

249. — Aucune loi ne prescrit de mode obligé et exclusif pour recevoir les enchères : le tribunal et les parties peuvent adopter le mode qu'ils jugent le plus conforme à l'intérêt de la vente, et, par exemple, ordonner la vente par lots, et sauf à réunir les enchères partielles en un seul lot, qui, s'il est adjugé, annulera toutes les adjudications partielles. — 9 janv. 1839. Cass. J.H. 39. 1. 21.

250. — La faculté réservée par le cahier des charges et les affiches, au poursuivant ou aux enchérisseurs, de demander que la vente de l'immeuble saisi, qui a été annoncée en deux lots, soit faite en un seul lot, peut être exercée et recevoir son effet le jour même de l'adjudication définitive, sans qu'il faille une nouvelle publication. — 5 mars 1838. Cass. J.H. 38. 1. 158.

251. — Il a été jugé, avant la loi nouvelle, que le mode d'adjudication tracé dans le cahier des charges, s'appliquait à l'adjudication définitive aussi bien qu'à l'adjudication préparatoire.

Et, spécialement, la clause insérée dans le cahier des charges en exécution d'un jugement souverain, et qui, dans *l'intérêt de la vente* (comme cela résulte d'une expertise), prescrivait l'adjudication des biens saisis en cinq lots, sur des mises à prix distinctes pour chacun, sauf la réunion de ces lots en un seul après les enchères partielles, lesquelles ne seraient définitives qu'autant qu'elles porteraient sur tous les lots séparés, et qu'il n'y aurait pas d'enchère collective sur leur ensemble, ne pouvait être restreinte dans son application à l'adjudication préparatoire; elle devait aussi être observée à peine de nullité pour l'adjudication définitive, quand surtout elle avait été reproduite sur les affiches depuis l'adjudication préparatoire, et alors même que cette dernière adjudication n'aurait eu lieu qu'en bloc, sur la réunion des lots ordonnée après une mise aux enchères infructueuse de chacun d'eux séparément. — 9 janv. 1839. Cass. J.H. 39. 1. 21. — V. D.H., *eod.*, n. 877 et suiv.

252. — Le contrat formé par l'adjudication préparatoire ne conférait à l'adjudicataire qu'un droit conditionnel, résoluble et soumis à toutes les dispositions du cahier des charges. Par suite, lorsque le cahier des charges voulait que la vente eût lieu d'abord en plusieurs lots, *sauf leur réunion après les enchères partielles*, l'adjudicataire provisoire qui n'avait enchéri que sur la totalité des biens en bloc, sans qu'il y eût eu d'enchères séparées, ne pouvait se prévaloir du principe qui ne permet pas de diviser l'adjudication provisoire vis-à-vis de l'adjudicataire, pour s'opposer à la réception des enchères partielles lors de l'adjudication définitive. — Dans ce cas, la décharge de l'adjudicataire provisoire ne pouvait lui être acquise qu'autant que le prix de son adjudication se trouvait couvert, soit par une enchère collective, soit par le montant des enchères partielles (C. pr., 702, 704). — Même arrêt.

253. — L'avoué dernier enchérisseur sera tenu, dans les trois jours de l'adjudication, de déclarer l'adjudicataire et de fournir son acceptation, sinon de représenter son pouvoir, lequel demeurera annexé à la minute de sa déclaration; faute de ce faire, il sera réputé adjudicataire en son nom, sans préjudice des dispositions de l'art. 711 (707). — V. D.H., *eod.*, n. 1176 et suiv.

254. — En matière d'adjudication *volontaire* devant notaires, l'avoué adjudicataire doit faire sa déclaration, non dans les trois jours, mais dans les *vingt-quatre heures*. — 13 mars 1838. Cass.

255. — La déclaration se fait au greffe sur le cahier des charges à la suite de l'adjudication. — V. D.H., *eod.*, n. 1181 et suiv.

256. — L'avoué qui se rend enchérisseur n'est réputé que simple mandataire de son client; il n'est pas adjudicataire lui-même avec la faculté de déclarer un command.

257. — Décidé cependant que l'avoué qui s'est rendu adjudicataire au profit d'une femme mariée, en vertu

d'un pouvoir non revêtu de l'autorisation du mari, doit être déclaré adjudicataire pour son propre compte (C. pr., 709 et 713).—16 mai 1840. Toulouse. J.H. 41. 1. 488.

258.—Toute personne pourra, dans les huit jours qui suivront l'adjudication, faire, par le ministère d'un avoué, une surenchère, pourvu qu'elle soit du sixième au moins du prix principal de la vente (708).

259. — « Le Code de procédure (art. 710) et le projet du gouvernement autorisaient toute personne à faire, *par elle-même ou par un fondé de procuration spéciale*, sa déclaration. La loi actuelle, en exigeant l'intervention d'un avoué, prévient l'inconvénient des surenchères hasardées par des insolvables, dans l'espérance d'imposer un sacrifice à l'adjudicataire. Il n'y a pas d'ailleurs de raison pour recevoir le renouvellement de l'enchère autrement que n'est reçue l'enchère elle-même. » (Rapport de M. Pascalis.)

260. — La loi admettant *toute personne* à surenchérir, il est évident qu'une première surenchère ne fait pas obstacle à ce qu'il en soit fait d'autres dans le délai fixé par l'art. 708. Mais chaque nouveau surenchérisseur doit porter ses offres au-dessus de celles du surenchérisseur précédent, sinon celui-ci devrait avoir la préférence.—V. aussi D.H., vo Surenchère.

261.—La surenchère sera faite au greffe du tribunal qui a prononcé l'adjudication : elle contiendra constitution d'avoué et ne pourra être rétractée; elle devra être dénoncée par le surenchérisseur, dans les trois jours, aux avoués de l'adjudicataire, du poursuivant et de la partie saisie, si elle a constitué avoué, sans néanmoins qu'il soit nécessaire de faire cette dénonciation à la personne ou au domicile de la partie saisie qui n'aurait pas d'avoué (709).

262. — L'adjudicataire sur saisie immobilière est sans qualité pour proposer la nullité d'une surenchère motivée sur le défaut de dénonciation de cette surenchère au poursuivant.—18 fév. 1839. Cass.

263-264. — La dénonciation sera faite par un simple acte contenant à venir pour l'audience qui suivra l'expiration de la quinzaine sans autre procédure (709).

L'indication du jour de cette adjudication sera faite de la manière prescrite par les art. 696 et 699 (*id.*).

265. — Quand le poursuivant et l'adjudicataire ont le même avoué, la surenchère est valablement signifiée à cet avoué par une seule copie, pourvu qu'elle énonce sa double qualité.—25 mai 1838. Riom.

266. — Si le surenchérisseur ne dénonce pas la surenchère dans le délai ci-dessus fixé, le poursuivant ou tout créancier inscrit, ou le saisi, pourra le faire dans les trois jours qui suivront l'expiration de ce délai, faute de quoi, la surenchère sera nulle de droit, et sans qu'il soit besoin de faire prononcer la nullité (*id.*), dont l'effet est alors de rendre l'adjudicataire propriétaire irrévocable.

267.—Le droit de dénoncer la surenchère est, comme on le voit, donné au saisi aussi bien qu'au poursuivant et à tout créancier inscrit, parce que la surenchère ayant élevé le prix de l'immeuble et donné l'espérance de l'augmenter encore par la chaleur des enchères, il a paru qu'il serait injuste de priver le saisi de cet avantage en ne lui donnant pas le droit dont il s'agit.

268. — Une fois que la surenchère est dénoncée, elle est acquise à tous les créanciers; l'adjudicataire n'en arrêterait pas l'effet en désintéressant le surenchérisseur; celui-ci doit mener à fin la procédure par lui entamée.—Persil fils, p. 248; Chauveau, p. 600.

269. — Au jour indiqué, il sera ouvert de nouvelles enchères, auxquelles toute personne pourra concourir;

s'il ne se présente pas d'enchérisseurs, le surenchérisseur sera déclaré adjudicataire : en cas de folle-enchère, il sera tenu par corps de la différence entre son prix et celui de la vente (710).

270. — Cette disposition, en admettant *toute personne* à prendre part aux nouvelles enchères, apporte une évidente amélioration à l'ancien art. 712, qui n'y faisait concourir que le surenchérisseur et l'adjudicataire.

271. — 1o Lorsqu'une seconde adjudication aura eu lieu, après la surenchère ci-dessus, aucune autre surenchère des mêmes biens ne pourra être reçue (710).— « La nécessité de finir, de fixer la propriété, et, par cette perspective, d'encourager les adjudicataires, l'avantage de mettre un terme à cette masse ruineuse de frais qui se prélèvent sur le gage commun, expliquent clairement cette disposition. » (Rapp. de M. Persil.)

2o Si la surenchère est annulée, l'adjudication qu'elle tendait à détruire est maintenue.—V. D.H.

272. — Les avoués ne pourront enchérir pour les membres du tribunal devant lequel se poursuit la vente, à peine de nullité de l'adjudication ou de la surenchère et de dommages-intérêts.

Ils ne pourront, sous les mêmes peines, enchérir pour le saisi ni pour les personnes notoirement insolvables. L'avoué poursuivant ne pourra se rendre personnellement adjudicataire ni surenchérisseur, à peine de nullité de l'adjudication ou de la surenchère, et des dommages-intérêts envers toutes les parties (711).—V. D.H., *eod.*, n. 1185 et suiv.

273. — L'avoué peut enchérir, a dit M. Persil, « pour toutes personnes, sauf celles que nous proposons d'en rendre nommément incapables : le saisi d'abord, les personnes notoirement insolvables, les membres du tribunal où se poursuit l'enchère ou la surenchère, ce qui comprend les juges, les juges-suppléants, le procureur du roi et ses substituts (et . en outre, comme le fait observer Duvergier, les greffiers), enfin, l'avoué poursuivant. Au-delà de cette courte nomenclature qui s'explique d'elle-même, tous les autres citoyens peuvent prendre part aux enchères; les membres de la Cour royale aussi bien que les autres, parce que nulle raison plausible ne pouvait déterminer à les exclure. » Ainsi se trouve abrogée la prohibition établie par l'ancien art. 713 à l'égard des procureurs généraux, avocats généraux et substituts des procureurs généraux. — Malgré la généralité des termes du rapport de M. Persil, l'art. 711 C. pr. ne paraît pas contenir une indication complète des personnes incapables d'enchérir et de surenchérir sur une expropriation forcée : cet article doit être rapproché de l'art. 1596 C. civ. — Chauveau, p. 608 et suiv.

274. — La prohibition de se rendre adjudicataire, portée par l'art. 713 C. pr. civ. contre les membres du tribunal, ne s'applique pas au cas où le juge se trouve créancier inscrit, et surtout créancier poursuivant.—23 mai 1835. Montpellier. J.H. 57. 1. 87.—V. D.H. *eod.*, n. 1206.—*Contrà*, Persil fils, p. 227.

Un conseiller de Cour royale peut se rendre adjudicataire d'immeubles vendus par expropriation devant un tribunal du ressort de la Cour à laquelle il appartient. —5 déc. 1840. Bourges. J.H. 42. 1. 62.

275.—Il n'est interdit au saisi de se rendre adjudicataire que lorsque la saisie est faite sur le débiteur lui-même, et non lorsqu'il n'est tenu que comme tiers-détenteur.—D.H., *eod.*, n. 1188.

276. — La défense concernant le saisi ne s'étend pas à ceux qui sont chargés de soutenir ses droits ou d'ad-

ministrer ses biens.—V., à cet égard, D.H., *eod.*, n. 1192 et suiv.

Les enfants du saisi ont le droit de se rendre adjudicataires ; ils ne sont pas réputés de droit personnes interposées.—21 fév. 1829. Bordeaux.

277. — Il n'est point interdit à la femme du saisi, mariée sous le régime de la communauté, de se rendre adjudicataire. — V. D.H., *eod.*, n. 1190. — Conf., Troplong, *de la Vente*, n. 192. — *Contra*, D.H., *eod.*, n. 1191.

278. —La défense faite aux avoués de se rendre adjudicataires pour le saisi ne fait pas obstacle à ce qu'un avoué qui demeure adjudicataire en son nom personnel, s'engage à remettre les immeubles au saisi sous des conditions arrêtées entre eux d'avance. — D.G., v° Vente, n. 523. — V. aussi D.H., Saisie immobilière, n. 1188 et suiv.

279. — L'héritier bénéficiaire du saisi peut surenchérir les biens saisis.—5 déc. 1835. Limoges.

280. — L'annulation de l'adjudication faite au profit de l'avoué poursuivant, doit être demandée par action principale en nullité, et non par la voie de l'appel dirigé contre le jugement d'adjudication. — V. D.H., Saisie immob., n. 1198.—*Contra*, 16 mars 1833. Toulouse.

281. — Il est évident qu'il ne peut être accordé de dommages-intérêts dans les cas prévus par l'art. 711, qu'autant qu'il est résulté un dommage de la contravention à cet article : c'est pour cela que la Chambre des Députés a rejeté comme inutile un amendement tendant à ajouter aux mots *dommages-intérêts*, ceux ci : *s'il y a lieu.*

282. — Il a été très-expressément reconnu, dans la discussion à la Chambre des Députés, que la peine prononcée par l'art. 711 contre l'avoué qui se rendrait adjudicataire dans son propre intérêt ou dans celui des personnes que cet article désigne, est tout à fait indépendante des peines disciplinaires dont cet avoué est passible.

283. — Le jugement d'adjudication ne sera autre que la copie du cahier des charges, rédigé ainsi qu'il est dit en l'art. 690 ; il sera revêtu de l'intitulé des jugements et du mandement qui les termine, avec injonction à la partie saisie de délaisser la possession aussitot après la signification du jugement, sous peine d'y être contrainte même par corps (712). — V. D.H., *eod.*, n. 1092 et suiv., 1097 et suiv.

284. — Le jugement d'adjudication ne sera délivré à l'adjudicataire qu'à la charge, par lui, de rapporter au greffier quittance des frais ordinaires de poursuite, et la preuve qu'il a satisfait aux conditions du cahier des charges qui doivent être exécutées avant cette délivrance. La quittance et les pièces justificatives demeureront annexées à la minute du jugement, et seront copiées à la suite de l'adjudication. Faute par l'adjudicataire de faire ces justifications dans les vingt jours de l'adjudication, il y sera contraint par la voie de la folle-enchère, ainsi qu'il sera dit ci-après, sans préjudice des autres voies de droit (713). — V. D.H., *eod.*, n. 1219 et suiv.

285. — Par frais *ordinaires*, on entend les frais du commandement, du procès-verbal de saisie, de l'enregistrement, de la notification, des affiches et des autres actes nécessaires pour parvenir à l'adjudication. — Les frais *extraordinaires* sont ceux des incidents.—D.H., *eod.*, n. 1233.

286. — Les frais extraordinaires de poursuite seront payés par privilège sur le prix, lorsqu'il en aura été ainsi ordonné par jugement (714), c'est-à-dire par le juge-

ment sur la contestation qui a donné lieu aux frais extraordinaires (Pigeau, t. 2, p. 174). Les avoués doivent donc avoir soin, dans la poursuite des incidents, de requérir qu'il soit ordonné que les frais seront payés par privilège. — Carré, n. 2411. —V. D.H., *eod.*, n. 1234 et suiv.

287. — Les formalités et délais prescrits par les art. 673, 674, 675, 676, 677, 678, 690, 691, 692, 693, 694, 696, 698, 699, 704, 705, 706, 709, §§ 1er et 3, seront observés à peine de nullité (715).

288. — La nullité prononcée pour défaut de désignation de l'un ou de plusieurs des immeubles compris dans la saisie n'entraînera pas nécessairement la nullité de la poursuite en ce qui concerne les autres immeubles (*id.*).

289. — Décidé de même, avant la loi nouvelle, que la procédure de saisie immobilière n'est pas par elle-même indivisible, en sorte que, valable pour une portion de biens saisis, elle peut être nulle pour l'autre portion. — En conséquence, lorsque la vente d'immeubles saisis par un même procès-verbal ou par des procès-verbaux distincts, se poursuit par une même procédure, la nullité d'un acte de la procédure relative à l'un des immeubles (vice dans l'apposition des placards), n'entraîne pas la nullité de toute cette procédure, lorsqu'elle est valable pour les autres immeubles.

..... Dans ce cas, il y a lieu d'examiner si les biens peuvent être vendus séparément, sans inconvénient.—13 juill. 1839. Orléans.—19 janv. 1842. Cass. — V. aussi D.H., *eod.* v°, n. 476, 680.

290. — La nullité d'un acte de procédure de la saisie immobilière n'entraine pas nécessairement la nullité des actes antérieurs valablement faits, à moins que leur enchaînement ne permette pas de les séparer.

Ainsi, la nullité d'un acte de procédure postérieur au procès-verbal de saisie régulièrement dressé n'annule pas ce procès-verbal ; et le saisissant pourra abandonner les procédures entachées de nullité, pour en recommencer de nouvelles, en prenant pour point de départ le procès-verbal de saisie. — 31 mai 1838. — V. D.H., *eod.* v°, n. 126, 766, 1523 et suiv.

291. — Les nullités prononcées par le présent article pourront être proposées par tous ceux qui y auront intérêt (715).

292. — Le jugement d'adjudication ne sera signifié qu'à la personne ou au domicile de la partie saisie (716), et non aux créanciers inscrits, afin d'éviter des frais. « Les créanciers inscrits, a dit M. Pascalis, assistent à la vente pour veiller à la conservation de leurs droits ; ils n'y sont pas parties actives. Si la signification du jugement d'adjudication leur était faite, ce serait là un acte frustratoire. »—Cette solution était déjà passée en jurisprudence.—V. D.H., *eod.*, n. 1415 et suiv.

293. — Mention sommaire du jugement d'adjudication sera faite en marge de la transcription de la saisie, à la diligence de l'adjudicataire (716).

294. — L'adjudication ne transmet à l'adjudicataire d'autres droits à la propriété que ceux appartenant au saisi.

Néanmoins l'adjudicataire ne pourra être troublé dans sa propriété par aucune demande en résolution fondée sur le défaut de paiement du prix des anciennes aliénations, à moins qu'avant l'adjudication, la demande n'ait été notifiée au greffe du tribunal où se poursuit la vente.

Si la demande a été notifiée en temps utile, il sera sursis à l'adjudication, et le tribunal, sur la réclamation du poursuivant ou de tout créancier inscrit, fixera délai dans lequel le vendeur sera tenu de mettre à fin l'instance en résolution.

Le poursuivant pourra intervenir dans cette instance.

Ce délai expiré sans que la demande en résolution ait été définitivement jugée, il sera passé outre à l'adjudication, à moins que, pour des causes graves et dûment justifiées, le tribunal n'ait accordé un nouveau délai pour le jugement de l'action en résolution.

Si, faute par le vendeur de se conformer aux prescriptions du tribunal, l'adjudication avait eu lieu avant le jugement de la demande en résolution, l'adjudicataire ne pourrait pas être poursuivi à raison des droits des anciens vendeurs, sauf à ceux-ci à faire valoir, s'il y avait lieu, leurs titres de créances, dans l'ordre et distribution du prix de l'adjudication (717).

295. — Aucune difficulté ne s'est élevée sur le premier paragraphe de cet article, qui se borne à reproduire l'ancien art. 731. — Mais les paragraphes suivants contiennent une innovation importante, qui a heureusement triomphé dans les Chambres d'oppositions opiniâtres. Ils restreignent dans de justes limites l'exercice de l'action résolutoire appartenant aux précédents vendeurs, non encore payés du prix de leur vente, en les obligeant, sous peine de déchéance, à former leur action avant l'adjudication.

296. — L'adjudicataire qui pense avoir intérêt à se libérer de son prix peut le consigner (arg. de l'art. 2186 C. civ. et de l'art. 687 C. pr.).

Il peut aussi obtenir main-levée des inscriptions qui grèvent l'immeuble, pour faire cesser les intérêts ; il la fera ordonner en même temps qu'il fera juger la validité de sa consignation.

297. — 1° L'adjudicataire d'un immeuble dont le saisi n'était pas le vrai propriétaire, ne peut, en cas d'éviction, agir en garantie contre le poursuivant, mais seulement contre le saisi. Toutefois, la question est fort controversée. — V. Chauveau, p. 653 et suiv., et D.H., eod., n. 1254 et suiv.

2° Décidé, toutefois, que le poursuivant est responsable envers l'adjudicataire de la valeur d'un corps de bâtiment désigné dans le procès-verbal de saisie et dans le cahier des charges, mais démoli avant l'adjudication, par la partie saisie, sans que cette démolition ait été mentionnée dans le cahier des charges, et cela, nonobstant la clause ordinaire de vente sans garantie, *pour quelque cause que ce soit*, insérée au cahier des charges, surtout lorsque la destruction du bâtiment était connue avant l'adjudication (C. civ., 1383). — 8 mars 1859. Amiens.

298. — La revendication exercée contre l'adjudicataire doit être formée par action ordinaire ou par voie de complainte possessoire (Chauveau, p. 651 et suiv.), et non pas, comme le prétend Persil fils, p. 258, par tierce-opposition au jugement d'adjudication.

299. — L'adjudicataire doit être considéré comme un acquéreur de bonne foi.

300. — Lorsqu'un jugement portant adjudication d'un immeuble divisé en plusieurs lots, ne détermine pas d'une manière assez claire les limites d'un de ces lots, les tribunaux peuvent les fixer, d'après des indications autres que celles contenues dans le jugement même. — Ils peuvent notamment chercher le sens de l'adjudication dans la saisie immobilière, dans la formation des lots faits par l'huissier saisissant, dans l'extrait de la matrice des rôles, et même dans un acte antérieur (C. civ., 1319). — 10 fév. 1836. Cass.

ART. 5. — *Des incidents de la saisie immobilière.*

301. — À l'imitation du Code de procédure, la loi nou-

velle a fait un titre à part des incidents de la saisie immobilière, sans doute afin de ne pas interrompre le cours de ses prescriptions relatives à cette poursuite.

302. — Toute demande incidente à une poursuite en saisie immobilière sera formée par un simple acte d'avoué à avoué, contenant les moyens et conclusions. Cette demande sera formée contre toute partie n'ayant pas d'avoué en cause, par exploit d'ajournement à huit jours, sans augmentation de délai à raison des distances, si ce n'est dans le cas de l'art. 726, et sans préliminaire de conciliation. Ces demandes seront instruites et jugées comme affaires sommaires. Tout jugement qui interviendra ne pourra être rendu que sur les conclusions du ministère public (718). — V. D.H. eod., n. 1272 et suiv.

303. — La loi se propose deux choses : l'économie des frais et la rapidité de la procédure, afin que les poursuites soient interrompues le moins de temps possible. L'une et l'autre se trouvent atteintes par le principe général de l'art. 718. C'était l'esprit du Code de procédure, mais il manquait à son texte une disposition générale pour l'appliquer. (Rapport de M. Persil.)

304. — L'incident doit être jugé le plus promptement possible, sans subir son tour de rôle. — V. D.H. eod., n. 1275 et suiv.

305. — Les jugements sur incidents doivent être rédigés de la manière la plus simple, comme ceux rendus en matière sommaire. — V. Chauveau, p. 666, et D.H. eod., n. 1278 et suiv.

306. — « Les incidents principaux qui peuvent se présenter sont prévus par la loi. S'il en survenait d'autres, ils devraient être instruits et jugés d'après la règle générale de l'art. 718, et suivant l'esprit des principes qui seront successivement développés. » (Même rapport.)

§ 1er. — *Concours de deux saisissants.*

307. — Si deux saisissants ont fait transcrire deux saisies de biens différents, *poursuivies devant le même tribunal*, elles seront réunies sur la requête de la partie la plus diligente, et seront continuées par le premier saisissant. La jonction sera ordonnée, encore que l'une des saisies soit plus ample que l'autre ; mais elle ne pourra, en aucun cas, être demandée après le dépôt du cahier des charges : en cas de concurrence, la poursuite appartiendra à l'avoué porteur du titre plus ancien, et, si les titres sont de la même date, à l'avoué le plus ancien (719). — V. D.H. eod., n. 1322 et suiv.

308. — La demande en jonction des deux saisies est facultative. — D.H., eod., n. 1323.

309. — Si aucun des saisissants ne la requiert, les autres créanciers, même chirographaires, et le saisi peuvent la demander. — V. eod. n. 1324.

310. — Peut-elle être ordonnée d'office ? Oui, suivant Carré, n. 2414. — Paignon, p. 199, et Chauveau, p. 670. — *Contrà*, Persil fils, p. 263.

311. — La jonction ne peut être demandée après le dépôt du cahier des charges. Une telle demande, quand la saisie est aussi avancée, loin d'amener une diminution de frais, pourrait les augmenter. — V. D.H., eod., n. 1326 et suiv.

312. — Si une seconde saisie, présentée à la transcription, est plus ample que la première, elle sera transcrite pour les objets non compris dans la première saisie, et le second saisissant sera tenu de dénoncer la saisie au premier saisissant, qui poursuivra sur les deux, si elles sont au même état ; sinon, il surseoira à la première et suivra sur la deuxième jusqu'à ce qu'elle soit au même degré : elles seront alors réunies en une seule

poursuite, qui sera portée devant le tribunal de la première saisie (720).—V. D.H., *eod.*, n. 1331 et suiv.

313.—La jonction prescrite par cet article n'est plus facultative. Elle a lieu sans qu'il soit besoin d'un jugement qui l'ordonne, à moins qu'elle soit contestée.— V. D.H. *eod.*, n. 1332 et suiv.

314.—Il n'y aurait pas lieu à la réunion des deux saisies, si la seconde était faite après le dépôt du cachier des charges. — V. D.H., *eod.*, n. 1335.

315.—Si l'une des saisies comprenait une quantité de biens suffisante pour le paiement de toutes les créances en principal, intérêts et frais, le saisi pourrait faire ordonner qu'il fût sursis à l'autre saisie.

316.—Si, contrairement à l'art. 720, le second saisissant avait omis de dénoncer la saisie au premier, les poursuites sur cette seconde saisie seraient néanmoins valables; car la loi ne prononce pas, dans ce cas, la nullité de la saisie. Mais le second saisissant supporterait les frais frustratoires.— V. D.H., *eod.*, n. 1339 et suiv.

317.—La nullité de l'une des saisies jointes n'entraîne pas la nullité de l'autre. La partie dont la saisie est valable doit reprendre ses poursuites à partir du dernier acte fait avant la jonction.—D.H., *eod.*, n. 1342; Chauveau, p. 679.

### § 2.— *Subrogation dans la poursuite.*

318.—Faute par le premier saisissant d'avoir poursuivi sur la seconde saisie à lui dénoncée, conformément à l'article ci-dessus, le second saisissant pourra, par un simple acte, demander la subrogation (721). — V. D.H., *eod.*, n. 1345 et suiv.

319.—Le droit d'obtenir la subrogation est acquis au second saisissant, si, depuis la dénonciation de la saisie au premier, celui-ci fait un nouvel acte sur la sienne, sans commencer les poursuites sur la seconde. — V. D.H., *eod.*, n. 1346.

320.—La subrogation pourra être également demandée s'il y a collusion, fraude ou négligence, sous la réserve, en cas de collusion ou fraude, des dommages-intérêts envers qui il appartiendra.

Il y a négligence lorsque le poursuivant n'a pas rempli une formalité ou n'a pas fait un acte de procédure dans les délais prescrits (722).—V. D.H., 1345, 1347 et suiv.

521. — L'art. 722 n'est pas limitatif : la subrogation pourrait être demandée dans le cas où l'expropriation serait arrêtée par un fait particulier au poursuivant. — V. D.H., *eod.*, n. 1354 et suiv.—V., en outre, l'arrêt du 5 mars 1838. Cass. J.H. 58. 1. 138.

522.—Le créancier qui a cédé sa créance ne peut demander ensuite la subrogation aux poursuites.—4 juin 1839. Bordeaux. J.H. 59. 1. 280.

523.—La subrogation n'a pas besoin d'être précédée d'un commandement au saisi (C. pr., 721).—5 mars 1838. Cass. J.H. 38. 1. 138.

524.—La demande en subrogation peut être formée par un avoué au nom du créancier qu'il représente, sans qu'un pouvoir spécial lui soit nécessaire (C. pr., 556).—Même arrêt.

525.—Carré, n. 2458, estime néanmoins qu'un tel pouvoir est nécessaire quand le créancier qui requiert la subrogation n'est pas un saisissant. — V. D.H., *eod.*, n. 1375.

### § 3. — *Radiation d'une première saisie.*

326.—Lorsqu'une saisie immobilière aura été rayée, le plus diligent des saisissants postérieurs pourra poursuivre sur sa saisie, encore qu'il ne se soit pas présenté le premier à la transcription (724).

Le premier saisissant qui, après la transcription la saisie, désintéressé par le saisi, s'est désisté des poursuites et lui a remis le titre exécutoire et les pièces la saisie, est passible, envers les saisissants postérieurs des dépens de l'instance en radiation de la première saisie, instance devenue nécessaire par l'impossibilité où il s'est placé de les subroger dans les poursuites (C. pr., 696; C. civ., 1382).

..... Il ne peut imputer au saisi d'avoir retenu pièces et de s'être refusé à les restituer; celui-ci, légalement en possession des pièces, a usé de son droit en les retenant.

..... Mais, en sa qualité de saisi, il est tenu envers saisissants postérieurs des frais de la radiation, sauf garantie contre le premier saisissant (C. pr., 130). janv. 1840. Bordeaux.

### § 4.—*Demande en distraction de tout ou partie des objets saisis.*

527. — « La demande en distraction, a dit M. Persil, est l'incident le plus important que puisse présenter procédure de saisie. Il met en question la propriété l'immeuble en totalité ou en partie. Il serait à souhaiter qu'une pareille demande fût toujours présentée avant l'adjudication : le jugement qui interviendrait mettrait l'adjudicataire à couvert des revendications que les tiers peuvent exercer, même après que le prix de l'adjudication a été payé et distribué aux créanciers. C'est un inconvénient auquel on aurait pu parer en forçant le propriétaire à revendiquer l'immeuble avant le jugement d'adjudication. On l'avait fait autrefois, en décidant que le *décret* purgeait la propriété ; mais nous n'aurions pu vous proposer de renouveler ce principe sans violer le droit de propriété. Nous avons fait dépendre l'action du vendeur créancier du prix des diligences qu'il exerçait avant l'adjudication. Il n'avait qu'une action qu'un titre de créancier ; des conditions et des délais pouvaient être imposés à l'un ou à l'autre. S'il les perdait, c'est toujours par sa faute ou à cause de sa négligence. Mais le propriétaire d'un immeuble irrégulièrement saisi sur un débiteur à qui il n'appartenait pas n'a rien à faire, rien à suivre, rien à observer ou considérer pour conserver sa propriété. Il ne peut perdre que par son fait ; une négligence ou une omission ne pourrait pas en tenir lieu. C'est un malheur sans doute, pour l'adjudicataire, mais un malheur que rien ne saurait lui éviter. Le respect pour la propriété doit passer avant toute autre considération. Au surplus, le projet ne s'occupe pas de l'exercice de l'action en revendication après l'adjudication. Ce n'est pas une distraction, ce n'est qu'un procès soumis à toutes les conditions des actions ordinaires. Au contraire, la distration se lie par voie d'incident à la poursuite de la saisie immobilière, et, afin de ne pas la retarder ou de ne la retarder que le moins possible, la loi doit la soumettre à toutes les conditions des procédures sommaires. »

528.—Des fruits pendants par racines et compris dans la saisie du fonds comme constituant un accessoire immobilier, ne peuvent être l'objet d'une demande en distraction de la part de celui qui les a achetés directement (C. pr., 608, 727). —10 juin 1841. Cass. J.H. 1. 235.

529. — La distraction d'immeubles compris dans une saisie, et qui ont été précédemment aliénés, ne peut être demandée par le saisi : ce droit appartient à l'acquéreur. —10 mai 1837. Amiens. J.H. 38. 1. 235. — encore 18 janv. 1843. Bastia. J.H. 43. 1. 154.—V. D.H. *eod.*, n. 401 et suiv.

**350.** — Il a été jugé, avant la loi nouvelle, que la demande en distraction pouvait être faite, même après l'adjudication préparatoire (C. pr., 727, 728, 729). — 21 fév. 1838. Bastia. J.H. 58. 1. 453. — V. D.H., *eod.*, n. 1420 et suiv.

**331.** — La demande en distraction de tout ou partie des objets saisis sera formée, tant contre le saisissant que contre la partie saisie ; elle sera formée aussi contre le créancier premier inscrit et au domicile élu dans l'inscription (725).—V. D.H., *eod.*, n. 1411 et suiv.

Si le saisi n'a pas constitué avoué durant la poursuite, le délai prescrit pour la comparution sera augmenté d'un jour par cinq myriamètres de distance entre son domicile et le lieu où siége le tribunal, sans que ce délai puisse être augmenté à l'égard de la partie qui serait domiciliée hors du territoire continental du royaume (*id.*).

**332.**—La disposition qui veut que toute demande en distraction soit intentée, non seulement contre le poursuivant, mais encore contre le saisi et le créancier premier inscrit, est prescrite à peine de nullité. — 15 fév. 1838. Colmar. J.H. 39. 1. 77. — V. D.H., *eod.*, n. 1412.

**333.**—La demande intentée après l'adjudication étant une revendication, et non une demande en distraction, ne peut être formée que contre l'adjudicataire seul, et n'est pas soumise aux formalités de l'art. 725. — V. D.H., *eod.*, n. 1431.

**334.** — La demande en distraction contiendra l'énonciation des titres justificatifs, qui seront déposés au greffe, et la copie de l'acte de dépôt (726), sinon l'adjudication ne serait pas suspendue.

**335.**—Si la distraction demandée n'est que d'une partie des objets saisis, il sera passé outre, nonobstant cette demande, à l'adjudication du surplus des objets saisis. Pourront néanmoins les juges, *sur la demande des parties* intéressées, ordonner le sursis pour le tout.

Si la distraction partielle est ordonnée, le poursuivant sera admis à changer la mise à prix portée au cahier des charges (727).—V. D.H., *eod.*, n. 1434 et suiv.

**336.** — Une demande en distraction est soumise aux deux degrés de juridiction ; elle ne peut être formée pour la première fois sur l'appel d'un jugement qui a statué sur une demande en sursis aux poursuites formées par les demandeurs en distraction.—11 nov. 1840. Cass. —V. D.H., *eod.*, n. 1462 et suiv.

**337.** — L'appel du jugement rendu sur une demande en distraction doit être interjeté contre toutes les parties qui ont figuré en première instance, et surtout contre le créancier premier inscrit (C. pr., 727). — 22 nov. 1837. Pau. J.H. 40. 1. 41.

**338.** — Décidé que, dans une action en distraction d'immeubles compris dans une expropriation forcée, la partie demanderesse n'est pas tenue, sous peine de voir déclarer son appel non recevable vis-à-vis de toutes les parties, d'intimer toutes les personnes appelées en première instance et dénommées en l'art. 727 C. pr., alors surtout que quelques-unes d'elles ne lui ont pas fait notifier le jugement de première instance : ainsi, celui qui, agissant en distraction d'immeubles expropriés, assigne, en première instance, le saisi, l'adjudicataire provisoire, le poursuivant et le premier créancier inscrit, et qui, sur l'appel du jugement de première instance, n'a pas intimé le premier créancier inscrit, ne peut pas être déclaré non recevable dans son appel vis-à-vis toutes les parties, à raison de cette omission, l'intérêt de ces parties n'étant pas indivisible..., alors surtout que le premier créancier inscrit ne lui a pas fait signifier le jugement.—9 fév. 1835. Cass. J.H. 35. 454.

**339.**—C'est au revendiquant, et non au saisi, qu'il appartient d'attaquer le jugement qui, en rejetant la demande en distraction de biens compris dans une saisie immobilière, a ordonné de passer outre à l'adjudication, au lieu de surseoir pendant les délais de l'appel (C. pr., 729).—25 avril 1840. Toulouse. J.H. 41. 1. 96.

### § 5. — *Moyens de nullité.*

**340.**—La loi nouvelle trace, comme le Code de procédure, les règles relatives aux nullités opposées à la saisie immobilière. Elle ne contient de changement que ceux qui résultent de l'adoption du nouveau système. « Un des plus grands embarras de la procédure actuelle, a dit M. Pascalis, résulte des délais et des lenteurs considérables qu'entraînent les diverses demandes en nullité, tant contre les actes antérieurs à l'adjudication préparatoire que contre ceux qui suivent. Le droit d'appel vient encore compliquer et retarder ces embarrassantes procédures. On avait voulu y porter remède par le décret du 2 fév. 1811, mais personne n'oserait assurer que le but ait été atteint. Ce n'est qu'en simplifiant la marche de la saisie qu'on pouvait (comme l'a fait la loi nouvelle) réduire sensiblement les embarras attachés aux incidents. »

**341.** — Les nullités d'exploit, non proposées avant toutes défenses au fond, sont couvertes en matière de saisie immobilière, comme dans toute autre procédure (C. pr., 173).—17 avril 1839. Bourges. J.H. 40. 1. 95.

**342.**—De même, le saisi qui a demandé un sursis à l'adjudication, est non recevable à proposer ensuite la nullité des procédures antérieures.—22 juin 1840. Bordeaux. J.H. 41. 1. 39.

**343.**—Les moyens de nullité, tant en la forme qu'au fond, contre la procédure qui précède la publication du cahier des charges, devront être proposées, à peine de déchéance, trois jours au plus tard avant cette publication (728).

S'ils sont admis, la poursuite pourra être reprise à partir du dernier acte valable, et les délais pour accomplir les actes suivants courront à dater du jugement ou arrêt qui aura définitivement prononcé sur la nullité (*id.*).

S'ils sont rejetés, il sera donné acte, par le même jugement, de la lecture et publication du cahier des charges, conformément à l'art. 695 (*id.*). — V. D.H., *eod.*, n. 1542 et suiv.

**344.** — On n'était pas recevable à invoquer, après l'adjudication préparatoire, le moyen pris du défaut de publication du cahier des charges au jour indiqué par les affiches. — 11 janv. 1839. Bordeaux. J.H. 39. 1. 227.

**345.** — ... Ni le moyen tiré de la nullité du titre du saisissant. — 6 mai 1836. Bordeaux. J.H. 36. 1. 283.— V. cependant D.H., *eod.* v°, n. 1548.

**346.**—Que le moyen de nullité d'une saisie, pris de ce qu'elle a été faite avant que l'opposition au commandement formée par le débiteur eût été vidée, n'est plus recevable après l'adjudication préparatoire, alors que les poursuites avaient pour fondement un titre authentique portant exécution parée, et que l'opposition n'avait pas pour objet de critiquer ce titre. — 27 nov. 1839. Cass. J.H. 40. 1. 36. — V. cependant D.H., *eod.*, n. 1556.

**347.** — Et qu'il en est de même du moyen de nullité résultant de ce que l'adjudication préparatoire a eu lieu en exécution d'un jugement qui a rejeté l'opposition au commandement, avant que ce jugement ait été signifié à avoué (C. pr., 147, 733).—Même arrêt.

**348.**—Toutefois, il a été jugé que le moyen de nullité, tiré de ce que la saisie a été poursuivie en vertu d'un titre vicieux, peut être proposé après l'adjudication préparatoire, lorsque c'est le *poursuivant* lui-même qui est resté *adjudicataire* (C. pr., 733). — 25 fév. 1839. Nîmes. J.H. 39. 1. 155.

349. — Il a été décidé, avant la loi nouvelle, que le saisi était recevable à proposer ses moyens de nullité le jour même fixé pour l'adjudication préparatoire ; il n'était pas obligé de les signifier trois jours avant l'audience : ici ne s'appliquait pas l'art. 70 du décret du 30 mars 1808. —15 juin 1838. Bordeaux. J.H. 39. 1. 49. — Conf., D.H., *eod.*, n. 1559. Cette solution ne serait plus admissible.

350. — Mais que si le moyen de nullité était tiré, par exemple, de l'erreur dans la désignation de la contenance et des confrontations, le saisi devait venir à l'audience avec la preuve de ce fait ; il n'était pas recevable à demander ce jour-là un délai ou une expertise pour faire cette preuve (C. pr., 733). — Même arrêt.

351. — Les moyens de nullité contre la procédure ne peuvent être présentés par des conclusions verbales prises à l'audience ; ils doivent être proposés par une requête d'avoué à avoué ou par un simple acte. — 26 août 1836. Poitiers. J.H. 57. 1. 137. — V., en sens divers, D.H., *eod.*, n. 1588 et suiv. Aujourd'hui la question est résolue par le nouvel art. 718.

352. — Les nullités de procédure proposées avant l'adjudication préparatoire doivent être jugées à la diligence des saisissants, avant cette adjudication, à peine de nullité de l'adjudication prononcée (C. pr., 733). — 31 déc. 1839. Montpellier. J.H. 40. 1. 182. — V. D.H., *eod.*, n. 1578 et suiv.

353. — Les moyens de nullité contre la procédure postérieure à la publication du cahier des charges seront proposés, sous la même peine de déchéance, au plus tard, trois jours avant l'adjudication.

Au jour fixé pour l'adjudication, et immédiatement avant l'ouverture des enchères, il sera statué sur les moyens de nullité.

S'ils sont admis, le tribunal annulera la poursuite, à partir du jugement de publication, en autorisera la reprise à partir de ce jugement, et fixera de nouveau le jour de l'adjudication.

S'ils sont rejetés, il sera passé outre aux enchères et à l'adjudication (729).

354. — Quand la nullité d'une poursuite a été prononcée comme fondée sur un acte nul en ce qu'il n'est revêtu d'aucune des formalités qui constituent une *grosse d'acte notarié*, le créancier n'est pas tenu, pour se procurer un nouveau titre, de remplir les formalités prescrites pour l'obtention d'une *seconde grosse*. Le premier titre ayant été annulé, le second ne doit être considéré que comme une première *grosse*. — 24 mars 1835. Cass. J.H. 55. 227.

355. — Le saisi est non recevable au jour de l'adjudication définitive à demander la nullité de la procédure, en ce qu'elle aurait été continuée au nom du créancier poursuivant, nonobstant son décès, et il doit être passé outre à cette adjudication, alors surtout que l'avoué déclare reprendre l'instance au nom des héritiers du poursuivant. —13 mars 1838. Cass. J.H. 38. 1. 242.

356. — La nullité d'un acte de la procédure de saisie immobilière n'entraîne pas nécessairement la nullité des actes antérieurs valablement faits, à moins que leur enchaînement ne permette pas de les séparer. Ainsi, la nullité d'un acte de procédure postérieur au procès-verbal de saisie régulièrement dressé n'annule pas ce procès-verbal, et le saisissant pourra abandonner les procédures entachées de nullité, pour en recommencer de nouvelles, en prenant pour point de départ le pro-



cès-verbal de saisie (C. pr., 749). — 31 mai 1838. Metz. J.H. 39. 1. 183.

357. — En prononçant, sur appel, la nullité de l'adjudication préparatoire sur saisie immobilière, d'un immeuble indivis, la Cour ne peut prononcer la nullité des procédures antérieures, lorsque cette action en nullité n'a pas été formée devant les premiers juges. 14 fév. 1839. Lyon. J.H. 1. 184.

358. — Les nullités d'exploit, non proposées avant toutes défenses au fond, sont couvertes en matière de saisie immobilière, comme dans toute autre procédure (C. pr., 173). — 17 avril 1839. Bourges. J.H. 40. 1. 95.

359. — La nullité résultant de ce que la saisie n'a pas été suivie du dépôt et de l'insertion au tableau dans les trois jours, peut être couverte par une nouvelle transcription au greffe, suivie des formalités précédemment omises, si les délais permettent encore aux poursuivants de la recommencer (C. pr., 682). —19 nov. 1839. Bordeaux. J.H. 40. 1. 204.

360. — La partie saisie qui a demandé un sursis à l'adjudication, est non recevable à proposer ensuite la nullité des procédures antérieures. —22 juin 1840. Bordeaux. J.H. 41. 1. 59.

§ 6. — *Recours contre les jugements rendus en matière de saisie immobilière.*

361. — Ne pourront être attaqués par la voie de l'appel, 1° les jugements qui statueront sur la demande en subrogation contre le poursuivant, à moins qu'il n'ait été intentée pour collusion ou fraude ; 2° ceux qui, sans statuer sur des incidents, donneront acte de publication du cahier des charges ou prononceront l'adjudication, soit avant, soit après surenchère ; 3° ceux qui statueront sur des nullités postérieures à la publication du cahier des charges (750).

362. — La défense d'appeler des jugements statuant sur les demandes en subrogation, est fondée sur ce que ces demandes intéressent plus les officiers ministériels que les parties.

363. — Cette défense cesse quand la demande en subrogation, au lieu d'être fondée sur la négligence du poursuivant, a été intentée pour collusion ou fraude. On a dû réserver, dans ce dernier cas, au saisissant le droit d'interjeter appel d'un jugement qui attaque sa loyauté et son honneur, et qui peut prononcer contre lui des dommages-intérêts considérables.

364. — Le Code de procédure ne faisait pas cette distinction ; il accordait (art. 723) le droit d'appeler de tout jugement rendu sur une demande en subrogation, dans la quinzaine du jour de la signification à avoué.

365. — Et il a été jugé que ce délai de quinzaine courait à partir de la signification de ce jugement, et non à partir de la signification du jugement d'adjudication préparatoire. — 25 janv. 1837. Cass. J.H. 37. 1. 201.

366. — La prohibition de l'appel a été étendue aux jugements qui donnent simplement acte de la publication du cahier des charges ou prononcent l'adjudication, parce que ces actes ne sont pas, à proprement parler, de juridiction contentieuse, et qu'il n'y avait dès lors nulle raison de les soumettre à la Cour royale. (Rapport de M. Persil.)

367. — Il a été jugé, sous le Code de 1806, que le délai d'appel de ce jugement d'adjudication préparatoire était seulement de quinzaine. — 7 déc. 1837. Paris. J.H. 38. 1. 296. — V., en sens divers, D.H., *eod.*, 1010 et suiv.

368. — Que l'appel pouvait être signifié en l'étude de l'avoué du poursuivant (C. pr., 456). — 25 fév. 1838. Nîmes. J.H. 39. 1. 155. — V. D.H., *eod.*, n. 1020.

369. — Que l'appel n'était pas suspensif. — 20 juill. 1839. Toulouse. J.H. 40. 1, 22. — *Contrà*, D.H., *eod.*, n. 1024.

370. — Que le saisi qui avait déclaré renoncer à appeler du jugement d'adjudication définitive, était non recevable à attaquer tous jugements antérieurs rendus dans l'instance en saisie immobilière. — 6 mai 1856. Bordeaux. J.H. 36. 1. 283.

371. — Que le délai pour appeler d'un jugement d'adjudication définitive était de trois mois, et non de huitaine seulement, comme dans le cas de l'art. 756 C. pr. civ. (C. pr. civ., 443). — 11 août 1836. Poitiers. J. H. 37. 1. 192. — V., en sens divers, D.H., *eod.*, n. 1455 et suiv.

372. — Tous les jugements autres que ceux mentionnés dans l'art. 750 sont susceptibles d'appel. L'appel est de droit commun; il existe pour tous les cas pour lesquels la loi ne l'a pas interdit. (Rapp. de M. Persil.)

373. — L'appel de tous autres jugements sera considéré comme non avenu, s'il est interjeté après les dix jours à compter de la signification à avoué, ou, s'il n'y a point d'avoué, à compter de la signification à personne ou au domicile soit réel, soit élu (751). — V. D. H., *eod.*, n. 1602 et suiv.

Ce délai sera augmenté d'un jour par cinq myriamètres de distance, conformément à l'art. 725, dans le cas où le jugement aura été rendu sur une demande en distraction (*id.*).

Dans les cas où il y aura lieu à l'appel, la Cour royale statuera dans la quinzaine. Les arrêts rendus par défaut ne seront pas susceptibles d'opposition (*id.*).

374. — Il est sans difficulté que l'appel d'un jugement rendu sur un incident est valablement interjeté dans la huitaine du jour du jugement. Ici ne s'applique pas l'art. 449 C. pr. — 26 avril 1839. Bordeaux. J.H. 39. 1. 267. — 30 nov. 1839. Paris. J.H. 40. 1. 261.

375. — La loi nouvelle remplace, comme on le voit, par un délai uniforme de dix jours, les délais divers fixés par le Code de procédure, art. 725, 730, 734, 756.

376. — Il a été jugé, avant la loi nouvelle, que l'appel d'un jugement qui avait repoussé la demande en nullité d'une saisie formée avant l'adjudication préparatoire, par le tiers-détenteur de l'immeuble saisi qui prétend que cet immeuble n'était pas compris dans les objets à lui vendus, devait être considéré comme un incident sur saisie immobilière, et, par suite, être interjeté dans la quinzaine de la signification de ce jugement, conformément à l'art. 734. — 29 mars 1836. Cass. J.H. 36. 1. 145.

377. — Que le délai de quinzaine fixé pour l'appel d'un jugement statuant sur les nullités antérieures à l'adjudication préparatoire, n'était pas susceptible de l'augmentation prévue par l'art. 1033 C. pr. Et qu'ainsi l'appel du jugement signifié le 6, était tardivement interjeté le 22. — 14 juill. 1837. Bordeaux. J.H. 38. 1. 42. — V. D. H., *eod.*, n. 1612 et suiv.

378. — L'augmentation du délai à raison des distances n'est plus accordée que pour les appels des jugements de distraction.

379. — Si l'appel a été interjeté tardivement, le tribunal peut passer outre sans attendre que la Cour royale ait statué.

380. — Il a été jugé, sous le Code de 1806, que, bien que la demande du saisi, postérieurement à l'adjudication préparatoire, fût étrangère à la forme de la procédure; que, par exemple, elle n'eût pour objet que d'obtenir un *sursis* à l'adjudication définitive jusqu'au jugement d'une contestation qui pouvait mettre en question la validité de la saisie, néanmoins l'appel du jugement rendu sur cette demande n'était pas recevable après la *huitaine* de sa prononciation (C. pr. civ., 736). — 6 avril 1838. Bordeaux. J.H. 38. 1. 506. — V., en sens divers, D.H., *eod.*, n. 1506 et suiv.

381. — L'appel ne peut être interjeté que par ceux qui ont été parties au jugement, et contre ceux qui ont figuré en première instance. Ceux qui auraient été régulièrement cités seraient seuls admis à se plaindre de ce que toutes les parties n'auraient pas été appelées devant la Cour. Les intérêts de toutes ces personnes sont distincts. — Persil fils, p. 505. — Rogron, sur l'art. 752, adopte la même opinion, en blâmant avec raison l'usage d'intimer sur l'appel tous les créanciers inscrits, usage qui produit une procédure frustratoire. — V. aussi Chauv., p. 770.

382. — L'appel sera signifié au domicile de l'avoué, et, s'il n'y a pas d'avoué, au domicile réel ou élu de l'intimé; il sera notifié en même temps au greffier du tribunal et visé par lui. La partie saisie ne pourra, sur l'appel, proposer des moyens autres que ceux qui auront été présentés en première instance. L'acte d'appel énoncera les griefs : le tout à peine de nullité (752).

383. — Jugé ainsi que l'appel du jugement rendu sur les nullités antérieures à l'adjudication préparatoire, est régulièrement signifié au domicile de l'avoué du poursuivant (C. pr. civ., 752). — 26 août 1835. Poitiers. J.H. 37. 1. 137. — 12 déc. 1837. Orléans. J.H. 39. 1. 321. — V. D.H., *eod.*, n. 1500 et suiv., 1628 et suiv.

384. — Décidé, avant la loi nouvelle, que l'acte d'appel était valablement signifié au domicile élu dans le commandement (C. pr., 734). — 15 juin 1839. Toulouse. J.H. 40. 1. 66. — V., en sens divers, D.H., *eod.*, n. 1626 et suiv.

385. — L'appel du jugement qui statue sur les moyens de nullité est suspensif. — V. D.H., *eod.*, n. 1536 et suiv., 1626 et suiv. — V. aussi Chauveau, p. 762.

386. — L'appel est en même temps notifié au greffier du tribunal et visé par lui. — V. D.H., *eod.*, n. 1619 et s.

387. — Il a été jugé, sous l'empire du Code de 1806, que, lorsque l'appel du jugement en vertu duquel on procède à une saisie, n'a pas été dénoncé au greffier du tribunal et soumis à son visa, dans le délai fixé par l'art. 726 C. pr., cet appel ne produit pas d'effet *suspensif*, et, dès lors, il peut être passé outre à l'adjudication sans qu'il ait été statué par la Cour royale. — 5 janv. 1835. Limoges. J.H. 38. 1. 332. — V. D.H., *eod.*, n. 1516 et suiv.

388. — Que, de même, la peine de nullité prononcée par l'art. 734 C. pr., s'appliquait à l'inobservation du délai d'appel de tout jugement qui avait statué sur des nullités de procédure antérieures à l'adjudication préparatoire, et non au défaut de notification de l'acte d'appel au greffier avec visa (C. pr., 734). — 11 fév. 1841. Cass. — *Contrà*, 29 mai 1837. Caen. J.H. 1. 549. — V., en outre, en sens divers, D.H., *eod.*, n. 1616 et suiv.

389. — Le saisi ne peut proposer, en appel, d'autres moyens que ceux présentés en première instance. — V. D.H., *eod.*, n. 1566 et suiv.

390. — Les arrêts rendus par défaut ne sont pas susceptibles d'opposition.

Il a été jugé, avant la loi nouvelle, qu'on ne peut considérer comme statuant sur des nullités *postérieures* à l'adjudication préparatoire le jugement rendu sur la demande en nullité du commandement et des procédures qui l'ont suivi, bien que cette demande eût été formée *postérieurement* à l'adjudication préparatoire.

En conséquence, l'opposition à l'arrêt par défaut rendu sur l'appel du jugement qui avait rejeté cette demande en nullité était recevable, suivant la règle générale : il n'y avait pas lieu à l'application des dispositions du décret du 2 fév. 1811, art. 4. — 26 avril 1859. Bordeaux.

391. — La voie de la cassation est ouverte, en matière de saisie immobilière, contre tous les jugements, susceptibles ou non d'appel, excepté, suivant Chauveau, p. 758, contre les jugements qui donnent acte des publications ou qui prononcent des adjudications, lesquels ne sont que de simples procès-verbaux. Les jugements d'adjudication notamment ne peuvent, d'après le même auteur, être attaqués que par voie d'action principale.

### § 7. — *Revente sur folle-enchère.*

392. — Faute par l'adjudicataire d'exécuter les clauses de l'adjudication, l'immeuble sera vendu à sa folle-enchère (733).

393. — Jugé ainsi qu'à défaut, par l'adjudicataire, de payer son prix d'adjudication, c'est par voie de folle-enchère que la résolution de l'adjudication pourrait être poursuivie, et non par application de la règle posée dans l'art. 1654 C. civ., en matière de vente. — 8 avril 1840. Lyon.

394. — Le droit de poursuivre la vente sur folle-enchère appartient à tout créancier qui y a intérêt, sans que l'exercice de ce droit soit soumis à aucun délai particulier. — V. D.H. , Surenchère, n. 367 et suiv.

395. — Quand il y a moins de trois créanciers hypothécaires et spécialement quand il n'y a qu'un seul créancier inscrit sur l'immeuble vendu sur saisie immobilière, ce créancier procède régulièrement en faisant commandement à l'adjudicataire de lui payer le montant de sa créance, sous peine de le poursuivre par voie de folle-enchère. L'adjudicataire opposerait vainement qu'il ne peut être contraint de payer que sur un mandement de justice, à la suite d'un règlement d'ordre, ou par voie d'action en dessaisissement du prix dirigé contre lui ( C. pr. , 750.). — 15 janv. 1840. Cass. J.H. 40. 1. 67.

396. — La folle-enchère doit être poursuivie devant le tribunal où l'adjudication a été prononcée, quel que soit le lieu de la situation des biens.

397. — Si la folle-enchère est poursuivie avant la délivrance du jugement d'adjudication, celui qui poursuivra la folle-enchère se fera délivrer par le greffier un certificat constatant que l'adjudicataire n'a point justifié de l'acquit des conditions exigibles de l'adjudication (734).

398. — S'il y a eu opposition à la délivrance du certificat, il sera statué, à la requête de la partie la plus diligente , par le président du tribunal, en état de référé (id.).

399. — Sur ce certificat, et sans autre procédure ni jugement, ou si la folle-enchère est poursuivie après la délivrance du jugement d'adjudication, trois jours après la signification du bordereau de collocation avec commandement, il sera apposé de nouveaux placards et inséré de nouvelles annonces dans la forme ci-dessus prescrite (735).

Ces placards et annonces indiqueront, en outre, les noms et demeure du fol-enchérisseur, le montant de l'adjudication, une mise à prix par le poursuivant, et le jour auquel aura lieu, sur l'ancien cahier des charges, la nouvelle adjudication (id.).

Le délai entre les nouvelles affiches et annonces et l'adjudication sera de quinze jours au moins, et de trente jours au plus (id.).

400. — Quinze jours au moins avant l'adjudication, signification sera faite des jour et heure de cette adjudication à l'avoué de l'adjudicataire, et à la partie saisie au domicile de son avoué, et, si elle n'en a pas, à son domicile (736).

401. — L'adjudication pourra être remise , conformément à l'art. 703 (c'est-à-dire pour causes graves et dûment justifiées), mais seulement sur la demande du poursuivant (737).

402. — Si le fol-enchérisseur justifiait de l'acquit des conditions de l'adjudication et de la consignation d'une somme réglée par le président du tribunal pour les frais de surenchère, il ne serait pas procédé à l'adjudication (738).

403. — Si le poursuivant une folle-enchère se désiste durant l'instance , la procédure n'est pas pour cela éteinte, elle peut être continuée par les autres créanciers.

404. — Les formalités et délais prescrits par les art. 734, 735, 736, 737, seront observées à peine de nullité.

Les moyens de nullité seront proposés et jugés comme il est dit en l'art. 729.

Aucune opposition ne sera reçue contre les jugements par défaut en matière de folle-enchère, et les jugements qui statueront sur les nullités pourront seuls être attaqués par la voie de l'appel dans les délais et suivant les formes prescrits par les art. 731 et 732.

Seront observés, lors de l'adjudication sur folle-enchère, les art. 705, 706, 707 et 711 (739).

405. — La surenchère est admissible après l'adjudication sur folle-enchère.

406. — Le fol-enchérisseur étant, dans les poursuites en vente sur folle-enchère, le débiteur saisi , il en résulte qu'il est, de même que ce dernier, non recevable à proposer, après l'adjudication définitive sur folle-enchère, des moyens de nullité contre la procédure qui a précédé cette adjudication (C. pr., 731, 756).—18 mars 1834. Grenoble. J.H. 36. 1. 53.

407. — Le fol-enchérisseur est tenu, par corps, de la différence entre son prix et celui de la revente sur folle-enchère, sans pouvoir réclamer l'excédant, s'il y en a : cet excédant sera payé aux créanciers, ou, si les créanciers sont désintéressés, à la partie saisie (740).

408. — La folle-enchère n'est pas admissible sur une licitation.—11 avril 1837. Cass. J.H. 37. 1. 220.

### § 8. — *Cas où l'adjudication a été retardée.*

409. — Lorsque, à raison d'un incident ou pour tout autre motif légal, l'adjudication aura été retardée , il sera apposé de nouvelles affiches et fait de nouvelles annonces dans les délais fixés par l'art. 704 (741).

### § 9. — *Clause de vendre sans formalité de justice.*

410. — Toute convention portant qu'à défaut d'exécution des engagements pris envers lui, le créancier aura le droit de faire vendre les immeubles de son débiteur sans remplir les formalités prescrites pour la saisie immobilière, est nulle et non avenue (742).

411. — La clause de voie parée, bien que stipulée antérieurement à la loi du 2 juin 1841 , ne devrait pas recevoir aujourd'hui son exécution, la prohibition de cette clause étant manifestement d'ordre public dans la pensée du législateur, ce qui suffit pour la rendre immédiatement applicable, même aux contrats antérieurs.

### § 10. — *Conversion de la saisie en vente volontaire.*

412. — Les immeubles appartenant à des majeurs maîtres de disposer de leurs droits ne pourront, à peine de nullité, être mis aux enchères en justice lorsqu'il ne s'agira que de ventes volontaires (743).

413. — Néanmoins, lorsqu'un immeuble aura été saisi réellement, et lorsque la saisie aura été transcrite , il sera libre aux intéressés, s'ils sont tous majeurs et maî-

tres de leurs droits, de demander que l'adjudication soit faite aux enchères, devant notaire ou en justice, sans autres formalités et conditions que celles qui sont prescrites aux art. 958, 959, 960, 961, 964 et 965, pour la vente des biens immeubles appartenant à des mineurs.

Seront regardés comme seuls intéressés, avant la sommation aux créanciers prescrite par l'art. 692, le poursuivant et le saisi, et, après cette sommation, ces derniers et tous les créanciers inscrits (743).

414.—Les poursuites ne peuvent être converties en vente volontaire que du commun accord des parties intéressées.—6 avril 1858. Bordeaux. J.H. 58. 1. 306.—V. D.H., *eod.*, n. 1712.

415. — La conversion ne peut être ordonnée si le saisissant s'y oppose. — 5 déc. 1836. Bourges. J.H. 37. 1. 284.

416.—Sous le Code de 1806, la conversion ordonnée, sur le consentement du saisissant et du saisi, hors de la présence des créanciers inscrits, anéantissait la saisie, bien que le jugement de conversion fût postérieur à la dénonciation des placards aux créanciers inscrits, s'il était antérieur à l'enregistrement de cette dénonciation au bureau des hypothèques (C. pr., 696, 747).

Par suite, les créanciers inscrits étaient non recevables à se faire subroger dans les poursuites, quoique la radiation de la saisie n'eût pas été opérée. — 21 mars 1840. Paris. J.H. 41. 1. 31.

417.—Si une partie seulement des biens dépendants d'une même exploitation avait été saisie, le débiteur pourra demander que le surplus soit compris dans la même adjudication (745).

418. — Pourront former les mêmes demandes ou s'y adjoindre,

Le tuteur du mineur ou interdit, spécialement autorisé par un avis de parents ;

Le mineur émancipé, assisté de son curateur ;

Et généralement tous les administrateurs légaux des biens d'autrui (744).

419. — Il a été jugé que les conclusions tendantes à obtenir la conversion ou un délai pour payer, ou un sursis à la vente, sont tardivement présentées et non recevables le jour de l'adjudication définitive (C. pr., 747).—6 avril 1858. Bordeaux.—Mais cette solution ne semble pas fondée.—V. D.H., *eod.*, n. 1703.

420.—Les demandes autorisées par les art. 743, § 2, et 744 seront formées par une simple requête présentée au tribunal saisi de la poursuite : cette requête sera signée par les avoués de toutes les parties.

Elle contiendra une mise à prix qui servira d'estimation (945).

421.—La demande en conversion d'une saisie immobilière en vente sur publication volontaire peut, du commun accord des parties, être portée devant un tribunal autre que celui de la situation des biens, et le juge ne peut d'office se déclarer incompétent (C. pr. civ., 747).—17 août 1836. Paris. J.H. 37. 1. 80.—26 déc. 1835. Même Cour. J.H. 56. 1. 89.—Il y a cependant des arrêts en sens contraire.

422. — Le jugement sera rendu sur le rapport d'un juge et sur les conclusions du ministère public.

Si la demande est admise, le tribunal fixera le jour de la vente et renverra, pour procéder à l'adjudication, soit devant un notaire, soit devant un juge du siège ou devant un juge de tout autre tribunal.

Le jugement ne sera pas signifié, et ne sera susceptible ni d'opposition ni d'appel (746).

423.—Le tribunal saisi d'une demande en conversion a le droit de l'admettre ou de la refuser, et de décider si elle aura lieu devant lui ou devant un notaire, sans être lié à cet égard par l'accord ou la convention des parties (C. pr., 747).—5 mars 1858. Orléans. J.H. 58. 1. 286.

424.—L'exécution du jugement qui ordonne la conversion peut aussi bien être poursuivie par le saisissant que par le saisi lui-même.—23 août 1836. Cass. J.H. 57. 1. 169.

425.—Le tribunal, en admettant la conversion de la saisie, peut, du consentement de toutes les parties, et en raison de la nature et de l'importance de l'immeuble, ordonner que la vente soit faite devant un tribunal autre que celui de la situation des biens, si l'intérêt des parties l'exige (C. pr., 746, 747).—22 fév. 1859. Paris. J.H. 59. 1. 237.

426. — ... Surtout lorsque le renvoi demandé a été une condition du consentement donné à la conversion.—22 août 1838. Paris. J.H. 40. 1. 64. — V. cependant D.H., Saisie immobilière, n. 1724.

427.—L'adjudication conserve toujours son caractère de vente forcée, malgré la conversion de la saisie immobilière en vente aux enchères devant notaires, surtout à l'égard des créanciers qui y ont adhéré. En conséquence, la surenchère du dixième ne peut être admise de la part du poursuivant, qui a consenti à la conversion, à supposer qu'elle le fût de la part des créanciers qui n'y ont pas adhéré (C. pr., 747. — 15 déc. 1835. Caen.

428. — Si, après le jugement, il survient un changement dans l'état des parties, soit par décès ou faillite, soit autrement, ou si les parties sont représentées par des mineurs, des héritiers bénéficiaires ou autres incapables, le jugement continuera à recevoir sa pleine et entière exécution (747).

429.—Dans la huitaine du jugement de conversion, mention sommaire en sera faite, à la diligence du poursuivant, en marge de la transcription de la saisie (748). — Cette mention avertit du motif pour lequel il n'est pas donné suite à la saisie.

430—Les fruits immobilisés en exécution des dispositions de l'art. 682 conserveront ce caractère, sans préjudice du droit qui appartient au poursuivant de se conformer, pour les loyers et fermages, à l'art. 685 (76).

Sera également maintenue la prohibition d'aliéner, faite par l'art. 686 (*id.*).

431. — En cas de vente volontaire d'un immeuble avant la mise à fin des poursuites d'expropriation commencées, les intérêts du prix sont immobilisés, à partir de la notification du contrat, et doivent être distribués aux créanciers inscrits en ordre de recevoir.—6 juill. 1841. Bordeaux.

### ART. 4.—*Décisions diverses.*

432.—Les art. 2, 3, 4, 5 et 6 de la loi du 2 juin 1841 apportent diverses modifications aux dispositions du Code de procédure, relatives à la surenchère sur aliénation volontaire, aux ventes d'immeubles appartenant à des mineurs, aux partages et licitations, au bénéfice d'inventaire, à la renonciation à communauté, à la vente des biens dotaux et à la renonciation à succession.

433. — L'art. 7 dispose que lorsqu'il y aura lieu, dans l'un des cas prévus par les dispositions relatives aux différentes ventes judiciaires de biens immeubles, d'augmenter un délai à raison des distances, l'augmentation sera d'un jour par cinq myriamètres de distance.

434. — Comme on le voit, cet article rend applicable à toutes les ventes judiciaires, la règle établie pour la procédure de saisie immobilière par l'art. 677 ci-dessus.

435. — Les art. 708 et 709, substitués aux art. 710 et

711 du Code de procédure civile par la présente loi, seront mentionnés en remplacement de ces derniers dans le troisième paragraphe de l'art. 575 du Code de commerce, au titre des faillites et banqueroutes (art. 8).

456. — L'art. 696 ci-dessus sera substitué à l'art. 685 du Code de procédure civile dans les différentes lois qui font mention de cette dernière disposition (*id.*).

Il en sera de même de toutes dispositions auxquelles renvoie la législation, et qui se trouvent remplacées par les nouveaux articles de la présente loi (*id.*).

457. — Les ventes judiciaires qui seront commencées antérieurement à la promulgation de la présente loi continueront à être régies par les anciennes dispositions du Code de procédure civile et du décret du 2 fév. 1811 (art. 9).

Les ventes seront censées commencées, savoir : pour la saisie immobilière, si le procès-verbal a été transcrit ; et pour les autres ventes, si les placards ont été affichés (*id.*).

458. — L'emploi des bougies, dans les adjudications publiques, pourra être remplacé par un autre moyen, en vertu d'une ordonnance royale rendue suivant la forme des règlements d'administration publique (art. 10).

Dans les six mois de la promulgation de la présente oi, il sera pourvu de la même manière,

1o Au tarif des frais et dépens relatifs aux ventes judiciaires des biens immeubles (V. *infra* l'ordonnance du 10 oct. 1841) ;

2o Au mode de conservation des affiches (*id.*).

ART. 5. — *Tarif des frais et dépens relatif aux ventes judiciaires de biens immeubles.*

459. — Ce tarif est aujourd'hui réglé par l'ordonn. du 16-25 oct. 1841, rendue en vertu de l'art. 10 de la loi du 2 juin précédent. — Bien que cette ordonnance concerne le tarif des frais et dépens relatifs aux *diverses* ventes judiciaires de biens immeubles, nous croyons convenable de la rapporter ici en entier ; le rapport au roi qui la précède, a été inséré dans la Jurisprudence des Huissiers, vol. de 1842. 1. 500.

TITRE 1er. — *Dispositions communes à tout le royaume.*

CHAP. 1er. — *Greffiers des tribunaux de première instance.*

440. — ART. 1er. Il est alloué aux greffiers des tribunaux de première instance :

Pour la communication sans déplacement, tant du cahier des charges que du procès-verbal d'expertise, 15 fr.

Ce droit sera dû, soit qu'il y ait, soit qu'il n'y ait pas d'expertise. Toutefois, si l'expertise a été ordonnée en matière de licitation, le droit sera réduit à 12 fr.

Il sera perçu, lors du premier dépôt au greffe, soit du procès-verbal d'expertise, soit du cahier des charges.

CHAP. 2. — *Conservateur des hypothèques.*

441. — ART. 2. Il est alloué aux conservateurs des hypothèques, pour :

La transcription de chaque procès-verbal de saisie immobilière et de chaque exploit de dénonciation de ce procès-verbal au saisi (art. 677 et 678 du C. pr. civ.), par rôle d'écriture du conservateur contenant vingt-cinq lignes à la page et dix-huit syllabes à la ligne, 1 fr.

L'acte du conservateur contenant son refus de transcription, en cas de précédente saisie (art. 680 C. pr. civ.), 1 fr.

Chaque extrait d'inscription, ou certificat qu'il n'en



existe aucune (argument de l'art. 692 du C. pr. civ.), 1 fr.

La mention des deux notifications prescrites par les art. 691 et 692 du C. de pr. (art. 693 du C. de pr. civ.), 1 fr.

La radiation de la saisie immobilière (art. 693 du C. pr. civ.), 1 fr.

La mention du jugement d'adjudication (art. 716 du C. pr. civ.), 1 fr.

La mention du jugement de conversion (art. 748 C. pr. civ.), 1 fr.

TITRE 2. — *Dispositions pour le ressort de la Cour royale de Paris.*

CHAP. 1er. — *Huissiers.*

§ 1er. — *Huissiers ordinaires.*

442. — ART. 3. — *Actes de première classe.*

Il est alloué aux huissiers ordinaires (C. pr. civ., art. 673),

Pour l'original du commandement tendant à saisie immobilière : à Paris, 2 fr. ; dans le ressort, 1 fr. 50 c. Pour chaque copie, le quart de l'original.

Pour droit de copie du titre, par rôle contenant vingt lignes à la page et dix syllabes à la ligne, ou évalué sur ce pied : à Paris, 25 c. ; dans le ressort, 20 c.

(Art. 681.) Pour l'original de l'assignation en référé ;

(Art. 684.) De la demande en nullité de bail ;

(Art. 685.) De l'acte d'opposition entre les mains des fermiers ou locataires, ou de la simple sommation aux mêmes ;

(Art. 687.) De la signification aux créanciers inscrits de l'acte de la consignation faite par l'acquéreur en cas d'aliénation, qui peut avoir lieu après saisie immobilière sous la condition de consigner ;

(Art. 691, 692.) De la sommation à la partie saisie et aux créanciers inscrits de prendre communication du cahier des charges ;

(Art. 746.) De la signification du jugement d'adjudication ;

(Art. 747.) De la demande en résolution qui doit être formée avant l'adjudication et notifiée au greffe ;

(Art. 718.) De l'exploit d'ajournement ;

(Art. 725.) De la demande en distraction de tout ou partie des objets saisis immobilièrement contre la partie qui n'a pas avoué en cause ;

(Art. 752.) De l'acte d'appel qui doit être en même temps notifié au greffier du tribunal et visé par lui ;

(Art. 755.) De la signification du bordereau de collocation avec commandement ;

(Art. 756.) De la signification des jour et heure de l'adjudication sur folle-enchère ;

(Art. 837.) De la sommation à faire à l'ancien et au nouveau propriétaire, et, s'il y a lieu, au créancier surenchérisseur ;

(Art. 962.) De l'avertissement qui doit être donné au subrogé-tuteur ;

(Art. 969.) De la demande en partage ;

Et généralement de tous actes simples non compris dans l'article suivant : à Paris, 2 fr. ; dans le ressort 1 fr. 50 c.

Pour chaque copie, le quart de l'original.

443. — ART. 4. — *Procès-verbaux et actes de seconde classe.* (Art. 675.) Pour un procès-verbal de saisie immobilière auquel il n'aura été employé que trois heures : à Paris, 6 fr. ; dans le ressort, 5 fr.

Et cette somme sera augmentée, par chacune des vacations subséquentes qui auront pu être employées, de : à Paris, 5 fr. ; dans le ressort, 4 fr.

L'huissier ne se fera pas assister de témoins,

(Art. 677.) Pour la dénonciation de la saisie immobilière à la partie saisie : à Paris, 2 fr. 50 c.; dans le ressort, 2 fr.

Pour la copie de ladite dénonciation, le quart.

(Art. 832 ; C. civ., art. 2185.) Pour l'original de l'acte contenant réquisition d'un créancier inscrit, à fin de mises aux enchères et adjudication publique de l'immeuble aliéné par son débiteur : à Paris, 5 fr.; dans le ressort, 4 fr.

Et pour la copie, le quart.

L'original et la copie de cette réquisition seront signés par le requérant ou par son fondé de procuration spéciale.

(Art. 699, 704, 709, 735, 741, 743, 836, 959, 972, 988, 997.) Pour le procès-verbal d'apposition de placards dans toutes les ventes judiciaires, y compris le salaire de l'afficheur : à Paris, 8 fr.; dans le ressort, 6 fr.

**144.—Art. 5.** Il ne sera rien alloué aux huissiers pour transport jusqu'à un demi-myriamètre.

Il leur sera alloué au-delà d'un demi-myriamètre, pour frais de voyage qui ne pourra excéder une journée de cinq myriamètres (dix lieues anciennes), savoir, au-delà d'un demi-myriamètre et jusqu'à un myriamètre, pour aller et retour : à Paris, 4 fr.; dans le ressort, 4 fr.

Au-delà d'un myriamètre, il sera alloué par chaque demi-myriamètre, sans distinction, 2 fr.

Il sera taxé pour visa de chacun des actes qui y sont assujettis : à Paris, 1 fr.; dans le ressort, 75 c.

**§ 2. — *Huissiers audienciers des tribunaux de première instance.***

**145. — Art. 6.** Il est alloué aux huissiers-audienciers des tribunaux de première instance (C. pr. civ., art. 659), pour la publication du cahier des charges : à Paris, 1 fr; dans le ressort, 75 c.

(Art. 705, 706.) Lors de l'adjudication, y compris les frais de bougies, que les huissiers disposeront et allumeront eux-mêmes : à Paris, 5 fr.; dans le ressort, 5 fr. 75 c.

Ce droit sera alloué à raison de chaque lot adjugé, quelle qu'en soit la composition, sans qu'il puisse être exigé sur un nombre de lots supérieur à six.

Lorsqu'après l'ouverture des enchères l'adjudication n'aura pas lieu, il sera alloué aux huissiers, y compris les frais de bougies, et quel que soit le nombre des lots : à Paris, 5 fr.; dans le ressort, 3 fr. 75 c.

**Chap. 2. — *Avoués de première instance.***

**§ 1er.—*Émoluments spéciaux à chaque nature de vente.***

**146.—Art. 7.—*Saisie immobilière.***

Il est alloué aux avoués de première instance, pour chacune des vacations suivantes (C. pr. civ., art. 678) :

Vacation à faire transcrire la saisie immobilière et l'exploit de dénonciation ;

(Art. 692.) Vacation pour se faire délivrer l'extrait des inscriptions ;

(Art. 692.) Vacation à l'examen de l'état d'inscriptions et pour préparer la sommation au vendeur de l'immeuble saisi ;

(Art. 693.) Vacation à la mention, aux hypothèques, de la notification prescrite par les art. 691 et 692 C. pr. civ. ;

(Art. 716.) Vacation à la mention sommaire du jugement d'adjudication en marge de la transcription de la saisie ;

(Art. 748.) Vacation à la mention sommaire du jugement de conversion en marge de la transcription de la saisie : à Paris, 6 fr.; dans le ressort, 4 fr. 50 c.

(Art. 695.) Pour la vacation à la publication, compris les dires qui pourront avoir lieu : à Paris, 3 fr.; dans le ressort, 2 fr. 50 c.

(Art. 720.) Pour l'acte de la dénonciation de la plus ample saisie au premier saisissant, à la requête du plus ample saisissant, avec sommation de se mettre en état : à Paris, 3 fr.; dans le ressort, 2 fr. 25 c.

Pour la copie, le quart.

(Art. 726.) Vacation pour déposer au greffe les titres justificatifs d'une demande en distraction d'objets immobiliers saisis : à Paris, 3 fr.; dans le ressort, 2 fr. 45 c.

(Art. 745.) Requête non grossoyée et non signifiée, sur le consentement de toutes les parties intéressées, pour demander, après saisie immobilière, que l'immeuble saisi soit vendu aux enchères par-devant notaire ou en justice ;

A chaque avoué signataire de la requête : à Paris, 6 fr.; dans le ressort, 4 fr. 50 c.

**147.—Art. 8.—*Surenchère sur aliénation volontaire.***

(Art. 582.) Requête pour faire commettre un huissier : à Paris, 2 fr.; dans le ressort, 1 fr. 50 c.

Vacation pour faire au greffe la soumission de la caution et déposer les titres justificatifs de sa solvabilité : à Paris, 3 fr.; dans le ressort, 2 fr. 25 c.

Vacation pour prendre communication des pièces justificatives de la solvabilité de la caution : à Paris, 3 fr.; dans le ressort, 2 fr. 25 c.

**148.—Art. 9.—*Vente de biens de mineurs.***

(Art. 954). Requête à fin d'homologation de l'avis du conseil de famille pour aliéner les immeubles des mineurs : à Paris, 7 fr. 50 c.; dans le ressort, 5 fr. 50 c.

(Art. 956.) Vacation à prendre communication de la minute du rapport des experts : à Paris, 6 fr.; dans le ressort, 4 fr. 50 c.

Requête pour demander l'entérinement du rapport : à Paris, 7 fr. 50 c.; dans le ressort 5 fr. 50 c.

Il sera alloué aux avoués, sans distinction de résidence dans le cas où l'expertise n'aura pas lieu, à raison des soins et démarches nécessaires pour la fixation de la mise à prix, 25 fr. ;

Sans préjudice du supplément de remise proportionnelle accordé par l'art. 11 de la présente ordonnance.

(Art. 954.) Vacation à prendre communication du cahier des charges, au cas de renvoi devant notaire : à Paris, 6 fr.; dans le ressort, 4 fr. 50 c.

(Art. 965.) Requête pour obtenir l'autorisation de vendre au-dessous de la mise à prix : à Paris, 7 fr. 50 c.; dans le ressort, 5 fr. 50 c.

Ces émoluments seront les mêmes lorsqu'il s'agira de ventes d'immeubles dépendant d'une succession bénéficiaire, d'immeubles dotaux, ou provenant soit d'une succession vacante, soit d'un débiteur failli, ou qui a fait cession.

**149.—Art. 10.—*Partages et licitations.***

(Art. 969.) Requête à fin de remplacement du juge ou du notaire commis : à Paris, 3 fr.; dans le ressort, 2 fr. 25 c.

(Art. 971.) Vacation à prendre communication du procès-verbal d'expertise : à Paris, 6 fr.; dans le ressort, 4 fr. 50 c.

Acte de conclusion d'avoué à avoué pour demander l'entérinement du rapport : à Paris, 7 fr. 50 c.; dans le ressort, 5 fr. 50 c.

Pour chaque copie, le quart.

Il sera alloué aux avoués, sans distinction de résidence, dans le cas où l'expertise n'aura pas lieu, à raison des soins et démarches nécessaires pour la fixation de la mise à prix en cas de vente, ou pour l'estimation et la composition des lots, en cas de partage en nature, 25 fr.

Sans préjudice du supplément de remise proportionnelle accordé par l'art. 11 de la présente ordonnance. Aucune remise proportionnelle ne sera due toutefois dans les cas de partage en nature.

(Art. 973.) Sommation de prendre communication du cahier des charges : à Paris, 1 fr. ; dans le ressort, 75 c. Pour chaque copie, le quart.

Vacation à prendre communication du cahier des charges, au greffe, pour chaque avoué colicitant ;

En l'étude du notaire, pour l'avoué poursuivant et pour chaque avoué colicitant : à Paris, 6 fr. ; dans le ressort, 4 fr. 50 c.

Acte de conclusion d'avoué à avoué pour obtenir l'autorisation de vendre au-dessous de la mise à prix : à Paris, 7 fr. 50 c. ; dans le ressort, 5 fr. 50 c.

Pour chaque copie, le quart.

**450. — § 2. — *Émoluments communs aux différentes ventes.***

ART. 11. (C. pr. civ., art. 690). Pour la grosse du cahier des charges, qui ne serait signifiée dans aucun cas, par rôles contenant 25 lignes à la page et douze syllabes à la ligne : à Paris, 2 fr. ; dans le ressort, 1 fr. 50 c.

Vacation pour déposer au greffe le cahier des charges : à Paris. 3 fr. ; dans le ressort, 2 fr. 45 c.

(Art. 696.) Pour l'extrait qui doit être inséré dans le journal désigné par les cours royales : à Paris, 2 fr. ; dans le ressort, 1 fr. 50 c.

Il sera passé autant de droits à l'avoué qu'il y aura eu d'insertions prescrites par le Code.

(Art. 697.) Pour obtenir l'ordonnance tendant à faire l'insertion extraordinaire : à Paris, 2 fr. ; dans le ressort, 1 fr. 50 c.

Cette vacation ne sera allouée qu'autant que l'autorisation aura été obtenue.

Pour faire faire l'insertion extraordinaire : à Paris, 2 fr. ; dans le ressort, 1 fr. 50 c.

(Art. 698.) Pour faire légaliser la signature de l'imprimeur par le maire : à Paris, 2 fr. ; dans le ressort, 1 fr. 50 c.

(Art. 699.) Pour l'extrait qui doit être imprimé et placardé, et qui servira d'original et ne pourra être grossoyé : à Paris, 6 fr. ; dans le ressort, 4 fr. 50 c.

L'avoué poursuivant aura droit à cette allocation toutes les fois que de nouvelles appositions de placards auront été nécessaires.

(Art. 702.) Vacation à l'adjudication : à Paris, 15 fr. ; dans le ressort, 12 fr.

Ce droit sera alloué à raison de chaque lot adjugé, quelle qu'en soit la composition, sans que ce droit puisse être exigé sur un nombre de lots supérieur à six.

Néanmoins, la somme provenant de la réunion de tous les droits alloués sera répartie également entre tous les adjudicataires, quel qu'en soit le nombre.

Indépendamment des émoluments ci-dessus fixés, il sera alloué à l'avoué poursuivant, sur le prix des biens dont l'adjudication sera faite au-dessus de deux mille francs, savoir : depuis deux mille francs jusqu'à dix mille francs, un pour cent ; sur la somme excédant dix mille francs jusqu'à cinquante mille francs, un demi pour cent ; sur la somme excédant cinquante mille francs jusqu'à cent mille francs, un quart pour cent ; et sur l'excédant de cent mille francs indéfiniment, un

huitième de un pour cent. En cas d'adjudication par lots de biens compris dans la même poursuite, en l'état où elle se trouvera lors de l'adjudication, la totalité du prix des lots sera réunie pour fixer le montant de la remise.

Le montant de la remise sera calculé sur le prix de chaque lot, séparément, lorsque les lots seront composés d'immeubles distincts.

Cette remise, lorsque le tribunal n'aura pas ordonné l'expertise dans les cas où elle est facultative, sera, depuis deux mille francs jusqu'à dix mille francs, de un et demi pour cent ; sur la somme excédant dix mille francs jusqu'à cent mille francs de un pour cent ; sur l'excédant de cent mille francs jusqu'à trois cent mille francs, d'un demi pour cent ; et sur l'excédant de trois cent mille francs indéfiniment, de un quart pour cent.

La remise proportionnelle sur le prix de l'adjudication sera divisée, en licitation, ainsi qu'il suit :

Moitié appartiendra à l'avoué poursuivant ;

La seconde moitié sera partagée par égales portions entre tous les avoués qui ont occupé dans la licitation y compris l'avoué poursuivant, qui aura sa part comme les autres dans cette seconde moitié.

(Art. 705.) Vacation au jugement de remise : à Paris, 6 fr. ; dans le ressort, 4 fr. 90 c.

(Art. 706.) Vacation pour enchérir : à Paris, 7 fr. 50 c. ; dans le ressort, 5 fr. 65 c.

(Art. 707.) Vacation pour enchérir et se rendre adjudicataire : à Paris, 15 fr. ; dans le ressort, 11 fr. 25 c.

(Art. 707.) Vacation pour faire la déclaration de command : à Paris, 6 fr. ; dans le ressort, 4 fr. 50.

Les vacations pour enchérir, ou pour les déclarations de command, sont à la charge de l'enchérisseur ou de l'adjudicataire.

**451. — ART. 12.** (Code de procédure civile, art. 708.) Vacation pour faire au greffe la surenchère du sixième au moins du prix principal de l'adjudication : à Paris, 15 fr., dans le ressort, 11 fr. 25 c.

Pour acte de la dénonciation de la surenchère contenant avenir : à Paris, 1 fr. ; dans le ressort, 75 c.

Pour chaque copie, le quart.

(Art. 734, 964.) Vacation pour requérir le certificat du greffier ou du notaire constatant que l'adjudicataire n'a pas justifié de l'acquit des conditions exigibles de l'adjudication : à Paris, 5 fr. ; dans le ressort, 2 fr. 25 c.

Les émoluments des avoués pour le dépôt de l'acte tenant lieu du cahier des charges, pour les extraits à placarder ou à insérer dans les journaux, pour enchérir, se rendre adjudicataire et faire la déclaration de command, par suite de la surenchère autorisée par l'art. 708, ou de la folle enchère, seront taxés comme il est dit dans l'art. 11 : le droit de remise proportionnelle sur l'excédant produit par la surenchère ou la folle-enchère sera alloué à l'avoué qui les aura poursuivies.

Les autres incidents des ventes judiciaires ne pourront donner lieu à d'autres et plus forts droits que ceux établis pour les matières sommaires.

**452. — ART. 13.** Les copies de pièces qui appartiendront à l'avoué, seront taxées, à raison du rôle de vingt-cinq lignes à la page et de douze syllabes à la ligne : à Paris, 50 c. ; dans le ressort, 25 c.

### CHAP. 5. — *Des notaires.*

**453. — ART. 14.** Dans les cas où les tribunaux renverront des ventes d'immeubles par devant les notaires, ceux-ci auront droit, pour la grosse du cahier des charges, par rôle contenant vingt-cinq lignes à la page et douze syllabes à la ligne : à Paris, 2 fr. ; dans le ressort, 1 fr. 50 c.

Ils auront droit, en outre, sur le prix des biens vendus, jusqu'à dix mille francs, à un pour cent; sur la somme excédant dix mille francs jusqu'à cinquante mille francs, à un demi pour cent, sur la somme excédant cinquante mille francs jusqu'à cent mille francs, à un quart pour cent; et sur l'excédant de cent mille francs indéfiniment, à un huitième de un pour cent. Moyennant les allocations ci-dessus, les notaires sont chargés de la rédaction du cahier des charges, de la réception des enchères et de l'adjudication; ils ne pourront rien exiger pour les minutes de leurs procès-verbaux d'adjudication.

Les avoués restent chargés de l'accomplissement des autres actes de la procédure; ils auront droit aux émoluments fixés pour ces actes, et, lorsque l'expertise est facultative et n'aura pas été ordonnée, les avoués auront droit en outre à la différence entre la remise allouée pour ce cas par l'art. 14 de la présente ordonnance, et la remise fixée par le paragraphe 2 du présent article.

### Chap. 4.—Des experts.

454.—Art. 15. (C. pr. civ., 955, 956.) Il sera taxé aux experts, par chaque vacation de trois heures, quand ils opéreront dans les lieux où ils sont domiciliés ou dans la distance de deux myriamètres, savoir : dans le département de la Seine,

Pour les artisans ou laboureurs, 4 fr.

Pour les architectes et autres artistes, 8 fr.

Dans les autres départements :

Aux artisans et laboureurs, 3 fr.

Aux architectes et autres artistes, 6 fr.

Au-delà de deux myriamètres, il sera alloué par chaque myriamètre, pour frais de voyage et nourriture aux architectes et autres artistes, soit pour aller, soit pour revenir : à ceux de Paris, 6 fr; à ceux des départements, 4 fr. 50 c.

Il leur sera alloué pendant leur séjour, à la charge de faire quatre vacations par jour, savoir : à ceux de Paris, 52 fr.; à ceux des départements, 24 fr.

La taxe sera réduite dans le cas où le nombre des quatre vacations n'aurait pas été employé.

S'il y a lieu à transport d'un laboureur au-delà de deux myriamètres, il sera alloué trois francs par myriamètre pour aller et autant pour le retour, sans néanmoins qu'il puisse être rien alloué au-delà de cinq myriamètres.

Il sera encore alloué aux experts deux vacations, l'une pour leur prestation de serment, l'autre pour le dépôt de leur rapport, indépendamment de leurs frais de transport s'ils sont domiciliés à plus de deux myriamètres de distance du lieu où siége le tribunal; il leur sera accordé par myriamètre, en ce cas, le cinquième de leur journée de campagne.

Au moyen de cette taxe, les experts ne pourront rien réclamer, ni pour frais de voyage et de nourriture, ni pour s'être fait aider par des écrivains ou par des toiseurs et porte-chaînes, ni sous quelque autre prétexte que ce soit; ces frais, s'ils ont eu lieu, restant à leur charge.

Le président, en procédant à la taxe de leurs vacations, en réduira le nombre, s'il lui paraît excessif.

### Titre 5.—Dispositions pour les ressorts des autres Cours royales.

455.—Art. 16. Le tarif réglé par le titre précédent pour le tribunal de première instance établi à Paris sera commun aux tribunaux de première instance établis à Marseille, Lyon, Bordeaux et Rouen.

Toutes les sommes portées en ce tarif seront réduites d'un dixième dans la taxe des frais et dépens pour les tribunaux de première instance établis dans les villes où siége une Cour royale, ou dans les villes dont la population excède trente mille âmes.

Dans tous les autres tribunaux de première instance le tarif sera le même que celui qui est fixé pour les tribunaux du ressort de la Cour royale de Paris autres que celui qui est établi dans cette capitale.

Néanmoins le droit fixe de vingt-cinq francs établi par les art. 9 et 10 de la présente ordonnance, et les remises proportionnelles fixées par les art. 11 et 14, seront perçus dans tout le royaume, sans distinction de résidence.

Les dispositions du chapitre 4 du titre précédent seront appliquées sans autre distinction, à raison de la résidence, que celle qui se trouve indiquée dans ce chapitre.

### Titre 4.—Dispositions générales.

456.—Art. 17. Tous actes et procédures relatifs aux incidents des ventes immobilières, et qui ne sont pas l'objet de dispositions spéciales dans la présente ordonnance, seront taxés comme actes et procédures en matière sommaire, conformément à l'art. 718 C. pr. civ., et suivant les règles établies par le dernier paragraphe de l'art. 12 qui précède.

Si, à l'occasion d'une procédure de vente judiciaire d'immeubles, il s'élève une contestation qui n'ait pas le caractère d'incident, et qui doive être considérée comme matière ordinaire, les actes relatifs à cette contestation seront taxés suivant les règles établies pour les procédures en matière ordinaire.

457.—Art. 18. Dans tous les cahiers des charges, il est expressément défendu de stipuler au profit des officiers ministériels d'autres et plus grands droits que ceux énoncés au présent tarif. Toute stipulation, quelle qu'en soit la forme, sera nulle de droit.

458.—Art. 19. Outre les fixations ci-dessus, seront alloués les simples déboursés justifiés par pièces régulières.

Le timbre des placards autorisé par les art. 699 et 700 du Code de procédure ne passera en taxe que sur un certificat délivré par le président de la chambre des avoués, constatant que le nombre des exemplaires a été vérifié par lui.

459.—Art. 20. Sont et demeurent abrogés les numéros, 11, 12, 13, 14 et 15 du tableau annexé au décret du 21 sept. 1810; les paragraphes 44, 45, 46, 47, 48, 49 de l'art. 29; les art. 47, 48, 49, 50 et 63; les paragraphes 14, 15, 16 et 17 de l'art. 78; les art. 153, 154, 155, 172 du premier décret du 16 fév. 1807; la disposition de l'art. 65 du même décret relative à l'apposition des placards; le paragraphe de l'art. 70 applicable à l'acte de signification du cahier des charges; le paragraphe de l'art. 75 applicable aux requêtes contenant demande ou réponse en entérinement du rapport des experts; le paragraphe de l'art. 76 applicable à la commission d'un huissier, à l'effet de notifier la réquisition de mise aux enchères.

Sont également abrogées les dispositions des art. 102, 103, 104, 105, 106, 107, 108, 109, 110, 111, 112, 113, 114, 115, 116, 117, 118, 119, 120, 121, 122, 123, 124, 125, 126, 127, 128, 129, en tant qu'elles concernent les saisies immobilières, les surenchères sur aliénation volontaire, les ventes d'immeubles de mineurs, et de biens dotaux, dans le régime dotal; les ventes sur licitations, les ventes d'immeubles dépendant d'une succession bénéficiaire ou vacante, ou provenant d'un débiteur failli ou qui a fait cession.

**SAISIE DE NAVIRE.** — L'huissier qui se transporte à bord d'un navire pour y saisir des effets mobiliers, des marchandises, et ne trouve personne, mais seulement des malles fermées, des caisses clouées et des barils non ouverts renfermant ces objets mobiliers et ces marchandises, doit-il se conformer aux dispositions de l'art. 587 C. pr.? *Rés. aff.* — ... 1857. Dissert. J.H. 37. 2. 3.

**SAISIE DES RENTES.** — 1. — Il ne s'agit ici que des rentes *constituées sur particuliers*, les rentes sur l'Etat, étant déclarées insaisissables par des lois spéciales, fondées sur des raisons d'intérêt et de crédit publics.

2. — La saisie des rentes sur particuliers était soumise aux règles prescrites par le tit. 10 du liv. 5 du Code de procédure. Mais les articles de ce titre, n. 636 à 655, ont été remplacés, par un nombre égal d'articles, par une nouvelle loi, celle du 21 mai 1842.

3. — Cette nouvelle loi était devenue nécessaire depuis la publication de celle du 2 juin 1841, relative à la *saisie immobilière*, laquelle a modifié le tit. 12 du même livre du C. pr. civ. — V. Saisie immob.

4. — Il existe en effet, entre ces deux espèces de saisies, et par suite entre les deux parties du Code de procédure qui les réglaient, une grande corrélation et de nombreux points de similitude. Or, dès qu'on avait modifié les règles relatives à l'une, il devenait indispensable, pour maintenir l'harmonie, de faire subir à l'autre des changements et des modifications analogues.

D'ailleurs, puisque pour des immeubles, c'est-à-dire pour des biens ordinairement plus importants, et dont la possession touche à plus d'intérêts, la loi nouvelle avait cru devoir rendre l'expropriation plus rapide et moins coûteuse, il était juste, à plus forte raison, de simplifier les formes et les frais, alors qu'il s'agit de biens moins importants, et dont la nature mobilière se prête à de plus faciles mutations.

5. — A l'exception d'une indication assez complète, donnée par l'art. 636, relativement à ce qu'il faut entendre par *rentes constituées sur particuliers*, les cinq premiers articles de la loi nouvelle renferment peu de changements.

6. — Voici comment est conçu ce nouvel art. 636 : « La saisie d'une rente constituée en perpétuel ou en viager, moyennant, un capital déterminé, ou pour prix de la vente d'un immeuble, ou de la cession de fonds immobiliers, ou à tout autre titre onéreux ou gratuit ne peut avoir lieu qu'en vertu d'un titre exécutoire. Elle sera précédée d'un commandement fait à la personne ou au domicile de la partie obligée ou condamnée, au moins un jour avant la saisie, et contenant notification du titre, si elle n'a déjà été faite. »

7. — Il est évident que, par cette nouvelle rédaction de l'art. 636, la loi du 21 mai 1842 a voulu comprendre toutes les rentes dues par des particuliers, quelle qu'en soit la nature. D'ailleurs, c'était déjà dans ce sens que le Code de procédure s'exécutait, et que la jurisprudence en faisait l'application.

8. — C'est donc dans le but de rendre le texte plus clair, et pour lever toute espèce d'incertitude que le nouvel article parle nommément des rentes *viagères*, en donnant une énumération qui ne se trouvait pas dans le Code de procédure.

9. — « Ainsi entendue, disait le rapporteur devant la Chambre des Députés, on voit que la loi nouvelle s'étend à une nature de biens très-variée, et qui ne laisse pas que d'avoir une grande importance. Il est hors de doute, malgré son silence, qu'elle s'applique aux rentes *emphytéotiques*, parce que le nouvel art. 656 n'a pas un caractère limitatif, et que s'il existait des rentes qui, par une application particulière et usitée dans certaines localités, parussent ne pas rentrer dans l'une des espèces indiquées dans l'article, on devrait néanmoins les y comprendre, par cela seul qu'elles reposeraient, non sur l'Etat, mais sur la garantie des fortunes particulières. »

10. — On avait proposé de rendre applicables les dispositions de la loi nouvelle à la saisie des *actions de compagnies de finance, d'industrie ou de commerce*; mais, à cause des différences essentielles qui existent entre les actions et les rentes sur particuliers, cette proposition a été écartée. Les actions industrielles et commerciales devront faire l'objet d'une loi spéciale.

11. — Le Code de procédure exigeait, pour que la saisie pût avoir lieu, tout à la fois un titre authentique et exécutoire. — Le mot *authentique* a été retranché du nouvel article comme surabondant.

12. — L'art. 637 porte : « La rente sera saisie entre les mains de celui qui la doit, par exploit contenant, outre les formalités ordinaires, l'énonciation du titre constitutif de la rente, de sa quotité, de son capital, s'il y en a un, et du titre de la créance du saisissant; les noms, profession et demeure de la partie saisie; élection de domicile chez un avoué près le tribunal devant lequel la vente sera poursuivie et assignation au tiers-saisi en déclaration devant le même tribunal. »

13. — Cet article a ajouté à l'ancien, après le mot capital, cette expression *s'il y en a un*. Cette addition était nécessaire, parce que, dans un grand nombre de cas, la rente n'est pas constituée moyennant un capital déterminé. En effet, quel est le capital dans les rentes viagères? est-ce la somme au moyen de laquelle le rentier s'est procuré la rente, ou bien la somme dont le placement à intérêt puisse devenir productif des arrérages? Et, dans les rentes foncières, y a-t-il, à proprement parler, un capital?

14. — Ensuite on a retranché de l'article ces mots *le tout à peine de nullité*. Cette sanction s'appliquait-elle, non seulement à l'art. 637, mais aussi à l'art. 656? Il y avait doute; pour le lever, la nouvelle loi supprima cette sanction de l'art. 637 pour la porter dans un article final (655) qui énonce nommément toutes les dispositions du titre prescrites à peine de nullité.

15. — Les art. 638, 639 et 640 n'ont subi aucun changement.

16. — L'art. 641 est conçu de la manière suivante : « Dans les trois jours de la saisie, outre un jour par cinq myriamètres de distance entre le domicile du débiteur de la rente et celui du saisissant, et pareil délai en raison de la distance entre le domicile de ce dernier et celui de la partie saisie, le saisissant sera tenu de la dénoncer à la partie saisie et de lui notifier le jour de la publication du cahier des charges.

« Lorsque le débiteur de la rente sera domicilié hors du continent de la France, le délai pour la dénonciation ne courra que du jour de l'échéance de la citation au tiers-saisi. »

17. — Il faut remarquer que, pour renfermer la nouvelle loi dans un même nombre d'articles que celui qui composait le Code de procédure, l'art. 641 comprend aussi l'art. 642. Cela était nécessité par suite de la destination de l'art. final 655, qui contient l'énumération des dispositions prescrites à peine de nullité.

18. — Ensuite, cet article abrège les délais fixés pour la saisie, et réduit à une seule les trois publications qui étaient prescrites par le Code de procédure. Ce changement, motivé par la facilité des communications ac-

tuelles, était d'ailleurs une conséquence d'une modification analogue écrite dans l'art. 677 de la nouvelle loi sur la saisie immobilière.

**19.** — On a retranché également les mots *à peine de nullité* pour les reporter dans l'art. 655.

**20.** — Enfin, en parlant du point de départ du délai de la dénonciation, dans le cas où le débiteur est domicilié hors du continent, la loi nouvelle a ajouté le mot *tiers*, tiers-saisi, qui formait une lacune qui avait échappé aux rédacteurs du Code de procédure.

**21.** — L'art. 642 dispose : « Dix jours au plus tôt, quinze jours au plus tard après la dénonciation à la partie saisie, outre le délai des distances tel qu'il est réglé par l'art. 641, le saisissant déposera au greffe du tribunal devant lequel se poursuit la vente, le cahier des charges contenant les noms, profession et demeure du saisissant, de la partie saisie et du débiteur de la rente, la nature de cette rente, sa quotité, celle du capital, s'il y en a un ; la date et l'énonciation du titre en vertu duquel elle est constituée ; l'énonciation de l'inscription, si le titre contient hypothèque et si cette hypothèque a été inscrite pour sûreté de la rente ; les noms et demeure de l'avoué du poursuivant ; les conditions de l'adjudication et la mise à prix, avec indication du jour de la publication du cahier des charges. »

**22.** — Par ces mots : « dix jours *au plus tôt*, quinze jours *au plus tard*, » le nouvel article évite le double inconvénient d'un délai illimité que permettait le Code de 1807 et d'un délai trop court.

**23.** — Ensuite, l'article substitue au greffe du tribunal *du domicile de la partie saisie*, le greffe du tribunal *devant lequel se poursuit la vente.*

**24.** — La lecture et la publication du cahier des charges ont lieu ensuite de la manière suivante : « Dix jours au plus tôt, vingt jours au plus tard après le dépôt au greffe du cahier des charges, il sera fait, à l'audience et au jour indiqué, lecture et publication de ce cahier des charges ; le tribunal en donnera acte au poursuivant ( art. 643 ). »

**25.** — A l'exemple de ce qui se pratique pour la saisie immobilière, la loi nouvelle ne prescrit l'emploi des moyens de publicité qu'après la publication du cahier des charges. Tel est l'objet des art. 644, 645, 646, 647 qui portent : « Art. 644. Le tribunal statuera immédiatement sur les dires et observations qui auront été insérés au cahier des charges ; et fixera le jour et heure où il procédera à l'adjudication ; le délai entre la publication et l'adjudication sera de dix jours au moins, ou de vingt jours au plus. Le jugement sera porté à la suite de la mise à prix ou des dires des parties.

« Art. 645. Après la publication du cahier des charges, et huit jours au moins avant l'adjudication, un extrait de ce cahier, contenant, outre les renseignements énoncés en l'art. 642, l'indication du jour de l'adjudication, sera affiché 1° à la porte du domicile du saisi ; 2° à la porte du domicile du débiteur de la rente ; 3° à la principale porte du tribunal ; 4° à la principale place du lieu où la vente se poursuit.

« Art. 646. Pareil extrait sera inséré, dans le même délai, au journal indiqué pour recevoir les annonces judiciaires, conformément à l'art. 696.

« Art. 647. Il sera justifié des affiches et de l'insertion au journal, conformément aux art. 698 et 699, et il pourra être passé en taxe un plus grand nombre d'affiches et d'insertions aux journaux, dans les cas prévus par les art. 697 et 700.

**26.** — De même, quant aux formes de l'*adjudication* et à celle de la *folle-enchère*, la loi nouvelle imite les dispositions actuellement en usage pour la saisie immobilière. Les art. 648, 649 et 650 disposent, à cet égard :

« Art. 648. Les règles et formalités prescrites, au titre de la saisie immobilière, par les art. 701, 702, 703, 704, 705, 706, 707, 711, 712, 713, 714 et 741, seront observées pour l'adjudication des rentes.

« Art. 649. Faute par l'adjudicataire d'exécuter les clauses de l'adjudication, la rente sera vendue à sa folle-enchère, et il sera procédé ainsi qu'il est dit aux art. 734, 735, 736, 738, 739 et 740. Néanmoins, le délai entre les nouvelles affiches et l'adjudication sera de cinq jours au moins et de dix jours au plus ; et la signification prescrite par l'art. 736 précédera de cinq jours au moins le jour de la nouvelle adjudication.

« Art. 650. La partie saisie sera tenue de proposer ses moyens de nullité, contre la procédure antérieure à la publication du cahier des charges, un jour au moins avant le jour fixé pour cette publication, et contre la procédure postérieure, un jour au moins avant l'adjudication : le tout à peine de déchéance. Il sera statué par le tribunal sur simple acte d'avoué, et, si les moyens sont rejetés, il sera immédiatement procédé, soit à la publication du cahier des charges, soit à l'adjudication. »

**27.** — En ce qui touche les *incidents* qui peuvent s'élever pendant le cours de la poursuite, la loi nouvelle y a pourvu, au moyen de la distinction admise pour les incidents de saisie immobilière.

« Art. 651. Aucun jugement ou arrêt par défaut, en matière de saisie de rentes constituées sur particuliers, ne sera sujet à opposition. L'appel des jugements qui statueront sur les moyens de nullité, tant en la forme qu'au fond, ou sur d'autres incidents, et qui seront relatifs à la procédure antérieure à la publication du cahier des charges, sera considéré comme non avenu, s'il est interjeté après les huit jours, à compter de la signification à avoué, ou, s'il n'y a pas d'avoué, à compter de la signification à personne ou à domicile, soit réel, soit élu ; et la partie saisie ne pourra, sur l'appel, proposer des moyens autres que ceux qui auront été présentés en première instance. L'appel sera signifié au domicile de l'avoué, et, s'il n'y a pas d'avoué, au domicile réel ou élu de l'intimé. Il sera notifié en même temps au greffier du tribunal et visé par lui. L'acte d'appel énoncera les griefs. »

**28.** — De même, quant au *droit d'appel*, la loi nouvelle s'approprie les règles suivies en matière de saisie immobilière. L'art. 652 porte, à ce sujet : « Ne pourront être attaqués par la voie de l'appel 1° les jugements qui, sans statuer sur des incidents, donneront acte de la publication du cahier des charges, ou qui prononceront l'adjudication ; 2° ceux qui statueront sur des nullités postérieures à la publication du cahier des charges. »

**29.** — Les art. 653 et 655 ( ce dernier devenant l'art. 654 ) sont les mêmes que ceux du C. pr.

**30.** — Enfin, l'art. 655 contient l'énumération de toutes les dispositions du titre auxquelles il applique la sanction de nullité en cas d'inobservation. — Il porte : « Les formalités prescrites par les art. 636, 637, 639, 641, 642, 643, 644, 645, 646 et 651 seront observées à peine de nullité. »

**31.** — Il a été jugé, sous l'empire de la loi ancienne, que la saisie et la vente de la mise sociale d'un associé peut être faite selon les formes voulues par le Code de procédure pour la saisie et la vente des rentes constituées. —15 août 1834. Paris. J.H. 35. 200.

**SAISIE-REVENDICATION.**—Le défaut d'indication du domicile réel du saisissant dans la copie d'un procès verbal de saisie-revendication délaissée au saisi, entraîne nullité de la saisie (C. pr., 839, 586 et 61). — 21 mai 1851. Poitiers. J.H. 35. 571.

SCELLÉ. — 1. — *Juge commis.* — En cas de décès, d'absence ou d'empêchement du juge de paix et de ses suppléants, il appartient au président du tribunal civil, magistrat investi d'un pouvoir discrétionnaire pour ordonner toutes les mesures conservatoires, de commettre le juge de paix d'un canton voisin pour procéder à une apposition de scellés (C. pr., 907, 908). — 16 mai 1842. Bourges. J.H. 43. 1. 57.;

2. — *Héritier.* — La faculté de requérir l'apposition des scellés réservée par l'art. 909 C. pr., n'appartient pas aux héritiers de la femme mariée avec exclusion de communauté, lorsque les objets mobiliers qu'elle s'est constitués en dot ont été estimés au contrat et garantis par hypothèque spéciale sur les biens du mari, et que, d'ailleurs, les héritiers n'allèguent ni ne justifient que leur auteur ait acquis depuis des objets mobiliers déposés au domicile conjugal. Mais si les scellés ont été apposés, les héritiers peuvent être autorisés à assister à leur levée, pour s'assurer qu'il n'existe pas des papiers de famille dont la conservation leur importerait. — 26 oct. 1839. Bourges. J.H. 40. 1. 154.

3. — *Référé.* — L'ordonnance qui commet un juge de paix pour apposer les scellés, n'a pas le caractère d'une ordonnance de référé, et, par suite, est valablement rendue hors de la présence des parties intéressées. — 16 mai 1842. Bourges. J.H. 43. 1. 57.

4. — *Réquisition.* — L'apposition des scellés peut être requise par un créancier exerçant les droits de son débiteur (C. pr., 909; C. civ., 1166). — 16 mai 1842. Bourges. J.H. 43. 1. 57.

**SÉPARATION DE BIENS.** — 1. —*Collusion.*—Dans une instance en séparation de biens, la collusion des époux est toujours présumable (C. pr. civ., 870). — 21 mai 1835. Rennes. J.H. 36. 1. 16.

2. — *Compétence.* — La demande en séparation de biens est une action *pure personnelle* qui doit être portée devant le tribunal du domicile du mari, comme essentiellement compétent pour connaître de cette demande. C'est là une incompétence *ratione materiæ* (C. pr. civ., 59, 871). — 21 mai 1835. Rennes. J.H. 36. 1. 16.

3. — *Exécution.* — La signification d'un jugement par défaut de séparation de biens faite par la femme au mari, avec commandement de payer les frais, suivie d'une production à l'ordre ouvert entre les créanciers du mari, pour ses droits et reprises dotales, peut être considérée comme une exécution suffisante de la part de la femme (C. civ., 1444). — 24 mars 1835. Grenoble. J.H. 36. 1. 55.

4. — ... La liquidation des droits de la femme séparée de biens par jugement, doit, à peine de nullité, être poursuivie sans interruption, conformément à l'art. 1444 C. civ. — 19 avril 1839. Rouen. J.H. 39. 1. 239.

5. — *Intervention.* — Le créancier qui intervient dans une instance en séparation de biens peut proposer un déclinatoire, sans qu'on puisse écarter son exception, par le motif qu'aux termes de l'art. 340 C. pr. civ., l'intervention ne peut retarder le jugement de la cause principale : il est considéré, dans ce cas, comme un véritable défendeur. — 18 nov. 1835. Cass. J.H. 36. 1. 17. — Voy. encore 21 mai 1835. Rennes. J.H. 36. 1. 16.

6. — *Saisie.* — La séparation de biens peut être prononcée, bien qu'aucune saisie n'ait encore été faite au



moment où est formée la demande, si des saisies ont eu lieu postérieurement, et que le droit de les pratiquer existât antérieurement (C. civ., 1443). — 22 déc. 1856. Douai. J.H. 40. 1. 44.

7. — *Tierce-opposition.*—Le délai d'un an, accordé par l'art. 875 C. pr., aux créanciers, pour former tierce-opposition à un jugement de séparation de biens, ne s'applique pas à la disposition de ce jugement qui liquide en même temps les reprises de la femme : à cet égard, les créanciers ont trente ans. — 11 nov. 1835. Cass. J.H. 36. 1. 32.

**SÉPARATION DE CORPS.** — 1. —*Audience solennelle.* — La demande en séparation de corps doit être jugée en audience ordinaire (Décr. 30 mars 1808, art. 22). — 9 mai 1834. Bordeaux. J.H. 35. 107. — Ce point ne fait plus difficulté.

2. — *Fin de non recevoir.* — La femme demanderesse en séparation de corps est non recevable à suivre sur son action, lorsqu'elle n'a pas résidé au domicile provisoire qui lui a été indiqué par justice (C. civ., 269; C. pr., 878). — 17 mars 1842. Agen. J.H. 42. 1. 245.

3. — *Interdiction.*—Le subrogé-tuteur d'une femme interdite et placée sous la tutelle de son mari, a qualité pour former contre celui-ci une demande en séparation de corps (C. civ., 420, 450), sans qu'il soit besoin d'obtenir, au préalable, l'autorisation du conseil de famille (C. civ., 464).—21 août 1841. Paris. J.H. 42. 1. 56.

4. — *Réconciliation.* — La sommation de la recevoir au domicile conjugal, faite par la femme, accompagnée d'un huissier, à son mari, dont elle était séparée par accord volontaire, ne présente pas le caractère d'une réconciliation (C. civ., 272). — 21 nov. 1841. Paris. J.H. 41. 1. 188.

**SÉQUESTRE JUDICIAIRE.** — Le séquestre judiciaire chargé de recevoir une somme d'argent déterminée par le jugement, de donner quittance au débiteur et main-levée des inscriptions hypothécaires prises sur les immeubles, n'a pas qualité pour former contre celui-ci une demande en paiement d'intérêts qu'il prétend avoir été stipulés dans le titre constitutif de la créance (C. civ., 1961).

En cas de décès du séquestre judiciaire pendant l'instance d'appel, les créanciers ne peuvent intervenir et régulariser par leur présence une instance nulle *ab initio.* — 20 juillet 1839. Lyon. J.H. 39. 1. 318.

**SERMENT.** — 1. — *Appel.* — Lorsque le serment, déféré d'office par les juges, à une partie a été prêté sans opposition, la partie adverse qui a été sommée d'assister à cette prestation n'est pas recevable, si elle y a fait défaut, à interjeter appel du jugement qui l'avait ordonné (C. civ., 1366). — 14 nov. 1832. Montpellier. J.H. 39. 1. 509.

2. — *Délation.* — Pour que les juges puissent déférer le serment supplétif, il ne suffit pas qu'ils constatent l'existence des deux conditions exigées par l'art. 1367 C. civ., en ce qui concerne la demande; il faut encore que l'exception opposée par le défendeur se trouve dans ces deux conditions (C. civ., 1366, 1367). — 15 déc. 1841. Cass. J.H. 42. 1. 59.

3. — *Fonctionnaire de l'ordre judiciaire.*—Le serment des greffiers des tribunaux de commerce doit être reçu par les juges de ces tribunaux : une Cour royale est incompétente pour recevoir le serment de ces fonctionnaires (L. 24 août 1790, tit. 9, art. 1).

L'admission au serment des fonctionnaires de l'ordre judiciaire ne peut être prononcée d'office et sans la réquisition du ministère public, à plus forte raison nonobstant l'opposition du ministère public. — 22 mars 1843. Cass. J.H. 43. 1. 116.

4. ... Il suffit qu'il soit constaté par les juges du fond qu'un juge de paix, en agréant un individu pour commis-greffier, lui a fait prêter le serment *voulu par la loi*, pour qu'un acte passé avec le concours de ce commis-greffier ne puisse être annulé, sous prétexte que le serment par lui prêté ne serait pas conçu dans les termes sacramentels prescrits par la loi du 31 août 1830. — 21 mars 1843. Cass. J.H. 43. 1. 114.

5. — *Sommation.* — Lorsqu'une Cour délègue un juge de paix pour recevoir le serment décisoire déféré par l'une des parties, il n'est pas nécessaire que la sommation pour être présent à la prestation soit donnée au domicile de l'avoué dans les délais ordinaires de l'assignation. — 10 janv. 1838. Bastia. J.H. 38. 1. 115.

**SERVITUDE.** — 1. — *Actes extérieurs.* — Celui auquel un titre confère, par exemple, le droit de faire maintenir une partie de la propriété du voisin en état de non culture pour l'utilité de son propre héritage, est censé posséder ce droit, sans le secours d'actes extérieurs, tant que le terrain asservi n'est pas cultivé. — 15 fév. 1841. Cass. J.H. 41. 1. 122.

2. — *Complainte.* — Lorsqu'une servitude continue et apparente, mais non fondée en titre, repose sur un objet essentiellement périssable et que la main de l'homme ne saurait ni réparer, ni perpétuer, elle peut être considérée comme de simples tolérances, et, par suite, la destruction même violente de l'objet grevé de cette servitude ne peut faire la matière d'une action possessoire en complainte (C. civ., 703; C. pr., 25). — 6 avril 1841. Cass. J.H. 41. 1. 197.

**SIGNIFICATION.** — 1. — *Commandement.* — Peut-on, en signifiant un jugement par défaut, exécutoire par provision, faire, en même temps et par le même exploit, le commandement d'exécuter? *Rés. aff.* — ..... 1837. Dissert. J.H. 37. 2. 14.

2. — *Héritiers.* — Les héritiers d'un créancier sont-ils tenus d'observer un délai entre la signification au débiteur de la succession de l'intitulé de l'inventaire (ou de l'acte par lequel ils ont pris qualité d'héritiers) et le commandement de payer? — ..... 1836. Dissert. J.H. 36. 2. 26.

3. — Lorsque des héritiers ont eu connaissance d'un titre de créance contre leur auteur, soit en ce que, se trouvant mineurs, leur tuteur a accepté pour eux un transport de cette créance, soit en ce que, à leur majorité, ils ont sommé le créancier de produire ses titres dans un ordre, cette connaissance de fait doit être réputée suppléer valablement la signification préalable à l'héritier imposée au créancier d'une succession par l'art. 677 C. civ., avant toute exécution.—21 mars 1834. Agen. J.H. 38. 1. 528.

4. — *Obligation notariée.* — Une obligation notariée, bien que stipulée négociable par voie d'ordre, ne peut opérer le transport au profit du porteur que par la signification de ce transport et non par le simple endossement mis au bas de la grosse.—7 fév. 1835. Grenoble. J.H. 55. 224.

**SOCIÉTÉS CIVILES ET COMMERCIALES.** — 1. — *Action au porteur.* —Il suffit que le propriétaire d'actions au porteur, dans une société commerciale, ne représente point le titre de ces actions, pour qu'il ne soit plus réputé propriétaire à l'égard de la société, alors, d'ailleurs, qu'il ne prouve point que le titre a péri entre ses mains.

La simple allégation de la perte du titre, faite par le propriétaire d'actions au porteur, dans une société

commerciale, n'autorise point celui-ci à exercer des poursuites contre la société.—23 juill. 1836. Paris. J.H. 37. 1. 144.

2. — *Commis.* — Le commis qui, outre des appointements, a un intérêt dans les bénéfices, doit, en ce qui concerne son émolument, être assimilé à un associé, et toute contestation sur ce point doit être soumise à des arbitres. — 27 août 1835. Lyon. J.H. 36. 1. 556.

3. — *Défense.* — L'associé qui, pour expliquer la possession en ses mains d'un titre de créance sur la société, a d'abord prétendu que le créancier lui a fait don de cette créance, ne peut prétendre ensuite que le créancier lui a fait simplement remise volontaire du titre pour libérer la société, alors que, au contraire, il a déjà réclamé de la société le paiement de la créance à son profit personnel et exclusif (C. civ., 1282). — 1er fév. 1842. Cass. J.H. 42. 1. 105.

4. — *Dissolution.* — L'expropriation forcée des immeubles formant le fonds et l'objet d'une société a pour effet de dissoudre la société et de rendre chacun des associés propriétaire indivis de ces immeubles (C. civ., 883, 1865, 1872).—17 août 1836. Cass. J.H. 38. 1. 89.

5. — *Domicile.* — Le domicile légal d'une société est au lieu où se trouve situé son principal établissement; c'est en vain qu'on prétendrait faire résulter un domicile d'élection attributif de juridiction, à l'encontre des créanciers de la société, de la clause de l'acte social qui désigne un autre lieu pour le siège de la société (C. civ., 102, 111).—28 nov. 1842. Cass. J.H. 43. 1. 53.— V., dans le même sens, 19 juill. 1838. Cass. J.H. 59. 1. 250.

6. — *Gérant.* — Le gérant d'une société en commandite, poursuivi en expropriation de l'immeuble social, bien qu'il n'ait pas reçu de ses mandants le pouvoir d'aliéner, peut, néanmoins, valablement demander la conversion de la saisie en vente sur publications judiciaires, alors qu'il a été reconnu par les parties que ce mode était le plus avantageux, sans qu'il soit nécessaire d'appeler en cause, pour la validité de la conversion, les commanditaires propriétaires de l'immeuble, ces derniers n'ayant pas le droit d'intervenir dans les affaires de la société...

..... Et, dans le cas où la faillite de la société a été déclarée, les syndics provisoires ont qualité pour adhérer à la demande en conversion, faite par le gérant (C. pr. civ., 746, 747; C. comm., 532).

La démission donnée par le gérant d'une société en commandite n'empêche pas qu'il ne représente valablement la société, dans les instances auxquelles il a continué de figurer comme gérant, alors même qu'un administrateur provisoire aurait été nommé à sa place.— 25 août 1836. Cass. J.H. 37. 1. 169.

7. — *Liquidation.* — Une société doit être réputée liquidée, quant à l'influence de cette liquidation sur la comptence, lorsqu'après la dissolution, il est intervenu entre les associés un acte par lequel l'un d'eux s'est reconnu débiteur envers l'autre d'un reliquat de compte relatif aux valeurs sociales. — 18 août 1840. Cass. J.H. 41. 1. 169. — V. encore, sur la compétence en matière de liquidation, 26 août 1835. Cass. J.H. 36. 1. 63.

8. ... Les liquidateurs d'une société commerciale, avec pouvoir *d'en continuer les opérations*, jusqu'à la vente et parfaite liquidation de l'établissement, sont tenus solidairement et par corps comme de véritables gérants, et non comme de simples mandataires, des engagements contractés par eux pour le compte de la société depuis leur entrée en fonctions.—26 mars 1840. Paris. J.H. 40. 1. 221.

9. ... La saisie-arrêt formée entre les mains d'un

tiers, par le créancier personnel de l'un des associés d'une société en liquidation, est valable; le liquidateur est mal fondé à prétendre que cette opposition peut entraver les opérations de la liquidation... Cette saisie-arrêt n'a, d'ailleurs, d'effet qu'à l'égard de la portion revenant à l'associé saisi.—8 fév. 1840. Bordeaux. J.H. 40. 1. 199.

10. ... De ce qu'après la dissolution d'une société, un des associés a été nommé liquidateur, il n'en résulte pas que les créanciers doivent agir seulement contre le liquidateur; ils peuvent, comme durant l'existence de la société, poursuivre les associés personnellement (C. comm., 22; C. civ., 1203).—7 août 1834. Toulouse. J.H. 36. 1. 58.

11. — *Nullité.* — Lorsqu'une société en nom collectif manque des formalités exigées pour sa constitution la nullité qui en résulte peut être opposée par des tiers à d'autres tiers, et, par exemple, par les créanciers personnels de l'un des associés à des créanciers qui traitaient d'affaires de nature commerciale avec la prétendue société.—11 août 1838. Angers. J.H. 39. 1. 66.

12. — *Office.* — Toute société ayant pour objet l'exploitation d'une charge d'agent de change est nulle, comme contraire à l'ordre public.

Par suite, la clause compromissoire insérée dans un tel acte social est nulle.

...... Il en est de même de la clause en vertu de laquelle la liquidation, en cas de dissolution, devait être confiée à l'un des associés (le titulaire).—17 juill. 1843. Paris. J.H. 44. 1. 21.

13. — *Prescription.* — Une poursuite judiciaire, intentée dans le délai de cinq ans, à partir de la dissolution d'une société, contre les agents ou les liquidateurs de cette société, a pour effet d'interrompre, à l'égard des associés non liquidateurs, la prescription quinquennale établie, en leur faveur, par l'art. 64 C. comm.—10 nov. 1836. Paris. J.H. 37. 1. 82.

14. — *Preuve.* — Les créanciers d'une société commerciale peuvent user de tous les moyens de preuve admis par la loi pour déterminer le caractère de la société, et, par suite, celui des obligations des associés; et cela alors même qu'il s'agirait d'une société en nom collectif (C. comm., 42).—6 mai 1835. Rennes. J. H. 36. 1. 304.

15. ... L'existence d'une société en nom collectif ne peut être prouvée devant les tribunaux que par un acte constitutif, accompagné des formalités prescrites par les art. 39, 42 et suiv. C. comm.—11 août 1838. Angers. J.H. 39. 1. 66.

16. — *Publicité.* — Les créanciers d'une société qui n'a pas reçu la publicité exigée par l'art. 42 C. comm., ne sont pas fondés à opposer à la femme de l'un des associés, qui demande à exercer la reprise de ses droits sur l'actif social, la connaissance personnelle qu'elle a eue de l'existence de l'association (C. comm., 42).—15 avr. 1839. Rouen. J.H. 39. 1. 238.

17. — *Représentants.* — Lorsqu'un acte de société porte qu'en cas de décès de l'un des sociétaires, la société continuera entre *ses représentants* et les autres intéressés, l'expression *représentants* comprend, non seulement les héritiers, mais les ayants-droit quelconques de ce sociétaire. — 15 août 1834. Paris. J.H. 35. 200.

18. — *Société civile.* — La société formée entre un homme de lettres et un artiste, dans le but de publier une collection de gravures, n'est pas commerciale, alors que tous deux ont coopéré à la composition de l'ouvrage, et que le premier n'est pas un simple bailleur de fonds spéculant sur le talent d'autrui. — 16 déc. 1857. Paris. J.H. 58. 1. 118.

19. ... L'exploit d'assignation introductif d'instance, donné à la requête d'une société civile agissant *collectivement*, poursuite et diligence de son administrateur, sans indication des noms, professions et domiciles de chacun de ses membres, doit être annulé, par rapport à la société demanderesse.....

..... Seulement, dans ce cas, si l'administrateur co-associé est suffisamment désigné dans le même exploit, l'assignation peut être déclarée valable à son égard, mais uniquement pour sa part virile dans l'intérêt social. —8 nov. 1836. Cass. J.H. 37. 1. 5.

20. — *Société commerciale.* — La société contractée par deux courtiers pour l'exploitation de leurs offices et l'exercice de leur profession est une société commerciale.—29 janv. 1839. Rennes. J.H. 39. 1. 161.

21. — *Société en commandite.* — L'associé commanditaire peut, sans perdre sa qualité, exercer une surveillance sur la conduite du gérant, surtout s'il l'exerce par des instructions secrètes sur l'administration intérieure de l'établissement social (C. comm., 27, 28).

De ce que l'associé commanditaire a fait pour son compte des opérations commerciales avec la société, il ne peut être considéré comme s'étant immiscé dans l'administration de la société (C. comm., 27, 28). — 29 août 1838. Bordeaux. J.H. 39. 1. 104.

22. ... L'associé commanditaire qui s'est immiscé dans la gestion est déchu de cette qualité, non seulement à l'égard des tiers, mais encore à l'égard de ses coassociés.

Le créancier d'une société en commandite ne peut intervenir sur l'appel d'une sentence arbitrale qui, statuant sur des discussions élevées entre le gérant de la société et l'associé simple commanditaire, a déclaré ce commanditaire déchu de sa qualité pour cause d'immixtion.—9 janv. 1836. Paris. J H. 56. 1. 64.

23. — *Société en participation.* — Les sociétés en participation, n'ayant pas de siége déterminé, ne sont point soumises, relativement à la compétence, aux dispositions de l'art. 69 C. pr. civ., portant qu'en matière de société, le défendeur sera cité devant le juge du lieu où elle est établie.—31 août 1836. Paris. J.H. 37. 1. 90.

24. ... Il suffit qu'un négociant soit cointéressé avec un armateur dans une pacotille pour qu'il y ait entre eux une société en participation.—6 mai 1835. Rennes. J.H. 36. 1. 304.

25. ... Les associés en participation sont tenus solidairement des dettes contractées par chacun d'eux, dans l'intérêt de la société. — En conséquence, l'un des associés peut être déclaré en état de faillite, lorsque les billets souscrits, dans l'intérêt commun, par son coassocié, sont protestés faute de paiement (C. comm., 437, 441).—23 fév. 1836. ..... J.H. 36. 1. 306.

26. — *Solidarité.* — L'obligation souscrite en commun par deux associés commerçants les rend passibles de solidarité, comme si l'obligation avait été souscrite sous la raison sociale (C. civ., 1862; C. comm., 23).—29 juin 1839. Rennes. J.H. 39. 1. 161.

27. — *Sous-associés.* — La cession faite à un tiers, par l'un des membres d'une société commerciale, de partie de son intérêt dans ladite société, constitue une société particulière entre le cédant et le cessionnaire; en conséquence, les difficultés qui surviennent relativement à l'exécution des conditions stipulées entre eux doivent être soumises à des arbitres forcés [C. comm., 51).

Où est le siège de cette société particulière? Devant quel tribunal les membres de cette société particulière doivent-ils être assignés ?—8 fév. 1855. Bordeaux. J.H. 39. 1. 306.

**SUBROGATION. — 1. —** *Bordereau de collocation.* — Un bordereau de collocation ne subroge pas le créancier aux droits de son débiteur, en ce sens qu'il puisse demander, en son propre et privé nom, contre l'acquéreur, la résolution de la vente, pour défaut de paiement du prix (C. civ., 1234).—18 nov. 1836. Orléans. J.H. 37. 1. 249.

**2. —** *Créances hypothécaires.* — Le créancier qui a plusieurs créances hypothécaires sur divers immeubles de son débiteur, et dont quelques-unes priment celles d'un autre créancier, peut être contraint par celui-ci de recevoir son remboursement, quant à ses créances privilégiées seulement, et de le subroger à ses droits, sans qu'il puisse le refuser, sous prétexte qu'on ne le rembourse pas intégralement et qu'il ne peut être contraint de recevoir un paiement partiel (C. pén., 1251, 1236, 1244).—21 déc. 1836. Paris. J.H. 58. 1. 32.

**3. —** *Préférence.* — Le droit de préférence que le subrogeant à partie seulement de sa créance conserve sur le subrogé, n'est pas jucessible, et le cessionnaire du surplus de la créance doit être payé par préférence au subrogé (C. civ., 1252).—18 mars 1837. Paris. J.H. 58. 1. 30.

**SUCCESSION. — 1. —** *Dépens.* — L'héritier qui, après avoir renoncé à la succession, est assigné comme héritier, est passible des dépens faits contre lui, jusqu'à ce qu'il ait notifié sa renonciation, et il doit offrir même le paiement des frais antérieurs.—23 juill. 1838. Limoges. J.H. 39. 1. 125.

**2. —** *Droit romain.* — Sous l'empire du droit romain, le fils, qui ne voulait pas être héritier de son père, devait seulement ne pas s'immiscer dans la succession (L. 12 et 71, § 4, ff. de omit. vel acquir. hæred.).—21 fév. 1838. Bastia. J.H. 58. 1. 153.

**3. —** *Saisie.* — Les formalités prescrites par les art. 553 et suiv. C. pr., pour la validité des saisies-arrêts ou oppositions, faites par un créancier au préjudice de son débiteur, ne sont pas applicables aux simples oppositions, faites par un cohéritier à ce que le débiteur de la succession se libère entre les mains de ses cohéritiers. —7 fév. 1839. Bordeaux. J.H. 59. 1. 152.

**4. …** Les biens d'une succession peuvent être saisis, à la requête des créanciers, même pendant le délai pour faire inventaire et délibérer (C. civ., 797; C. pr., 174). Seulement, il est sursis, si le successible le requiert, jusqu'à l'expiration du délai accordé pour prendre qualité.—30 juill. 1834. Bordeaux. J.H. 35. 93.—V. encore 13 août 1854. Paris. J.H. 35. 199.

**SURENCHÈRE. — 1. —** *Appel.* — Le délai d'appel d'un jugement qui statue sur la validité d'une surenchère est de trois mois.—16 janv. 1838. Caen; 15 janv. 1839. Rouen. J.H. 59. 1. 149.

**2. …** Le délai pour interjeter appel d'un jugement qui statue sur la validité d'une surenchère, n'est pas seulement le délai de huit jours fixé par l'art. 736 C. pr., mais bien le délai ordinaire de trois mois.—5 déc. 1833. Limoges. J.H. 58. 1. 333.

**3. …** Le délai d'appel d'un jugement qui statue sur la validité d'une surenchère est de trois mois.—5 déc. 1835. Montpellier. J.H. 37. 1. 343.

**4. —** *Assurances.* — Il n'est pas besoin que la surenchère porte sur le montant des primes d'assurances, quoique l'acquéreur ait été chargé de les payer, et que des billets aient été souscrits à la compagnie pour le montant de ces primes (C. civ., 2185).—16 avr. 1834. Angers. J.H. 36. 1. 191.

**5. —** *Avoué.* — L'avoué qui, par l'effet de la distraction, a, comme subrogé à l'hypothèque légale d'une femme, la qualité de créancier inscrit sur les biens du mari jusqu'à concurrence du montant des frais, peut surenchérir comme tout autre créancier hypothécaire (C. civ., 2185).—30 janv. 1839. Cass. J.H. 39. 1. 92.

**6. —** *Caution.* — Le dépôt fait au greffe, par le surenchérisseur, d'un état en due forme, des hypothèques existant sur les biens de la caution offerte, est suffisant, lors même qu'il y aurait, sur ces mêmes biens, des hypothèques légales non inscrites et qui n'auraient pas été mentionnées dans ledit état d'hypothèques. Dans ce cas, c'est à ceux qui contestent la solvabilité de la caution, de justifier que les hypothèques légales non inscrites rendent la caution insolvable. — 20 mars 1833. Paris. J.H. 59. 1. 311.

**7. …** Une surenchère n'est pas nulle, en ce que la signification de l'acte de dépôt des titres constatant la solvabilité de la caution, n'a pas été faite dans les quarante jours : la loi exige seulement que le dépôt des titres ait été fait au greffe dans ce délai (C. pr., 517, 518, 832; C. civ., 2185).—5 fév. 1840. Caen. J.H. 40. 1. 78.

**8. …** Lorsque la caution offerte dans l'acte de surenchère retire sa promesse, parce qu'elle ne peut ou ne veut s'obliger, le surenchérisseur a le droit d'en présenter une nouvelle, même après le délai de quarante jours, pourvu que ce soit avant le jugement qui doit statuer sur la validité de la surenchère, et sans retarder en rien cette décision (C. civ., 2185; C. pr., 832, 833). — 1er juill. 1840. Cass. J.H. 40. 1. 235.

**9. …** La caution d'une obligation inscrite ne peut être admise à surenchérir sur le prix de la vente des biens du débiteur, tant qu'elle n'est pas subrogée aux droits du créancier inscrit (C. civ., 2185). — 8 sept. 1834. Grenoble. J.H. 35. 95.

**10. …** Le créancier qui, après notification à lui faite du contrat de vente d'un immeuble soumis à son hypothèque, fait signifier à l'acquéreur une sommation d'enchères avec offre de donner caution, n'est pas tenu, sous peine de nullité de la surenchère, de justifier, dans l'acte même de sommation, de la solvabilité de la caution offerte (C. civ., 2185; C. pr. civ., 832). — 5 mai 1835. Lyon. J.H. 36. 1. 204.

**11. …** La surenchère doit être faite devant l'autorité qui a procédé à la vente, c'est-à-dire au greffe du tribunal qui a prononcé l'adjudication, lorsque la vente a été faite à l'audience, et en l'étude du notaire chargé de la vente, lorsque l'adjudication a été faite par devant notaire (C. pr., 740). — 21 déc. 1840. Paris. J.H. 41. 1. 451.

**12. —** *Concours de surenchère.* — La surenchère du dixième, permise aux créanciers chirographaires par l'art. 565 C. comm., n'est pas exclusive de la surenchère établie par l'art. 2185, en faveur des créanciers inscrits. — 19 mars 1836. Paris. J.H. 37. 1. 145.

**13. —** *Créanciers hypothécaires.* — Les créanciers hypothécaires inscrits ont droit de toucher, par préférence aux créanciers chirographaires, même l'excédant du prix réel de vente, sur le prix apparent, porté au contrat, encore bien qu'ils n'aient pas exercé de surenchère, et qu'ils aient négligé de produire à l'ordre (C. civ., 2183, 2185; 2186). — 8 fév. 1836. Paris. J.H. 37. 1. 151.

**14. —** *Délai.* — Le délai de 40 jours pour former une surenchère du dixième, ne doit être augmenté des *deux jours* qu'accorde l'art. 2185 C. civ., que lorsque la distance entre le domicile élu par le surenchérisseur et son domicile réel, offre la différence de cinq myriamètres *complets* (C. civ., 2185).

Lorsque, pour calculer un délai de déchéance, un arrêt comprend à tort le jour de la notification qui a fait courir ce délai, on ne doit voir là qu'une erreur insuffisante pour motiver la cassation, si d'ailleurs, abstraction faite du jour de la notification, la déchéance se trouve encourue. — 10 déc. 1839. Cass. J.H. 40. 1. 51.

15. ... Le délai de trois jours, fixé pour la dénonciation de la surenchère, court du jour de la surenchère et non pas seulement du jour de la huitaine accordée par l'art. 709 C. pr. nouv. pour surenchérir et sans prorogation. — 12 janv. 1842. Caen. J.H. 43. 1. 95.

16. ... Le délai de 40 jours, fixé par l'art. 2185 C. civ., et celui de 3 jours, par l'art. 832 C. pr. , en matière de surenchère, pour le dépôt des pièces justificatives de la solvabilité de la caution , ne sont pas prescrits à peine de nullité. — 11 juillet 1833. Limoges. J.H. 39. 1. 315.

17. — *Dénonciation.* — La dénonciation de la surenchère n'est pas nulle à défaut de contenir la copie de l'acte de surenchère (C. pr., 713). — 22 déc. 1840. Paris. J.H. 41. 1. 151.

18. — *Désistement.* — Le désistement du créancier surenchérisseur, n'empêchant pas la surenchère de subsister au profit des autres créanciers inscrits, les offres réelles du montant de sa créance faites au surenchérisseur, pour qu'il ait à se désister de sa surenchère, sont dès lors insuffisantes et nulles (C. civ., 2190). — 23 janv. 1844. Bourges. J.H. 42. 1. 43. — V., dans le même sens, 11 juillet 1833. Limoges. J.H. 39. 1. 313.

19. — *Erreur de calcul.* — L'erreur de calcul portant sur l'évaluation du total du prix de vente et des charges, et du dixième en sus, n'entraîne pas la nullité de la soumission faite par le surenchérisseur, alors que celui-ci a rectifié plus tard cette soumission. — 1er déc. 1836. Paris. J.H. 37. 1. 152.

20. — *Faillite.* — La surenchère sur le prix d'un immeuble d'un failli, autorisée par l'art. 565 C. comm., doit, comme dans le cas d'aliénation des biens d'un mineur, être faite dans la forme prescrite par les art. 710 et suiv. C. pr., et ne se trouve pas soumise à l'accomplissement des formalités exigées en matière d'aliénation volontaire. — 19 mars 1836. Paris. J.H. 37. 1. 145.

21. — *Femme.* — La surenchère constitue un acte conservatoire ; par suite une femme a capacité pour la former seule et sans autorisation de son mari, alors qu'elle l'exerce à l'égard des biens de celui-ci mis en vente, et dont le prix doit être absorbé par ses créances dotales (C. civ., 1549, 1554). — 23 juin 1843. Bordeaux. J.H. 44. 1. 37.

22. — *Folle-enchère.* — L'adjudication sur folle-enchère, anéantissant l'adjudication première et devenant dès lors l'adjudication définitive, est susceptible de la surenchère du quart (C. pr., 710). — 9 juillet 1833. Caen. J.H. 39. 1. 76.

23. ... Une surenchère formée sur la folle-enchère poursuivie contre le surenchérisseur, n'est pas admissible. — 10 janv. 1844. Cass. J.H. 44. 1. 53.

24. ... La surenchère du quart ne peut avoir lieu après une vente sur folle-enchère, faite par suite d'expropriation forcée , et poursuivie contre un premier enchérisseur (C. pr., 742, 745). — 13 nov. 1835. Aix. J.H. 36. 1. 91.

25. — *Frais.* — Si la vente a eu lieu moyennant un prix déterminé et à la charge de payer les frais d'une précédente expropriation, la surenchère du dixième doit porter sur ces frais aussi bien que sur le prix principal (C. civ., 2185, 2185). — 5 déc. 1835. Montpellier. J.H. 37. 1. 345.

26. ... Il n'est pas nécessaire que la surenchère du quart porte sur les frais de poursuite , bien que ces frais, d'après le cahier des charges, doivent être payés par l'adjudicataire (C. pr., 710). — 25 mai 1838. Riom. J.H. 59. 1. 16.

27. ... Les frais de la surenchère sur saisie immobilière ne doivent pas être passés en frais extraordinaires de poursuite, payables par privilége sur le prix de l'adjudication. En tous cas, ce prélèvement des frais de surenchère, par privilége, sur le prix d'adjudication, ne peut être demandé pour la première fois en cause d'appel. — 17 fév. 1841. Toulouse. J.H. 44. 1. 245.

28. ... L'offre de surenchère dans laquelle le requérant se livrant au détail des éléments du prix d'adjudication et du dixième , a omis d'y compter la remise proportionnelle de l'avoué , et le dixième de cette remise , est nulle (C. civ. , 2185). — 7 fév. 1840. Paris. J.H. 40. 1. 155.

29. — *Incapacité.* — L'incapacité du saisi pour se rendre adjudicataire ou pour surenchérir, ne s'étend pas à l'héritier bénéficiaire de sa succession (C. pr., 715). — 5 déc. 1833. Limoges. J.H. 58. 1. 333.

De même pour la femme dotale sur les biens de son mari. — 23 juin 1843. Bordeaux. J.H. 44. 1. 37.

30. — *Indivision.* — En cas de vente par licitation des biens indivis d'une succession, les créanciers inscrits sur la part indivise de l'un des cohéritiers , peuvent surenchérir la totalité des biens vendus , alors qu'une liquidation n'a point fixé les droits respectifs des cohéritiers, et que l'acquéreur n'a point établi de ventilation dans la notification de son contrat aux créanciers inscrits (C. civ., 2185 et 2192). — 16 juill. 1834. Paris. J.H. 55. 205.

31. — *Insolvabilité.* — Le surenchérisseur du quart ne peut être écarté, bien qu'il n'ait pas de fortune apparente immobilière ou mobilière , tant que son insolvabilité n'est pas notoirement établie, lorsque d'ailleurs il exhibe en première instance une somme suffisante et offre appel d'en consigner une plus forte (C. pr., 715). — 3 juillet 1833. Caen. J.H. 39. 1. 76.

32. ... La prohibition d'enchère portée contre les personnes notoirement reconnues insolvables, est applicable au cas de la surenchère autorisée par l'art. 710. Et il est permis aux tribunaux d'user de tous les moyens d'éclairer leur religion sur la solvabilité ou l'insolvabilité du surenchérisseur. Et, si ce dernier a offert lui-même la preuve de sa solvabilité, il ne peut y avoir question de savoir si la preuve directe ne devait pas être mise à la charge de sa partie adverse. — 26 juillet 1836. Cass. J.H. 36. 1. 339.

33. ... *Lettre de change.* — L'acquéreur peut , pour repousser une surenchère formée par le porteur d'une lettre de change qui, avant la vente, avait pris inscription, dans les termes de l'art. 2141 C. civ. ; opposer dans son intérêt la prescription de cette lettre de change, et être admis à affirmer par serment qu'il estime de bonne foi qu'il n'est plus rien dû. — 25 mars 1838. Cass. J.H. 38. 1. 151.

34. — *Licitation.* — Au cas de licitation entre majeurs, la surenchère n'est admissible que de la part des créanciers inscrits et non de la part de toutes personnes comme au cas de saisie immobilière, à moins qu'il ne soit dérogé à cet égard dans le cahier des charges.

La surenchère du quart n'est pas admissible au cas de vente sur licitation entre majeurs (C. pr. , 710, 765 , 972). — 16 janv. 1838. Caen ; et 15 janv. 1839. Rouen. J.H. 59. 1. 149.

35. ... La surenchère du quart est admise au cas de vente par licitation d'immeuble entre majeurs et mi-

neurs (C. pr., 710, 965, 972).—26 janv. 1854. Paris. J.H. 35. 104.

36. ... La vente sur licitation d'un immeuble possédé par indivis, entre des majeurs et un mineur, ne peut être considérée comme vente volontaire; par suite, la surenchère à exercer dans ce cas doit être du quart, et non du dixième (C. pr., 710, 965 et 972).

Le colicitant a qualité pour surenchérir l'immeuble vendu par licitation. — 30 janv. 1835. Aix. J.H. 35. 284.

37. — *Mari.* — Le mari n'a pas qualité pour former une surenchère au nom de sa femme, créancière inscrite, sans le concours de celle-ci (C. civ., 2152, 2114, 1428). — 16 déc. 1840. Cass. J.H. 41. 1. 81.

38. — *Notification.* — L'acquéreur a qualité pour proposer de son chef la nullité de la notification de la surenchère adressée au vendeur (C. civ., 2185). — 31 mars 1841. Bordeaux. J.H. 42. 1. 54.

39.—*Nullité.*—L'adjudicataire d'un immeuble est à la fois recevable et fondé à opposer la nullité de la surenchère, comme tardivement notifiée au vendeur, encore bien que ce dernier renoncerait à s'en prévaloir en ce qui le concerne.—10 mai 1842. Bordeaux. J.H. 43. 1. 23.

40. ... Le vendeur et l'acquéreur ont l'un et l'autre intérêt et qualité pour contester la validité du titre en vertu duquel un créancier inscrit forme une surenchère. Et cette contestation peut être élevée au moment même de la notification de la surenchère. — 30 janv. 1834. Toulouse. J.H. 58. 1. 329.

41. ... La surenchère formée par un créancier qui a pris inscription dans les termes de l'art. 2111, en vertu d'un titre prescrit, est nulle et de nul effet (C. civ., 2185). — 26 mars 1838. Cass. J.H. 38. 1. 151.

42. ... La nullité d'une folle-enchère, tirée de ce que le créancier poursuivant n'aurait pas signifié son bordereau avec commandement avant sa demande, est couverte, si elle n'a pas été proposée en première instance. ..... J.H. 55. 352.

43. ... La nullité d'une surenchère, résultant de ce que la signification n'aurait pas été faite au mari d'une des parties poursuivant la vente, ne peut être couverte par une signification particulière, faite au mari, après les délais utiles (C. civ., 215, 2185). Cette nullité peut être proposée par l'adjudicataire. Et on ne peut déclarer les poursuivants sans intérêt à présenter cette nullité, sous le prétexte qu'ils sont héritiers bénéficiaires. — 15 mars 1837. Cass. J.H. 57. 1. 211.

44. ... Une surenchère nulle à l'égard du surenchérisseur, pour insuffisance de la caution offerte, l'est également à l'égard des autres créanciers intervenus (après le délai de quarante jours), dans l'instance relative à cette surenchère et nonobstant l'offre faite par ceux-ci de substituer une caution valable à celle reconnue insuffisante ou qui a refusé de se présenter. Et il importerait même peu que cette nouvelle caution eût été déjà offerte dans le délai de quarante jours, mais irrégulièrement, par l'un des créanciers intervenants. — 26 avril 1838. Paris. J.H. 58. 1. 568.

45. — *Offres.* — L'obligation du surenchérisseur de porter ou faire porter le prix des immeubles à un 10e en sus du prix stipulé, est accomplie, alors même qu'il s'est réservé d'être remboursé des dépens, s'il a offert une somme suffisante pour les couvrir (C. civ., 2185). — 4 fév. 1835. Cass. J.H. 55. 156.

46. ... Le surenchérisseur n'est pas tenu de comprendre dans sa surenchère du dixième la valeur des fermages que le vendeur a reçus par anticipation, ces fermages ne formant pas un accessoire du prix de vente

(C. civ., 2185). — 22 août 1842. Riom. J.H. 43. 1. 37.

47. — *Offres réelles.* — La demande en validité d'offres réelles faites à un créancier surenchérisseur, dans le but d'arrêter les effets de sa surenchère, est susceptible d'appel, bien que la créance soit de beaucoup inférieure au taux du dernier ressort. —25 janv. 1841. Bourges. J.H. 42. 1. 13.

48. — *Prix.* — La surenchère du dixième doit, à peine de nullité, porter, non seulement sur le prix de vente exprimé en argent, mais encore sur toutes les charges portées au contrat, qui profitent au vendeur. (C. pr. civ., 610; C. comm., 565). — 19 mars 1836. Paris. J.H. 37. 1. 143.

49. — *Signification.* —Si le poursuivant et l'adjudicataire ont le même avoué, la surenchère peut être signifiée à cet avoué par une seule copie, pourvu qu'elle énonce sa double qualité (C. pr., 711).—25 mai 1838. J.H. 39. 1. 16.

50. ... Le défaut de signification de l'acte de surenchère au vendeur, par le créancier surenchérisseur, ne peut être opposé que par le vendeur et non par l'adjudicataire, ni par les héritiers bénéficiaires; leur qualité les mettant à l'abri du recours de l'acquéreur contre son vendeur, pour le remboursement de l'excédant du prix.—20 mars 1835. Paris. J.H. 39. 1. 311.

51. — *Société.* —Une réquisition de surenchère est valablement faite au nom des membres d'une société, quoiqu'elle soit seulement revêtue de la signature sociale (C. civ., 2185, § 1). — 25 janv. 1839. Cass. J.H. 39. 1. 90.

52. — *Tuteur.* — La surenchère du quart faite par le saisi au nom et comme tuteur de son fils mineur, doit être déclarée nulle, lorsqu'il y a lieu de penser qu'il se sert du nom du mineur, des biens duquel il a l'usufruit, pour couvrir l'incapacité dont il est frappé (C. pr., 710, 713).

Est-il vrai que les mineurs ou leurs tuteurs en leur nom ne sont pas aptes à surenchérir en ce qu'ils ne peuvent être condamnés par corps? — 6 avril 1838. Bordeaux. J.H. 38. 1. 506. — V. Saisie immobilière, Ventes publiques d'immeubles.

TÉMOIN.—1.—*Défenseur.*—Le défenseur choisi par l'accusé peut être cité comme témoin à charge par la partie publique (C. inst. cr., 294).—30 avril 1835. Cass. J.H. 36. 1. 224.

2. — *Huissier.* — Un huissier ne peut être reproché comme témoin, par cela qu'il a signifié, en sa qualité d'huissier, divers actes du procès, et qu'il a énoncé, dans son exploit, des aveux et déclarations qu'il prétend être émanés de la personne à laquelle il a fait des significations. *Toutefois, une pareille déposition ne doit être accueillie qu'avec réserve par les magistrats* (C. pr., 283).—9 déc. 1837. Bourges. J.H. 58.1.149.

3. — *Matière criminelle.* — Les témoins dont les noms n'ont pas été notifiés à l'accusé, et à l'audition desquels celui-ci ne s'oppose point, ne pouvant être entendus en vertu du pouvoir discrétionnaire du président, doivent déposer sous la foi du serment, à peine de nullité, que ne pourrait couvrir le consentement même de l'accusé (C. inst. cr., 515, 517).—3 déc. 1835. Cass. J.H. 36. 1. 225.

4.—*Reproches.*—La circonstance qu'un procès existe entre un témoin et la partie contre les intérêts de laquelle il doit déposer, est une cause suffisante de reproche.—22 fév. 1839. Limoges. J.H. 39. 1. 278.

5. ... Les Cours royales ont un pouvoir discrétionnaire pour admettre ou rejeter les dépositions des habitants d'une commune, suivant qu'elles apprécient que

l'intérêt de ces habitants dans la contestation, intérêt à raison duquel ils ont été reprochés, est plus ou moins direct et personnel (C. pr., 283). Et il n'est pas nécessaire qu'elles constatent spécialement cet intérêt direct et personnel.

Dans une enquête ayant pour objet de prouver que les habitants d'une commune ont, depuis trente ans, coupé toutes sortes de bois et fait pacager leurs bestiaux dans une forêt, les dépositions de ces habitants peuvent être rejetées comme intéressées. — 10 juin 1839. Cass. J.H. 39. 1. 236. — Voy., dans le même sens, 17 juin 1839. Cass. J.H. 39. 1. 245.

6. ... On n'est plus recevable à reprocher un témoin, même pour cause de parenté, quand le reproche n'a pas été proposé avant la déposition, ni consigné sur le procès-verbal d'enquête... sauf le cas où ce reproche serait justifié par écrit (C. pr., 270). — 17 juin 1839. Cass. J.H. 39. 1. 245.

7. ... La partie qui propose par écrit un reproche contre un témoin n'est pas tenue d'offrir immédiatement la preuve du reproche, avec indication de témoins : cette preuve est offerte en temps utile dans des conclusions signifiées la veille de l'audience fixée par le tribunal pour statuer sur les reproches (C. pr., 270, 289; Tarif, 71). — 26 avril 1838. Limoges. J.H. 39. 1. 210.

8. ... En matière sommaire, un témoin qui a été reproché et dont le reproche a été admis, ne peut être entendu, en vertu d'un pouvoir discrétionnaire, même sauf à avoir à sa déposition tel égard que de raison (C. pr., 291, 407, 413). Il en est encore de même, lorsque le reproche n'a pas été admis ou que la personne n'a pas même été appelée comme témoin. — 25 juin 1839. Cass. J.H. 39. 1. 23.

9. ... Le témoin reproché pour une des causes prévues par la loi (avoir donné un certificat sur les faits relatifs au procès) ne doit pas être absolument écarté sur la seule vérification du reproche. — 27 juin 1839. Limoges. J.H. 40. 1. 92.

**TIERCE-OPPOSITION.** — 1. — *Acquéreur.* — L'acquéreur n'est pas représenté par le vendeur ou ses héritiers au jugement rendu depuis la vente, bien que l'introduction de l'instance soit antérieure à la vente ; dès lors, si ce jugement préjudicie à ses droits, il peut y former tierce-opposition. — 26 mars 1838. Cass. J.H. 38. 1. 151. — Voy. conf., 8 déc. 1834. Bastia. J.H. 35. 75 ; 20 avril 1836. Cass. J.H. 36. 1. 276.

2. — *Acquiescement.* — Une commune qui, actionnée conjointement avec un tiers, acquiesce au jugement rendu contre elle en payant les frais, n'est pas recevable à former tierce-opposition contre l'arrêt qui, sur l'appel de ce tiers, confirme le jugement et prononce identiquement les mêmes condamnations. — 20 janv. 1838. Cass. J.H. 38. 1. 87.

3. — *Associé.* — Le copropriétaire d'une usine exploitée en commun, est légalement représenté par son associé. En conséquence, il ne peut attaquer par la voie de la tierce-opposition un jugement qui a été rendu contre celui-ci (C. pr. civ., 474 et suiv. ; C. civ., 1217, 1857, 1859). — 19 fév. 1835. Cass. J.H. 35. 191.

4. — *Audience solennelle.* — La tierce-opposition à un arrêt qui a statué sur une question de propriété d'immeubles, fût-elle agitée avec une commune, ne peut, à peine de nullité, être jugée en audience solennelle, toutes les chambres réunies. — 23 mars 1835. Cass. J.H. 35. 221.

5. — *Compétence.* — La tierce-opposition à un arrêt *confirmatif* doit être portée devant la Cour royale (C. pr. civ., 475). Et il suffit que, de trois jugements frap-

pés de tierce-opposition, un seul ait été déféré à l'appel, et confirmé par la Cour royale, pour que, s'il y a d'ailleurs connexité, la connaissance de la tierce-opposition contre les trois jugements simultanément soit de la compétence exclusive de cette Cour. — 28 déc. 1836. Bourges. J.H. 37. 1. 251. — Voy. encore 4 mai 1840. Nîmes. J.H. 41. 1. 117.

6. — *Créancier.* — Des créanciers, même hypothécaires, ne peuvent, à part les cas de dol et de fraude, former tierce-opposition au jugement qui a prononcé l'interdiction de leur débiteur (C. pr., 474). — 1er fév. 1842. Poitiers. J.H. 43. 1. 147. — Voy., dans le même sens, 10 août 1836. Lyon. J.H. 38. 1. 42; 5 fév. 1836. Cass. J.H. 36. 1. 127. — Voy. cependant 8 déc. 1834. Bastia. J.H. 35. 75; 18 déc. 1834. Pau. J.H. 35. 367; . . . . , J.H. 36. 1. 42.

7. — *Curateur.* — Le curateur nommé au délaissement d'un immeuble représente aussi bien le débiteur principal que le tiers-acquéreur délaissant. Ce débiteur ne peut donc former tierce-opposition au jugement d'adjudication préparatoire, rendu avec le curateur (C. civ., 2174 ; C. pr., 474). — 10 janv. 1835. Paris. J.H. 37. 1. 289.

8. — *Demande incidente.* — La tierce-opposition peut être formée incidemment dans une instance et devant le juge où l'instance est pendante. — 8 fév. 1837. Cass. J.H. 37. 1. 216.

9. — *Intérêt.* — Pour avoir droit de former tierce-opposition à un jugement, il n'est pas nécessaire qu'on ait dû y être appelé ; il suffit qu'il préjudicie à nos droits et qu'on n'y ait été ni appelé ni représenté (C. pr., 474). — 26 mars 1838. Cass. J.H. 38. 1. 151. — V. conf., 8 déc. 1834. Bastia. J.H. 35. 75.

10. — *Jugement criminel.* — La tierce-opposition est une action essentiellement principale et civile, qui n'est pas recevable contre les jugements des tribunaux criminels, lesquels ne connaissent qu'accessoirement des actions civiles (C. pr., 474 ; C. inst. crim., 172, 177). Et, spécialement, elle ne peut être exercée contre les jugements des tribunaux de simple police. — 19 fév. 1835. Cass. J.H. 35. 191.

11. — *Jugement d'adjudication.* — La voie de la tierce-opposition contre un jugement d'adjudication n'est pas ouverte à celui qui se prétend copropriétaire des immeubles adjugés : il ne peut, dans ce cas, qu'exercer l'action en délaissement contre l'adjudicataire (C. pr., 474, 727, 731). — 5 déc. 1834. Toulouse. J.H. 35. 357.

12. — *Locataire principal.* — Le locataire principal assigné en résiliation de bail, représente, dans l'instance, son sous-locataire ; en sorte que celui-ci, quoiqu'il n'ait pas été mis en cause, n'a pas qualité pour former tierce-opposition au jugement (C. pr., 474). — 5 déc. 1841. Bordeaux. J.H. 42. 1. 251.

13. — *Offres.* — La tierce-opposition formée par une partie contre un arrêt qui préjudicie à ses droits, ne peut, bien que celle-ci ait postérieurement fait des offres à la partie qui a obtenu cet arrêt, être déclarée irrecevable, alors que ces offres n'ont été effectuées qu'après une sommation de déguerpir. — 20 août 1836. Cass. J.H. 36. 1. 276.

**TIERS-DÉTENTEUR.** — Le tiers-détenteur ne peut s'opposer à la vente des biens hypothéqués, saisis sur lui, et demander la discussion préalable des biens restés entre les mains du débiteur principal, s'il est établi d'une manière évidente que ces biens sont insuffisants pour désintéresser le créancier (C. civ., 2170). — 30 avril 1836. Toulouse. J.H. 37. 1. 205.

**TIMBRE.** — 1. — *Acte commencé.* — Bien que quelques lignes d'écriture aient été mises sur une feuille de papier timbré, il suffit que ces lignes ne portent aucune des indications, soit de date, soit de faits, soit d'objet de convention, qui puissent constituer un acte quelconque *commencé*, pour que le notaire qui, après avoir bâtonné ces lignes, a porté sur la même feuille de papier un acte de son ministère, n'ait pas encouru l'amende prononcée par l'art. 26 de la loi du 13 brum. an 7. — 27 janv. 1836. Cass. J.H. 36. 1. 187.

2. — *Affiches manuscrites.* — Les affiches manuscrites, apposées par un notaire, pour annoncer une vente publique de meubles, doivent, à peine d'amende, être écrites sur papier timbré. — 4 déc. 1841. Trib. de Dreux. J.H. 42. 1. 166.

3. — *Annonces.* — Le fait d'avoir porté plusieurs annonces sur la même affiche ne constitue pas de contravention à la loi du timbre. — 2 fév. 1842. Trib. de la Seine. J.H. 42. 1. 145.

4. — *Débit.* — Les receveurs de l'enregistrement doivent faire débiter à leur domicile et sous leur responsabilité, le matin, une heure avant l'ouverture, et le soir, deux heures après la clôture de leur bureau, et les dimanches et jours fériés, jusqu'à deux heures de l'après-midi, des papiers au timbre proportionnel de 25 cent. et au-dessous et au timbre de dimension de 35 cent. (L. 29 mai 1791, art. 11). — 4 juill. 1841. Instr. de la régie. J.H. 41. 1. 247.

5. — *Feuille unique.* — Le notaire qui dresse un procès-verbal d'adjudication d'immeuble vendu à tant la mesure sur la même feuille que celle qui a servi au procès-verbal d'arpentage, est passible d'amende. — 3 juin 1843. Trib. de Reims. J.H. 44. 1. 60.

6. — *Main-levée d'opposition.* — La main-levée sous-seing privé des oppositions signifiées au trésor ne doit pas être donnée à la suite des exploits d'opposition (L. 15 brum. an 7, art. 23). — 28 oct. 1841. Instr. min. des fin. J.H. 42. 1. 166.

7. — *Nombre de lignes.* — La disposition du décret du 29 août 1813, qui prescrit, à peine d'amende, aux huissiers de ne mettre que trente-cinq lignes par page de petit papier timbré, dans les copies de pièces qu'ils font, s'applique aussi bien aux copies des exploits, et, par exemple, aux copies d'exploits d'offres réelles qu'ils signifient, qu'aux copies de pièces qu'ils mettent en tête de leurs exploits. — 10 janv. 1838. Cass. J.H. 38. 1. 65.

9. ... La condamnation de l'huissier à l'amende de 25 fr. pour avoir excédé, dans une signification, le nombre de lignes par page fixé par la loi, ne peut être prononcée par les tribunaux sur le seul vu de la pièce et sur la simple provocation du ministère public; il faut suivre la procédure indiquée par la loi du 13 brumaire an 7, sur le timbre, à laquelle renvoie le décret du 29 août 1813. — 15 fév. 1841. Cass. J.H. 41. 1. 126.

10. ... Les renvois mis en marge de l'expédition d'un acte notarié comptent dans le nombre des syllabes que chaque ligne peut contenir, en sorte que le notaire est passible d'amende, si, par l'étendue du renvoi, il se trouve que le nombre légal de syllabes de chaque ligne se trouve considérablement augmenté dans l'une des pages de l'expédition. — 16 fév. 1841. Trib. de Senlis. J.H. 41. 1. 247. — V. Exploit, Huissier.

**TRANSPORT.** — 1. — *Antériorité.* — Le cessionnaire d'une créance qui, au moment de la cession, savait ou avait été mis à portée de savoir qu'il existait une précédente cession non signifiée de la même créance, a pu être réputé avoir, par son imprudence, porté préjudice au premier cessionnaire, et celui-ci a pu lui être préféré à titre de dommages-intérêts (C. civ., 1383, 1690). — 5 mars 1838. Cass. J.H. 38. 1. 474.

2. ... Si le même jour il y a eu saisie-arrêt et notification du transport de la créance, entre les mains du débiteur, sans que la preuve de l'antériorité résulte des exploits, soit de saisie-arrêt, soit de dénonciation du transport, la preuve de l'antériorité peut être faite par témoins. — 10 déc. 1837. Grenoble. J.H. 38. 1. 260.

3. — *Chose future.* — Celui à qui un entrepreneur a cédé le prix des travaux par lui entrepris, avant leur exécution, c'est-à-dire avant que la créance cédée ait pris naissance, n'est pas un véritable cessionnaire, mais un simple délégataire à l'égard des autres créanciers, de sorte qu'il n'a ni droit de propriété ni droit de préférence sur la créance cédée (C. civ., 1690). — 15 juin 1838. Aix. J.H. 59. 1. 111.

4. ... En admettant que cette espérance d'indemnité n'ait pu être cédée, la validité de la cession ne pourrait être critiquée que par le cessionnaire et non par les créanciers du cédant, alors que celui-ci l'a confirmée de bonne foi après la loi de 1825. — 18 juillet 1843. Cass. J.H. 43. 1. 179.

5. — *Droits successifs.* — Le cessionnaire de droits successifs n'est valablement saisi à l'égard des cohéritiers du cédant que par la notification à eux faite de l'acte de cession (C. civ., art. 1690 et 1696.) — 23 juill. 1835. Cass. J.H. 35. 356.

6. — *Endossement.* — La reconnaissance d'une dette civile peut être transmise par voie d'endossement (C. civ., 1690.) Et ces termes *valeur en compte* expriment suffisamment le prix de la cession. Mais cette cession ne saisit les tiers-porteurs, à l'égard du souscripteur, que par l'accomplissement des formalités exigées par les art. 1689 et 1690 C. civ. — 5 nov. 1839. Colmar. J.H. 41. 1. 86.

7. — *Frais.* — Les frais d'un transport doivent être supportés par le cessionnaire, et ne peuvent être mis à la charge du débiteur (C. civ., 1315, 1593). — 25 nov. 1840. Cass. J.H. 41. 1. 70.

8. — *Mandat de payer.* — Lorsqu'un acte est conçu de telle manière qu'il présente aussi bien les caractères d'un mandat de payer donné à un tiers-détenteur de deniers que ceux d'un transport de créance, il appartient aux juges de décider souverainement, d'après l'intention présumée des parties, si c'est un transport ou un mandat. — 22 juin 1841. Cass. J.H. 41. 1. 242.

9. — *Signification.* — Un transport de créance, consenti avant toute saisie-arrêt ou opposition pratiquée sur le débiteur, mais signifié à celui-ci depuis qu'il a été frappé de saisie-arrêt ou opposition, confère néanmoins au cessionnaire un droit de préférence sur les créanciers opposants postérieurs à la signification.

Une créance future telle, par exemple, que l'indemnité accordée aux émigrés, a pu être transportée avant même que la loi d'indemnité du 27 avril 1825 ait été promulguée; .... et le cessionnaire en a été légalement saisi par la signification du transport faite au trésor postérieurement à cette loi. — 18 juill. 1843. Cass. J.H. 43. 1. 179.

10. ... Doit-on laisser un intervalle entre la signification d'un transport au débiteur et le commandement de payer ? *Rés. nég.* — .... 1836. Dissert. J.H. 36. 2. 26.

11. — *Tiers-détenteur.* — Lorsque la somme affectée au paiement d'une créance cédée se trouve entre les mains d'un tiers-détenteur, à titre de dépôt ou autrement, c'est à ce tiers-détenteur que doit être faite la signification du transport, et non au débiteur (C. civ., 1690; C. pr., 557).

Spécialement, le transport de la créance privilégiée du bailleur des fonds d'un cautionnement doit être signifié, non au titulaire débiteur de ce cautionnement, mais au ministre des finances ou à la caisse des dépôts et consignations entre les mains desquels se trouvent les fonds dudit cautionnement. — 17 nov. 1841. Cass. J.H. 42. 1. 44.

12. — *Trésor.* — Pour être valables et produire effet à l'égard de l'Etat, tous actes de cession et transport de sommes dues par l'Etat, de même que toutes saisies-arrêts formées sur ces sommes, doivent être signifiés aux payeurs, agents ou préposés du trésor public, sur la caisse desquels les ordonnances ou mandats de paiement sont ou doivent être délivrés. — 4 mars 1840. Cass. J.H. 40. 1. 99. — Voy. conf., 27 fév. 1839. Nîmes. J.H. 39. 1. 136. — V. Cession.

**TRAVAUX PUBLICS.** — La demande en indemnité formée contre un individu, à raison de travaux de remblai et de nivellement qu'il a été autorisé à faire, pour la viabilité d'une rue, *à ses risques, périls et frais*, mais d'après un plan préalablement déterminé par l'administration, doit être portée devant l'autorité administrative (Loi, 28 pluv. an 8). — 20 oct. 1836. Paris. J.H. 57. 1. 64. — Voy., dans le même sens, 29 mai 1835. Douai. J.H. 56. 1. 184.

**TRIBUNAL — TRIBUNAUX.** — 1. — D'après la loi du 15 avril 1838, sur les tribunaux civils de première instance, les tribunaux connaissent en dernier ressort des actions personnelles et mobilières jusqu'à la valeur de quinze cents francs de principal, et des *actions immobilières jusqu'à soixante francs de revenu, déterminé, soit en rentes, soit par prix de bail.*

Ces actions sont instruites et jugées comme matières sommaires.

Lorsqu'une demande reconventionnelle ou en compensation a été formée dans les limites de la compétence des tribunaux civils de première instance en dernier ressort, il est statué sur le tout sans qu'il y ait lieu à appel.

Si l'une des demandes s'élève au-dessus des limites ci-dessus indiquées, le tribunal ne prononce sur toutes les demandes qu'en premier ressort.

Néanmoins, il est statué en dernier ressort sur demandes en dommages-intérêts, lorsqu'elles seront fondées exclusivement sur la demande principale elle-même.

La loi du 5 mars 1840 sur les tribunaux de commerce porte les dispositions suivantes :

« Art. 1er. L'art. 639 C. comm. est rectifié ainsi qu'il suit :

« Les tribunaux de commerce jugeront en dernier « ressort,

« 1° Toutes les demandes dans lesquelles les parties « justiciables de ces tribunaux, et usant de leurs droits, « auront déclaré vouloir être jugées définitivement et « sans appel;

« 2° Toutes les demandes dont le principal n'excé- « dera pas la valeur de quinze cents francs;

« 3° Les demandes reconventionnelles ou en com- « pensation, lors même que, réunies à la demande « principale, elles excéderaient quinze cents francs.

« Si l'une des demandes principale ou reconvention- « nelle s'élève au-dessus des limites ci-dessus indiquées, « le tribunal ne prononcera sur toutes qu'en premier « ressort.

« Néanmoins, il sera statué en dernier ressort sur les « demandes en dommages-intérêts, lorsqu'elles seront « fondées exclusivement sur la demande principale « elle-même. »

Ces dispositions ne s'appliquent pas aux demandes introduites avant la promulgation de la présente loi.

« Art. 2. L'art. 646 C. comm. sera rectifié ainsi qu'il suit :

« Dans les limites de la compétence fixée par l'art. « 639, pour le dernier ressort, l'appel ne sera pas reçu, « encore que le jugement n'énonce pas qu'il est rendu « en dernier ressort, et même quand il énoncerait qu'il « est rendu à la charge d'appel. »

2. ... V. J.H. 38. 2. 17 et 40. 2. 19. — V. également Compétence civile, Compétence commerciale, Degré de juridiction, Dernier ressort, Huissier, Justice de paix.

**TUTELLE.** — 1. — *Délibération du conseil de famille.* — Les délibérations des conseils de famille ne sont ni des jugements ni des actes appartenant à la publicité. Par suite, les tiers n'ont pas le droit de s'en faire délivrer des expéditions par les greffiers des justices de paix dépositaires des minutes de ces délibérations (C. pr., 853). — 30 déc. 1840. Cass. J.H. 41. 1. 94.

2. — *Destitution.* — En cas de destitution d'un tuteur, il suffit que le subrogé-tuteur poursuivant l'homologation de la délibération du conseil de famille notifie cette délibération au tuteur, en le sommant d'y former opposition, s'il le juge convenable, sans qu'il soit besoin de lui donner un ajournement exprès (C. pr., 885, 888.) — 4 juin 1835. Rennes. J.H. 37. 1. 21.

3. — *Responsabilité.* — Lorsqu'il est établi que c'est par la faute du tuteur que des recouvrements de deniers n'ont pas été effectués au profit du mineur, la responsabilité de ce tuteur ne se borne pas seulement aux capitaux non perçus, mais encore aux intérêts de ces capitaux : on opposerait en vain qu'en cas pareil, le tuteur ne peut être réputé avoir appliqué ces capitaux à son profit (C. civ., 456).

La tutelle est censée durer, quant au tuteur, tant qu'il n'a pas rendu compte. Par suite, il reste soumis à faire emploi des deniers pupillaires dans l'intervalle qui s'écoule entre la majorité du pupille et la reddition de compte. Par suite encore, les intérêts de ces deniers sont une charge de son compte, sans qu'il soit besoin de les faire courir. — 28 nov. 1842. Cass. J.H. 43. 1. 127.

**USAGER.** — Une commune usagère a qualité pour former une action en bornage contre les propriétaires voisins, alors surtout que le propriétaire de l'héritage asservi, mis en cause par la commune, ne s'est pas opposé à cette action. — 14 déc. 1840. Montpellier. J.H. 42. 1. 17.

**USUFRUIT.** — 1. — *Action pétitoire.* — L'usufruitier a qualité pour intenter au pétitoire une action qui a pour objet de revendiquer la pleine propriété d'un immeuble faisant partie de son usufruit. — 29 janv. 1841. Aix. J.H. 41. 1. 187.

2. — *Créancier.* — Le créancier d'un usufruitier ne peut faire saisir, pour paiement de sa créance, les meubles faisant partie de l'usufruit de son débiteur (C. civ., 589; C. pr., 608). — 21 mai 1833. Rennes. J.H. 56. 1. 16.

3. — *Usufruit légal.* — Le père, administrateur légal des biens de ses enfants mineurs, doit, comme au cas de tutelle, demander l'autorisation du conseil de famille et non celle des tribunaux, s'il veut intenter une action immobilière en leur nom (C. civ., 589).

La même délibération doit nommer un subrogé tuteur *ad hoc*, pour le cas éventuel où son intervention serait nécessaire. — 30 juin 1842. Trib. de Vitré. J.H. 42. 1. 145.

**USURE.**—1.—*Action en nullité.*—L'action en nullité ou réduction d'une obligation pour cause d'usure se prescrit par dix ans à dater de l'acte, et non par trente ans (C. civ., 1304). — 18 nov. 1836. Toulouse. J.H. 37. 1. 359.

2.—*Mandat.*—Le salaire accordé par le débiteur à son créancier, pour prix du mandat qu'il a donné à celui-ci de vendre ses immeubles, ne peut être considéré comme déguisant des intérêts usuraires, surtout lorsque le mandat est sérieux et a reçu un commencement d'exécution.—14 fév. 1840. Bordeaux. J.H. 40. 1. 259.

**VAINE PATURE.** — Deux fermiers étrangers à une commune, mais qui y exploitent des terres, peuvent exercer le droit de vaine pâture qui appartient à chacun individuellement sur le territoire de cette commune, en réunissant leurs troupeaux, si d'ailleurs cette réunion a eu lieu sans fraude ; et c'est à tort que l'on prétendrait que c'est là en réalité une cession de droits prohibée par l'art. 15, sect. 4 de la loi du 28 sept. 1791.—8 mai 1838. Cass. J.H. 38. 1. 217.

**VENTE.**—1.—*Chose aliénable.*—Les objets déclarés par la loi insaisissables, de même que ceux sur lesquels elle ne permet pas de compromettre, peuvent néanmoins être aliénés par ceux auxquels ils appartiennent. —Spécialement, le créancier d'une pension alimentaire en vertu d'un jugement en exécution duquel il a pris une inscription, a pu consentir valablement que des inscriptions postérieures primassent la sienne (C. civ., 557).—15 mai 1835. Lyon. J.H. 36. 1. 467.

2.—*Dommages-intérêts.*—Le vendeur d'un fonds de café composé d'objets mobiliers et de marchandises, avec cession de son bail à l'acheteur, peut être condamné à des dommages-intérêts envers ce dernier, pour avoir établi, peu de temps après (une année), un nouveau café dans le voisinage du premier, encore bien que l'acte serait muet au sujet de l'achalandage, si le mobilier a été vendu au-delà de sa valeur réelle, et qu'ainsi, cette plus-value a été le prix de l'achalandage. — 10 mars 1836. Grenoble. J.H. 37. 1. 319.

3.—*Hypothèque légale.* — Quoique une femme mariée sous le régime dotal ait vendu conjointement avec son mari un immeuble de ce dernier, et ait renoncé à son hypothèque légale, cependant la crainte qu'elle ne se fasse restituer contre cette renonciation, comme constituant une aliénation de dot, suffit pour que l'acquéreur suspende le paiement de son prix jusqu'à cessation du trouble ou dation de caution, surtout si l'action en restitution se trouve déjà formée par la femme (C. civ., 1655. — 17 mars 1836. Orléans. J.H. 57. 1. 314.

4.—*Paiement (lieu du).* — L'art. 1651 C. civ., qui porte que, s'il n'a rien été réglé lors de la vente, *l'acheteur doit payer au lieu et dans le temps où doit se faire la délivrance*, ne dispose que pour les ventes au comptant.—En conséquence, pour les ventes à terme, le paiement doit s'effectuer au domicile du débiteur, conformément à l'art. 1257 même code (C. civ., 1651, 1247; C. comm., 420 *in fine*).—15 déc. 1835. Bordeaux. J.H. 56. 1. 196.

5.—*Rachat.*—Celui qui, ayant vendu un immeuble avec pacte de réméré, fait des offres réelles avant l'expiration du délai fixé dans l'acte de vente, conserve le droit d'exercer le rachat, alors même que ces offres sont insuffisantes, si, lors du procès-verbal, et à l'audience, il a déclaré qu'il était prêt à les parfaire. — 10 janv. 1838. Bastia. J.H. 38. 1. 115.

6.—*Rente viagère.*—L'action en lésion doit être admise, en matière d'aliénation, moyennant une rente viagère, comme en matière de vente pour vileté du prix.

Et, spécialement, c'est à tort qu'un arrêt a refusé d'admettre la preuve que la vente faite, moyennant une rente viagère, était inférieure aux revenus des biens vendus, en se fondant sur l'unique motif que l'action en lésion n'a point lieu en matière de rente viagère (C. civ., 1968, 1976, 1675, 1658, 1674).—21 fév. 1836. Cass. J.H. 36. 1. 212.

7.—*Résolution.*—La vente d'un immeuble, moyennant une somme payée comptant, et le service d'une rente viagère, constituée par le vendeur au profit d'un tiers, n'est pas résolue par le défaut de paiement des arrérages de cette rente. Dans ce cas, le vendeur n'a, comme le crédi-rentier, que la voie d'expropriation (C. civ., 1977). — 13 juin 1837. Cass. J.H. 37. 4. 290. — V., dans le même sens, 6 fév. 1835. Orléans. J.H. 37. 1. 260.

8.—*Tradition.*—En matière de vente de meubles, la tradition n'est pas nécessaire pour transférer la propriété à l'acquéreur ; en conséquence, la saisie-exécution pratiquée contre le vendeur, par un créancier de celui-ci, postérieurement à la vente constatée par acte authentique, est nulle vis-à-vis de l'acquéreur (C. civ., 1138, 1141, 1583). — 25 janv. 1841. Bourges. J.H. 42. 1. 136.

9.—*Transcription.*—L'acquéreur qui n'a point exécuté l'engagement pris de faire transcrire son contrat, ne peut être, par cela seul, considéré comme n'ayant pas donné les sûretés promises, alors surtout que cette clause de la vente avait pour but, non d'assurer l'hypothèque du vendeur, mais seulement de faciliter et de hâter la purge de l'immeuble vendu (C. civ., 1977). — 15 juin 1837. Cass. J.H. 57. 1. 290.

**VENTE AUX ENCHÈRES DE MARCHANDISES NEUVES.**—1.—En présence des difficultés qui se sont rencontrées dans les Chambres législatives lorsque l'on s'est occupé d'un projet sur la vente de tous les biens meubles, on s'est borné, après divers débats et pour couper court à de nombreux conflits entre diverses classes d'officiers ministériels et surtout aux plaintes du commerce, à détacher d'un projet primitif la partie relative à la vente aux enchères des marchandises neuves.

2.—Le principe général sur lequel repose la loi nouvelle du 25 juin 1841, c'est la prohibition des ventes de marchandises neuves à l'encan, aux enchères ou au rabais, sauf certains cas prévus et exceptés (art. 1er, 2 et 5).

3. — *Texte de la loi et discussion.* — « Sont interdites les ventes en détail de marchandises neuves à cri public, soit aux enchères, soit au rabais, soit à prix fixe proclamé, avec ou sans l'assistance des officiers ministériels (art. 1er). » — Reprenons en ces termes :

4. — *Marchandises neuves.*—Qu'est-ce qu'une marchandise neuve ? A quels caractères distinctifs reconnaîtra-t-on une marchandise neuve d'une marchandise qui aura servi pendant un temps plus ou moins considérable, sans avoir éprouvé de détérioration sensible ? —C'est à ce sujet que la commission s'est élevée contre la distinction consacrée par cet article, comme devant rencontrer, dans la pratique, des difficultés insolubles. En effet, disait-on, une définition est ici impossible ; d'un autre côté, si l'on veut recourir à des énumérations, quelque nombreuses qu'elles soient, elles seraient toujours incomplètes, l'esprit ne pouvant tout prévoir ni tout embrasser. S'il ne s'agissait que d'articles de nouveauté, de tissus ou de quelques autres marchandises de même nature, peut-être arriverait-on, tant bien que mal, à fixer les limites de la prohibition.

Mais il existe tant d'autres objets à l'égard desquels l'incertitude sera toujours inévitable. Par exemple, dans quelle catégorie placera-t-on les livres reliés ou non, ayant servi ou étant encore dans leur nouveauté, les tableaux, les gravures, les statues et autres objets d'art, les diamants montés ou non montés, les bijoux, les vins, les liqueurs, les chevaux, etc., etc.? D'un autre côté, d'après l'exposé des motifs, les choses destinées à *l'usage personnel* de celui qui en est propriétaire, quel que soit l'état dans lequel elles se trouvent, n'étant pas l'objet d'un commerce, il faudra les laisser vendre aux enchères, alors même qu'elles n'auraient jamais servi, et seraient ainsi des marchandises neuves; ce qui implique contradiction.

On a répondu qu'il n'était pas à craindre qu'on donnât à ces expressions, *marchandises neuves*, une extension qu'elles ne comportent pas. Chacun peut en effet comprendre que ce qui est défendu par la loi, c'est la vente de marchandises neuves faisant l'objet d'un commerce, et non la vente de marchandises qui, bien qu'encore neuves, auraient cessé d'être dans le commerce et se trouveraient dans *les mains du consommateur*. Et effectivement il faut prendre garde à ces deux expressions de l'article : marchandises *neuves* et *objet d'un commerce*; elles ont une signification assez tranchée pour lever beaucoup d'incertitude. Ainsi, pour que la prohibition de vendre à l'encan existe, il faudra non seulement qu'il s'agisse de marchandises neuves, mais que ces marchandises fassent l'objet d'un commerce.—Or, l'art. 632 C. comm. et des monuments nombreux de jurisprudence ont tracé les caractères auxquels on doit reconnaître les commerçants et les opérations qu'on doit réputer actes de commerce. — V. ce mot.

On objecte qu'il sera souvent difficile de discerner si une chose est une marchandise, et si cette chose est neuve. — Le garde des sceaux répondait que ce double fait était, au contraire, facile à vérifier : une même chose, disait-il, peut tour à tour cesser d'être et redevenir marchandise. — Mais les transformations successives qu'elle pourra éprouver laisseront toujours des caractères saisissables. Ce sera la position de ceux qui seront successivement détenteurs des choses, et l'usage auquel ils les destineront qui éclaireront à l'instant la question. — Si des livres, des meubles, des vêtements se trouvent dans le magasin du libraire, du marchand de meubles, du tailleur, ils seront marchandises.—Aussitôt qu'ils auront passé entre les mains d'une personne pour former sa bibliothèque, meubler son appartement ou sa garde-robe, ils cesseront évidemment d'être marchandises. Ils redeviendront de nouveau marchandises s'ils retournent dans les mains d'individus dont le commerce a pour objet ces sortes de choses. — A la vérité, en circulant ainsi et en séjournant dans les mains du consommateur, les objets en question peuvent avoir cessé d'être neufs. Et c'est ici que l'on demande jusqu'à quel point il faudra que les traces de l'usage existent, pour que la qualification de *marchandises neuves* ne soit plus applicable à ces objets. — Une réponse générale satisfaisante est impossible à donner; les objets seront neufs ou vieux d'après le sens ou l'usage qu'on attache généralement dans le commerce à ces expressions.

5. — Mais ici, il importe de faire quelques observations sur certains objets qui avaient été insérés dans un amendement rejeté, lesquels objets ne doivent jamais être considérés comme marchandises neuves.

6. — *Statues, tableaux*, etc., *servant à la décoration.*—Ces objets d'art, lorsqu'ils sont d'un grand prix, disait le garde des sceaux, devront presque toujours être considérés comme marchandises neuves lorsqu'ils seront entre les mains d'un marchand, par la raison que l'usage qu'on fait de ces objets est ordinairement sans effet sur eux; et qu'après de longues années, ils ont souvent une valeur plus grande que lorsqu'ils sortis des mains de l'artiste. Comment, dès lors, prétendre qu'ils ne sont plus neufs, puisqu'ils n'ont subi aucune altération?

7. — *Gravures.*—Les gravures seront dans le même cas, si elles n'ont pas éprouvé de détérioration. Si, au contraire, elles sont entachées et enfumées, la qualification de marchandises neuves ne pourra pas, évidemment, leur être donnée.

8. — Il en sera de même pour les *livres*, reliés ou brochés.

9. — *Porcelaines, cristaux.* — Lorsque ces objets n'auront éprouvé ni fracture ni détérioration, ils seront des marchandises neuves.

10. — *Orfévrerie, pierres précieuses, bijoux.* — Il faut assimiler ces objets aux porcelaines et cristaux. Toutefois, à l'égard des pierres précieuses, une distinction doit être faite : ou elles sont encore dans leur monture, ou elles en ont été détachées. Au premier cas, si la monture est vieille, usée, faussée, elles ne seront pas réputées marchandises neuves; elles devront l'être au second cas. Qu'importe, en effet, qu'un diamant ait été ou non porté, dès qu'il se trouve entre les mains d'un joaillier; le temps n'a aucune influence sur lui.

11.—En ce qui touche les objets qui auront été *exposés dans les foires*, le garde des sceaux faisait remarquer que si cette exposition en avait altéré la fraîcheur et la qualité, ils seront devenus marchandises avariées et non marchandises de hasard. Pour pouvoir les vendre à l'encan, on sera obligé d'en demander la permission, conformément à l'art. 2.

12. — Enfin, pour lever toute espèce de difficulté, il importe de faire bien connaître quel est le vœu de la loi : elle a voulu défendre la vente accidentelle de quelques objets dont la qualité est équivoque, et frapper l'industrie coupable des marchands qui en font leur négoce habituel.

13.—Il faut remarquer que ce sont les *ventes en détail* que la loi proscrit, c'est-à-dire celles qui se font pièce à pièce, directement au consommateur. — Il est évident qu'on n'échapperait pas à la prohibition de la loi, en réunissant plusieurs objets, en des espèces de petits lots, si leur mise en vente s'adressait également au consommateur, et dispensait celui-ci de recourir à l'intermédiaire du commerce de détail dont la loi s'est proposé précisément pour but de protéger l'existence et les intérêts. — Quant aux ventes *en gros*, V. *infra* l'art. 6 de la loi.

14.—*Soit aux enchères, soit au rabais, soit à prix fixe proclamé.*—Les lois qui régissent les ventes publiques de meubles n'avaient spécifié que les *ventes aux enchères* proprement dites. On a cherché à en éluder les dispositions. Ainsi, par exemple, au lieu de livrer chaque objet mis en vente à l'enchère du public et de l'adjuger au plus haut enchérisseur, on a vu des marchands faire la criée à un prix qu'ils abaissent progressivement, jusqu'à ce qu'ils aient trouvé un acheteur, ou bien encore crier et adjuger à prix fixe chacun des objets de leur négoce.—« Or, ce mode d'adjudication, disait le rapporteur, n'est que l'enchère déguisée; il a tous les inconvénients de la vente à l'encan proprement dite, et les mêmes séductions pour le public. Il offre les mêmes facilités à la fraude; et, de plus, affranchi de la surveillance d'un officier public, il frustre le trésor du droit de 2 p. cent qui se perçoit sur les ventes aux enchères. » C'est pour empêcher toutes ces fraudes que la loi nouvelle emploie ces diverses expressions soit *aux enchères*, soit *au rabais*, soit à *prix fixe proclamé*.

**15.** — Par cette expression *cri public*, la loi n'a pas entendu s'opposer à ce qu'un marchand criât à haute voix sa marchandise : on a voulu seulement atteindre toute vente qui, sous de plus ou moins habiles déguisements, présenterait, en réalité, les caractères et les abus des ventes à l'encan. — Enfin, par ce mot cri public on a voulu comprendre toute vente faite avec publicité et concurrence, soit à l'enchère, soit au rabais, soit à prix fixe et proclamé.

**16.** — Les enchères sont par elles-mêmes très-licites ; il n'y a de dangereux que l'emploi que l'on en peut faire. C'est ce qui a lieu, par exemple, lorsqu'après avoir vendu à bon marché une certaine marchandise, on fait passer au même prix des marchandises analogues, mais d'une qualité de beaucoup inférieure.

**17.** — La loi n'aurait-elle pas dû chercher à atteindre ceux qui font métier d'exciter les enchérisseurs, c'est-à-dire les *compères* ? On sait, en effet, que certains individus, de concert avec ceux qui font la vente, viennent se placer dans la salle pour surenchérir, bien certains, dans le cas où les marchandises leur seraient adjugées, de n'être pas tenus de les garder et de les payer. Par cette manœuvre, ils parviennent très-souvent à faire surpayer des objets qui, sans leur participation frauduleuse à l'enchère, ne se seraient élevés qu'à un prix en rapport avec leur valeur réelle. — Or, ces individus ne sont pas dans les cas de l'art. 412 C. pén., et l'on ne leur appliquerait l'art. 419 qu'en forçant le sens de ses dispositions.

**18.** — *Prix fixe proclamé.* — Le mot *proclamé* a été ajouté par amendement, bien qu'il fasse une espèce de pléonasme avec le mot *cri public* qui se trouve dans la première partie de la phrase. Voici pour quel motif : On a demandé ce qu'on entendait par vente à prix fixe, si, en introduisant ces mots dans l'article, on avait voulu proscrire la vente qui se fait à prix fixe, laquelle, loin de mériter aucun reproche, est tout ce qu'il y a de plus honorable et de plus digne d'encouragement dans le commerce. C'est un usage assez généralement répandu, en effet, de mettre en chiffres connus de tous, sur chaque objet en étalage, le prix des marchandises. Or, si c'est ce système honorable, on le répète, que la loi veut frapper, on sera forcé de revenir à ce mode funeste de vente, qui consiste à surfaire et à marchander, sans autre base que la ruse et l'adresse, soit des marchands, soit des acheteurs.

Comme telle n'étant pas l'intention de la commission ni du gouvernement, on a cru devoir ajouter au mot *prix fixe* celui de *proclamé*, afin de faire voir quelles sortes de ventes on voulait frapper et pour mieux indiquer que c'étaient celles qui se feraient avec publicité et concurrence. « Ce n'est pas le prix fixe assurément, disait le rapporteur, qu'on a voulu repousser de la loi ; c'est le cri annonçant un prix fixe, cri trompeur, cri de fraude la plupart du temps. »

**19.** — Résulte-t-il de cette discussion que l'on puisse annoncer publiquement, à jour certain, une vente à l'encan des marchandises, si elle est faite à des *prix désignés d'avance* ? Les auteurs des Annales de la science des juges de paix se prononcent pour l'affirmative (p. 81). — Ils ajoutent que ce n'est pas là vendre à un prix *proclamé*. — Cette opinion n'est guère admissible. Dès qu'il y a encan, il y a cri public ; et, comme on aura appelé la concurrence, il sera presque impossible que le prix des objets mis en vente ne soit pas exprimé par la parole ou proclamé.

**20.** — L'annonce des marchandises et de leur prix au *bout d'un bâton*, *sur un écriteau*, est-elle permise ? Une discussion s'est élevée sur ce point à la Chambre des Députés. — On a fait remarquer d'abord que si cela était permis, c'était la même chose que le cri public. Un député a répondu que le plus grand nombre des citoyens, surtout dans les campagnes, ne sachant pas lire, le moyen ne tromperait tout au plus que ceux qui le savent. — Réponse précieuse et singulière, comme on l'a dit, qui serait la condamnation du système.

Dans la prévision de toutes les combinaisons auxquelles l'intérêt, toujours si ingénieux, pourrait se livrer dans le but d'éluder la loi, on avait proposé un amendement dont la rédaction générale prohibait toutes les ventes à cri public, *quel qu'en soit le mode.* — Cet amendement a été rejeté.

**21.** — Passons à l'art. 2 de la loi. — Il porte : « Ne sont pas comprises dans cette défense les ventes prescrites par la loi ou faites par autorité de justice, non plus que les ventes après décès, faillite ou cessation de commerce, ou dans tous autres cas de nécessité dont l'appréciation sera soumise au tribunal de commerce. — Sont également exceptées les ventes à cri public de comestibles et objets de peu de valeur, connus dans le commerce sous le nom de *menue mercerie.* »

**22.** — L'interdiction formelle contenue dans l'art. 1er ne pourrait pas être générale et absolue, comme on le comprend. Des raisons puissantes et d'ordre public commandaient des exceptions à cette prohibition générale des ventes à l'encan et à cri public. Tel est l'objet que s'est proposé l'art. 2 précité.

**23.** — Nous devons faire remarquer, d'abord, que c'est par suite des réclamations très-vives, élevées dans la Chambre des Députés, contre l'énumération de l'art. 2, qu'on taxait, avec raison, d'être arbitrairement limitative, qu'on a ajouté, à la fin de l'article, cette disposition générale : « Ou dans les autres cas de nécessité dont l'application sera soumise au tribunal de commerce. » On verra plus bas que cette addition a rencontré une assez vive opposition, mais sous un autre point de vue.

**24.** — Pour prouver combien il était impossible de prévoir à l'avance toutes les exceptions qu'il convenait de faire au principe de la prohibition des ventes à l'encan et à cri public, et qu'une foule de cas analogues pouvaient se présenter à chaque instant, on a cité plusieurs exemples, dont nous allons rappeler les principaux.

**25.** — *Expropriation pour cause d'utilité publique.* — Il arrive tous les jours, à Paris surtout, qu'un marchand soit exproprié de son établissement pour cause d'utilité publique : percement de rue, érection d'un monument, chemin de fer, fortification, etc. — Forcé de quitter brusquement son magasin, il ne lui est pas toujours possible d'en retrouver immédiatement un autre. Que ferait-il de ses marchandises neuves, s'il n'avait pas la faculté de les vendre aux enchères ?

**26.** — Il en est de même lorsqu'un négociant arrive à *fin de bail* ; il ne rencontre pas toujours un local convenable pour continuer son commerce.

**27.** — *Gêne commerciale.* — Rien de plus commun de nos jours, malheureusement, que de voir des maisons de commerce entravées dans leurs affaires faute de fonds suffisants. — Que deviendraient-elles si, au prix de quelques sacrifices, elles n'avaient pas le droit de vendre aux enchères une quantité de marchandises suffisante pour les aider à faire face à leurs engagements ?

**28.** — Il en faut dire autant dans le cas de *liquidation*.

d'une *société*, alors que les associés ne s'entendent pas sur le règlement de leurs intérêts et sur la valeur à donner aux marchandises.

29. — *Fonds de magasin.* — Les fonds de magasins, qui se composent de marchandises qui ne se vendent plus que difficilement, soit parce qu'elles ont perdu de leur fraîcheur, soit parce qu'elles ne sont plus de mode, doivent être compris dans le cas où la vente aux enchères sera permise.

30. — Quant aux hypothèques prévues par l'art. 2, les lois civiles avaient déjà, pour la plupart de ces ventes, prescrit la formalité des enchères, par exemple, dans les cas prévus par les art. 2078 C. civ., 93 et 106 C. comm. — V. aussi les art. 624 et suiv. C. pr.

31. — Le cas de *cessation de commerce* exigeait aussi qu'on l'exceptât de la prohibition. En un cas pareil, la vente aux enchères est une nécessité qu'il faut subir. En effet, lorsqu'une circonstance imprévue contraint un marchand à quitter les affaires, il ne saurait être placé dans l'alternative, ou de subir une perte notable sur son fonds en le vendant en bloc, ou de continuer encore pendant longtemps l'écoulement successif des articles qui le composent, puisque son intention est de cesser le commerce.

32. — Comment faut-il entendre ces mots : *cessation de commerce?* Faut-il que la cessation soit absolue et sans aucun espoir de reprendre les affaires, ou bien suffit-il de la crainte d'une suspension forcée pendant un temps plus ou moins considérable ? — Voici comment le rapporteur de la loi s'est exprimé à cet égard : « Il est dans l'esprit de la loi, telle que la commission l'a entendue, qu'alors qu'il y a une cessation de commerce, dût-elle ne durer que *trois*, *quatre* ou *cinq mois*, si elle est sincère, de bonne foi ; car les juges de commerce sont surtout chargés d'apprécier la bonne foi, qu'alors, par exception, il y aura lieu à autoriser la vente aux enchères. En un mot, il y aura ou cessation de commerce, et alors on sera *dans le cas d'être autorisé* ; ou continuation, et alors on n'aura pas besoin de la vente aux enchères.

Un cas peut se présenter : un marchand peut avoir plusieurs branches de commerce ; s'il vient à cesser l'une tout en continuant les autres, l'autorisation de vendre aux enchères pourra-t-elle lui être accordée ? Oui, sans doute, a répondu le garde des sceaux.

33. — Ces paroles du rapporteur et la disposition de l'art. 5 tranchent une difficulté dont nous allons parler, et que le texte de l'art. 2 est loin de résoudre dans le même sens :

L'autorisation du tribunal de commerce est-elle nécessaire lorsqu'il s'agit de vendre des marchandises pour cause de cessation de commerce ?

A s'en tenir à la construction grammaticale de l'art. 2, la négative est évidente : il est dit en effet : « Ne sont pas comprises dans cette défense... les ventes après décès, faillite ou *cessation de commerce.* » Puis le § 1er de l'article se termine : « *ou dans tous les autres cas*, etc. »

Ainsi, d'après cet article, la cessation de commerce, comme le décès ou la faillite, serait une circonstance qui emporterait, de plein droit, exception à l'interdiction de vendre aux enchères. — Mais cela n'est pas admissible, peut-on répondre : qui constatera qu'il y a cessation de commerce ? à quel caractère reconnaîtra-t-on qu'elle existe ? Faudra-t-il s'en rapporter, à cet égard, aux parties elles-mêmes ? Ce serait aller contre le vœu de la loi. Aussi l'art. 5 lève-t-il toute difficulté en n'autorisant les ventes après cessation de commerce qu'autant qu'elles auront été préalablement permises par les juges consulaires. — En effet ajoute-t-on, c'est à ceux-ci seuls qu'il appartient d'examiner si la déclaration des parties est exacte, si elles sont de bonne foi, si la cessation de commerce prétendue n'est pas un moyen de fraude, etc.

34. — Cette disposition de l'article, qui accorde au tribunal de commerce le droit d'*apprécier les autres cas où la faculté de vendre aux enchères devra être permise*, a rencontré une assez vive opposition. — Cette disposition, a-t-on dit, bonne peut-être dans les grandes villes, dans lesquelles les juges consulaires, moins rapprochés des autres commerçants, offriront toutes les garanties d'une appréciation impartiale, sera fâcheuse dans les petites localités, où les influences personnelles et les rivalités produiront de funestes effets sur l'esprit des juges consulaires, quelle que soit la moralité dont ils jouissent en général.

35. — Par un amendement proposé à la Chambre des Pairs et repoussé sur la demande du garde des sceaux, on demandait que la nécessité de la vente à l'encan fût soumise au *président* et non au *tribunal de commerce tout entier.*

36. — *Les tiers pourront-ils intervenir?* — Lors de la discussion de l'art. 10 (le dernier de la loi), un amendement avait été proposé, par disposition additionnelle, ayant pour but de garantir aux tiers le droit de former opposition à la vente par toute voie de droit. — Mais, sur l'observation du rapporteur de la commission que le droit commun sauvegardait suffisamment les intérêts des tiers, l'amendement fut retiré.

Mais, comment les tiers se pourvoiront-ils ? Par voie d'*opposition* devant le tribunal qui a rendu le jugement.

Ainsi, on ne pourrait contester aux marchands sédentaires, par exemple, le droit de s'opposer à la vente de marchandises neuves, dans le cas où on voudrait y procéder hors les cas prévus et permis par la loi. La prohibition ayant été établie dans leur intérêt, leur droit d'opposition en est la conséquence virtuelle. — V. dans ce sens, 17 nov. 1841. Bourges. J.H. 32. 1. 248.

37. — La disposition finale de l'article excepte de la prohibition les ventes à cri public de *comestibles* et de *menue mercerie*

Le paragraphe était terminé par ces mots : « qui se vendent sur la voie publique, *avec la permission de l'autorité municipale.* — Cette addition a été supprimée.

Mais il a été bien entendu que, par cette suppression, on ne voulait rien enlever ni ajouter aux droits de l'autorité municipale, tels qu'elle les tient de la loi du 24 août 1790, d'exercer sa surveillance sur toutes les ventes de comestibles.

38. — Il résulte aussi de ce retranchement que l'exception à la prohibition existe, soit que les ventes aient lieu sur la *voie publique*, soit qu'elles se fassent dans les marchés, bazars et magasins des particuliers. — Ce droit a été reconnu.

39. — Que faut-il entendre par ces mots : *menue mercerie?* Ce sont, disait le garde des sceaux, de petits objets de peu d'importance qu'on vend principalement dans les foires.

40. — L'art. 5 porte : « Les ventes publiques et en détail de marchandises neuves, qui auront lieu après décès ou par autorité de justice, seront faites selon les formes prescrites et par les officiers ministériels préposés pour la vente forcée du mobilier, conformément aux art. 625 et 945 C. pr. »

41. — On avait demandé qu'on ajoutât, afin de mettre à couvert la responsabilité de l'officier ministériel, qu'il fallait que la vente fût « faite par un créancier sérieux

et sans collusion. » — Cet amendement a été rejeté comme inutile, parce qu'il suffira de prouver que le commissaire-priseur a eu ou non connaissance de la fraude.—V. l'art. 7, *infrà*.

**42.**—L'art. 4 dispose : « Les ventes de marchandises après faillite seront faites conformément à l'art. 486 C. comm., par un officier public de la classe que le juge-commissaire aura déterminée. Quant au mobilier du failli, il ne pourra être vendu aux enchères que par le ministère des commissaires-priseurs, notaires, huissiers ou greffiers de justice de paix, conformément aux lois et règlements qui déterminent les attributions de ces différents officiers. »

**43.** — Il est hors de doute que l'art. 486 C. comm., en accordant au juge-commissaire le droit de décider si la vente aux enchères sera faite par les *courtiers* ou *par tous autres officiers ministériels*, n'entend pas que, parmi ces officiers ministériels, le juge-commissaire pourra choisir sans observer aucune règle ; il n'en peut être ainsi. Il devra, au contraire, se conformer, dans son choix, aux lois qui ont réglé les attributions respectives des courtiers, commissaires-priseurs, notaires, greffiers, etc.

D'un autre côté, il faut remarquer que, d'après l'article, c'est la *classe* et non la *personne* de l'officier ministériel, que le juge-commissaire a le droit de désigner. S'il indiquait nommément tel individu, il empiéterait sur les droits du syndic (C. comm., 583).

**44.**—Voici comment est conçu l'art. 5 : « Les ventes publiques et par enchères après cessation de commerce ou dans les autres cas de nécessité prévus par l'art. 2 de la présente loi, ne pourront avoir lieu qu'après qu'elles auront été préalablement autorisées par le tribunal de commerce, sur la requête du commerçant-propriétaire, à laquelle sera joint un état détaillé des marchandises. — Le tribunal constatera, par son jugement, le fait qui donne lieu à la vente, il indiquera le lieu de son arrondissement où se fera la vente ; il pourra même ordonner que les adjudications n'auront lieu que par lots dont il fixera l'importance. — Il décidera, d'après les lois et règlements d'attributions, qui, des courtiers ou des commissaires-priseurs ou autres officiers publics, sera chargé de la réception des enchères. — L'autorisation ne pourra être accordée pour cause de nécessité qu'au marchand sédentaire, ayant, depuis une année au moins son domicile réel dans l'arrondissement où la vente doit être opérée. — Des affiches apposées à la porte du lieu où se fera la vente annonceront le jugement qui l'aura autorisée. »

**45.** — Le premier § de l'article précité exige qu'un état des marchandises soit joint à la requête présentée au tribunal.

**46.**—En ce qui concerne le *lieu* où la vente doit être faite, un amendement avait été proposé ayant pour but de n'accorder au tribunal le droit de déterminer le lieu de la vente qu'autant que le marchand n'aurait pas demandé qu'elle fût faite à son *domicile*. Cet amendement a été repoussé.

**47.** — *Adjudication par lots.* — On avait demandé la suppression de cette disposition de l'article, qui accorde au tribunal de commerce le droit de déterminer lui-même l'importance des lots de marchandises qui devront être mis en adjudication. Le ministre des travaux publics a répondu qu'il n'y avait rien de nouveau dans la disposition critiquée ; qu'elle n'était que la reproduction de l'art. 5 de l'ordonnance de 1819, qui fait loi sur la matière.

**48.**—Quant à la désignation des *officiers ministériels* pour procéder à la vente, elle ne doit pas être arbitraire

de la part du tribunal ; mais le choix doit en être fait, en se conformant aux lois et règlements d'attributions qui régissent les officiers publics.

**49.** — *Affiches.*—On a demandé que l'affiche indiquât seulement le jugement d'autorisation, et non les motifs, à supposer même qu'il en existât dans le jugement. Il serait souvent dangereux en effet de faire connaître au public les motifs particuliers de l'embarras d'une maison ou d'une famille. — Cette observation a été approuvée.

**50.**—L'art. 6 porte : « Les ventes publiques aux enchères de marchandises en gros continueront à être faites par le ministère de courtiers, dans les cas, aux conditions et selon les formes indiquées par les décrets des 22 nov. 1811, 17 avril 1812, la loi du 15 mai 1818 et les ordonnances des 1er juillet 1818 et 9 avril 1819. »

**51.**—Il résulte de cette disposition que la loi nouvelle ne frappe que les ventes en détail, et que les ventes en gros continuent de rester soumises aux lois et règlements antérieurs.

Seulement, le gouvernement, dans la crainte que le pouvoir discrétionnaire laissé aux tribunaux de commerce pour la formation des lots, ne donnât accès à des abus, avait proposé de faire déclarer que jamais les lots ne pourraient être au-dessous de 500 fr.—Mais la commission repoussa la fixation d'un minimum, à cause de la variété et de la disproportion que présente le prix comparé des diverses marchandises.—Le gouvernement consentit à la suppression.

**52.**—Il faut remarquer que, dans le projet du gouvernement, l'art. 6 ne venait qu'après les art. 7 et 8. On l'a déplacé, sans doute, afin, en cas d'infraction à ses dispositions, de lui rendre applicables les sanctions pénales contenues dans ces deux derniers articles.

**53-54.**—Ces deux articles sont conçus de la manière suivante : « Toute contravention aux dispositions ci-dessus sera punie de la confiscation des marchandises mises en vente, et, en outre, d'une amende de 50 à 3,000 fr., qui sera prononcée solidairement tant contre le vendeur que contre l'officier public qui l'aura assisté, sans préjudice des dommages-intérêts, s'il y a lieu. — Ces condamnations seront prononcées par les tribunaux correctionnels (art. 7). »

« Seront punis des mêmes peines les vendeurs et officiers publics qui comprendraient sciemment dans les ventes faites par autorité de justice, sur saisie, après décès, faillite, cessation de commerce, ou dans les autres cas de nécessités prévus par l'art. 2 de la présente loi, des marchandises neuves ne faisant pas partie du fonds ou mobilier mis en vente (art. 8). »

**55.** — Lorsque l'art. 7 prononce la confiscation des *marchandises mises en vente*, il est manifeste qu'il ne veut atteindre que celles des marchandises qui ont été exposées en vente *contrairement à la prohibition de la loi*. — L'art. 8, d'ailleurs, donne la mesure de la confiscation. C'est la confiscation du droit commun, c'est-à-dire *les objets du délit*.

**56.**—*Amende.*—La disposition de l'art. 463 C. pén., qui permet aux juges de modérer l'amende pour le cas où il existe des circonstances atténuantes, ne pourrait pas recevoir ici son application : 1o il s'agit d'une matière spéciale ; 2o la loi a établi une échelle qui, du minimum au maximum, laisse une grande latitude aux juges (50 à 3,000 fr.).

**57.**—*Solidarité.*—En prononçant la solidarité, pour le paiement de l'amende, tant contre le vendeur que contre l'officier ministériel, il est sans difficulté que l'art. 7 ne déroge pas, dans cette matière, au droit commun qui veut que le débiteur solidaire qui a payé intégralement la dette de tous ait son recours contre les autres, pour leur part et portion (art. 1214 C. civ.).

**58.** — *Compétence.* — En fixant la compétence des tribunaux correctionnels, il a été bien entendu qu'on n'a pas dérogé aux principes généraux du droit criminel qui règlent soit l'action publique soit l'action privée. C'est pour cela qu'on a rejeté un amendement qui proposait d'ajouter ces mots : « sur la poursuite du ministère public ou de toute autre partie intéressée. »

Ainsi la partie qui se trouvera lésée par une infraction à la présente loi aura le choix , ou de s'adresser aux tribunaux civils, ou de saisir la justice répressive, en se constituant partie civile.

**59.**—L'art. 9 dispose : « Dans tous les cas ci-dessus, où les ventes seront faites par le ministère de courtiers, ils se conformeront aux lois qui les régissent, tant pour les formes de vente que pour les droits de courtage. »

**60.** — Enfin l'art. 10 et dernier est conçu de la manière suivante : « Dans les lieux où il n'y aura pas de courtiers de commerce, les commissaires-priseurs, notaires, huissiers et greffiers de justice de paix feront les ventes ci-dessus selon les droits qui leur sont respectivement attribués par les lois et règlements.

« Ils seront, pour lesdites ventes, soumis aux formes, conditions et tarifs imposés aux courtiers. »

**61.**—La disposition finale de cet article s'est proposé pour objet de mettre un terme à la fâcheuse dissidence qui existait entre la Cour de cassation et certaines Cours royales, sur la question de savoir si, comme les courtiers , les autres officiers publics qui procédaient aux ventes de marchandises neuves devaient être assujettis aux formes prescrites par la loi.—La loi actuelle se prononce pour l'affirmative.

Mais voyez au D.II. et au Supp., vᵒ Ventes publiques de meubles, n. 98 et suiv., les arrêts en sens divers intervenus sur la difficulté , antérieurement à la loi nouvelle.

Les commissaires-priseurs ne peuvent procéder à la vente à l'encan et en détail des marchandises neuves, qu'avec l'accomplissement des formalités imposées , dans le même cas , aux courtiers de commerce par les décrets des 22 nov. 1811 et 17 avril 1812 et par l'ordonn. du 9 avril 1819. — 11 août 1840. Cass. J.H. 40. 1. 247. — V. encore 17 mars 1840. Rouen. J.II. 40. 1. 242 ; 26 sept. 1856. Caen, et 28 nov. 1856. Rennes. J.H. 57. 1. 135 ; 12 juill. 1836. Cass. J.H. 56. 1. 329.

Il serait encore nécessaire, pour compléter l'ensemble des décisions rendues avant la loi du 25 juin 1841 sur les attributions des différentes classes d'officiers ministériels en cette matière , de se reporter aux arrêts suivants : 17 août 1837. Douai. J.H. 38. 1. 53 ; 13 fév. 1838. Cass. J.II. 38. 1. 129 ; 13 mai 1840 .Cass. J.II. 40. 1. 191.

**VENTES PUBLIQUES D'IMMEUBLES.**—**1.**—La législation, en cette matière, a été récemment modifiée par la loi du 2 juin 1841, sur les ventes judiciaires d'immeubles dont le commentaire pour tout ce qui se rattache à la *saisie immobilière* et à la *surenchère* se trouve dans ces articles. Il suffira ici de rappeler les arrêts recueillis par la Jurisprudence des Huissiers.

**2.**—*Clause.* — Le demandeur en licitation d'un immeuble impartageable qu'il a acquis par indivis moyennant le service d'une rente viagère peut obtenir, suivant les circonstances (dont l'appréciation est abandonnée aux juges du fond), contre ses coacquéreurs, même faillis ou mineurs, le maintien dans le cahier des charges d'une clause portant que l'adjudicataire restera nanti de tout ou partie du prix, sous la condition qu'il servira

la rente entièrement jusqu'au décès du crédi-rentier, époque à laquelle il demeurera libéré du prix affecté au service de cette rente (C. pr., 955, 972).—28 juin 1836. Cass. J.II. 38. 1. 319.

**3.** — *Enchérisseur.* — Le dernier enchérisseur ne devient adjudicataire définitif qu'après la prononciation de l'adjudication par le juge et non par le seul fait de l'extinction des trois bougies (C. pr., 708). — 21 juill. 1858. Lyon. J.H. 39. 1. 81.

**4.** — *Folle-enchère.* — Le droit de poursuivre la revente sur folle-enchère, comme le droit de demander la résolution d'une vente volontaire pour défaut de paiement du prix, subsiste nonobstant toutes ventes qu'aurait pu ou que pourrait faire l'adjudicataire. Par suite, le vendeur primitif, ou ses créanciers, sont non recevables, par défaut d'intérêt, à s'opposer aux poursuites de l'adjudicataire pour arriver à la revente volontaire de l'immeuble (C. pr., 757).

Un paiement effectif ou des offres satisfactoires peuvent seuls arrêter les poursuites de folle-enchère exercées à la requête des créanciers. — 9 janv. 1834. Cass. J.II. 38. 1. 284.

**5.** — *Mineur.* — L'art. 963 C. pr. civ., relatif aux ventes volontaires des biens des mineurs, ne s'en réfère aux ventes forcées que pour les formalités. En conséquence, bien que les enchères sur une vente volontaire de biens de mineurs dépassent le prix d'estimation, le renvoi de l'adjudication, sur la demande du tuteur, peut être accordé, si les juges ont la conviction que les biens seraient adjugés au-dessous de leur valeur (C. pr., 964, 965, 706 et suiv.).—21 juill. 1858. Lyon. J.H. 39. 1. 81.

**6.**—*Mise à prix.* — La mise à prix , déterminée par le jugement qui, sur la demande des parties, ordonne la conversion d'une saisie en vente sur publications judiciaires, peut être réduite par le tribunal, en cas de discord entre les parties, après des tentatives infructueuses pour faire adjuger l'immeuble au-dessus ou jusqu'à concurrence de cette mise à prix , le refus de l'une des parties de consentir à une réduction ne pouvant nuire au droit acquis à l'autre de poursuivre l'adjudication de l'immeuble (C. pr., 747, 954).

Le poursuivant peut même, avant toute autorisation et nonobstant le refus de l'autre partie, annoncer une réduction de la mise à prix dans les affiches et insertions qu'il est obligé de renouveler après une tentative inutile d'adjudication. — 18 janv. 1842. Cass. J.II. 42. 1. 109.

**7.** ... En cas de licitation entre majeurs et mineurs, lorsque les enchères ne se sont pas élevées au montant de l'estimation, c'est au tribunal et non aux majeurs qu'il appartient d'abaisser la mise à prix (C. civ., 460, 815 ; C. pr., 954, 964, 972). — 22 avr. 1859. Paris. J.II. 39. 1. 229. — V. cependant 29 nov. 1854. Paris. J.II. 35. 111.

**8.** — *Notaire.* — Les particuliers peuvent, sans porter atteinte aux priviléges des notaires, vendre leurs immeubles hors de leur assistance, par adjudication volontaire aux enchères publiques et sur cahier des charges.—30 janv. 1840. Dijon. J.H. 40. 1. 154.

**9.** ... Le notaire devant lequel se poursuit une vente par licitation, ne peut être considéré comme ayant anticipé sur les attributions des huissiers, lorsqu'il s'est borné à constater par un acte de dépôt la remise qui lui a été faite des placards revêtus du visa du maire : un tel acte n'a nullement le caractère d'un procès-verbal d'apposition de placards (C. pr., 961 et 972). — 27 nov. 1834. Cass. J.II. 55. 321.

**10.** ... Le notaire devant lequel a été renvoyée la vente d'un immeuble a qualité pour procéder, concurremment avec l'avoué poursuivant, à la rédaction des placards, des affiches et des insertions dans les journaux : c'est en vain que l'avoué prétendrait au droit exclusif de faire ces actes (C. pr. nouv., 958, 959, 960). —9 juill. 1842. Colmar. J.H. 43. 1. 29.

11. — *Pacte commissoire.* — La clause *de voie parée* est valable.—2 fév. 1857. Rennes. J.H. 37. 1. 326.—V., sur ces questions et les questions accessoires, dont l'intérêt a disparu devant la nouvelle législation, plusieurs arrêts du 20 mai 1840. Cass. J.H. 40. 1. 169.

**VENTES PUBLIQUES DE MEUBLES. — 1. —** *Amende.* — Lorsque les divers articles d'un procès-verbal de vente de meubles ne contiennent pas le prix *en toutes lettres* des objets adjugés, il est dû une amende pour chaque article où cette énonciation fait défaut.—16 janv. 1835. Déc. min. fin. J.H. 35. 144.

2.—*Déclaration préalable.*—Les rentes et créances ne sont pas des *objets mobiliers* dans le sens de la loi du 22 pluv. an 7, qui impose aux officiers publics chargés de procéder à la vente aux enchères des objets mobiliers l'obligation de faire une déclaration préalable au bureau de l'enregistrement. En conséquence, l'officier public qui a procédé à la vente aux enchères de rentes ou créances, sans faire au bureau de l'enregistrement cette déclaration préalable, n'encourt aucune peine.—20 fév. 1843. Trib. de Laval. J.H. 44. 1. 70.

3. ... Les rentes et autres droits incorporels rentrent dans la définition d'*objets mobiliers*, dont la vente publique aux enchères ne doit avoir lieu qu'après déclaration préalable au bureau de l'enregistrement (L. 22 pluv. an 7, art. 2). — 1er déc. 1841. Trib. de la Seine. J.H. 42. 1. 105.

4. — *Effets mobiliers.* — Les mots *effets mobiliers*, dont la loi du 27 vent. an 9 s'est servie pour caractériser l'attribution légale des commissaires-priseurs, ne s'appliquent qu'aux meubles corporels, et non aux meubles incorporels, désignés vulgairement sous le nom de *fonds de commerce.* Spécialement, les commissaires-priseurs ne peuvent vendre aux enchères, soit un établissement de voitures publiques, soit un pensionnat. Ce droit appartient exclusivement aux notaires.— 25 mars 1836. Cass. J.H. 36. 1. 454.

5. ... Les ventes publiques et à l'encan d'objets mobiliers (et spécialement de meubles dépendant d'une succession) peuvent être faites par les greffiers de justice de paix, concurremment avec les huissiers et notaires, dans les lieux où il n'existe pas de commissaires-priseurs.—6 août 1835. Bordeaux. J.H. 36. 1. 92.

6. ... Les effets mobiliers appartenant à des mineurs peuvent être vendus aux enchères par des notaires, surtout lorsqu'ils se mélangent d'objets corporels et incorporels, dont la vente est reconnue avoir été faite simultanément.—C'est à tort que les commissaires-priseurs prétendraient avoir le droit de vendre, au moins exclusivement, les meubles corporels.—29 mars 1836. Cass. J.H. 36. 1. 454.

7. — *Fonds de commerce.*—La question de savoir lequel, d'un fonds de commerce ou du mobilier, doit être réputé le principal ou l'accessoire, et si, en conséquence, la vente simultanée de l'un et de l'autre doit être faite par les notaires ou par les commissaires-priseurs, est décidée souverainement par les tribunaux. — 25 mars 1836. Cass. J.H. 36. 1. 454.

8. ... La vente aux enchères des objets mobiliers et corporels servant à l'exploitation d'un fonds de commerce doit être faite en même temps que celle de ce fonds de commerce, objet incorporel par sa nature. — 25 mars 1836. Cass. J.H. 36. 1. 454.

9.—*Notaire.*—Un notaire a-t-il le droit de vendre les objets mobiliers d'une succession, à la requête d'héritiers majeurs ou mineurs qui n'ont pas encore pris qualité ? *Rés. aff.*

Est-il personnellement responsable du prix qu'il a reçu, et doit-il déposer ce prix à la caisse des consignations, si, parmi les héritiers, les uns renoncent à la succession ou l'acceptent sous bénéfice d'inventaire ? *Rés. aff.*—........, J.H. 35. 285.

10. — *Quittance.* — L'huissier qui a procédé à une vente d'objets mobiliers est-il obligé de prendre une décharge des deniers produits par cette vente, lorsqu'il les verse entre les mains de ceux à la requête desquels il a procédé ? *Rés. aff.*

Cette quittance peut-elle être mise au pied du procès-verbal de vente ? *Rés. aff.*

L'huissier est-il obligé de faire enregistrer cette quittance dans les quatre jours de sa date ? *Rés. aff.*—...... 1837. Dissert. J.H. 37. 2. 25.

11. — *Ventes à terme.*—Les commissaires-priseurs, et, par suite, les huissiers et les greffiers des juges de paix, dans les lieux où il n'y a pas de commissaires-priseurs, ont le droit d'insérer, dans les procès-verbaux de vente à l'enchère, des stipulations de termes. Par suite, ils ont le droit de procéder aux ventes mobilières, en accordant termes et délais, exclusivement aux notaires. — 8 mars 1837. Cass. J.H. 37. 1. 129. — V. cependant 27 mai 1837. Colmar. J.H. 37. 1. 281.— V. encore sur la question 1836. Dissert. J.H. 36. 2. 29.

**VENTES PUBLIQUES DE RÉCOLTES. — 1. —** *Droit d'instrumenter.* — Les greffiers ne peuvent procéder aux ventes de fruits et récoltes pendants par racine, lors même qu'ils sont frappés de saisie-brandon. — Ce droit appartient aux notaires exclusivement chargés de la vente des choses immobilières (L. 17 sept. 1793; déc. 14 juin 1813; C. civ., 520, 521), sans distinction des récoltes qui appartiennent aux fermiers ou aux propriétaires ; mais en déclarant qu'une vente de cette nature a été faite à tort par un greffier, le tribunal ne peut, sans prononcer par voie de disposition réglementaire, lui faire défense de procéder à l'avenir à de semblables ventes.—9 déc. 1859. Cass. J.H. 40. 1. 75.

2. ... Les notaires ont seuls le droit de vendre les *récoltes* sur pied.—Les huissiers ne peuvent procéder à de telles ventes, concurremment avec eux, encore que le prix doive en être payé comptant.—11 mai 1837. Cass. J.H. 37. 1. 247.

3. ... Le droit de procéder aux ventes publiques volontaires de récoltes pendantes par racines appartient aux notaires, à l'exclusion des huissiers et commissaires-priseurs.— 1er juin 1838. Paris. J.H. 58. 1. 266.

4.—*Grain en vert.* — Le décret du 6 messidor an 3, qui prohibe la vente des grains en vert et pendants par racine, n'a été abrogé ni par le Code civil, ni par l'art. 626 C. pr. (C. civ., 1598; C. pr., 626 ; Déc. 23 mess. an 3). La vente des grains en vert est nulle, encore qu'elle comprenne d'autres objets dont l'aliénation est permise Déc. 23 mess. an 3). — 4 mai 1842. Montpellier. J.H. 43. 1. 51.

5. ... La vente des grains en vert et pendants par racines est prohibée.—26 nov. 1835. Trib. d'Alençon. J.H. 55. 566.

**VICES RÉDHIBITOIRES (1).—1.—***Boiterie.*—Bien que la loi du 20 mai 1838 ne classe pas la *boiterie simple* au nombre des vices rédhibitoires, si le vendeur a garanti toute espèce de boiterie, la vente a pu être an-

---

(1) V. la loi du 20-26 mai 1838. J.H. 58. 2. 55.

nirée par interprétation souveraine de cette clause de garantie spéciale. — 21 juill. 1843. Cass. J.H. 43. 1. 170. V. conf. 24 août et 14 nov. 1842. Rouen. J.H. 43. 1. 145.

2. — *Cheval.* — Le cheval que l'expert a déclaré affecté d'une maladie *chronique* de poitrine, ou au moins de *phtisie pulmonaire à son premier degré*, peut être considéré comme atteint du vice rédhibitoire défini sous le nom de *maladie ancienne de poitrine* (L. 20 mai 1838, art. 1er). — 22 nov. 1842. Cass. J.H. 43. 1. 51.

3. — *Compétence.* — Il suffit, pour déterminer la compétence du tribunal de commerce, que le fait pour lequel l'action est dirigée contre un marchand soit un fait de son commerce, lors même que le demandeur ne serait pas marchand, et qu'il aurait contracté pour son usage personnel. — 22 fév. 1839. Paris. J.H. 39. 1. 115.

4. — *Délai.* — En l'absence de conventions particulières dans les ventes de chevaux faites en foire, les délais de l'action rédhibitoire courent du jour de la livraison, et non du jour de la vente. *Rés. seulement par le tribunal.* — 7 mars 1837. Paris. J.H. 37. 1. 247.

5. ... Le délai de l'action rédhibitoire, pour vieille courbature dont un cheval est atteint, est de neuf jours dans le département de l'Aisne.

Le délai de l'action rédhibitoire doit être fixé d'après l'usage suivi, non dans le département du domicile du vendeur, mais dans celui où la vente de l'animal a eu lieu; et si le jugement le fixe d'après l'usage suivi au domicile du vendeur, sans s'expliquer sur l'usage du lieu de la vente, il y a nullité, encore bien que les deux départements aient anciennement fait partie de la même province.

Le délai d'usage, pour l'exercice de l'action rédhibitoire, doit-il être augmenté en raison de la distance du lieu de la vente au lieu où l'assignation est donnée?

La constatation du vice rédhibitoire, dans le délai d'usage, par experts commis par justice, ne peut être considérée comme une action intentée dans le sens de l'art. 1648 C. civ. — 4 déc. 1857. Cass. J.H. 58. 1. 74.

6. ... L'action rédhibitoire doit, à peine de déchéance, être intentée dans le délai légal fixé par l'art. 5 de la loi du 20 mai 1838; il ne suffit pas, pour éviter la déchéance, d'avoir provoqué dans ce délai la nomination d'experts chargés de visiter l'animal soupçonné de vice rédhibitoire (L. 20 mai 1838, art. 3 et 5; C. civ., 1648). — 23 mars 1840. Cass. J.H. 40. 1. 152.

7. ... Dans le cas d'action en résolution de la vente d'un cheval pour vice rédhibitoire (la pousse), il n'est pas nécessaire que l'assignation soit donnée dans les neuf jours de la livraison; il suffit que, dans ce délai, le demandeur ait présenté requête à l'effet de nommer des experts pour faire procéder à la constatation du vice rédhibitoire (L. 20 mai 1838, 5. 5). — 22 fév. 1839. Paris. J.H. 39. 1. 115.

8. — *Expertise.* — Les experts chargés de vérifier l'existence des vices rédhibitoires, en matière de vente d'animaux, doivent au préalable prêter serment, à peine de nullité de leurs opérations (L. 20 mai 1838, art. 5; C. pr., 305, 315).

Au cas d'annulation du procès-verbal des experts premièrement commis pour vérifier l'existence des vices rédhibitoires, rien ne s'oppose à ce que de nouveaux experts soient nommés après les délais déterminés par la loi, et quel que soit d'ailleurs l'inconvénient résultant du défaut de procès-verbal régulier dans un bref délai (L. 20 mai 1838, art. 3 et 5). — 24 août et 14 nov. 1842. Rouen. J.H. 43. 1. 145.

9. ... Lorsque l'expertise commencée dans les neuf jours fixés par l'art. 5 de la loi de 20 mai 1838, et accompagnée dans le même délai de l'action rédhibitoire, a été annulée pour vice de forme, une nouvelle expertise a pu être ordonnée valablement, même après l'expiration de ce délai. — 20 juillet 1843. Cass. J.H. 43. 1. 170.

10. ... Lorsque deux chevaux ont été achetés pour être attelés ensemble, le vice rédhibitoire de l'un d'eux peut entraîner, suivant les circonstances, la résolution de la vente des deux chevaux (L. 20 mai 1838). — 22 fév. 1839. Paris. J.H. 39. 1. 115.

**VOITURIER.** — L'expéditeur n'a sur les équipages du voiturier aucun droit réel qui s'oppose à ce que les créanciers personnels du voiturier ne puissent faire saisir et vendre ces équipages : les inconvénients qui peuvent en résulter pour le commerce ne suffisent pas pour mettre le voiturier hors du droit commun.

..... Et il n'y a pas lieu de lui appliquer le bénéfice de la disposition introduite dans l'art. 215 C. comm., en faveur du capitaine prêt à mettre à la voile.

Le créancier saisissant est affranchi de tout recours de la part de l'expéditeur, pour le dommage que celui-ci peut avoir éprouvé, lorsqu'il lui a notifié l'ordonnance qui a autorisé le déchargement et le dépôt des marchandises, et lui a fait sommation d'aviser à leur conservation. — 18 déc. 1839. Orléans. J.H. 41. 1. 25.

**VOL.** — 1. — *Immeubles par destination.* — L'art. 400 C. pén. ne se réfère qu'au détournement d'objets mobiliers susceptibles de saisie-exécution, et non à des objets immeubles par destination; en conséquence, le saisi qui a détourné des objets de cette nature, dépendant d'une usine, n'est pas passible des peines portées par l'art. 400 C. pén. contre celui qui a détourné des objets saisis sur lui et confiés à sa garde.

.... Surtout lorsque l'immeuble saisi a été loué à un tiers. — 19 mars 1840. Caen. J.H. 40. 1. 210.

2. — *Saisi.* — Le saisi qui a détourné les objets saisis sur lui et confiés à la garde d'un tiers se rend coupable du délit prévu par l'art. 400 C. pén., bien que la saisie ne lui ait pas encore été notifiée, s'il est certain qu'il en avait connaissance.

..... Mais on doit considérer comme circonstance atténuante le fait que le saisi a laissé sous la main de la justice des valeurs plus que suffisantes pour acquitter la créance, cause de la saisie (C. pén., 463). — 3 janv. 1839. Bordeaux. J.H. 39. 1. 108.

FIN DU SUPPLÉMENT.

# ...RECUEIL... DES HUISSIERS

## JOURNAL DES ARRÊTS GÉNÉRAUX
### ... MINISTÉRIELS,

... UTILE

## AUX COMMISSAIRES-PRISEURS

### ET AUX GREFFIERS DES JUSTICES DE PAIX,

... les Arrêts de la Cour de cassation et des Cours royales, ... Juges ... en matière civile, commerciale et criminelle, avec Dissertations et ... ...

... insérées au Bulletin des Lois, avec l'analyse ... ... lois qui ont été précédées au sein des Chambres ... Circulaires et Décisions administratives;

... et ... les Chambres de discipline lorsqu'elles seront jugées ... en général, les Solutions données par la rédaction du Recueil en réponse aux questions proposées par les Abonnés.

... PUBLIÉE SOUS LE ...

... des Huissiers, 1re partie, et 2e partie du Supplément.

**PAR UNE SOCIÉTÉ DE JURISCONSULTES.**

# LES LOIS NOUVELLES ANNOTÉES

## MM. LOISEL ... ET CH. VERGE,

### Avocats à la Cour royale de Paris.

(Au bureau de l'administration des Lois nouvelles annotées, 11, rue des Maçons-Sorbonne ...

Cette nouvelle publication se propose de donner régulièrement des Lois votées dans ... session, avec une introduction historique, des notes explicatives et l'analyse ... de la discussion dans les Chambres. Ainsi, le travail des lois sur *les Brevets d'invention*, ... *le recrutement militaire*, etc., est préparé et paraîtra aussitôt que le Bulletin des ... aura publié ces différentes lois. Le bon marché et le format de cette nouvelle collection en assurent le succès.

Les lois se vendent à raison de 25 cent. par chaque feuille d'impression. — On s'abonne ... pour toutes les Lois de chaque année, à raison de 4 fr. pour Paris et pour les départements ... ...

EST EN VENTE ...

... sur la *Police de la Chasse* et celle sur *les Patentes*.

... chacune de ces lois : 75 centimes.

Sous presse :

## ... DES OFFICIERS MINISTÉRIAUX

... PARTICULIER; par CH. VERGE, docteur en droit,

Paris. — Imprimerie de POMMERET ET GUÉNOT, rue Mignon, 2.